Eugen Drewermann

Ein Mensch braucht mehr als nur Moral

Eugen Drewermann

EIN MENSCH BRAUCHT MEHR ALS NUR MORAL

Über Tugenden und Laster

Mit sechs farbigen Bildtafeln

Walter Verlag

Umschlagbild:
HIERONYMOS BOSCH: Triptychon mit dem *Garten der Lüste*, um 1505, Prado, Madrid. Detail aus dem linken Flügel: «Das Paradies».
Eva wird von BOSCH auf diesem Bild im Stil der Gotik gemalt, mit schlanker Taille und schmalen Schultern. Ihr fast magerer, gelängter Körper wirkt wie entmaterialisiert, so als *schwebte* er. Gezeigt wird der Vorgang, wie Gott die Frau erschafft, als wäre es allein seine Nähe und seine Gnade, die es dem Menschen ermöglichte, so zu werden und zu bleiben, wie er als Gedanke Gottes gemeint war.

Die Deutsche Bibliothek – CIP-Einheitsaufnahme

Drewermann, Eugen:
Ein Mensch braucht mehr als nur Moral: über Tugenden und Laster/
Eugen Drewermann. – Düsseldorf; Zürich: Walter, 2001
ISBN 3-530-16907-2

Umschlaggestaltung: Groothuis & Consorten, Hamburg
Satz: Utesch GmbH, Hamburg
Druck und Einband: Wiener Verlag, A-Himberg
ISBN 3-530-16907-2
www.patmos.de

INHALT

EINLEITUNG

Die Moraltheologie der (römisch-katholischen) Kirche tut sich schwer. Um ihre gesellschaftliche Bedeutung zu behalten, hat sie sich auf eine Art philosophischer Ethik mit «göttlichem» Vorwort reduziert. Sie tut dabei, was sie soll: Sie begründet ideologisch bestimmte bürgerliche «Werte», «Grundhaltungen» und «Tugenden», und sie trägt in eine wissenschaftlich wie wirtschaftlich äußerst rasch sich entwickelnde Zeit ein gewisses konservatives, retardierendes Element ein. Doch taugt sie in dieser Form allenfalls zum Zitat bei Politikerreden und Bischofskonferenzen aus gegebenem feierlichen Anlaß; die Menschen «im Lande» läßt diese «Moral» merkwürdig unberührt, und das aus einem richtigen Gefühl heraus. *Wesentlich* ist das Christentum weder eine Morallehre noch eine Dogmenlehre; was man von ihm erwartet, ist nicht Ethik und nicht theologische Doktrin; seine Aufgabe besteht nicht in der Klärung der Frage: Was ist gut? was ist böse? – darauf antwortet die Philosophie seit den Tagen der Griechen, ohne eine göttliche Offenbarung zu benötigen. Die Kernfrage des Christentums lautet, wie ein Mensch allererst in den Stand versetzt wird, das Gute, das er kennt und tun möchte, auch wirklich zu tun.

Von Anfang an muß man sich entscheiden. Alle Ethik (ebenso wie die staatliche Justiz) setzt voraus, daß der Mensch «frei» ist; das Christentum hingegen erklärt den Menschen für unfrei, für «erlösungsbedürftig», für in sich zerbrochen, außerhalb dessen, was es als «Gnade» bezeichnet. Ein Mensch kann nach christlicher Überzeugung nicht «gut» sein, einfach weil er will; er kann nur «gut» sein, wenn er einer Güte begegnet, die ihn unbedingt meint. Der Existenzphilosoph SÖREN KIERKEGAARD stellte deshalb ganz richtig fest, das Gegenteil zur «Sünde» (zum «Laster») sei nicht die «Tugend», sondern der «Glaube», verstanden als ein *Vertrauen*, das stärker ist als alle Angst.

Mann kann diese Sicht auf den Menschen am Ende des 20. Jahrhunderts nicht einnehmen, ohne sich mit der Dynamik des *Unbewußten* in der menschlichen Psyche auseinanderzusetzen. Ein Hauptmangel der kirchlichen Anthropologie (und Moraltheologie) liegt darin, daß sie selbst 100 Jahre nach der Entwicklung der Psychoanalyse den Menschen (immer noch!) reduziert auf Verstand und guten Willen; sie interessiert sich für Verhaltensweisen und Haltungen, als ob es sich dabei um fertige, objektive Tatbestände handelte, statt sich für die Geschichte, für die Psychogenese, für den subjektiven Faktor in all dem zu interessieren, was man gemeinhin als «Tugend» und «Laster» bezeichnet. *Alles*, so viel steht fest, wird sich ändern und muß sich ändern, wenn die Frage nicht länger mehr lautet, was «Gerechtigkeit» oder «Geiz» oder «Gehorsam» oder «Gier» an und für sich *ist*, sondern wie in der menschlichen Seele die entsprechenden Einstellungen sich bilden und welchen «Symptomwert» sie besitzen. Rasch wird sich dann zeigen, daß bestimmte «Tugenden», wie auf den Darstellungen PIETER BRUEGELS, *schlimmer* sein können als gewisse «Laster».

Eben deshalb war und ist es, christlich gesehen, unmöglich, Betrachtungen über «Tugenden» und «Laster» als akademische «Vorlesungen» in einer theologischen Fakultät an einer staatlichen (oder kirchlichen) Universität zu halten. Die vorliegenden Texte geben «Wortgottesdienste» wieder, die 1999 in einer Paderborner Schulaula gehalten wurden, im Kreis einer «Gemeinde», die nach meiner Suspension vom Priesteramt durch den damaligen Paderborner Erzbischof und heutigen Kardinal J.J. Degenhardt im Februar 1992 sich in einer freien Form konstituierte. Schriftlesung, (klassische) Musik und Bibelauslegung bildeten das Grundgefüge dieser predigtähnlichen Vorträge. Die Diktion der freien mündlichen Rede ist bei der Drucklegung nur geringfügig verändert worden; ebenso wurden die zahlreichen Rück- und Querverweise beibehalten, die bei einem solchen Predigtzyklus vor teilweise wechselndem Publikum unerläßlich waren. Besondere Erwähnung verdient das hohe Engagement von Frau GISELA KRANZ und Frau IRMGARD KÖHNE, denen die Tonband-Abschriften dieser Texte zu verdanken sind.

LASTER

Allegorische Darstellungen der Tugenden und Laster erreichen in der Druckgraphik der zweiten Hälfte des 16. Jahrhunderts einen Höhepunkt. Insbesondere HENDRICK GOLTZIUS schuf um 1580 in Haarlem durch eine eigene Technik der Stichelführung wahre Meisterwerke allegorischer Graphikserien. So entstanden 1593 gemeinsam mit seinem Stiefsohn JACOB MATHAM sieben Bilder über die sieben Todsünden, deren lateinische Texte von FRANCISCUS ESTIUS stammen.
(Vgl. HANS-MARTIN KAULBACH und REINHART SCHLEIER: *«Der Welt Lauf». Allegorische Graphikserien des Manierismus*, Staatsgalerie Stuttgart. Graphische Sammlung, 18. 10. 1997 bis 25. 1. 1998, Stuttgart 1997, S. 11–17; STEPHAN BRAKENSIEK: a. a. O., S. 30–32; DERS. und R. SCHLEIER: a. a. O., S. 35–37.)

Im Jahre 1557 entwarf PIETER BRUEGEL DER ÄLTERE eine Kupferstich-Serie über die sieben Todsünden.
(Vgl. Christian Vöhringer: *Pieter Bruegel* (1525/1530–1569). Köln 1999, S. 41–43.)
Außer der Darstellung des *Jähzorns* (der *Ira*) finden sich alle anderen Kupferstiche, die eine Größe von 32,4 x 42,8 cm haben, im Cabinet des Estampes, Bibliothèque Royale Albert I., Brüssel.

EIFERSUCHT UND NEID

JACOB MATHAM nach HENDRICK GOLTZIUS: Neid und Eifersucht (Invidia)
Mit schlangenförmig wehenden Haaren, als eine zweite Meduse, erscheint halbnackt, mit ausgezehrtem Körper, die *Individia*, die im Begriff steht, ihr eigenes Herz zu verzehren. Ihr Gewand wird von einer Schlange umgürtet, in ihren Händen trägt sie zwei Vipern vor sich her – all das eine Anspielung an OVIDS *Metamorphosen* II, 768–783:

«. . . Da sieht sie (sc. Pallas Athene, d. V.) die Mißgunst
Drinnen am Natternfleische, der Speise der tückischen Laster,
Nagen und wendet sich ab von dem Anblick. Aber die Migunst

Hebt vom Boden sich träg und läßt die Leiber der Schlangen,
Die sie zur Hälfte verzehrt, und naht schwerfälligen Schrittes.
Wie sie die Göttin gewahrt von Gestalt ansehnlich und Waffen,
Seufzt sie auf und verzieht bei dem tiefen Gestöhne das Antlitz.
Bleichheit wohnt im Gesicht, und am Leib ist schmächtig Dürre;

Nirgends ein sicherer Blick; gelb sind vom Roste die Zähne,
Grün von Galle die Brust, voll giftigen Geifers die Zunge.
Lachen ist fern, wenn nicht es erregen gesehene Schmerzen;
Nie auch labt sie der Schlaf, da wachsame Sorgen sie stören,
Sondern sie schaut, und vergeht vor Unlust über den Anblick
Lästigen Menschenglücks und nagt an sich und an andern
Und ist Marter sich selbst.»

Die Wappentiere der *Invidia* sind eine Schlange sowie ein Hund, der ebenfalls für ein Bild der Mißgunst gilt. Die lateinische Beischrift lautet:

Invidia asperius nihil est, / nec acerbius usquam,
Tabificum pravis malum et / exitiale venenum.
Neid ist das Schlimmste, so abstoßend nichts / noch so abstoßend jemals,
Übeles sonst, verzehrend ist's, / ein Gift von tödlicher Wirkung.

Inuidia asperius nihil est, nec acerbius usquam,
Tabificum prorsus malum et exitiale venenum.
T.L.

PIETER BRUEGEL: **Mißgunst, Neid und Eifersucht (Invidia)**

Die Mißgunst *(Invidia)* sitzt im Vordergrund des Bildes wie eine Königin mit Narrenkappe und ist gerade dabei, ihr eigenes Herz zu verzehren. Ein auf groteske Weise gekröntes Tiergesicht scheint ihr soeben einen Kronreifen aufsetzen zu wollen, doch um so anklagender verweist sie auf den Truthahn, ihr eigenes Symboltier, als ob dieses ihr den Rang streitig machen könnte oder wollte. Vor ihr zanken zwei Hunde um einen Knochen, hinter ihr hält ein geflügelter Dämon einer Frau, vielleicht im Anklang an die Paradieserzählung, eine Frucht entgegen; über eine Holzwand, die diese Szene wie das Wehr einer nicht ausgeführten Schleuse von einem dahinter fließenden Strom trennt, schaut ein langrüsseliger Dämon, der seinerseits einen Krug anzubieten scheint.

Darauf, daß hier tatsächlich Paradiesmotive in umgekehrter Bedeutung aufgenommen werden, könnte der Baum hinweisen, der betont «in der Mitte» der Welt der *Invidia* wächst; anders als in der Bibel handelt es sich jedoch erkennbar nicht länger um einen Baum des Lebens, sondern um ein abgestorbenes Gebilde, das an seinen toten Ästen einzig Pfauenfedern treibt und in dessen Innerem ein Dämon spukt.

Einen Ort der Beruhigung und der Einsicht könnte die über den Fluß gebaute Kirche bilden, vor der gerade eine Totenprozession abgehalten wird. Dieser Funktion kommt die Kirche indessen nicht nach; vielmehr hat sie sich nach außen mit Hilfe einer eiförmigen Fassade abgeriegelt, deren zwei Fenster und deren weit über dem Boden befindlicher Eingang das Aussehen eines Gesichtes mit vorwurfsvoll hochgezogenen Augenbrauen und scheltendem Mund darbieten; der Rauch, der aus diesem «Mund» aufsteigt, vervollständigt das «Gesicht» zudem noch mit einer Nase. Der drohende Anblick des «Gesichtes» verhindert freilich nicht den Ansturm einer Gruppe aus Menschen und Dämonen, die mit Pfeil und Bogen das Bollwerk beschießen und es mit angelegten Sturmleitern zu erobern trachten. Vorgetragen wird der Angriff aus einer Art Zwiebelburg, an deren Spitze der von einem Pfeil getroffene Unterleib eines Mannes hervorschaut, dessen Hose wie eine Mütze aussieht – wo der Kopf sein sollte, kommt der Hintern zum Vorschein –, ein umgestülptes, verkehrtes, auf dem Kopf stehendes Leben! Vermutlich erhofft man sich in den Klöstern und Kirchen besondere Reichtümer, doch statt dessen wartet auch dort nur der Tod auf die Menschen.

Krankheit, Untergang und Tod sind denn auch das Schicksal all derer, die auf dem Strom (des Lebens) in ihren Nachen dahintreiben: Händeringend versinken Menschen in einem Kahn, weil sie, statt nach vorn, nach rückwärts auf einen bizarren «Leuchtturm» schauen, der wie eine Vogelscheuche oder wie eine Wetterfahne als Richtungsanzeiger völlig untauglich ist; ein kleineren Kahn, mit Vogelmenschen und Raben besetzt, trägt

INVIDIA
INVIDIA HORRENDVM MONSTRVM, SÆVISSIMA PESTIS
Een onsterffelycke doot es nijt, en wreede peste Een beest die haer seluen eet, met valschen moleste

am Bug einen kleineren Kahn, in dem das Gesicht eines Mannes wie in einem Bett liegend erscheint; vor ihm ist griffbereit Speise gestellt, die er freilich nicht anrührt.

Darum herum wimmelt es in BRUEGELscher Weise: Eine Riesenheuschrecke entsteigt dem Fluß, ein Menschenwesen, das ebenfalls gerade aus dem Strom auftaucht, bringt das Kunststück fertig, sich in den eigenen Hintern zu schauen, ein drachengestaltiges Monstrum, die Nase wie ein kannibalischer Wilder mit einem Pfeilschmuck durchbohrt, verzehrt einen Schuh. Von *Schuhen* völlig umgeben ist auch eine Frau, die in einem Holzbottich sitzt wie in einem Badefaß.

In diesen «Schuhen» hat man ein Gegensymbol zu der Haltung von Neid, Mißgunst und Eifersucht erblicken wollen und darin einen Ausdruck des Prinzips der Gerechtigkeit: *Jedem das Seine* zu erkennen vermeint. Doch spricht gegen eine solche Deutung zweierlei: Es wäre zum einen das erste und einzige Mal, daß BRUEGEL die Darstellung eines Lasters mit einer möglichen rettenden Alternative konfrontiert; und zum anderen spricht vor allem die «Schuhhandlung» auf der rechten Bildseite gegen eine solche Auffassung, die Schuhe bedeuteten ein Prinzip der Gleichheit und des individuellen Richtmaßes, ist es doch erkennbar das Terrain dieser «Schuhhandlung», in deren ummauertem Innenhof die Sturmleitern zur Eroberung des «Klosters» aufgestellt sind; schließlich darf man auch nicht übersehen, daß es erneut dämonenähnliche Wesen sind, die den Zug der Wartenden zum Schuheanpassen leiten. Treffender scheint es deswegen, in den «Schuhen» das abgründige Desiderat aller Mißgunst nach absoluter Gleichheit ausgedrückt zu sehen: wenn es keinerlei Unterschiede auf Erden mehr gäbe, wenn alle in dieselben Schuhe treten müßten, wenn niemand mehr auf «größerem Fuß leben» könnte noch dürfte als ein anderer, so vermöchte jeglicher Neid zu ersterben: er verlöre an der absoluten Gleichheit aller seine Nahrung! Doch handelt es sich dabei offenbar um einen dämonischen Gedanken, der das Laster des Neids nicht überwindet, sondern ihm selber entspringt: Die Egalité bessert die Menschen nicht, sie verstümmelt sie nur.

Gerade dieser Gedanke hält sich in BRUEGELS Bildern durch: So sehnt der Zorn sich nach Gerechtigkeit, die Unzucht nach Unschuld, der Neid nach Gleichheit, und doch führt dieses Streben nicht zu menschlichen Kompromißbildungen, sondern nur zu unmenschlichen Kontrasten.

Das Symbol des *Schuhs* in der Bedeutung der Gleichmacherei aller Unterschiede findet sich übrigens bereits in der berühmten Szene aus ARISTOPHANES: *Die Frösche*, wo der Dichter AISCHYLOS sich vornimmt, sämtliche Prologe des Tragödiendichters EURIPIDES «mit dem Wörtchen ‹Schuh›» zuschanden zu machen. Da deklamiert (Vers 1218 ff.)

EURIPIDES: Beglückt in allem ist kein Sterblicher:
Denn dieser, edlen Stamms, ist arm an Gut,
Und jener, ahnenlos –
AISCHYLOS: Verlor den Schuh!

Der Gott Dionysos als Schiedsrichter muß anerkennen, daß, «wie die Feigenwarz am Auge sitzt, / So hängt der Schuh an jeglichem Prolog». (Vers 1248 f.)

Man versteht, daß der lateinische Beispruch lautet:

Invidia horrendum monstrum, saevissima pestis.
Neid ist ein furchtbares Monstrum, eine überaus schreckliche Seuche.

Niemand von Ihnen wäre hergekommen, wenn er im Rahmen der gewohnten Theologie im Raum der offiziellen kirchlichen Verkündigung der gewöhnlichen Sonntagsgottesdienste irgend etwas Rechtes für sich hätte dazugewinnen können. Manche von Ihnen, wenn wir sie fragen würden, ob sie formell an Gott glauben, würden vielleicht mit der Antwort zögern; die Frage, ob sie sich als Christen fühlen, würden sie mit Zurückhaltung beantworten. Andererseits ist wohl niemand hier, der nicht auf der Suche wäre nach etwas, das ihm fehlt, seit langem womögli ch schon, das er verloren hat seit Kindertagen. Was wir Abend für Abend in diesen Wortgottesdiensten miteinander tun können, enthält die Chance, ohne Voraussetzungen, ohne Vorgaben zu prüfen, wovon sich leben läßt und wovon nicht. Wir können nicht länger rekurrieren auf die ehrwürdigen tradierten Formen und Formeln des Gottesglaubens und der Gottesverehrung. Wir haben nicht mehr eine fertig gefügte Metaphysik, die uns im philosophischen Sinn in ein Weltgebäude einführen könnte, in das wir im Grunde nur einzutreten brauchten, um den rechten Weg zu finden. Wie aber läßt sich dann für uns selber und womöglich für eine ganze Generation von Heranwachsenden in der Zukunft Halt und Orientierung finden? Was ist nötig, damit das Leben gelingt und glücklich wird? Und woran liegt es, daß es so oft mißlingt und unglücklich wird?

Diese Frage ist von alters her in den überkommenen Worten von *Tugend* und *Laster* formuliert worden, und so denke ich, daß wir die nächsten Wortgottesdienste einmal auf die Frage beziehen könnten, was eigentlich gemeint ist, wenn wir von Gut und von Böse reden und wenn wir es konkretisieren nicht nur auf ein bestimmtes Verhalten hin, sondern auf ein ganzes Haltungsgefüge. *Tugend* und *Laster*, *Heiligkeit* und *Sünde* – wie stehen wir zu solchen Worten?

Einfach wäre es, das Alte beiseite zu tun: Wir würden die ganze

Begriffsgeschichte der Tugenden und Laster im christlichen Abendland für überholt erklären und versuchen, etwas ganz Neues an die Stelle zu rücken! Wir wären unbelastet und träten gewissermaßen aus dem Stand an, um die alten Fragen neu zu beantworten! Aber das können wir nicht. Wir gehören einer bestimmten Kultur und Geschichte an, und wir können dieser Kultur und Geschichte nicht einfach entlaufen. Andererseits könnten wir versuchen, das Alte aus dem wurmstichigen Gehölz zu befreien und es zu restaurieren, indem wir es vor der Verderbnis der Zeit schützen. So werden es nicht wenige Theologen und Moralphilosophen versuchen. Doch auch das kann nicht der Sinn unserer Bemühungen sein. Was wir tun können, ist einzig und allein das, was Leben allerorten versucht: Es übernimmt Strukturen, die sich eigentlich überlebt haben, und experimentiert damit weiter. Es bildet aus den Schuppen von Reptilien zum Beispiel eines Tages Federn, und schließlich lehrt es die Lebewesen das Fliegen; oder es nimmt die Flossen von Fischen und bringt Lebewesen auf dem Lande dahin, auf vier Beinen zu gehen, und dann macht es aus der Wirbelsäule von Knochenfischen schließlich sogar aufrecht gehende Lebewesen. Irgend so etwas steht uns bevor, wenn wir uns fragen, was einmal gemeint war mit dem, was wir unter den Worten *Tugend* und *Laster* gelernt haben, und wie es sich so übersetzen oder womöglich auch umformen läßt, damit das notwendig Neue daraus entsteht.

Um die Stärke des Sonnenlichtes zu ermessen, in das zu schauen den Augen schädlich sein kann, ist es manchmal hilfreich, die Länge und die Tiefe des Schattens zu betrachten. So läßt sich, was wir *Tugend* nennen, als hilfreich und notwendig am besten erkennen in seinem negativen Spiegelbild, zum Beispiel in den beiden Haltungen des *Neids* und der *Eifersucht.* Es ist kaum zuviel gesagt, wenn wir behaupten, daß gerade die Bibel von eben dieser Thematik voll ist und daß, wenn wir in der Religionsgeschichte überhaupt nach einem Buch suchen, in welchem *Eifersucht* und *Neid* das zentrale Thema schlechterdings sind, wir unbedingt die Bibel nennen müssen. Nehmen wir das *16. Kapitel* im *1. Buche Moses;* die Geschichte erzählt:

> *Sarai, Abrams Weib, hatte ihm kein Kind geboren. Nun hatte sie eine ägyptische Magd, die hieß Hagar. Und Sarai sprach zu Abram: Der Herr hat mir nun einmal Kinder versagt. So gehe denn zu meiner Magd; vielleicht, daß ich*

durch sie einen Sohn bekomme. Und Abram hörte auf Sarai. Da nahm Sarai, Abrams Weib, die Ägypterin Hagar, ihre Magd, nachdem Abram zehn Jahre im Lande Kanaan gewohnt hatte, und gab sie ihrem Manne Abram zum Weibe. Und er ging zu Hagar, und sie ward schwanger. Als sie nun merkte, daß sie schwanger war, sah sie auf ihre Herrin herab. Da sprach Sarai zu Abram: Das Unrecht, das mir geschieht, komme über dich! Ich selbst habe dir meine Magd in die Arme gelegt. Nun, da sie sich schwanger weiß, sieht sie auf mich herab. Der Herr sei Richter zwischen mir und dir! Abram aber sprach zu Sarai: Nun, deine Magd ist ja in deiner Gewalt; mache mit ihr, was dir gefällt. Da nun Sarai sie hart behandelte, entfloh sie ihr. Da traf sie der Engel des Herrn am Wasserquell in der Wüste, am Quell auf dem Wege nach Sur, und sprach: Hagar, Magd Sarais, wo kommst du her und wo willst du hin? Sie antwortete: Vor meiner Herrin Sarai fliehe ich. Aber der Engel des Herrn sprach zu ihr: Kehre zurück zu deiner Herrin und ertrage ihre Härte. Und er gab ihr die Verheißung: Zahlreich machen will ich dein Geschlecht, daß man vor Menge es nicht zählen kann. Weiter sprach der Engel des Herrn zu ihr: Siehe, du bist schwanger und wirst einen Sohn gebären, den sollst du Ismael (d. i. Gott hört) nennen, weil der Herr gehört hat, wie du littest. Er wird ein Mensch sein wie ein Wildesel – seine Hand wider jedermann und jedermanns Hand wider ihn; und allen seinen Brüdern setzt er sich vors Gesicht. Und sie nannte den Namen des Herrn, der mit ihr redete: Du bist der El-Roi (d. i. Gott des Schauens). Denn, sprach sie, wahrlich, hier habe ich dem nachgeschaut, der mich erschaute. Darum nennt man diesen Quell den Quell von Lahai-Roi; der liegt zwischen Kades und Bered. Und Hagar gebar dem Abram einen Sohn, und Abram nannte den Sohn, den Hagar ihm geboren hatte, Ismael. Abram war 86 Jahre alt, als Hagar ihm den Ismael gebar.

Die Bibel hat das Thema Neid und Eifersucht immer wieder aufgegriffen, etwa im *Buch der Sprüche*, im *20. Kapitel*:

Wenn du zu Tische sitzt mit einem hohen Herrn, so bedenke wohl, was du vor dir hast, und setz ein Messer an deine Kehle, wenn du gierig wirst. Wünsche dir nichts von seinen feinen Speisen, denn es ist trügerisches Brot. Bemüh' dich nicht, reich zu werden. Da spare deine Klugheit. Du richtest deine Augen auf Reichtum und er ist nicht mehr da, denn er macht sich Flügel wie ein Adler, fliegt weg in den Himmel und ist fort.

Im *Kapitel 30* in *Vers 15* und *16* heißt es schließlich, wie als Quintessenz:

Der Blutegel hat zwei Töchter: Gib her! Gib her! Drei Dinge sind es, die nicht satt werden, ja viere, die nie sprechen: Genug! – die Unterwelt und die Unfruchtbare, die Erde, die des Wassers nicht satt wird, und das Feuer, das nie spricht: Genug.

Eine Hauptschwierigkeit der überkommenen Theologie liegt darin, daß wir viel darüber gelernt haben, wie Menschen zu sein haben und wie sie nicht zu sein haben. Wo aber sind die Orte, da man die Menschen fragt, wie sie selber sich fühlen? Schon die Rede von *Tugenden* und *Lastern* ist schwer, fast unzumutbar, weil sie stets begleitet wird mit dem Empfinden des immer schon im voraus zu Wissenden. Im alten Orient gab es die Sammlung der *Sprüche*, überliefertes, kondensiertes Erfahrungswissen, der Durchschnitt des Richtigen, wie es sich bewährt hatte; wenn man so redete, wenn man die Kinder so erzog und selber so handelte, würde es schon richtig sein! Darauf vertraute und baute man. Die heranwachsende Jugend hatte zu lernen, und die Alten hatten weiterzugeben, was sie selber gelernt hatten. Eine neue Fragestellung war im Rahmen solcher Spruchsammlungen kaum möglich, allenfalls rhetorische Veränderungen. Das Leben sollte bleiben, wie es war. Dieses Traditionsprinzip ist einer der wichtigen Stränge abendländischer Kultur. Wer von den Älteren sich noch daran zu erinnern versucht, wie seine Eltern ihn erzogen haben, wird unvermutet darauf stoßen, wieviel an fertigen Redensarten, die in keinem Punkte weiter hinterfragt werden durften, ihn begleitet haben. So war das schon zu Großmutters Zeiten, und so hatte es zu gelten auch für die Enkel. Dagegen zu sprechen war unerlaubter Widerspruch, die Autorität des Alters und die Ehrwürdigkeit des Überkommenen boten in sich selber die besten Zeugnisse für das Richtige. So galt es im Allgemeinen, im Durchschnittlichen; und es fragte sich nur, ob es auch galt im Besonderen und Persönlichen.

Ein ganz anderer, im Grunde noch wichtigerer Strom unserer Bewußtwerdung in Fragen von Moral und Sittlichkeit entstammt der *griechischen Antike.* Die Griechen waren genial darin, niemals etwas nur zu sammeln, sondern aus der Erkenntnis ursächlicher Zusammenhänge heraus wissen zu wollen, ein logisches System der Wirklichkeit zu unterlegen und nichts zu behaupten, was sich nicht vor dem Forum der Vernunft als vernünftig beweisen ließe oder erweisen würde.

Es läßt sich feststellen, daß Menschen *gut* sein können und daß sie *böse* sein können. Wie beschreibt man, wann sie das eine sind und wann sie das andere werden?

Genial war der Entwurf des großen ARISTOTELES um 300 v. Chr. In seiner *Nikomachischen Ethik* erklärte ARISTOTELES den Gedanken einer *Harmonie* des Menschen, wie wir im Rückblick des Abendlandes sie herbeizuführen uns nur sehnen können. ARISTOTELES glaubte sich überzeugt, daß ein Mensch tiefinnerst wisse, was gut sei, und daß er das Bedürfnis habe, eben das Gute zu tun. Mehr noch: Wenn ein Mensch das Gute tue, belohne ihn das Empfinden des Gutseins selber; mit einem Wort, es erwächst für einen Menschen, der das Gute tut, förmlich das Bedürfnis, immer mehr davon zu verrichten. Das Gute übt sich infolgedessen ein, es wird eine gute *Gewohnheit.* Der Gute tut das Gute mit Leichtigkeit, und eben die «Fertigkeit» des Guten ist seine Tauglichkeit, seine *Tugend*, und die Prämie, die darauf steht, ist ein Gefühl des Glücks, der Zufriedenheit, des Wohlbefindens. So ist die *Tugend.*

Konkreter läßt sich, was Tugend im Sinne des ARISTOTELES sei, bestimmen von seinem Lehrer PLATON und von dem Tragödiendichter AISCHYLOS her. Es sind ein paar Grundregeln nur, die ein Mensch nach ihrer Lehre beherzigen sollte. Richtig zu leben, das bedeutet vor allem, das richtige *Maß* zu kennen oder zu finden, *Mäßigung* also. Es bedeutet, kein Tor zu sein, sondern *Klugheit* walten zu lassen, mit einem Wort: nicht drauflos, ins Blinde zu handeln, sondern wohlüberlegt, mit Verstand, im Nachdenken auch, was das Ergebnis des Tuns sein werde; es gehört dazu eine innere *Stärke* und Festigkeit, gegenüber Feinden auch *Tapferkeit*; man kann nur richtig sein, wenn man imstande ist, auch Widerständen und Widerfahrnissen der Umwelt und des Schicksals standzuhalten. Die Summe von allem, der Inbegriff von allen Tugenden, meinte ARISTOTELES, sei die *Gerechtigkeit*, die Fähigkeit, jedem das zukommen zu lassen, was er verdient. All das sind ganz «vernünftige» Tugenden, und doch scheint es unmöglich, das menschliche Leben damit zu erfassen und zu ordnen.

FRIEDRICH SCHILLER hat einmal in der Studie zu dem *Verbrecher aus verlorener Ehre* vor 200 Jahren gemeint, daß lehrreicher für das menschliche Leben als das Glück und die Tugend das Verbrechen, das Laster und das Unglück seien. Die großartige ARISTOTELISCHE

Lehre von dem «guten und schönen Menschen», der sich ausrichtet auf das Gute, trägt in sich selber einen tiefen Schatten.

Wenn ARISTOTELES recht hätte, wäre das menschliche Leben so einfach wie das Wachsen einer Blume in die Wärme und in den Strahlenglanz der Sonne hinein. Ihre «Tugenden» wären ihre sich entfaltende Schönheit, der Wohlduft, mit dem sie die Insekten anlockt, die Geradheit ihres Wuchses selbst und schließlich die Frucht, die sie hervorbringt. Ganz so sollten wir erwarten, daß Menschen, die unter heiterem Himmel heranwachsen dürften, keinerlei Störung erlitten, sondern die genannten vier Tugenden wie von selber hervorbrächten. Aber verhält es sich wirklich so?

Das Gegenstück zur Tugend ist das *Laster*. Aber wenn ARISTOTELES recht hätte und die Menschen spürten das Naturbedürfnis in sich, gut zu sein, wie kommt es dann dahin, daß es offensichtlich Menschen gibt, die immer wieder etwas tun, das statt Glück Unglück bringt, statt Wachstum Zerstörung, statt Gesundheit Krankheit, statt einer sich rundenden Harmonie eine immer stärker sich zerreißende Disharmonie? Wie ist es möglich, das *Laster* zu verstehen?

Für die besten griechischen Philosophen wie SOKRATES, PLATON und ARISTOTELES stellte sich diese Frage, kaum anders als bis in den Raum heutiger Theologie hinein, unverändert so: Der Mensch hat es in der Hand, kraft seiner Vernunft zu wissen, was ein *Laster* ist; er verfügt über einen freien Willen, es zu meiden; also hat er die Pflicht, sich des *Lasters* zu entschlagen. Das *Laster* selbst stellt in diesem Betracht kein weiteres Problem dar. Wie aber, wenn ARISTOTELES recht hätte und die Tugend ergäbe sich durch Gewohnheit? Dann sollte man glauben, auch das Laster entstünde durch Gewohnheit! Wie aber kommt dann ein Mensch dahin, nicht nur hie und da einmal etwas «Böses» zu tun, sondern gewissermaßen mit Konstanz, mit Konsequenz, immer wieder das «Böse» zu betreiben? Wie kommt er dahin, wenn es sich an jeder Stelle, statt zu belohnen, förmlich bestraft? Was sind das überhaupt, die *Laster*, die wie ein Sog die Menschen hinwegziehen können, die sie wurzellos machen, die sie um jeden festen Halt unter ihren Füßen zu berauben vermögen, so daß sie am Ende völlig unfrei, völlig verloren, völlig niedergedrückt und am Boden liegend gefunden werden?

Gegenüber den Tugenden bietet sich die Welt des *Bösen* sehr viel facettenreicher dar, so scheint es wenigstens. Die christliche Überlieferung hat es auf genau sieben, nicht nur *Laster*, sondern *Todsünden* gebracht. Zu dieser Vorstellung gehört, daß wir von Gott her uns sagen lassen müssen und zumindest von seiner Offenbarung her wissen können, was gut und was böse ist. Dieser offenbarungstheologische Ansatz unterscheidet sich von dem Gedanken der Griechen bei weitem. Die Griechen glaubten, es liegt das Wissen von Gut und Böse in uns selber. Der Bibel ist dies so klar nicht, – wozu sonst hätte Gott seine Gebote erlassen müssen? Aber dann findet sich, daß es *sieben Grundformen* gibt, nicht nur hier und da einmal punktuell einem «Gebot» zu widersprechen, sondern in der Grundhaltung falsch zu *sein* und alles nur noch falsch *machen* zu können. Die Siebenzahl der Laster mag nach oben oder nach unten schwanken; aber im großen und ganzen ist die Tabelle in etwa vollständig wiedergegeben, wenn wir folgendermaßen aufzählen: Eine Form des Lasters ist es, daß jemand völlig *träge* wird, daß ihn ein unerklärliches Bedürfnis überkommt, überhaupt nichts mehr zu tun, das ist die *Acedia* oder die *Melancholie*. Grad umgekehrt verhält es sich beim *Jähzorn*, da fährt es drein wie der Blitz, unbeherrscht, vor lauter Wut schäumend. Ein anderer demgegenüber ist scheelsüchtig, *neidisch* und *eifersüchtig*, immer vermißt er etwas und weiß nicht, wie er's kriegen soll. Ein anderer ist *habgierig* und *geizig*, klammert sich an seine Habe, will davon nicht teilen, – auch das ist erkennbar ein *Laster*. Ein anderer indessen, statt sein Geld im Beutel zu bewahren, praßt und frißt alles in sich hinein, – *Völlerei* und *Sauferei* sind ebenfalls weitverbreitete *Laster*. Ein anderer wiederum, wie wenn Furien ihn trieben, sucht das Wesentliche in anderen Menschen, – Sinnlichkeit, *Wollust* ist sein Bestreben, dem Typ nach repräsentiert als der *Don Juan* oder die *Dirne*. – Dies alles sind *Laster*.

Die christliche *Tugendlehre* hat der Siebenzahl der Verfehlungen ein Gleiches in den vier griechischen Formen des Rechtverhaltens entgegenzusetzen versucht, indem sie diesen mit dem hl. PAULUS den *Glauben*, die *Hoffnung* und die *Liebe* vorangestellt hat; so wurden es rein arithmetisch sieben. Logisch aber fügen diese «Tugenden» sich nicht recht zusammen; die beiden Systeme des «Guten» und des «Bösen» sind in dieser Form nicht parallel aufeinander bezogen, also daß man, je nachdem, zu den *Tugenden* anderes auch rechnete: die *Keuschheit* zum Beispiel oder die *Weitherzigkeit*, die Großzügigkeit, die *Erinnerung* und anderes mehr.

Doch das entscheidende Problem ist nicht die Klassifikation bestimmter Verhaltensweisen, sondern die Frage: Wie kommt ein Mensch dahin, statt dem hellen Weg des Glücks zu folgen, den finsteren Weg in den Abgrund zu suchen, wenn doch alles Laster Todsünde ist? Wenn es sich doch schon bis zur Selbstzerstörung bestraft mit dem schleichenden *Tod*, mit dem Selbstruin? Speziell die christliche Kirche des Mittelalters konnte nicht umhin, dem Laster mit der *Hölle* zu drohen, doch alles, was sie dazu sagte, war im Grunde nur die Verunendlichung dessen, was sie als *Laster* auf Erden schon bekämpfen wollte. Bis heute im Grunde gibt es keine wirkliche Erklärung des Lasters im theologischen Raum, in den moraltheologischen oder ethisch-philosophischen Traktaten, wie ein Mann, eine Frau dahin kommen, ihr ganzes Leben zu verformen. Was ist es, das den Menschen bis zum Lasterhaften «böse» machen kann?

Im 5. Jahrhundert erklärte PRUDENTIUS, es finde ein Kampf in unserer Seele statt zwischen Gut und Böse, zwischen Laster und Tugend, eine *Psychomachie*: Beide seien wie selbständige Kräfte – wir würden heute sagen, wie einander heterogene Systeme –, die um die Herrschaft in unserer Seele ringen. Diese Lehre steht bereits sehr dicht an der christlichen Ausdrucksweise, die auch MARTIN LUTHER verwandte: «Da ringen miteinander Gott und der Satan, und das Schlachtfeld ist das menschliche Herz», schrieb er. Wenn es so steht, wird der Mensch sich selber unheimlich; dann scheinbar hat er's gar nicht mehr so tapfer in seiner Hand, sondern im Hintergrund all der Tugend- und Sündenlehre beginnt das Gefühl für die Fragwürdigkeit des Menschen insgesamt, beginnt das Ringen um eine Gnade, die ihn aus der Verlorenheit retten könnte, ein Suchen auch, umfangen zu werden in allem, am Rande des Guten wie des Bösen. Die reformatorischen Theologen meinten deswegen, es stehe im Grunde ganz bei Gott, und es stehe in dem *Vertrauen* des Menschen zu Gott, was aus ihm werde; nur durch ein Vertrauen, das unbedingt gelte, vermöge ein Mensch, gut zu sein. Dieses Vertrauen sei wie die Sonne für die Blumen; es sei die Energie, die von innen her aufrichte.

Alles, was wir im folgenden über Tugend und Laster werden sagen können, ist in der Tat wie eine Vorbereitung und wie ein Hinarbeiten auf diesen Schluß. Es ist nicht wahr, daß wir unseres Glückes Schmied sind, daß wir das Gute und das Böse zur Wahl wie einen gesunden und wie einen faulen Apfel vor den Händen hätten.

Worum es geht, ist, nicht länger mit Kategorien von außen den Menschen einzuteilen, zu beschreiben, zu definieren, sondern die überkommenen Begriffe von Tugend und Laster zu lesen wie Symptome, die einer eigenen Erklärung bedürfen.

Das ist die *Umformung*, die wir nötig haben, wenn wir das Alte übernehmen wollen, um etwas daraus zu machen, das lebendig nach vorne weist. Es gibt kein Sprechen von Gut und Böse mehr, ohne daß es sich selber zu vermitteln suchte durch das Ringen darum, wie wir in dem einen wie in dem anderen, im Guten wie im Bösen, Menschen verstehen können. Paradoxerweise voraussetzen müssen wir gerade bei den vermeintlich Verlorenen, bei den lasterhaft Gewordenen, bei den Unglücklichen, daß sie auf eine merkwürdige Weise das Gute da suchen, wo es nicht ist, daß sie die Hilfe dort suchen, wo sie nicht sein kann, daß sie wie auf der Flucht sind nach einer Rettung, die sie gerade vereiteln, indem sie in eben die Richtung hineinstürzen, in der die größte Gefahr droht, – eine Umkehrung der gesamten Antriebsrichtung! Dies sollte die bedeutende, vorweggenommene Formel sein für die Analyse all der sieben Arten der *Selbstverfehlung* im Sinne des Lasters oder der sieben Formen der Selbstidentität im Sinne der Tugend.

Da die Bibel, wie kaum ein anderes religiöses Buch, eine Geschichte der *Eifersucht* und des *Neids* im Ringen um Gott beschreibt, ist es wohl richtig, wenn wir mit dieser merkwürdig quälenden Einstellung beginnen: mit Eifersucht und Neid.

Daß es sich so verhält und daß dieser Gedanke immer noch aktuell ist, mögen Sie darin bestätigt finden, daß noch heute Israel und Ismael als zwei Völker aus dem Erbe ein und derselben Person aus dem Wurzelgrund ein und der gleichen Religion miteinander hervorgegangen sind, doch gerade deshalb wie Todfeinde ringen um den Besitz ein und desselben Landes. Es ist wie eine Feindschaft von *Neid* und *Eifersucht*, die sich über Jahrtausende hinträgt. Wäre es möglich, daß, wenn wir diese Geschichte aus *Genesis 16* verstehen würden, wir etwas Wesentliches verstanden hätten vom Menschen und seiner Geschichte?

Als 1940 der Psychoanalytiker HARALD SCHULTZ-HENCKE in Berlin in seinem Buch *Der gehemmte Mensch* über die *Laster* nachdachte und sich den Begriffen *Eifersucht* und *Neid* zuwandte, stellte er sich ein eigentümliches Problem. Noch etwa zehn Jahre vorher, vor allem in der kommunistischen Ideologie, hatte man die *Eifersucht* verpönt. Es sei ein Relikt des bürgerlichen Bewußtseins, etwas *haben* zu wollen, das man dann gegen den Zugriff der anderen verteidige. Man solle gefälligst lernen, alles zu teilen: das erst bedeute das Ende der habsüchtigen Menschheitsära. Selbst im Umgang mit den eigenen Frauen und Männern sollte das so sein. SCHULTZ-HENCKE ahnte nicht, daß genau 28 Jahre nach dem Erscheinen seines Buches *Der gehemmte Mensch* unter ganz anderen Verhältnissen eine ganze Jugend aufbrechen würde mit ebendiesem Gedanken: es müsse möglich sein, alles und jedes zu teilen und nichts zum eigenen Besitz zu erklären, dann gebe es endgültig keinerlei *Eifersucht.* «Du bist possessiv», das war 1968 einer der schlimmsten Vorwürfe, die unter studentischen Liebespaaren geäußert werden konnten. «Du erhebst Besitzansprüche auf Liebesverhältnisse, Eigentumsverhältnisse, Beziehungssysteme, – du beanspruchst etwas, das du verteidigen willst, und das gehört sich nicht!»

Umgekehrt blieb der Vorwurf des *Neids* in der politischen Auseinandersetzung so etwas wie eine Anti-Sozialisten-Keule: Eben wenn der Sozialismus das Privateigentum schuldig spreche, sei das nichts als ein Ausdruck von Neid, den der rechtverstandene Kapitalismus geradewegs als eine progressive Kraft betrachte und fördere.

SCHULTZ-HENCKE meinte 1940, man verkenne den Menschen gründlich, wenn man so denke; es liege in ihm, daß er etwas haben wolle, und es gehöre zu ihm, das, was er habe, als Recht von ihm beansprucht werde; das sei normal und daran nichts zu ändern. Er hatte sogar lateinische Begriffe, um diese seine Meinung zu beschreiben, indem er bestimmte Antriebe mit diesen Worten bezeichnete. Etwas *haben mögen* nannte er *kaptativ*, und etwas *nicht hergeben wollen* nannte er *retentiv*, «zurückhaltend». Von daher fiel ihm die Ableitung nicht schwer: *Neid* bezog sich seiner Meinung nach auf den Willen, etwas haben zu wollen, Neid sei also ein *kaptatives* Streben, *Eifersucht* aber gründe auf die Furcht, daß einem etwas weggenommen werde, das man schon besitze, sei also Ausdruck des *retentiven* Verhaltens. Zu beiden Erlebnisweisen aber gehöre eine erhebliche Antriebsstärke aus dem Bereich von Aggressivität und Sexualität, und eben darin liege das Problem.

SCHULTZ-HENCKES Gedanke war im Grunde recht einfach: Würde

ein Mensch nur einfach danach trachten, irgend etwas *haben* zu wollen, das er nicht besitzt, so würde er normalerweise etwas *tun*, um sich in den Besitz des begehrten Gutes zu setzen; wir hätten es zu tun mit einer nicht nur kulturfähigen, sondern überaus fruchtbaren Anlage des Menschen: Da erweitert jemand seinen Spielraum, er geht seinen Wünschen nach, er erfüllt sich eine legitime Befriedigung, und allerorten wird anerkannt, daß jemand, der etwas hat, auch einen Anspruch darauf besitzt: Jeder Vogel, der im Nest sitzt, hat ein Recht darauf, darin zu bleiben, und jeder andere Vogel gefälligst hat die Pflicht, sein Recht zu respektieren. Jeder Guppy im Aquarium wird das kleine Terrain seines Reviers selbst gegen einen Goldfisch verteidigen, und dieses Bemühen geht in Ordnung: Der Goldfisch wird den kleinen Guppy respektieren. Nicht das *Kaptative* und das *Retentive* als Triebanlagen an sich bilden deshalb das Problem, vielmehr täuscht sich unser Urteilsvermögen. Wir glauben, daß jemand, der *neidisch* sei, *maßlos haben* wolle, und derjenige, der *eifersüchtig* sei, *maßlos behalten* wolle, und eben dieser Eindruck bringt die Tugendsamen in Verwirrung. Sie vermuten, daß die Lasterhaften Begierden nachgehen, die eigentlich sehr erstrebenswert seien, nur leider, daß sie diese Begierden übertreiben. Dabei wäre es doch so verlockend, man könnte einmal ungehemmt einfach tun, was man wollte, man müßte sich nicht ewig kontrollieren, sich nicht immer auf die Finger schauen oder hauen, man könnte endlich von allem sich freisetzen. Das tun die *Bösen*. Das Böse, so denkt man, ist offenbar überhaupt die Unbeherrschtheit, die Ungehemmtheit.

Wenn es so steht, befinden wir uns auf dem Gebiet des Guten in einer wenig erstrebenswerten Lage; immer wieder müssen wir um das Gutsein kämpfen, müssen wir das Laster niedertreten. Im Grunde brauchen wir immer wieder den Engel Michael, daß er mit dem Schwert komme und das Teuflische in die Hölle dränge. Aber wie schaffen wir es selber, bei Tag und bei Nacht, mit Bewußtsein uns zu kontrollieren? Die Psychoanalyse meint, daß dieser gesamte Vorstellungskomplex so nicht zutreffe. Die Wirklichkeit sei, daß Menschen, die zu Neid und Eifersucht neigten, gerade nicht *un*gehemmt, sondern zentral sehr *schwer* gehemmt seien! Und da sind wir plötzlich mitten in der wirklichen Problematik des Lebens.

Hören wir noch einmal die Geschichte von *Sarai* und ihrer Magd

Hagar. Sie wird uns erzählt als eine scheinbar historische Begebenheit, aber im Grunde spielt sie immer wieder, in der Bibel, aber auch in den Mythen der Völker. Die Bibel später wird erzählen von *Esau* und *Jakob* und den beiden Frauen Jakobs, von *Lea* und *Rahel*, ebenfalls Eifersuchtsgeschichten – es wird nicht aufhören! Die ganze Menschheitsgeschichte, erklärt darüber hinaus die Bibel, beginnt mit der Geschichte von *Kain* und *Abel*, erneut einer Geschichte von *Neid* und *Eifersucht* und von dem ersten Mord, indem der eine nicht leben kann neben dem anderen, wenn und weil *der* etwas besitzt, das einem selber zum Leben fehlt.

In *unserer* Geschichte genügt es, daß eine Frau wie Sarai schon betagt und in den Jahren ist, und sie vermag sich nicht mehr zuzutrauen, daß sie *das* tun könnte, wozu in der Welt, in der sie lebt, eine Frau eigentlich da ist: durch Fruchtbarkeit Kinder in die Welt zu setzen, ein einziges mindestens! Das doch wäre ihre Erfüllung, das ihre Daseinspflicht, das der Sinn ihrer Heirat. Ein verschlossener Schoß ist wie ein vergeudetes Leben! Unfruchtbar zu sein, dieses Gefühl ist das bitterste im Leben einer solchen Frau, so schlimm, wie sich zu empfinden als einen zerbrochenen Krug, etwas, das einmal schön war oder doch hätte werden können, das dann aber wie mutwillig oder schuldlos vom Schicksal selbst oder durch eigenes Fehlverhalten zerschlagen wurde, wer will das wissen? So sehen wir Sarai vor uns, eine Frau, die zurückschaut auf ein Leben, das sich nicht nur nicht erfüllt hat, sondern das sich aller Wahrscheinlichkeit nach niemals mehr erfüllen wird. Es ist eine Verfügung ihrer Pflicht, ganz sicher nicht ihres Gefühls noch ihrer Neigung, wenn sie ihre Magd, deren Herrin sie ist, zu ihrem Mann schickt, um stellvertretend für sie ein Kind in die Welt zu werfen. Und *Abram* tut es. Es ist nicht ein Tun seiner Liebe, es ist ein Geschehen des Rechtsspruchs. So wie die Magd zu der Herrin gehört, so mag auch das Kind als das seine zu *Abram* gehören, es bleibt im selben Besitzanspruch, in demselben Erbverhältnis, es gehört sozial derselben Familie zu; doch trotz alledem bleibt es ein Opfer für *Sarai*, eine andere vorzuschieben als Stellvertreterin ihrer eigenen Wünsche, und es wird ihr ständiges Wissen bleiben, daß das soziale Arrangement den psychischen und physischen Makel in ihr niemals wird tilgen können. Es liegt ein Bitteres, Resignatives, Endgültiges in dem Tun Sarais. Für *Hagar* hingegen stellen die Dinge sich gerade umgekehrt dar. Sie wurde bisher als

Magd verachtet. Wie man eine Magd *wird* in jenen Tagen, ist eine Geschichte voller Unrecht und Gewalt: Heere ziehen durchs Land, plündern die Städte, rauben die Frauen für den Anspruch der Männer, führen die schönsten und gebärfreudigsten mit sich und erklären sie fortan lebenslänglich für Mägde, für Sklavinnen. Andere mußten sich aus Schuld verschreiben und ihr ganzes Leben für eine unbezahlbare Hypothek verpfänden. Fortan gehört ein Mensch nicht mehr sich selbst, er muß hören auf das, was ein anderer ihm sagt. Sklaventum ist der äußerste Punkt der Unzuständigkeit für das eigene Dasein. Im Grunde also war *Hagar* so leer, wie *Sarai* sich fühlte. Beide sind sie Komplizinnen. Aber die von einem Kind erfüllte *Hagar* wirft sich zu einem eigenen Stolz auf. Sie kann etwas, das ihre Herrin nicht kann; sie ist etwas, das ihre Herrin nie sein wird: sie ist eine Frau, die eine Mutter wird! Allein die Art, wie sie in den Tagen der Schwangerschaft über den Hof gehen wird, muß *Sarai* provoziert haben. Soll das aber wirklich die Schuld *Hagars* gewesen sein? Gehört es nicht zu diesem Gefühl von *Neid* und *Eifersucht* im Herzen *Sarais*, daß sie etwas sieht bei dieser anderen, das sie bei sich selber vermißt, und schon daß diese andere es ihr zeigt, macht sie ärgerlich, wütend und aggressiv. «Das muß doch der andere extra machen, um mich zu demütigen», also muß das Gefühl sein, wenn das Fehlende selber die Entwertung der eigenen Person bedeutet. Und *Sarai* versucht Rache zu nehmen! Jetzt scheinbar hat sie ein Alibi. *Hagar* tut nichts anderes, als was eben noch *Sarai* für sich selber gewollt hat. Es ist nur so, daß die Schwangerschaft der Magd die Herrin *Sarai* bis zum äußersten herausfordert.

Wie aber soll man jetzt sagen?

Die Bibel bekommt es fertig, die Ahnfrau Israels, eben die Gemahlin *Abrams*, des Trägers der göttlichen Offenbarung, Gott anrufen zu lassen als Richter in eigener Sache. *Sarai* ist nicht «neidisch», soll das heißen, *Sarai* ist nicht «eifersüchtig», meint das, *Sarai* hat ein Recht, und Gott verbrieft es, will das sagen. Es ist das erste Mal, daß so von *Recht* geredet wird in der Bibel; aber was hier «Recht» heißt, ist nichts weiter als die Rechtfertigung eines mörderischen Anspruchs, sich durchzusetzen an einer Stelle, wo im Grunde alles verloren ist; *Abram* aber ist ein so merkwürdig schwacher Mensch! Die Tugend der *Stärke* und der *Tapferkeit* beobachten wir bei ihm keineswegs. So wie hier wird er sich in allen Auseinandersetzungen gegenüber seiner Frau verhalten: *Hagar* ist eine Magd, erklärt er, wie wenn er mit ihr nichts weiter mehr zu tun hätte. Er hat mit ihr ein Kind gezeugt, das Kind wird heranwachsen, und was seine Frau nun mit der Magd macht, kümmert ihn offenbar nicht. Außerdem führt seine Frau gerade Gott im Munde und auf ihrer Seite; was soll ein gottwohlgefälliger Mann da noch tun, welche Argumente sollen ihm werden? Wir erfahren zwischen den Zeilen, daß die gemeinsten Gefühle, daß die unterdrücktesten Neigungen die größte Bereitschaft haben, sich mit göttlichen Titeln zu rationalisieren. Es ist, wie wenn ein Vulkan sich hinauswirft in den Himmel und speit schließlich das Feuer von oben nach unten herab, – so hier *Sarai*. Fort muß *Hagar*, paradoxerweise sogar mitsamt ihrem Kind. Lieber gar nichts als ein Kind aus dem Schoße der *Hagar*!

Wenn wir je sehen wollen in einer kleinen biblischen Erzählung, wie weit *Neid* und *Eifersucht* gehen können, dann hier. *Neid* ist hier das Gefühl, selber zerstört zu sein, und es äußert sich schließlich als der Wille, ja, als die Befriedigung, das mögliche Glück des anderen mit zu zerstören. Es ist wie ein Trost: Wenn ich selber nicht glücklich sein kann, dann soll es der andere wenigstens auch nicht werden. Er muß verschwinden, damit ich meinen Platz behaupte. *Hagar* soll verstoßen werden in die Wüste. Das ist das Lakonische aus dem Wort der Sprüche: «Unersättlich ist der unfruchtbare Schoß einer Frau.» Es ist unter den gegebenen Voraussetzungen ein Rasen gegen sich selbst und gegen den andern.

Die Geschichte selber allerdings geht sehr tröstlich weiter, ganz anders, als wir sie in der wirklichen Geschichte bis in unsere Tage heute sich aufführen sehen. Der «Engel des Herrn» sei gekommen, die gütige Erscheinung Gottes selbst also in der Wüste, und habe zu der fliehenden *Hagar* gesprochen: «Woher kommst du?» Und als sie dem Engel die ganze Geschichte erzählte, habe der sie beruhigt: «Du bist doch *Hagar*, du hast doch ein Kind. Du wirst es gebären, und es wird stark sein, es wird sich durchsetzen gegen alle Widerstände. Ein wilder Jäger wird es sein, ein ewig vertriebener Wüstenbewohner, aber bewundernswert in seiner Kraft, in seinem Mut, in seiner Virilität – dein Kind!» Und es wird den Namen tragen, daß «Gott erhört», Jischma-El *(Gen 16,11–13)*. Die fliehende Magd hat ein *Ansehen* vor Gott! Dies ist die beste und gründlichste Antwort auf alles, was *Eifersucht* und *Neid* unter den Menschen genannt wird.

Das *Kapitel 16* der *Genesis* erzählt eine gewissermaßen naturgegebene Problematik. Jemand ist in gewisser Hinsicht verpflichtet und fühlt sich identisch mit einer bestimmten Aufgabe – in diesem Falle: ein Kind zu gebären. Wir könnten das Eifersuchtsmotiv in jeden anderen Zusammenhang setzen. Ein Mensch glaubt überhaupt erst das zu sein, was er sein muß, wenn er etwas Bestimmtes schaffen würde, tun könnte, sein würde; aber wenn ihm dies eine nicht gelingt, wird der Hohlraum in seinem gesamten Lebensentwurf gefüllt werden mit der Idee, es müßte trotzdem sein, und es wird die Neigung beginnen, sich mit anderen zu messen und zu vergleichen, ob sie nicht gerade da, wo der eigene Hohlraum klafft, ihre Stärke entfalten. Und diese Stärke des anderen wird zu einer tödlichen Bedrohung. Wie kann man den anderen vernichten in den Punkten, da er wertvoll ist?

Nehmen wir nur den Film, den PETER SHAFFER über *Mozart* gedreht hat – wie der strebsame, fromme, anständige SALIERI von dem rüpelhaft wie ein großes Kind sich gebärdenden MOZART als ungenial überführt wird: Er fängt an, seinen Konkurrenten zu hassen, ja, seine Vernichtung zu planen, wie um das Schicksal zu korrigieren. Wenn Menschen mit dem ganzen Dasein auf eine bestimmte Schwachstelle ihres Lebens reagieren, müssen sie in Kindertagen einmal gefühlt haben, daß dieses eine, dieser Punkt des Mangels, das Ganze ihres Lebens sei. Immer bei *Neid* und *Eifersucht* geht es nicht nur um die Dynamik gehemmter Aggression und Sexualität, weit wichtiger ist die Frage: Hat man mich wirklich lieb oder nicht? Kann man zu mir stehen, so wie ich bin, oder müßte ich erst anders sein, um liebenswert werden zu können?

Im Hintergrund von allem, was wir noch an Lastern und an Tugenden kennenlernen werden, verbirgt sich diese eine entscheidende Frage. So meinen die Psychoanalytiker der FREUDschen Schule nicht zu Unrecht, Neid und Eifersucht besäßen immer eine Vorbereitung im Erleben von Vater und Mutter in der Kindheit. Jedes Kind, das auf die Welt kommt, möchte seine Mutter *ganz*, möchte für sie das einzige sein, das die Mutter lieb hat, doch dann erlebt es, daß sich irgend jemand dazwischendrängt. Dieser Jemand nennt sich der eigene Vater, aber man hat als Kind diesen Vater nie richtig kennengelernt, und obendrein tut dieser all die Dinge, auf die man als Kind selber glaubt Anspruch zu haben. Er gibt vor, die Mutter zu lieben, und die wieder wechselt die Fahne, immer mal wieder, und läuft zu diesem anderen über. SIGMUND FREUD sprach von dem Ödipuskomplex, weil in der griechischen Mythe *Ödipus*, der Sohn, seinen Vater *Laios* ermordete, um schließlich seine Mutter *Iokaste* zu heiraten. Könnte es sein, daß wir Menschen einfach durch unsere Familienherkunft als denkende Säugetiere zu einem Rest von *Eifersucht* und *Neid* geradewegs verdammt sind?

Neid jedenfalls kann man jetzt als das Verlangen präzisieren, etwas *haben* zu wollen – einen Gegenstand, ein Objekt, eine Eigenschaft, einen Titel, ein Vermögen –, *Eifersucht* aber bezieht sich auf eine Person, deren Nähe man wünscht und deren Verlust man befürchtet. Ihre Grundlagen gehen ebenfalls in die frühe Kindheit zurück, näherhin auf die kindliche Liebesverlustangst. Ein Kind glaubt, daß die Mutter sich von ihm abwendet, weil es das nicht hat, was es braucht, um geliebt zu werden. Irgend etwas mangelt ihm, um wirklich liebenswert zu sein, – warum sonst würde die Mutter fortgehen? Warum würde sie mit dem älteren Geschwister oder dem jüngeren viel liebevoller reden? Allein schon in der Geschwisterreihe kann sich so viel an *Eifersucht* aufladen!

Eine Frau, die ihr Leben lang gefürchtet hat, im Falle sie sich auf die Liebe eines anderen einläßt, werde sie verlassen werden, nannte dies als den Hintergrund all ihrer Erfahrungen, als den schmerzhaftesten Eindruck ihrer Kindheit: Eines Tages hatte ihre Mutter zu ihr gesagt: «Deine Schwester ist nicht nur früher auf die Welt gekommen als du, sie kann und ist auch besser als du.» – «Sie waren also in den Augen Ihrer Mutter stets nur die zweite Wahl?», versuchte ich zu sagen. Bei diesen Worten war es, wie wenn ein Dammbruch all das aufgestaute Wasser der Tränen vieler Jahre im Leben dieser Frau freisetzen würde. «Ich *bin* ja nur die zweite Wahl!» Es war die Formel ihres ganzen Lebens. Würde ein Mann ihr erklären, daß er sie lieb habe, so stünde es ihr fest, daß das nicht sein kann, – jede beliebige andere, schon weil sie jünger ist, weil sie schöner ist, weil sie klüger ist, würde von seiner Seite sie verdrängen. Das ist *Eifersucht*: Ich werde den anderen nie *halten* können. *Eifersucht* ist das Unvermögen, *retentiv* sich zu betätigen und zu bestätigen. «Der andere muß zu mir gehören, weil ich seine Liebe brauche, aber wie kann eine Frau wie ich ihn *festhalten*?» Und umgekehrt: «Welche Befähigungen und Eigenschaften müßte ich haben, um wirklich für liebenswert zu gelten?» Das ist der Stoff, aus dem der *Neid* sich zusammensetzt. «Ich habe keine höhere Schule besucht; ich bin kein gebildeter Mensch, ich habe nicht die Ausbildung erfahren, die ich brauchen würde, um in akademischen Kreisen zu verkehren; ich habe in der Schule nicht die Noten erbringen können, die nötig gewesen wären, um emporzukommen; ich habe nicht die notwendige Laufbahn machen können, wie es andere getan haben» – mit solchen Gedanken wächst das ständige Gefühl: andere werden mir zuvorkommen, andere werden die Stellen besetzen, an welche ich selber gehören würde.

Im Kern lebt in allem *Neid* und in aller *Eifersucht* das Gefühl, *ungerecht* behandelt zu werden, und zwar nicht nur von diesem und jenem Menschen, sondern vom Schicksal im ganzen; und so wächst immer mehr die Verbitterung, die Zurückgezogenheit, das Grämen und schließlich wie bei jeder *Sucht* zugleich auch das Schamgefühl sogar vor den eigenen Empfindungen. Maler im Barock haben die *Eifersucht* mitunter wie eine Frau gemalt, die ihr eigenes Herz verzehrt; sie wollten damit sagen: *Eifersucht*, das ist ein ständiges Leben im Nagen, das ist, wie wenn das ganze eigene Herz zermahlen würde. Besonders packend hat SHAKESPEARE in seinem Drama *Othello* die Dynamik und zerstörerische Macht der Eifersucht geschildert: Es genügt, daß der selbst gekränkte, sich ungerecht behandelt fühlende Jago den Verdacht der Untreue in *Othello* sät – und die Eifersucht wird sich zu mörderischen Impulsen steigern –, ein unentrinnbares Gefängnis von Liebe, Enttäuschung und Rache. Gibt es jemals eine Liebe ohne Eifersucht, die wie Glut in der Asche nur auf den Wind wartet, der sie entfacht?

Warum aber lehnt dann jedes Gesellschaftssystem *Neid* und *Eifersucht* instinktiv ab? Eigentlich nur deshalb, weil man spürt, wie tief die Unfruchtbarkeit derartiger Einstellungen ist. Es kommt bei Empfindungen dieser Art buchstäblich nichts heraus. Menschen, die so fühlen, leiden unter sich selbst und ihren Empfindungen, und sie verhalten sich demgemäß scheelsichtig, die anderen nicht offen anschauend, ohne den Wagemut, in eine klar erklärte Konkurrenz mit einem Nebenbuhler einzutreten, sondern stets nur hintenherum, stets von der Seite her. Das meinte SCHULTZ-HENCKE, wenn er von den *gehemmten Aggressionen* sprach. Es ist ein ständiges Gefühl, im direkten Vergleichskampf doch unterlegen zu sein und niemals über die Möglichkeiten zu verfügen, siegreich aus einer Auseinandersetzung hervorzugehen.

Wie also *heilt* man *Neid* und *Eifersucht*? Wenn wir die beiden «Laster» in angegebenem Sinne beschreiben, ist eines schon klar: Eine bloße Tugendpredigt nützt gar nichts! Jener Frau, die ständig unter dem Empfinden ihrer zerbrechenden Liebe leidet, ja, unter dem sicheren Gefühl, daß sie immer schon zerbrochen ist und daß sie bei allem guten Willen nie eine wirkliche Chance hat, im Leben geliebt zu werden, soll man der jetzt sagen: «Aber hören Sie doch auf mit Ihrer Eifersucht, Ihr Mann ist treu. Sie müssen das nur glauben»? Wie kann sie denn herausfinden, was wirklich ist? – Oder soll man sagen: «Sie sind liebenswert. Sie müssen nur endlich an sich glauben»? wenn diese Person es gar nicht glauben kann entsprechend ihren Erfahrungen? – Oder soll man sagen: «Eifersucht ist unmoralisch und eine der Todsünden, darauf steht die Höllenstrafe»? Sollen Neid und Eifersucht wirklich Gegenstand einer «Beichte» sein? Plötzlich begreifen wir, daß das ganze Hin und Her von Tugenden und Lastern nichts weiter ist als eine Einladung, den Menschen auf einer Ebene zu verstehen, die sich mit moralischen Kategorien allenfalls in der Sprache der Phänomene und Symptome an der Oberfläche beschreiben läßt. Die Frage ist ja nicht, wie wir die Eifersüchtigen und Neidischen in die Hölle stoßen, sondern wie wir sie aus der Hölle, in der sie längst schon leben, herausführen können.

Im Neuen Testament hat Jesus im *20. Kapitel* des *Matthäus* eine erstaunliche Geschichte erzählt. Er stellt sich Menschen vor, die *chronisch* «neidisch» sind, – das sind in seinen Augen vor allem die tugendhaften Leute, die Tugendböcke der israelitischen Religion vor zweitausend Jahren, die Pharisäer, diese «Abgesonderten», diese besonders Guten, diejenigen, die das Prämiensystem Gottes auf ihrer Seite haben, Leute, die jeden Tag die Bibel lesen und mit dem Gefühl aufstehen, die Moral auf ihrer Seite zu haben, wie womöglich der Sonderermittler KENNETH STARR bei der Untersuchung der CLINTON-LEWINSKY-Affäre. Jesus spürt, daß es Formen der Tugend gibt, die schlimmer als das Laster sind, weil sie sich nie in Frage stellen, weil sie immer nur richtig sind, unproblematisch, ganz klar, gußeisern. Das Problem, das der Mann aus Nazareth vor sich hatte, war der Neid all dieser guten Leute, die sich darüber empörten, daß er sich mit Leuten zusammensetzte, die es nach Maßstab von Moral, Anstand, Verstand, Tugend, Geradheit und Frömmigkeit nicht verdienten, – lauter armen Leuten, Verlaufenen, Verlorenen. Es wurde für Jesus eng, und er mußte sich rechtfertigen, warum er das tat; da erzählte er die folgende Geschichte, die man eigentlich nur von unten her versteht, wenn es einem selber dreckig genug geht, wenn man selber etwas wie Rettung brauchen würde. Dieselbe Geschichte wird hingegen jeden bedrohen, der glaubt, daß er eigentlich ganz im Recht ist und daß er ganz in Ordnung ist. Den Leidenden ist diese Geschichte ein Medikament, den Zufriedenen und Satten aber ein Gift. Denn, meint Jesus, das Himmelreich gleicht einem Hausherrn, der früh am Morgen ausging, Arbeiter für seinen Weinberg anzustellen:

Denn: Vergleichbar ist das Königtum der Himmel einem menschlichen Hausherrn, der ausging gleich in der Frühe, um Lohnarbeiter anzuwerben für seinen Weinberg. Er kam aber überein mit den Arbeitern um einen Denar den Tag und schickte sie in seinen Weinberg. Auch ging er hinaus um die dritte Stunde und sah andere da stehen auf dem Markt, unbeschäftigt; auch zu denen sagte er: Geht auch ihr hin in den Weinberg, und was recht ist, werde ich euch geben. Die aber gingen los. Wiederum aber ging er aus um die sechste und neunte Stunde und tat ebenso. Um die elfte Stunde aber, als er ausging, fand er (immer noch) andere da stehen und sagt ihnen: Was steht hr hier den ganzen Tag unbeschäftigt? Sagen sie ihm: Keiner hat uns eingestellt. Sagt er ihnen: Geht auch ihr in den Weinberg! Als es nun Abend geworden, sagt der Herr des Weinbergs seinem Verwalter: Ruf die Arbeiter und gib den Lohn aus (Lev 19,13; Dt 24,14–15), beginnend bei den letzten bis zu den ersten. Da kamen die der elften Stunde und erhielten je einen Denar. Als da die ersten kamen, setzten sie, sie würden mehr erhalten. Doch erhielten den Satz von einem Denar auch sie. Beim Erhalt aber schimpften sie über den Verwalter, sprechend: Diese letzten da – eine (einzige) Stunde haben sie gearbeitet, und ebenso hast du diese behandelt wie uns, die wir des Tages Last und Hitze getragen. Er aber zur Antwort hat einem von ihnen gesagt: Mein Lieber, nein, ich tue dir kein Unrecht. Nicht? Um einen Denar bist du mit mir übereingekommen! Nimm das Deine, und fort! Ich will aber diesem Letzten ebenso geben wie dir. Nicht? Es ist mir erlaubt, was ich will, zu machen mit dem Meinen!

Es gibt zur Heilung von *Neid* und *Eifersucht* vermutlich nur die beiden Wege, die freilich irgendwo zusammenlaufen und ein einziger werden. Das *eine* ist das Gefühl, das Jesus hier vermitteln möchte: «Du bist neidisch auf etwas, das sich nicht lohnt! Achte doch auf das, was du selber in Händen hast, dann mußt du nicht kämpfen um etwas, das dir vermeintlich zustünde, aber das du nicht bekommst. dein Leben ist wie ein Vertrag, und du bekommst allemal genug. Miß dich doch nicht ständig mit denen an deiner Seite. Sei, was du bist, tu, was du kannst. Mach etwas aus dem, was du in Händen hältst.»

Mehr muß dann gar nicht sein. *Neid* und *Eifersucht* lassen sich wesentlich nur beheben durch ein Selbstwertgefühl, das in sich selber gründet. Daneben freilich ist ein anderer Weg als Ergänzung unvermeidbar, eben der Weg, den Jesus selber zu all den Niederen geht.

Da müßte man als erstes einer Frau mit dem verletzten Stolz einer *Sarai* sagen: «Du hast deinen *Abraham* – sechsundachtzig Jahre alt ist er – viele Jahrzehnte lang lieben und mit ihm leben dürfen. Was für eine Wahnidee also, die Liebe sei nur nützlich, um fruchtbar zu werden, um Kinder zu gebären, um irgend etwas an Nutzen zu hecken! Könntest du nicht auf das Leben zurückblicken, in dem du glücklich warst, in dem die Liebe einen Wert besaß einfach in sich selbst? Nie hat dein *Abraham* Grund gefunden. Dich zu verlassen, nur weil du etwa nicht tätest, was die Gesellschaft von dir verlangt: Mutter eines Kindes zu werden. Du bist seine Frau, und das warst du all die Jahre. So fühle dich denn auch als seine Frau! Gewinne deinen Stolz in dem, was du bist, statt dauernd zu suchen nach dem, was du nicht sein kannst.»

Das wäre die Richtung, in die hinein man spricht mit den Besitzenden, mit den Hochgestellten, mit den Herrinnen und Herren des Lebens – mit all den Menschen, die sich überhaupt nur als Hochgestellte und Besitzende bejahen können.

Das *andere* ist ungleich schwieriger, das ist der Weg Jesu zu Menschen von der Art der Hagar, die nie haben glauben dürfen, daß sie etwas anderes seien als die Tagelöhner und die Knechte in den Händen der Mächtigen, die objektiv so viel Grund haben, sich zu verachten, die wirklich Zu-kurz-Gekommenen. Wie ist es möglich, gerade diese Menschen so aufzurichten, daß sie ein Empfinden für den Wert bekommen, den man ihnen nie beigemessen hat? Die Griechen sprachen von den Sklaven als von den «Menschenfüßlein». Sie waren die Abtrittmatten, die Fußschemel der Mächtigen, nicht Menschen, nicht selbstbewußte Persönlichkeiten. Wie erhebt man Menschen gegen die Mißhandlung eines ganzen Lebens bis dahin, daß sie sich als etwas fühlen können, das gilt? Die ganze Botschaft Jesu lag darin, das Himmelreich, das Königreich Gottes, bestehe eben darin, daß wir uns selber und der eine den anderen betrachten würden wie Prinzen und Prinzessinnen, voller Respekt, voller Würde, voller Selbstachtung.

Wir werden finden, daß wir in allen Lastern, die wir noch durchgehen werden, und ebenso in allen Tugenden immer wieder auf den gleichen Hintergrund stoßen: Wir «wählen» nicht nach moralischen Kategorien unser Leben, wir rappeln uns nicht auf mit Selbstdisziplin, wir leben aus Beziehungen der Liebe, und wir leiden an den unerfüllten Beziehungen der Liebe. Und immer bleibt es die Frage, wer wir selber sind. Die Ableitungen dann sind so einfach: Wir schauen in den Spiegel, und wir finden uns nicht gut genug. Irgendwann beginnt man das *Eitelkeit* zu nennen. Wir möchten etwas tun, stoßen aber auf unerwartete Widerstände, das macht uns wütend, – man nennt es *Jähzorn*. Oder wir greifen nach jedem, der uns etwas Liebe verspricht, – das nennt man Zügellosigkeit und *Wollust*. Und so weiter. Wann findet ein Mensch seine ruhige Identität mit sich selber? Das ist etwas anderes, als wenn ARISTOTELES sagte: «Du mußt Maß halten, die *Mäßigung* ist eine Tugend», oder als wenn das ganze Mittelalter die Zucht und die mâze als Tugend lehrte. Derlei «Tugenden» sind nichts weiter als moralische Etiketten. Aber das Leben von innen her braucht die Religion. Nicht Tugend und Laster bilden das Problem, sondern die Gründe, aus denen das eine oder das andere entsteht. Also müssen wir in die Tiefe loten, wo die Wurzeln wachsen und entweder Nahrung finden, indem sie wie Blumen ins Licht emporwachsen oder in Lichtlosigkeit und Kälte verdorren.

EITELKEIT UND STOLZ

JACOB MATHAM nach HENDRICK GOLTZIUS: **Eitelkeit, Hochmut und Stolz (Superbia)**

In prunkender Selbstgewißheit, die rechte Hand in die Hüfte gestemmt, steht die *Superbia* da und betrachtet sich wohlgefällig in einem mit Pfauenfedern geschmückten Spiegel. Ihr faltenreiches, tief herabfallendes Kleid zeigt ein spitzengesäumtes tiefes Dekolleté; die lockigen Haare schmückt ein kunstvoll geflochtenes Häubchen. Die Wappenfiguren dieses Lasters sind «ein radschlagender Pfau und ein stolz daherschreitendes Pferd». (BRAKENSIEK, a.a.O., S. 31) Der lateinische Text lautet:

Daemona turbavit / vaesana Superbia caelo,
Elysiis miseros / nos huc detrusit ab hortis.
Wahnhafter Hochmut hat / im Himmel die Teufel verleitet.
Uns hat er elendiglich / aus Wonnegärten vertrieben.

1
Dęmona turbauit vesana Superbia cęlo,
Elysijs miseros nos huc detrusit ab hortis
P.E.

PIETER BRUEGEL: **Hochmut, Stolz und Eitelkeit (Superbia)**

Vornehm, mit einem ausladenden Reifrock bekleidet, eng geschnürt, die Arme mit kostbaren Spitzen verziert, steht auf dem Kupferstich die *Eitelkeit* beziehungsweise der *Hochmut*, die als Frau personifizierte *Superbia* da und betrachtet sich wohlgefällig in einem Spiegel, während neben ihr ein Pfau seinen Schwanz spreizt. Was von der ganzen Szene zu halten ist, scheint eine parallele Begebenheit im Vordergrund anzudeuten: Da hat eine schon ältere, nonnenähnlich gekleidete Dame, deren klauenförmiger Fuß auf einen am Boden liegenden Fächer zu treten scheint, demonstrativ, mit weit ausgestreckter rechter Hand, wie zu einem Lehrvortrag, einen viereckigen Spiegel aufgestellt, in dem ein monströser Kopffüßer mit dem faltigen, langnasigen Gesicht einer alten Frau und dem gepanzerten Leib eines Skorpions die Gelegenheit zur Selbstbespiegelung oder zur Selbsterkenntnis erhält; hinter ihr liegt, von einem Pfeil durchbohrt, ein anderer nackter Kopffüßer. Eine ähnliche Szene scheint sich auch hinter dieser Gruppe zuzutragen: Umringt von Vogelmenschen und grimassierenden Ungeheuern sucht eine Frau im Gegenüber einer anderen haubentragenden Dame einen hoch aufragenden Hut anzuprobieren, der, vermutlich nach der neuesten Mode, wirkt wie eine überdimensionierte Zipfelmütze. Die «kapuzentragende Dame» entpuppt sich in der Vorderansicht des nächsten Bildes freilich erneut als ein vogelbeziehungsweise fledermaus- oder schweinerüsselähnliches Monstrum, wie sie zu viert eine noch recht junge nackte Frau vorzuführen oder einzukleiden suchen – beides scheint ununterscheidbar ein und dasselbe zu sein! Vermutlich soll diese Frau auf den Empfang eines ebenfalls von Vogelwesen begleiteten, bigott zum Himmel blickenden Ritters vorbereitet werden, zu dessen Gefolge eine andere bis zum Halse verschnürte Frau mit einer verrutschten Rotunde von Hut auf dem Kopf zu gehören scheint, nebst einem Krieger, der, hinter ihr stehend, eine ungeheuere Schere im Schilde führt. Eine ähnlich gekleidete Frau mit dem kleinwüchsigen Leib eines Kindes, aber dem alten Kopf einer Matrone befindet sich, von Männern umringt, im linken Bildhintergrund. Im ganzen läßt die Verformung des Menschlichen sich offenbar bis an den Rand des Paranoischen treiben: Allerorten auf dem Bild erscheinen Gesichter und Augen! Ein Hügel, der eulenartig dreinblickt, trägt eine Art Papstmütze oder Kardinalshut; daneben öffnet ein drachenähnliches Ungeheuer sein verschlingendes Maul: darüber erhebt sich ein Narrenschiff, das an einem Berg wie an einem Riff gestrandet ist. Alle Gebäude sind kuppeltragende, salbgefäßähnliche Gebilde, aus denen edle Essenzen emporqualmen. Die blattlosen Bäume in dieser absonderlichen Welt sind behangen mit aufgedunsenen Früchten, die Tierwelt bringt massenhaft neue Gänse oder eidechsenähnliche Reptilien hervor. Der beißendste Kommentar zu all

SVPERBIA ·
Cock exc. cum privileg. 1558
· P. brueghel · Inventor ·
NEMO SVPERBVS AMAT SVPEROS NEC AMATVR AB ILLIS ·
Houerdye werdt van godt bouen al ghehaet Tseghelyke werdt godt weder van houerdye versmaet

dem aber findet sich auf der rechten Seite des Bildes: Da erhebt sich ein relativ solide wirkendes Haus, geschmückt mit Tellern, einer Laute und Inschriften; davor wird soeben in einer Wanne eine langhaarige Frau von einer Alten mit Hundekopf gewaschen; im Hause sieht man eine ältliche Frau, die gerade von einem Friseur behandelt wird; die Fülle der Töpfe über dem Eingang verweist auf die Vielzahl der Elixiere, die bei solcher Behandlung gegebenenfalls zur Anwendung kommen; doch oben auf dem Dach sitzt ein noch junger Pfau auf dem ausgestreckten entblößten Hintern eines Mannes, der sich gerade in eine Schale entleert, aus welcher der Urin auf das Dach dieses absurden «Schönheitssalons» tropft! Die latente Feindseligkeit und permanente Konkurrenz dieser Welt aus Stolz und Eitelkeit hebt der lateinische Beispruch hervor:

Nemo superbus amat superbos nec amatur ab illis.
Niemand, der stolz ist, mag andere Stolze, noch wird er von ihnen gemocht.

Moral, sagen alle ihre Verteidiger, sei eine wichtige, eine ganz unersetzliche Angelegenheit, um in menschlichen Beziehungen Ordnung und Klarheit zu schaffen; Moral solle uns anweisen, wie wir uns verhalten müssen, um gut und richtig vor den Menschen und sogar vor Gott zu erscheinen. Was also sollte bedenklich erscheinen an der Moral, die das Gute selbst zu gebieten verspricht? Es gibt Satiriker und Skeptiker wie ERICH KÄSTNER, die ihre Zweifel an der öffentlichen Moral in zwei Verse kleideten:

> Ein Mensch, der Ideale hat, der hüte sich, sie zu erreichen,
> sonst wird er sicher bald anstatt sich selber andern Menschen gleichen.

KÄSTNER meinte, es liege eine große Gefahr darin, mit großen Ohren nach draußen zu lauschen, was die Gesellschaft und die sie stützenden Institutionen über das Rechtverhalten zu sagen hätten, statt nach innen zu hören, was das eigene Gewissen uns sage. Dieser Gedanke ist religiös sehr tief verankert. Kein Geringerer als der chinesische Weise LAO-TSE meinte, daß das Predigen von Moral den Menschen überhaupt erst böse mache, denn es bringe ihn um das Empfinden, das in ihm selber liege, das Rechte und Richtige zu tun.

Tatsächlich gibt es keinen Bereich zwischen Moral und Psychologie, der so schneidend scharf und zwiespältig sein könnte wie die Lehre von den *Tugenden* und *Lastern*. Unterstellt wird seit der griechischen Antike, daß Menschen sich nicht nur beurteilen ließen nach dem, was sie aktuell tun, sondern daß hinter den einzelnen Handlungen eine Haltung stehe, die die einzelnen Verhaltensweisen einem übergeordneten Ziel unterwerfe, und eben diese Grundeinstellung, immer wieder konstant etwas ganz Bestimmtes zu wollen und ein ganzes Bündel von Aktivitäten daraufhin zu kanalisieren zeige einen Menschen im Guten wie im Bösen als der Tugend oder dem Laster zugehörig. Die Psychologie hat seit dem Mittelalter Fortschritte gemacht; im *20., 21.* Jahrhundert jedenfalls spüren wir ganz deutlich, daß es nicht mehr genügen kann, von Haltungen im menschlichen Verhalten zu sprechen, ohne sich die Frage vorzulegen, wie denn ein Mensch dazu kommt, derartige Haltungen auszuprägen. Vor allem im Negativen müssen wir uns fragen, wie es möglich ist, daß Menschen bis zum Ruinösen etwas ganz Bestimmtes, immer wieder, wie von innen her getrieben, auf eine Weise anstreben, die für sie selber und für alle anderen in ihrer Umgebung äußerst schädlich ist. Solange wir unterstellen, daß Menschen kraft ihrer Vernunft und kraft der Stärke ihres freien Willens Augenblick für Augenblick über sich selber verfügen und entscheiden können, je nachdem das Böse oder das Gute zu tun, fallen wir unter die Betrachtungsweise übergeordneter Haltungen im Grunde im Sinne der alten Tugend- und Lasterlehre zurück. Mit *Haltung* meinen wir gerade eine gewisse Konstanz im Sich-Verhalten. Wie aber kommt eine solche Haltung zustande? Kann es sein, daß eine bestimmte Gewohnheit sich wie hypnotisch selber festlegt und Strukturen von Unentrinnbarkeit bildet?

Es gibt kaum ein Thema, das psychologisch interessanter sein könnte, als die alte Morallehre von den Tugenden und Lastern durch ein tieferes Verstehen zu vermenschlichen. Keinem Menschen hilft es, wenn wir vor ihm stehen und ihm sagen: «Du darfst dies und das nicht tun; du mußt deine ganze *Haltung* ändern!» Eine solche Mahnung bedeutet soviel wie: «Du bist *im ganzen* verkehrt.» Wir aber werden gerade im Durcharbeiten gewisser Fehlhaltungen sehen, daß Vorwürfe dieser Art am allerwenigsten dazu beitragen, grundlegende Mißweisungen bis in den Aufbau des Charakters, bis in den Umgang mit sich selbst, bis in den gesamten Gefühlsbereich hinein noch einmal zu ändern. Es ist, wie wenn Wasser zu Eis gefroren wäre und wir nun versuchen wollten, mit Spitzhacke und Schaufel das Eis zu beseitigen, während durch die Kälte des Winters immer mehr Wasser gefriert. Wessen wir bedürfen, ist ein anderes Klima.

Wir sprachen bereits von *Eifersucht* und *Neid*, von zwei Haltungen, die sich auf etwas beziehen, das man nicht hat, aber glaubt haben zu müssen, um persönlich liebenswert zu sein. Wieviel Zerstörungsenergie kann in solchen Haltungen liegen, die bis dahin zu schreiten vermögen, einen möglichen Konkurrenten physisch oder psychisch zu vernichten, um als einziger zu überleben! Die Bibel erzählt auf ihren Anfangsseiten die Tragödie von *Kain und Abel (Gen 4,1–12)* mit ihrer Lehre, jemand, der so handle, werde am Ende bei seinem verzweifelten Ringen um Liebe ein völlig Verstoßener sein, «weg aus dem Antlitz Gottes» werde er vertrieben werden. Unsere Schwierigkeit mit der Moral liegt darin, daß sie sehr leicht selber zur Waffe, zum Instrument des Rechthabens benutzt werden kann, indem sie wesentlich dem Zwecke untergeordnet wird, bestimmte Haltungen durchzusetzen. Moral als Waffe – im 20. Jahrhundert ist diese Gefahr immer größer geworden. In der CLINTON-LEWINSKY-Affäre meldete der Rundfunk, daß der Rechtsausschuß des Repräsentantenhauses der Vereinigten Staaten von Amerika nicht nur die Bandaufzeichnungen von Präsident CLINTON freigebe, sondern nunmehr auch die Tonbandabschriften, auf denen MONICA LEWINSKY mit ihrer ehemaligen Freundin LINDA TRIPP redet. Das bedeutet, daß nicht nur ein Verhör ohne Rechtsanwaltsbeistand der Weltöffentlichkeit zugänglich gemacht werden kann, um die Gesamtbevölkerung der USA zur Verurteilung ihres Präsidenten aufzufordern, sondern daß es nicht länger möglich sein wird, privat mit einer Privatperson zu reden, ohne daß möglicherweise die gesamte Weltöffentlichkeit ihr Ohr am Telefonhörer hat. Die höchst widerliche LEWINSKY-Affäre hat vielleicht den einen Vorteil, daß sie unsere Aufmerksamkeit auf die Person im Hintergrund lenkt, die vermutlich von Anfang an die Fäden gezogen hat gleich einer Spinne im Netz, Frau LINDA TRIPP. Die Medien haben sie all die Zeit fast verschwiegen. Erinnern wir uns, wo und wie das wirklich war: Sie wurde aus dem Weißen Haus hinüber ins Pentagon versetzt. Es stehe dahin, wer Frau TRIPP persönlich ist, aber könnte es nicht sein, daß sie eine alternde Frau ist voller *Eifersucht* auf eine junge schöne Frau in den Zwanzigern, die sich gerade dem Mann nähert, der sie soeben verstoßen hat? Dann stehen wir bei der Psychologie der *Eifersucht*: Nun geht es darum, sich durch Vernichtung der Konkurrentin zu rächen; es ist aber nicht möglich, den Konkurrenzvergleich an der Stelle anzutreten, an welcher der Schaden eingetreten ist, – auf *dieser* Ebene läßt sich erfolgreich nicht mithalten; also muß man das Thema austauschen. Fest steht: «Du bist nicht schön genug, um die Gunst des Präsidenten zu erhaschen, auf dem Wege dahin kann jede beliebige Jüngere dir zuvorkommen.» Aber ist es nicht böse und schlecht und gemein, daß jemand das wirklich getan hat? Also gilt es, den verlorenen Krieg moralisch weiter zu führen. Der andere mag schön sein, aber das ist seine *Schuld*, dafür gehört er bestraft! Und plötzlich haben Sie die gesamte Gesetzesmühle des vermeintlich am meisten demokratisch durchgestylten Staates der Welt zugunsten eines einzigen Motivs in Gang gesetzt: *Rache aus Eifersucht*, – ein «tragisches» Motiv, sagen uns die Bühnenautoren seit der Antike, aber welch eine Macht besitzt es, wenn es sich unter unsern Augen aufführt, und wann bemerkt ein Mensch sein Hereinbrechen früh genug? Könnte es sein, daß die wichtigsten Handlungen, die am Ende entscheiden können über Ordnung und Unordnung, Aufstieg und Abstieg des Dollars an der Börse, womöglich über Krieg und Frieden im Kosovo, über den Umgang der Außenpolitik der USA mit Staaten, die dringend der Hilfe bedürften, aber keine Hilfe bekommen, kurz, daß ein ganzes Subsystem wichtiger Einzelfragen am Ende abhinge von etwas gänzlich anderem, nur psychologisch zu Kalkulierendem, wir Menschen aber wären wie Getriebene von den Energien unseres eigenen Herzens, die wir verleugnen und nicht kennen? Schließlich hilft uns sogar die *Moral*, mit uns sehr einverstanden zu sein: Wir haben *gerechte* Rache geübt! Es war unser *Verdienst*, den anderen vernichtet zu haben! Es war ein Werk der Verbesserung der Tugend und des öffentlichen Anstands, so gehandelt zu haben! Eifersucht, Konkurrenz, Machtgier, das alles sind Themen, die hinter der so kleidsamen Absicht höherer Tugend gänzlich verschwinden ...

Wir haben bisher nur gesprochen von den Lastern als von psychologischen Problemen. Wie aber, wenn sie sich verknüpften mit bestimmten Gesellschaftsstrukturen? Könnte man nicht denken, daß eine Privatperson wie Frau LINDA TRIPP gar keine Privatperson ist? Man müßte kein Romancier sein, sondern nur ein guter Leitartikler, um sich vorzustellen, daß im Pentagon Leute sitzen, die es dem amerikanischen Präsidenten sehr übelnehmen, daß er die Rüstungsausgaben zusammenstreichen möchte zugunsten von Sozialhilfe. Vielleicht «brauchen» wir neue Kampf-Jets, «brauchen» wir neue Hubschrauber, «brauchen» wir bessere Raketen – lauter Dinge, die den Militärs immer, kaum daß sie sie haben, schon wieder veraltet scheinen. Also brauchen wir überhaupt einen neuen Präsidenten, der dem Pentagon dienlicher ist. Plötzlich stünden wir vor dem Thema einer Konkurrenz auf so vielen Ebenen! Die *persönliche* Eifersucht eskaliert zum Kräftemessen zwischen den Institutionen, und voller Erschrecken müssen wir uns fragen, was wir denn von Menschen erwarten, wenn die gesamte Gesellschaftsphilosophie auf kaum etwas anderes hinausläuft als auf dies eine Thema: *Konkurrenz*! Alles, was wir als Weisheit von den Politikern derzeit vernehmen, dient dem Ziel, uns einzuimpfen, daß die Konkurrenz den Wohlstand hebt, daß die Konkurrenz also die Menschlichkeit hebt, daß nur die Konkurrenz als wirtschaftliches Prinzip Deutschland stark machen kann gegen die globale Herausforderung auf den Weltmärkten – einen höheren Wertbegriff als die so nützliche Konkurrenz scheint es gar nicht mehr zu geben! Was aber wird dann aus denen, die im Konkurrenzkampf unterliegen? Sind nicht *Eifersucht* und *Neid* lediglich die Folgen verlorener Machtkämpfe? Will man nicht immer noch gesiegt haben? Und ist *Eifersucht* nicht lediglich ein langgezogenes Klagelied am Rande des Untergangs?

Wer die Konkurrenz predigt, muß die *Eifersucht* in Kauf nehmen, ja, er muß sie mit allen Mitteln fördern. Vielleicht von hinten her setzt sie sich doch durch, erfindet sie noch bessere Waffen. Der globale Konkurrenzkampf sollte wohl auch der *totale* Konkurrenzkampf sein dürfen. Moral ist da nur das besser geschmiedete Schwert, um die Rüstung des andern zu durchdringen.

Wir sprachen von Neid und Eifersucht, aber wir müssen uns nur der vielen Debatten im Bundestag erinnern, in denen allein das Anmahnen sozialer Gerechtigkeit, das Verlangen auch nur, daß die Reichen ihren Reichtum teilen sollten mit den Habenichtsen, niedergeschmettert ward als das «Neidlied der Linken», der Sozis, der Prediger aus den Froschtümpeln, die immer nur mit gierigen Glubschaugen von unten nach oben gucken können und deren Gerede ein Gequake im Morast ist, um das «ordentliche» Menschen sich gar nicht erst scheren. – Alles im gesellschaftlichen Raum erscheint zweideutig, indem es das Gewand der Moral mal linksrum, mal rechtsrum zu tragen vermag. Um so wichtiger erscheint es, daß wir uns fragen, was im Menschen selber wirklich stimmt, denn von außen her verordnet werden wir es offenbar nicht erfahren.

Daß private Tugenden und Laster selbstverständlich abhängen von gesellschaftlichen Zuordnungen, ist in der Tat wohl an keinem Punkte so deutlich zu machen wie an der Frage der *Eifersucht*, einem der sieben großen «Laster»; doch hinzufügen müssen wir jetzt, um die ganze Palette zu vervollständigen, die *Eitelkeit* und den *Stolz*, also den *Hochmut*, und sogar, im Vorlauf schon, die *Herrschsucht*.

Auf der Suche nach einer biblischen Stelle, die uns etwas über *Eitelkeit* zu sagen vermag, findet sich im Anschluß an das Thema *Eifersucht* und *Neid* keine sprechendere Szene als die so hilflose, fast hoffnungslose Verhaltensweise der Lieblingsfrau Jakobs, des Stammvaters Israels, der schönen Rachel: *1. Mose 30,1–2.14–15. 22–24*:

> *Als Rahel sah, daß sie dem Jakob keine Kinder gebar, da ward sie eifersüchtig auf ihre Schwester und sprach zu Jakob: Schaffe mir Kinder; wo nicht, so sterbe ich. Jakob aber wurde zornig über Rahel und sprach: Bin ich denn an Gottes Statt, der dir Leibesfrucht versagt?*
> *Nun ging einst Ruben aufs Feld, zur Zeit der Weizenernte; dort fand er Liebesäpfel und brachte sie seiner Mutter Lea heim. Da sprach Rahel zu Lea: Gib mir von den Liebesäpfeln deines Sohnes! Sie aber antwortete ihr: Ist's nicht genug, daß du mir meinen Mann genommen hast? Nun willst du auch noch die Liebesäpfel meines Sohnes haben! Da sprach Rahel: Nun, so mag er heute nacht bei dir schlafen für die Liebesäpfel deines Sohnes.*
> *Gott aber gedachte der Rahel: er erhörte ihr Gebet und machte sie fruchtbar. Da ward sie schwanger und gebar einen Sohn; und sie sprach: Gott hat meine Schmach von mir genommen. Und sie nannte ihn Joseph und sprach: Der Herr wolle mir noch einen Sohn dazu geben!*

Die Geschichte von der Ahnfrau Israels schildert eine geschwisterliche Konkurrenz ganz ähnlich der ihres Mannes Jakob mit seinem dunkelhaarigen Bruder Esau *(Gen 27,1–40.41–46; 28,1–9)*. Menschen in *Eitelkeit* und *Eifersucht* sind Menschen im Widerspruch mit sich selbst – so ist die gesamte Schilderung bereits angelegt; ehe wir sie uns aber im einzelnen anschauen, fragen wir uns vorweg einmal, was *Eitelkeit* denn für gewöhnlich ist, worin sie gründet, wie sie sich ausdrückt.

Allgemein an jedem Stammtisch wird eine Frau, die als «eitel» bezeichnet wird, zum Teil bewundert, zum Teil verachtet. *Eitel* bedeutet hier, daß eine Frau auffallen will, ihr Gebaren imponiert, es lenkt das Augenmerk auf sie. Gleichzeitig aber spüren wir in dem Begriff *eitel* etwas Übertriebenes, etwas Maßloses, und das allerdings wird als aufdringlich oder geradezu billig verachtet. Wie also ist es möglich, daß eine Frau – oft geht es bei der *Eitelkeit* vermeintlich nur um Frauen, obwohl die Eitelkeit von Männern in der Rolle von Machos nicht geringer sein kann – sich so verhält, daß sie bei der Suche nach Erfolg über kurz oder lang ganz sicher Mißerfolg zu erwarten haben wird? Ihre Konkurrentinnen im Kampf um die *Eitelkeit* werden eine ganze Weile lang versuchen, mit ihr Schritt zu halten; doch scheinbar kommt sie ihnen zuvor, vermag sie besser den Augenblicksvorteil zu nutzen. Sie findet die besseren Mittel, sich durchzusetzen; die anderen bewundern sie dafür oder hassen sie dafür, manche jedenfalls fühlen sich von ihr verdrängt; und so könnte sich die Geschichte weitererzählen. In Wirklichkeit aber geht es, wie schon bei der *Eifersucht* und dem *Neid*, gar nicht um eine ursprüngliche Entfaltung von Wünschen, die in sich selbst in Ruhe fließen könnten. Wie bei jedem «Laster», wie bei jeder *Sucht* entdecken wir etwas Gedrängtes, Stürmisches, Hektisches, Nervöses, Krankhaftes, mit einem Wort: gerade nicht ein in sich ruhendes Selbstbewußtsein, sondern ein ständiges Hin-und-her-Gezerrtwerden, ein Kämpfen um einen Standpunkt, der nie in sich selber gründet. Oder noch deutlicher gesagt: Wir werden die *Eitelkeit* niemals verstehen außerhalb des Empfindens, *zu wenig* zu sein.

An gerade diesem Punkt müssen wir uns mit der alten Tugend- und Lasterlehre auseinandersetzen, welche die Kirche uns vorgelegt hat: Die Frau gilt da als *eitel* in ihrer Rolle als Verführerin des Mannes, als ewige Tochter Evas, mithin als Quelle der (weiblichen) Sünde. Die *Eitelkeit* auf den Mann gemünzt, erscheint eher in dem Begriff *Stolz*, und dies ist nach kirchlicher Lehre der Inbegriff für die Sünde überhaupt. *Stolz* und *Hochmut*, das bringt den Menschen, gleich einem *Prometheus*, gegen Gott auf, und dagegen scheint es nur ein Gegengift zu geben, das ist die *Demut* und notfalls die *Demütigung*. Wenn es gelingen könnte, den Menschen wieder in den Staub zu drücken, aus dem er kam *(Gen 2,7)*, dann würde er schon sein *Maß* finden; aber den *Stolz* muß man zerbrechen! Auf der einen Seite bewundernd, auf der anderen Seite gewalttätig steht man diesen Eruptionen der Selbstunsicherheit, ja der Verzweiflung des Herzens gegenüber.

Die Maler der Barockzeit malten die *Eitelkeit* schlechterdings als eine Frau vor dem Spiegel, und im Rahmen des Spiegels saß mit Vorliebe noch ein Pfau, der gerade seinen Schwanz in voller Schönheit darbot. Diese Maler ahnten nicht, daß sie etwas Richtiges zeigten, aber etwas Falsches meinten. Ein *Pfau* wird niemals «eitel» sein. Er demonstriert, was er ist, im Werben um ein Weibchen, er zeigt seine Schönheit; er entfaltet seine Anlage. Das ist sicher nicht *Eitelkeit.* Wie aber, wir stellten uns einen Pfau vor, dem man die schönsten Federn gerupft hat, zum Beispiel um am Festtag des heiligen Liborius in Paderborn daraus eine «Cauda» zu machen, die man vor dem Schrein des Heiligen in der Prozession umherträgt? Was macht das arme Tier dann, wenn es werben wollte, wie es möchte und sollte? Das Tier müßte sich, wenn es ein intelligenter Pfau wäre, die Federn *leihen,* die man ihm gestohlen hat, und sie sich künstlich einfügen. Eben eine solche Verzweiflungstat, sich künstlich das zu besorgen, was man natürlicherweise haben möchte und haben müßte, aber eben nicht hat, ist *Eitelkeit.* Sie ist ein Betteln darum, so sein zu dürfen, wie es unbedingt nötig wäre, mit dem sicheren Gefühl aber, daß es von Natur aus gar nicht geht. Drum daß die *Kunst,* daß das Künstliche helfen muß, um die Selbstunsicherheit zu überspielen.

Bei *Eifersucht* und *Neid* hatten wir es zu tun mit dem Problem, was jemand haben muß, um geliebt zu werden, welch eines Fetischs er bedarf, um in seiner Größe von den anderen bewundert zu werden. Jetzt aber stehen wir bei der Frage, wer man selber *ist;* aber diese Frage stellt sich gerade nicht so, wie wenn diese Problematik im Innenraum des eigenen Erlebens spielen würde, im *Sein für sich selber,* sondern sie gründet ganz und gar im *Sein für andere,* in der Selbstdarstellung. Man ist unter den Augen *der anderen* womöglich zu wenig, drum muß man vor den Augen der anderen etwas werden, das man nicht ist, um das sein zu können, was man sein müßte oder möchte. So kompliziert und widersprüchlich wie in diesem Satz laufen die inneren Empfindungen ab. Man ringt um ein wahres Sein, indem man den Schein zur täuschenden Ähnlichkeit erhebt. Da ist ein Anspruch, der nach eigener Einschätzung niemals erfüllt werden kann, aber unbedingt erfüllt werden muß und der deshalb um den Preis einer chronischen Lüge als wirklich gesetzt wird. Diese «Lüge» aber offenbart die *Wahrheit* des eigenen Anspruchs und ist also unverzichtbar. Eben deshalb macht die Eitelkeit so verlangend, eben deshalb ist sie so unkorrigierbar.

Alles beginnt mit der Frage, woher im Erleben einer Frau, im Erleben eines Mannes diese tiefe Verunsicherung kommt: «Ich kann nicht sein, ich darf nicht sein, was ich sein möchte und sein müßte.» Dieses: «Ich kann nicht sein, was ich sein möchte und sein müßte», kann an äußeren Gebrechen liegen oder an der Verinnerlichung fremder Vorurteile und Verurteilungen.

Da ist ein Mädchen vielleicht gerade fünf Jahre alt, aber man bringt ihm schon bei, daß es nicht so schön sei wie seine ältere Schwester oder nicht so klug sei wie die eigene Nichte, kurz, daß es (noch) nicht so sei, wie die Mutter es gern sähe oder wie der Vater es gern hätte. In diesem Falle ist der Maßstab «ich bin nicht gut genug» von einem *fremden* Anspruch gesetzt, er kommt nicht daher, daß ich selber etwas möchte, sondern daß ich von außen gezwungen werde, vor den Augen anderer etwas zu sein, das ich (noch) nicht bin. Das *Sein für andere* ist hier von vornherein von anderen diktiert worden, und das macht das Empfinden ständigen Ungenügens aus. Man versteht, daß das Streben, denn doch so zu werden, wie die anderen uns wünschen, ein verzweifeltes Klammern und Suchen nach einer Liebe ist, die man sich selber für die eigene Wahrheit gar nimmer zutraut. Am Ende gefällt man sich in seinem eigenen Sein überhaupt nicht mehr. Die Haare, die man hat, sind von der falschen Farbe, die Augenbrauen müßten anders geschwungen sein, die Gestalt, der Busen, die Hüften, die Beine – alles scheinbar ist mißraten; und so beginnt ein ständiger Kampf gegen sich selbst. Nichts weiter ist die *Eitelkeit*, als unter dem Firnis des Wohlgefallens der anderen den permanenten Selbsthaß zu exekutieren, denn die anderen, soviel steht fest, werden mich trotz allem niemals wirklich mögen ... Oder noch komplizierter: «Ich darf gar nicht so sein, wie ich bin!»

Sehr oft bin ich erschrocken darüber, daß Frauen, die ausnehmend schön sind, sich selber rundum für ihr Äußeres ablehnen, doch geht man den Gründen dafür nach, so stellt man in aller Regel fest, daß die Tortur schon mit acht Jahren, mit zwölf Jahren begonnen hat. Wie ist es möglich, muß man sich fragen, daß ein Mädchen, das heranwächst, sich derartig verachtet, grad in einem Äußeren, das nach «normalem» Urteil wunderschön wäre? Die Erklärung lautet allzumeist, daß man bestimmte ästhetische Wahrnehmungen aus *moralischen* Gründen ins Gegenteil gesetzt hat. «Du bist wunderschön», mochte für die besorgte Mutter heißen: «Laß dich bloß nicht auf Jungen ein», doch da aus lauter Angst der Tochter nicht zu trauen war, mußte man ihr beibringen, daß es nur Mißerfolge geben könnte, sobald sie sich auf Jungen einließe. «Kein Mensch kann dich mögen, so wie du aussiehst!» Das hieß in Wirklichkeit: «So wie du aussiehst, wäre es verführerisch schön», – aber das darf die Tochter nicht wissen. Wenn sie im Gegenteil erst einmal davon überzeugt ist, häßlich zu sein wie eine Eule, die überhaupt nur nachts zum Fenster hinausschaut, dann ist man ihrer sicher. Und dahin muß es doch zu bringen sein! Je minderwertiger das Mädchen sich fühlt, desto klarer wird es in der Obhut der elterlichen Pflichten verbleiben. Seine schwarzen Haare sind die einer Zigeunerin, sein hoher Busen ist «unanständig», die Kleidung, die es gerne trägt, macht es zu einer Hure, wenn es vor dem Spiegel steht, zeigt es seine *Eitelkeit* ... Was aber soll man von einer Frau erwarten, die, wenn möglich, auf der anderen Seite auch wieder Mutters schöne Tochter sein soll oder Vaters Vorzeigestück? Mit 14 Jahren bereits ist ein solches Mädchen in seiner Selbstwahrnehmung womöglich völlig irritiert, doch eben deshalb wird es seine Selbstbestätigung gerade in den Punkt seines Lebens setzen, der am meisten niedergedrückt und am meisten in Frage gestellt wurde.

Setzen wir also in jedem Laster, speziell nun in der *Eitelkeit*, eine *Spannung* voraus, die wie bei einer Feder, die man nach rückwärts zu weit strafft; diese Feder will sich wieder stabilisieren, aber lassen wir sie los, so schlägt sie natürlich weit nach vorn ins Gegenteil aus und pendelt sich nur mühsam wieder ins Gleichgewicht; immer von neuem wird sie in eine bestimmte Richtung gerissen und gezogen, und unsere Frage muß lauten, wie dieses Schwingen um das eigene Zentrum endlich ins Gleichmaß kommt. *Eitelkeit* jedenfalls besteht in der nie geklärten Frage: «Wer bin ich wirklich?» *Eitelkeit* ist ein Betteln und Flehen darum: «Nun sagt mir doch, wer ich sein müßte und sein könnte, damit ihr mich liebhättet!» Aber die Angst läuft dauernd mit: «Niemand wird mich liebhaben, und ich kann alles dafür tun, es wird nicht gelingen.» Da diese Wertung bzw. Selbstabwertung aber immer schon feststeht, bedeutet es fast eine Erleichterung, wenn sich die Kernfrage fortan auf Details verschiebt. Vielleicht ist man ja nicht gänzlich unbrauchbar, und es sind wirklich nur die Haare, – das kann man leicht ändern! Oder es ist die Nase, – dann muß ein Chirurg etwas tun. Oder es ist der Busen, – dafür wird's Silikon geben! Oder es wird irgendein Parfüm nötig sein, um den ansonsten unerträglichen Eigengeruch zu überlagern. Wenn es nur so ein Detail wäre, dann ließe sich die Not ja beheben! Um dieser Illusion willen wird die *Eitelkeit* sich immer wieder auf bestimmte Punkte konzentrieren und diese Einzelheiten aufladen mit der Bedeutung des Ganzen.

Vor diesem Hintergrund nun müßten wir die Geschichte von *Lea* und *Rachel* lesen. Die beiden Frauen haben miteinander eigentlich nicht um Schönheit konkurriert, aber um den Wert einer Frau, der in jenen Tagen darin lag, wie viele Kinder man als Mutter in die Welt setzte. *Rachel* war *Jakobs* Lieblingsfrau, für sie hatte er geworben viele Jahre lang. Sie war sein «Mondschäfchen», sein «Wölkchen am Himmel», denn soviel heißt «Rachel»; sie war seine Geliebte, und sie hätte seiner Liebe sicher sein können; aber dann ist da dieses Moment, daß sie nichts taugt als «Frau», – sie ward keine Mutter, während neben ihr die weit weniger schöne *Lea* ein Kind nach dem andern zur Welt brachte. In der Brautnacht noch hatte ihr eigener Vater *Laban* sie *Jakob* nur verheiraten können, indem er sie dem unleidigen Schwiegersohn unterschob. Erst am andern Morgen merkte Jakob, mit wem er zusammen war, – ein sonderlicher Tropf war er in jener Nacht! *(Gen 29,1–30)* Das meint *Rachel* hier, wenn sie sagt: «Gib mir deine Liebesäpfel», und wenn *Lea* darauf antwortet: «Willst du mir meinen Mann wegnehmen?» *Lea* macht eigentlich alles richtig. Sie ist keine «schöne» Frau, aber dafür ist sie tüchtig im Kinderkriegen und als Mutter, und das ist am Ende sehr viel mehr wert als aller ästhetische Chic und Charme. Sollten wir nun aber denken, die «Liebesäpfel», die *Ruben* beim Ernten findet, seien eine Art Fetisch? Dann muß das *Symbol* eines Körperteils das ersetzen, was auf einen Mann in seiner Wahrnehmung anreizend wirken soll; die Liebe soll hängen an einem bestimmten Detail, das vermißt wird und künstlich besorgt werden muß, um die Liebe anzueifern. Dabei erklärt *Jakob* doch deutlich genug, es liege *nicht* an seiner Liebe, ja, er wird an dieser Stelle wirklich zornig. «Ich bin kein Gott», erklärt er, «daß ich der Herr der Fruchtbarkeit wäre.» Was soll er auch sonst sagen gegen diesen Vorwurf? *Rachel* überwindet sich an dieser Stelle fast vorbildlich, indem sie ihrer Schwester erklärt, sie solle die Liebesäpfel behalten. Da ist plötzlich ein solches Feld von Großzügigkeit, daß man unwillkürlich denkt, eine Frau vor sich zu haben, die resigniert hat: *Eifersüchtig* will sie nicht sein, *eitel* kann sie nicht sein; was also soll sie tun? *Lea* gebiert erneut ein Kind, und dann schließlich bei der «Resignierten» findet sich doch noch der «Segen Gottes» ein. Wieso erst jetzt? Vermutlich geschah dieses «Wunder» wirklich durch den Prozeß, der dahin führte, *Eitelkeit, Eifersucht* aufzugeben und am Ende nur noch zu sein, was man ist, ohne den Anspruch: «Ich muß aber Lea werden.» Kann es sein, daß erst diese Haltung einen Menschen wirklich «fruchtbar» macht? Die Geschichte verrät uns nicht, warum plötzlich Gott auch der schönen und geliebten, aber unfruchtbaren *Rachel* gedachte. Nur soviel steht fest: Der Fetisch allein hätte es nimmer vermocht! Und welch eine Demütigung auch, darum gebeten zu haben!

Wie kann man *Eitelkeit* ein Stück weit wenigstens überwinden, außer man schafft ein Klima, in dem eine Person wieder in sich selbst gründen kann, indem sie Wurzeln faßt in der unverdorbenen Zuneigung eines anderen Menschen, in diesem Fall als Frau eines Mannes? *Eitelkeit* wird sich nie im Spiegel befriedigen lassen, ganz im Gegenteil. Der Spiegel wird von vielen Seiten her die eigene Infragestellung, die vermutete Kritik in den Augen der anderen nur noch vermehren, wie wenn Sie *zwei* Spiegel parallel stellen: dann genügt eine einzige brennende Kerze dazwischen, und ein ganzer Fackelzug der Lichterbrechung leuchtet Ihnen entgegen. Ganz so empfindet eine Frau, die voll Angst in den Spiegel schaut!

Wir sagten eingangs schon, daß wir es auch bei dem «Laster» der *Eitelkeit* mit einem kollektiven Problem zu tun haben, keineswegs nur mit einem individuellen. Vielleicht am deutlichsten bewußt wurde diese Tatsache vor anderthalb Jahren der Enkelin des amerikanischen Schriftstellers ERNEST HEMINGWAY. Sie war ein Top-Model, und man nannte sie statt MARGOT «Margaux», als wäre sie ein südfranzösischer Schaumwein, kribbelnd in den Adern der Männer, und freilich, sie spielte nur allzu gern dieses Spiel mit. Was sie ereilte, waren Phasen der Bulimie, der Magersucht, der Freßsucht, der Drogenabhängigkeit, des Alkohols, aller möglichen verzweifelten Orgien. Als sie starb, diagnostizierten die Ärzte einen «unklaren Herztod». Die Wahrheit indessen hatte MARGOT HEMINGWAY früh genug niedergeschrieben: «Der amerikanische Schönheitswahn macht Millionen Frauen unglücklich und krank und treibt sie in den Wahnsinn.»

Vielleicht machen Sie eine kleine Probe von etwas, das Sie eigentlich gar nicht zu probieren brauchten: Sie würden im Bahnhofskiosk einfach mal querbeet zwanzig Zeitungen oder Illustrierte einsammeln, und ich verspreche Ihnen, daß Sie im Durchschnitt auf etwa zweihundert Anzeigen kommen, was eine Frau in unseren Tagen alles tun muß, um wirklich «beauty» und «sexy» und «trendy» und «up to date» und «in» zu sein. Von Kopf bis Fuß gibt es nichts, was da nicht zu empfehlen wäre: Von der Art, wie man ißt, wie man schläft, wie man sich kleidet, bis hin zu den Anweisungen, wie man sich dreht und sich wendet und sich zurechtmacht, ist alles «gestylt». Kann ein Mensch überhaupt so leben? Aber es wird verlangt! Allein schon die Festschreibung des Schönheitsideals wie für eine Göttin statt für einen Menschen führt dazu, sich lebendig verewigen zu wollen, mit einem Wort, lebendig tot zu sein.

Man muß, folgt man den Gazetten, das *Alter* meiden. Es ist wie eine Schande, die Vierzig überlebt zu haben. Die Krähenfüßchen an den Augen verraten es, aber man kann sie eine Zeitlang noch verbergen. Wie sich die Stirn furcht, ist Ausdruck des Charakters, aber daran muß man üben. Vor allem die Mundwinkel offenbaren, wie man spricht und fühlt, also muß man daran basteln, notfalls liften. Die Haut wird langsam runzliger; auch dagegen läßt sich etwas tun ... Im Grunde kämpft man gegen die Zeit an und hört auf, ein Mensch zu werden.

Die alten Griechen dachten nicht nur über Tugenden und Laster nach, sie kannten vor allem wunderbare Erzählungen. Eine kleine Episode berichtet uns ihr größter Dichter: HOMER. Er spricht davon, daß *Odysseus* nach der Schlacht vor Troja – nebenbei, das soll es wirklich mal gegeben haben: Männer schlugen sich nicht um Geld, wie es historisch wahrscheinlich war am Bosporus, sondern um die Liebe einer Frau, die freilich so schön war wie die Mondgöttin selber: Helena! – *Odysseus* also, als er von Troja nach Hause zu Penelope, seiner Gattin, zurückkehren wollte, sei in den gewölbten Höhlen (der Insel Gardos) der Nymphe Kalypso, der Schönlockigen, begegnet. Kalypso habe ihm vorgeschlagen, sie selber, eine Tochter der Götter, wolle ihm göttliches Leben schenken, Unsterblichkeit auf Erden und ewige Liebe; aber Odysseus habe es vorgezogen, ein Mensch zu bleiben: zu altern und zu sterben, aber zurückzukehren in die Arme seiner Gattin. Es ist ein erschütterndes Motiv: statt der *Eitelkeit*, sich in der Pose eines Halbgotts zu verewigen, ein Mensch zu bleiben, der in Alter und Tod begleitet wird von menschlichem Maß! Den Griechen galt die Überheblichkeit, die *Hybris*, als Kern aller Übel. Wenn ein Mensch nicht mehr weiß, wer er ist, und vertut sich in den Dimensionen seines eigenen Seins, dann verrät er die Menschlichkeit, so HOMER, so später der Tragödiendichter AISCHYLOS. Schon HOMER spielt damit, daß *Hybris* und *Ate*, die Göttin der Verblendung, wie Ursache und Wirkung aufeinander folgten; die Verblendung aber war selber eine göttliche Macht, die die Olympier schickten, wenn sie einen Menschen vernichten wollten. Diese in der Tat tragische Dramaturgie führt sich nicht nur auf den Bühnen des Theaters auf, sondern ungehemmt auf den Bretterböden des «wirklichen» Lebens.

Wie aber steht es, wenn der Kampf um die ewige Jugend, der von Anfang an eine Illusion ist, weil er das Abschiednehmen im Fortschritt des Alters von dem Leben, das war, strikt verweigert, in seiner Aussichtslosigkeit zu einem Verzweiflungskampf von *Eifersucht* und *Neid* auf die heranwachsende Generation gerät? Wie viele Frauen klagen darüber, daß sie mit fünfundvierzig und fünfzig ihrem Mann allen Ernstes zutrauen, er schaue doch nur hinter den Zwanzigjährigen her. Nicht mal der Witz hilft dann, daß sie im Grunde wohl glauben, ihr Mann sei ein ewiger Pubeszent, – er sei vermutlich nie älter als siebzehn geworden, drum «stehe» er nur auf Siebzehnjährige, und die ganze Zeit über, die letzten dreißig Jahre, habe er nichts dazugelernt, – *das* «soll wirklich Ihr Mann sein?» Nicht eigentlich weil sie selber ihn dafür hielten, sondern weil sie selber sich nicht zutrauen, noch so schön zu sein wie mit zwanzig, denken sie das Übelste womöglich von gerade der Person, die ihnen am nächsten steht. Was also hilft in dieser Empfindung, wenn nicht zu sagen: Das Alter macht nicht häßlicher, es unterstreicht nur das eigene Wesen; es macht seelenvoller, es macht prägnanter, es gräbt die Seele tiefer in den Körper ein und malt sich darin aus. Ist der Herbst nicht in gewissem Sinn die Fruchtbarkeit des Sommers? Und ist er *weniger* schön als der Sommer? Der Herbstanfang wird auch als «Indianersommer» bezeichnet. Wieviel Zärtlichkeit liegt darin, nach indianischem Vorbild zu denken, die Spinnweben, die tauüberglänzt am Morgen in der Sonne leuchten, seien so etwas wie die bleibende Schönheit einer Frau auf der Suche nach Begegnung? Wäre da nicht die ganze Natur ein Trost, so sein zu dürfen, wie wir sind, und immer tiefer zu werden, was sich in uns abbildet und gestaltet? Jeder brauchte da seinen HOMER, daß man ihm sein Leben erzählte im Reifen, im Sich-Entfalten. Altern ist nur ein Teil dieses *Reifens*!

Unsere Gesellschaft indessen ist paradox. Von den Frauen erwartet man, daß sie in *Eitelkeit* sich förmlich großtun, von den bemalten Fußspitzen an bis zu den ondulierten Haarspitzen, aber dann erwartet man von den Männern, daß sie, Cowboys und Ritter ineins, wie in der Marlboro-Reklame vom Pferd steigen und völlig ungerührt von all den Attraktionen sich am Lagerfeuer ihr Steak braten. Insbesondere die Amerikaner sind ganz groß darin, viel Geld für sexuelle Belästigung am Arbeitsplatz zu kassieren, aber sie kommen offenbar nicht dahinter, daß sie mit der Widersprüchlichkeit ihrer Standards die Übel allererst schüren, die sie dann juristisch bekämpfen. Wie verteilt man da die Rollen eigentlich von Mann und Frau? Die Frauen sollen als reine Kunstprodukte erscheinen, die gar nicht verlockend genug sein können, und die Männer als reine Naturburschen, die gar nie standfest und handfest genug sein können, immer *go West*! immer irgendein Abenteuer bestehend. Es ist nicht anders möglich, als daß die Männer, lanzenreitend um eine solch Schöne, sich die Köpfe oder die Speere einrennen und am Ende kein Mensch mehr weiß, wer er selber ist. Die männliche Thematik in dieser absurden Zuordnung würden wir indessen kaum als *Eitelkeit* bezeichnen. Einen Mann, der ständig vor dem Spiegel stünde, hätten wir eher in Verdacht, sehr effeminiert zu sein, eigentlich schon kein «richtiger» Mann. Von einem Mann erwarten wir als Typus der *Eitelkeit* viel mehr den *Stolz*, nicht in der Gestalt des Pfaus, aber des Hahns. Daß er laut «kräht» und den Ton angibt, gilt inklusive für das Mannesbild; daß er vor sich hin scharrt und stets mit geöffnetem Schnabel herumläuft, gehört anscheinend zu seinen Pflichtverhaltensweisen. Nennen wir das *Stolz*?

Nach Theologenmeinung berührt die Bibel das Thema des *Stolzes*, indem sie erzählt, wie die Menschen dadurch sündigten, daß sie hätten sein wollen wie Gott; dies, sagt man, sei die Sünde schlechterdings, der revolutionäre Aufstand des *Prometheus* gegen Gott. Aber so verhält es sich in der Geschichte von *Gen 3,1–7* durchaus nicht. Kein Mensch ist «stolz» in diesem Sinne. Vielmehr sollten wir ganz parallel zum Thema der *Eitelkeit* uns auch den *Stolz* vorstellen als eine Kompensationsreaktion auf tiefe Minderwertigkeitsgefühle.

Der *Stolz* setzt sich freilich nicht so sehr ins Äußere, sondern in eine Eigentümlichkeit des Charakters, des persönlichen Vermögens, des eigenen Seins. Man ist stolz auf irgend etwas, das man getan hat oder selbst zu sein beansprucht, ein Stück eigener «Leistung» schwingt da mit. Wieder aber haben wir es zu tun mit der Konkretisierung des generellen Gefühls der Minderwertigkeit auf ein Detail, das in sich dann überwertig gegenbesetzt wird und Fetischcharakter annimmt; dieses Detail muß unangreifbar sein, denn würde auch dies noch weggenommen, so bliebe gar nichts mehr, so drohte der Abgrund.

Auch der Stolz ist mithin das Gegenteil einer ruhigen Selbstdarstellung. *Stolz* ist vielmehr das ständige Haschen nach Lob für etwas, von dem man untergründig weiß, daß man es eigentlich noch nicht verdient hat oder niemals verdienen wird. *Stolz* ist ein Attrappen-Tragen, ein Epauletten-Vorzeigen, eine ständige Maskerade, ein Laufen auf Kothurnen, – drum sehr schwankend, sehr gebrechlich. Denn sogleich entsteht ein neues Problem: Wie kann man sich wappnen, daß die anderen den *Stolz* nicht durchschauen, wie panzert man die Überkompensation immer undurchdringlicher ab? Die einzige Form, in der das gelingen kann, ist der *Machterwerb*, drum daß *Stolz* in aller Regel einhergeht mit *Herrschsucht*. Die Demonstration der eigenen Größe kann sich nur stabilisieren, wenn sie die Unterordnung der anderen per Zwang, per Diktat, per Bevormundung auf Dauer stellt. Die anderen müssen Zwerge werden oder sein, damit man selbst als Riese unter ihnen zu erscheinen vermag. Von daher liegt in der Pose des *Stolzes* das ständige Bemühen, andere abzuwerten, so daß *Stolz* sich stets erkauft durch die Attitüde der Herrschaft, der Dominanz.

Fragen wir also: Was geht in Menschen vor sich, die die Unterordnung der anderen brauchen, um mit sich selber in Ordnung zu kommen? Wie kann man leben an der Seite von Menschen, die die Erniedrigung ihres Partners brauchen, um in den eigenen Augen wertvoll zu sein? Wie viele Ehedramen entstehen allein schon daraus, daß ein Mann gelernt hat, er werde nur gelobt, wenn er seine Potenz demonstriere, wenn er, SIGMUND FREUD hätte gesagt: sich *phallisch* präsentiere, wenn er sich in die Brust werfe und die andern schikaniere! Wie kann man auf ein solches Gebaren anders zu antworten geneigt sein, als indem man in diesen aufgeblasenen Ballon zu stechen versucht, um ihn zum Platzen zu bringen? Es ist die natürlichste Reaktion der Welt, doch helfen wird es dem Stolzen nicht. Er wird immer wieder neu sich aufblasen und über alle Verwundungen hinweg sich noch stärker zu machen versuchen, während er doch im Grunde damit nur seine eigene Schwäche desto hilfloser zu kaschieren unternimmt.

Das einzige, was den *Stolz* besänftigen kann, ergibt sich, wenn man dem anderen die Hand reicht und ihn vom Podest seines Throns Schritt für Schritt herunterführt. Das ganze Problem besteht freilich darin, daß dieses Herunterführen nicht als Demütigung empfunden werden darf, sondern als eine Aufrichtung der eigenen Person. Was wir heute *Psychotherapie* nennen, hat im Kern mit dieser Frage zu tun.

Einer der Schüler SIGMUND FREUDS, ALFRED ADLER, schon am Anfang des 20. Jahrhunderts, um 1915, konnte die gesamte Lehre von *Eifersucht* und *Neid* und von *Stolz* und *Eitelkeit*, die FREUD mit Begriffen wie Ödipuskomplex und Kastrationskomplex verband, auf seine Weise übersetzen; ADLER meinte, Menschen, die sich nicht geliebt fühlten, würden sich der Liebe unwert fühlen, also minderwertig im ganzen, und um geliebt zu werden, täten sie alles im Protest gegen sich selber, um trotz allem doch etwas zu sein. ADLER nannte diese Haltung den männlichen Protest und begründete damit den *Stolz*; wir müßten hinzufügen, es lasse sich damit ein weiblicher Protest als Ursache der *Eitelkeit* verstehen. In jedem Falle sollten wir den *Stolz* nicht betrachten als ein ursprüngliches Sich-Verhalten, sondern in angegebenem Sinne als eine Reaktionsbildung. ADLER stand nicht an zu sagen, jede seelische Erkrankung, jede Neurose sei eine solche Daseinslüge auf sich selbst; man müsse ständig *mehr* sein, als man ist, *größer* sein, als man ist, *schöner* sein, als man ist, *besser*, tüchtiger, stärker – immer *mehr*, als man ist; man verlangt dieses Mehr von sich, weil das eigene Format vermeintlich niemals groß genug ist. Wie also sollte man den *Stolz* jemals abbauen, außer man zeigte einem andern, wie unglaublich viel schöner, wie unglaublich viel liebenswerter er so ist, wie er ist! Auch der *Stolz* ist ein Betteln darum, jemand möchte die eigene Person in ihrem wirklichen Wert entdecken, und alles andere würde dahinschmelzen. Statt des gefühlskalten Spiegels bedürfte es der Augen eines Liebenden; statt der großen Kulisse genügte ein Einzelner, dessen persönliche Liebe wirklich glaubhaft wäre; alles andere verschwände dann wie von selbst!

Es war die Meinung JESU bereits, daß *Stolz* alles andere sei als ein nur privates Problem. Er hatte vor Augen, daß der *Kampf um die Macht* im Raum der Politik nichts weiter ist als das gegenseitige Sich-Aneifern und schließlich das organisierte Verwalten von *Stolz* und von *Herrschaftswillen*, – des Durchtrainierens des eigenen Ego. Was erwarten wir in der Öffentlichkeit, wenn sie förmlich darauf aus ist, diejenigen nach oben zu spülen, die sich getrauen, auf den Köpfen möglichst vieler so lange herumzutreten, bis daß sie selber oben angekommen sind? Ohne eine Vielzahl von Siegen über die anderen als die unvermeidbaren Sprossen der Leiter zum Erfolg scheint es durchaus nicht zu gehen! Aber unsere «normale» Geschichte basiert auf eben diesen Machtspielen, auf eben dieser Pose: «Ich habe gesiegt, und drum verdiene ich, Macht zu verwalten.» Man ist stolz darauf, und man fühlt sich erst dann so richtig gut. In diesen Zusammenhang gehört natürlich sogleich auch das Thema *Geld*, aber auf das kommen wir später anläßlich der Laster *Geiz* und *Habgier*; – allerdings deutet sich jetzt schon an, wie sich alle Laster eigentlich miteinander verflechten: Es ist gar nicht möglich, ein einzelnes «Laster» auszuprägen, und nicht wie in einem Maschennetz mit all den anderen Fehlformen des Daseins verwoben zu sein.

Im Alten Testament, im Buche der *Richter*, gibt es eine bemerkenswerte Geschichte über *Machtgier* und *Stolz (Ri 9,7–15)*. Als man in den Anfängen des Königtums darüber nachsann, wie man die Stämme Israels organisieren könnte, gab es in der Nähe von Sichem, in Samaria, einen Mann, ABIMELECH, der ahnte, daß das Königtum als politische Verfassung unvermeidbar sei und daß die Stammesgruppierung, wie sie bisher bestand, gemessen an den möglichen konkurrierenden Staaten in der Umgebung, überholt sei. Also warf er sich auf, König zu sein. Doch als JOTAM davon hörte, begab er sich auf den Berg Garizim und sang von dort ein Lied herab, von dem MARTIN BUBER meinte, es sei die schärfste antimonarchische Dichtung der Weltliteratur; wir müßten, BUBER ergänzend, zugleich sagen: es ist die schärfste Satire auf den *Stolz* und den *Machtwillen*, mit dem vor allem die Männer infiziert und identifiziert sind. JOTAM in der Bibel singt eine kabarettreife Parabel, wie es war, als die Bäume sich einen König wählen wollten und selbstredend als erste das Königtum *den* Bäumen antragen wollten, die schon dem Äußeren nach in ihrer Natur als groß und nützlich dastehen. Auf welche Bäume könnte man da kommen? Z. B. auf den Ölbaum – was alles läßt sich machen mit Oliven und mit Olivenöl! Aber der Ölbaum erklärte voll Selbstbewußtsein, daß er lieber nützlich bleiben wolle, als zu regieren und über den anderen zu schweben. Also mußte man mit dem Angebot ein Stückchen heruntergehen; man befragte den Feigenbaum. Sein Holz ist nicht gerade nützlich, aber seine Früchte sind überaus süß und kostbar. Doch auch der Feigenbaum erklärte: Soll ich denn meine Süßigkeit opfern, um Herrscher zu werden? Die Bäume wußten schließlich nicht anders und beugten sich tief herab zum Stechstrauch. Der endlich ist ganz begeistert! Der Stechstrauch wird König! Aber JOTAM schreit vom Garizim herunter: «Feuer geht aus vom Stechstrauch und verbrennt die Zedern des Libanon!»

Was er sagen will, ist ganz deutlich: Menschen, die nach jemandem suchen, der sie beherrscht, machen sich selber zu Sklaven und gefährden nicht nur ihre Freiheit, sondern ihre Existenz; mündige Menschen brauchen keine Könige, keine Gottesstellvertreter auf Erden, sie benötigen den ganzen Mummenschanz der Außenlenkung nicht. Wie man selber lebt, *das* ist eine religiöse Frage für JOTAM; doch gerade diese Sichtweise enthüllt die Politik jeder *Herrschsucht* und ihre Psychologie. Sie besteht darin, daß gerade die Untersten sich aufwerfen, die Größten zu sein, und ehe sie diesen Triumphzug ihres Sieges nicht vollendet haben, glauben sie vor sich selbst nicht bestehen zu können. Sie müssen *alles* werden, um kein *Nichts* zu sein!

Die Probe aufs Exempel fällt nicht schwer. Wer eigentlich *herrscht* in den Geschichtsbüchern?, fragt sich schon JOTAM. Was geht vor in den Leuten, die erklären, daß Mitleid kein Argument sei, irgendwas sein zu lassen? Mitleid, das wäre ja, daß man Geld ausgibt für Leute, die nicht produktiv sind. Mitleid, das wäre ja, daß man Menschen, die nicht wissen, wohin, vielleicht doch einwandern läßt; Mitleid, das wäre ja, daß man darüber nachdenkt, was passiert, wenn man an Bord eines Kampfjets Napalm- oder Splitterbomben ausklinkt; Mitleid, das wäre, man überlegte, wie denn jemand leben soll, der zerbrochen auf der Straße sitzt, während es bald Winter wird; Mitleid, das wäre, daß man bei den meisten Themen, die man in den politischen Runden eiskalt verhandelt, vor Erschütterung oft nicht weitersprechen könnte; Mitleid, das wäre die Infragestellung alles «Normalen»: des Militärs, des Haushalts der sogenannten «Reformen», des Maastricht-Abkommens beim Schließen der Grenzen Europas gegen den

Süden ... Aber wer *herrschen* will, muß gerade auf den *Egoismus* der Beteiligten setzen! Seine eigene Durchsetzungsfähigkeit ist's, die ihn auf dem Platz hält, und ihn *davon* wegzustoßen ist wieder nur möglich, indem ein anderer kommt, der jünger, gesünder, kräftiger und stärker ist und das Alte für das Neue macht. Die alten Ägypter hatten wirklich viel Erfahrung im Umgang mit Mächtigen. Es gab bei ihnen ein Sprichwort, mehr als dreieinhalbtausend Jahre alt: «Es kam ein großer Mann, es kam ein kleiner Mann, geändert hat sich nichts.»

Die *wirkliche* Änderung gegenüber den stolzen *Eitelkeiten* der Mächtigen stünde auch in der Bibel, sie wird von dem Evangelisten Lukas JESUS in den Mund gelegt, wenige Stunden vor seiner Verhaftung und vor seinem Tod. Nie hat JESUS behauptet, daß er ein *König* sei. Paradoxerweise hat man ihn unter diesem Titel hingerichtet, und die frühen Christen, beinahe wie um sich mit seinem Schuldtitel zu identifizieren, haben erklärt: «Richtig! Völlig richtig! Wohl, PILATUS hatte völlig unrecht, – Jesus war kein König, den man hätte töten müssen als Kronprätendenten und als Usurpator der Macht; aber recht hatte er in dem Sinne, daß JESUS der *wahre König* war, eben weil er Macht nie wollte.» Derjenige, der unter den Evangelisten am meisten für Adressaten innerhalb des römischen Staates und der römischen Kultur schreibt, ist LUKAS. Schon seine Sprache ist ganz und gar auf den Hellenismus zugeschnitten; doch eben dieser LUKAS bekommt es fertig, als letztes Wort JESU vor seiner Verhaftung und vor seinem Gang zum Kreuz mit seinen Jüngern darüber diskutieren zu lassen, was Machtgewinn und *Stolz* ist und worauf es sich lohnt, im richtigen Sinne «stolz» zu sein. Das Gespräch des *Lukas* lautet im *22. Kapitel (Vers 24–30)*:

> *Im Abendmahlssaal dann erhob sich ein Streit unter ihnen, den Jüngern, wer von ihnen als der Größte gelten solle. Er aber sprach zu ihnen: Die Könige herrschen über ihre Völker, und die Machthaber lassen sich «Wohltäter» nennen – bei euch nicht so, sondern der Größte unter euch soll sein wie der Kleinste und der Vornehmste wie ein Diener. Wer ist größer, der zu Tisch sitzt oder der dient? Natürlich der zu Tisch sitzt. Ich aber bin wie ein Diener unter euch, ihr aber seid's, die ihr ausgeharrt habt bei mir in meinen Anfechtungen. Drum will ich euch das Reich zueignen, wie mir's mein Vater zugeeignet hat, daß ihr essen und trinken sollt an meinem Tisch in meinem Reich und sitzen auf Thronen und richten die zwölf Stämme Israels.*

Wird da nicht, möchte man fragen, die Herrschsucht, wenn auch sublim, lediglich aufs Jenseits hin transponiert? Die Antwort kann nur lauten: Mitnichten! Man müßte was LUKAS seinen JESUS hier sagen läßt, wohl so übersetzen: «Du fragst dich, was groß ist an dir, und du denkst immer, es sei der Moment groß, da du den anderen klein gemacht hast. Aber schau nur dahinter! Diese Momente sind nichts weiter als die anfallartigen Wahrnehmungen deiner Minderwertigkeit, deiner Angst, deiner Furcht um dich selbst. Da, stoßweise, gingst du auf den anderen los, um ihn niederzuzwingen, um deine Höhe zu halten, die du an seiner Seite für bedroht glaubtest. Wie aber wäre es, du gründetest dich in dir selber?»

Dann müßten wir eben jene Voraussetzung machen, aus der JESUS ständig lebte und die am schwierigsten zu vermitteln ist; MARTIN LUTHER hätte gesagt, es sei das Gefühl einer grundlosen, absoluten *Gnade;* wir müßten sagen, es sei das Gefühl, geliebt zu sein im ganzen, in allem, sogar notfalls *trotz* allem. Erst wenn *das* gilt, kann ein Mensch in Ruhe in sein Gleichgewicht kommen. Erst wenn es *das* ist, muß er sich nicht länger mehr fragen: «Bin ich schön genug? bin ich richtig genug? bin ich klug genug? bin ich tüchtig genug?» – die ganze Litanei der eigenen Infragestellungen! Plötzlich könnte er dahin kommen, seine Augen und sein Herz zu öffnen für das, was der andere wirklich braucht, und zu sehen: Er ist doch nicht mein Feind, er ist nur ein Mensch in Not, und das sind wir im Grunde alle: Gebrechliche, Staubgeborene, Altersschwache, dem Tod Entgegengehende – was also trennt uns voneinander? Und trotzdem hat in dem kurzen Blühen und Welken jeder seine Schönheit, seine Würde, seine Einzigartigkeit! Ein Mensch, der zu sich selbst gefunden hat, schaut sich um und fragt sich: «Was braucht der Mensch an meiner Seite? Zufällig tritt er in die Bahn meines Lebens, ich muß ihn gar nicht gesucht haben, es genügt, daß er da ist.»

Plötzlich fällt es uns wie Schuppen von den Augen. Was uns *kostbar* macht, was uns *wertvoll* macht, gründet sich niemals auf der Erniedrigung des andern, sondern auf der Hochachtung vor dem andern. Es ist oft so schwer, einem Menschen zu helfen, ohne ihn zu demütigen. Es ist ein eigenes Kunststück, jemandem etwas zu geben, ohne daß er sich vorkommt wie ein Bettler. Jedes Moment der Selbstbefriedigung eines geheimen mitlaufenden Stolzes: «Ich bin ja ein guter

Mensch, wenn ich so tue», ist, bei allem Willen zu helfen, identisch mit der Demütigung des andern. Jedes Wohltun in dem Gefühl: «Ich werde ja gebraucht, ich bin ja so nützlich», macht den anderen abhängig, damit er mich möglichst lange brauchen wird. Nur ein Mensch, der in sich selber ruhig und fest steht, kann daher dem anderen so begegnen, wie er es nötig hat und solange er es nötig hat, und mehr muß gar nicht sein.

Wenn Sie irgendwann Ihr Leben einmal Revue passieren lassen und sich fragen: «Wo sind die Punkte, an denen ich mit mir völlig einverstanden sein kann, an denen ich ohne jedes Zögern sagen könnte: So würde ich ein zweites Mal tun, wenn ich die Wahl hätte», dann werden Sie ganz sicher solche Augenblicke vor das Auge Ihres Gedächtnisses rufen, an denen Sie ohne Vorteile für sich selber anderen von Nutzen waren. Für viele andere Punkte werden Sie sich schämen, für all die «Siege», die Sie erfochten haben, um andere auszuschalten, womöglich nicht einmal frontal, sondern hinterrücks, durch Machenschaften, durch Kombinationen von Kräfteverschiebungen im Hintergrund – alles das ist nach außen vielleicht wunderbar gelaufen –, aber irgendwo gibt es eine innere Stimme, einen Richter, der sagt: «Im Grunde warst du ein Lump, und je besser du's verborgen hast, desto schlimmer für dich selber.» Diesem Urteil wird man nicht entkommen. Umgekehrt kann man sich sagen: «Ich habe gar nichts gewollt, außer daß es mein Bemühen war, irgendeinem Menschen gut zu sein. Ich selber bin deswegen noch lange kein guter Mensch, aber es war möglich, menschlich zu bleiben, und ich habe getan und gesagt, was nötig war.»

JESUS spricht an dieser Stelle bei LUKAS von «seinem» *Reich*, – ein Wort, das er historisch nie gesagt hat. Wenn JESUS von *dem* «Reich» sprach, dann meinte er Gott in der Größe seiner Macht, die die Liebe ist. Aber LUKAS läßt JESUS hier so sagen, weil er offenbar denkt, das Reich Gottes würden wir nie erreichen, und es bliebe eine bloße Utopie, wenn es JESUS nicht geben würde oder nicht gegeben hätte. Dieser Mann wird jetzt in den Tod gehen, aber in der Art, wie er es tut, wird es seine Größe sein, nicht seine Schande. Der Mann aus Nazareth wird nur tun, was richtig ist, er wird nicht einmal fragen, ob er damit Erfolg hat; er wird einfach bei dem bleiben, was stimmt. Das ist die Einladung in *sein* Reich! Natürlich hört man dabei mit, wie der historische JESUS Leute an seinen Tisch geladen hat, – es war ein einziger Skandal für die «richtigen» und «guten» Leute! Menschen, die sich an das Gesetz gar nicht halten konnten, weil sie viel zu zerbrochen waren, Menschen, die ausliefen vor Tränen der Verzweiflung, Menschen, die überhaupt nicht mehr fragen konnten, wie sie hochkommen sollten, um in Reih und Glied anzutreten und zu marschieren, – alle diese, gerade diese hat er an *einen* Tisch geholt ohne Voraussetzung und sinngemäß gesagt: «Wir setzen uns jetzt zusammen, denn das weiß ich ganz sicher: Ihr habt eine Erfahrung gemacht, die ich nur der ganzen Menschheit wünschen kann: Menschen leben einzig durch eine Güte und eine Zuwendung, die sie nie ‹verdient› haben, die sie aber brauchen, um überhaupt zu existieren. Ihr seid kaputt genug, um das zu begreifen; allen andern steht das noch bevor. Es handelt sich um eine Art vorweggenommenes Jüngstes Gericht. Ihr wißt heute schon, worauf es im Leben wesentlich ankommt, und je mehr Menschen es merken, desto schneller kommt das Reich Gottes, die Einladung an den *einen* Tisch im Himmel. Da mögt ihr jetzt schon sitzen bei mir wie Pioniere, die das Entscheidende schon zuwege gebracht haben; da mögt ihr schwelgen in dem Gedanken, ihr wäret der wirkliche Maßstab Israels, nach euch könnte man sich richten!»

Das alles ist jetzt nicht mehr *Stolz*, sondern die einzig richtige und wichtige Erkenntnis, der wahre Maßstab für das, was Menschen sind. Auf Erden wie im Himmel ist es, daß der eine hinübergeht in das Leid des andern mit Mitleid und in das Glück des andern mit Freude und wechselseitig sich Menschen zum Geschenk werden, als Einladende und Eingeladene, als Kompagnons JESU am gleichen Tisch.

Wir im Christentum nennen die Einladung auf Erden wie im Himmel heute das «Abendmahl» oder katholischerseits die Eucharistie, die «Danksagung», aber wir haben es fertigbekommen, aus diesem Zeichen der Einladung an alle erneut eine Trennung aller zu machen zwischen Katholiken und Protestanten. Die Wahrheit ist, daß der Himmel uns so nah wäre, wenn wir wüßten: Es geht beim «Abendmahl» nicht dogmatisch um die Verwandlung von Brot und Wein, es geht nicht darum, ob eine solche «Wandlung» nur ein katholischer Pastor vornehmen kann, nicht aber ein evangelischer Pfarrer, weil ein solcher nicht von einem katholischen Bischof geweiht worden ist; es geht darum, daß wir nur leben können aus einer Hand, die sich öffnet und die uns trägt, gemeinsam und alle.

Das ist Vertrauen und Selbstbewußtsein ineins, das ist das Gegenteil von *Stolz* und *Eitelkeit.*

Und wieviel Schönheit liegt in unserm Leben – dann! Im 6. Kapitel des *Matthäus* sagt *Jesus* sinngemäß: «Ihr bewundert König Salomo in seinen prachtvollen Gewändern, mit seinem Hofstaat, für seine Hunderte von Frauen, für seine Tausende von Pferden, all das malt man euch vor in den Geschichtsbüchern: So müßte man sein! dann wäre man ein Kerl! das seien die Großen von Namen. Aber was ein Unsinn!» JESUS spricht laut *Matthäus* seine «Bergpredigt» für lauter Leute, ganz wörtlich, die armselig dran sind *(Mt 4,24)*: Bettler, Lumpenträger, Kranke. *Denen* sagt er: «Schaut euch um und seht die Blumen auf dem Felde, die Lilien, wie schön sie wachsen, und die Vögel unterm Himmel.» *(Mt 6,28–31)* Mit anderen Worten: «Es gibt so viel Schönes, das nichts, überhaupt nichts zu tun hat mit der Verwandlung in die Staffagen von Macht, Angeberei und eitlem Getue. Alle Blumen wachsen, wie sie sind. Und schaut man euch in die Augen, – wieviel Schönheit ist dort, wieviel Liebenswürdigkeit ist dort! Mag sein, man nennt euch dumm und ungebildet, aber ich würde sagen: Ihr könnt nicht einmal lügen. Alles, was ihr sagt, stimmt, und es kommt euch aus dem Herzen, weil ihr die Kultiviertheit, die Kunst der Verstellung nie gelernt habt. Man nennt euch unbrauchbar, aber ich weiß, ihr würdet, wenn ich euch ein Stück Brot gäbe, es mit demselben Mann neben euch auf der Straße teilen. Das habe ich oft genug gesehen in Galiläa. Ich weiß, daß ihr nur in Sandalen lauft, und selbst die sind verschlissen und ein Nichts, aber eure müden, wund gescheuerten Füße mögen euch über diese Welt tragen, bis daß ihr an ihrem Ende die Wolken des Himmels berührt.»

Vielleicht geht die Rechnung niemals ganz auf; vielleicht gibt es immer Gründe, sich doch zu mißtrauen, sich vorzuwerfen, daß man nicht alles ist. Dann, meint JESUS, sollten wir darauf vertrauen, daß es im Hintergrund selbst einer zerbrochenen Liebe unter uns Menschen Augen gibt, die uns so anschauen, daß sie uns liebenswert genug gefunden haben, um uns überhaupt in die Welt zu setzen, und diese Augen sind der einzige Maßstab für unser Leben; alles andere buchstäblich ist in mittelalterlichem Deutsch *eitel* zu nennen.

JÄHZORN

JACOB MATHAM nach HENDRICK GOLTZIUS: Wut und Zorn (Ira)

JACOB MATHAM, der Stiefsohn von HENDRICK GOLTZIUS, bildete in einer Serie der sieben Todsünden auch die Wut *(Ira)* ab, wobei je einer weiblichen Gestalt ein Tier zugeordnet ist. So sieht man die *Ira*, wild umflattert von einem Gewand, das ihre Nacktheit eher betont als bedeckt, mit Schwert, Helm und Schild bewehrt, zornmutig zum Angriff auf einen unsichtbaren Feind antreten; ihr zur Seite bleckt ein Bär mit den Zähnen – ein Bild der «Berserkerwut», die, je nach den Umständen, gesellschaftlich als eine heldisch-soldatische Haltung geradewegs erwünscht scheint. Mahnend erklärt die lateinische Beischrift:

Ira ferox, / ratione carens, / stimulata furore,
Quodlibet aggredior / feruida atroxque nefas.
Jähzornig wild, / ohne Sinn und Verstand, / nur getrieben von Rachsucht,
Drängt meine Wut ständig zu / wildem, grausamem Frevel.

4
Ira ferox, ratione carens, stimulata furore,
Quodlibet aggredior feruida atroxq; nefas.

PIETER BRUEGEL: **Jähzorn und Wut (Ira) (Gabinetto dei Disegni e delle Stampe, Galleria degli Uffizi, Florenz)**
Die als *Zorn (Ira)* bezeichnete Person stürmt, mit einem Pfeil in ihrem behelmten Kopf, mit der Feuerfackel in der rechten und dem gezückten Schwert in der linken Hand, den Mund grimmig geöffnet, aus ihrem Kriegszelt heraus. Gleich vor ihr macht ein Bär sich über einen nackt am Boden Liegenden her, der sich wie zum Schutz über einen anderen geworfen hat. Doch die «tierische», berserkerhafte Wildheit gestaltet sich offenbar weit weniger schlimm als das im Kriege technisch organisierte und befohlene Morden: Mit einem riesigen Messer gehen zwei von Kopf bis Fuß vollständig gepanzerte, gesichtslose Marionetten des trainierten Grauens über fünf wehrlose Menschen her, während ein sechster kniend über die Unbegreifbarkeit der Szene die Hände vor die Augen schlägt. Vor ihm steht ein als Bauer gekleideter einzelner Mann, der, den Mund weit geöffnet, einen mit Nägeln bewehrten Knüppel wie zur Gegenwehr emporhebt, doch wird er gegen den Zug dieser in Eisen gehüllten, mit riesigen Schilden und Stachelkragen bewehrten, von reptilienähnlichen Tieren durchsetzten Mordbande nichts ausrichten, ja, er selber personifiziert deutlich nichts anderes als die hilflos-zornige Reaktion auf die zornige Attacke, die da ins Land fährt – die Wirklichkeit der Bauernkriege von 1524–1525 könnte bei solchen Bildern zum Vorbild gedient haben; der Halbmond auf dem Schild neben der *Ira* verweist auf die Türken, mit denen der 1556 abgedankte Kaiser Karl V. in permanentem Krieg stand. Doch geht es hier nicht um bestimmte historisch-politische Ereignisse, es geht um die Verwandlung, die der Zorn in Menschen hervorrufen kann: Sie werden zu der Wölfin im rechten Bildvordergrund, die sich über einen am Boden liegenden Froschmenschen hermacht, der ihr sterbend noch das Messer ins Herz stößt. Zu welchen Exzessen der Zorn in Gestalt des endlosen Wütens im Krieg zu gedeihen pflegt, zeigt bereits das «Zelt» der *Ira*: Auf seinem Dach werden soeben ein Mann und eine Frau in Öl gesotten, während ein lüsternes Reptil vom Kesselrand genüßlich zuschaut; wie sagt doch die Bibel so oft: Gott wird das Fleisch seiner Feinde den Vögeln zum Fraße geben *(Ez 39,4.17–20; Apk 19,17.18)* … Ähnliche Greuel spielen sich in dem Baumhaus auf dem rechten Bildrand ab, das mit einem eigenen Schild versehen ist, so als handelte es sich hier um ein offizielles Gebäude, um den Exekutionstrakt der *Ira* zum Beispiel: Da röstet ein Vogelmensch soeben einen nackten Menschen auf offenem Feuer am Spieß und begießt sein Opfer mit Öl; vor einem leeren Topf wartet ein Vogel bereits darauf, daß ihm von der grausigen Speise eingefüllt wird. Der Vormarsch der *Ira* wird nicht gehindert, allenfalls konterkariert durch den Angriff, den auf der linken Bildseite eine Gruppe von Vogelmenschen, geschart um eine Fahne, auf der auch ein Kreuz sichtbar ist, hinter

einer Art Belagerungsschild mit einem degenartigen Rammbock gegen einen gepanzerten Ritter mit Reptilienschwanz und Vogelfüßen führt; während der hakenbewehrte Spieß eines der Vogelmenschen die Schulter des Ritters nicht zu verwunden vermag, zieht dieser selber wie hohnlachend gerade sein Schwert, um der Bande so richtig aufzuspielen.
Und so wird es weitergehen! Bis zum Horizont erstrecken sich die Qualmwolken brennender Burgen, wogt der Kampf gegen eine Mannschaft, die sich in einer Art Schiffsburg auf zwei Fässern verbarrikadiert hat.
Am schlimmsten aber scheint es, daß der Feldzug der *Ira* offenbar den Zweck verfolgt, zu jener Gestalt hinzutreiben, die in der Bildmitte, bekleidet mit einem langen Mantel und einem Schlapphut, über ein Faß gebeugt dasitzt. Die Gerte am Hut nämlich weist diese Gestalt als Hüterin der Gerechtigkeit aus, – aber was ist das für eine Gerechtigkeit? Statt daß ihr Urteil die streitenden Parteien versöhnen könnte, scheint ihr eisenfressender Mund und ihr bandagierter linker Arm eher auf eine Fülle von Fehlurteilen und objektive Ohnmacht hinzudeuten: was sie spricht, ist «messerscharf», was sie fühlt, wie amputiert. Vor sich hält diese Gestalt in der rechten Hand ein Glas, das sie präsentiert wie einen Reichsapfel, das aber als «Quintessenz» eher Gift zu enthalten als diesem Beamten der Justiz Macht zu verleihen verspricht. Wie auch nicht?
Wann je, fragte bereits ERASMUS VON ROTTERDAM, hätte im Kriegsfalle eine der kämpfenden Parteien ihre Sache für Unrecht gehalten? Alle Kriege, alle Greuel wurden und werden geführt und begangen im Namen und mit dem Ziel der Gerechtigkeit; die menschliche Gerichtsbarkeit verhindert keine Kriege, sie rechtfertigt und legitimiert sie: Sogar in ihrem engsten Herrschaftsbereich, in der Tonne, auf die sie sich stützt, in dem Teilabschnitt der Welt, den sie zu verwalten vorgibt, geht das Morden weiter, während nach außen auf einer Tuba mit weißer Fahne anscheinend ein Waffenstillstand verkündet werden soll; doch nutzt auch das so wenig wie die «Aktion» des zwischen Erde und Himmel baumbewohnenden Mönchs, der warnend und mahnend die Glocke läutet – niemand hört es! Und wenn auch: wie oft wurden die Kirchenglocken nicht schon beim Auszug der Truppen und bei ihrer Heimkehr zur Siegesparade geläutet?
Wie winzig schleppt unterhalb der spindeldürren rechten Hand der «Gerechtigkeit» ein Mann eine Leiter quer auf seinem gebückten Rücken; doch wird er zur Brandbekämpfung entweder zu spät kommen oder an Ort und Stelle sogar unwillkommen sein. Auf der Ebene der Symptome des menschlichen Wahns läßt sich nur immer der gleiche Teufelskreis in der Trommel der Gerechtigkeit aufführen: Krieg dem Kriege, Gewalt gegen Gewalt, Töten gegen das Töten ... Worum es gehen müßte, wäre die Überwindung der *Ira* selbst. Eben dazu mahnt BRUEGELS Bild durch seine konsequente Aussichtslosigkeit.

DIETRICH BONHOEFFER hat einmal gesagt, man könne und solle von Gott nur so reden, daß sich im Menschen darunter etwas verändere. Das freilich setzt eine bemerkenswerte Änderung der theologischen Rede über den Menschen und über Gott selber voraus. Für BONHOEFFER war es die Frage, ob Religion in unserer Zeit überhaupt noch möglich sei. Jedenfalls stand ihm soviel fest, daß wir den Menschen *tiefer* begreifen müßten, um in seinem Leiden, um in seinem Suchen, in seiner Sehnsucht und in seinem Glück Gott wiederzufinden. Ganz so wollen wir es in diesen Wortgottesdiensten halten, indem wir bestimmte Seiten am Menschen auf eine Weise zum Thema machen, daß sich nicht nur bestimmte Bibelstellen als Ausdruck gewisser Problemstellungen des menschlichen Daseins erschließen, sondern daß wir deutlicher spüren, was die Religion dem Menschen wesentlich zu sagen hätte. Denn was wäre unser Leben sonst?

Wir wären ein Teil der menschlichen Gesellschaft, gewiß, – diese Feststellung darf als Inbegriff dessen gelten, was wir *Kultur* heißen. Aber zu dieser Bestimmung gehört, daß Menschen *schuldig* werden können, daß Menschen nach dem, was sie für gerecht halten, ihr Urteil über andere Menschen fällen und daß sie immer wieder die gesellschaftliche, kulturell bedingte Moral anmahnen. Es gibt kein Gebiet der Psychologie und der Moral, da beides, das Suchen nach dem Menschen und das Suchen nach «Gerechtigkeit», so tragisch miteinander verwoben wären wie in dem Bereich, in dem wir von *Lastern* und von *Tugenden* reden. Es gibt vor allem kein Feld des menschlichen Daseins, auf dem sich so deutlich zeigen läßt, daß wir von der *Not* des Menschen lernen müßten, über uns gründlich anders zu denken, als es «kulturell» für gewöhnlich verstanden wird. Es ist, wie wenn wir in einen tiefen Brunnen schauten, um das Licht der Sonne desto deutlicher zu sehen.

Wir versuchen, uns einmal einem scheinbar ganz offensichtlichen

Tatbestand zu nähern, der in sich doch eine Tragödie darstellt: dem Jähzorn. Es scheint auf der Hand zu liegen, was sich in einem Menschen abspielt, wenn er *jähzornig* ist, und es scheint auch sogleich das Medikament *dagegen* um die Ecke gefunden: Ein jähzorniger Mensch hat *die Pflicht*, sich besser zu *beherrschen*, und bei aller eingeschränkten Zurechnungsfähigkeit, die das gerichtliche Urteil vielleicht in Ansehung einer Affekthandlung zur Strafminderung veranlaßt, gilt die Sache doch für ausgemacht: Ein jähzorniger Mensch gehört wie ein wildes Tier in Eisen, jedenfalls wenn er sich nicht bessert; eine Chance sei ihm gegeben und gegönnt, dann aber gilt die Bewährung, und im Rückfallsfalle droht die um so härtere Ausgrenzung.

Merkwürdig, daß auf den Anfangsseiten der Bibel bereits in der Geschichte von *Kain und Abel*, in *Genesis 4,1–12*, gerade diese Thematik als Menschheitstragödie aufgegriffen wird. Wir haben die Erzählung von *Kain und Abel* schon einmal kurz erwähnt als Beispiel für die schicksalhafte Ohnmacht eines Menschen gegenüber seinem eigenen Getriebenwerden im Bannkreis tödlicher *Eifersucht*; aber wir haben die Reaktion auf die Gestimmtheit der Eifersucht selber, die Triebdynamik der *Aggression*, die in den *Jähzorn* sich hineinpeitscht, nicht in gleichem Maße beachtet; sie aber verdient es! *Kain*, der *Mörder*, ist etwas anderes, *ganz* anderes als die Geschichte von dem *eifersüchtigen* Bruder. Lernen wir also vom Menschen über die Bibel und von der Bibel über den Menschen etwas zu verstehen, um besser zu begreifen, wie sehr wir im letzten Gottes Bedürftige sind.

> *Der Mensch (Adam) aber wohnte seinem Weibe Eva bei, und sie ward schwanger und gebar den Kain. Da sprach sie: Ich habe einen Sohn bekommen mit des Herrn Hilfe. Und weiter gebar sie den Abel, seinen Bruder. Abel ward ein Schäfer, Kain aber ward ein Ackerbauer. Es begab sich aber nach geraumer Zeit, daß Kain von den Früchten des Ackers dem Herrn ein Opfer brachte. Und auch Abel brachte von den Erstlingen seiner Schafe dar und von ihrem Fette, und der Herr sah wohlgefällig auf Abel und sein Opfer, auf Kain aber und sein Opfer sah er nicht. Da ergrimmte Kain gar sehr und blickte finster. Und der Herr sprach zu Kain: Warum ergrimmst du, und warum blickst du so finster? Ist's nicht also? Wenn Gutes? – Erleben! Wenn aber nicht Gutes? – die Sünde vor der Tür, ein Lagerer, nach dir ihre Begierde; du aber walte ihr ob! Darauf redete Kain zu seinem Bruder Abel. Aber als sie auf dem Felde*

waren, erhob sich Kain wider seinen Bruder Abel und schlug ihn tot. Da sprach der Herr zu Kain: Wo ist dein Bruder Abel? Er sprach: Ich weiß nicht. Bin denn meines Bruders Hüter ich? Er aber sprach: Was hast du getan! Horch, das Blut deines Bruders schreit zu mir empor vom Ackerland. Und nun – verflucht bist du, verbannt vom Ackerland, das seinen Mund aufgetan hat, aus deiner Hand das Blut deines Bruders zu empfangen. Wenn du den Acker bebauen wirst, soll er dir hinfort seinen Ertrag nicht mehr geben: unstet und flüchtig sollst du sein auf Erden.

Daß *Jähzorn*, bebende Wut, rotflammende Aggression, die den Menschen überkommt wie ein Schicksal von außen, als ein *Laster* zu betrachten ist, ergibt sich bereits aus den Gesetzen der Logik, liest man den Tugendkatalog, der aus den Tagen der alten Griechen über das Christentum bis in unsere Tage gekommen ist. Ein wirklich «schöner und guter Mann», philosophiert ARISTOTELES in seiner berühmten *Nikomachischen Ethik*, läßt sich schon daran erkennen, daß er gemessenen Schritts durch die Stadt geht; gemächlich sind seine Bewegungen, und es versteht sich, daß seine Seele selber einem wohlaufgeräumten Gemach gleicht. Ein solcher Mann braucht niemals Eile, da er im Vorplan und in Bedachtsamkeit die Zeit zu überblicken vermag. Was er sich vornimmt, ist angepaßt an die Umstände. Er weiß, was er will, und er weiß, was auf ihn zukommt. Nie überkommt ihn deshalb eine Situation, in der er hinter sich selber oder hinter anderen Menschen, die zur Unzeit bestimmt wären, herlaufen müßte. Ein Mann, dessen Kopf und dessen Herz so günstig zueinander passen, wie ARISTOTELES annimmt, ist jedem *Jähzorn* abhold; doch ebenso weit entfernt von jeder guten Art und Sitte, die wir Menschen wünschen sollten, ist ein *jähzorniger* Mensch. Man stelle ihm das Ideal vor Augen, man male es ihm in den leuchtendsten Farben, und es sei an ihm gelegen, sich daran ein Beispiel zu nehmen, seine Unarten zu lassen und das Bessere zu pflegen!

Wenn es so ginge, wäre alles wohlbestellt; und doch ahnten tatsächlich die Griechen schon, daß da etwas nicht stimmen könne, daß es so einfach sich nicht verhalte. Sie glaubten daran, daß es möglich sei, Götter könnten von Menschen Besitz ergreifen, daß es möglich sei, daß die Seele des Menschen übermenschlichen Mächten ausgeliefert sei; ganz gegen ihren Willen steige in ihnen etwas auf, – etwas Unheimliches, etwas Dämonisches, etwas Plötzliches, wie ein wildes

Tier, das von ihnen Besitz ergreife. HOMER etwa konnte die Einleitung seiner berühmten *Ilias* bereits mit diesen Worten beginnen: «Singe mir, Muse, vom Zorn des Peleus-Sohnes Achill.» Da ist ein ganzes Menschendrama im Brennpunkt eines einzigen Themas geformt: Ein Mann, der sich betrogen glaubt, grollt und zürnt so finster und sinister, daß das Heer der Achäer vor Troja in die schlimmste Bedrängnis kommt. So pflichtvergessen kann selbst ein *Achill* sein, ein Halbgott, der Sohn der Meerfrau Thetys.

Ein Mann, der sich auf die psychologische Untersuchung des Menschen in Richtung auf die darin verborgene religiöse Thematik unsterbliche Verdienste erworben hat, ist SÖREN KIERKEGAARD. Der dänische Religionsphilosoph war um 1840 imstande zu bemerken, das «Dämonische» sei überhaupt das *Plötzliche.* Ein Mensch lebt dahin, und es scheint alles den rechten Gang zu gehen; da *plötzlich* reißt der Faden ab, etwas geschieht, das er selber nicht begreift, geschweige denn seine Mitmenschen, es steht da wie ein Rätsel, und was er jetzt tut, scheint nicht verstehbar durch die Umstände, auf die er antwortet, nicht durch das Vorherige, das eben noch war, nicht durch die Vernunft der Zielsetzungen, – es begegnet uns in einem Menschen etwas vollkommen Anderes, etwas in sich selber Alteriertes. KIERKEGAARD versuchte mit psychologischen Mitteln, die ihm in seiner Zeit gar noch nicht zur Verfügung standen, die er selbst erst erfinden mußte, *nachzuempfinden,* was in der Bibel als «Besessenheit», als Besitzergreifung durch «Geister», die gewiß nicht göttlich sind, aber auch nicht menschlich, bezeichnet wird.

Die *Griechen* waren nicht unbedingt gläubige Menschen, jedenfalls hielten ihre Gelehrten nicht besonders viel von den «Göttern». Wenn dem Volke wieder einmal erklärt wurde, dies und das lasse sich einzig verstehen durch das Eingreifen eines Gottes, wollten sie es besser erklären, und das um 500 v. Chr. bereits! Sie erforschten den Kopf des Menschen, den Körper des Menschen, und sie fanden nicht ganz so verkehrt heraus, daß es an der Galle oder an der Leber liegen könnte, wenn Menschen *jähzornig* würden. Eine eigene Charakterlehre wurde so erstellt. GALENUS viel später schrieb zusammen, was er von den Griechen gelernt hatte, – er wurde ein Meister der Psychologie im Abendland, so hausbacken seine Theorien im ganzen auch waren. *Jähzornige* Menschen, meinte GALENUS, seien *cholerische* Menschen. Der Volksmund hat offenbar ein gewisses Gefallen an diesem Konzept gefunden, er sagt: «So einem, bei dem es mal wieder ‹durchgeht›, kriecht ‹eine Laus über die Leber›» – soll heißen: er fühlt sich gereizt, aber nicht von außen, sondern tief in seinem Inneren; dabei hat ihm eigentlich gar niemand etwas getan! Eine «Laus auf der Leber» ist an sich ein Unding, aber genauso fühlt er sich gereizt bis ins Innere hinein, von etwas, das es «an sich» gar nicht gibt. Von daher stellt sich natürlich die Frage, was es mit dieser «Laus» auf sich hat, mit diesem unsichtbaren Wesen, das zum Unwesen im Leben und im Herzen eines Menschen gerät.

Betrachten wir auf der Suche nach einer möglichen Antwort nur den gewöhnlichen Ablauf des «Jähzorns». Eine Frau kann furchtbar darunter leiden, daß ihr Mann, der sonst ein guter Mensch ist, *jähzornig* wird. Dann kann er aus Wut furchtbare Dinge sagen. Diese Frau bezieht, was er sagt, auf sich, sie hört die Worte, die er dann spricht, wie ein vernichtendes Urteil über ihre eigene Person, ja, über ein ganzes Jahrzehnt bemühten Zusammenlebens womöglich. So etwas passiert *einmal*, dafür entschuldigt sich ihr Mann, er erklärt, daß es so nicht gemeint war, und sie glaubt es ihm auch, – bis zum nächsten Mal! Wieder schlägt es dann ein, wieder schlägt es dann durch, und es wirkt genau so furchtbar. Was hilft «Vergebung», wenn der andere unbelehrbar immer wieder dieselben Fehler begeht? Wie ist es möglich, daß ein Mensch wie mutwillig alles zerschlägt, was so mühselig aufgebaut wurde, daß plötzlich für ihn all das nicht gilt, was in vielen Tagen, in vielen Monaten so ruhigen Bestand zu haben schien? Es kann einer solchen Frau in einer solchen Ehe manchmal helfen, ihr zu sagen, daß sie das, was sie jetzt hört, daß sie das, was sie an Handlungen sieht, um Himmels willen nicht auf sich beziehen soll. Wohl, sie steht dabei, sie bekommt es mit, aber sie ist nur soviel wie ein Blitzableiter; und hört sie noch ein bißchen genauer zu, wird sie merken, daß dieser Mann tatsächlich gar nicht mit ihr schimpft; am allerliebsten schimpft er mit *Gegenständen*! Irgend etwas, sei es ein Stuhlbein, an dem sein Fuß steht, sei es die Tasse, die auf dem Tisch steht, sei es ein Irgendetwas, auf das die Zornmütigkeit einschlägt, – irgend etwas soll da zerstört werden, an irgend etwas muß ein Übermaß an Wut sich entladen. Jeder sensible Mensch an der Seite einer solchen Person wird sagen: «Aber das ist doch primitiv! So handelt man doch nicht! Wie kann man so unvernünftig seinen Zorn auslassen an einem toten Gegenstand? Diese Tasse war schön, aber du mußtest sie zerschmeißen!» Überhaupt, daß man wütend sein kann auf *Gegenstände*, ist das nicht wie zurückversetzt in eine archaische Zeit, in der man glauben konnte, jemand, der sich an einem Stein stößt, werde von einem Dämon, von einem bösen Geist oder von einem Fluch, der da waltet, mit Schmerz überzogen, wie wenn ringsum alle möglichen Gespenster die tote Welt beleben würden?

Eigentlich haben wir mit so wenigen Bemerkungen schon genügend Material zur Beobachtung des *Jähzorn* zusammengetragen. Wenn wir versuchen, die verschiedenen Beobachtungen zu ordnen, so sollten wir, ehe wir das tun, nur noch hinzufügen, wie die normale Reaktion der Umwelt auf einen jähzornigen Menschen sein wird. Man wird sich mehr und mehr zurückziehen! Ein jähzorniger Mensch wird dem nächststehenden Mitmenschen wie unheimlich, wie unberechenbar vorkommen. Ein solcher Mensch ist nicht zuverlässig, schlimmer, er ist in gewissem Sinne im Grunde nicht zurechnungsfähig, und noch schlimmer, er ist in gewissem Sinne lächerlich. Gerade er, dem es im Ausbruch des Jähzorns furchtbar ernst ist, wird in den Augen aller anderen zum Gespött. Sie ziehen sich zurück, sie halten sich auf eine sichere Fluchtdistanz in Entfernung zu ihm, und hinter seinem Rücken beginnen sie zu feixen. Sie werden sein «Spiel» belustigt mitspielen. Wir in Kindertagen nannten das mitunter «das Automatenspiel»: Es ist, wie wenn man oben in den Schornstein einen Stein hineinwirft und nun beobachtet, wie unten wütend jemand zur Tür hinausspringt. Das kann man haben: Es ist sehr leicht möglich, herauszufinden, wie man jemanden so reizen muß, daß er in seiner Unberechenbarkeit schon wieder berechenbar wird, und am wichtigsten, auf welche Themen er besonders anspringt.

Die entscheidende Frage aber lautet jetzt: Was sagt das alles über einen *Jähzornigen* selber aus? Was geht in ihm vor sich, und vor allem: Wie kann man ihn verstehen? Denn soviel spüren wir jetzt bereits: es ist ein *Unrecht*, ihn schlechthin zu verurteilen. Denn das, was er tut, ist mit Sicherheit etwas, das er selbst gar nicht tun will!

Nehmen wir allein diese Feststellung einmal beim Wort. Dann müßten wir damit rechnen, daß Menschen imstande sind, Dinge zu tun, die sie womöglich am allermeisten vermeiden möchten. Wie aber dann? Wir nennen den *Jähzornigen* einen Menschen, der *unbe-*

herrscht ist, und gerade so wird er sich auch selbst zumeist vorkommen. Sein Problem, möchten wir denken, liege darin, daß er sich nicht unter Kontrolle habe. *Das* aber sollte er gefälligst, dann wäre alles in Ordnung. Ich behaupte, daß der Radius der herkömmlichen bürgerlichen Moral ebenso wie der Horizont der kirchlichen Moraltheologie weiter als bis zu dieser Aussage nicht langt: Ein Mensch, vor allem ein *jähzorniger* Mensch, muß sich beherrschen!

Prüfen wir auf dem Hintergrund dieses Kontrastes von *Laster* und *Tugend*, von dem «schönen, guten Menschen» des ARISTOTELES und diesem Unverstand des *Jähzorns* nur einmal die Geschichte aus dem *vierten Kapitel* der *Genesis*. Sie ist die Geschichte eines Mannes, der aus *Jähzorn* zum Mörder wird. Jedes Gericht der Welt bis heute wird einen Mann wie *Kain* schuldig sprechen, es wird verlangen, daß er hinter Schloß und Riegel auf lebenslänglich eingesperrt wird, und in manchen Staaten, die sich einer besonders demokratischen Kultur rühmen, darf er sogar sicher sein, daß sein «Mord» beglichen wird mit jener Form von staatlich verordnetem Mord, die man dann «Hinrichtung» nennt. Dabei erzählt die Geschichte von *Kain*, dem Mörder, den Tathergang auf eine fast bettelnd werbende Art, um etwas verstehbar zu machen, das sich ins Unvorstellbare dem Verstehen zu entziehen scheint.

Wer beispielsweise käme schon darauf, die Erzählung über einen Mörder beginnen zu lassen mit der Darstellung einer gottesdienstlichen Handlung? Nirgendwo scheint ein Mensch frommer, geborgener, «richtiger» zu sein und zu handeln als in der Nähe seines Gottes! Vor uns aber liegt gerade in dieser Szene die erste Geschichte der ersten «Kinder Evas», und was sie erzählt, ist die erste Geschichte eines *Brudermords*.

Vielleicht spricht die Einleitung ein Stück weit für sich selber schon. «Eva» ist der Name jener Frau, die für das *Leben* als ganzes steht, *chawwa* – das *Leben*, und *Adam*, ihr Mann, ist der *Mensch*. Der *Mensch* und sein *Leben* also empfinden sich schon zu Beginn dieser Geschichte als Verstoßene. Mit einem Wort: Wir werden das Problem des *Jähzorns* entsprechend dieser Geschichte nur erklären können, wenn wir weitab vom Garten Eden die Ausgangslage uns psychisch richtig zeichnen: Wir haben die Psychologie eines Menschen vor uns, der das gerade nicht empfindet, was wir eben noch wie selbstverständlich vorausgesetzt haben: eine Gestimmtheit ruhiger Geborgenheit, eines fast andächtigen Vertrauens, einer gemütlichen Gemächlichkeit angesichts seines Gottes; ganz im Gegenteil haben wir Menschen vor uns, die mit fiebrigen Nerven sich ausgestoßen fühlen als Exulanten des Lebens, Menschen, die sich als unzugehörig zu dieser Welt und als ungehörig auf dem Boden dieser Erde empfinden; aber, auch das gehört dazu: diese Menschen wissen buchstäblich niemals wirklich, warum. Sie selber haben eigentlich gar nichts begangen! Schuldig muß irgendwer anderer sein, daß es wie ein Schicksalsfluch über ihnen lagert. Was aber können sie tun, ihre Lage zu bessern?

Die ganze Geschichte von Kain und Abel beginnt mit diesem Grundempfinden: «Ich bin in einer Welt, in der ich nicht selbstverständlich lebe, in der ich meinen Aufenthalt *rechtfertigen* muß. Es gibt mich, aber es gibt keinen guten Grund dafür, daß es mich geben soll. Bin ich überhaupt gegeben oder bin ich nicht eher wie eine Zumutung, wie eine Belastung, wie eine Qual für alle anderen? Wird nicht mein Dasein selber zu einem lebendigen Vorwurf? Will man mich überhaupt im Leben?» –

Unabhängig von einem solchen Gefühl grundlegender Abgelehntheit wird man den Faden, der sich hinauf spinnt zum *Jähzorn*, nicht ertasten können. *Kain* tut, erzählt uns die biblische Geschichte, ein Äußerstes von dem, was er überhaupt tun kann. Alle Religion, vor allem in ihrer priesterlichen Verordnung, gibt sich sicher, daß es zwischen Gott und Mensch kein würdigeres Tun gebe, als Schuld zu begleichen durch freiwillige *Opfer*. Wenn ein Mensch sein eigenes Glücksstreben einschränkt, wenn er Produkte, die er selber erzeugt hat, gar nicht in den eigenen Konsum überführt, wenn er vielmehr Gott selber zurückgibt, was aus dessen Händen stammt, dann wird die Gottheit sich wieder mit ihm versöhnen. Was *Kain* und *Abel* hier tun «nach Umlauf der Tage», wie es heißt, wird in den Religionen im Grunde nur kultiviert, nur institutionalisiert, nur verkompliziert. Ein eigener Stand muß schließlich her, um zwischen *Kain* und *Abel* zu vermitteln. Jede Priesterreligion, die *katholische* im Christentum insbesondere, hängt und klebt an diesem Gedanken: Menschen könnten mit Gott nur zurechtkommen, wenn sie hinübergingen zum Opferaltar. Aber vielleicht verhält es sich so, daß sie die richtigen Riten noch nicht genau genug wissen, daß sie die rechte Formel zur rechten Zeit noch nicht kennen, daß sie nicht wissen, welche Tiere wie zu opfern sind, denn Blut muß ja fließen, es muß getötet werden, es muß durch das Ritual des Grausigen die grausame Gottheit besänftigt werden, – nur so tritt «Gerechtigkeit» ein nach *priesterlicher* Logik. Wenn aber das alles noch gar kein Ritus ist, wenn es noch nicht formalisiert, noch nicht organisiert wird, sondern wenn es einem Grundempfinden entspricht, dann haben wir den ersten Schritt zum Begreifen jener menschheitlichen Tragödie getan, die in Jähzorn und Strafe kulminiert. Jemand, der sich nicht für berechtigt in dieser Welt empfindet, kann eigentlich nur auf jene verzweifelte Ersatzidee kommen: Wie denn, er machte sich nützlich, er täte irgend etwas, das ihn als *unentbehrlich* erscheinen ließe? Er also beschränkt seine Zeit, er beschränkt seine Arbeitskraft, er setzt alles, was er produziert, nicht für sich selbst ein, sondern er verbrennt es zum *Opfer* mit dem Ziel, vielleicht doch anerkannt, vielleicht trotz allem sogar geliebt zu werden. Habe ich, lautet die Frage von *Kain* und *Abel*, ein Ansehen, ein unbedingtes, absolutes, ein göttliches? Wäre es denkbar, das Beste, was ich hervorbringen könnte, gäbe ich einfach dahin, um endlich Anerkennung zu finden? Mindestens dann doch sollte es möglich sein, aus dem Verstoßensein, aus dem Ungeliebtsein Achtung, Aufmerksamkeit, Ansehen, Zuwendung, – *Liebe* zu erlangen. Dann begänne das menschliche Leben überhaupt erst wirklich; dann wäre der Schlüssel zum Tor des verschlossenen Paradieses gefunden; dann würde das Grundempfinden revidiert, ausgesperrt und weggejagt zu sein.

Lassen wir an dieser Stelle beiseite, daß es in einer solchen Welt, in der ein jeder um seine Anerkennung ringt, notwendig zur *Konkurrenz* des einen gegen den anderen kommen muß, mithin zu *Eifersucht* und *Neid*; setzen wir einfach, daß es Momente gibt, in denen ein Mensch fühlt, daß ein anderer ihm bei etwas im Wege steht, das ihm ganz wesentlich ist. – Stellen Sie sich auch nur vor, Sie müßten unbedingt einen Zug erreichen, aber Sie stünden gerade auf einer Rolltreppe, wo drei, vier Leute sich vor Ihnen befänden; der Zug stünde abfahrbereit auf dem Gleis, aber drei, vier Leute auf der Rolltreppe hinderten Sie, den Zug rechtzeitig zu erreichen. Was würden Sie tun? Wenn es Ihnen sehr wichtig ist, den Zug zu erreichen, werden Sie sich womöglich an dem Hindernis Mensch vor Ihnen vorbeizudrängen suchen. Denken Sie aber nun einmal, daß es gar nicht um das mechanische Wegdrücken von Menschen geht und auch nicht um das Tempo der Bewegung auf ein bestimmtes Ziel hin; denken Sie sich eine entsprechende Situation als Ausdruck einer Problematik, die im menschlichen Leben etwas Wesentliches bezeichnet: Sie könnten etwas Bestimmtes erreichen, wenn nicht andere, und zwar nicht momentan, sondern strukturell, *wesentlich* Ihnen im Wege stünden.

Noch einmal stehen wir dabei vor der Thematik der *Eifersucht*, wir empfinden sie in ihrer ganzen Stärke: – Wir brauchten unbedingt die Liebe von jemandem, um selber zu leben, doch diese Liebe wird verstellt, weil irgend jemand anderer dazwischen steht. Dieser andere hat die Liebe, die er bekommt, nicht verdient, mindestens so wenig wie man selber. – Immer haben Theologen in der Geschichte der *Genesis* herumgerätselt, wieso Gott das Opfer *Kains* nicht anschaut, während er das Opfer *Abels* «anschaut», und gemeint hat man stets, daß *Abel* halt ein besserer Mensch gewesen sein müsse als *Kain*. So denken bis heute die Prediger und die Moraltheologen, aber so entspricht es nicht dieser Geschichte. Wir müssen vielmehr ganz einfach denken, es sei auf dieser Erde immer wieder das Gefühl der Menschen, es geschehe ihnen Unrecht, weil es anderen besser gehe, die es zumindest auch nicht verdient hätten; aber diese anderen stehen nun da, sie versperren die Welt, sie hindern das Notwendige, das man doch selber zum Leben braucht; dabei kann man es ihnen nicht einmal vorwerfen, sie haben einfach nur mehr Glück im Leben, sie kommen durch Zufall zu Erfolg, ja, man muß schon sagen, «die Götter» seien mit ihnen oder eben die Gottheit sei launisch. Doch diese Tatsache erbost! Sie quält! Sie macht finster und verbittert; und das hebräische Wort für «verbittert» ist eben dies: «da fällt das Antlitz». Da malt sich die Psychologie gewissermaßen in den Gesichtszügen: die Linien furchen sich nach unten, sie drücken wie unter einer schlimmen Last an den Rändern abwärts; und nun wird die Geschichte genial: Sie erzählt, daß *in diesem Moment* Gott selber gekommen sei in heiterer Ruhe, – die Griechen hätten gesagt: in olympischer Helligkeit! Auf seiten Gottes also hat sich scheinbar nichts geändert, Gott ist, wie er immer ist: – er besucht seine Welt als seinen Garten, und er findet darinnen *Kain*, und er beginnt mit ihm zu *reden*.

Es ist die entscheidende Frage dieser ganzen Geschichte: – Was hat

Gott den Menschen zu sagen? Genauer müssen wir fragen: Was hat Gott den Menschen noch zu sagen *jenseits von Eden*? Oder noch genauer: Was hat Gott einem Menschen zu sagen, den er immer schon *verworfen* hat? Wie redet Gott mit einem Menschen, der *im Exil* lebt gegenüber Gott?

An genau dieser Stelle erleben wir die *Geburtsstunde der Moral* in ihrer tiefsten Problematik: Gott redet, meint diese Geschichte, *nur noch* mit der Stimme der Moral, mit den Worten des sittlichen Urteils; genau das aber ist der Grund für die ganze weitere Tragödie. Man muß den Satz, der da steht, so holperig übersetzen, wie er sich hebräisch gibt, es ist kein «ordentliches» Hebräisch, und es darf auch kein «ordentliches» Deutsch werden; auch die ökumenischen Einheitsübersetzer sollten nicht Dudendeutsch schreiben, wo Splitterhebräisch steht, denn es hat einen Sinn, daß es in dieser zerbrochenen Sprache dasteht. Man muß Wort für Wort nachsprechen; denn was Menschen, die sich verurteilt fühlen, die sich abgelehnt fühlen, von Gott noch zu hören bekommen, sind keine wohlgefügten Sätze mehr, nur noch Satzbrocken, die ihnen an die Ohren dringen oder um die Ohren gehauen werden wie ein einziger Vorwurf. Jedes Wort von Gott, wenn er denn mit den Menschen redet, ist diese Stimme des Vorwurfs und der Infragestellung! Von außen hört sich das beinahe komisch, grotesk, ja, phantastisch an, wie die Gottheit an dieser Stelle hergeht, um *Kain* in Frage zu stellen: «*Warum nur? Wozu nur ist dein Antlitz gefallen? Nicht wahr, wenn Gutes du – Erheben!*»

Das soll heißen: Ein Mensch, der auf das Gute sinnt, verfügt über ein unverwüstlich optimistisches Gemüt, ein solcher Mensch läuft nicht seelenverdüstert umher. Also: «Es liegt an dir, Kain, wenn du mit deiner Psyche nicht klarkommst! Ändere dein Wollen, strebe nach dem Guten, habe die rechte Gesinnung, und kein Grund ist, zu verfinstern!»

Sie selber, wenn Sie das lesen, müßten denken, daß diese rein moralische Mahnung die einzig wesentliche Rede darstellt, die ein Mensch noch zu hören bekommt; diese moralische Zurechtweisung bildet ab sofort seine ganze Welt; etwas anderes als: *Beherrsche dich*! wird man ihm sein Leben lang nicht mehr sagen. Es ist diese Art von Gottesrede hier das Letzte, das Äußerste, das Absolute. Dem ganzen Leid eines *Kain*, eines abgelehnten Menschen, der sich als völlig chancenlos empfindet an der Seite seines Bruders, antwortet alles nur mit: «*Du aber walte der Sünde doch ob!*» Die Sünde ist hier wie ein «Lagerer», wie ein «*robetz*», da haben wir dieses Wort: die «*Sünde*» lauert wie der Schwellendämon der Mesopotamier am Eingang des Herzens, und es gäbe nur einen Weg, damit zurechtzukommen: – er hieße *Selbstkontrolle*, Selbstbeherrschung, Disziplin! Ein Mann mit Charakter, der seinen Willen einspannt gegen den Mutwillen und der sich selber im Griff hat wie ein Wagenlenker feurige Rosse, die vor der Deichsel ihm auszubrechen drohen, der ist ein rechter Mensch. Energie – ja, aber gezügelt! So die Devise.

Was wir im folgenden in dieser Geschichte erleben, kann man wiederum nur verstehen, wenn man den Text ganz wörtlich nimmt, wir haben vor uns einen Menschen wie *Kain*, der genau *das* versucht. Was sie alle ihm sagen, was in ihm selber gesagt wird, was er auch sich selber zu sagen vermag: Er müßte mit seinem «Bruder» reden. Also geht Kain hinüber zu Abel, seinem Bruder, um mit ihm zu reden. Also müßte man an dieser Stelle denken, es folge ein Gespräch. Man weiß, daß es eine andere Alternative als die Verständigung gar nicht gibt; doch kann es sie geben, *darf* es sie geben? Der Text an dieser Stelle ist psychologisch genial darin, daß er *wegläßt*, was die beiden: Kain und Abel, einander gesagt haben, und zwar nicht weil es zur besseren Verständigung im geheimen gesprochen wäre; wir müßten denken, daß hier ein Gespräch *versucht* wird, das gar niemals stattfindet, das man statt dessen aber herausschreien muß: «*Aber dann war's – aber dann war's, als sie auf dem Felde waren, aufstand Kain gegen Abel, seinen Bruder, und mordete ihn!*»

Was da «aufsteht», ist ein Dammbruch, ein Zusammenbrechen aller Abwehrkräfte, die die ganze Zeit über angespannt wurden.

Könnten wir aus diesem Bild, das hier wie aus Urzeittagen gemalt wird, nicht ein Wesensportrait des Menschen im *Laster*, wenn wir's denn so nennen, des *Jähzorns* malen? Dann hätten wir einen Menschen vor uns, der ganz anders ist, als er uns vorkommt. Er kommt uns vor wie ein Mann, der mit sich selbst nicht umzugehen weiß; wir aber lernen in dieser Geschichte etwas ganz Gegenteiliges kennen: Hier ist ein Mensch, der sich über ganz lange Zeit *viel zu sehr* an die Leine gelegt hat! Er ist jemand, der all die Zeit wie an zu kurzer Kette geführt wurde und irgendwann in seiner Qual die Kette zu zerreißen sucht. Wir haben es gerade *nicht* zu tun mit einem Menschen, der zu *wenig* auf sich aufpaßt, sondern mit dem Problem einer *Übersteuerung*, einer übergenauen Achtung auf sich selber, und vor allem: mit einem völlig überforderten guten Willen.

Wir könnten das Problem eines *jeden* Menschen, der an *Jähzorn* leidet, leicht verstehen, wenn wir im Hintergrund uns so eine *Kain*-Geschichte denken würden. Fast blind könnten wir dann unterstellen, ein solcher Mensch werde im Übermaß bestrebt sein, es andern recht und gut zu machen; er habe aber nie gelernt, etwas für sich selber zu tun. Was ihm sein Glück war, – wer hätte danach je ihn gefragt? Was er selber wollen würde, – fast als Luxus müßte eine solche Frage ihm erschienen sein. Sein eigenes Leben war nie mal der Gegenstand des Fragens, sondern was er zu tun hatte, was er tun mußte, das war von Wichtigkeit!

Wir sind mit solchen Feststellungen gerade dabei, psychoanalytisch etwas sehr Wesentliches zu verstehen. Im Falle des *Jähzorns* besteht eine ganz wichtige Seite der Problemstellung darin, daß die anderen Menschen wie hinderlich, wie überflüssig, wie Wegzudrängende erlebt werden. Im Vordergrund steht eine bestimmte Pflicht, eine bestimmte Aufgabe, die es abzuleisten, die es im Forderungsprogramm zu erreichen und zu erledigen gilt. Gerade dies aber, daß ein Mensch wesentlich von dem *Du-mußt* bestimmt wird, verknüpft mit einem bestimmten Inhalt, meist mit einem bestimmten Beruf, macht den «Jähzornigen» an der Seite seiner Mitmenschen oft so unleidlich. Diese anderen stehen da und reden, wo sie etwas tun müßten; sie fahren mit dem Auto vor ihm her und versperren ihm die Straße, wo er es so eilig hat; sie sollten längst etwas getan haben, aber es ist nicht erledigt, und wieder muß er es tun. Wir haben einen Menschen vor uns, der ständig unter einem Überdruck an Leistungswillen unter Dampf gehalten wird. Und das ist das erste nun: Ein Mensch, der seine Forderungen an seinen Leistungswillen nie gelernt hat selber zu bestimmen, in dem redet es wie eine fremde Gottheit, wie er zu sein hat, was er tun muß, um noch besser zu werden! *Wir* aber müssen unterstellen, daß hinter dem Jähzornigen ein Mensch steht, der eben dies sein Leben lang versucht hat. – Auch andere Entwicklungen sind denkbar, die sehr früh schon am Übermaß des *Du-Sollst* zerbrochen sind; doch so viel gilt immer: Ein Mensch, der in die Problemstellung des Jähzorns gerät, muß als Kind bereits alt genug gewesen sein, um mit eigenem Wollen, mit eigenem

Handeln auf den fremden Zwang zu antworten. Und diese Mischung aus Anpassung und Rebellion muß sich verfestigt haben.

Hören wir uns die Geschichte von Menschen an, die unter Jähzorn, unter Wutausbrüchen, unter «Unbeherrschtheit» leiden, so werden wir fast immer Geschichten aus der Kindheit hören, die von *Überforderung* erzählen. Jemand war zum Beispiel «nur» wie hier in der *Kain-und-Abel*-Geschichte *der Älteste* in der Geschwisterreihe; und das bedeutete: er hatte aufzupassen auf die anderen Geschwister, die womöglich allzu schnell hinterdrein kamen, – nach anderthalb Jahren schon kam ein anderes Kind zur Welt; er selber hätte die Mutter noch so sehr gebraucht, doch fortan hatte er nicht mehr ins Bett zu machen, hatte er tüchtig zu essen, hatte er die Pflicht, sich darüber zu freuen, daß es da ein Menschenkind gab, das belobigt wurde für all das, was er selber nicht mehr durfte: wenn dieses andere «Geschwisterchen» einkotete, freute die Mutter sich; wenn dieses andere Geschwisterchen rülpste und sein «Bäuerchen» machte, war sie sehr glücklich, – es ging erkennbar ungerecht in der Welt zu, denn alles das war ihm selber, dem Älteren, verboten. Und es kommt in Kürze womöglich noch ärger: Die Mutter geht aus, und das ältere Kind hat auf das jüngere aufzupassen; und es begreift: Es wird mit der Mutter nur befreundet sein, wenn es verantwortlich genug ist, sich um dieses Jüngere zu kümmern. «Es ist ja dein Bruder», «es ist ja deine Schwester!» «Du hast Ansehen, wenn du dich einfügst.» Was in einem solchen Kind selber vor sich ging, wer hätte je danach gefragt? Und das «Unrecht» setzt sich fort. Dieses Jüngere macht irgend etwas falsch, aber verantwortlich dafür gemacht wird der Ältere, – er hat nicht richtig aufgepaßt, er wird bestraft dafür. Es kann sogar sein, daß dieses Jüngere längst herausgefunden hat, wie man den Älteren übergeht, wie man sich an ihm vorbeimogelt. Man muß nur die richtigen Wege finden, sich mit Vater und Mutter günstig zu halten. Anderthalb Jahre Vorsprung lassen sich aufholen.

Und was ist es, wenn wir es zu tun haben mit Kindern, die zwischen «Oben» und «Unten» eingequetscht sind, mit den sogenannten Sandwich-Kindern? Kein Kind in der Geschwisterreihe ist einfach gleich, nur weil es dieselben Eltern hat. Auch an *zweiter* Stelle geboren zu sein kann schwerhalten, wenn ein drittes hinterdreinkommt. Das ältere ist älter und genießt höhere Rechte, – das wird so bleiben. Es wird mit fünfzehn Jahren abends schon nach neun ausbleiben dürfen, während man selber noch zu Hause sitzen muß. Dieses ältere ist körperlich überlegen, geistig überlegen, es genießt alle Vorzüge, es kann alles besser: aber auch unter einem kommt wieder jemand, der bestrebt ist, sich zu Wort zu melden. Wie gewinnt man Aufmerksamkeit zwischen jemandem, der dauernd besser ist, und einem anderen, der dauernd hilfsbedürftig ist? Ein verlorener Konkurrenzkampf! «Gerecht» ist das nicht; aber man kann bestrebt sein, Mängel, wie die Psychologen sagen, zu *kompensieren.* Der einzige Weg aber, der dazu naheliegt, ist der Weg der Leistung, des besonderen Bravseins, der besonderen Tüchtigkeit, des besonders guten Willens. So beginnt die Geschichte *Kains*!

Aber nun müßten Sie sich vorstellen, daß das alles nicht zum Erfolg führt; irgend etwas geht schief, – eine Nebensache womöglich, etwas, über das ein anderer sich gar nicht ärgern würde, das ihm kaum auffiele. Aber je höher die gestaute innere Energie, je größer die «Antriebsgeschwindigkeit», kann ein kleines Hindernis um so furchtbarer wirken. Ein ICE kann entgleisen einer einzigen Radachse wegen, – bei einer Geschwindigkeit von dreißig, vierzig Stundenkilometern stellt ein solcher Unfall kein größeres Problem dar, aber bei zweihundertachtzig Stundenkilometern wird die Fahrt für viele tödlich enden. Gerade bei einem Menschen, der so viel auf einmal will, der die Zeit überhaupt nicht plant und sie zu planen nie gelernt hat, wird jeder Widerstand von außen empfunden werden wie ein Hindernis, das man zerspellen muß, indem man es beiseite stößt, indem man voll dagegenfährt. Umwege noch zu machen ist bei dieser «Geschwindigkeit» ohnehin nicht möglich. Sind es nun andere Menschen, die sich da in den Weg stellen, so führt allein schon die Tatsache, daß sie hinderlich sind, zu einem solchen Ärger, daß man sie buchstäblich aus dem Wege räumen, daß man sie «beseitigen» oder «um die Ecke bringen» möchte.

Natürlich hat dabei jeder moralisch recht, der wertend sagt: «So etwas ist primitiv, so etwas ist archaisch, so handelt man nicht.» Denn gewiß ist es «kindlich», vom Tod zu reden, wo ein bloßes Nein angemessen wäre; gefährlich ist es, dem anderen zu sagen: «Ich will dich nicht», statt zu sagen: «Ich erlebe dich in diesem Punkte als schwierig»; nicht situationsgerecht ist es, zu sagen: «Ich schaff dich aus dem Weg», statt nur zu wünschen: «Bitte, geh mir aus dem

Wege.» Doch was helfen hier Vorwürfe? Es gehört zur Welt eines solchen Menschen, daß seine Wünsche nie gegolten haben; eben deshalb sind sie wie magisch geworden, haben sie sich auf Gegenstände gerichtet, sind sie von den Menschen weggerückt. Es ist buchstäblich so, wie wenn aus den Menschen Gegenstände geworden wären und die Gegenstände sich vermenschlicht hätten. So richtet sich denn der Zorn auf ein «Objekt», fast gleichgültig, ob auf ein Stück Holz oder einen Menschen. Am Ende aber geschieht genau das, was gar nie gewollt war.

Wollte Kain seinen Bruder ermorden? Er wollte nur, daß er ihm nicht länger im Licht stand! Er wollte nur mindestens auch wie *Abel* das nötige Ansehen bei Gott gewinnen! Er wollte, daß der Schattenwurf endete, der ihm das Leben verdunkelte. Ein Mörder wollte der Mann nicht sein, der eben noch seinen Bruder zum gemeinsamen Gespräch einlud. Es ist wie ein Bogen, der überspannt wird und der schließlich an der eigenen Zugkraft zerbricht. So *Kain.* Er hat alles getan, was er konnte, und man muß sagen: Er hat viel mehr getan, als was er je zu tun sich hätte vornehmen sollen. Aber wem geben wir jetzt daran die Ursache? Oder sollten wir sogar moralisierend sagen: die *Schuld*? Dann müßten wir zweifellos erklären, Schuld an diesem ersten Mord habe Gott selber. Aber der Geschichte geht es nicht um Schuld. Was sie sagen will, läuft auf die Feststellung hinaus, daß jenseits von Eden ein Mensch gar nicht mehr die Möglichkeit besitzt, Gott zu hören, so wie er eigentlich reden würde. Offenbar kann auch und gerade Gott in dem verwirrten Empfangsapparat der menschlichen Seele sich nicht immer verständlich machen. Es ist das Furchtbare dieser biblischen Erzählungen, daß Gott in der Sündenfallerzählung *(Gen 3,1–7)* gar nicht redet und erst auftritt, als alles längst zu spät ist; hier in der Kain-und Abel-Geschichte tritt er rechtzeitig auf, aber in einer Form, die das Problem *verschlimmert*, denn: die Rede Gottes hier ist *nur moralisch*!

Und dies müssen wir jetzt *generell* sagen: Der Versuch, dem Menschen mit Moral zu helfen, scheitert im Wesen! Dem Menschen beikommen zu wollen mit einem besseren Strafrecht mißversteht die Ausgangslage seiner Not! *Dies* zeigt die Geschichte. Es ist die Moral selber, es ist Gottes «Du-mußt-dich-Beherrschen», das *Kain* dahin treibt, sich entsprechend der Überich-Rede dieses Gottes bis zu dem Punkt zusammenzukrampfen, wo es nicht mehr geht. Nicht gelöst wird der tragische Knoten, nur endgültig um den Hals eines Mannes wie Kain bis zum Ersticken festgezurrt wird er, so daß es ihm die Sprache verschlägt, so daß Worte ihm nicht mehr sind, die er Abel sagen könnte, und daß schließlich die Ersatzrede der Gewalt von ihm Besitz ergreift.

Sollten wir nun denken, aller Jähzorn sei ein solches verzweifeltes Rufen und Schreien nach Liebe? In der Tat: das sollten wir!

Der Jähzornige flucht, er hat Gott in seinem Munde, um in seinem Namen Haß zu reden, aber worum er eigentlich bettelt, ist ein Gott, wie er ihn nie kennengelernt hat, ein Gott, der ihn segnet!

Wollten wir einen solchen Gott zur Sprache bringen, so benötigten wir dringend einer Persönlichkeit wie im Neuen Testament des Mannes aus Nazareth, der in diese Welt kam, um all die Worte von Gott zu sagen, die hier so unhörbar, so unsagbar sind.

Wie geht man um mit einem Menschen im *Jähzorn*, außer man beginnt – *nicht* ihn zu beruhigen oder zu besänftigen, – man hat nicht ein wildes Pferd vor sich, das man zwischen den Nüstern streicheln möchte, das aber mit Schaum vor dem Maul gar nicht will, daß man sich ihm so nähert, weil es jede Annäherung als Feindseligkeit versteht; es wäre nur möglich, aber auch nötig, daß sich erst einmal die innere Spannung des Jähzornigen entlädt, dann wird man bald feststellen, daß dieselbe Person nach wenigen Minuten schon beruhigt vor uns steht, fast wie nach einem epileptischen Anfall, wenn die Zuckungen aufhören und nur noch Müdigkeit herrscht und ein Erstaunen oder Erschrecken über das, was sich vorhin noch begeben hat. Dann erst könnte das Nachgespräch beginnen, um einem Vorgespräch für die Zukunft den Weg zu bereiten. «Was eigentlich ist es gewesen, daß ein Winziges so erregend für dich sein konnte?» – ohne jeden Vorwurf müßte man so fragen. Meist wird man sehr bald dann das Mißverhältnis von innerer Spannung und objektiver Nebensächlichkeit feststellen. Man wird bemerken, daß man einen Menschen vor sich hat, der seit eh und je viel zu wenig Spielraum hatte, um sich zur Sprache zu bringen. Wie also, man lüde ihn ein, einfach zu erzählen, wie es denn vor allem in seiner Kindheit zugegangen ist? Vielleicht, ja, vermutlich sind die Momente, die im Augenblick jetzt so aufregend wirken, «nur» Erinnerungen an etwas Früheres. Da droht dasselbe Unrecht sich wieder in einer bestimmten Szene einzuspielen; da ist es wieder so, daß jemand einfach kommt und verdrängt einen von dem Platz, auf den man so lange gewartet hat; da fällt wieder so ein Wort kränkender Beleidigung, – da ist's wieder, daß jemand dahergeht und einfach wie ein sonniges Gemüt durch die Welt wandelt, ohne Leistung, ohne Verdienst, und alles zuschanden macht, was man so sehr sich erarbeitet hat, – ein ganzes Lebensgefühl, aufgebaut wie ein turmhohes Wolkengebilde vor den sich entladenden Gewittern! Wie ist es möglich, Energie, die so stark gestaut ist, nutzbringend abzuführen, so daß sie nützlich auf die eigene Mühle geht und nicht sich ständig zum Hochwasser zurückstaut? Wie ist es möglich, einem Menschen den nötigen Spielraum zu geben, um sich *entlasteter* empfinden zu dürfen?

Das ist das Unglaubliche: wenn wir reden über die sogenannten *Laster*, beginnen wir zu verstehen, wie Menschen *gegen* all ihr eigentliches Wollen handeln. Mit diesem Verstehen aber endet die Möglichkeit, daß wir noch länger die Position der Besserwissenden, der Urteilenden von obenher einnähmen. Wir merken vor allem, daß auf den andern zuzugehen soviel bedeutet wie «von unten her» an ihn heranzutreten, indem wir aus seiner Vergangenheit heraus uns all die Worte sagen lassen, die damals hätten gesagt werden müssen, nur nie gesprochen wurden. Nicht um «Beruhigung» geht es dabei, vielmehr um so etwas wie Liebe, um eine stärkere Zuwendung, die den Ausbruch des jähzornigen Protestes schließlich überflüssig macht.

Psychologisch haben wir es stets zu tun mit Formen eines verletzten Selbstwertgefühls, mit dem Empfinden, unter einem Himmel zu leben, in dessen Schatten Ansehen, Selbstachtung, Würde sogar der eigenen Person ganz unmöglich scheinen, unter dem man immer größer werden muß, um nicht wie ein Zwerg in den Boden gedrückt zu werden. Wie aber wäre es, ein anderer Mensch würde sagen: «Was du tust, ist lange schon gut. Gar nichts geht verloren! Und auch die ständige Angst, ein einziger Moment entscheide über alles, war früher wohl einmal berechtigt, doch so ist es heute gar nicht; die Menschen an deiner Seite müssen nicht verschwinden, um dich zum Leben zuzulassen, sie stoßen dich nicht weg, sie verfahren mit dir nicht willkürlich, wie du oft geglaubt, sie sind dir gegenüber oft vertrauensvoller, als du sie womöglich je erlebt hast. Und das andere stimmt ganz sicher: Du hast in deinem ganzen Leben immer wieder gezeigt, wieviel Vertrauen du verdienst. Kaum gibt es jemanden, der die gestellten Aufgaben höher motiviert angehen würde, der zumindest mit besserem Willen sich daran machen würde; *weniger* ist die Lösung deines Konfliktes, nicht noch mehr!»

Bis dahin könnten Sie denken, aber das seien doch Geschichten nur für *Männer*, – es geht um Jähzorn, es geht um Affekttäter, es geht um Mörder. Wann immer so etwas vorkommt, wird die Kripo sich wahrscheinlich auf die Suche nach *Männern* begeben. Jemand ist mit der Axt oder mit dem Hammer erschlagen worden, – das muß ein *Mann* gewesen sein, höchstwahrscheinlich keine Frau. Trotzdem verbleibt zu sagen, daß die Psychologie von Männern und Frauen in gewisser Weise identisch ist. Zugegeben, in unserer Gesellschaft geschieht es Frauen seltener, daß sie als Affekttäter ihre Aggressionen nach außen richten. Möglicherweise sind Frauen sprachlich aufgeschlossener als Männer und schon dadurch fähiger, Konflikte verbal auszutragen. Aber daß sie sich oft genug unterdrückt fühlen, daß sie sich in Kirche und Gesellschaft neben ihren männlichen Kollegen oft genug in den Schatten gestellt finden, daß sie sich übervorteilt vorkommen, daß sie inwendig grollen und nicht wissen, wohin, wer wollte leugnen, daß es ein solches Erleben mindestens genauso oft, wenn nicht noch häufiger im Schicksal von *Frauen* gibt? Womöglich müßten wir den «Jähzorn» bei Frauen nur anders beschreiben; sehr oft äußert er sich nicht im Um-sich-Schlagen, im Krakeelen, sondern im Gegenteil, in vollkommenem Schweigen. Plötzlich hört das Gespräch auf, plötzlich tritt etwas ein, das für Stunden, für Tage, jeden Dialog abschneidet. Nennen wir dieses Verhalten das «Brumm-Schweigen» oder das innere oder äußere Fortgehen. Man spürt sehr genau, der andere verweigert in gewisser Weise die Rede, um «unsägliche» Dinge nicht sagen zu müssen. Ein Trotz ist da am Werke, aber wiederum nicht so, als wenn die betreffende Person so handeln *wollte*. Eine Mutter, die tagelang mit ihren Kindern nicht mehr redet, ist keine «böse» Mutter, keine die Kinder hassende Mutter, und doch geht irgend etwas in ihr vor sich, das ihr die Sprache verschlägt. Wenn ihr Mann so ist, wenn ihre Kinder so sind, wenn ihr Freund so ist, was ist dann in der Welt noch zu sagen? *Wieder* ist der andere so schlimm gewesen, so rücksichtslos gewesen, so selbstversessen gewesen, hat er an gar nichts anderes gedacht als nur an sich – und so war es ja immer! Im Deutschen sagt man dann: eine solche Person sei «eingeschnappt». Das ist soviel, wie daß ihre ganze Psyche in sich selber kollabiert und von außen her nicht mehr an sie heranzukommen ist.

Die Sorgfalt, eine solche Seele, die sich selbst zur Falle geworden ist, wieder nach außen zu öffnen, ist nicht minder schwer als das Eingehen auf einen nach außen gesetzten Jähzornsanfall. Es ist in jedem Fall ein langer Weg, den anderen wiederzufinden. Hier wie dort sind dieselben Gespräche nötig, um zu zeigen, wieviel an Gemeinsamkeit *heute*, an zuverlässiger Verbundenheit *jetzt* gegenüber der ganzen bisherigen Lebenserfahrung möglich ist. Das Wichtigste, was es zu lernen gibt, ist die Entdeckung: Nichts ist verloren in einem einzigen Augenblick! *Darum* immer wieder geht es; darum, daß man nicht ein Zufallsmoment für das Ganze nehmen muß.

Zu differenzieren wird sein, daß es bei *Männern* sehr viel stärker um Taten, um Handlungen, um berufliche Aufgaben gehen wird, die mit dem Jähzorn sich verbinden, bei *Frauen* sehr viel intensiver um Beziehungen; dennoch sind die jeweiligen Reaktionsweisen wie die linke und die rechte Hand auf einander bezogen. Für beide geht es um eine Form von Menschlichkeit. Die aber läßt sich nur finden, wenn wir nach Lösungen suchen jenseits der Moral.

Wie aber, bleibt noch zu fragen, kann ein Mensch mit einem anderen so reden, daß Vertrauen wächst *ins Absolute*?

Das ganz Erstaunliche ist: wir können einem anderen nicht glaubwürdig sagen, wie wunderbar er ist, wir können ihm nicht endgültig vermitteln, daß er ein Mensch ist, der alle Liebe verdient. Wir als Menschen sind so begrenzt; aber wir können so etwas sein wie ein Fenster, durch das das Licht fällt. Jedes schöne Gespräch unter Menschen, das dahin führt, daß der andere sich aufrichtet, sich gemeint fühlt und ein Stück seiner Berechtigung wieder spürt, öffnet sich wie von selbst in einen Raum hinein, den nur die Religion zu erfüllen vermag. Die Gesellschaft will das nicht, in gewissem Sinne braucht sie das auch nicht, denn ihre Organisationsform besteht darin, die Menschen zu brauchen und zu verbrauchen; ihre Fragestellung ist, was man mit Leuten machen kann und wie man sie für Ziele einsetzt! *Religiös* aber geht es darum, Situationen zu schaffen, in denen Menschen eine Geltung in sich selbst und für sich selbst finden und dafür gar nichts mehr zu «tun» ist. *Darin* liegt die ganze Ruhe, aus der am Ende auch ein neues Handeln erwächst. Denn nur in solchen

Momenten eines absoluten Friedens wächst jenes Vertrauen, das am Ende gültig wird.

Dann sind unter Umständen dieselben Dinge zu tun, aber sie werden nicht mehr verformt durch den Überdruck der Angst und des Durchsetzungswillens. Dann stellen sich von außen womöglich dieselben Aufgaben, aber sie relativieren sich durch eine wesentliche, absolute Erkenntnis. Man braucht tatsächlich, ARISTOTELES zur Ehre, nicht mehr hinter sich selber her durch die Stadt zu rennen, man kann plötzlich gemessenen Schritts durch die Welt gehen.

Manche *Buddhisten* meinen, schon das sei der Anfang der Weisheit. Sie lehren Meditationsübungen, die buchstäblich nur darin bestehen, das Gehen zu lernen, den einen Fuß richtig abzurollen und dann den nächsten Fuß, einen Schritt und wieder den nächsten, und es kann stundenlang so «weitergehen». Zu spüren gilt es, was es *bedeutet*, einmal nur zu gehen oder nur zu sitzen und alle Dinge dabei zu *vergessen*, leer zu werden an einem Ort, wo es erlaubt ist, einfach zu *sein*. Nicht die Moral schenkt uns dies, nicht die Gesellschaft vermittelt uns dies, es ist eine göttliche Sphäre, die wir brauchen, um wahre Menschen zu werden.

Sagen wir zusammenfassend: Alles, was Menschen *wesentlich* falsch machen, immer, wenn sie sich selber verlieren, ist wie ein Schrei der Hilflosigkeit nach einem verlorenen Gott, den sie zurückzugewinnen suchen, mit *allen* Mitteln, wo es doch feststeht: Gott läßt sich nicht «gewinnen», nur finden. Gefunden aber wird er an den Orten, an denen Menschen die Chance bekommen, sich selber wiederzufinden. Und so im Wechsel geht's zwischen uns Menschen: Ein gereinigtes Herz ist wie ein Spiegel des Göttlichen, und im Lichte des Göttlichen reinigt sich unsere Seele.

WOLLUST UND UNKEUSCHHEIT

JACOB MATHAM nach HENDRICK GOLTZIUS: Wollust, Unkeuschheit und Ausschweifung (Luxuria, libido)

Fast nackt, das Gewand mit der rechten Hand gegen den Schoß gepreßt, mit der linken Hand die Brüste umspielend, steht die Libido *(Luxuria)* mit verzückt zum Himmel gerichtetem Haupte da, den Hals mit einer Perlenkette geschmückt. Der Bock und der Hirsch erscheinen als Wappentiere der Unzucht. Der lateinische Text lautet:

Quos non dementat / carnis furiosa Libido?
Praecipitem / Salomona dedit, / Samsonaque vicit.
Wen vermöchte nicht / die Fleischeslust rasend zu machen?
Salomon gar – / ruiniert hat sie ihn, / selbst Samson bezwungen.

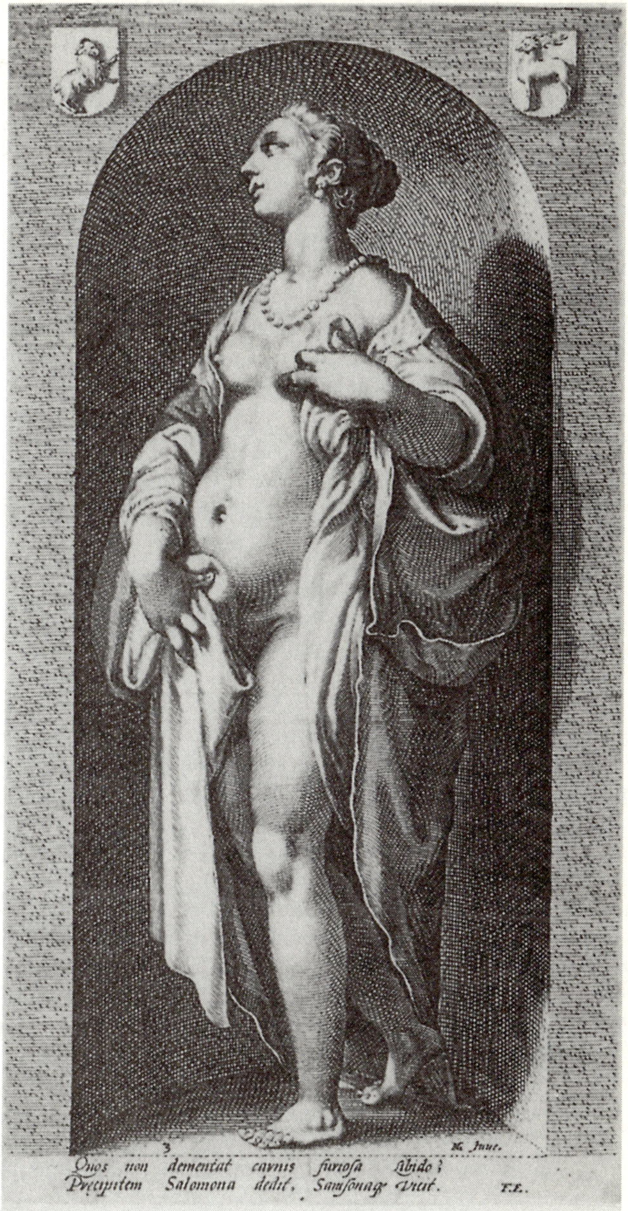
3
N. Inuc.
Quos non dementat caunis furiosa Libido?
Precipitem Salomona dedit, Samsonaq; vicit.
T.L.

PIETER BRUEGEL: **Ausschweifung, Zügellosigkeit, Wollust und Unkeuschheit (Luxuria)**

Das Laster der Unkeuschheit *(Luxuria)* erscheint in Gestalt einer nackten Frau, die, ihre linke Hand in ihrem Schoß, auf einer hölzernen Bank im Inneren eines Baumhauses sich von einem Fischmenschen küssen und ihre Brüste betasten läßt, während ein vogelköpfiges Monstrum ihr einen «Liebestrank» reicht: es ist die Gefühlskälte, die Zärtlichkeit in Zudringlichkeit und Liebe in Laster verwandelt. Gleich dahinter hockt ein anderes Vogelwesen zwischen zwei Menschenbeinen – eigenen oder fremden. Ein ähnliches Vogelwesen mit einem Hut auf dem Kopf schaut neugierig einer alten Frau zu, die nur aus Kopf, Mund und Armen besteht: in ihren Händen hält sie, sexualsymbolisch genug, ein mit einem Messer aufgeschlagenes Ei, dessen Flüssigkeit austritt und in ihren weit geöffneten Mund läuft; dieser «Mund» wiederum wirkt zwischen den eng anliegenden «Armen» wie ein weiblicher Schoß zwischen den geöffneten Beinen. Hinter dieser «Frau» begatten sich zwei geflügelte Reptilien, vor denen hinter einem Erdhügel ein Mann gerade seine Notdurft verrichtet, während ein Vogelwesen mit spitzigem Schnabel den After des Defäzierenden zu berühren sucht.

Nicht minder obszön bietet sich dahinter ein nacktes weibliches Wesen mit Tierkopf und Schwanz durch Vorzeigen des Schoßes zwischen den weit gespreizten Beinen dar. Links daneben sitzen ein Mann und ein weiblich gekleidetes Reptilienwesen, das begeistert auf eine absonderliche Prozession hinweist: Da zieht eine in Nonnenkleidern gehüllte Frau, dudelsackspielend, den Kopf nach rückwärts gewandt, einer Gruppe voran, die von einem nackten tiermenschlichen männlichen Propagandisten angetrieben wird; mit den Händen auf dem Rücken sitzt auf einem langschädeligen Reittier, das von einer großen Decke verhüllt wird, ein Mann mit einer Inschrift vor dem Kopf, dahinter andere mit Büscheln, gefolgt von verschiedenen Tiermenschen mit Insekten-, Fisch- und Vogelköpfen sowie anderen unbekleideten Männern und Frauen; der Zug mutet an wie eine Perversion des Einzugs Jesu in Jerusalem (Mk 11,1–11), und wirklich scheint das Ziel dieser Prozession in dem *Garten der Lüste* zu liegen, der nach dem Vorbild des berühmten Bildes von HIERONYMUS BOSCH gezeichnet ist und sich im linken Bildhintergrund befindet; Liebespaare bevölkern in aller Unschuld einen Jungbrunnen, von dem, wie im Paradies, Flüsse in verschiedene Richtungen ausgehen; einer dieser Flüsse treibt eine Wassermühle an, nachdem er eine Art Liebestempel mit gotischen Bogeneingängen und einem Kuppeldach passiert hat; doch «unschuldig» ist diese Welt keinesfalls, eher ist sie das Sehnsuchtsbild einer an ihren eigenen Perversionen sich selbst zerrüttenden Existenzform.

bruegel · Inuentor ·
H · Cock · excu · cu̅ · privi
LVXVRIA
LVXVRIA ENERVAT VIRES, EFFOEMINAT ARTVS.
Luxurÿe stinckt / sÿ is vol onsuuerheden: Sÿ breeckt die Crachten / en sÿ swackt die leden

Dafür sprechen nicht nur die Flugdrachen, die den Himmel über dem «Garten der Lüste» durchfliegen, sondern vor allem der laubenartige Gang, der von dem «Liebestempel» zu einer Burg mit einem dämonengesichtigen Turm hinüberführt; in den unteren Mauergraben dieser Wasserburg ist ein riesiges Haifischungeheuer eingedrungen; *einen* Menschen hält es bereits in seinem gefräßigen Maul, hilflos ringen die Umstehenden die Hände; allem Anschein nach soll dieser «Fisch» besagen, was er in der Psychoanalyse wohl auch bedeuten würde: ein phallisches Symbol, das aufgrund seiner aggressiven Zudringlichkeit, statt Fruchtbarkeit, Tod um sich verbreitet.
Ganz entsprechend jedenfalls geht es in dem «Gärtchen» auf der rechten Vorderseite des Bildes weiter: Da bespringt ein Hund eine Hündin, während ein Vogelmensch mit erhobenem Knüppel dahinterherkommt; da wird jemand, mit dem Kopf voran, von einem tierischen Monstrum verschlungen, während er aus seinem bloßen Hintern noch einen langen Strahl läßt; da kriechen eisenbewehrte Insekten umher, während einer dieser Halbmenschen, bedeckt von einer helmähnlichen Kapuze und einem weiten Mantel, sich soeben, wie einer der Priester der Kybele in der Antike, mit dem Messer die Hälfte seines überlangen Penis abgeschnitten hat, dessen abgetrennten Teil er in seiner rechten Hand hält. Selbst oben in dem Baum der *Luxuria,* auf dem eine große Muschel sich öffnet und den Blick auf ein Menschenpaar in Umarmung freigibt, verweist der Dämon mit dem Krug darauf, daß hier nichts anderes geschieht als in dem «Baumhaus» der Wollust selbst: In der Welt der Unzucht und der Ausschweifung gibt es kein Entrinnen, weder für die Tiere noch für die Menschen, weder für die Tiermenschen noch für die Dämonen, und selbst die Sehnsucht nach Reinheit reduziert sich auf ein bloßes Surrogat und dekadentes Verfeinerungsmittel der allgemeinen Ausschweifung. Die lateinische Beischrift bleibt angesichts dieser Bilder mit ihrer Aussage noch sehr an der Oberfläche, wenn sie meint:

Luxuria enervat vires, effeminat artus.
Ausschweifung schwächt die Kräfte, verweichlicht die Glieder.

Auch in unserem heutigen Wortgottesdienst wollen wir fortfahren, der Frage menschlichen Verhaltens und Fehlverhaltens entlang den Begriffen *Tugend* und *Laster* unsere Aufmerksamkeit zu schenken. Die Bibel, so wird normalerweise gesagt, sei ein «gutes» Buch; jedem wird empfohlen, darin zu lesen. Aber wer in ihr einfach «Gottes Wort» sieht, wird verwundert sein, wenn er feststellt, wie wahrheitsgemäß Menschen, ihre Schicksale, ihre Charaktere, sich darin gezeichnet finden, oft mit einem Erschrecken, das uns wie ein Hinweis ist, es habe womöglich der Berichtende selber sich in dem Dargestellten seiner eigenen Beschreibung kaum verstanden, so rätselhaft und bizarr mutet das an, was Menschen zu tun imstande sind.

Ganz sicher ist das der Fall bei einer Erzählung aus den *Samuel-Büchern* in der Person des ältesten der Söhne Davids, in *Amnon.* Mit einem Wort: wir wollen heute abend sprechen über das, was wir als *Wollust* bezeichnen, – ein Wort völlig aus der Mode, kaum gebräuchlich noch, außer man wollte absichtlich Heiterkeit erregen; und dennoch ist das, was damit gemeint ist, offensichtlich ein schwer aussprechbares, buchstäblich immer noch unaussprechliches Problemfeld.

Dazu gehört, daß jeder gerade in diesem Bereich sich als Experte fühlt. Zwar ist von *Wollust* zu reden nicht schon jugendfrei, aber als Erwachsener kann im Grunde jeder sich in dieser Frage für kompetent fühlen und sich eines eigenen Urteils getrauen. Das Urteil aber ist in diesem Punkte fast immer schon die *Ver*urteilung, und so können wir auch heute abend die Moral in Aktion damit beschäftigt sehen, Probleme zu schaffen, deren Symptome am Ende sie selber wegzudrücken sucht. Eine Menge falscher Hinweise wird dabei von seiten der gesellschaftlichen Institutionen gegeben, die geradewegs dazu beitragen, Krankheiten und Neurosen voranzutreiben, paradoxerweise, indem man vorgibt, sie mit Erfolg bekämpfen zu können und zu wollen. Hören wir also einleitend die Geschichte von dem ältesten der Söhne Davids, von dem wir in *2 Sam 13,1–22* lesen:

Absalom, der Sohn Davids, hatte eine schöne Schwester mit Namen Thamar. Nun begab es sich, daß Amnon, der Sohn Davids, eine Liebe zu ihr faßte. Und Amnon grämte sich ganz krank um seiner Schwester Thamar willen; sie war nämlich eine Jungfrau, und es schien Amnon unmöglich, ihr etwas anzutun. Nun hatte Amnon einen Freund mit Namen Jonadab, Sohn von Davids Bruder Simea; und Jonadab war ein sehr kluger Mann. Der sprach zu ihm: Warum bist du Morgen für Morgen so elend, Königssohn? Willst du es mir nicht sagen? Da sprach Amnon zu ihm: Ich liebe Thamar, die Schwester meines Bruders Absalom. Jonadab erwiderte ihm: Lege dich aufs Bett und stelle dich krank. Wenn dann dein Vater kommt, dich zu besuchen, so sprich zu ihm: Laß doch meine Schwester Thamar kommen, daß sie mir zu essen gebe. Wenn sie die Speise vor meinen Augen zubereitet, daß ich es sehen kann, so nehme ich von ihr zu essen. So legte sich denn Amnon nieder und stellte sich krank. Als nun der König kam, ihn zu besuchen, sprach Amnon zum Könige: Laß doch meine Schwester Thamar kommen, daß sie vor meinen Augen zwei Herzkuchen backe; dann will ich von ihr zu essen nehmen. Da sandte David zu Thamar ins Haus und ließ ihr sagen: Geh doch ins Haus deines Bruders Amnon und bereite ihm das Essen. Thamar ging ins Haus ihres Bruders Amnon; er aber lag zu Bette. Und sie nahm den Teig, knetete ihn, formte ihn vor seinen Augen zu Herzen und buk die Kuchen. Dann nahm sie die Pfanne und schüttete sie vor ihm aus; aber Amnon weigerte sich zu essen und sprach: Es soll jedermann hinausgehen! Und jedermann ging hinaus. Da sprach Amnon zu Thamar: Bringe die Speise ins Gemach, dann will ich von dir zu essen nehmen. Da nahm Thamar die Kuchen, die sie gemacht hatte, und brachte sie ihrem Bruder Amnon ins Gemach. Als sie ihm aber zu essen bot, ergriff er sie und sprach: Komm, meine Schwester, lege dich zu mir! Sie aber sprach zu ihm: Nicht doch, mein Bruder! Entehre mich nicht; so etwas tut man nicht in Israel. Begehe nicht eine solche Schandtat! Wo sollte ich mit meiner Schmach hin? Und du selbst würdest als ein Verworfener gelten in Israel. Nun aber, rede doch mit dem Könige; er wird mich dir nicht versagen. Aber er wollte nicht auf sie hören, sondern überwältigte sie und entehrte sie und legte sich zu ihr. Dann aber faßte Amnon einen tiefen Widerwillen gegen sie, so daß sein Widerwille größer war als die Liebe, die er zu ihr gehabt hatte. Und Amnon sprach zu ihr: Mach, daß du fortkommst! Sie aber sprach zu ihm: Nicht doch, Bruder! Denn mich fortzujagen, das wäre noch ein größe-

res Unrecht als das andere, das du mir angetan hast. Aber er wollte nicht auf sie hören, sondern rief seinen Burschen, der ihn bediente, und sprach: Jage mir doch diese da hinaus und verriegle die Türe hinter ihr. Sie trug aber ein Ärmelkleid; denn so kleideten sich von alters her die Königstöchter, solange sie Jungfrauen waren. Als nun sein Diener sie hinausgejagt und die Türe hinter ihr verriegelt hatte, streute Thamar Asche auf ihr Haupt, zerriß das Ärmelkleid, das sie anhatte, und legte die Hand auf ihr Haupt und ging laut schreiend davon. Da sprach ihr Bruder Absalom zu ihr: Ist dein Bruder Amnon bei dir gewesen? Nun denn, meine Schwester, schweige still. Er ist dein Bruder; nimm dir die Sache nicht zu Herzen. So blieb Thamar einsam im Hause ihres Bruders Absalom. Als der König David das alles hörte, wurde er sehr zornig; aber er wollte seinem Sohne Amnon nicht wehtun; denn er liebte ihn, weil er sein Erstgeborner war. Absalom aber redete kein Wort mit Amnon, weder im Bösen noch im Guten; denn Absalom haßte Amnon, weil er seine Schwester Thamar entehrt hatte.

Wann irgend Bibelausleger alter Schule die Geschichte von *Amnon* und *Tamar* vorzutragen hatten, war ihnen der eine Satz der Geschichte aus dem Munde des Mädchens der kostbarste, er galt als das Wort Gottes selber: «*So etwas tut man nicht in Israel.*» Dies klar zu wissen war das Beruhigende; *Amnon* also war der Verdorbene und der Verderbliche, der Exemplarfall gottverruchter *Wollust.* Tatsächlich aber ist die Bibel alles andere als ein so einfaches Moralhandbuch; vielmehr ist die Genauigkeit der Zeichnung der in ihr handelnden Menschen gewiß einer der Faktoren ihrer überzeitlichen Geltung und Gültigkeit, so daß wir im Abstand von dreitausend Jahren eine Erzählung wie diese in ihrer Gebrochenheit und Widersprüchlichkeit fast als modern empfinden.

Merkwürdig ist allein schon die Problemstellung der *Verwandtenheirat.* Die Heirat eines Mannes mit seiner Schwester oder Halbschwester stellte an orientalischen Höfen an sich nichts Ungewöhnliches dar. Am ägyptischen Hofe der Pharaonen war Geschwisterheirat fast institutionell begründet. *Tamar* selber schließlich wird *Amnon* darum anflehen, doch nur zum Vater zu gehen und um Erlaubnis für die Ehe nachzusuchen; sie könnte ganz legal erteilt werden; es ließe sich mit einem solchen Schritt sogar das, was hier als Vergewaltigung, als Verbrechen, in Erscheinung tritt, nachgerade in die Bahnen des Normalen herunterregulieren. Was also ist es mit *Amnon*, daß er vor der Tat und nach der Tat sich auf eine Art verhält, die das eine schlimm und das andere noch schlimmer macht? Wir haben es zu tun mit einem Verhalten, das einen Menschen im Verbrechen buchstäblich beschreibt wie einen Kranken. *Amnon* leidet an seiner Liebe, an seinem Begehren, so daß es ihm ans Herz greift, und der vorgespieltermaßen Bettlägerige fühlt sich in seinem Ausdruck ganz so, wie er sich selber darstellt: Er bedarf der *Tamar* wie einer Pflegerin, wie einer «Schwester», die sich sorgt um einen Kranken.

Welch eine Spur gibt es, Gefühle wie diese zu verstehen? Selbst STEFAN HEYM, ein Meister der Erzählung und ein einfühlendes Genie im Schildern menschlicher Gebrochenheit, konnte in seinem *König-David-Bericht Amnon* nicht anders malen denn als einen verwegenen Junggesellen: Er hat eine Frau gebraucht, er hat sie mißbraucht, und nun, wie man eine Zigarette wegwirft und mit dem Fuße ausdrückt, damit sie nicht brandgefährlich wird, verweigert er nach der Tat jeglichen Kontakt zu der Geschändeten. So, müßte man dann denken, können Männer manchmal sein: Sie verachten das, was sie eben noch angebetet haben, weil sie sich selbst dafür verachten, es leergeplündert zu haben. Aber wer begreift diesen Sinneswandel? Was geht vor im Empfinden von Menschen, die so widersprüchlich sein können?

Zur Erklärung muß man vielleicht vorweg die Familienverhältnisse erläutern. *Amnon* ist der älteste der David-Söhne, geboren von Ahinoam; *Absalom* und *Tamar* hingegen wurden geboren von *Maacha*, einer Frau, die *David* geheiratet hat wie zum Ersatz für die Tochter Sauls, *Michal. Maacha* wiederum war die Tochter *Talmeis*, des Königs in Geschur. Mit einem Wort, *Tamar* ist eine Prinzessin, eine Königstochter. Was also wäre daran ungewöhnlich, daß man *Amnon*, den ältesten der David-Söhne, einem solchen Mädchen zum Manne gäbe? Auch in diplomatischer Absicht wäre es nicht unklug, Verbindungen zwischen Jerusalem und Geschur zu pflegen. Das Paradox der Geschichte läuft darauf hinaus, daß *Amnon* ganz legal, erlaubtermaßen, bei etwas Geduld und bei etwas Vorsicht und bei einem wenigen nur an Klugheit, seinem Begehren willfahren könnte: Er brauchte lediglich die Erlaubnis seines Vaters für eine «ordentliche» Heirat einzuholen! Genau das aber soll nicht sein; gerade das Erlaubte ist das hier Verweigerte. Was also geht vor sich in *Amnon*?

Wir haben über ihn nichts weiter an Informationen als diese Erzählung. In ihr beziehungsweise in dem Rahmen, in dem sie steht, muß die Lösung dieses Rätsels stecken. Der Rahmen der Erzählung freilich ist dramatisch. Voraufgegangen ist, daß *David* selber die Frau eines hethitischen Generals sich zu eigen nahm. Von der Terrasse seines Palastes aus am Abend sah er *Bethsabe* im Bade und ließ sie an den Hof holen, er ging zu ihr ein, und es ward fruchtbar in ihr, so daß das Tun sich nicht mehr verheimlichen ließ. Es war *David*, der den Mann Bethsabes, den Hethitergeneral *Urija*, der im Heere vor Rabbat-Ammon stand, hinterrücks ermorden ließ durch seinen General *Joab*, und dann ehelichte er die vordem Verführte. Wir müssen dieses Verhalten *Davids* unbedingt uns vor Augen stellen, um das Verhalten seines Sohnes zu begreifen.

Was geht in einem Kind vor sich, das seinen Vater so erlebt? Ein Kind, sollte man denken, achtet seinen Vater über jedes Maß hinaus, gar noch wenn er ein König ist, zumal außerdem, wenn er für einen *frommen* König gilt, als ein Minnesänger seines Herrn, ein Psalmendichter. *David*, soviel steht fest, ist nicht irgend jemand, er ist der größte König, den Israel je kennenlernen wird, ein Jongleur der Macht, ein Mann, der auf der Bühne der Geschichte alle neben sich und unter sich wie Lakaien und Schachfiguren, marionettengleich, zu beherrschen versteht. Dieser Mann wird angebetet wie ein Gott, und er wird es denn auch sein, der als erster den Titel eines *Sohnes Gottes* auf sich ziehen wird. In ihm steigt Israel zum erstenmal auf in den Rang der anderen Königtümer mit der ihnen eigenen sakralen Ideologie oder Mythologie der Monarchie im alten Orient. Was soll ein Kind denken von seinem Vater, wenn dieser ihm in einem solchen Lichte vorgestellt wird? Genauer gefragt: Was muß ein Kind fühlen, wenn es erlebt, daß eben dieser sein so überhöhter Vater auf furchtbare Weise «fallen» kann? Dieser Mächtigste von allen im Umgang mit allen ist der Ohnmächtigste sich selber gegenüber. Er ist buchstäblich ein Lüstling, ein Unhold, nicht weil er *Bethsabe* zu sich nahm, das könnte man noch hingehen lassen als das Recht eines orientalischen Herrschers, aber daß er die Tat dann verschweigt, daß er, um seine Ehre zu retten, nicht zögert, einen Mord zu begehen, daß er die Lüge und die Heuchelei bis zu diesem Punkte treibt, die hinterbliebene Kriegerwitwe sogar zu ehren für ihren «tapfer im Feld gefallenen Gatten» und sie an seinen Hof holt;

dies alles ist so ungeheuerlich, daß es identisch ist mit dem Zerbrechen und Zerbersten eines einmal geglaubten Ideals. Wie soll ein Kind, ein gläubiges, enttäuschtes Kind, auf einen solchen Schock anders antworten als mit dem konzentrierten Haß und mit dem bitteren Entschluß, so wie der Vater *unter keinem Umstand* werden zu wollen noch zu dürfen?

Dann hätten wir eine Erklärung für die sonderbare Scheu, mit der *Amnon* in Liebe verfällt gerade zu seiner *Halbschwester.* Er als Königssohn, als Thronprätendent geradezu, hätte jegliches Recht auf jedes Mädchen in Israel, aber es ist, als wenn seine ganze Wahrnehmung eingeschränkt wäre, als wenn er nie aus den Palastmauern hinaus hätte sehen dürfen; und hinter dieser Unfähigkeit stünde der erzwungene Entschluß, niemals Augen haben zu dürfen und zu wollen *wie sein Vater David.*

Annehmen müßten wir dann, daß ein Junge, angesichts des Verhaltens des Mannes, den er einmal am meisten geliebt hat, völlig unfähig wird, auf geraden Wegen noch ein Mann zu sein, daß er sich die Stimmungen und Gefühle geradewegs verbietet, die seinem Vater zur Gefahr wurden. *Amnon,* so verstanden, ist im Grunde auf der Flucht vor sich selbst. Mit anderen Worten: Gerade der Mann, der uns in der Bibel präsentiert wird als ein Exemplarfall der *Wollust* schlechthin, ist jemand, der gerade davor am meisten sich hüten möchte und in einer übergroßen Angst gerade die Tragödie seines Vaters zu vermeiden sucht. Und nun ist dies das Merkwürdige, daß ein Junge, ein Mann, aus dem Willen heraus, etwas Bestimmtes im Leben seines Vaters zu vermeiden, durch die Kraft seiner Seele gerade auf den Weg getrieben werden kann und vielleicht sogar getrieben werden muß, den er um keinen Preis beschreiten will. Ein junger Mann, der um kein Mädchen werben kann, ohne dabei Angst, Schuldgefühl und Selbsthaß zu entwickeln, wird auf kein anderes Mädchen treffen als auf eines, das ihm sehr nahe steht, – auf seine Schwester. Um sie muß er eigentlich gar nicht *werben,* sie ist an seiner Seite. Sie ist die einzige Schönheit, die ihm sozusagen gratis ins Leben gegeben wird, in deren Nähe zu sein es keinerlei Aufmerksamkeit, keinerlei Anstrengung bedarf.

Dann aber müssen wir die biblische Geschichte wirklich ganz «wörtlich» lesen. Wir haben einen *Amnon* vor uns, der seine Gefühle gegenüber *Tamar* auf lange Zelt hin eingekerkert hat wie etwas Verbrecherisches. Kein Wort kommt ihm über die Lippen, kein Wort der Werbung auch gegenüber *Tamar*, kein Gespräch der Zärtlichkeit. Wenn wir eben noch nach einem Beleg für die Gehemmtheit *Amnons* gesucht hätten, so hätten wir ihn in seinem Verhalten jetzt gefunden. *Amnon darf* offenbar nicht wagen, von seiner Liebe auch nur zu reden, und zwar nicht weil diese Liebe *Tamar* gilt; diese seine Liebe, – sie könnte ganz legal sein! Wir müssen denken, einfach weil es das Gefühl der Liebe zu einer Frau ist, gilt diese Empfindung für verboten. Daß es *diese* Frau ist, kommt gewissermaßen erst später. Ein Generalverbot scheint alle Gefühle in *Amnons* Seele zu blockieren; dann engen diese Gefühle sich ein, dann werden sie ganz schmal und fallen schließlich auf die Person, die auch eine Ehegefährtin sein könnte, wenngleich nicht üblicherweise in Israel; doch auf diese eine Person richtet sich verdichtet alles Verlangen, alle Abwehr, aller Gefühlsstau. Die ganze Liebesgeschichte zwischen *Amnon* und *Tamar* verläuft buchstäblich wortlos; es ist eine verpreßte, unterdrückte, verschwiegene Liebe, die sich deformiert in die Krankheit, in ein Herzeleid, das den Körper und den Geist eines Mannes wie *Amnon* zunehmend auszehrt. Wir müssen es ihm glauben: er leidet an seiner Liebe bis zum Krankheitswert, bis zum vollkommenen Unglück, – mit einem Wort, er darf sich das Glück der Liebe um keinen Preis gönnen! Welch ein anderes Motiv sollte ihn dahin bestimmen als dieser verzweifelte Umkehrwille: «Tue, *Amnon*, nie nach deines Vaters Beispiel! Werde nie ein solches Scheusal! Halte du dich rein.»

Aber es gibt zwischen dem Beispiel seines Vaters, der in der Normalität eines Königs herrscht, und dem ganz gewöhnlichen Leben keinen vernünftigen Kompromiß für einen *Amnon*. Wie soll er seine Empfindungen in die Wirklichkeit entlassen, wenn am Ende das Schreckbild steht: «Du wirst ein Monstrum gleich wie der Mann, der dich zeugte! Zeuge du selber besser niemals, als daß du eingehst in einen solchen Pfuhl des Abgrunds und der Schande!» – Es geschieht hier, daß eine starke Leidenschaft auf ein gleich starkes Verbot trifft und daß beide sich neutralisieren. So sehen wir *Amnon* als einen an sich selbst Gefesselten, als einen Hin-und-her-Gezogenen, als einen Strangulierten. Als einzigem verrät er seinem Freund, was er empfindet, und der weiß merkwürdigen Rat: Wie, wenn es möglich wäre, die Krankheit selber zum Instrument zu nehmen? *Amnon*, der nicht wagt, aktiv als Mann um sein Glück zu werben, könnte doch durch sein Unglück ein Werbender sein. *Tamar*, die als Frau gewissermaßen für *Amnon* nicht in Frage kommen darf, könnte sich ihm doch zugesellen wie eine Schwester, wie eine *Kranken*schwester.

Antriebspsychologisch müßten wir sagen, die Liebe regrediere hier auf die Stufe der *Oralität. Tamar* soll *Amnon* im Grunde durch ihre Liebe gesund machen, aber dieser Gedanke darf so nicht ausgesprochen werden, vor ihr nicht und womöglich vor dem Bewußtsein *Amnons* selber nicht. Hingegen darum zu betteln, daß sie sei wie eine Köchin und backe etwas, das schon aussieht geformt wie ein Herzkringel, läßt beide Strebungen zu und verbindet sie miteinander. Da ist, was *Tamar* backen soll, die Offenbarung dessen, was gewünscht wird, aber indem es nur in der Pfanne gebraten wird, wird doch, was es meint, verschwiegen vor dem Bewußtsein.

Merkwürdig ist diese ganze Erzählung in ihrer Genauigkeit. In völliger Unschuld wird *Tamar* in das Gemach *Amnons* eingelassen. Die ganze Zweideutigkeit erleben nur wir, die Hörer oder die Leser, mit; wir denken uns etwas dabei, daß *Amnon* im Bette *liegt*, – jeder begreift, daß er dort lagert wie ein Wolf, im Bett, der Stätte für einen Kranken, sich auszuruhen, nun aber einer Falle für seine Halbschwester. Alle müssen das Gemach verlassen, nur noch *Amnon* und *Tamar* bleiben zurück. Und dann erleben wir mit, wie ein Mensch, der sich gegen seine Gefühle all die Zeit über gewehrt hat, ihnen zum Opfer fällt.

Gewiß ist es zu einfach, die Erzählung dahin zu lesen, daß alles *arrangiert* worden sei, um die Vergewaltigung kalkuliert vorzubereiten; wenn es so stünde, hätte man eine viel einfachere Situation schaffen können, die viel weniger symbolbelastet und kompliziert gewesen wäre. Auch daß *David* hier noch gebraucht wird, um seine Erlaubnis für den Besuch *Tamars* zu geben, versteht sich in diesem Zusammenhang: es ist wie ein Flehen, der Vater möchte seinen Segen über eine Liebe sprechen, die er durch sein eigen Vorbild in die äußerste Schuld getrieben hat. Es ist wie ein Flehen darum, leben zu dürfen in einer Welt, die durch die Person des Vaters und dessen eigenes Tun derart verstellt ist. Schließlich überfällt es *Amnon*, so daß er *Tamar* überfällt. All ihre so vernünftigen Worte, ein Weniges nur zu warten, sich selber aufzusparen bis zur Legalisierung seiner Gefühle, treffen einen Mann, der nicht mehr hören kann, schon weil er all seine eigenen Gefühle bis dahin hat überhören müssen. Der vollkommene Ausfall eines erlaubten Werbens im Raum der Liebe führt jetzt zur Gewalttat.

Sprechen wir wirklich die ganze Zeit von *Wollust*? Auch nur der Name schon! Da wird etwas verurteilt, weil ein Mensch die *Lust will*, – eben das bedeutet *Wollust* oder *Wohllust*. Aber nun müssen wir sagen: Das Problem entsteht aus dem *Verbot*, die Lust wollen zu dürfen! Was wir da *Wollust* nennen in der Gestalt *Amnons*, ist das Ergebnis einer tiefen Unterdrückung. Von seinem Vater *David*, mögen wir sagen, daß er die *Lust* in seiner Gier sich selber verschafft hat, ohne daß wir auch über die Gründe der Psychologie in einem König nachdenken müßten. Bei *Amnon* stellen wir nur fest: Er *kann* nicht wollen, was er tut, und was er schließlich tun *muß* wie unter einem Überdruck des Zurückgestauten, ist das Ergebnis einer solchen Verpreßtheit und Gehemmtheit und schuldbeladenen Selbstverfluchung für etwas, das unter anderen Umständen als ganz normal betrachtet hätte werden können.

Erst wenn wir die Dinge so sehen, werden wir darauf vorbereitet, am Ende zu begreifen, warum *Amnon* die gerade noch Geliebte von sich *verstößt*. Nicht ein Junggesellenzynismus scheint da am Werke, sondern die Tatsache, daß, nachdem die Erregung sich gelegt hat, nur noch übrig bleibt, was all die Zeit über schon wirksam war: die Selbstverfluchung. Nun findet sie ihren Stoff, und zwar nicht mehr nur in der Möglichkeit eines Wollens, sondern in der Tatsache eines Tuns. Nun hat sie ihre Wirklichkeit, und der Mann, der sich selber haßt für das, was er tat, beginnt diejenige zu hassen, die ihn dahinbrachte und die er dahin zwang. In *Tamar*, mit anderen Worten, erscheint *Amnon* die gestaltgewordene Schande, die personifizierte Selbstverurteilung. Es ist nicht *Tamar*, die er verstößt, es ist gewissermaßen seine eigene Seele, sich selbst, die er in ihr zu verbannen sucht. Psychoanalytisch liegt es uns nahe, *Amnons* Verhalten als durch und durch *narzißtisch* zu begreifen. Seine Liebe, kann man sagen, diene nur ihm und habe nichts zu tun mit der nötigen Rücksicht auf die Realität und die Lebensinteressen seiner Halbschwester. Eine solche Einschätzung trifft vor dem Tun zu und trifft nach dem Tun zu; nicht einmal die Gewißheit ihres Unglücks gilt *Amnon* als irgendein Argument, sein Verhalten zu ändern. Doch gerade deshalb müssen wir sagen: Im Grunde will er seine Halbschwester nicht mehr sehen, um in ihr nicht sich selbst anschauen zu müssen. Wir haben in *Amnon* ein Gewissen vor uns, das nur um sich selber kreist, das zu keiner Empfindung für einen anderen fähig ist: Und so jetzt müßten wir insgesamt die Erklärung für ein Tun nehmen, das wir als *Wollust* bezeichnen: Wir sehen ein Ich vor uns, das in seiner Schwachheit wie ein Samenkorn zermahlen wird unter dem Überdruck seines Über-Ichs und der Antriebsstärke seines Es. Im Grunde kann es überhaupt weder handeln noch entscheiden; es ist gänzlich ein Spielball von Kräften, die sich in ihm selber nach eigenen Gesetzen aufführen. Und dann müssen wir dieses sehr kleine Ich konfrontieren mit der Heftigkeit der Moral, die sich in seinem Über-Ich verankert hat. Was wird sie einem *Amnon* sagen? Er hat eine Frau vergewaltigt, wird sie sagen.

Dreitausend Jahre später, in unseren Tagen, wird das Urteil über einen Mann wie *Amnon* womöglich noch härter ausfallen als in den Tagen *Davids* damals. Er ist ein Verbrecher, er ist ein Mann, der verdient, bestraft zu werden, so wird das Gesetzbuch sagen im Namen aller Frauen, denen solches je angetan wurde oder die sich verständlicherweise fürchten, nur bereits weil sie sehr schön sind, daß es ihnen je angetan werden könnte. Völlig recht hätten dabei Moral und Gesetzbuch, wären sie nicht stets in sich selbst doppeldeutig.

All die Zeit über haben wir diese Ambivalenz des Moralischen schon gesehen, als wir uns mit den *Lastern* beschäftigten. Wir sprachen über *Eifersucht*. Sie wird gesellschaftlich abgelehnt, aber dann entdeckten wir, daß es gerade unsere Gesellschaft ist, die ständig von Konkurrenz lebt und die *Eifersucht* für alle Prozesse braucht, in denen sie selber sich bestätigt; die gesellschaftliche Moral unterdrückt genau das, woraus sie selber existiert: Sie *will* die *Eifersucht* und bestraft die *Eifersucht*; sie zwingt mit Hilfe der Moral die Menschen in eine *Doppelbindung*, die bis zum Irrsinnigen geht. – Oder der *Jähzorn*. Er wird verurteilt als Unbeherrschtheit, aber selbst wenn wir sagen, das Problem des Jähzornigen liege gerade darin, daß er sich im Übermaß zu beherrschen suche, bis daß es wie in einem Kessel aus ihm unter Überdruck herausplatzt, begreifen wir die Widersprüchlichkeit der Gesellschaft. Denn dieselbe Gesellschaft ist es im Grunde, die den *Kämpfer*, auch den brutalen, *jähzornigen* Kämpfer, förmlich prämiiert. Wenn jemand da ist, dem alle Gefühle der Rücksicht durchgehen bei einem Tun, zu dem die *Gesellschaft selbst ihn bestellt*, dann ist er ein Held, wie der Berserker bei den alten Germanen schon, dann ist er jemand, der draufhaut wie ein «Bär». Geehrt und verherrlicht wird in der Filmindustrie ein Mann wie SILVESTER STALLONE oder ein Wildwest-Typ wie *Django*, – Leute, die morden, weil es mit ihnen durchgeht; und sie werden gefeiert, diese «Triebtäter»: Jemand, der im Blutrausch tötet, wenn er als Soldat massenweise «Feinde» tötet, wird prämiiert werden, wird dekoriert werden, wird den *Silver-Star* öffentlich überreicht bekommen von der US-Army und gefeiert werden als ein großer Patriot wie ein Schlagetot vom Kaliber eines *Samson* im Alten Testament. Und der Grund heute: Er hat im Golfkrieg 1991 mit Bulldozern auf mehreren Kilometern Länge Menschen lebendig begraben; das verdient, dekoriert zu sein. Der *Jähzornige* wird bestraft als ein nur privater Versager, aber öffentlich zum Vorbild erhoben wird der Mann, der jähzornig und blindwütig so handelt, daß es mit dem Auftrag übereinstimmt, den ihm die Gesellschaft gab.

Irrsinniger kann es nicht gehen. Wir sehen, daß es dieselbe Gesellschaft ist, die ihre *Laster* schafft, die sie dann zu bekämpfen vorgibt. Auf dem Gebiete der *Wollust* sind die Dinge geradezu mit Händen zu greifen: auf der einen Seite eine biblische, eine christliche, eine puritanische Moral, die die Triebe unterdrückt, auf der anderen Seite im Hintergrund geradezu eine Überbewertung des Unterdrückten. Die Widersprüchlichkeit des Gesellschaftlichen und Kirchlichen führt förmlich dahin, Menschen darauf zu *dressieren*, daß sie immer wieder ablehnen, was in ihnen vor sich geht, nur um sich auf das Verbotene dann zu fixieren.

Transponieren wir Erzählungen wie die von *Amnon* einfach einmal in unsere Tage. Die Älteren unter Ihnen werden sich der Komödie oder der Tragödie oder der Realsatire, je nachdem, aus den fünfziger Jahren noch entsinnen, als im Jahre 1951 WILLY FORST in einem Film, der schon so hieß, *Die Sünderin*, HILDEGARD KNEF auf die Leinwand brachte. Die Kirche, die ADENAUER-Partei, die ganze christlich-katholische Welt stand auf dem Kopf «für» diesen Film. Es hagelte Verbote. Man zog vor das Bundesverfassungsgericht, ob dieser Film überhaupt gezeigt werden dürfe. Es war das erste Mal, daß das Bundesverfassungsgericht verkündete, Filme seien eigenständige Kunstwerke. Ob dieses Prädikat nun für den Film *Die Sünderin* im Speziellen galt oder nicht, schon daß man Filme auch *als* Kunstwerke betrachten konnte, bedeutete etwas ganz Neues für ein bestimmtes Publikum. Das allerdings war nun wohlvorbereitet, zu Millionen in jenen Film zu strömen, in dem man tatsächlich 15 Sekunden lang im Hintergrund eine Frau betrachten konnte, die in Nacktheit von einem Maler gezeichnet wurde; auf der Staffelei übrigens war sie viel deutlicher wahrzunehmen als auf dem Hintergrund; aber in jenen Tagen von Januar 1951 an in Deutschland hatte man etwas verpaßt, wenn man dieses Schauspiel nicht gesehen hatte: man mußte es gesehen haben, um kulturpolitisch oder moralisch oder wie auch immer überhaupt mitreden zu können. Doch natürlich spielte auch die Erwartung eine Rolle, man bekäme «etwas Schönes» zu sehen.

Das Beispiel lehrt, wie eine bestimmte Moral den Menschen überhaupt erst dahin bringt, das Schlüsselloch seines Schlafzimmers (oder Arbeitszimmers!) für das Leben zu halten; es zeigt, wie Menschen zu kleinen Kindern erniedrigt werden können, um etwas ganz Normales im Status der Ausnahme, eben im Bannkreis des Verbotenen, sehen zu müssen, so daß es am Ende gar keine Lust mehr gibt, die kostbarer wäre als eben die verbotene. EMILE ZOLA in seinem Roman *Nana* hat bereits im 19. Jahrhundert die atemlose Spannung der Voyeurs vor der verbotenen weiblichen Nacktheit beschrieben, eine im Grunde unbegreifliche Mischung aus unterdrückter Sexualität und mit Schuldgefühlen behafteter Halbbefriedigung.

Fragen wir so: Wie soll man leben in einer Welt, in der die Normalität von Kindern, die in Neugier schauen wollen, fühlen wollen, denken wollen, phantasieren wollen, in all den Punkten dem Verbot anheimfällt?

Wer auch nur ein wenig die *katholische* Moral aus jenen Tagen in Erinnerung hat oder die Wirkungen ihrer «Moral» an sich selbst und seinen Kindern hat erleben müssen, wird diese Identifikation von Sittlichkeit mit dem Zollstockmaßstab sehr deutlich noch vor Augen haben, – den Kampf um die Quadratzentimetermaße des menschlichen Körpers, was man sehen durfte, woran man denken durfte. Es gibt vielleicht kein Verbrechen im 20. Jahrhundert, das in Fragen der Moral so tief geht wie das einer Kirche, die sich die «katholische» nennt und als solche nicht darauf verzichtete, ja, es geradezu für ihr Hauptanliegen erklärte, achtjährigen, neunjährigen Kindern beizubringen, daß sie in die Hölle kommen würden «durch Gedanken, Worte und Werke». Die Folge einer solchen klerikalen Moral ist, daß das Denken, das Wollen, das Fühlen immer wieder kreisen wird um eben das Verbotene und davon nicht loskommt. Man hat es zu tun wie mit PAWLOW'schen Hunden schließlich, bei denen das, was gewollt wird, und das, was verboten ist, immer wieder zusammen sich zu einem bedingten Reflex verpaart. In der Psychotherapie erlebt man es in Gestalt so vieler Sexualneurosen wie ein spätes Echo für den Schaden, den diese «Kirche» angerichtet hat, den aber auch nur zu sehen, geschweige denn wiedergutzumachen sie bis heute sich weigert.

Ein kleines Beispiel für diese Tatsache liefert ein heute dicht vor der Pensionierung stehender *Religionslehrer*, der immer wieder heftig darunter leidet, Schülerinnen in den Sommermonaten unterrichten zu sollen und sie kaum anders anschauen zu können als so, daß er darunter rot wird; eigentlich, fühlt er, müßte er beichten, was er da gesehen hat; im Grunde weiß er, daß er sich so verhält wie damals als kleiner Junge, der nur nie ein Junge sein durfte. Er, der Religionslehrer, schaut seine eigenen Schülerinnen, nur weil sie unbezweifelbar jugendlich schön sind, auf eine Weise an, für die er sich seit Kindertagen schämt, und er kommt davon nicht los! Bis zu den tollsten Bizarrerien mag dies gehen, daß, wenn dieser Mann eine seiner Schülerinnen anschaut, ihm zugleich das Kreuz Christi in Erinnerung kommt. Immer wenn er etwas Unrechtes zu fühlen vermeint, verbindet er es mit dem Kreuz; aber das Umgekehrte kann auch sein: Er schaut den nackten Christus am Kreuz, doch schon kommt ihm der Gedanke: Was ist unter dem Lendentuch? Der Sinn solcher Verkoppelungen scheint sich «vernünftigerweise» kaum zu ergeben. Man hat es indessen ganz einfach zu tun mit Mechanismen der Verknüpfung zwischen Trieb und Unterdrückung. Wollte man freilich dem so notvoll Erlebten einen späten Sinn trotz allem noch zusprechen, so müßte man sagen: «Was Sie erleben, ist wie ein Suchen auch danach, es möchte beides einmal im Sinne einer Erlaubnis zusammenkommen. Wie wär's, der Christus wäre gestorben eben dafür, die Lust der Menschen nicht zu bekämpfen, sondern sie zu erlauben, und man könnte mit ihm reden, er sollte vom Kreuz herabsteigen und wieder die Worte sagen, für die man ihn gekreuzigt hat: daß Menschen ein Recht hätten zu leben! daß Frauen in den Kreis der Menschen, der

Männer Zugang finden dürften! Hat er nicht einmal gesagt, in den Tagen, da er selber lebte, es gehe zu wie bei einer Hochzeit? er sei nicht gekommen, um in Trauer das Fasten zu lehren, sondern wie ein Bräutigam zur Hochzeit einzuladen?» *(Mk 2,19–20)*

Wie vieles an Perversion bis zum Irrsinnigen kann passieren, wenn, um ein anderes Beispiel zu geben, *ein Priester* über Monate hin kaum fähig ist, eine Messe zu lesen, speziell am Sonntag nicht, und sich beurlauben lassen muß, weil er fürchtet, beim Kommunionausteilen eben in den Sommermonaten könnte die geweihte Hostie in den Ausschnitt einer Frau fallen, und was wäre dann zu tun? Seine Hände zittern wirklich derart, daß so etwas passieren könnte! Soll man ihm nun sagen, es sei offensichtlich seine Wunschvorstellung, eben dahin zu greifen, nur daß er sich diese «Wollust» sein Leben lang verboten habe? Eine solche Mitteilung würde ihn nur noch mehr verwirren. Aber das Problem ist sehr ernst zu nehmen, denn es dokumentiert die Zerrissenheit einer ganzen Kirchenmoral, die Menschen zwingt, immer wieder wie Verfolgte, wie Fixierte, wie Gekreuzigte an etwas zu denken, das sie auch nur in Gedanken schon als Sünde zu betrachten haben.

Fragen wir daher weiter: Wie ist es möglich, in eine solche Welt *Lust* hineinzubringen an die Stelle einer *Wollust*, die dem Namen nach schon gar nicht zugelassen wird? Zweihundert Jahre nach IMMANUEL KANT haben wir den Begriff der *Sinnlichkeit* völlig identifiziert mit dem Verbotenen. Nicht die Sensibilität der Wahrnehmung, der Offenheit für das Leben verbinden wir, wie in den Tagen KANTS, mit diesem Begriff, sondern das Ghetto von etwas zu Unterdrückendem.

Was haben wir mit all dem gelernt? Dieser Tage noch sagte eine Frau: «Die Probleme, die Sie zum Beispiel beschreiben in dem Märchen vom *Marienkind*, haben doch meine Töchter nicht!» Ein solcher Eindruck kann trügen. In dem Märchen vom *Marienkind*, einer katholischen Erzählung aus dem 16. Jahrhundert, der Nummer 3 der Märchensammlung der Brüder GRIMM, wird davon erzählt, daß ein Mädchen sehr bald nach seiner Geburt von der Mutter Gottes in den Himmel entführt wird und nur noch mit den Englein spielt. Dieses Mädchen, zwölfjährig, wird eines Tages von der Madonna alleingelassen, mit dem Bescheid, daß es alle himmlischen Türen öffnen dürfe, nur die dreizehnte nicht. Hinter jeder der zwölf Türen steht eine Mannsgestalt, ein Apostel, zur Erfreulichkeit des Mädchens, aber die dreizehnte Tür, – als es die öffnet und der Heiligen Dreifaltigkeit ansichtig wird, bringt es dahin, daß sein Finger vergoldet wird, und daran entdeckt schließlich die Madonna die Übertretung ihres Gebotes; doch als das Mädchen die Tat leugnet, weist sie das Kind als Lügnerin fort aus dem Himmel. – Die katholische Kirche im 16. Jahrhundert, in der Zeit der Gegenreformation, wollte im Grunde mit diesem Märchen die Marienfrömmigkeit und die Notwendigkeit zu beichten den Menschen vermitteln. Die Erzählung selbst aber, die sie auf diese Weise in Umlauf brachte, ist die Geschichte einer Sexualneurose *par excellence*. Es geht darum, daß ein Mädchen zum erstenmal bei seinem Denken an die Männer, an die «heiligen Apostel», sich selber entdeckt und dabei die «verbotene Türe» öffnet. Weil dieses Tun aber verboten ist, bleibt der Finger wie «vergoldet»; er bleibt als ein ständiges Zeichen von Überwertigkeit und Verbot zurück. Bestraft aber wird diese Selbstentdeckung der Sexualität und deren Verleugnung mit der Ausweisung aus dem «Himmel». Die erhabenste Frau der Welt, die Madonna, die Gestalt der Mutter, ist es hier, die das Mädchen verstößt und in seinem «Sündenfall» alleinläßt, umgeben von einer Dornenhecke. – Die Geschichte wird weiter erzählen, daß dieses Mädchen schließlich, gerettet von einem Königssohn, ein Kind nach dem anderen bekommt, aber jedesmal erscheint ihm die Madonna, um ihr Kind zu rauben; mit einem Wort: zwischen Mutter und Tochter schiebt sich immer wieder das Über-Ich-Ideal, die eigene Selbstablehnung als Frau.

Und nun müssen wir nur hinzufügen, daß es noch immer die Lehre der katholischen Kirche darstellt, Frauen hätten als Jungfrauen nach dem Vorbild der immerwährenden Jungfrau Maria sich in die Ehe zu bringen und dann alsbald Mütter zu werden, dann stellt sich die Frage nur, wie man von einer Jungfrau zur Mutter werden könne, ohne je im Leben haben lernen zu dürfen, wie man als Frau sich entfalte! Wie hat man Mädchen erzogen, wenn HILDEGARD KNEF zu sehen die Sünde schlechterdings bedeutete? Der Film damals übrigens redete davon, daß ein Archäologe und Maler eine große Affinität zur ägyptischen Religion des Lichtes besaß; er wollte nicht länger die Finsterlinge und Todesprediger des «Christentums» mitanhören müssen. Das eigentlich war die geistige Herausforderung des Christentums damals. Doch daraus wurde die Frage, wie ein Mädchen sich kleiden soll, wenn es anzuschauen in sich bereits eine schwere Sünde darstellt? Darf es sich selber betrachten? Wie darf es sich anziehen, wie darf es seine Freundinnen anschauen? Wenn es schön ist, bietet es dann nicht schon eine Gefahr zur Aufreizung, zur Verlockung, zur *Solicitation*, eben: zur Todsünde? Es muß auf sich aufpassen! Es muß die Männer verachten, die immer nur das eine wollen und immer nur dahinter her sind! Wie viele Ehetragödien, verursacht unter dem Druck einer solchen Moral, ergeben sich wie von selbst als Konsequenzen derartiger Vorschriften!

Da ist ein Mann, der eigentlich seine Frau liebt; aber eben weil er sie liebt, sogar madonnenhaft gleich liebt, möchte er ihr *das* nicht antun, was Männer sonst den Frauen antun; also vermeidet er es viele Jahre lang, die Empfindungen zuzulassen, die er in ihrer Nähe haben könnte. Die Folge ist ein Sammelsurium von Abspaltungen. Ein solcher Mann, der sich im Ideal der Madonna an seine eigene Mutter gebunden fühlt, wird seine spätere Frau zunehmend entsexualisieren. Am Ende ist seine Frau tatsächlich nur noch eine Mutter, wirklich eine Madonna, aber wo bleibt sie als Frau, wo er als Mann? Man mag ihm später sagen, er sei ein *Don Juan*, denn es wird fast unvermeidlich, daß er mit seinen Aufspaltungen fremdgeht. Eben darin ist er *wollüstig*. Aber wie sollte er, wenn in der Normalität das Verbot wütet, anders tun, als daß er sich im Verbotenen schließlich normal macht? – Und auf seiten der Frau nicht anders. Sie muß ihre «Pflicht» tun in der Ehe. Bis zu diesem Zynismus ging der katholische *Beichtspiegel* noch bis vor kurzem. «Hast du», so fragte man die Frau, «deine *ehelichen Pflichten* erfüllt?», – mit einem Wort, die Frau hatte nicht das Recht, sich zu verweigern. Gut, sie konnte Kopfschmerzen vorschützen oder ihre Tage oder sonstiges Unwohlsein und Gebrechen, aber darüber hinaus hatte sie ihre Pflicht zu tun, schon weil ihr Mann irgendwann all die moralisch erzwungenen Ausreden nicht mehr glaubte; der liebe Gott zudem wußte es genauer, und ihm mußte man gestehen, die «Pflichten» eben *nicht* getreulich erfüllt zu haben. Was Wunder schließlich, daß eine solche Frau *Ekel* empfindet vor einem Mann, der immer noch ihr selbst dort «Pflichten» abverlangt, wo Verlangen und Freude nicht sein darf? Und wohin schließlich geraten die Gefühle einer solchen Frau, wenn nicht eben außerhalb der Ehe?

Wie vieles im übrigen bleibt auf der Strecke der Entwicklungen liegen und entfaltet sich gar nicht erst! Manche Frau ist darüber entsetzt, wenn sie ihren Mann mit den berühmten «Heften» ertappt, – immer noch blättert er darin wie ein kleines Kind! Ganz nahe liegt es verständlicherweise, daß eine Frau den Mann dafür verachtet, sieht sie sich doch selber verachtet, wenn ihr Gemahl solche Vorlagen benötigt. Wie dann schaut er sie, seine Frau, wirklich an?

Vor einer Weile erklärte eine Frau, wie sie mit ihrem Vierzehnjährigen verfahren sei, als er an Vaters Hefte geraten war. Sie habe, sagte sie, ihm die «Hefte» weggenommen und dabei gesagt: «Das macht dir nur Angst.» Fast war das ein genial richtiges Wort. Sie wollte sagen: «Es gibt in der Wirklichkeit etwas Schöneres, als in einer angstbesetzten Phantasiewelt überwertige, frustrierende, letztlich überwältigende Empfindungen zu versammeln, die sich ins Leben gar nicht mehr getrauen können noch wollen, ihrer Überdimensioniertheit wegen. Wie wäre es, du probiertest mit einigem Mut, dich in der Realität zurechtzufinden, statt dich ersatzweise in einer übergroßen Vaterwelt zu verirren?» Die Frage, wie sie ihrem Sohn dann seinen Vater erklärte, wußte freilich auch sie kaum zu beantworten.

Aber nun: Wieviel an Unterdrückung fordert unsere Gesellschaft, indem sie am Ende eine ganze Industrie darauf losläßt, die Folgen ihrer eigenen Unterdrückung «produktiv» kommerziell zu verwerten! Jene Frau, die sagte: «Meine Töchter sind doch heute anders und haben es viel leichter, sie sind ganz sicher keine Marienkinder mehr», hat in gewisser Weise natürlich recht. Wir haben heute nicht mehr die Probleme der fünfziger Jahre oder die Mühen des ALFONS VON LIGUORI und anderer heiliger Größen der katholischen Moraltheologie; aber sind wir deshalb schon wirklich sehr viel besser dran? Diese Frau, die grad von ihren Töchtern sprach, erklärte, wie die Jugendlichen heute sich unterhalten; die Sprache, die sie redeten, meinte sie, sei im Grunde das Übersetzungsdeutsch aus amerikanischen Filmen. Bis vor fünfzehn, zwanzig Jahren war es ungewöhnlich, daß Mädchen so miteinander sprachen, wie es heute üblich ist, stellte sie fest. «Man redet völlig lieblos und zynisch, wie wenn die ursprüngliche Sensibilität einfach vereist worden wäre, ganz so, als ob man gar nichts fühlte.» Das scheint richtig. Man kann heute alles tun, aber man darf im Grunde keine Freude und Begeisterung mehr dabei erleben. Man muß darüberstehen, und man muß es verächtlich und gemein bereden. Der Körper eines heranwachsenden Mädchens ist bis zum Brutalen mit obszönen Worten belegt. Unsere Gesellschaft hat mittlerweile alles getan, Menschen wirtschaftlich, medizinisch, kommerziell, industriell auf ihren Körper zu reduzieren und jeden menschlichen Wert als ein seelenloses Fabrikationsprodukt auf den Markt zu werfen. «Besser» ist es nicht geworden. Zwischen «damals» und heute liegt im Grunde immer noch der Werdegang der alten Verklemmtheit.

Man entsinne sich nur der Filme aus dem Ende der sechziger, Anfang der siebziger Jahre, «als die Liebe laufen lernte»; Filmtitel tauchten damals auf wie: *Deine Frau, das unbekannte Wesen.* Männer, die zwanzig Jahre lang verheiratet waren, mußten sich also nun «einfühlen» in dieses «unbekannte Wesen» an ihrer Seite, als wenn sie von nichts eine Ahnung hätten. Kurioser konnte es gar nicht mehr kommen, aber so sind wir Deutschen «groß» geworden in den letzten dreißig Jahren. Wir haben dabei nicht die Sensibilität gelernt, die in der Liebe liegen könnte, wir haben lediglich nach dem Prinzip des Kühlschranks die Hitze zum Vereisen genutzt – eine andere Form von Flucht, die den Körper noch weiter von der Seele abspaltet. Äußerlich «dürfen» wir gewissermaßen alles, aber es ist uns nicht erlaubt, wirklich daran zu glauben, wirklich darin zu sein, wirklich darin den Ernst unseres Lebens zu setzen.

Das im Grunde aber wird nun das Problem, das wir schablonenhaft mit dem *Don Juan* männlicherseits und der *Dirne* weiblicherseits verbinden, mit Menschen, die ständig *auf der Suche* sind. Der *Don Juan* ist nicht nur eine literarische Figur, die *Dirne* nicht nur Gegenstand von Opern und Novellen; wir sollten vielmehr denken, daß wieder die Gesellschaft Phantasien produziert, nur um sie zu verbieten, und gleichzeitig die Ursachen dafür schafft, daß Menschen in die entsprechenden Verhaltensweisen hineingedrängt werden.

MAX FRISCH, als er über die Gestalt des *Don Juan* nachdachte, konnte im Titel bereits von *Don Juan oder die Liebe zur Geometrie* sprechen und meinte, wir hätten in dem Menschen, der als Mann auf die Suche nach einer Vielzahl von Frauen gehe, unbefriedigt stets von einer einzigen, im Grunde jemanden vor uns, der sich nach einer Vollkommenheit sehne, die fast überirdisch sei. Die Liebe zur «Geometrie» aber besteht darin, daß aus allem Körperlichen die Seele herausgenommen wird und fast ein abstraktes Verhältnis zum anderen Geschlecht entsteht. Wir müßten sogar genauer sagen als MAX FRISCH: Wir haben im *Don Juan* im Grunde einen Jungen vor uns, der sich nach einer Mutter sehnt, die er zwar lieben, aber sexuell im Grunde nie begehren durfte. Darin liegt das Ungenügen einer jeden Frau, die als Einzelne ihm begegnen mag. Er sucht ständig eine Geborgenheit, die er so nie findet.

Und wieder sind wir damit in gewisser Weise bei dem Problem *Amnons*: Wenn *die eigene Schwester* wäre wie eine Mutter, die einen Kranken pflegt, wenn eine Welt wäre, so geborgen, daß keine Gewalt nötig wäre, um zu «erobern», keine Aggression, um das Besetzte und Besessene zu «verteidigen», so könnte die Liebe gewissermaßen sich *rein* entwickeln. Aber wie soll sie das in einer Welt, die so ganz anders ist?

Jeder Mann, der eine Frau liebt, wird gewisse Erinnerungen und Phantasien an seine Mutter mitbringen. Wenn aber die Moral selber, in der Mutter madonnenhaft verkörpert auf ideale Weise, die Liebe unterdrückt, wie soll er dann fähig sein, vom Kind zum Erwachsenen zu reifen? – Auf seiten der Frauen wird man solche Männer wiederum wie große Jungen betrachten, die nie ein Genügen haben können, sondern die immer wieder neu auf Eroberung gehen müssen.

Es mag sein, daß in all dem jene Biologen recht haben, die im Verhalten der Männer einen kennzeichnenden Unterschied zum Verhalten von Frauen entdecken, und zwar eben den: Frauen möchten, daß ein Mann als Beschützer ihrer Kinder bei ihnen sei, während das Bestreben der Männer dahin geht, möglichst viele Kinder zum Beweis ihrer Potenz und Fruchtbarkeit in die Welt zu setzen – ein Interessenkonflikt also zwischen Mann und Frau, die Ursache des «Geschlechterkriegs» womöglich zwischen Mann und Frau. Es ist aber die Rolle des *Don Juan* nicht einfach biologisch oder genetisch zu erklären, sondern erneut durch die psychische Vorgabe, etwas zu wollen, das im Grunde durch moralisches Verbot und frühkindliche Fixierungen unerreichbar ist.

Für die Kehrseite dieser Art des männlichen Verhaltens mag weiblicherseits die Gestalt der *Dirne* stehen. Sie vermag es im weitesten Sinne, die Seele vom Körper abzuspalten, und das ist es wohl eigentlich, was man ihr übelnimmt und weswegen man sie quer durch die

Jahrtausende zum Teil bewundert hat und doch immer wieder auch haßt und verachtet. Sie tut etwas Äußerliches und gibt dabei genau zu spüren, daß sie selber als Frau und Person darin ganz und gar unerreichbar ist, und diese Erfahrung wird jede Dirnenbekanntschaft in etwas Demütigendes verwandeln. Bezahlte Liebe ist nicht Liebe.

Vielleicht gibt es auf dem Weg zu einem solchen Tun oder sogar Beruf im Vorfeld kaum eine Erfahrung, die sich schwerer durcharbeiten und zur Sprache bringen läßt als etwas, das überhaupt erst in den letzten zehn, fünfzehn Jahren in unserer Gesellschaft ein Stück weit enttabuisiert wurde, das ist der *Mißbrauch*, den eine Frau als ein junges Mädchen erleiden mußte. Was wird aus einer *Tamar*, einer Vergewaltigten in den frühen Jahren ihrer Jugend und Jungfernschaft? Wie soll sie mit einem derart erschütternden Erlebnis umgehen?

Aus der Bibel erfahren wir, wie *Tamar* selber gleich einer Irrsinnigen an dem, was *Amnon* ihr zugemutet hatte, derart litt, daß sie das Erlebte nie mehr zu integrieren wußte. Manchmal erzählen Frauen, wie es war, als ihr Onkel, ihr Stiefvater, ihr älterer Bruder sie mißbraucht hat; sie waren damals etwa zwölf oder vierzehn Jahre alt, ihr Leben fing gerade zu blühen an, als es wie ein früher Frost über sie fiel; dennoch aber waren sie oft stark genug, dieses Trauma ihrer Jugend später zu überwinden.

So berichtete eine Frau, wie sie immer wieder geträumt hat von ihrem «richtigen» Geliebten, das war ein Klassenkamerad, den sie aber in der Wirklichkeit nie anzusprechen wagte. Immer wieder, wenn der Mann, mit dem ihre Mutter zusammenlebte, zu ihr kam, dachte sie unentwegt an diesen Jungen; sie glaubte an ihn und träumte von ihm, um die Wirklichkeit irgendwie zu überleben. Sie trug in sich ein Geheimnis, das niemand wissen durfte. Ihre Schulkameradinnen redeten von ihren ersten Erfahrungen, sie aber durfte keiner von ihnen sagen, was sie selber längst schon wußte und wie es sich mit ihr verhielt. Es umgab sie der Mantel einer Düsternis, hinter dem sie sich schützte, aber aus dem sie nie hervorzukriechen wagte. Dann aber, als sie etwa zwanzig Jahre alt war und nicht länger an die Demütigung ihrer Familienrolle gebunden bleiben wollte, als sie aufwachte und sich selber ins Leben getraute, sprang sie ins Frausein hinein wie eine Verzweifelte durch ein Fenster. Ihr Verhaltensmuster war es, daß sie Männer genau dahin brachte, wohin man sie selber gebracht hatte. Das völlig Inakzeptable, Unzumutbare von einst war es gerade, was sie jetzt förmlich suchte. Es sollte niemand mehr sie vergewaltigen und nie mehr von außen sie zu etwas zwingen; doch wie nun, wenn sie selber, von sich her, in Freiheit eben *das* einleiten würde, was man ihr zugemutet hatte, wie, wenn sie selber den Mut hätte, es zu tun?

Alle Bekanntschaften, die sich in der Folgezeit anschlossen, waren von dieser Art. Aber dann, wenn «es» geschehen war, stieß sie den anderen zurück. Der jeweilige Mann hatte genau das getan, was er hatte tun sollen, aber eben dadurch war er, wie in der Geschichte von *Amnon* und *Tamar*, nur jetzt mit umgekehrten Rollen, der Mann, der auf keinen Fall in Frage kam. Gesprochen wurde immer erst hinterher, nur um festzustellen, daß es überhaupt kein Gespräch gab. Diese Frau suchte ein Jahrzehnt lang immer wieder nach einem Geliebten, das heißt nach dem Gefühl einer Liebe, die unter dem Trauma der Mädchentage gar nie zustande kommen konnte. «Wenn ich doch aus den Träumen von dem idealen Gatten und Gefährten einmal auf die Erde kommen könnte!» – so ihr Wunsch. Aber dann mußte man ihr sagen, das werde nur gehen, wenn sie sich als erstes mit einem anderen Partner vertraut mache und ein Stück Vertrauen lerne, indem sie zu glauben beginne, daß Männer auch anders sein könnten, als sie es erlebt habe. Irgendwie mußte sie zugeben, daß aus dem ehedem Verbotenen und Unheimlichen inzwischen auch eine Art von Lust geworden war, irgendwie identifizierte sie sich auch mit dem Geschehenen: Das, was da passiert war, sollte nicht nur eine Schande sein.

Auch so mag die weitere Entwicklung verlaufen: Ein gewisser Stolz, sogar eine gewisse Überwertigkeit legt sich rückblickend über das so erniedrigte Leben. Man hat viel mehr erfahren als die meisten anderen, man hat viel mehr erlebt als andere. Man ist nicht das Stück Dreck, für das die anderen einen halten würden, wenn sie die Wahrheit erführen. Dann aber müßte man Ja sagen zu allem, was war. Und dann müßte man noch viel mehr Ja sagen zu sich als zu der Person, die man hatte sein müssen.

Fragen wir also: Wie ist es möglich, Angst zu *überlieben*? Wie ist es möglich, die Gehemmtheiten der Schuldgefühle zu überreifen? Wie ist es möglich, Lust zu wollen und eben dadurch zu verhindern, daß sie zur Wollust wird? Im moralischen Sinn von einem Laster zu reden ist ein Einfaches, aber die Krankheit dahinter zu sehen, welche aus einer bestimmten kirchlichen und gesellschaftlichen «Moralität» überhaupt erst erwächst, und dann eine Therapie dafür zu finden, das ist das wirklich Schwierige. Merkwürdigerweise brauchen wir im Abheilen sogenannter Laster immer wieder Erlaubnisräume jenseits der moralischen Abgrenzungen. Immer wieder müssen wir die Frage stellen, nicht was du tust, sondern was man dir angetan hat und was in dir vor sich geht, ehe du so wurdest, wie du erschienst, als man dich verurteilte. Immer wieder brauchen wir Freiräume, wo das Nicht-Verbotene stärker wird als das ehedem Eingeschnürte und Eingezwängte. Erlaubnisräume der Freiheit sind nötig, um aus dem Laster nicht gleich dialektisch die Gegenbesetzung der Tugend, sondern ganz einfach die Normalität wirklicher zugelassener Empfindungen zu machen.

Es müßte alles in allem ein Ende sein damit, daß, wie in den Tagen des jetzt regierenden Papstes JOHANNES PAUL II., in Serie Frauen selig- und heiliggesprochen würden für kaum etwas anderes, als daß man sie als Mädchen überfallen, vergewaltigt und dabei getötet hat, nach dem Vorbild der «seligen» MARIA GORETTI, oder dafür, daß sie im Kindbett verstorben sind, weil sie gegen den Rat der behandelnden Ärzte doch noch ein Kind zur Welt gebracht haben; ein Ende finden müßte insbesondere die Verquickung bestimmter Tugendideale mit der Heiligsprechung des Leids, denn womöglich größerer Mut als in gehorsamem Sadismus besteht darin, Ja zu sagen zum Leben, Ja zu sagen zu sich selber, und sogar die Stirn zu haben, uralte Tabus in Frage zu stellen und dem Leben all die Bereiche zu öffnen, die immer noch daliegen wie verwunschene Schlösser.

Dreitausend Jahre sind vergangen, da uns berichtet wird von *Amnon* und *Tamar*. Wieviel aber brauchen wir, einer Königstochter ihre Schönheit zurückzugeben und in einem solchen Mädchen eine wahre Fürstin wiederzuerkennen? Und wieviel ist nötig, *Amnon*, dem Königssohn, ein Gefühl für seinen Stolz wiederzugeben? Wir müßten ihm sagen: «Du bist viel mehr als der Sohn deines Vaters. Auch *David* war nur ein Mensch, auch er hatte wieder eine Mutter und einen Vater und lebte in einer bestimmten Kultur und einer bestimmten Religion, aber das muß nicht länger deine Frage sein. Was dein Vater *David* tat, war so furchtbar, wie du es sehen mußtest, aber du bist mehr als er, und es gibt als Alternative nicht nur die Verneinung, die dich am Ende von der Rückseite her an dieselbe Stelle bringt, wo er stand. Suche vielmehr deinen eigenen Weg, folge deinem eigenen Gefühl, lebe nicht nur in den Reaktionsbildungen der Antithese! In ihr bist du unfrei, solange du lebst. Aber dein eigener Weg, das, was du selbst bist, zeigt dich doch auch in der Berechtigung der Ablehnung gegenüber deinem Vater.»

Wir müssen noch hinzufügen, daß *Amnons* Halbbruder *Absalom* auf seine Weise ebenfalls nicht loskommen wird vom Vorbild seines Vaters *David.* Absalom wird seinem Vater vorwerfen, daß er nicht Rache geübt hat an der Tat *Amnons*, daß er, mit anderen Worten, ein Schwächling war; er aber, *Absalom*, wird sich aufwerfen zum wirklichen König in Israel und Selbstjustiz üben an *Amnon.* Er wird ihn ermorden anstelle seines Vaters. Wie können Kinder leben unter dem Überdruck und dem Riesenvorbild eines Vaters, einer Mutter, die sie liebten und an deren Liebe sie aus Enttäuschung fast zerbrachen? Wie ist es möglich, daß man Menschen wieder Augen gibt für sich selber? Kaum anders wird das sein, als daß man das Gefürchtete zum Medikament macht und ganz allmählich wieder Zärtlichkeit, Sinnlichkeit, Freude, Lust, die Poesie der Seele bis in die Lyrik ihrer Sprache hinein lehrt und zu Gehör bringt.

Im Jahre 1994 drehte der amerikanische Filmregisseur JEREMY LEVEN den Film *Don Juan de Marco* (mit MARLON BRANDO, JOHNNY DEPP und FAYE DUNAWAY in den Hauptrollen), der in gewissem Sinne wie eine Antwort auf unsere Frage ist. Sein Inhalt: Ein junger Mann, der von sich behauptet, *Don Juan* zu sein, will sich mit einem Sprung von einem Hochhaus das Leben nehmen; der hinzugezogene Psychiater, den er für *Don Antonio de Silva* erklärt, ist unter dieser Vorstellung bereit, mit ihm in seine «Villa» zu ziehen – in das Sanatorium nämlich, in dem er nach 12 Tagen entweder als «geheilt» entlassen werden oder aber in die Psychiatrie eingewiesen werden muß. Was, fragt dieser Film, bedeutet «Wahrheit» und «Wirklichkeit» im Falle eines jungen Mannes wie diesem? «Es gibt», erklärt *Don Juan* seinem verdutzten Psychiater, «nur vier wesentliche Fragen:

Was hat Wert?
Was ist Geist?
Wofür lohnt es sich zu leben?
Wofür lohnt es sich zu sterben?
Die Antwort ist immer dieselbe: die Liebe!»

Der junge Mann behauptet allen Ernstes von sich, eben als Don Juan der größte Liebhaber aller Zeiten zu sein, und tatsächlich weiß er eine phantastische Geschichte von seiner Mutter zu erzählen, die er als *Donna Ines* bezeichnet; sie sei als Ordensschwester in ein Kloster gegangen, nachdem ihr Gemahl, um ihre Ehre zu retten, in einem Fechtduell mit einem Manne, der sie des Ehebruchs beschuldigte, ums Leben gekommen sei; er selber, entführt von Piraten, habe später *Donna Anna* kennengelernt, der er, nach der Bekanntschaft inzwischen mit über 1000 Frauen, ewige Treue habe versprechen müssen. Die psychiatrische «Wahrheit», die sich *objektiv* in diesen Gesprächen herausschält, erscheint freilich weit weniger glorreich; danach ist «Don Juan» das Kind einer Frau, die es außerehelich zur Welt brachte und bei den Großeltern unterbringen mußte, nur um selber dann wirklich in einem mexikanischen Kloster zu verschwinden; die angebetete *Donna Anna* aber war wohl nichts weiter als ein Model, das in einer Zeitschrift posierte und die aufdringlichen Annäherungsversuche ihres jugendlichen Fans einfach lächerlich fand.

Was aber ist in solchem Falle «Gesundheit» und «Realitätssinn»?

Wenn jemand erklärt, daß er nichts weiter sei als das Produkt einer Mesalliance und daß seine große Liebe nichts weiter sei als der Schwarm eines pubertierenden Daueronanisten, darf er psychiatrisch endlich für gesund geworden gelten; wenn er hingegen dabei bleibt, daß das Leben voll ungelebter Träume und tanzender Leidenschaft sei, eine sich selbst realisierende Musik aus Schönheit und gleißender Faszination, so ist das «Wahnsinn»? So soll es sein?

Diese Frage muß sich der behandelnde Psychiater selbst stellen. Wer ist er persönlich?

Seine Frau hat sich längst schon an den routinierten Alltag einer geordneten, vernünftigen Langeweile gewöhnt; sie wird mit ihrem Manne abends nicht zu Bett gehen, ohne eine Menge an Pillen gegen das Altern, gegen drohende Osteoporose und für die Aufrechterhaltung des Wahns einer tablettengesteuerten ewigen Jugend genommen zu haben. Kann es nicht sein, daß dieser Psychiater, der gerade in Pension geht, am Ende seines beruflichen Lebens als Psychotherapeut allererst lernen muß, was es heißt, wirklich zu lieben? Womöglich ist er wirklich *Don Antonio*, der «größte Therapeut, der je gelebt hat», indem er «1000 Menschen glücklich gemacht hat, so daß ihre Augen wurden wie das Leuchten der Sonne auf einem See»;

aber dann muß er in sich selbst zugleich auch *Don Juan de Marco* sein – ein Psychologe, der, nachdem er seinen «Dienst» hinter sich gebracht hat, den Traum einer jung gebliebenen Liebe zu leben beginnt; denn soviel steht fest: dieser sein «letzter Fall» erweist sich nicht nur als keiner Behandlung zugänglich, sondern auch als überaus ansteckend. Ist nicht eine Welt verrückt, in welcher die Sehnsucht der Liebe, ihre zärtliche Sensibilität, ihre verzaubernde Poesie, ihre schmelzende Leidenschaft wie ein anarchischer Anschlag auf die «vernünftige» Ordnung betrachtet wird? Ein junger Mann kann aus der Anstalt entlassen werden, wenn er sich zu der gesellschaftlich verordneten Auffassung der Wirklichkeit bekennt: – Er ist ein Halbwaisenkind aus niedrigsten Verhältnissen, das von jener Schauspielerin, in die er sich in einem Pornoheft verguckt hat, als Wirrkopf verschmäht wurde; jemand aber, der imstande ist, diese armselige Wirklichkeit auf phantastische Weise umzudichten und mit dem Traum seiner Liebe in eine andere wie stehengebliebene, immer gültige «Zeit» zu versetzen, ist ein offenbarer Psychotiker, der an überwertigen Wahnvorstellungen leidet, durchsetzt mit starken hysterischen Anteilen. Könnte es nicht sein, daß die gesamte Psychiatrie und Psychotherapie ihren «Sinn» erst findet, wenn sie den Traum der Liebe nicht nur als einen Teil der Realität, sondern sogar als deren wichtigsten Bestandteil anerkennt?

Dann wäre die Kunst zu lehren und zu lernen, einander als Mann und als Frau so anzuschauen, daß es im Sinne eines Jesus-Wortes *(Mt 25,36)* «Nackte bekleidet», statt mit den Augen bloßer Begierde zu erniedrigen; dann wäre es möglich, in einer Art miteinander zu reden, die wechselseitig die wahre Gestalt des anderen aus dem Block der Erinnerungen und Überlagerungen herausarbeitet, statt einander mit Erniedrigungen und Beleidigungen zu «bearbeiten»; dann hätten wir das wichtigste Kriterium zur Unterscheidung zwischen «Tugend» und «Laster», zwischen «Keuschheit» und «Wollust» in folgendem Punkt zu erblicken: Alles, was den anderen oder mich selbst in einen bloßen Gegenstand von Manipulationen, von Redensarten oder von Betrachtungsweisen verwandelt, ist «untauglich» zur Liebe; alles aber, was den anderen oder mich selbst als Subjekt meint und bestärkt, ist «tauglich» zum Glück.

Die Folgerung aus diesem Satz allerdings lautet, daß jegliche Neigung zu dem, was einmal als «Wollust» beklagt wurde, sich nur überwinden läßt durch ein *Mehr* an Persönlichkeit, nicht durch ein *Mehr* an moralischem Dirigismus; und umgekehrt: daß das Problem der «Unkeuschheit» so lange und nur so lange besteht, wie ein Mensch sich selber noch nicht gefunden hat. Zu finden aber vermag er sich nur in eben jener Liebe, die er mit all seinen angstverschatteten Vergegenständlichungen und schuldbeladenen «Entseelungen» am meisten behindert. Es sind die Schwierigkeiten auf dem Wege zur Liebe, die nur von der Liebe selbst aus dem Weg geräumt werden können. Wie wir es also ermöglichen könnten, natürliche Schönheit zu gewinnen entgegen der Unnatur, zu der man uns unter dem Titel einer merkwürdigen Form von «Heiligkeit» verurteilt oder gar verflucht hat, wie wir es fertigbekommen, dieses unser Leben zu segnen und es zu erheben zu einem wahren Gottesdienst, das im Grunde bildete die Ausgangsfrage unserer Überlegungen.

VÖLLEREI UND TRUNKSUCHT

JACOB MATHAM nach HENDRICK GOLTZIUS: Gefräßigkeit, Freßsucht, Trunksucht (Gula)

Pausbackig, mit Doppelkinn und lustvoll vorgewölbtem Mund, trägt die *Gula* auf einem Silberteller eine Vogelpastete in ihrer weit vorgestreckten linken Hand vor sich her, während sie unter ihrem rechten Arm eine große Weinflasche hält. Das Kleid, das sich eng über dem mächtigen, schlaff herabhängenden Bauch wölbt, gibt den Blick ebenso auf die prallen Arme wie auf die stämmigen Beine frei. Das Wildschwein auf dem linken Wappen als ein Bild der Unkeuschheit und der Unmäßigkeit gemahnt zusammen mit dem Hund, der auf dem rechten Wappen zwischen zwei Bäumen kotet, an die beiden Sprichwörter in 2 Petr 2,22: «Ein Hund frißt sogar, was er ausgeschieden hat» und: «Ein Schwein wälzt nach der Schwemme wieder sich im Dreck.» Der lateinische Spruch lautet:

Ingluvies Bromy, laute Gula spurca culine
Corpora pessundas / animas ad Tartara legat.
Bromius – dessen Gier / nach besonders köstlicher Nahrung
treibt, nach und nach zerstört, / in den Tod den Körper, die Seele.

Ingluuies Bromij, laute Gula spurca culine;
Corpora pessundas animas ad Tartara legat.
T.E.

PIETER BRUEGEL: Völlerei, Freßsucht, Trunksucht (Gula)
Die Welt der *Gula* kennt nur ein Thema: Trinken und Essen. Als Sinnbild dieses Lasters erscheint eine Frau im Kapuzenmantel, die von einem Menschen mit Schweinegesicht bedient wird und auf einem Mischwesen von Eber und Esel zu stehen scheint, während sie selber soeben, den Kopf weit zurückgelehnt, einen Krug auszutrinken sucht. An dem runden Tisch, vor dem sie steht, geht es wüst her. Ein Wesen mit weit geöffnetem Tiermaul schneidet gerade einem nackt am Tisch sitzenden Zecher ein Stück Fleisch ab; daneben macht sich in lüsterner Absicht ein Vogelmensch an eine nackte Frau heran, die, schon längst in betrunkenem Zustand, ihre linke Hand nach einem Krug ausstreckt, der wie eine verderbliche Frucht an einem blattlosen Baum zu hängen scheint.
Die unmittelbaren Folgen der Völlerei bekommt gleich hinter dieser Frau jemand zu spüren, der, assistiert von einem becherhaltenden Vogelmenschen, sich über dem Geländer einer Steinbrücke in einen Bach übergibt; in diesem Bach schwimmt jemand, der gegen solche Verunreinigung zu protestieren scheint, doch ist es nicht sicher, ob er sich selbst noch ans Ufer zu retten vermag – das unheilvoll aus dem Wasser hervorlugende Eulengesicht spricht eigentlich gegen eine derartige Möglichkeit; und selbst wenn er wirklich an Land käme, so erwartete ihn dort ein Wesen, das, gepanzert wie eine Art Schildkröte, nur aus einem Kopf und zwei Händen zu bestehen scheint; in seinen Rücken ist mit einem Löffel eine Schale geheftet, während es mit der einen Hand einen Löffel in seinen geöffneten Mund steckt.
Wie tief Menschen der Völlerei verfallen können, zeigen überdeutlich des weiteren zwei Szenen auf der rechten Bildseite: Da trägt ein Mann als seine einzige Habe einen Tisch mit Eßgeräten auf seinem Rücken umher, wird aber von einem bissigen Hund angefallen, der sich in einen der Becher verbissen hat; daneben versinkt ein nackter Mann kopfüber in dem Spalt einer Tonne, während ein anderer händeringend davorkniet.
Das Symbol des Fasses taucht auf dem Bild immer wieder auf: Im Vordergrund untersucht ein Hund den Deckel eines solchen Fasses, das BRUEGELS Namen trägt; vor dem Baumhaus, das als eine Art Wirtschaft eine zentrale Rolle in der Welt der *Gula* spielt, ist ein Faß aufgestellt, aus dem ein Mann mit einem Rattenschwanz mit der linken Hand einen Krug zu füllen sucht, während er soeben mit der rechten Hand einen anderen Krug an den Mund hebt; auch in dem Bach schwimmt ein Faß, das praktischerweise gleich einen Trinkkrug mit sich führt.
Aus der «Wirtschaft» selbst ragt ein kahler Baum heraus, an dessen Zweigen merkwürdige Mischwesen aus Vögeln und Insekten herumklettern; in der mittleren Astgabel hängt ein Dudelsack, zum Zeichen wohl der engen Verwandtschaft der *Gula* mit der sexuellen Ausschweifung, mit der

GVLA.
H. Cock. excud. cum gratia et privilegio. 1558
EBRIETAS EST VITANDA, INGLVVIESQVE CIBORVM.
Schout dronkenschap, en gulsichlijck eten Want ouerdaet doet godt en hem seluen verghäten.

Luxuria; oben am Ast hängt ein Vogelkäfig mit eingesperrtem Getier. Doch nicht nur die Natur, auch die Landschaft scheint von der gierigen Wahrnehmung der *Gula* geprägt. So sieht man auf der rechten Bildseite eine Windmühle, die aus dem Kopf eines einäugigen Mannes gebildet wird, in dessen geöffneten Mund immer neue Säcke mit Nahrungsmitteln über eine Leiter hineingeschafft werden müssen.

Ganz entsprechend sieht man auf der linken Bildhälfte einen alten griesgrämigen Mann mit einer riesigen Nase, der kniend in eine Art Lehmhaus eingemauert ist; auch dieses «Haus» wirkt wie eine Wirtschaft, deren Eingangstür freilich durch zwei vergitterte Fenster ersetzt wird. Dieser Eingekerkerte, soll man denken, lebt, versperrt in sich selbst, in völliger Unzugänglichkeit, ein Eindruck, der noch durch das mechanische Mühlwerk mit der Kurbel und den zwei Holzplatten anstelle der Ohren dieses Mannes verstärkt wird; selbst auf der Überdachung des fehlenden Eingangs hockt Jemand, der sich gerade betrinkt.

Ausnahmslos alle Aktivitäten der Personen und Monstren dieses Bildes gelten dem Verschlingen oder dem Erwerb von Nahrung. So suchen auf dem Bach Bootsleute sich einen Topf zu angeln, der am Ufer auf dem Feuer steht, – dem Mann, der im Wasser unterzugehen droht und um Hilfe ruft, schenken sie nicht die geringste Beachtung. Im Hintergrund erhebt sich eine Burg, in deren geöffnetem Tor und auf deren oberem Mauerrand zahlreiche Menschen wimmeln, und doch steigt Rauch aus dieser «Burg» auf, wie wenn sie selber ein umgestürzter Topf wäre, in dem die Menschen als Opfer ihrer eigenen Gier gekocht würden. Alles verweist darauf, daß es in der Welt der *Gula* offenbar nur ein einziges Gesetz gibt, das da lautet: Fressen und gefressen werden, oder, wie es das Bild im Vordergrund rechts sprichwörtlich ausdrückt: Die großen Fische fressen die kleinen Fische. Unter solchen Umständen versteht man die Mahnung der lateinischen Beischrift:

Ebrietas est vitanda, ingluviesque ciborum.
Trunkenheit sollte man meiden, ebenso Schlemmen beim Essen.

Mit dem Wort «Laster» wird im allgemeinen eine Fülle von Fehlhaltungen bezeichnet, die Menschen wie zwanghaft, wie schicksalhaft in ihr Unglück treiben; aber obwohl man im Umgang mit «Lastern» so etwas wie einen Fluch über dem Leben von Menschen lagern sieht, hat gleichwohl die Neigung stets vorgeherrscht, die entsprechenden Haltungen moralisch zu verwerfen und, im Grund wider alles bessere Fühlen und Sehen, denn doch der willentlichen Kontrolle und im letzten einer göttlichen oder gottstellvertretenden Gerichtsbarkeit zu überantworten. Das Laster galt moraltheologisch als Inbegriff der verfestigten *Sünde*, der beabsichtigten «Verstocktheit», der endgültigen «Unbußfertigkeit», – Grund genug für uns, darüber nachzudenken, was Menschen dahin treibt und wie es dahin kommen kann, immer wieder in den Kessel der Selbstzerstörung hineinzutaumeln oder hineingezogen zu werden; fragen wir also, wie diese merkwürdige Mischung aus Hilflosigkeit und gutem Willen sich eigentlich zusammensetzt. Wir wollen uns speziell dem Thema der *Völlerei* und der *Trunksucht*, wie es heißt: der *Gula*, des offenen, verschlingenden oder schluckenden *Rachens* zuwenden, einem Thema also, von dem wir alle mittelbar etwas verstehen, denn essen und trinken müssen wir nun mal allesamt.

An mindestens drei Stellen versucht die Bibel zum Thema der *Völlerei* und der *Trunksucht* in Anmerkungen, Erzählungen oder Legenden Stellung zu nehmen, warnend, mahnend, geradewegs beschwörend. In *Spr 23,19–22. 29–35* heißt es:

Höre zu, mein Sohn, daß du weise werdest, und lenke dein Herz auf den geraden Weg! Halte dich nicht zu den Trunkenbolden, zu denen, die mit Prassen sich gütlich tun! Denn Säufer und Prasser geraten in Armut, und Schläfrigkeit kleidet in Lumpen. Höre auf deinen Vater, der dich gezeugt hat, und verachte nicht deine alte Mutter.

Bei wem ist Wehe? bei wem ist Ach? bei wem ist Zank? bei wem ist Klage? Wer kriegt Schläge ohne Ursache? wer hat rote Augen? Die bis spät beim Weine sitzen, die kommen, den Mischtrank zu kosten. Schau nicht nach dem Wein, wie er rötlich spielt, wie er im Becher so herrlich funkelt! Glatt und angenehm geht er ein, hinterher aber beißt er wie eine Schlange, spritzt sein Gift aus wie eine Natter. Da werden deine Augen Seltsames sehen, und dein Herz wird verkehrte Dinge reden. Du wirst sein wie einer, der dahinfährt auf hoher See, wie ein Schiffer im heftigen Sturm. «Sie haben mich geschlagen – es tat mir nicht weh, haben mich geprügelt – ich hab's nicht gespürt. Wann werde ich aufwachen? dann will ich ihm (d. h. dem Wein) wieder nachgehen.»

Es sei das Laster der Trunkenheit früh schon über die Menschheit gekommen, erzählt die Bibel im *neunten Kapitel* des *ersten Buchs Mose. Noah* ward soeben gerettet aus der Sinftflut und hatte Gott ein Dankesopfer dargebracht, als es ihm also widerfuhr:

Die Söhne Noahs, die aus der Arche gingen, waren Sem, Ham und Japhet. Ham aber ist der Vater Kanaans. Diese drei sind die Söhne Noahs, und von ihnen aus hat sich die ganze Erde bevölkert. Noah aber, der Landmann, war der erste, der Weinreben pflanzte. Und da er von dem Weine trank, ward er berauscht und lag entblößt im Innern seines Zeltes. Als nun Ham, der Vater Kanaans, seines Vaters Blöße sah, sagte er es seinen beiden Brüdern draußen. Da nahmen Sem und Japhet das Gewand, legten es auf ihre Schultern und gingen rückwärts hinzu und bedeckten ihres Vaters Blöße, indem ihr Angesicht rückwärts gewendet war, so daß sie ihres Vaters Blöße nicht sahen. Als aber Noah von seinem Rausch erwachte und erfuhr, was ihm sein jüngster Sohn getan, sprach er: Verflucht sei Kanaan! / Knecht der Knechte / sei er seinen Brüdern! / Und weiter sprach er: / Gepriesen sei der Herr, / der Gott Sems, / Kanaan aber sei ihm Knecht! / Raum schaffe Gott dem Japhet, / daß er wohne in den Zelten Sems, Kanaan aber sei ihm Knecht!
Noah lebte nach der Sintflut noch 350 Jahre, und Noahs ganze Lebenszeit betrug 950 Jahre; dann starb er.

Im vierten Kapitel des Evangelisten *Matthäus* hören wir, daß Jesus «vom Geist in die Wüste geführt war, um vom Teufel versucht zu werden»; als er vierzig Tage und vierzig Nächte gefastet hatte, hungerte ihn, und der Versucher trat zu ihm und sprach *(Mt 4,3 b–4)*:

Wenn ein Sohn du bist von Gott, sprich, daß diese Steine (hier) Brot werden. Er aber als Antwort hat gesagt: Geschrieben steht: Nicht vom Brot allein lebt der Mensch, sondern von alljedem Wort, das hervorkommt aus Gottes Mund (Dtn 8,3 b; Weish 16,26).

Vielleicht sollten wir uns unserem Thema mit den Augen und den Ohren eines norwegischen Musikers nähern. In der Nähe der Stadt Bergen, unmittelbar am Seitenarm eines Fjords, hat EDVARD GRIEG sein Haus gebaut und dicht daneben die Hütte, in der er seine berühmten Musikstücke komponierte, – *Troldhaugen* nannte er's, Heimat der Geister, wenn man so will. Wie ist es möglich, über das Wimmern und Stöhnen der Abgründe der menschlichen Seele, über all das Unheimliche in ihr, etwas zu legen, das so tröstlich sich anhört und so beruhigend wirkt wie die Musik dieses Norwegers? GRIEG wußte, wie gefährlich die Dämonie der Seele sein kann und wie unheimlich verführerisch das liebliche Gleißen der weißen Nächte zur Mittsommernachtszeit, aber er wußte auch, daß die menschliche Phantasie und das menschliche Erkenntnisvermögen stark genug sein können, Licht ins Dunkel zu bringen und in den Zeiten, da die Sonne kaum unterzugehen scheint, zwischen Vorstellung und Wirklichkeit eine angemessene Übereinkunft zu treffen.

Nichts anderes jedenfalls können wir versuchen, wenn wir von den *Lastern* der Menschen reden. Gegenüber allen bisherigen Versuchen wird der Einwand der Moraltheologen, auch wohl der Bibeltheologen und der Dogmatiker, lauten, daß wir offenbar zu Unrecht bestrebt seien, alle möglichen Fehlhaltungen des Menschen zurückzuführen auf bestimmte Mängel und Defizite seiner Persönlichkeit, näherhin auf gewisse Gehemmtheiten seines Antriebserlebens und auf die entsprechenden Fehlverarbeitungen dieser «Löcher im Ich»; eine solche Betrachtungsweise entmündige den Menschen, mache ihn zum Sklaven seines eigenen unbeherrschten Luststrebens, und statt den Willen anzueifern, nun endlich mit Disziplin und Korrektheit an sich selber zu arbeiten und an seinem Charakter zu meißeln wie an einem Marmorblock, werde hier die seltsame Schlaffheit eingeführt, alles zu verstehen, so als würden Pferde schon dadurch richtig trainiert und dressiert, daß man sie auf die Koppel zum Weiden schicke, statt sie ordentlich ins Geschirr zu nehmen und mit Stachel und Peitsche auf ihre Bahn zu zwingen. Die Psychologie, jedenfalls in dieser Anwendung, unterspüle jedes sichere moralische Urteil mit Zweideutigkeiten und liefere den Menschen einem «Verstehen» aus, das am Ende weder helfen noch heilen könne, schon weil es alles entschuldige.

Wir können vielleicht keine bessere Probe aufs Exempel dessen machen, was ein *Laster* wirklich bedeutet, als indem wir die Frage nach *Eßsucht* und *Trunksucht* zum Probierstein wählen. Scheint hier nicht alles ganz klar? Wenn sich jemand an den Tisch setzt, ist es doch offenbar, daß er es buchstäblich «in der Hand» hat, wieviel er nun zulangt und wieviel er in sich hineinsteckt. Wenn irgend von *Freiheit* des Menschen zu reden einen Sinn macht, so sollte man glauben, an diesem Punkte lasse sie sich unbezweifelbar zur Evidenz erheben; mindestens darüber doch, wieviel ein Mensch ißt und wieviel er trinkt, wird er eine Autonomie behalten, oder es ist auf menschliche Vernunft in alle Zukunft nicht länger zu zählen. Also liegt es bei der Hand: jedem auf die Hand zu schlagen, der zuviel zulangt beim Essen, und jedem übers Maul zu fahren, der zuviel trinkt beim Trinken. Moralische Zensur sollte einem so geringfügigen, aber auch folgenschweren Unheil wie der *Gula*, der Gier nach Nahrung, steuern können.

Und trotzdem: bei näherem Betracht sehen wir bald schon, wie schwer es fällt, der Dichtkunst des *Buchs der Sprüche* allzuviel Vertrauen zur Besserung des menschlichen Verhaltens entgegenzubringen. Wohl wahr, müssen wir denken: jemand, der sich mit Alkohol betrinkt, wird sehr bald das Gefühl haben, in einem schwankenden Mastkorb sich zu befinden, und er wird den Augen der Umstehenden ein allzu seltsames Schauspiel bieten. Aber hat diese Aussicht oder Ansicht jemals jemanden vom Alkoholkonsum abgehalten? Die Sprüche *endigen* ja selbst mit der Feststellung: kaum aufgewacht, werde ein solcher Kerl beschließen, es wieder zu tun! Was also treibt ihn? Im *Buch der Sprüche* herrscht nicht einmal ein Nachdenken über diese wichtige, ja, alles entscheidende Frage. Daß wir die *Trunkenheit* selbst bei unserem Stammvater *Noah* antreffen, hat auch in der Bibel allerdings einen besonderen Grund, den wir sogleich noch des näheren werden untersuchen müssen.

Widmen wir uns als erstem der Frage der *Eßsucht*, so legt die Bibel uns das Beispiel Jesu vor. Doch was sagt uns dieses Exempel? In jeder

Fastenzeit wird uns vor Augen gestellt, wie unser Herr doch nach vierzig Tagen des Fastens stark genug war, den Einflüsterungen des Satans zu widerstehen; er, kraft göttlicher Vollmacht, hätte durchaus Steine in Brot zu verwandeln vermocht; es ist der Wunsch so vieler Kinderphantasien, wie im Märchen von *Hänsel und Gretel*, da möchte statt eines Hauses, in dem des Essens nicht ist, ein ganz anderes dastehen, das nur noch besteht aus Back- und Zuckerwerk. Gar nicht hätte Jesus – diesem Kindertraum nach – Steine nur in Brot, er hätte sie gleich in Kuchen verwandeln und sich dann drüber hermachen sollen, soviel in seinen Magen paßte. Eben diese kindliche Neigung aber, erklärt man, sei die *Versuchung* des Teufels gewesen, die Jesus als eine erwachsene und charakterfeste Persönlichkeit von sich gewiesen habe, – um dir ein Beispiel zu geben! Widerstehe dem Bösen, gerade wenn es dich zum Völler und Vielfraß, zum Sauf- und Raufbold zu machen droht.

Wir haben in all dem der Beispiele und Warnungen genug, um der *Gula* zu widerstehen, aber das menschliche Verhalten wird durch derlei Vorhaltungen offenbar in keinem Betracht geändert; und weil das so ist, weil erwiesenermaßen die Moral, indem sie nur schuldig spricht, nichts weiter zu tun imstande ist, als Schuldgefühle zu erzeugen, die den Hintergrund eben jener verurteilten Verhaltensauffälligkeiten noch verstärken müssen, die im Vordergrund bekämpft werden sollen, müssen wir im Umgang mit den *Lastern* auf die gesamte moralische Bewertung des menschlichen Verhaltens Verzicht tun und an die Stelle des Bewertens das Bemühen um Verstehen rücken. Was, müssen wir fragen, passiert, wenn immer wieder Menschen zum Beispiel in dieses Laster von *Eßsucht* und *Trunksucht* geraten?

Eines verstehen wir ohne weiteres: daß ein Mensch um so mehr an Essen und Trinken denkt, als er von *Mangel* an Speise und Trank geplagt wird. Jemand, der ernstlich *Hunger* leidet, wird durch seine ganze Vorstellungskraft dahin gedrängt, unentwegt ans Essen zu denken, und wir begreifen auch unschwer den Nutzen, der in dieser Einrichtung unserer Seele liegt: Der Hungrige *soll* wie von selbst zur Nahrungsbeschaffung angetrieben werden, und das ist notwendigerweise so, denn ein lang dauernder Hunger ist identisch mit der Erschlaffung der körperlichen Kräfte; von einem bestimmten Zeitpunkt an wird sich aktiv gar keine Nahrung mehr beschaffen lassen, und dieser Zustand ist lebensgefährlich. Das *Durstempfinden* ist noch auf viel kürzere Zeiten eingerichtet. Ein Mensch kann in gutenährtem Zustand mehrere Wochen der Nahrung entbehren, aber Flüssigkeit muß er sehr bald schon zu sich nehmen, oder es wird das gesamte System des Blutkreislaufs und der Lymphe ernsthaft gefährdet. Nichts Bedenkliches, sondern etwas überaus Vernünftiges also liegt darin, daß ein Mensch, von Not getrieben, ans Essen denkt, ans Trinken denkt und andere Vorstellungen so lange nicht entwickeln wird, bis sein Bedürfnis gestillt ist.

Hinzu kommt, daß auch unsere Erinnerung, was den Umgang mit der Vergangenheit angeht, ähnlich sorgfältig um das Essen und Trinken kreist. Man wird niemandem Unrecht tun, wenn man den folgenden Fall sich vorstellt: Wir machen einen Ausflug, sagen wir, nach Hamburg, Berlin oder München, – in irgendeine kulturelle Hauptstadt Deutschlands, und wir erinnern uns, wie wir schon bei einem ähnlichen Besuch einen Abend dort verbracht haben: Wir sind vielleicht in ein Museum gegangen, in ein Konzert oder in eine Theaterveranstaltung, das alles wissen wir noch einigermaßen genau womöglich, aber für die meisten von uns, wenn nicht für jeden von uns, wird unbesehen gelten, daß er sich des Essens und der Speisekarte nach der Oper oder nach dem Theaterstück um sehr vieles besser wird entsinnen können als dessen, was da gespielt und geboten wurde. Welches Stück von SHAKESPEARE war's denn noch? Darüber kommt man ins Grübeln. Aber was es damals zu essen gab an diesem Abend und wie der Wein schmeckte, das ist offensichtlich unserer Erinnerungskraft viel nachdrücklicher eingeprägt worden, und ganz sicher würden wir wie blind auch noch jenes Restaurant finden, das wir vor fünf oder gar zwanzig Jahren aufgesucht haben, das Opernhaus hingegen wahrscheinlich nicht so leicht.

Auch *das* macht in der Biologie Sinn, selbstverständlich: Ein Tier muß wissen, wo es etwas zu essen gibt. Im Herbst können Sie beobachten, wie die Meisen auf die Suche gehen nach den Stellen, an denen einmal Futter zu finden war. Wird es diese Nahrungsquelle in diesem Winter auch noch geben? Das will rechtzeitig kontrolliert sein. Oder umgekehrt: Eine Speise, die ein einziges Mal verdorben war oder einen Brechanfall nach sich zog, aus was für Gründen immer, wird uns vermutlich auf Jahre hin mit dem Gefühl des Ekels und des Widerwillens begleiten. Es ist möglich, daß man einmal eine vergiftete Speise zu sich nimmt und überlebt's, aber Leichtfertigkeit im Umgang mit solchen Gefahren bedeutet in aller Regel Todesgefahr, und dagegen hat die Natur sehr starke Riegel vorgeschoben; mit Recht! Denn was sollte wichtiger sein für das Leben von Menschen, als sich Lebensmittel zu beschaffen, die ein Überleben garantieren?

Wir haben es also zu tun mit Grundfragen der biologischen Existenz, und von daher kann man sehr gut begreifen, daß Notsituationen ein unentwegtes Interesse für Speise und Trank mit sich bringen. Wir können auch begreifen, daß eine bestimmte Notlage diese Themenstellung als *überwertig* erscheinen läßt. Wie viele heute lebende Erwachsene führen Klage darüber, daß ihre eigenen Eltern aus den dreißiger, vierziger Jahren des 20. Jahrhunderts oder womöglich noch aus dem Steckrübenwinter von 1917 an kaum etwas anderes denken als an den Garten hinter dem Haus und ans Essen. «Mit etwas anderem ist meiner Mutter keine Freude zu machen, als eben indem ich sie frage, wie sie im Garten Kartoffeln anbaut und wie sie die geernteten Kartoffeln zubereitet», beschwerte sich einmal eine Frau, die ihre Mutter, eine jetzt schon neunzigjährige Frau, ihr Leben lang begleitet und nun sogar bei sich aufgenommen hat. Tatsächlich konnte man ohne weiteres sagen: «Ihre Mutter wird in einer Zeit großgeworden sein, wo es sehr viel bedeutete, überhaupt noch etwas zu essen zu haben, und wo die Not, Mangel zu leiden, fast identisch war mit der Furcht, körperlich schwer krank zu werden.»

Die Literatur noch des 19. Jahrhunderts ist voll von Beschreibungen, was passiert, wenn die *Lungentuberkulose* grassiert, was wird, wenn die Knochen zu weich werden, wenn also Erkrankungen eintreten, die aus Mangel an Nahrung entstehen, Erscheinungsbilder von Funktionsstörungen, die man insbesondere den Kindern unter allen Umständen ersparen wollte, also daß man gerade die Kinder immer wieder penetrant nötigte, ordentlich zu essen und den Teller leer zu machen. Auch *das* wurde in Kindertagen oft genug als Druck und Zwang erlebt. *Ein braves Kind gehorcht* nicht nur *geschwind*, sondern *es ißt seinen Teller leer* bis zum Rand, *es ißt* alles auf, *was auf den Tisch kommt*, es fragt nicht nach seinem Geschmack, sondern es erfüllt die Eltern mit der Genugtuung, gut ernährt zu sein, indem es alles in sich hineinstopft.

Man muß nur die entsprechenden Szenen sich vorstellen, und man begreift, daß mit dem Essen sehr viel *mehr* aufgenommen wird als nur Nahrung. Was geht in Eltern vor, die in der angegebenen Weise denken? Was geht in Kindern vor, die in der angegebenen Weise fühlen? Die *Kinder* erleben, daß nicht gefragt wird, was sie selber möchten, sondern daß etwas, das ursprünglich einmal dem eigenen Glücksstreben, mithin dem eigenen Mögen und Wünschen zugehört hat, entfremdet und entzogen wird. «Nicht was du willst, sondern was dir aufgetischt wird, ist zu essen», so lautet das Gebot. Falls dem nicht entsprochen wird, kann notfalls zum Beispiel auch mit Lebertran nachgeholfen werden, um die kindliche Qual zur Vollendung zu bringen; aber diese Qual ist physiologisch gesund, und psychologisch lernt das Kind, daß, je weniger etwas schmeckt, es aus wissenschaftlich beweisbaren Gründen für um so günstiger zu halten ist. «*Bitter im Mund, fürs Herz gesund*», lernt es, und daran muß es glauben. Das Kind hat fortan nicht nur die Pflicht, unter solchen Umständen in sich hineinzuwürgen, was es am liebsten ausspucken möchte, es lernt zugleich, daß die Eltern, wenn sie beinahe als grausam erlebt werden, es besonders gut meinen. Und das ist tatsächlich die Wahrheit. Eine derart wohlmeinende Mutter wird sich von ihrem Kind geradezu verraten vorkommen, wenn sie mit großer Mühe etwas an Nahrung aufgetrieben hat, das sie sich selber womöglich vom Munde absparen mußte, nur um jetzt zu erleben, wie das Kind aus bloßer Bosheit oder weil es zu lecksch und zu verwöhnt ist, sich der notwendigen Nahrungsaufnahme verweigert. Die Mutter hat es so gut gemeint, – schon deshalb hat das Kind *dankbar* dafür zu sein, daß es ordentlich zu essen bekommt! Möglicherweise aber wird das Kind aus seiner Sicht erleben, daß die Mutter es gar nicht lieb hat, wenn es wirklich auf diese Weise geliebt werden soll. Ein Kind möchte unter Liebe verstanden wissen, daß es selber gemeint und berücksichtigt wird, statt daß man es einfach nach einem festen Programm übergeht, also daß das Kind, eine Weile lang zumindest, gegen eine solche Behandlung passiven Protest einlegt, und das kann es sehr erfolgreich tun – es muß lediglich den Mund verschließen. In diesem Falle aber muß ihm der Mund natürlich mit Gewalt aufgesperrt und gestopft werden, und auch diese zusätzliche Energieleistung läßt sich erbringen. Irgendwann wird ein solches Kind lernen, daß es nichts zu sagen hat, weil auf es doch nicht gehört wird, und daß es für «lieb» nur gehalten wird, wenn es alles in sich aufnimmt.

«Ich», sagte eine Frau, «war stets der Mülleimer meiner Mutter», und sie schilderte, wie ihre Mutter kaum eine andere Sprache besaß, um sich mitzuteilen, als Essen auf den Tisch zu stellen. Das war ihre Ausdrucksform, – so wie es gar nicht so selten Männer gibt, die als *ihre* Ausdrucksform gelernt haben, beruflich etwas auf die Beine zu stellen, handwerklich etwas herzustellen und den Ertrag dann den Familienangehörigen bereitzustellen. Ganz entsprechend müssen manche Kinder lernen, was sie gar nicht lernen wollen, daß nämlich ihre Mutter im Grunde nur eine einzige Sprache redet: die des Kochtopfs, *die* aber soll für den Ausdruck der gesamten Welt gelten. Mit einem Wort: Aus der Speise wird ein Symbol, aus der Nahrung als einem materiellen Gegenstand wird ein Bild für etwas ganz anderes, seelisch Gemeintes; und umgekehrt: Das Kind, indem es die Nahrung zu sich nimmt, schenkt seiner Mutter eine Art Prämie zur Belohnung ihrer Mühen. Sie, die Mutter, kann sich als eine gute Frau fühlen, die alle Pflicht getan hat, wenn und weil sie ihr Kind durch Essen glücklich gemacht hat. Da, wo vorher Widerwille und Widerstand war, ist jetzt also Gefügigkeit, Einheit und Einklang getreten. Die Mutter tut alles, und das Kind läßt mit sich alles machen. Dies als Ausgangsbasis!

Noch sind wir weit davon entfernt, über wirkliche *Freßsucht* bzw. deren Ableitungen zu sprechen, da begreifen wir doch, daß ein Kind, dreijährig, fünfjährig, zu einem bestimmten Verhalten gedrängt werden kann, in dessen Mittelpunkt die Frage steht: Bin ich ein guter Esser oder ein schlechter Esser, und daß die gesamte moralische Bewertung entlang dieser Fragestellung verläuft. Auch hat man ja moralisch gelernt, daß man Nahrungsmittel nicht wegwerfen darf, nicht in Zeiten der Not, – es wäre eine Undankbarkeit gegen Gott, so zu tun! Gott hat das Essen gegeben; deshalb wird vor jeder Nahrungsaufnahme in Dankbarkeit zu Gott gebetet. Wie also sollte man vor allem Brot wegwerfen, wie sollte man Essensreste verkommen lassen? Eine Mutter, die so denkt, wird am ehesten selber alles, was übrig bleibt, in sich hineinstopfen, – verfallen darf gar nichts! Kühlschränke waren noch vor fünf Jahrzehnten in den Privathaushalten eine Seltenheit; doch nichts durfte verkommen! Wenn aber die überflüssige Nahrung nun endlich im Kühlschrank steht, muß sie in der rechten Reihenfolge gegessen werden. Auch das ist eine Klage, die im Rückblick auf die eigene Kindheit nicht selten ausgesprochen wird: Was die Mutter schließlich auf den Tisch brachte, waren die Dinge, die schon drei, vier Tage alt waren. Diese Dinge mußten als erste gegessen werden, – nicht was frisch eingekauft worden war, sondern das, was gerade zu verschimmeln drohte. Man lebte gewissermaßen wie auf einem Segelschiff im 19. Jahrhundert vom Schiffszwieback, stets am Rande der Gefahr, den Skorbut zu bekommen; es gab keine natürliche, normale Ernährung, sondern man kämpfte gegen den drohenden Untergang mit Hilfe von Notrationen an. Selbst dort, wo im Grunde die Kombüse prall gefüllt war, mußte äußerst rationiert gelebt werden.

Stellen wir uns nun vor, daß diese Art von elterlichem und kindlichem Verhalten zur Grundlage des gesamten Lebensgefühls wird, dann verstehen wir, wie es Menschen geben kann, für die das Essen nicht nur im Mittelpunkt ihrer Aufmerksamkeit steht, sondern als Ersatz der ganzen übrigen Welt genommen wird, mit einem Wort, daß Fragen der Nahrungsaufnahme ein *suchtähnliches Gepräge* erhalten. Um zu verstehen, was mit *Sucht* gemeint ist, sollten wir allerdings noch eine Hinzufügung machen. Wir haben bisher von *Not* geredet wie von einem Strom, der das gesamte Erleben überschwemmen kann. Jemand jedoch, der *nur* in Not lebt, wird keinen Grund zur *Sucht* bekommen; wenn wir uns indessen vorstellen, daß die Notsituationen ins Schwanken kommen, daß sie *periodisch* eintreten, womöglich so, daß sie unvorhersehbar sind, so kommen wir dem Hintergrund einer wirklichen Suchtentstehungsursache ganz nahe.

Denken wir uns eine Familie, die regelmäßig schon dadurch in Not lebt, daß die Haushaltsmittel für einen ganzen Monat nicht auslangen; irgendwann aber ist Zahltag, irgendwann ist der Erste. Im Ruhrgebiet ist mir selber noch aus Kindertagen erinnerlich, wie bereits am Vormittag dieses Tages die Frauen zum Werkstor auszogen, um ihre Männer dort in Empfang zu nehmen: Sie mußten davor bewahrt werden, in einer der fünf Kneipen zu verschwinden, die an den sternförmig vom Werkstor ausgehenden Straßen lagen; denn wenn die Männer dort erst mal einkehrten, blieb für den Rest des Monats wenig übrig. Wieviel Angst lebte in diesen Frauen, ihrer Männer nicht sicher zu sein, ob sie den Lohn eines Monats (oder, weil inzwischen auch die Werksleitung die Gefahr begriffen hatte, die drohte, wenn sie den *ganzen* Monatslohn auf einmal auszahlte, den Lohn für *zwei* Wochen) nicht im Wirtshaus durchbrächten! Was aber geschah, wenn endlich Geld genug in den Händen lag und es *nicht* in der Kantine oder in der Kneipe verschwinden sollte? Am besten, man setzte es sofort im Kaufladen um! Die Frauen, die verhindern wollten, daß die Männer alles durchbrachten, brachten am selben Zahltag auf *ihre* Art selber alles durch. Sämtliche Nahrung für den ganzen Monat an einem Tag, – das war eine vernünftige Anschaffung; diese Nahrungsmenge konnte aber nicht gelagert werden; in der Freude, daß es endlich etwas zu essen gab, wurde alles hineingeschlungen; danach war halt nichts mehr da!

Solche – nennen wir's *kamelähnlichen* – Strategien im Umgang mit Nahrung und Trank stehen in aller Regel im Hintergrund eines sich ausprägenden Suchterlebens. Da sind zwei Wochen Wüstenei, in denen es nichts zu fressen und nichts zu saufen gibt, dann aber naht die Zeit der Oase; jedes Kamel verfügt über die Fähigkeit, in ein paar Stunden sich für den Rest der Zeit, die es durchhalten muß, vollzufressen und vollzutrinken. *Sucht* besteht fast immer darin, daß man inselartige, periodische Formen der *Überverwöhnung*, der paradiesesähnlichen Fülle erfährt, nur um dann wieder zu erfahren, daß das alles jäh abbricht. Also wird man förmlich darauf trainiert, *stoßweise* in den Zeiten, da es etwas zu essen und zu trinken gibt, alles in sich aufzunehmen, schon für den Fall, daß es danach gar nichts mehr gibt.

Etwas Vernünftigeres ist tatsächlich in der gegebenen Lage nicht zu denken. Wir sollten aber zusätzlich zum Essen als bloßer Nahrungsaufnahme auch den Umgang im Gemütshaushalt ganz ähnlich betrachten. Da sind Kinder, die ihre Eltern in ihrer Nähe kaum erleben. Wenn die Eltern gebraucht würden, gerade dann sind sie nicht da, dann müssen sie arbeiten, dann sind sie selber beschäftigt, dann sind sie gereizt und nervös; dann aber gibt es wieder Phasen, in denen die Mutter oder der Vater so «gemütlich» sein können oder in denen die Kinder in den Ferien drei Wochen lang, zur Großmutter oder zu irgendeiner Tante, die weit weg wohnt, fahren dürfen; *die* haben als Unbeschäftigte womöglich sehr viel mehr Zeit für das Kind und widmen sich ihm ganz besonders, damit es es endlich auch einmal schön hat im Leben. Der Wechsel aber nun, sagen wir von elfeinhalb Monaten Entbehrung und zwei Wochen im Jahr einer relativen Ersatzverwöhnung, schafft periodisch gerade diese Konzentration auf die Ankunft in der «Oase». Es ist möglich, daß die ganze Welt schwarz ist, aber am Horizont wartet mit Sicherheit doch der Augenblick, an dem es endlich besser wird; da muß *stoßweise* inhaliert werden, was für all den Rest der Zeiten fehlt.

Jede *Sucht* setzt sich aus diesen periodischen Schwankungen von Verwöhnung und Entbehrung zusammen, gemütsmäßig wie materiell. Wir aber begreifen, daß die *materielle Thematik* besonders wirksam ist, weil und wenn sie als *Symbol* für Seelisches fungiert, wenn sie austauschbar wird und sich in ein Mittel der Kommunikation zwischen den Eltern und den Kindern verwandelt.

Vor diesem Hintergrund stellt sich die Frage, wie es sein kann, daß jemand gegen den Rat seiner Freunde, gegen die beschwörenden Ermahnungen seiner Ärzte, gegen seine eigene Vernunft im Eßverhalten Erscheinungen zeitigt, die erkennbar doch ruinös ausschlagen *müssen*. Solcher Verhaltensweisen sind im wesentlichen *drei* zu nennen.

Beginnen wir mit dem am meisten offensichtlich scheinenden Suchtverhalten, mit der sogenannten *Adipositas*, der Fettsucht. Im Umfeld dieser Problematik haben wir Menschen vor uns, die ungeheure Mengen an Nahrung verzehren können, doch die sich förmlich dafür schämen, daß sie so tun, ja, die sich für ohnmächtig erklären, gegen ihr Suchtverhalten anzukommen. Solange noch irgend etwas im Hause ist, droht die Gefahr, es zu essen, das heißt es mengenweise zu verschlingen – Schokolade tafelweise, Süßigkeiten massenweise, Butterbrote portionenweise. Irgendwann ist der Durchbruch nicht mehr aufzuhalten; von einem bestimmten Punkt an hilft auch die Waage nicht mehr als Hemmschwelle, nutzt das Bandmaß nicht mehr zur Einschränkung, die immer größer werdenden Kleidernummern bilden kein Hindernis mehr, – es platzt buchstäblich aus allen Nähten, und die Not darin ist schon nach außenhin so deutlich. Wir haben uns vorzustellen, daß dies Kindern schon passieren kann, achtjährigen, zwölfjährigen, daß sie entsprechend in jedem Turnunterricht gehänselt werden, daß sie auf dem Pausenhof Spießruten laufen müssen unter ihresgleichen und daß sie keinen anderen Trost haben, als nach Hause zu kommen, wo dann die Mutter, ohne es zu wissen oder zu merken, genau *das* Verhalten wieder fordert und fördert, das in das Dilemma hineingeführt hat: Die Mutter ist ja gut, die Mutter wird ihr Kind nicht verspotten, die

Mutter wird im Gegenteil ihr Kind trösten und ihm etwas auf den Tisch stellen, das es besonders gern mag. Nahrung wird zum alleinigen Trostmittel für erlittene Frustrationen. Eine Filmschauspielerin wie LILLY PALMER konnte in einem ihrer autobiographischen Bücher schon unter dem Titel andeuten, wie sich beides zusammensetzt: *Dicke Lilly, gutes Kind*, schrieb sie und wollte sagen: «Ich hatte als Mädchen überhaupt keine andere Möglichkeit, als daß mein Frausein längst vor der Pubertät durch den Hohn und den Spott belastet war, den mein körperliches Aussehen hervorrief; aber es gab für all das eine Belohnung: das Essen! Ich hatte kein Recht auf Widerworte, ich konnte den eigenen Mund nicht aufmachen, es gab keine Form der Auseinandersetzung; solange ich's mit mir machen ließ, war ich ja gut, war ich bei den andern aufgehoben.»

Im Hintergrund der *Adipositas* steht fast immer ein solcher Wunsch nach Verschmelzung mit allen andern. Jedem Vorwurf kann man ausweichen, indem man sich widerspruchsfrei fügt; was die Einzelnen selber indessen kaum spüren und was auch ihre Umgebung kaum mitbekommt, ist die unglaubliche Angst vor allen und vor jedem. Man hat gelernt, über die Witze, die die anderen über einen machen, persönlich wie zuvorkommend, ja, entgegenkommend zu lachen, in ihre Späße wie willenlos einzuwilligen und sich selber am Ende zum Clown zu machen. Man wird gewissermaßen ein gemütliches Urviech, mit dem es möglich ist, «Pferde zu stehlen»; man wird scheinbar sehr leutselig, man wird zur Stimmungskanone im Verein, und man ist robust, man ist stabil, man verträgt alles, man hat ein Fell wie eine Kuh und einen entsprechenden Magen auch; man hat ein herzliches Gemüt, das überaus strapazierfähig ist.

So sind die Schablonen, die sich einspielen. Wer aber sieht im Hintergrund die mimosenhafte Scheu, die einen solchen Panzer braucht, wer sieht die unglaubliche *Angst* in allem? Macht es Sinn, daß ein Arzt in der Sprechstunde einer Frau, einem Mann, die oder der an *Adipositas* leidet, sagen wird: «Sie müssen dringend in eine Klinik! Ihre Krankheit ist biologisch-medizinisch allein schwer zu steuern. Ihr Übergewicht überbelastet natürlich auf die Dauer die Gelenke, es geht auf den Kreislauf, es stört auch die Produktion z. B. von Insulin. Diabetes wird die Folge sein mit allen weiteren Symptomen, die sich daran anlehnen. Sie müssen entsprechend etwas für sich tun! Aber da Sie selber Ihre Nahrungsaufnahme offensichtlich nicht regulieren können und weil Sie dringend Hilfe von außen brauchen, verfüge ich jetzt die Einlieferung in eine entsprechende Klinik»? Allein schon weil eine entsprechende Person eine solche ärztliche Maßnahme vor sich sieht, wird sie sich weigern, den Arzt überhaupt aufzusuchen, und wenn doch, wird sie bestrebt sein, den Arzt zu wechseln und die Maßnahme selber, so gut es geht, zu unterlaufen; denn wie müssen die anderen erscheinen, wenn sie wie bisher dastehen und mit Hohn und Spott das eigene Versagen für ihren Machtgewinn ausmünzen? Die anderen sind die Vernünftigen, aber man selber ist offenbar der Gescheiterte; alle anderen wissen wenigstens, wie man vernünftig bei Tisch ißt, man selber aber kann nicht einmal das. Man kommt sich vor wie ein kleines, ausgeliefertes, hilfloses Kind. Eine solche Blamage, ein solcher Zusammenbruch der Selbstachtung ist schwer erträglich. Und dennoch liefert das, was da geschieht, nur die Munition, um die Selbstachtung immer weiter zu zersprengen. Man weiß ja ganz genau, daß es so ist, man spürt jeden Tag, daß man sich nicht im Griff hat und auch von eigenen Mitteln her sich kaum noch einholen kann.

Sollen wir nun ernsthaft glauben, wir könnten mit den Mitteln der *Moral* eine solche Not steuern? Alles, was ein Mensch «wollen» kann, ist in einem solchen Symptom längst vertan. Wir haben einen Menschen vor uns, der sich ein Leben lang bemüht hat, es allen recht zu machen; gerade *der* aber ist nun ausgeliefert allen andern und unter ihren Augen am allermeisten jetzt sich selber. Mit welch einem «Willen» will man da rechnen?

Es geht dabei nicht einmal um die Unfähigkeit, sich selber zu disziplinieren, – davon kann kaum die Rede sein; wir erleben ja ganz im Gegenteil einen Menschen, der in gewisser Weise überbeherrscht ist und der in jedem Falle bestrebt ist, es allen andern so recht zu machen, als es irgend geht; vor allem aber sehen wir bis in die Details hinein immer noch die alte Angst am Werk. Schaut man Menschen, die unter Fettsucht leiden, beim Essen zu, wird man bemerken, daß sie überhaupt nichts *genießen* können. Sie schlingen alles in sich hinein, sie essen, wie sie selber oft sagen, «wie die Enten», oder sie «schlucken» «wie die Spechte», – alles in großen Zügen, alles auf einmal, ohne daß sie spüren, wo es geblieben wäre. Hat man zwei Butterbrote gegessen oder sechs Butterbrote, – es ist gar nicht zählbar, es ist nicht fühlbar. Wie viele Gläser Bier hat man getrunken? Man weiß es nicht!

Eben daß sie Menschen sind, die überhaupt nicht genießen können, macht sie scheinbar zu Genuß*süchtigen.* Und wieder erleben wir, daß in der moralischen Bewertung die Symptome mit den Ursachen verwechselt werden. Man bekämpft die Genußsucht bei Menschen, die überhaupt nicht genießen können, und verstärkt damit die Tragödie, in der sie sich befinden!

Soll man deswegen also die Verhaltenstherapeuten an die Problematik heranlassen? *Die* werden sagen: «Du mußt versuchen, in kleinen Portionen zu essen. Du solltest stets nur wenig auf den Tisch stellen, aber nun gewissermaßen andächtig und sehr sorgfältig kauen. Brot, wenn es genügend gekaut wird, fängt zudem an, süß zu schmecken; bevor es das nicht tut, sollte man es auch nicht herunterschlucken; jeden Bissen sorgfältig aufnehmen, – so genießt man! Und genauso, was man trinkt: andächtig, aufmerksam, sorgsam! Dann braucht man nicht so viel, weil das Wenige schon viel bedeutet. Eben die Unachtsamkeit führt zum Schlingen und Würgen.» Natürlich ist auch mit der Verhaltenstherapie an den entsprechenden Ursachen kaum etwas zu ändern. Es ist gewiß möglich, den anderen von außen her, wie im Training, eine günstigere Form der Nahrungsaufnahme beizubringen. Aber sein Gefühl revoltiert gegen eine solche äußerlich aufoktroyierte «Besserung», sein gesamtes Empfinden sich selber gegenüber wird damit kaum verbessert. Wie anders aber könnte man ihm dann beikommen, außer man fragt einmal gar nicht: Wie steht es jetzt mit dem Essen, sondern: Wer bist du selber? Womöglich stimmt der Satz LUDWIG FEUERBACHS ja gar nicht, daß ein Mensch ist, was er ißt, sondern womöglich ißt er nur so viel, um *das* gar nicht zu sein, was er ist, und er möchte ganz anders sein, als er sein Leben lang sein mußte! Womöglich ist das Essen für ihn nur die Form einer Tarnung für eben diesen Konflikt!

Dann sollten wir uns für all die seit Kindertagen nie ausgesprochenen Ängste einer solchen Persönlichkeit interessieren; denn mit Sicherheit gibt es Probleme, die wie bei einem kleinen Kind buchstäblich im Mundraum liegen, und wir müßten ihm all die Worte allererst auf die Lippen legen, die nie mitgeteilt werden konnten. Wenn es das Bestreben eines – sagen wir: fettsüchtigen Adipositas-Kranken ist, die Fluchtrichtung in die Gruppe, in die anderen hinein, *bis zur Verschmelzung* zu wählen, wie viele Wege muß man dann gehen, um ihm seine *eigene* Schönheit in seiner eigenen Selbständigkeit zu zeigen? Lernen könnte er, daß es durchaus nicht nötig ist, immer Ja zu sagen. *Nein* zu sagen, sich abzugrenzen, nur das aufzunehmen, was einem selber vom inneren Geschmack her sich nahelegt, das sind jetzt die Übungen, die eine gewisse Besserung einleiten können. Es gab Psychoanalytiker, wie RENÉ SPITZ, die meinten, daß wir den Kopf, wenn wir Nein sagen, überhaupt nur deshalb schütteln, weil wir als Kinder die Nein-Vokabel zum erstenmal bei der Verweigerung gelernt hätten, nicht *mehr* Milch als nötig zu saugen. Eine Mutter möchte, daß ihr Kind «schön satt» wird, aber das Baby schüttelt den Kopf und zeigt damit: «Ich will nicht mehr.» Dieses erste Nein ist kostbar. Jede Mutter wird sich zudem daran erinnern, wie es war, als ihr Kind anderthalb Jahre alt war, genauer gesagt, fünfzehn Monate alt wurde und zum erstenmal auch verbal die Nein-Vokabel zu beherrschen begann; mit Triumph-Geschrei tönte es durch den Raum: Naiin! Die Psychoanalytiker sind sich sicher: die Ichabgrenzung der Persönlichkeit beginnt mit diesem Wort und mit dieser Aktion. Erlebt wird, daß es möglich ist, einen eigenen Willen gegen die vollkommene Verschmelzung mit der Mutter bei der Nahrungsaufnahme zu setzen. Es ist möglich zu sagen: «Dies ist die Grenze meines Appetits, und jenseits davon beginnt ein anderes, das ich selber festlege. Dieses andere bin ich selber.»

Ein *Fettsüchtiger* hat so etwas zu tun nie lernen dürfen; um so wichtiger wäre es eben deshalb, ihm einen solchen Erlaubnisraum zu schaffen, in dem er das nachlernen könnte. Er müßte erfahren dürfen: «Die anderen mögen mich, auch und womöglich gerade für den Unterschied, den ich zu ihnen mache. Ich habe eine andere Vorstellung von dem, was in den nächsten Stunden passieren soll, als die anderen sie vielleicht haben. Ich in der Gruppe habe ein Recht zur Ausnahme. Es ist anders als in meiner Familie damals, in der alle um denselben Tisch dasselbe Essen in demselben Quantum in sich hineingeschüttet bekamen. Es gibt zumindest heute einen Respekt auf seiten der Mitmenschen vor meiner Eigenart, vor meinem *Eigenwillen*, vor meinem eigenen Streben, zu definieren, was mir Freude macht und was mir Ärger schafft. Und es ist möglich, durch Gespräche, durch Auseinandersetzung, durch Eingehen auf Konflikte gemeinsame Lösungen zu erarbeiten.»

Wir begreifen, daß die *Adipositas* wesentlich in einem Konzept der absoluten Konfliktvermeidung liegt: – Alle Konflikte werden nach innen gefressen, gewissermaßen in sich hineingeschlungen. «Halt den Mund!» das war ja die unausgesprochene Begleitformel für: «Ich stopfe dir den Mund mit Nahrung.»

Wie wir merken, sind wir bei diesen Betrachtungen schon weit davon entfernt, dem *Buch der Sprüche* noch Glauben zu schenken, wenngleich dort nicht vom Essen, sondern vom *Trinken* gesprochen wird; aber ist es so schwer, sich vorzustellen, wie das eine in das andere übergeht? Zur *Trunksucht* kommen wir allerdings gleich noch.

«Logischerweise» schließt sich an unsere Betrachtungen eine konträre Form von Eßstörung mit Suchtcharakter an, die indessen infolge ihrer asketischen Haltung niemals mit der moralischen Wertung eines Lasters verknüpft wurde – wir sprechen von der *Anorexie*, der *Magersucht*. Diese Suchtform kann «gewählt» werden, um eine Autarkie und Selbständigkeit herzustellen, die ähnlich phantastisch ist wie die Konfliktvermeidung durch Verschmelzung in der Adipositas. Ein Kind kann denken: «Wenn meine Mutter durch ihre erdrückende Zuwendung und Überfürsorge jede Selbständigkeit erstickt, so ist es doch möglich, frei zu werden, indem man sich ihr verweigert.» Es ist dazu lediglich erfordert, die Nahrungsaufnahme einzustellen und damit gegenüber der Mutter Selbständigkeit, Selbstbehauptung und Selbstdisziplin zu demonstrieren. Dieser Gedanke macht einen gewissen Sinn, wenn er begrenzt bleibt; um ein suchtgleiches, also *maßloses* Verhalten zu erzeugen, müssen wir im Hintergrund uns erneut den Treibsatz der *Angst* energisch genug denken. Wir haben es mit Menschen zu tun, die bereits Schuldgefühle dafür empfinden, essen zu sollen oder essen zu müssen. Essen kann vor allem in Notsituationen bedeuten, anderen etwas *weg*zuessen. Es kann bedeuten, andere allein schon durch die eigene Nahrungsaufnahme zu *schädigen.* In aller Regel gab es im Erleben von Magersüchtigen eine Phase früher Verwöhnung und Überfürsorge, die dann abrupt durch eine reale oder soziale Notlage abgebrochen wurde. Unter dieser Voraussetzung kann sich die «Überzeugung» herausbilden, überhaupt erst wieder geliebt und in die Phase der Verwöhnung zurückversetzt zu werden, wenn man auf alles Wünschbare Verzicht leiste. «Wenn ich gar nichts mehr brauche, werde ich wieder das liebe Kind, das einmal durch besondere Zuwendung prämiiert wurde.» Überlagert werden diese Themen in der Magersucht in aller Regel bei Mädchen im Alter von zwölf, vierzehn Jahren durch das Problem des Gestaltwandels, durch die Reifung zur Frau, durch die Frage, wie sexuelle Wünsche sich geltend machen sollen vor dem Hintergrund eines besonderen Vaterbildes. In aller Regel ist die Magersucht eine typische Erkrankung bei heranwachsenden jugendlichen Mädchen, die ihren Vater als jähzornig, bedrohlich, unbeherrscht oder auch als zwielichtig, ferngerückt, unerreichbar erleben und sich eigentlich um so mehr der Mutter zuwenden möchten; die Mutter aber fanden sie zu beschäftigt oder überfordert oder selber depressiv, jedenfalls außerstande, sich mit geeigneten Mitteln durchzusetzen. In diesem Dilemma wurden sie zumeist in eine übergroße Hilfsbereitschaft der Mutter gegenüber hineingesaugt und zugleich in eine extreme Abneigung, sich als heranwachsendes Mädchen dem Vater und dann überhaupt irgendeinem anderen Manne zuzuwenden. Vor allem der weibliche Körper wird jetzt ein Problem, seiner erkennbaren Formen und Proportionen wegen, und weil er Nahrung braucht. Wie aber, man könnte ins Fiktive eine Situation schaffen, in der die Regeln der Realität nicht mehr gelten würden? Man könnte die Zeit der Entwicklung zur Frau einfach anhalten? Der Gestaltwandel, die Ausbildung einer weiblichen Gestalt würde damit unterdrückt. Man müßte keine Frau werden, man bliebe ständig ein Kind beziehungsweise sexuell ein Neutrum, unberührbar, unbegehrbar, unverführbar. Alle normalen vitalen Bedürfnisse würden nicht nur unterdrückt, sie kämen vollkommen abhanden! Man müßte das Sich-Aushungern nur bis zu einem bestimmten Gerade treiben, und alle triebhaften Anwandlungen erledigten sich von alleine. Selbst das Hungergefühl wird irgendwann aufhören. Das einzige, was dann noch nottut, ist das Bestreben, sich selbst zu beweisen, daß man immer noch funktionieren kann wie ein Perpetuum mobile. Wenn man es schaffen könnte, körperlich ständig in Bewegung zu sein, perfekt fit zu bleiben, alles mitmachen zu können, aber im Unterschied zu den anderen eben ohne Nahrung aufzunehmen, so wäre das Wunderbare erreicht.

Natürlich handelt es sich bei einer solchen magersüchtigen Einstellung um Illusionen am Rande des Wahnhaften, aber wieder wird kein Arzt vermögen, darauf mit medizinischer Vernunft eine Antwort zu geben. Es läßt sich dem so Erkrankten leicht vorrechnen, wann irgendwann sein Herz Schaden infolge der Mangelversorgung leiden wird, von wann an sogar das Gehirn in Mitleidenschaft gezogen wird, von wann an der Bereich beginnt, in dem die Krankheit tödlich zu werden droht. Das alles bildet für einen Magersüchtigen durchaus keinen Grund, von seinem Verhalten abzulassen. Die einzige Form von Hilfe, die möglich ist, bestünde darin, ihm ein Gefühl zu geben, leben zu *dürfen*; ein Stück Religion oder Philosophie sind nötig, um ein Gefühl und ein Denken zu vermitteln, das einer Welt standhält, in der man schuldig allein schon durch die Tatsache der eigenen Existenz werden kann. Zu leben bedeutet dem Magersüchtigen, Schaden anzurichten durch aggressive Zerstörung, durch sexuelle Verführung, durch maßlose Ansprüche ans Leben. Wenn es aber gelingt, mit den inhalierten Nahrungsmitteln so viel anzufangen, daß trotz aller «Zerstörung» der Nutzen größer ist als der Schaden, so hätte man doch eine gewisse Berechtigung gewonnen, überhaupt zu leben. Bis dahin erscheint das Leben dem Magersüchtigen wie ein Diebstahl, und es ist auch nur möglich, in einer Art *Diebstahl* sich am Leben zu erhalten.

Vielen Eltern, die darunter leiden, daß ihre Tochter, manchmal ihr Sohn in einen solchen Krankheitszustand geraten, ist mitunter schon durch den Ratschlag etwas zu helfen, sie sollten um Gottes willen nicht sofort auf die Maßnahmen medizinischer Zwangsernährung im Spital setzen oder die Kontrolle der Nahrungsaufnahme am Tisch weiter verschärfen. Viel günstiger ist es oft, den Kühlschrank nicht ganz leerstehen zu lassen. Dann ist es manchmal, wie wenn um Mitternacht die Mäuse kämen, wenn niemand zusieht, wenn niemand Vorwürfe macht. Dann, im verstohlenen, läßt sich die notwendige Nahrung denn doch beschaffen. Freilich setzt sich der Stolz des Magersüchtigen, wie in FRANZ KAFKAS Geschichte vom *Hungerkünstler*, darein, daß er es am Abend geschafft hat, zumindest ein bißchen weniger gegessen zu haben als etwa noch am Vortag; wie sich das Essen minimieren, am besten auf Null führen läßt, das gilt ihm für das Kunststück.

Zur Heilung einer solchen Krankheit ist es oft sehr hilfreich, wenn es im Umfeld der Wahrnehmung etwas gibt, das der Pflege, der Obhut, der Zuwendung des so Erkrankten bedarf. *Menschen* mögen gefährlich sein, schon weil sie sich in Männer und Frauen teilen, die, wenn sie einander näherkommen, immer etwas Bedrohliches an sich haben, – Sexualität ist und bleibt ein unheimliches Erlebnisfeld unter den genannten Voraussetzungen. Aber *Tiere* sind doch in gewissem Sinne unschuldige Wesen. Wie also, wenn es dem 13jährigen Mädchen möglich wäre, Freundschaft zu schließen mit einem Hamster oder mit einem Kätzchen oder mit einem Hund, – mit irgend etwas Lebendigem jedenfalls? Es bildete unter Umständen eine entscheidende Brücke in die Zukunft. Da ist ein Wesen, das gar nicht leben kann, wenn man selber nicht lebt! Und dieses Lebewesen braucht Nahrung; also wird es nicht ganz verkehrt sein, seinetwegen auch selber etwas Nahrung zu sich zu nehmen.

Es ist bei der Behandlung von Magersüchtigen, wie wenn Sie ganz und gar verschüchterte Tiere, die aus lauter Angst nicht einmal mehr fressen wollen, langsam ins Leben zurücklocken müßten, – ein Kunststück sondergleichen. Für unseren Zusammenhang deshalb noch einmal: Daß irgendein moralisches Gebot oder «vernünftiges» Gesetz an Zuständen dieser Art irgend etwas ändern würde, ist mitnichten zu glauben. Viel zu groß ist die Angst, viel zu stark der Systemzwang eines solchen *umgekehrten* Lebens, viel zu geschlossen das Wahnhafte, das im Erleben der Kranken die Wirklichkeit ersetzt, als daß aus dem Bereich der «normalen» Realität Argumente gezogen werden könnten, die das Verhalten zu ändern vermöchten. Jemand, der dennoch mit Vernunftgründen einer Magersucht beikommen wollte, wäre in den Augen eines derart Erkrankten nichts weiter als ein primitiver Kopf, der wieder mal nur das Allgemeine repräsentiert, ein erwiesener Philister des bürgerlichen Durchschnittsverstandes, jemand, der eben keine Ahnung hat von den Besonderheiten einer fast genialen Ausnahmeexistenz.

Nehmen wir noch zwischen Magersucht und Adipositas eine Sonderform von Suchtverhalten, die in unseren Tagen grassiert wie eine Volksseuche, die *Bulimie*, die «Ochsenfreßsucht», wörtlich übersetzt. Die Bulimie besteht in einem «Kompromiß» zwischen Adipositas und Anorexie, der natürlich nicht «freiwillig» eingegangen wird, sondern durch ein schweres Symptom erkauft wird. Wir haben Menschen vor uns, die auf der einen Seite leben wie Adipositas-Kranke: Sie vermeiden jeglichen Konflikt durch Überanpassung, durch das In-sich-Hineinschlingen von Nahrung, durch das Sichfüttern-Lassen bis zum Platzen. Gleichzeitig und gleich stark aber erleben wir auch den unbedingten Willen zur Selbständigkeit, den Haß dafür, sich von den anderen derartig vollpumpen zu lassen, den

Ekel vor sich selber, der bis zum Ausspeien von allem führt, was gerade noch inhaliert wurde. Beides erfolgt nun immer im Wechsel nacheinander, wie in einer Schiffschaukel: – mengenweise hinein und mengenweise heraus, ein Leben wie in den Tagen des Kaisers NERO: Im 1. Jahrhundert n.Chr. galt es offenbar auf dem Thron der Cäsaren für ein Zeichen von Üppigkeit und Kultiviertheit, so zu leben, wie PETRONIUS im *Gastmahl des Trimalchio* es nicht ohne Ironie als Lebenskunst besungen und geschildert hat: Man ißt so viel wie nur möglich, doch um nicht dick zu werden, bricht man es sogleich wieder aus. Was dort für kaiserlichen *Lifestyle* galt, ist hier das Symptom im Erleben eines Menschen, der nie hat erleben dürfen, daß so etwas möglich ist wie eine eigene Gestaltung auch nur der nächsten zwölf Stunden seines Lebens, ob in der Arbeit oder in der Freizeit. Die *Bulimie* besteht in der Spaltung aller eigenen Neigungen und Tendenzen; man kann auch sagen, wenn man sehr moralisch sich ausdrückt: Sie besteht in der permanenten Lüge, sie besteht im Kaschieren der unerträglichen Hintergrundwirklichkeit. Es ist möglich, daß über zwanzig, dreißig Jahre hin niemand bemerkt, nicht einmal der eigene Ehemann, nicht einmal der Chef in der Firma, daß jemand an Bulimie leidet, denn es soll gar nicht sein, daß jemand einem auf die Schliche kommt. Der Hauptteil des Zwangs innerhalb der Bulimie besteht eben darin, es allen so weit recht machen zu müssen, daß sie gar nicht merken, wie bedürftig man selber wäre. Nach außen ist man ein tüchtiges, ein fleißiges, ein hilfsbereites, ein verantwortliches Kind, das im Grunde die Rolle übernimmt, die Mutter seiner eigenen Mutter zu sein. Die Mutter liegt sehr oft am Boden, sie leidet passiv oder aktiv an allen möglichen Zumutungen, aber das Kind hat die Pflicht, dafür Verständnis aufzubringen. Freilich, wenn es selber die Mutter brauchen würde, erlebt es, daß die Mutter nicht da ist, eben weil sie viel zu sehr mit den eigenen Problemen beschäftigt ist; also hat das Kind die Pflicht, erst einmal die Probleme der Mutter zu lösen, damit es die Mutter bekommt, die die eigenen Probleme lösen könnte.

Wie aber wird ein achtjähriges, ein zwölfjähriges Kind zur Mutter seiner Mutter?

Klar ist: Es darf nie ein Kind sein, es muß immer groß sein, es muß leistungsbereit sein, und es hat gelernt: «Wenn du eigene Probleme aussprichst, vermehrst du nur die Probleme deiner Mutter. Eben daß du sagst, du brauchtest Hilfe, bedeutet, daß du ganz sicher keine Hilfe bekommst, sondern daß du im Gegenteil alle Probleme noch verstärkst, denn die Mutter wird noch gereizter, noch wütender, noch aggressiver, als sie ohnedies schon ist; sie wird sich ganz sicher als noch überforderter und hilfloser erleben. Also verschweige jegliches Problem in alle Zukunft; niemand darf merken, daß du überhaupt irgendein Problem hast.»

Im Hintergrund haben wir wieder die Form einer Beziehung vor uns, in welcher die wichtigste Art der Kommunikation Fragen des Essens darstellen. Das Mindeste, was eine Mutter tun wird, gilt der Nahrungsbeschaffung. Man kann die Mutter also erfreuen, indem man «tüchtig» ißt. Gleichzeitig aber will man sich nicht vollstopfen lassen, man haßt diese Frau, die in Wahrheit gar keine Mutter ist, nur darf man diesen Haß nicht aussprechen, man darf ihn nicht einmal fühlen, man muß ihn so *verdrängen*, daß man später viele Jahre Psychotherapie braucht, um überhaupt zu merken, daß so etwas wie Ablehnung, Widerwille und Haß gegen die Mutter in Jugendjahren bereits das ganze Erleben geprägt hat, basierend im Grunde auf einer Urangst vor allem. Auch diese Angst darf nicht gefühlt und erlebt werden, der Haß gegen die Mutter allerdings richtet sich immer ungehemmter gegen die eigene Person. Man ist im Grunde ein Schwein, wenn man sich mästen läßt oder sich selbst vollstopft, also muß man alles Aufgenommene ausspucken. Nur die Selbstentleerung schafft Reinigung. Dann aber macht man sich auch wieder schuldig durch ein solches Verhalten. In einer Welt, in der Menschen verhungern, frißt man und schlingt man Nahrung nur in sich hinein, um sie wieder auszukotzen! Es ist so unerträglich, so zu leben; und doch muß man so weitermachen.

Jeden Tag neu muß man nach außen hin sich mit Verpflichtungen übernehmen, nur um am Ende zusammenzubrechen. Also beginnt die Suche nach Menschen, die das mittragen, die das verstehen könnten, die *die* Mutter sein würden, die es nie gegeben hat. Solche Menschen müßten *alles* tun: Sie müßten Verständnis haben für die selbstgestellten Überforderungen in der Arbeit ebenso wie für das Erholungsbedürfnis nach der Arbeit; sie müßten Verständnis haben, daß auch die Beziehung selber nach dem gleichen Schema verläuft: Der andere wird inhaliert wie ein Suchtmittel, doch dann, wenn nicht mehr benötigt, wird er wieder ausgespien. Er wird in dem einen

Moment angesaugt als die totale Hilfe, dann aber, aus Selbstverachtung und Angst, daß man diese Hilfe überhaupt gebraucht hat, wieder zurückgestoßen.

Alles in allem hat man es bei Bulimiekranken im Grunde mit Menschen zu tun, die schon als Kinder sehr «erwachsen» sein mußten und die sich deshalb inwendig erleben wie winzig kleine Kinder in den ersten Monaten ihres Daseins; zwischen beiden Erlebniswelten aber klafft ein riesiges Vakuum, das von außen kaum zu füllen ist. Viel ist daher schon gewonnen, wenn das Problem überhaupt ausgesprochen werden kann, wenn also der peinliche und peinigende Hintergrund langsam hinter der Fassade von demonstrierter Perfektion, Leistungserwartung und Fehlerlosigkeit langsam zum Vorschein kommt. Viel ist gewonnen, wenn nach und nach bewußt wird, wieviel an Energie dieses Verhalten einen selbst und alle Beteiligten ringsum kostet. Wenn es eines Tages möglich wird, mit anderen sich zusammenzusetzen an denselben Tisch und mit ihnen zu essen, ganz normal, buchstäblich als *Kumpanen*, nicht mehr als mit Nahrungskonkurrenten oder Freßfeinden, wäre ein Riesenfortschritt erreicht; man wäre irgendwie doch schon ein Mensch unter anderen Menschen, der nicht ständig positiv oder negativ eine Ausnahme bilden muß; man hätte endlich die Erlaubnis, ein «normaler» Mensch zu werden; man wäre kein «Mastschwein» mehr nach der Art der *Adipositas*, man wäre kein geistähnliches Wesen nach der Art der *Magersucht*; es genügte, zwischen Tier und Engel ein *Mensch* zu sein. Man müßte nicht beide Sphären, Himmel und Hölle, getrennt leben; man könnte Himmel und Erde zu einer menschlichen Welt miteinander verbinden.

Plötzlich begreifen wir, daß die ganze Frage von Essen und von Trinken, jenseits der Moral, zu tun hat mit der im Grunde religiösen Frage: *Wie wird man ein Mensch?* Nicht einmal die simplen Grundfunktionen der Nahrungsaufnahme sind einfach durch den Willen zu steuern. Wir wissen, daß manchmal bereits Kinder rätselhafterweise die Nahrung verweigern und sterben «möchten», weil sie empfinden, daß mit der Nahrung die Liebe nicht gegeben wird, die sie eigentlich brauchten; wie finden Menschen eine Liebe unter Menschen, die sie glauben läßt, im ganzen, total und absolut, geliebt zu werden und liebenswert zu sein? Darum geht es.

Wir müßten zum *Essen* noch die *Trunksucht* hinzufügen, von der in der Geschichte in *Genesis 9* am Beispiel des *Noah* die Rede ging. Gleich vorweg sollten wir dabei sagen, daß natürlich Essen und Trinken kulturell ihre eigenen Werthaftigkeiten und ihre eigenen Positionen zu besetzen pflegen. Speziell der Genuß von *Wein* hat eine lange Geschichte. Daß zuckerhaltige Getränke durch Gärung in Alkohol übergehen und daß deren Genuß rauschhafte Wirkungen erzeugen kann, zum Beispiel beim Genuß von überreifem Fallobst, erfahren mitunter bereits Tiere. Auch wir Menschen müssen irgendwann darauf gekommen sein, es ist uns aber gegeben, günstige Erfahrungen auf ihre Ursachen zu untersuchen und ihre Bedingungen zu manipulieren. Irgendwann werden wir gelernt haben, daß man zuckerhaltige Flüssigkeiten nur eine Weile lang stehen lassen muß, um die Wirkung alkoholischer Getränke zu erzeugen. So sind die Menschen auf den Alkohol gekommen, und natürlich haben sie gelernt, besonders süße Pflanzen zu züchten, Weinreben zum Beispiel. Das muß zum erstenmal im Orient der Fall gewesen sein, jedenfalls war der Weingenuß, verbunden mit den entsprechenden Rauschekstasen, ursprünglich einmal ein göttliches Erleben. Die Griechen nannten den Gott des Weines *Dionysos*, sein Emblem war der Weinstock, und die Weinseligkeit im orgiastischen Rausch war eine der Formen, ihn zu verehren. Das Christentum hat bis heute nicht darauf verzichtet, die Nähe der Gottheit im Wein, der unter den Worten des Priesters «gewandelt» wurde in die Gegenwart des Göttlichen, zum Kern der «Abendmahlfeier» zu erheben, im Wissen auch, daß dahinter Leben und Tod sich symbolisieren, Bewußtsein und Unbewußtes, – Fragen der Existenz bis in die Tiefe von Sinn und Unsinn, von Hoffnung und Verzweiflung. Die Bibel muß in *Genesis 9* Religionsformen dieser Art vor sich gehabt haben, als sie davon erzählte, wie *Noah*, berauscht als erster Weinanbauer, im Zelt liegt und von seinen Söhnen sehr unterschiedlich behandelt wird: Die Obszönität, die mit dem Weinrausch im Dionysos-Kult verbunden schien, war den Hebräern offenbar abscheulich, und so verfluchten sie die Völker, die dem Gott Dionysos oder entsprechenden Riten huldigten: die Söhne *Chams*, die «Hamiten»; *Sem* und *Japhet* hingegen galten als «ordentliche» Völker, alle semitischen Stämme also und alle indogermanischen Stämme; die *Kanaanäer* hingegen, die *Hamiten*, galten als verwunschen und verworfen, ihrer wollüstigen Unbeherrschtheit im Weingenuß wegen. – Das alles klingt äußerst chauvinistisch, sehr ethnozentrisch, sehr ungerecht, und tatsächlich haben diese wenigen Sätze der Bibel sich in der Geschichte des Abendlandes furchtbar ausgewirkt. *Verflucht ist Kanaan!* Woher gibt es ein göttliches Recht, so zu reden, und was ist das für ein Gott, der so sprechen läßt, und zwar von «Urzeittagen» her?

Daneben stellt sich eine vordergründig eher praktische Frage: Wie gehen wir, wenn wir den Weingenuß nicht wie heute noch im gesamten islamischen Bereich schlechterdings unter Verbot stellen wollen, mit einer so gefährlichen Droge wie Wein und vergleichbaren Stoffen um? Was treibt Menschen dahin, sich dem Wein oder anderem Alkohol in breiter Form auszuliefern?

Wir brauchen zu dem, was wir bisher gesagt haben, zur Beantwortung dieser Frage noch eine Zusatzerklärung. Es geht beim *exzessiven Alkoholkonsum* wesentlich um die Erzeugung von Rausch zur Lösung bestimmter Probleme. Es geht also nicht mehr nur um Suchtverhalten im Umgang mit Nahrungsstoffen im allgemeinen, es geht um die Erzeugung von Zuständen, die das Bewußtsein mit Bewußtsein und Bedacht abschwächen oder abschalten sollen, – wenn denn von «Bewußtsein» und von «Bedacht» die Rede sein kann bei einem Verhalten, das im Grunde ganz und gar von Not und Verzweiflung gesteuert wird!

Wie das sein kann, zeigen erneut Experimente bereits mit Tieren. Es gibt zum Beispiel keine normale, gesunde Katze, die in der Wahl zwischen Milch und Alkohol etwa Alkohol wählen würde. Aber man kann diese Situation sehr schnell verändern: Man lehrte Katzen, über eine bestimmte Tastatur ein Fließband in Gang zu setzen, um dann Fischhappen einer Box entnehmen zu können. Die Katzen waren an diese Lockspeise gewöhnt und hatten ihr Programm gut gelernt, als man ab und an einen kalten Luftstrahl anstelle der Fischspeise in die Box einführte. Die Katzen, wenn sie nach erfolgreichem Durchlauf ihres Programms der Belohnung harrten, konnten nicht wissen, ob sie die Fischspeise oder den kalten Strom von Luft serviert bekommen würden. Der kalte Luftstrom schadet einer Katze nicht sehr, aber er ist für ihre empfindliche Nase schmerzhaft; für ein Tier, das gerade ein großes Glück vor sich zu haben glaubt und nun im Grunde enttäuscht wird, indem es eine «Bestrafung» statt einer Belohnung erntet, bedeutet eine solche Irritation im Prämiensystem viel. Die Katze hat alles getan, was man ihr beigebracht hat, sie hat eine Belohnung verdient, und sie verfügt über keinerlei subjektive Möglichkeit, herauszufinden, wann die Belohnung und wann die Strafe verabreicht wird. Das allein genügt, – eine völlige Irritation zwischen Lohn und Strafe, zwischen Liebe und Haß, um ein Tier in den Alkoholismus zu treiben! Es sind erschütternde Bilder, mitansehen zu müssen, wie eine Katze, die ursprünglich immer die Milch wählte, nun die mit Alkohol versetzte Milch bevorzugt, um schließlich nur noch Alkohol zu trinken, bis sie am Ende, buchstäblich auf allen vieren, mit den Vorderpfoten gerade noch mühsam sich aufrechthaltend, nichts weiter mehr will, als in Alkohol zu versinken.

Und nun müßten wir uns lediglich ganz analoge Situationen für die menschliche Psyche vorstellen und daran denken, daß wir Persönlichkeiten vor uns haben, die beim besten Willen und beim besten Ableisten ihrer Pflichten vollkommen frustriert sind. Diese Menschen erleben eine Welt, in der sie sich nicht zurechtfinden können, mag auch ihr Bewußtsein die Gegebenheiten so genau analysieren, wie es will. Es gibt für sie kein Mittel, um vorherzusehen, wann «Lohn» und wann «Strafe» am Ende stehen wird. Wir müßten zusätzlich uns noch denken, daß in der Psyche eines Menschen dieses verworrene System der Undurchschaubarkeit von Lohn und Strafe im Über-Ich verfestigt wird. Mit einem Wort, wir haben Menschen vor uns, die innerlich immer wieder, wie von Furien, von bestimmten Vorwürfen gejagt werden, die besagen: «Alles, was du getan hast, ist nicht gut genug, es ist ganz gewiß nicht so gut, daß die Angst vor möglicher Strafe sich je beruhigen könnte.» Unter solchen Umständen ist es ein Bedürfnis, mindestens phasenweise das Bewußtsein *abzuschalten.*

Vor allem richtet sich natürlich das System von Gebot und Verbot, von Belohnung und Strafe auf intensive Wunscherfüllungen, etwa aus dem Sexualbereich oder etwa aus dem Bereich der Oralität. Was darf ein Mensch an Glück sich genehmigen? Welch eine Entfaltung von Triebwünschen ist ihm erlaubt, ohne daß er dafür gezüchtigt wird? Wie viele Männer gibt es z.B., die ernsthaft gestehen, daß sie gemeinsam mit ihrer Frau nur glücklich sein können, wenn sie erst einmal ein Stück weit dem Alkohol zugeprostet haben? Dann aber müssen sie erfahren, daß ihre Frau sich natürlich davor ekelt, einen besoffenen Mann empfangen zu sollen, der nur ein «Mann» sein kann, wenn er betrunken ist; und schon ist der Familienkonflikt bis zum Dramatischen vorprogrammiert. Der Mann, nachdem er alles getan hat, was er tun sollte, und nachdem er sich schließlich sogar Mut angetrunken hat, um endlich das können zu dürfen, was er eigentlich tun möchte, erlebt nun eine Frau, die sich selbst da noch verweigert; er wird also noch mehr trinken, und schließlich wird er gewalttätig fordern, was ihm vermeintlich zusteht. In dieser Form kann alles nur weiter eskalieren, aber gerade so kommt es in vielen Ehen vor. Irgendwann wird der Mann gar nicht mehr ins Schlafzimmer seiner Frau gehen, sondern geradewegs ins Wirtshaus, um dann, morgens um vier, die Möbel geradezusetzen und zu zeigen, wer «Herr im Hause» ist. Denn diese Illusion hält sich im Alkoholrausch: Indem das Ich im Grunde gar nicht mehr existiert, wähnt es sich wie unendlich. – Natürlich kommt das Umgekehrte genauso vor: daß eine Frau ihren Mann überhaupt nur alkoholisiert erträgt oder daß beide sich gemeinsam in ihrer frustrierten Ehe an den Alkohol gewöhnen. Man betrinkt sich, weil und damit alles egal ist.

Der ganze Vorteil der Bewußtseinszerstörung durch Rauschgetränke liegt insbesondere darin, daß das Über-Ich ausgeschaltet wird. Es gibt nicht mehr den Dämon der ständigen Verfolgung. Es gibt nicht mehr den Gott, der auch im Dunklen sieht. Es gibt nicht die permanente Drohung eines überlegenen Wissens, das völlig willkürlich urteilt, wie es ihm gerade paßt. Es ist möglich, für einen kurzen Moment lang aufzuatmen und sich wie unbedroht zu fühlen. So im Rausch, so im «Rauschschlaf»; es ist, daß da gar nichts Bedrohliches mehr ist; es ist das blanke Abschalten.

Wie also hilft man Menschen, ihr Bewußtsein wieder einzuschalten und das, was sie selber denken, mit mehr Selbstvertrauen aufzugreifen? Jede Hilfe muß darauf hinauslaufen, daß sie den Mut aufbringen, das gesamte Ensemble ihrer Selbstbewertungen seit Kindertagen außer Kraft zu setzen. Sie selber müssen entscheiden dürfen, wer sie sind und was sie sein möchten, was sie tun sollen und was sie tun wollen. Ihr eigenes Ich muß mithin das Schwierigste leisten, was in der psychischen Entwicklung vorgesehen ist: die Inhalte des Über-Ichs durch eigene Arbeit dem eigenen Urteil zu unterstellen; nicht mehr was die Eltern denken, nicht mehr was die andern denken, nicht mehr was die eigene Frau oder der eigene Mann sagt, ist das Entscheidende, sondern was sich in einem selber regt, das hat für entscheidend zu gelten.

Wir haben es scheinbar in all dem «nur» zu tun mit Freßsucht und mit Trunksucht, in Wirklichkeit aber haben wir es, wie man sieht, zu tun mit dem Kaleidoskop des ganzen Lebens, mit einer Fülle von Hilflosigkeit, die zurückgeht bis in die Anfangstage des Lebens überhaupt. Und wer begreift angesichts solcher Tragödien, was uns die Tiefe der Not über den Menschen lehrt?

Auch nur die Beschäftigung mit einer einzigen Form der sieben in der Tradition der Moraltheologie aufgezählten *Lastern* zeigt uns den Menschen in einer solchen Ausgesetztheit und buchstäblich in einer solchen Hilfsbedürftigkeit, daß es gar nicht anders möglich ist, als zu glauben, einzig eine Form von Menschlichkeit, die versteht, durcharbeitet, begleitet und beschützt, werde einen Menschen selber so weit wieder mit sich eins sein lassen, daß er wenigstens wieder «normal» essen und trinken kann und dabei das Gefühl erhält und behält, leben zu dürfen. Im Grunde wird man die «Genußsucht» gar nicht anders überwinden können als durch das Gefühl, daß es *erlaubt* ist, wenn das Leben etwas Freude macht. Wie weit aber kann der Weg sein, der dahin führt, je nach den Umständen! Gott sei Dank sind die meisten Menschen wohl keine Süchtigen; bei einiger Ehrlichkeit aber werden sie sich eingestehen müssen, das liege gar nicht an ihrer «Tugend» im Sinn von Selbstdisziplin und dem Einsatz ihrer Willenskraft; sie müssen schlicht sagen, sie seien durch Lebenswege gegangen, die vergleichsweise irgendwie glücklicher verlaufen sind als die anderer Menschen, mehr nicht; nur so öffnet sich ein Raum des Erkennens, der am Ende heilsam ist statt verurteilend.

Sind wir im Angesicht der Suchtproblematik wie große Kinder selbst noch als Erwachsene? Die Antwort kann nur lauten: Wir werden «erwachsen» erst werden, wenn wir die Kinder sein dürfen, die wir nie sein durften, wenn das allzu früh «Große» zusammenwächst mit dem ewig klein Gebliebenen. Ein Mensch zu sein bedeutet, einen Mittelweg zu finden, der zu uns selber führt und ebenso zu den Menschen an unserer Seite. Einen guten Appetit, einen guten Geschmack am Leben zu haben, darin bestünde die Lösung der Problemstellung.

GIER UND GEIZ

JACOB MATHAM nach HENDRICK GOLTZIUS: Geiz und Habgier (Avaritia)
Die *Avaritia* hält ihre Geldsäcke fest umklammert; ihr abgehärmt-spitzes Gesicht ist scheel zur Seite gewandt und wagt es nicht, den Betrachter geradeaus anzuschauen. Eine Kröte und ein Greif (ein Flügeldrache, der «Cherub» der Bibel!) bilden die Wappentiere der Habgier. Der lateinische Text gibt zu bedenken:

Servit Avarities, / aurique Voragine mersa,
hostis acerba sibi est, / cunctisque infesta propinquis.
Habgier heißt, Sklave zu sein, / im Strudel des Goldes versunken,
Feindlich sich selber zumal / und allen Nachbarn bedrohlich.

6
Seruit Auarities, auriq Voragine mersa,
Hostis acerba sibi est. cunctisq infesta propinquis
F. L.

PIETER BRUEGEL: **Geiz und Habgier (Avaritia)**
Die *Avaritia* wird hier als eine vornehme, gleich einer Fürstin gekleidete Frau dargestellt, die gerade dabei ist, aus einer rechts von ihr stehenden Truhe Geldmünzen in ihren Schoß zu zählen – Geld als Liebesersatz, Geld als Sexualobjekt, Geld als ein unersättlicher Glücksfetisch! Ein Vogelmensch trägt in einem halb zerbrochenen Krug immer neue Münzen herbei, während hinter ihm ein ähnliches Wesen mit Flügeln am Boden hockt und einen Sack Geld entleert. Insgesamt scheint die Habgier die Menschen zu krötenhaften Halbtieren zu erniedrigen. Gleich im Vordergrund hüpft ein solches zweibeiniges Mischwesen herum, dessen ganzer Leib von einem Geldsack gebildet wird, während man sein vertiertes Antlitz nicht zu sehen bekommt. Neben ihm hockt ein Bettler, dessen Gestalt eher einem Insekt, einer Heuschrecke, ähnelt als einem Menschen; vergebens hält er seine leere Schale dem wandelnden Geldsack entgegen. Hinter dem Bettler streckt sich ein anderes schon ganz in ein zweibeiniges Insekt verwandeltes Wesen begehrlich den Goldmünzen entgegen, die aus einer Trommel fallen, in der ein anderer Tiermensch mit froschbreitem Maul und Händen wie Pfötchenkrallen einen hilflos ausgestreckten Menschen herumrollt, so als bildete die mechanische Tortur dieses Leidens, das Eingesperrtsein in einen nicht endenden Kreislauf, die eigentliche Geldquelle dieses Ungeheuers. Von der anderen Seite wiederum treiben ähnliche Monstren Menschen wie zur Hinrichtung herbei: In der völlig zerfallenen, jederzeit vom Einsturz bedrohten «Geschäftsstelle» des Kapitals werden anscheinend die Schulden von Nicht-Zahlungsfähigen eingetrieben; anstelle des Geldes, das auf einem soliden Holztisch gesammelt werden soll, wird gerade ein Teller angenommen; unter den Fittichen eines anderen fledermausähnlichen Monstrums sitzen unbekleidet zwei Menschen, die hilfesuchend den Betrachter anschauen, so als wollten sie von ihm wissen, wie sie die riesige Rechnung bezahlen sollten, deren kryptische Zeichen wie die Schrift des Schicksals selber wirken. Andere versuchen, mit Armbrüsten einen Geldsack zu durchlöchern, der an einem zwiebelähnlichen Behälter aufgehängt ist, in den ein Fisch (als Glücksfetisch?) eingezwängt ist. Was auch sonst bleibt ihnen übrig? Der mächtigste Pfeiler der «Geschäftsstelle» des Geldes ist zugleich der Träger einer riesigen Schere, deren Schneidemesser sich um den nackten Leib eines offenbar unrettbar Schuldigen schließen, wie wenn sie nicht einen Menschen, sondern ein bloßes Stück Papier zerschneiden wollten. Das Bild leuchtet rund 30 Jahre nach den Bauernkriegen spontan ein: Sind Menschen im Hause der Habgier nach Geld, in den Bankhäusern der Fugger und Welser und all ihrer Nachfolger, je etwas anderes gewesen als Aktenstücke und einzutreibende Schuldforderungen? Eine ähnliche Szene begibt sich links oben: Dort beginnt mit Leitern, Stangen und Knüppeln

AVARITIA
P. brueghel. inuentor.
Cock. excud. cum priuileg. 1558
QVIS METVS, AVT PVDOR EST VNQVAM PROPERANTIS AVARI?
Eere beleeftheyt scaemte noch godlijck Vermaen En siet die scrapende ghierichheyt niet aen
S. I 7606

der Sturm auf einen prall gefüllten, zwiebelähnlichen Geldsack, der auf dem Rand eines Hügels aufgestellt ist und an dem gemessen die einander bekämpfenden Menschen wie Zwerge wirken. Völlig uneinnehmbar ragt dort eine Burg empor, deren zentraler Turm wie ein Eisenhelm mit kalt blickenden Insektenaugen dreinstarrt. Die grausame Mechanik der Geldgier kommt womöglich am deutlichsten in dem seltsamen Gebilde in der rechten oberen Bildecke zum Ausdruck: Ameisengleich schuftende Menschen scheinen dort dabei, auf einer Art Baustelle mit ihrer Arbeit eine neue «Bank» in Form eines prall gefüllten Zwiebelgeldsacks zu errichten; vor ihnen aber erhebt sich ein eisernes Etwas, dessen Helm von einem sägenförmigen Säbel durchschnitten zu werden scheint; ein dreigefächerter Behälter, der von einer gezähnten Metallspange gehalten wird, droht wie eine riesige Börse jederzeit die Arbeitenden zu erschlagen. Doch all diese Schrecknisse, die sich rund um die Habgier und im Gefolge ihrer Einstellung begeben, wirken auf die Fürstin der Hölle, auf die *Avaritia*, nicht hemmend zurück. Die lateinische Beischrift bemerkt denn auch:

Quis metus, aut pudor est unquam properantis avari?
Zu welch einer Angst oder Scham wäre jemals fähig ein rasender Geizhals?

Es ist unser Bemühen, menschliche Verhaltensweisen, die generell als *Laster* moralisch gebrandmarkt werden, nicht sowohl als moralische, denn als menschliche Schwäche zu schildern, *Schwäche* dabei im wörtlichen Sinn: als Gehemmtheit der natürlichen Formen, sich persönlich zu entfalten. Wir geben uns dabei so viel Mühe auch in der Klärung der Details der jeweiligen Symptombilder, weil sich unsere gesamte Sicht über den Menschen, vor allem aber bezüglich des Systems, Menschen zu *be*urteilen und fast allemal dann auch zu *ver*urteilen, ändern und verschieben kann, ja, geradezu *muß*, sobald sich zeigt, daß das, was wir für das Schlimme, ja, das Schlimmste am Verhalten von Menschen erachten, sich gerade nicht ergibt aus moralischer Übellaune oder aus charakterverfestigter Böswilligkeit, sondern weit eher aus Formen der Nichtidentität, mithin aus Formen von Leid und Verzweiflung. All die Weisen, über Menschen moralisch zu urteilen, sind dann erkennbar Unrecht, weil falsch, weil nicht basierend auf möglicher Erkenntnis und menschlicher Erfahrung. Ist es dann aber nicht unumgänglich, alles umzustoßen, was wir bisher so sicher im Raum von Gesellschaft und Kirche, im Namen des Volkes und im Namen Gottes, glaubten verkündigen und sagen zu müssen?

Wir wollen uns mit den *Lastern* von *Geiz* und *Gier* beschäftigen, zwei Neigungen, die irgendwie zusammengehören. Aber schon die Art und Weise, wie sie sich kombinieren, verrät, daß wir eine Gratwanderung mindestens über gewissermaßen zwei Spitzen des Alpenmassivs vor uns haben.

Merkwürdig ist, wie das Buch, das von der Liebe diktiert sein soll, wie *die Bibel*, zum Verbrecher einen Mann stempelt, dem sie unterstellt, *geizig* und *gierig* gewesen zu sein. In der gesamten Theologiegeschichte des Abendlandes gibt es nicht einen einzigen Menschen, von dem über Jahrhunderte hin die Gottesgelehrten sich sicher glaubten, daß er in der *Hölle* sei. So fanatisch wie im 20. Jahrhundert darauf beharrt wurde, daß es die Hölle geben müsse, schon damit ein Mann wie ADOLF HITLER eine «würdige» Strafe finde, wurde theologiegeschichtlich der Mann, der Jesus verraten und in den Tod gebracht hat, *Judas*, als ein Verdammter auf ewig erklärt. Gegen ein solches Urteil anzureden ist nicht leicht. Hören Sie aber die Legende – nicht den historischen Bericht – über den Verrat des Judas und über sein Schicksal einmal selber. *Mt 26,14–16.47–53; 27,1–10:*

Darauf ging einer der Zwölf, Judas Iskarioth hieß er, zu den Hohen Priestern und hat gesagt: Was wollt ihr mir geben – ich übergebe ihn euch? Die aber setzten ihm dreißig Silberlinge fest (Sach 11,12). Und von da an suchte er eine günstige Gelegenheit, ihn auszuliefern.
Und während er noch redete, – da: Judas kam, einer der Zwölf, und mit ihm eine Schar, eine große, mit Schwertern und Knüppeln, von den Hohen Priestern und Ältesten des Volkes. Er aber, der ihn ausliefern wollte, hatte ihnen ein Zeichen angegeben, sprechend: Den ich küsse, der ist's, den nehmt fest. Und sogleich kam er auf Jesus zu und hat gesagt: Sei gegrüßt, Rabbi, und küßte ihn. Jesus aber hat ihm gesagt: Mein Lieber, wozu bist du da? Da kamen sie heran, legten Hand an Jesus und nahmen ihn fest. Und da, einer von denen mit Jesus streckte die Hand aus, zog sein Schwert, schlug nach dem Knecht des Hohen Priesters und hieb ihm das Ohr ab. Darauf sagt ihm Jesus: Steck das Schwert wieder an seinen Platz (Mt 5,5). Alle nämlich, die greifen zum Schwert, durchs Schwert kommen sie um (Gen 9,6! Mt 5,39!). Oder meinst du, ich könnte nicht meinem Vater zusprechen, und zur Seite stellen würde er mir sogleich mehr als zwölf Legionen Engel (Ps 91,11 f.; 2 Kön 6,16 f.)?
Als es aber Morgen geworden, faßten alle, die Hohen Priester und die Ältesten des Volkes, einen Beschluß gegen Jesus, daß er getötet werde (Mt 26,1–5). Und sie ließen Jesus fesseln, abführen und ausliefern an Pilatus, den Statthalter. Da sah Judas, der ihn ausgeliefert hatte, daß er verurteilt ward, und es reute ihn. Er brachte die dreißig Silberlinge den Hohen Priestern und Ältesten zurück, sprechend: Gesündigt habe ich, verraten habe ich unschuldiges Blut (1 Sam 19,5). Die aber haben gesagt: Was das uns! Du sieh zu! Da warf er die Silberlinge in den Tempel, entwich, ging davon und erhängte sich. Die Hohen Priester aber nahmen die Silberlinge und sagten: Es ist nicht frei, es zum Tempelgut zu schlagen, insofern, als es der Preis für Blut ist. Einen Beschluß faßten sie also und kauften davon den Töpferacker zum Begräbnis

für die Fremdlinge. Deshalb heißt jener Acker «Blutacker» bis zum heutigen Tag. Da ward verwirklicht, was angesagt ist durch Jeremias, den Propheten, sprechend: Und sie nahmen die dreißig Silberlinge, den Schätzpreis des so Geschätzten, den man geschätzt hatte von seiten der Söhne Israels, und sie gaben sie für den Töpferacker, wie der Herr mir befohlen. (Sach 11,12f. und Ex 9,12 Septuaginta; Jer 32,7ff. Septuaginta; 39,7ff.; 18, 2ff.; 19,1ff.)

Wir haben uns bereits beschäftigt mit den «Lastern» der *Völlerei* und der *Genußsucht* in *Trinken* und *Essen*, – moralisch scheinbar eindeutigen Tatbeständen; wir haben aber gerade *dabei* gesehen, daß, wenn Menschen so tun, sie im Grunde wie Kinder mit immer geöffnetem Mund eine Liebe trinken möchten, die sie ihr ganzes Leben lang nicht erreichen konnte, es sei denn wie in vergiftetem Zustand. Die Gesellschaft im übrigen tut ihr Äußerstes, jede Art von *Sucht* zu fördern, nicht allein aus wirtschaftlichen Gründen, um an den umgesetzten Suchtmitteln über die Steuern Anteil zu gewinnen, sondern um die Schwäche von Menschen in jeder Form auszubeuten. Essen und Trinken: man schaue sich um, wie buchstäblich die Ladentische sich biegen und wie die Menschen hin und her gepeitscht werden von Bedürfnis zu Bedürfnis. Immer neue künstliche Konsumanreize müssen her, um einen völlig überstopften Markt buchstäblich leerzufressen; anschließend verordnet man den Überfressenen eine diätetische Umgangsweise mit sich selber, treibt die Arztrechnungen in die Höhe, und es scheint fast aussichtslos, dazwischen ein Maß zu finden. Dabei ist es ein und dieselbe Gesellschaft, die den «Mannesmut» am Schanktisch prämiiert und gleichzeitig die Menschen verachtet, die sich dem Alkohol ergeben. Sie bewundert zugleich, was sie haßt, sie wirft empor, was, wenn es herunterfällt, ihr wie zum Spaß und zur Freude wird, – von der Tabak- und Zigarettenindustrie gar nicht zu reden; auch sie bietet nur ein weiteres Beispiel dafür, wie doppelbödig und verlogen unsere gesamte Art ist, mit oralen Bedürfnissen umzugehen. Man verkauft den Lungenkrebs, man läßt sich über das Gesundheitsministerium sogar zwingen, in Kleindruck auf den Plakaten zu informieren, wie hoch der schädliche Nikotingehalt und der Teergehalt in den Zigaretten und Zigarren ist; gleichzeitig aber zeigt man auf den Plakaten, was für ein Land der Freiheit man unter dem blauen Dunst, den man sich vormachen läßt, zu erobern imstande wäre, ganz so, als läge einem die Welt zu Füßen, folgte man nur dem Wind, der die Wolken aus unserem Munde vor sich hertreibt.

Tatsächlich kommt wohl keine Sucht aus ohne das Surrogat und die Illusion einer besonderen *Macht.* Ich entsinne mich noch, was für uns als Schuljungen ein wirkliches Motiv war, die Zigarette zu probieren. Nicht, daß sie uns geschmeckt hätte, aber die Kunst, vor allem wenn es draußen kalt war, den Rauch vor sich herzublasen und das eigene Ich gewissermaßen ins Phantastische auszudehnen, einen ganzen Raum zu erfüllen mit dem eigenen Atem, das bildete einen Grund, mit großmännischer Manier das Rauchen zu üben. Die Illusion von Größe an die Stelle der Wirklichkeit zu setzen, genau das aber bedeutet, Menschen *süchtig* zu machen bis zum Krankheitswert.

Von nichts anderem müssen wir noch einmal sprechen im Zusammenhang mit den beiden Lastern: mit Gier und Geiz. Das Erstaunliche ist, daß wir bei dieser Thematik deutlicher als an allen anderen Stellen, an denen von *Laster* die Rede war, zu sehen vermögen, wie ein Laster geradlinig aus dem entsteht, was man soeben noch als *Tugend* prämiiert hat. *Geiz* ist in einer gemäßigteren Form identisch mit «Sparsamkeit», und *die* zählt zentral zur bürgerlichen Tugend: der Verschwendungssucht den Riegel vorzuschieben, auf den Pfennig zu achten, weil nur, wer so tut, des Talers dann wert wird, getreu im kleinen, – so zitiert man sogar die Bibel im Mißverstand des Jesus-Gleichnisses von den unterschiedlichen Talenten *(Mt 25,14–30)* – nur wer die Sparsamkeit *übertreibt*, ist ein verachtenswerter, lasterhafter Mensch. Aber wo ist die Grenze zwischen *Tugend* und *Laster*, wenn sie gewissermaßen gar nicht im Qualitativen liegen soll, sondern nur noch im Quantum? Was ist von Tugenden zu halten, die eigentlich nur eine untere Treppe auf dem Weg ins Monströse darstellen?

Wenn wir von *Gier* und *Geiz* sprechen, dann im Grunde von zwei verschiedenen Einstellungen zu etwas, das man *besitzen* kann. Gleich vorweg läßt sich schon sagen: der Wille, etwas in *Besitz zu nehmen* und *in Besitz zu halten* – so *Gier* und *Geiz* –, kann ein überwertiges, zwanghaftes Format eigentlich nur entfalten, wenn auf der Sachebene etwas ersetzt werden soll, das in Wirklichkeit nur durch menschliche Nähe befriedigt werden kann. Womit wir es zu tun haben, ist, noch mehr als bei der Sucht im Bereich der Nahrungsaufnahme, *das materielle Mißverständnis*, Gegenstände an die Stelle von

Zuständen zu rücken, Verhältnisse an die Stelle von Verhaltensweisen, Sachen an die Stelle von Personen. Jeder Mensch, der seine Hände um etwas schließt, das er meint, sein eigen nennen zu können, sucht im Grunde nach einem Ort, wo seine Hand eine andere berührt, die er festhalten könnte wie ein Ertrinkender, und oft genug möchte er erleben, daß er selber umfaßt, umarmt, umschlungen würde mit einer Form von Geborgenheit und Sicherheit, die in der bebenden Angst gesucht wird wie ein Boden unter dem Abgrund.

Gier richtet sich auf den Wunsch, etwas besitzen zu wollen, aber nicht etwas, sondern von allem viel zuviel. So zumindest sehen es die Außenstehenden. Der Betroffene aber oder der Betreffende versteht es ganz anders. Er glaubt daran, daß er etwas *haben* muß, um etwas zu *sein*, so ERICH FROMM in seiner klassischen Studie. Vorausgesetzt dabei ist ein fundamentales Minderwertigkeitsgefühl, ein Loch im eigenen Ich, das immer wieder nur von außen gestopft werden soll und von innen her sich nie erfüllen will. Viele Formen sind dabei denkbar, die Welt unter die Füße zu nehmen; die Problematik selbst aber ist so zentral und universell, daß insbesondere der *Buddhismus* im Durst, in der *trishna*, in der *Gier*, und in der ihr zugehörigen *Unwissenheit* das Kernübel aller menschlichen Verirrungen sehen konnte und sieht.

Ehrgeiz z. B. ist eine sehr beliebte, fast immaterielle und doch völlig vergegenständlichte Form des «gierigen» Umgangs mit den Dingen der Welt und mit den Menschen in der Welt, richtet sich doch der Ehrgeiz fetischähnlich auf bestimmte Titel, auf bestimmte Hab-Ideale und dann, als Anspruchserwartung, auf die Belohnung und Belobigung von seiten der anderen. «Sie, wenn sie erst einmal sehen, was ich in Besitz zu nehmen vermochte, müssen mich achten, müssen aufhören, mich zu verachten.» Es ist, wie wenn ein bestimmtes Erfolgsobjekt den Titel verleihen könnte, der die Eintrittskarte ins Leben, die Zulassungsberechtigung zum Saal der Mitmenschen bedeuten würde. Immer hängt dabei die Selbstachtung von der Wertschätzung der anderen ab. Nie aber herrscht der Glaube, die anderen könnten uns mögen für das, was wir sind. Eben darum verschiebt sich alles ins Äußere und wird immer äußerlicher, indem die Frage von vornherein entweder unbeantwortbar oder nur noch negativ beantwortbar ist: Wer bin ich denn selber? Eben weil man *das* nicht weiß, weil man das mit einem Gefühl geheimer Schande gar nicht wissen will, kehrt man sich um so mehr unter den Augen der anderen ins Rampenlicht und möchte, daß sie uns selber so sehen, wie wir von uns selber sicher zu wissen glauben, daß wir's gar nicht sind.

Auf diese Weise entsteht eine chronifizierte Doppelbödigkeit oder auch Verlogenheit in allem, was wir *Ehrgeiz* nennen, eine permanente Unruhe, die ein Gleichgewicht innerlich nie aufkommen läßt. Drum das ständige Verlangen, sich mit einer immer stärkeren Schutzmasse zu umgeben, damit die anderen nicht merken, wie sie an der Nase herumgeführt werden, da ja die Anerkennung durch die anderen buchstäblich nur «erkauft» ist. Da man sich selber die anderen als Lakaien der Ruhmsucht oder des *Ehrgeizes* eingekauft hat, kann der Betrug von Tag zu Tag im Grunde nur wachsen; man muß auf der Flucht sein, daß die Wahrheit nach außen dringt, und die Decke der Verdrängungen, die Decke der Veräußerlichungen wird immer größer.

Natürlich kann die *Gier* sich auch auf *Gegenstände* beziehen, die sich für das «Haben» erobern lassen. *Geld* ist in unserer Gesellschaft ein überaus wichtiger Titelanspruch. Der russische Dichter FJODOR M. DOSTOJEWSKI, der sein Leben lang unter Geldschwierigkeiten gelitten hat, mitunter nicht ohne eigene Schuld als Spieler, als *Süchtiger*, als Getriebener, konnte eine eigene Philosophie des Geldes und der Gier nach Geld entwerfen. Was treibt einen Menschen, der vor dem Flackerlicht der Roulettekugel mit bebendem Herzen hofft, daß der nächste Gewinn ihn vor der Katastrophe retten werde, der glaubt, ein *System* erstellen zu können, mit dem er der Mechanik des Zufalls ein Schnippchen schlägt, der ein wahnhaftes System der Berechenbarkeit an die Stelle der Blindheit des Schicksals setzt, wie wenn er den Erfolg *erzwingen* könnte? Es ist ein so peitschendes, die Nerven aufwühlendes Hin und Her: Jetzt noch bin ich ein Gar-Nichts, buchstäblich ein Bettler, schlimmer noch, ein hochverschuldet Belasteter, jemand, der ein Buch und noch ein Buch schreiben muß, um den längst verpfändeten Schuldverschreibungen hinterherzukommen; aber im nächsten Augenblick, je nachdem wie die Roulettekugel rollt, kann ich ein vermögender Mann sein und die Räumlichkeit erhobenen Hauptes verlassen. Eben noch werden sie auf mich herabschauen und nur wünschen, daß ich verschwände; aber im nächsten Moment kann es sein: alle werden sich vor mir verbeugen und wünschen, daß ich wiederkäme; und zwischen dem einen und dem andern liegen nur wenige fiebernde Sekunden. *Das* kann Geld aus Menschen machen, vorausgesetzt, daß sie ihren eigenen wirklichen Wert gar nicht kennen und ihn sich vorschreiben lassen von totem Material!

Das Geheimnis der *Gier* liegt vor allem darin, daß sie im Grunde nach Totem begehrt, und zwar mitten im Herzen von Menschen, die selber tot sind, genauer gesagt, die man totgemacht hat seit Kindertagen. Im Hintergrund der *Gier* steht fast immer ein kindliches Erleben, das niemals hoffen durfte, geliebt zu werden einfach für das, was man ist.

Manchmal sind Kriminalautoren oder -autorinnen genial. PATRICIA HIGHSMITH z. B. konnte in einer kleinen Erzählung die Geschichte eines viel zu dicken, unschön aussehenden Jungen beschreiben, der eine Schildkröte besaß. Diese Schildkröte, hoffte er, würde ihn in den Kreis von Freunden einführen. Wenn er mit diesem Tierchen nach draußen ginge und sie den andern zeigte, so würden sie bestimmt daran Freude empfinden und gleichzeitig sich wohl auch ein bißchen für ihren Besitzer interessieren. Doch als dieser Junge nun miterleben muß, daß die Schildkröte von der Mutter nur gekauft wurde, um sie zu töten und eine Suppe daraus zu machen, wird der Junge zum Mörder. Immer schildert PATRICIA HIGHSMITH, wie alltägliche aufgestaute Gefühle zu dem geraten, was Polizei und Gericht später als kriminell bezeichnen werden. Diese Autorin versucht einfach, die Perspektive umzudrehen und das furchtbar Schlimme in dem zu sehen, was eigentlich jeder in der Seele von Unterdrückten, von Kleingehaltenen, von nie zum Leben Zugelassenen wahrnehmen könnte.

Wenn wir uns einmal vorstellen, was Menschen alles glauben, *haben* zu müssen, um in den Augen der anderen etwas zu *sein*, so begreifen wir, wie rasch der Teufelskreis sich schließt. Jeder weiß ja, daß er das nicht ist, was er hat: Er lebt ja noch; das aber, was er hat, ist tot. Ein goldener Ring – was sagt das über die Schönheit einer Frau? Ein großes Auto vor der Garage – was sagt das über die Größe eines Mannes? Ein Titel an der Haustür – was sagt das über das wirkliche Können, vor allem über die Weisheit eines Menschen? All das ist im besten Fall die Asche aus einer Glut, die einmal gebrannt und gewärmt hat, ein reines Abfallprodukt, wenn es sich denn überhaupt je aus einem Leben ergeben hat, das einmal existierte. Das Allerwahrscheinlichste bei jeder *Gier*: Es hat ein eigenes und eigentliches

Leben nie bestanden, es kaschierte sich lediglich das Un-Leben in den Behausungen des Todes mit wunderbaren Etiketten.

So die *Gier*. Weil sie nie erfüllbar ist, muß sie sich immer weiter nach vorne drängen, kann sie nie genug bekommen. Was bewundert die Menge? Richtig: den Menschen, der genügend Geld besitzt oder Macht besitzt oder am besten beides, indem er sich die Macht einfach durch Geld kauft oder mit Hilfe der Macht das Geld erbeutet. Beide Wege sind wohlfeil und in der Geschichte allseits bekannt. Prämiiert nicht der bürgerliche Verstand gerade die *Gier*, die scheinbar so erfolgreich ist? *Will* unsere Gesellschaft nicht geradewegs die Tragödie von Menschen, die sie immer wieder mit Zielsetzungen vollpumpt, aus denen wirkliches Leben gar nicht entstehen kann? Denken wir uns, daß Gier nicht nur ein persönlicher Zustand ist, den wir rein biographisch «wählen» oder abstellen könnten, etwas, das sich allein aus unserer privaten Psychodynamik ergäbe; denken wir vielmehr, daß unser ganzes Geld- und Wirtschaftssystem gierig sein *muß*!

Vermutlich hatte KARL MARX an dieser Stelle unrecht. Seine Analyse des Kapitalismus basierte auf dem an sich richtigen Gedanken, daß die Vermehrung des Kapitals wesentlich zustande komme durch die Ausbeutung der Arbeiter: Der Kapitalist als Eigner der Werkstätten, der Produktionsmittel, wirbt auf dem Arbeitsmarkt die Arbeiter an, aber er gibt ihnen für die Arbeit nicht den Lohn, den er beim Verkauf der Produkte erzielen könnte, sondern nur einen Teil davon. Er betrügt die Arbeiter um den Teil dessen, was sie selber an Wert leisten, und diesen *Mehrwert*, den er für sich behält, setzt er wieder ein zur Vermehrung seines Kapitals. Er reinvestiert das neu gewonnene Kapital in seine Fabrikanlagen, er ruiniert seinen Konkurrenten in der Nachbarfabrik, er strebt auf, indem er expansiv investiert. Und so *muß* er tun; denn wenn er so nicht täte, würde es sein Nachbar tun. Der Kampf der Kapitalisten untereinander erzwingt natürlich immer größere «Elefantenhochzeiten», immer riesigere Fusionen unter den Giganten der Unternehmerklasse. In diesem Punkt braucht man nur die Zeitung zu lesen, um 130 Jahre später zu finden, daß KARL MARX ein «Prophet» war. Aber den Kern der Geldwirtschaft hat er in diesem Sinne nicht als tragisch genug begriffen! Die *Gier* des Kapitalisten entsteht nicht nur aus dem Konkurrenzdruck oder rein psychologisch aus privatem Streben. Der wirkliche Motor des Kapitalismus liegt darin, daß niemand an Geld kommt, es sei denn, er leiht es sich aus. Der ganze Kapitalismus beginnt mit Schuldenmacherei! «Ich bin etwas, wenn ich mir das, was ich nicht bin, und vor allem das, was ich nicht habe, zunächst einmal von anderen geben lasse mit dem Versprechen, es ihnen zurückzugeben, das heißt mit der Hoffnung, aus dem Geliehenen für mich selber viel mehr zu machen, als vorher in der Geldanlage sichtbar war.» So lautet die goldene Devise. Der Kapitalist muß mit dem geliehenen Geld nicht nur Waren produzieren, er muß so viel davon produzieren, daß ihr Absatz die Schulden, die Zinsen für die Schulden, die Zinseszinsen für die nicht gezahlten allfälligen Schulden zurückzuzahlen vermag, den Verschleiß an den Werkshallen und die notwendigen Renovierungen sowie den Lohn für die Arbeitskräfte, den Aufwand an «Vermarktung» inklusive; das alles zwingt dazu, immer weiter an den Menschen vorbei zu produzieren und ständig neue Schulden aufzunehmen, um die alten Schulden zu begleichen. So sitzt der Kapitalist in der Tretmühle; aber unser ganzes Wirtschaftssystem basiert auf dieser *Gier*: «Es kann nie genug sein, weil du ein *Schuldner* bist!»

Übersetzen wir diesen Kreislauf aus dem Wirtschaftlichen noch einmal ins Psychologische, so kommen wir auf eine furchtbare Bilanz. Da leben Menschen mit dem Gefühl, objektiv auf die Anklagebank zu gehören, und sie können nur davonspringen durch ein geliehenes Gut, das sie buchstäblich sich verdienen müssen durch Nacharbeiten. Wenn das als symbolische Chiffre für die Psychologie der *Gier*, für die *Innenseite* unseres ganzen Wirtschaftssystems zu nehmen ist, so haben Sie die Tragödie des 20. Jahrhunderts gesellschaftlich wie persönlich fast als etwas Unentrinnbares vor Augen. Wieviel würde es «kosten», das Unbezahlbare zu tun: den Menschen bei der Hand zu nehmen und ihn langsam zu lehren, daß er unendlich viel mehr ist als alles, was man verrechnen kann! *Das* war der Gedanke Jesu im Neuen Testament: eine *Entschuldung* der Menschen von aller Schuld – persönlich, gesellschaftlich, sozial, finanziell, in jeder Hinsicht; und der Mann aus Nazareth hoffte darauf, es würden die Schuldiggewordenen am Kraterrand ihres Untergangs begreifen: *Alle* Menschen leben nur durch ein solches buchstäblich *unverdientes* Erbarmen!

Wie steht es dann um die Geschichte der Geldgier des *Judas*? Das Neue Testament steht nicht an, diesen aus dem Kreis «der Zwölfe», wie *Matthäus* immer wieder versichert, nach dem *Johannes*-Evangelium einen gemeinen Dieb zu nennen. Das «vierte Evangelium», das so häufig von Liebe spricht, zögert nicht, Judas als jemanden zu bezeichnen, in dessen Herz der *Satan*, der personifizierte Teufel, gefahren sein *(Joh 13,2)*. Absolute Urteile sind das über den Abgrund der *Gier* im Herzen eines Menschen. Da wird das Göttliche geopfert, da wird das Heilende zerstört, da wird das Angebot der Gnade Gottes veräußert nur aus schnöder Gewinnsucht! Wenn *das* nicht zu verurteilen ist, was eigentlich dann?

Tatsächlich zeigt das Verhalten des *Judas* indessen etwas ganz anderes. Die drei *Legenden*, die bei *Matthäus* über ihn existieren bezüglich des Motivs zum Verrat *(Mt 26,14–16)*, bezüglich der Rückgabe des Geldes *(Mt 27,2–4)* und schließlich bezüglich des Selbstmords des *Judas (Mt 27,5)*, sind in sich nicht ausgeglichen, im Gegenteil, sie sind höchst widersprüchlich. Ganz sicher läßt sich das hier Erzählte nicht auf eine historisch glaubwürdig bezeugte Person der Vergangenheit vor zweitausend Jahren in Israel beziehen, aber Legenden haben ihre eigene Psychologie auch in ihrer Widersprüchlichkeit. Nehmen wir also das, was die Judas-*Legende* bei *Matthäus* erzählt, einmal als «wahr» und «wörtlich», dann sollten wir denken, daß Judas seinen Herrn, seinen «Rabbi», wie er ihn in Gethsemane nennt, gar nicht hätte verraten wollen und daß sein Kuß als Zeichen des Erkennens gar nicht so sehr einer verlogenen als einer verlorenen Zärtlichkeit entstammt. Für diese überraschende Ansicht spricht vor allem, daß niemand, dem nur an Geld gelegen wäre, hingehen würde, sich zu erhängen, kaum daß er sieht, daß der Preis, für den er es tat, wirklich eingefordert wird: Jesus wird verurteilt! Sollte er das nicht? muß man sich fragen. Wollte Judas das nicht der ganzen Art nach, wie *Matthäus* es erzählt? Das Neue Testament behauptet, es sei die Absicht des Judas gewesen, Jesus an die Hohenpriester auszuliefern. Wie aber, wenn das in dieser Form gar nicht stimmt und *Judas* gar nicht geglaubt, geschweige denn gewollt hätte, daß Jesus in den Tod ginge? Dann müßte man eine ganz andere Konstruktion gerade im Kontext dieser Legendenbildung als viel wahrscheinlicher betrachten. Man müßte nämlich sagen, daß Judas womöglich seinen Herrn vor dem Tode habe retten wollen, indem er ihn an die Hohenpriester auslieferte, und daß er wirklich wähnte, einen Freundschaftsdienst an ihm zu tun, indem er seiner Verhaftung zuvorkam. Wäre es nicht möglich, Judas hätte Jesus in so etwas wie in eine Sicherungsverwahrung bringen wollen? Daß der Hohe Rat ihm nachstellt, daß Jesus nach den Ketzergesetzen längst ein Verdammter und Verlorener ist, weiß *Jesus* selber, das weiß auch der Kreis der Zwölf und unter ihnen Judas. Wie aber nun, man könnte das Gerichtsurteil mildern, indem man eine Klärung erzwingt? Dann müßte man Jesus ausliefern, und es wäre in der Tat eine Art von Freundschaftsdienst.

Denken wir uns die Tragödie des Judas als eine ganz und gar «normale», gewissermaßen «kirchliche»: Man glaubt Jesus zu retten, und man glaubt es am besten zu können mit Hilfe von Geld. Ist das nicht die ganze Geschichte der Kirche im sogenannten Abendland nach den Tagen des Kaisers KONSTANTIN? Immer geht es darum, die Sache Jesu zu bewahren, sie vor den Feinden in Sicherheit zu bringen, das «Beste» für Jesus zu tun, was möglich ist, und immer wird herumgeschachert dabei, immer ist viel Geld dabei im Spiel und auch ein Suchen nach Einfluß, nach Komplizenschaft, nach einem Pakt mit den Mächtigen. *Das* muß es gewesen sein, worin Judas sich tödlich irrte. Er ist nicht das Zünglein an der Waage. Lieber die Sache Jesu ohne Abstriche vertreten und sei es, er ginge in den Tod damit, – besser, als etwas aufhalten zu wollen mit Mitteln, die Jesus selbst nie gebilligt hätte!

Am allerschlimmsten: Judas glaubt offenbar, mit den dreißig Silberlingen, die man laut Legende ihm gibt, so etwas wie ein Abkommen mit den Hohenpriestern aushandeln zu können: Er übergibt ihnen Jesus, sie ihm das Geld, und unausgesprochen zwischen den Zeilen müssen wir denken: «Ihr werdet ihn aber nicht töten! Ihr werdet ihn im Namen Gottes und entsprechend dem Mosaischen Gesetz Punkt für Punkt verhören; und dann werdet Ihr sehen!» Die Hoffnung eines Mannes an der Seite Jesu kann doch nur gewesen sein, daß man endlich merken werde, wer Jesus wirklich sei! Kann man ernsthaft einen Mann verurteilen, der mit seiner Güte vor Angst krankgewordene Menschen hinüberführen mochte in ein Land des Vertrauens und der werdenden Gesundheit? Ist es möglich, jemanden zu verurteilen, der von der Liebe Gottes so spricht, daß sie grenzenlos wird? Und will man wirklich das Mosaische Gesetz wie einen Lattenzaun der Verblendung und der Engstirnigkeit zum *Ausschluß* von Menschen in die Landschaft setzen? Wenn man dem Mann aus Nazareth zuhört, so wohl die Hoffnung des *Judas*, wird man begreifen, daß man um das Gesetz nicht fürchten muß, weil die Ordnung, die dieser Mann schafft, von innen wächst. *Das* müssen die Hohenpriester lernen; aber das werden sie nur, indem man sie nötigt, mit Jesus zu reden, statt in fest gefaßten Vorurteilen immer schon vermeintlich zu wissen, was er zu sagen hat. Und auch Jesus vielleicht, mag *Judas* gedacht haben, wird dazulernen müssen über seine Gegner, die er sich geschaffen hat. Auch sie sind vielleicht besser, als er glaubte, – die Hochpriester, die offiziellen Beamten der Religion; Wenn man sie nur nötigt, Gott im Amte wirklich zu vertreten und seine Sache auf Erden zu verwalten, müssen sie es tun, im Gewissen verpflichtet zur Treue, und dann können sie nicht zynisch sein, dann werden sie nicht hinterrücks Dinge tun, die erkennbar falsch sind. Jesus *und* der Hohe Rat, das Alte *und* das Neue müssen zusammenkommen, – das genau ist der Gedanke, den Jesus verweigert hat, als er sagte: «Ich bin nicht gekommen, daß man neuen Wein in alte Schläuche kippt oder daß man neue Flicken auf alte Kleider näht.» Ich bin gekommen, etwas Neues zu bringen, das sich mit dem Alten *nicht* vereinbart, und jetzt muß man sich *entscheiden. (Mk 2,20–22)* Genau das, nehme ich an, war das Unmögliche für einen Mann, der in der Tradition so tief verwurzelt war wie Judas, der Mann aus Kariot, der einzige, der nicht aus Galiläa kam, sondern aus dem Süden, aus Judäa, nahe bei Jerusalem. Er wollte, so denke ich es mir, eine *Synthese* finden, die er in der Person Jesu nicht fand, und so mußte er erleben, daß alles auseinanderbrach, auch in ihm selber. Das jedenfalls wäre ein Motiv, sich das Leben zu nehmen bei einem Mann, der Jesus so geliebt haben muß, daß er sein Leben war, der aber nicht die Kraft besaß, persönlich sich zu ihm so zu bekennen, wie Jesus es wollte, – bei einem Mann also, der innerhalb des Systems einen Ausgleich auch für sich selber gegenüber der Person suchen mußte, die das System seiner Zeit und aller Zeit mit der Energie seiner religiösen Leidenschaft auseinanderbrach!

Was in all dem soll der Wille zur persönlichen Bereicherung, was sollen Kassenwartmotive und Diebstahlsgelüste? Wir können die Darstellung des Neuen Testamentes an dieser Stelle eventuell mit unserem Judas-Bild so in Verbindung bringen, daß Judas in seiner Persönlichkeit, in seinem Ich viel zu schwach war, sich selber zu entscheiden; womöglich war er wirklich von anderen abhängig, womöglich sogar bestechlich durch andere, jedenfalls stets verwiesen auf den Konsens der umgebenden Menge, der vorherrschenden Meinung. Vermutlich war Judas in diesem Punkte nicht anders und ganz sicher nicht schlechter als all die Menschen, die wir für «normal» halten. Sie müssen nur die Zeitungen lesen, wie dort geschrieben wird: Eben noch stimmte man einer bestimmten Ansicht zu, dann aber entschied ein Gericht anders, oder es spricht ein mächtiger Mann dagegen, und am nächsten Tage erscheint ein Kommentar, der just die Ansicht des Bundespräsidenten, des Bundeskanzlers oder des Bundesverfassungsgerichtes rechtfertigt. Es war ERICH MARIA REMARQUE, der sagte: «Jeder Schriftsteller hat gegenüber einer Zeitung unrecht, denn die Zeitung kommt morgen wieder heraus»; er wollte sagen: Ein Schriftsteller, wenn er etwas geschrieben hat, hat es geschrieben, er kann es nie mehr zurücknehmen, – für eine Zeitung gilt das, was sie gestern noch dachte, natürlich heute schon nicht mehr, sie macht so weiter und glaubt, daß ihre Leser gar nicht merken, wie sie sich widerspricht und wie sie sich zugleich fortsetzt, – eine endlose Wanderdüne der vorherrschenden Meinungen, ein Gebilde ohne jede Verbindlichkeit.

Wenn wir uns so ähnlich: schwankend, nach Halt suchend *Judas* denken als einen Mann, der Geistiges möchte, aber der natürlich auch *über*leben mochte und der eben an diesem Widerspruch zugrunde ging, so verstehen wir, wie er bei dem Anblick, daß man Jesus abführte, unmittelbar zum Strick griff und nicht mehr in dieser Welt, die Träume tötet, leben wollte. Er, *Judas*, wollte, daß sein Rabbi lebt, er küßte ihn wie einen Freund, er mochte ihn *einführen* in den Hohen Rat. Daß die Hochpriester Gott nur gebrauchen, um zu töten, daß sie Geld nur zahlen, um zu bestechen, daß es ihnen völlig egal ist, wie Menschen, die man bestochen hat, verzweifelt über ihr Tun sind – «was haben wir damit zu tun?» – das hat Judas nicht geahnt. Geld ist für diese Kreise offenbar nichts weiter als ein Austauschmaterial der Schande, nichts, worauf man setzen könnte. Aber der Mann, der das Geld den Hohenpriestern vor die Füße wirft, kann ganz unmöglich derselbe sein, den das Neue Testament als eine Ausgeburt von Habgier schildert. Judas ist ein Mann, der nicht leben konnte ohne Jesus und der leben wollte durch Jesus; *das* war das Thema; aber er glaubte, das tun zu können in der Welt, in der er großgeworden war, in gewissem Sinn ohne Abstriche am Überkommenen. Das allein war wohl sein «Fehler».

Wir müssen bei der *Gier* nur noch betrachten, in welch verschiedener Form sie sich darstellen kann.

Wir nennen einen Menschen *gierig* oder *geizig*, wenn er außerstande ist, mit dem Geld, mit dem Vermögen, das er längst besitzt, sinnvolle Ausgaben zu verbinden. Eine Frau kann ihrem Mann vorwerfen, daß er ein *Geizkragen* sei, daß er ein Nimmersatt sei, einfach weil er ihr trotz seines guten Einkommens selbst kleine Wünsche verweigert. Luxusausgaben, das hat nicht vorzukommen! Sparsam zu sein, das ist ein Selbstzweck!

Schaut man genauer in eine solche Haltung hinein, wird man vor allem im *zwangsneurotischen* Umgang mit Geld und Eigentum eine merkwürdige Lektion schon seit Kindertagen entdecken können. Menschen sind, die darüber klagen können, daß sie nicht einmal eine elektrisch getriebene Mokka-Maschine haben, – so hörte ich dieser Tage einen Vater noch auf seinen Sohn schimpfen; – sein Sohn hat eine derartige Maschine, er aber besitzt eine solche nicht. Dabei verläuft die wirkliche Familiengeschichte ganz anders. Der Vater leistet sich bis zur Verschwendung alles mögliche an den Stellen, wo er es im Grunde gar nicht nötig hätte, so viel auszugeben. Dann werden plötzlich Möbel gekauft, dann muß ein neues Auto her, dann müssen neue Großanlagen in den Betrieb eingebaut werden. Was man bei genauerer Betrachtung entdecken kann, ist indessen die Tatsache, daß dieser Mann nicht imstande ist, für persönliches Glück in kleiner Münze etwas zu verauslagen. Man muß ihm seit Kindertagen, so kann man wie blind diagnostizieren, beigebracht haben, daß er *sparen* muß in dem Sinne, wie man es einem Kommunionkind sagt: «Hier ist das Sparschwein, und alles, was du hast, kommt da rein; denn, wenn das Sparschwein voll ist, dann kaufen wir – ja, was eigentlich? Lackschühchen für die Erstkommunion oder irgendwas ganz Nützliches, und das ist dann ganz teuer, es ist aber die Summe von allem Eingezahlten und der Lohn aller Sparsamkeit.»

Im Grunde sind die auf solche Weise *Gierigen* oder *Geizigen* gar nicht so versessen darauf, die Dinge zu behalten; sie möchten sie lediglich aufhäufen für ein nützliches Ziel, das am Ende die Ausgabe rechtfertigt. Das Entscheidende ist, daß diese Art, mit Geld, mit Besitz umzugehen, niemals Freude macht. Es ist im Grunde eine kalte, lustlose Welt, die sich da präsentiert, denn das, was am Ende gekauft wird, «will» und braucht niemand. Das große Auto ist vollkommen unnötig, und was man bis dahin alles dafür eingesetzt hat, rechtfertigt überhaupt nicht den Ertrag der Sparsamkeit, den man sich davon erhofft hat. Eben der Ausfall von Freude, von Lust, von persönlicher Freiheit, von dem Austausch unter Menschen aber macht den *Gierigen* und den *Geizigen* starr, macht ihn einsam und in buchstäblichem Sinne unnütz.

Vom *Geiz* weiß sogar der Kapitalismus, daß er zu verwerfen sei. Kapital besteht ja gerade darin, daß man es *nicht* auf die hohe Kante legt, sondern immer wieder in den Produktionskreislauf wirft. Die einzig «vernünftige» Form, Geld zurückzuhalten, bestünde im Kapitalismus darin, Zinsgewinne zu hecken oder bei der Börse zu spekulieren, aber auch dann müßte man etwas aufs Spiel setzen. *Geiz* und *Gier* beschäftigen sich im Grunde bis zur Zerstörung mitmenschlicher Kontakte damit, im Fiktiven etwas zu behaupten, was Anerkennung schaffen soll und was am Ende doch nur Verachtung mit sich bringt.

Wenn Sie mit dem Zug einmal den Rhein entlangfahren und sich erinnern, was alles von den Burgen am Ufer erzählt wird, finden Sie zum Beispiel in einer kleinen Geschichte die Überlieferung vom «Mäuseturm». Die Geschichte geht so: Es war einmal eine schlimme Hungersnot, als auf einer der Rheininseln ein besonders reicher Mann lebte. Der hatte Brot im Überfluß, aber er gab es nicht einmal den hungernden Kindern. Die Mäuse fraßen eher die Reste des Brots in seinem Hause, als daß er davon etwas verschenkte. Schließlich starb der Mann; doch als man in sein Haus kam, waren alle Brote, die er besaß, in Steine verwandelt. – Dieses Märchen schreibt erkennbar die Bibel um: Während das Göttliche darin besteht, Steine in Brot zu verwandeln *(Mt 4,3–4)*, ist das Widergöttliche, Unmenschliche, «Teuflische» darin zu sehen, daß man Brot in Steine verwandelt, – so jedenfalls der moralische Akzent dieser Überlieferung. Genauer betrachtet aber müßte man sagen: Es gehört zu dem *Charakter* eines so Fühlenden, daß ihm in seinen Händen alles Lebendige sich in Stein verwandelt. Der Volksmund wird sagen: er hat ein «steinernes Herz». WILHELM HAUFF konnte ein wunderbares Märchen schreiben über *Das steinerne Herz,* das mitleidlos wird, doch dessen Tragik darin besteht, daß man in einer Welt von Armen und Notleidenden offenbar nur durch Gefühllosigkeit und Härte besitzend und vermögend zu werden vermag. An wieviel Not muß man vorübergehen, um Geld in der Tasche zu behalten, statt es den Armen zu geben? Wie läßt sich wirtschaftliche Vernunft mit Menschlichkeit vereinen? Niemand, bei keiner Debatte im Deutschen Bundestag, wird uns das erklären, und keiner der klugen Sozialphilosophen wird auch nur das Problem diskutieren, das Jesus vor sich sah.

Dabei ist die *Gier* expansiv, aggressiv, sie steht unter dem Zwang, ständig neue Eroberungen zu tätigen. Wir müßten uns den im wörtlichen Sinne *Geizigen* demgegenüber womöglich *noch* ärmer in seinem Reichtum vorstellen. Im *Geiz* können wir eine enttäuschte Form der Gier betrachten. Ein Mensch, der seine Eroberungen, von denen er meinte leben zu müssen, aufgibt und der, im Ungenügen an der Möglichkeit, noch weitere Eroberungen tätigen zu können, sich nun auf die Verteidigung dessen zurückzieht, was er schon besitzt, ein solcher *Geiziger* klammert sich an die erworbene Habe, damit sie nicht verlorengeht.

Vielleicht zwei Varianten sind dabei am eindrucksvollsten zu beschreiben.

Nehmen wir die *depressive* Variante. Wie viele Menschen nennen wir *geizig*, die für sich selber, aber in gewissem Sinn auch für andere nur sehr schwer etwas ausgeben können und die insofern tatsächlich immer enger werden. Sie sind nicht «versteinert», eher vollkommen eingeschnürt. Sie *sitzen* auf dem, was sie haben. Im Grunde haben sie von sich selber den Eindruck, alles könnte ihnen jederzeit wieder genommen werden. Sie klammern sich an das, was sie ihr eigen nennen, in ständiger Furcht vor Diebstahl. Am liebsten würden sie aus ihrem Gebäude eine Art Panzerschrank machen, bewacht von privater Gendarmerie. Was die Reichen inzwischen in ihren Nobelvillen in den Großstädten der Vereinigten Staaten von Amerika, aber, wie es zu beginnen scheint, inzwischen auch in der Bundesrepublik, befürchten, ist die Gefahr, jemand käme und plünderte ihre schöne, reiche Wohnung aus. Darum braucht's tatsächlich längst schon Bodyguards vor den Villen der Superreichen, braucht's eine Privatarmee für die Kapitaleigner, und die Kluft zwischen Oben und Unten wird immer gewaltiger. Das ist, wenn man so will, *Geiz* und *Habgier* in der *objektiven* Form. Aber was wir jetzt sehen müssen, ist das *Subjektive*, das persönliche Empfinden dahinter, und zu diesem Zweck müssen wir uns eine Tragödie vorstellen, die gar nicht in großem Stil sich abspielt, sondern sich mit Vorliebe in den Häusern der kleinen

Leute ansiedelt. Manchmal erzählen inzwischen altgewordene Männer oder Frauen, wie sie sich immer noch fürchten vor dem, was sie vor vielen Jahrzehnten erlebt haben, als man sie vertrieb z.B. von Ostpreußen, von Schlesien, aus den Ostgebieten, im Sudetenland. Sie hatten so viel, und doch war es möglich, an einem Tag ihnen alles zu nehmen. Daraus haben sie gelernt, daß man das Bißchen, was man dann schließlich erworben hat, *festhalten* muß, – niemals mehr soll sich wiederholen, was damals geschah. Festhalten aber kann man seine Habe nur, wenn man vorsichtig ist, wenn man niemanden in die Wohnung läßt, wenn man niemanden unbeaufsichtigt läßt, wenn man ständig unter Kontrolle hat, was man sein eigen nennt. Es ist, wie wenn Leute mitten im Sommer mit Handschuhen und im Pelzmantel gehen würden, weil es im Winter einmal kalt war: Sie übernehmen die Gefühle der Notzeit und bekommen sie nicht aus ihrem Herzen; sie leben in einer ständigen Angstgewärtigung.

In Form einer Komödie hat MOLIÈRE in seinem Bühnenstück *Der Geizige* einmal diese menschliche Schwäche geschildert, sich an «Habideale» zu klammern, statt selber zu *sein.* Die Not seines «Geizigen» besteht darin, merken zu müssen, daß man Menschen nicht *haben* kann, und zugleich spüren zu sollen, wie krank ein Leben ist, das keinen Menschen «hat».

Soll man solche ersichtlich Leidenden *geizig* nennen im Sinn der Tugendmoral? Soll man ihnen vorwerfen, daß sie soviel *Angst* haben? Das einzige, was sich tun läßt, ist, mit der Hypothek ihrer Vergangenheit, mit dem furchtbaren Schatten ihrer Erinnerung so umzugehen, daß daraus Verständnis entsteht und daß die daraus erwachsende persönliche Wertschätzung es am Ende erlaubt, in Ruhe durchzuatmen, weitherziger zu werden und großzügiger zu sein. Worauf kommt's dann an im Leben?

Bei dieser bisher geschilderten *depressiv* gefärbten Form des *Geizes* haben wir es fast immer mit Menschen zu tun, die sich noch nie wirklich haben verteidigen oder angemessen durchsetzen können, die ständig in Sorge waren, schutzlos ausgeliefert in einer Welt von Gaunern, Dieben und Räubern leben zu müssen. Bis zum Umgang mit Nahrungsmitteln, mit Kleidungsstücken kann das gehen. Zum *depressiven* Erleben gehört in aller Regel die *Verlustangst*: Man darf selbst das Überflüssige, selbst das Verschimmelte nicht einfach wegtun, man muß für jede Notlage eine mögliche Reserve bilden. Der

Kühlschrank kann eben deswegen gar nicht voll genug sein; aber man ißt eigentlich immer die Dinge, die kurz vor dem Verschimmeln sind und die man eigentlich längst hätte wegschmeißen mögen oder müssen, doch gerade das ist nicht möglich, – Brot darf man nicht wegschmeißen. Nahrungsmittel fortzutun ist eine Sünde vor Gott, wo doch alles so wertvoll und kostbar ist! Oder auch bestimmte Kleidungsstücke: – sie mögen längst dahin sein, nicht nur aus der Mode, sondern vom Stoff her wie verrottet – aber was läßt sich nicht noch alles daraus machen! Wieviel kann man umnähen, wieviel kann man immer noch gebrauchen! Und irgendwann wird sicher eine Aktion für die Menschen in der Dritten Welt stattfinden, – die können damit ganz bestimmt etwas anfangen! Kurz, es bedeutet in einem solchen Erleben einen Verlust ohnegleichen, etwas abzugeben, das man irgendwo auf dem Boden oder im Keller oder in der Wohnstube gelagert hat.

Diese *Verlustangst* bildet oft den Hintergrund von dem, was man *Geiz* nennt. Er kann vor allem im Alter noch zunehmen. Man spricht in der Psychologie geradewegs vom *Altersgeiz* und meint damit, daß Menschen, die merken, wie das Leben ihnen fortfließt, sich durch die Natur, durch das Schicksal wie bestohlen fühlen. Sie müssen um so mehr in dieser Weise fühlen, als sie selber kaum wirklich gelebt haben, sondern nur gelebt wurden. Das Leben lang hat man ihnen gesagt: «Du mußt aber sparen, du mußt fleißig sein, du mußt Erfolg haben, du fängst an zu leben, wenn du fünfundsechzig bist, nach der Pension beginnt dein wirkliches Leben; bis dahin sind Anstrengung, Leistung, Einsatz, Pflicht von dir zu fordern.» Nun sind diese Leute fünfundsechzig, nun werden sie siebzig, und sie haben keine Ahnung, was das heißt: wirklich zu leben und glücklich zu sein. Eine Kreuzfahrt im Mittelmeer, das soll schließlich der Lohn aller Entbehrungen sein; doch ist so eine Kreuzfahrt auch das Richtige? Die italienische Küche schmeckt nicht, an Bord ist zuviel Radau, der Motor stampft, die Kabinen sind zu eng, das Wetter ist zu heiß – es ist alles vertan. Und das Leben läuft doch immer schneller zu Ende, das spürt man. Wie also sichert man sich, wie hält man sich fest am Laufband der Zeit?

Das eigentlich ist *Geiz*: die *Zeit* anzuhalten, den *Alterungsprozeß* aufzuhalten, *sich selber* festzuhalten an irgend etwas, das Fetischbedeutung annimmt. Aber kann man das: etwas festhalten, wenn das

Leben so ist und wenn, wie man zu sagen pflegt, das letzte Hemd ohnedies keine Taschen hat? Aber diese Entdeckung ist das Grausige! Eben deshalb muß man in den Taschen so viel halten, als es geht, um diese furchtbare Wahrheit zu widerlegen.

Hinzu kommt die Tatsache, daß die Kräfte immer schwächer werden, auch die geistigen. Eine Frau, die gerade noch gewußt hat: jetzt lege ich meine Brille hierhin, weiß es im nächsten Augenblick schon nicht mehr; aber das muß daran liegen, daß die Brille jemand gestohlen hat, es kann nicht daran liegen, daß das Alter ihr einen Teil der Erinnerungsfähigkeit stiehlt. Doch so geht es weiter: Es ist etwas weg, – das bedeutet, es war jemand hier! Bis zum *Paranoischen* können solche Ideen gedeihen, als wenn unsichtbar im selben Raum immer irgend etwas oder irgend jemand spukt. Es ist alles möglich; das, was man eben noch hatte, kann verlegt werden, kann genommen werden. Es wird «Schabernack» getrieben, so nannte das ein alter Mann; «mit mir wird immer Schabernack getrieben». Er meinte damit: Es geht so zu, daß mir keine Planung, kein vernünftiger Gedanke mehr möglich ist, sie spielen mit mir Katz und Maus.

Auch *Altersgeiz* ist im Grunde nur eine Frage oder eine Klage an ein Leben und über ein Leben, das im Grunde nie stattgefunden hat. Das Schwierige ist: man kann einem Menschen weder seine verlorene Kindheit zurückgeben noch sein verlorenes Leben, und es ist überaus schwer, jemanden dahin zu bringen, daß er mit sich einverstanden wird. Aber vielleicht kann es sein, daß, wenn man nur einmal seiner Not zuhört, er wie erschüttert beginnt, über sich selber zu weinen, und das ist das Ende aller Versteinerungen, das ist der Anfang wirklicher Gefühlsregungen, das ist der erste Hauch von einem Leben, das im Umgang mit sich selber milder und gütiger wird.

Eine andere *Judas*-Legende erzählt von solcher Erlösung. Sie überliefert, daß Jesus in dem Moment, da er im Tode zu den Seelen der Verdammten hinabstieg, um ihnen die Erlösung zu bringen, als erstes hinübergegangen sei zu *Judas*, dem Mann, der in den Darstellungen der Christenheit so gierig, so geizig, so den Geldbeutel mit den dreißig Silberlingen umklammernd gemalt wird; wie das verlorene Schaf im Gleichnis *(Lk 15,1–7)* habe Jesus ihn auf den Schultern aus der Unterwelt zurückgetragen ins Leben.

In der Tat brauchte es für all die Formen, die wir mit einem *Laster* identifizieren, gerade einer solchen Erlösung, eines solchen Übergangs vom Tod zum Leben. Statt von «Lasterhaften» sollten wir deshalb eher sprechen von Menschen, die leiden, indem sie auf verzweifelte Weise das Glück dort suchen, wo es sicher nicht ist.

Natürlich haben um solche Zusammenhänge sich auch die *Märchen* Gedanken gemacht, und so ist es vielleicht nicht nur amüsant, sondern auch lehrreich zu hören, wie die Brüder GRIMM einmal über den *Armen und den Reichen* geschrieben haben. Sie griffen dabei ein uraltes Motiv auf, daß nämlich der Gott Zeus gekommen sei, um die Menschen in der Gestalt eines Bettlers zu besuchen und zu sehen, wie die Menschen darauf reagierten.

Vor alten Zeiten, als der liebe Gott noch selber auf Erden unter den Menschen wandelte, trug es sich zu, daß er eines Abends müde war und ihn die Nacht überfiel, bevor er zu einer Herberge kommen konnte. Nun standen auf dem Weg vor ihm zwei Häuser einander gegenüber, das eine groß und schön, das andere klein und ärmlich anzusehen, und gehörte das große einem reichen, das kleine einem armen Manne. Da dachte unser Herrgott: Dem Reichen werde ich nicht beschwerlich fallen; bei ihm will ich übernachten. Der Reiche, als er an seine Tür klopfen hörte, machte das Fenster auf und fragte den Fremdling, was er suche. Der Herr antwortete: «Ich bitte um ein Nachtlager.» Der Reiche guckte den Wandersmann vom Haupt bis zu den Füßen an, und weil der liebe Gott schlichte Kleider trug und nicht aussah wie einer, der viel Geld in der Tasche hat, schüttelte er mit dem Kopf und sprach: «Ich kann Euch nicht aufnehmen, meine Kammern liegen voll Kräuter und Samen, und sollte ich einen Jeden beherbergen, der an meine Tür klopft, so könnte ich selber den Bettelstab in die Hand nehmen. Sucht Euch anderswo ein Auskommen.» Schlug damit sein Fenster zu und ließ den lieben Gott stehen. Also kehrte ihm der liebe Gott den Rücken und ging hinüber zu dem kleinen Haus. Kaum hatte er angeklopft, so klinkte der Arme schon sein Türchen auf und bat den Wandersmann einzutreten. «Bleibt die Nacht über bei mir», sagte er, «es ist schon finster, und heute könnt Ihr doch nicht weiterkommen.» Das gefiel dem lieben Gott, und er trat zu ihm ein. Die Frau des Armen reichte ihm die Hand, hieß ihn willkommen und sagte, er möchte sich's bequem machen und vorliebnehmen, sie hätten nicht viel, aber was es wäre, gäben sie von Herzen gerne. Dann setzte sie Kartoffeln ans Feuer, und derweil sie kochten, melkte sie ihre Ziege, damit sie ein wenig Milch dazu hätten. Und als der Tisch gedeckt war, setzte sich der liebe Gott nieder und aß mit ihnen, und schmeckte ihm die schlechte Kost gut, denn es waren vergnügte Gesichter dabei. Nachdem sie gegessen hatten und Schlafenszeit war, rief die Frau heimlich ihren Mann und sprach: «Hör, lieber Mann, wir wollen uns heute nacht eine Streu machen, damit der arme Wanderer sich in unser Bett legen und ausruhen kann – er ist den ganzen Tag über gegangen, da wird einer müde.» – «Von Herzen gern», antwortete er, «ich will's ihm anbieten», ging zu dem lieben Gott und bat ihn, wenn's ihm recht wäre, möchte er sich in ihr Bett legen und seine Glieder ordentlich ausruhen. Der liebe Gott wollte den beiden Alten ihr Lager nicht nehmen, aber sie ließen nicht ab, bis er es endlich tat und sich in ihr Bett legte; sich selber aber machten sie eine Streu auf die Erde. Am andern Morgen standen sie vor Tag schon auf und kochten dem Gast ein Frühstück, so gut sie es hatten. Als nun die Sonne durchs Fensterlein schien und der liebe Gott aufgestanden war, aß er wieder mit ihnen und wollte dann seines Weges ziehen. Als er in der Türe stand, kehrte er sich um und sprach: «Weil ihr so mitleidig und fromm seid, so wünscht euch dreierlei, das will ich euch erfüllen.» Da sagte der Arme: «Was soll ich mir sonst wünschen als die ewige Seligkeit, und daß wir zwei, solang wir leben, gesund dabei bleiben und unser notdürftiges tägliches Brot haben; fürs dritte weiß ich mir nichts zu wünschen.» Der liebe Gott sprach: «Willst du dir nicht ein neues Haus für das alte wünschen?» «O ja», sagte der Mann. «wenn ich das auch noch erhalten kann, so wär mir's wohl lieb.» Da erfüllte der Herr ihre Wünsche, verwandelte ihr altes Haus in ein neues, gab ihnen nochmals seinen Segen und zog weiter. Es war schon voller Tag, als der Reiche aufstand. Er legte sich ins Fenster und sah gegenüber ein neues reinliches Haus mit roten Ziegeln, wo sonst eine alte Hütte gestanden hatte. Da machte er große Augen, rief seine Frau herbei und sprach: «Sag mir, was ist geschehen? Gestern abend stand noch die alte, elende Hütte, und heute steht da ein schönes, neues Haus. Lauf hinüber und höre, wie das gekommen ist.» Die Frau ging und fragte den Armen aus; er erzählte ihr: «Gestern abend kam ein Wanderer, der suchte Nachtherberge, und heute morgen beim Abschied hat er uns drei Wünsche gewährt, die ewige Seligkeit, Gesundheit in diesem Leben und das notdürftige tägliche Brot dazu und zuletzt noch statt unserer alten Hütte ein schönes neues Haus.» Die Frau des Reichen lief eilig zurück und erzählte ihrem Manne, wie alles gekommen war. Der Mann sprach: «Ich möchte mich zerreißen und zerschlagen; hätte ich das nur gewußt! Der Fremde ist zuvor hier gewesen und hat bei uns übernachten wollen, ich habe ihn aber abgewiesen.» – «Eil dich», sprach die Frau, «und setze dich auf dein Pferd, so kannst du den Mann noch einholen, und dann mußt du dir auch drei Wünsche gewähren lassen.»

Der Reiche befolgte den guten Rat, jagte mit seinem Pferd davon und holte den lieben Gott noch ein. Er redete fein und lieblich und bat, er möcht's nicht übelnehmen, daß er nicht gleich wäre eingelassen worden, er hätte den Schlüssel zur Haustüre gesucht, derweil wäre er weggegangen; wenn er des Weges zurückkäme, müßte er bei ihm einkehren. «Ja», sprach der liebe Gott, «wenn ich einmal zurückkomme, will ich es tun.» Da fragte der Reiche, ob er nicht auch drei Wünsche tun dürfte wie sein Nachbar? Ja, sagte der liebe Gott, das dürfte er wohl, es wäre aber nicht gut für ihn, und er sollte sich lieber nichts wünschen. Der Reiche meinte, er wollte sich schon etwas aussuchen, das zu seinem Glück gereiche, wenn er nur wüßte, daß es erfüllt würde. Sprach der liebe Gott: «Reit heim, und drei Wünsche, die du tust, die sollen in Erfüllung gehen.»

Nun hatte der Reiche, was er verlangte, ritt heimwärts und fing an nachzusinnen, was er sich wünschen sollte; wie er sich so bedachte und die Zügel fallen ließ, fing das Pferd an zu springen, so daß er immerfort in seinen Gedanken gestört wurde und sie gar nicht zusammenbringen konnte. Er klopfte ihm an den Hals und sagte: «Sei ruhig, Liese», aber das Pferd machte aufs neue Männerchen. Da ward er zuletzt ärgerlich und rief ganz ungeduldig: «So wollt ich, daß du den Hals zerbrächst!» Wie er das Wort ausgesprochen hatte, plump, fiel er auf die Erde und lag das Pferd tot und regte sich nicht mehr; damit war der erste Wunsch erfüllt. Weil er aber von Natur geizig war, wollte er das Sattelzeug nicht im Stich lassen, schnitt's ab, hing's auf seinen Rücken und mußte nun zu Fuß gehen. Du hast noch zwei Wünsche übrig, dachte er und tröstete sich damit. Wie er nun langsam durch den Sand dahinging und zu Mittag die Sonne heiß brannte, ward's ihm so warm und verdrießlich zumut; der Sattel drückte ihn auf den Rücken, auch war ihm noch immer nicht eingefallen, was er sich wünschen sollte. «Wenn ich mir auch alle Reiche und Schätze der Welt wünsche», sprach er zu sich selbst, «so fällt mir hernach noch allerlei ein, dieses und jenes, das weiß ich im voraus. Ich will's aber so einrichten, daß mir gar nichts mehr übrig zu wünschen bleibt.» Dann seufzte er und sprach: «Ja, wenn ich der bayrische Bauer wäre, der auch drei Wünsche frei hatte, der wußte sich zu helfen, der wünschte sich zuerst recht viel Bier und zweitens so viel Bier, als er trinken könnte, und drittens noch ein Faß Bier dazu.» Manchmal meinte er, jetzt hätte er es gefunden, aber hernach schien es ihm doch zuwenig. Da kam ihm so in die Gedanken, was es jetzt seine Frau gut hätte, die säße daheim in einer kühlen Stube und ließe sich's wohl schmecken. Das ärgerte ihn ordentlich, und ohne daß er's wußte, sprach er so hin: «Ich wollte, die säße daheim auf dem Sattel und könnte nicht herunter, statt ich ihn da auf meinem Rücken schleppe.» Und wie das letzte Wort aus seinem Munde kam, so war der Sattel von seinem Rücken verschwunden, und er merkte, daß sein zweiter Wunsch auch in Erfüllung gegangen war. Da ward ihm erst recht heiß; er fing an zu laufen und wollte sich daheim ganz einsam in seine Kammer hinsetzen und auf etwas Großes für den letzten Wunsch sinnen. Wie er aber ankommt und die Stubentür aufmacht, sitzt da seine Frau mittendrin auf dem Sattel und kann nicht herunter, jammert und schreit. Da sprach er: «Gib dich zufrieden, ich will dir alle Reichtümer der Welt herbeiwünschen, nur bleib da sitzen.» Sie schalt ihn aber einen Schafskopf und sprach: «Was helfen mir alle Reichtümer der Welt, wenn ich auf dem Sattel sitze; du hast mich darauf gewünscht, du mußt mir auch wieder herunterhelfen.» Er mochte wollen oder nicht, er mußte den dritten Wunsch tun, daß sie vom Sattel ledig wäre und heruntersteigen könnte; und der Wunsch ward alsbald erfüllt. Also hatte er nichts davon als Ärger, Mühe, Scheltworte und ein verlorenes Pferd; die Armen aber lebten vergnügt, still und fromm bis an ihr seliges Ende.

Was die Brüder GRIMM ganz offensichtlich meinen, ist, daß nur die Armen Erbarmen haben mit den Notleidenden und die andern am meisten darunter leiden, daß in Erfüllung zu gehen droht, was sie für ihre Wünsche halten. Am Ende sitzen sie drauf und haben keine Freiheit mehr, und alles, was sie anpacken, töten sie. Was also sollte man sich wirklich «begierig» wünschen?

SCHWERMUT UND MELANCHOLIE

JACOB MATHAM nach HENDRICK GOLTZIUS: Trägheit und Melancholie (Segnities, accidia, desidia)

In der Darstellung wird die *Segnities* (die «Trägheit») von einem Esel begleitet, der kraftlos und wie entschlossen zum Generalstreik am Boden liegt; als Zeichen ihrer Haltung hält die Trägheit eine Schnecke in ihrer Hand. Flehentlich schaut sie zum Himmel in die Wolken, als wollte sie eine Hilfe herbeirufen, die es nicht gibt; ihre schutzlose Nacktheit indessen unterstreicht wirkungsvoll ihre subjektiv empfundene Hilfsbedürftigkeit. Die lateinische Beischrift kommentiert:

Segnities / enorme malum / Juvenumque, Senumque,
At Juvenum Syren / blanda, querela Senum.
Träge zu sein – / ein Übel gar sehr, / schlimm in Jugend wie Alter,
Jugendverblendend erst / quälend im Alter sodann.

Segnities enorme malum Iuuenumq; , Senumq; ,
At Iuuenum Syren blanda, querela Senum.

PIETER BRUEGEL: Trägheit, Schwermut, Melancholie (Desidia, accidia, segnities)

Das Laster der *Trägheit*, der *Desidia*, erscheint als eine alte, müde, mürrisch dreinblickende Frau, die sich auf einem schlafenden Esel ausruht. Vor ihr und hinter ihr kriechen Schnecken als Sinnbilder ihrer Unfähigkeit, sich anders zu bewegen als langsam und mühsam, mit dem Bauch über die Erde sich schleppend. Was sich aus einer solchen Einstellung ergibt, zeigt sich in den verschiedenen umlagernden Szenen: Da wird ein bettlägerig Kranker von einem kopf- und gesichtslosen Einbeinigen auf seinem rollenden Lager dem Laster der Trägheit entgegengezogen; ein mausähnliches Wesen steht am Lager des Kranken, der mit einem leeren Löffel aus einem leeren Topf sich Nahrung zuzuführen sucht – die *Melancholie* als ein nie zu sättigender Hunger, begleitet von Angst, die Desidia als die «Krankheit zum Tode» (SÖREN KIERKEGAARD)! Von der anderen Seite schleicht, giftig blickend, ein Messer am Hut, ein menschengesichtiges Reptil heran, als warte es nur auf die Chance, nach dem baldigen Tod des Kranken sich über seinen Leichnam herzumachen. Von zwei Tier-Mensch-Wesen wird, in ganz ähnlicher Weise, wenn auch stark verkleinert, ein aufgeplatztes Ei geschoben beziehungsweise gezogen, aus dem die Köpfe zweier Personen schauen, die der «Eierschale» der Kindheit offenbar vor lauter Lebensangst niemals entwachsen sind. Das «Ziel» dieses Zuges indessen ist ein Fluß, an dessen Ufer träge ein Kahn liegt, während über eine Mauer gelehnt zwei Personen, die auf einem Reptil hocken, sowie ein anderes langschwänziges Getier unbeteiligt, wenn auch neugierig, den Vorgang zu verfolgen scheinen.

Im Fluß selber treibt hilflos eine Mannschaft im Boot in das Mahlwerk einer Mühle hinein; der Mann am Steuer, statt nach vorn zu schauen, blickt nach achtern aus, ohne zur Kenntnis zu nehmen, daß sein Ausblick dort durch ein bizarres Segeltuch, das an einem halbierten Schneckenhaus als Mast wie eine Nachtmütze befestigt ist, vollkommen behindert wird; derweilen sucht die Mannschaft, statt mit vereinten Kräften gegen die Strömung aus der Gefahrenzone herauszurudern, das vermeintlich Schlimmste zu verhindern, indem sie die Riemen dazu verwendet, sich gegen die Katastrophe anzustemmen – eine nutzlose Bemühung, die nur dahin führt, unentschieden auf der Stelle zu treiben. Aus dem Dach des Hauses der Mühle streckt sich denn auch ein Kopf hervor, dessen weit geöffneter Mund um Hilfe zu rufen scheint, doch gewiß ungehört bleiben wird. In einer Art Baumhaus liegen ein Mann und eine Frau unter einem Vorhang, der sie von der übrigen Welt abtrennen soll, wie in ewigem Schlaf; doch wird ihnen eine solche Ruhe nicht gegönnt: Nicht nur die Eule auf der Tragestange des Bettvorhanges verheißt den Ruhesuchenden nichts Gutes, auch ein Vogel, der aussieht wie eine gerupfte Ente, drängt

DESIDIA
brueghel · inuentor ·
H. Cock excud · cum privilg · 1558 ·
SEGNITIES ROBVR FRANGIT, LONGA OCIA NERVOS ·
Traechheyt maeckt machteloos / en verdroocht Die senuwen dat de mensch niewers toe en dooght

sich am Baumstamm in die Szene; vollends aber werden hinter dem Vorhang selber zwei Dämonen sichtbar, die begehrlich ihre Hände nach einer Frau ausstrecken, die, nackt, mit aufgelösten langen Haaren, den Kopf in die Hand gestützt, an einem Tisch sitzt, vor dem, ebenso schläfrig, zwei geschwänzte Tiermenschen Platz genommen haben, während ein geflügeltes Insektenungeheuer der Frau ein großes Kissen als Lager zu bringen scheint.
Dabei deutet alles darauf hin, daß man jetzt nicht länger schlafen dürfte. Denn im Hintergrund zeigt, wiederum mühlenartig, eine riesige Sonnenuhr an, wie weit die Zeit bereits vorgerückt ist; der Gang der Zeit selber ist unter den gegebenen Umständen tödlich, besteht doch der Zeiger der Uhr aus dem nackten Arm eines Menschen, der in diesem «Uhrwerk» zermahlen wird. Noch weit dramatischer schlägt in dem Baumhaus ein Glöckner in einem Kapuzenmantel mit einem Hammer die Glocke: Es soll auf diesem Bild keinen Zweifel geben, «was die Glock' geschlagen hat» doch längst scheint alles zu spät. Auf dem Tisch unter dem Glockenspiel sind bereits die Würfel gefallen; aus dem modrigen Baum links unten rücken Rabe und Wildschwein heran, um aus dem allgemeinen Verfall der Trägheit ihren Vorteil zu ziehen. Warnend besagt die lateinische Beischrift:

Segnities robur frangit, longa ocia nervos.
Trägheit raubt die Robustheit, langes Nichtstun die Nerven.

Es ist jedoch nicht zu sehen, wie der körperliche und seelische Ruin sich noch aufhalten ließe.

Im Mittelpunkt steht erneut eine bestimmte Verhaltensweise oder Gemütslage von Menschen, denen man vorwirft, einem *Laster* zu frönen. Solange wir uns mit dieser Fragestellung beschäftigt haben, ist uns ein Widerspruch deutlich geworden: Auf der einen Seite sucht man moralische Eindeutigkeit: Menschen sind frei, und wenn sie sich nicht so betragen, wie sie sollten, kann man ihnen dies als Fehlverhalten zum Vorwurf machen. Auf der anderen Seite, seit den Tagen der griechischen Antike, ist das Bemühen vor allem ärztlicherseits nicht zum Stillstand gekommen, nach *Gründen* zu suchen, warum Menschen so sind, wie sie sind. «Choleriker» zum Beispiel sind *jähzornig* und aufbrausend; sie verhalten sich so, daß die Moralisten seit eh und je ein *Laster* darin zu erkennen meinten, aber wenn der Name schon stimmt, so handelt es sich bei solchen Menschen irgendwie um eine Überproduktion gewisser innerer Sekrete; dann aber haben wir es nicht länger zu tun mit etwas, das ein Mensch persönlich verantworten muß oder kann, sondern mit etwas, das in ihm liegt und das je nach Steigerung Krankheitswert annimmt. *Trunksucht, Freßsucht* – auch sie gelten und galten für eindeutige Laster, aber wie sehr bemühen sich die Ärzte, herauszufinden, ob nicht schon rein genetisch bestimmte Prädispositionen einen Menschen auf ein bestimmtes Eß- und Trinkverhalten festlegen, ob nicht in der Embryonalphase bereits sensible Entwicklungstendenzen erkennbar sind, die später ihre Wirkungen zeitigen! Die Psychoanalytiker jedenfalls sagen, daß es durchaus nicht beliebig ist, wie Erwachsene, später sich verhalten, sondern daß alles seine Geschichte bereits in der frühen Kindheit habe. Wie ein Mensch ißt oder Nahrung verweigert, wie er umgeht mit der notwendigen Zufuhr an Nahrungsmitteln, das werde festgelegt schon im Umgang eines kleinen Kindes mit seiner Mutter: Vielleicht nimmt es im Übermaß Nahrung auf anstelle einer Liebe, die es wirklich sucht und die ihm verweigert wird! Könnte nicht ein suchtähnliches Verhalten insgesamt lediglich eine Vertauschung der Wirklichkeitsebenen sein? Man sucht einen Menschen und findet nur ein Objekt!

Solche uns jetzt schon vertrauten Erwägungen werden wir brauchen, wenn wir uns mit einem Laster oder eben: mit einer Krankheit auseinandersetzen, die im antiken Griechenland schon als Melancholie bezeichnet wurde, als «Schwarzgalligkeit», oder mit einem anderen griechischen Fremdwort, als *Dysphorie*, als «Mißstimmigkeit», als das Gegenteil von euphorischem Verhalten, von glückseligem Taumel. Ein drittes Wort schließlich redet von *Accidia* und meint damit eine Passivität, eine Antriebslosigkeit in allem. *Schwermut* und *Traurigkeit* sind die deutschen Worte dafür, Depression das entsprechende lateinische Fremdwort. Schon daß wir aus ganz verschiedenen Kulturen verschiedene Worte für dieselbe Sache haben, zeigt, daß wir etwas sehr Verbreitetes, aber im Grunde Unklares zu erörtern haben werden, mit dem Ziel, daß uns gewisse Zusammenhänge verständlicher werden und wir unsere Einstellung gegenüber dem, was wir als «Fehlverhalten» bezeichnen oder beklagen, hilfreicher gestalten können.

Nur scheinbar erzählt die Bibel «historisch» von Gestalten, die vor Jahrtausenden «wirklich» gelebt haben. Sie tut es in aller Regel so, daß sie auf eine Weise spricht, die Menschen schildert, so wie sie immer sind: In der Form der *Sage* und der *Legende* liebt sie es, Charakterportraits bestimmter Persönlichkeiten zu malen. Eine Gestalt, die als *Melancholiker* schlechthin in der israelitischen Königsgeschichte anzutreffen ist, trägt den Namen *Saul*. Wie er starb, wird in zwei verschiedenen, einander widersprechenden Varianten uns mitgeteilt. Alles, was wir von König *Saul* hören, ist redigiert unter dem Einfluß von Leuten, die seinem Erzkonkurrenten und Gegner, dem späteren König *David*, nahestanden. Ein «böser Geist» sei gekommen über *Saul*, ein Geist der *Schwermut*, als er erkannte, daß der junge Harfenspieler *David*, den er sich an den Hof geladen, in Wirklichkeit dabei war, ihn vom Thron zu verdrängen. Haß, Wut, Verfolgungsideen, Ohnmachtsgefühle, Selbstzweifel, Selbstzerstörungstendenzen – so, in kurzer Staffette, vollzieht sich das Leben *Sauls*. Wie er starb, wissen wir nicht genau. Eines scheint festzustehen: daß *David* mit seiner Soldateska nicht die Hand gerührt hat, als es darauf ankam. *Saul* stand gegen die Philister, gegen jene indogermanische Volksgruppe, die in seinen Tagen Israel am meisten bedrängte, vor allem durch das Monopol auf die Eisenherstellung und die daraus zu schmiedenden Waffen. *Saul* war nur König geworden im Sinne göttlicher Berufung, um die Philistergefahr von seinem Volk abzuwenden. *David* aber hatte sich teilweise mit den Philistern angefreundet, dann eine Weile lang das Zünglein an der Waage gespielt, und nun müssen wir historisch denken, daß er *Saul* in den Tod hat laufen lassen, um danach Front zu machen gegen die geschwächten Philister als Retter Israels. So macht man Politik. Aber bleibt man, wenn das die Normalität der Geschichte ist, ein Mensch dabei? Einer der zwei Berichte, wie *Saul* starb, findet sich in *1 Sam 31,1–13*:

> *Als aber die Philister wider Israel stritten, da flohen die Männer Israels vor ihnen, und manch einer fiel durchbohrt auf dem Gebirge Gilboa. Und die Philister setzten Saul und seinen Söhnen zu, und sie erschlugen Jonathan, Abinadab und Malchisua, die Söhne Sauls. Und der Kampf war heftig um Saul her, und die Bogenschützen fanden ihn heraus, und er wurde in den Unterleib getroffen. Da sprach Saul zu seinem Waffenträger: Ziehe dein Schwert und durchbohre mich damit, daß nicht diese Unbeschnittenen kommen und ihr Gespött mit mir treiben. Aber sein Waffenträger wollte nicht; denn er scheute sich zu sehr. Da nahm Saul das Schwert und stürzte sich darein. Als nun sein Waffenträger sah, daß Saul tot war, stürzte auch er sich in sein Schwert und starb neben ihm. So starben Saul und seine drei Söhne und sein Waffenträger miteinander am selben Tage. Als aber die Männer Israels, die in den Städten der Ebene und in den Städten am Jordan wohnten, sahen, daß die Männer Israels geflohen und daß Saul und seine Söhne tot waren, verließen sie ihre Städte und flohen. Da kamen die Philister und setzten sich darin fest. Am folgenden Tage aber, als die Philister kamen, um die Gefallenen zu berauben, fanden sie Saul und seine drei Söhne erschlagen auf dem Berge Gilboa. Da hieben sie ihm das Haupt ab und zogen ihm die Rüstung aus, und sie sandten rings im Lande der Philister umher, die Siegesbotschaft ihren Götzen und dem Volke zu verkünden. Und sie legten seine Rüstung im Hause der Astarte nieder, seinen Leichnam aber spießten sie an die Mauer von Bethsan. Als die Bewohner von Jabes in Gilead hörten, was die Philister Saul getan hatten, machten sich alle streitbaren Männer auf, gingen die ganze Nacht hindurch, nahmen den Leichnam Sauls und die Leichen seiner Söhne von der Mauer von Bethsan weg, brachten sie nach Jabes und verbrannten sie dort. Dann nahmen sie ihre Gebeine und begruben sie unter der Tamariske in Jabes und fasteten sieben Tage lang.*

Was geht uns König *Saul* an? Die historisch interessierten Exegeten werden darauf beharren, daß er wirklich existierte, ebenso wie die Philister, und daß die Orte, in denen die erwähnten Ereignisse vor dreitausend Jahren spielen, allesamt geschichtlich real sind. Die Ereignisse scheinen also in Raum und Zeit belegbar: ein König führt Krieg, ein König verliert, ein König kommt um – das ist das Normale damals wie heute, unter veränderten Umständen nur geringfügig abgewandelt. Und doch, was gültig ist über den Zeitraum von Jahrtausenden hinweg, sind nicht so sehr die Taten, die Menschen vollbringen oder die ihnen zugefügt werden, wohl aber die Motive, die Gefühle und die Zielsetzungen, aus denen heraus sie handelten und handeln. *Saul* in dieser Entscheidungsschlacht gegen die Philister steht für eine Persönlichkeit, die nicht mehr leben will und die sich nach dem Tode sehnt. *Die Krankheit zum Tode* hat der dänische Religionsphilosoph SÖREN KIERKEGAARD vor etwa 150 Jahren einen solchen Gemütszustand genannt. Es handelt sich um einen Widerwillen, um einen Brechreiz gegenüber dem Leben, um eine «vegetative Funktionsstörung» der *Seele* weit eher als des Körpers, eine Verweigerung, den Grundbedürfnissen der körperlichen Existenz noch länger zu folgen. Das ist *Melancholie, Schwermut* oder «Depression» – Niedergedrücktheit.

Man kann die Reaktion König *Sauls* in diesem Moment verstehen. Es war seine einzige Lebensaufgabe gewesen, die er auf seine starken Schultern geladen hatte, Israel zu retten und ihm seine Selbständigkeit zu bewahren im Kräftepoker der damaligen Großmächte angesichts der beginnenden Invasion durch die «Seevölker», jene indogermanischen Stämme im Osten des Mittelmeerraums. Er hatte alles gegeben, was er konnte, und nun hat er verloren. Dies steht jetzt fest. Geahnt hat er es seit langem. Am schlimmsten aber: Er wußte die ganze Zeit über nicht so recht, ob er der König ist, den Gott sich ersehen hat. «Königtum» in der gesamten Antike bis hinein in die Neuzeit Europas galt nicht als eine Usurpation gottgleicher Macht durch einen skrupellosen Herrscher; die Königsmacht galt als verliehen durch eine besondere Gunst, durch welche ein Gott oder der Gott sich einen Menschen erwählte wie seinen «Sohn» und ihn adoptierte als jemanden, der ihm, dem Gott selber, gewissermaßen näher stand als allen anderen sterblichen Menschen.

Physisch überragte *Saul* seine Zeitgenossen, wird uns versichert, um eines Hauptes Länge *(1 Sam 9,2)*; aber durch das Amt, das ihm aufgetragen oder auferlegt wurde, schwebte er irgendwo zwischen Himmel und Erde unter dem Lastgewicht einer Verantwortung, die er kaum zu tragen vermochte. Der Fehler eines Königs kann identisch sein mit dem Untergang des Volkes, ein Irrtum in dieser Zentrale der Macht kann identisch sein mit der Katastrophe aller. Dadurch daß jemand ein Amt bekam, hatte er sich indessen sogar unter der absolutistischen Denkvorstellung des alten Orients nicht für unfehlbar von Amts wegen erklärt; *Saul* war auch als König geblieben, was er immer war: ein gebrochener Mensch, der zitterte vor dem jederzeit möglichen Irrtum. Ein König tut etwas, aber es kann falsch sein: er meint es gut, aber es kann ihm zum Vorwurf werden. Er engagiert sich mit all seinen Möglichkeiten, wie aber, wenn seine Möglichkeiten nicht ausreichen? Die Bilanz in der Philisterschlacht ist, daß es für ihn keine Zukunft mehr gibt, in keiner Weise. Er ist buchstäblich ein tödlich getroffener Mann, von den Pfeilen seiner Gegner durchbohrt.

Israel in jenen Tagen besitzt keine andere Tröstung gegen den Tod als den Gedanken, daß ein Mensch weiterlebt in seinen Kindern, in seinen Söhnen zumal. Sie alle aber sterben *Saul* fort an diesem Tage; selbst Davids Freund, *Jonatan*, stirbt, er, den *Saul* zu hassen begann, dieses Bündnisses mit seinem Widersacher wegen. Man kann Kinder verlieren, indem sie treulos sich gegen den eigenen Vater stellen, man kann Kinder verlieren, indem sie sterben zu einem Zeitpunkt, wo sie nicht einmal dazu gekommen sind, das «königliche Blut» (wenn es so etwas denn gibt) weiterzugeben, um eine Dynastie zu begründen. Nichts nach diesem Tag wird bleiben von *Saul*. Was in biblischer Sicht von ihm bleiben wird, ist die Erinnerung an einen «Versager», an jemanden, der nur allzu lange regiert hat. Aus der Sicht der Geschichtsschreibung seines schon die Fäden ziehenden Nachfolgers *David* wird alles so aussehen, als sei es ein Fehler gewesen, daß er nicht beizeiten den Thron geräumt hat für ihn, den Besseren, für den eigentlich Erwählten, für den wirklich Gesegneten, für das «Genie» sowohl des Psalmengesangs als auch des Schwertes, der Korruption wie der Lüge, für *David*, für die Zusammenfassung von allem, aus dem politischer Erfolg ebenso hervorzugehen pflegt wie die vermeintlich göttliche Berufung.

Diesem Mann war *Saul* nicht gewachsen, und seine *Depressionen*, weiß Gott, begannen nicht erst am Abend seiner Niederlage und seiner verzweifelten Todessehnsucht, nicht erst in dieser Stunde, da er die Schatten des Sterbens auf sich zurücken sah. Die *Depression*, die Unlust am Leben, ergriff von *Saul* Besitz, als er sah, wie ein tanzender und tändelnder Jüngling die Gunst des Volkes abwendete vom Ernst seines Königtums. Wer ist er selber, *Saul*, der ein Charismatiker war, der dann aber, zugegeben, einem politischen Genie begegnete, das vor allem in Verschlagenheit und Skrupellosigkeit ihm weit überlegen war? Das Empfinden *Sauls*, in einer Welt zu existieren, in der hinterrücks schon die Pläne geschmiedet werden zur eigenen Vernichtung, in der man den Gegner aber niemals seiner Ränkespiele überführen kann: – er ist nie geradeaus zu stellen! – das macht, je länger *Saul* sich in dieser Situation befindet, ihn fast paranoisch krank. Wo ist die Verfolgung real, wo ist sie nur eingebildet, wo kann man etwas greifen, um sich dagegen sachgemäß zu wehren, und wo ficht man nur mit spukhaften Gespenstern?

Die Bibel erklärt, daß «ein Dämon» Besitz ergriffen habe von *Saul*, aber diese Mystifikation erklärt gar nichts. Eher müßten wir sagen: *Melancholie* beginnt unter solchen Gefühlsvoraussetzungen: «Du weißt nicht, wer du wirklich bist, du zweifelst an dem Wert deiner Person, du glaubst nicht, daß du den Aufgaben, die du dir selbst gestellt hast beziehungsweise die dir gestellt wurden, gewachsen sein könntest. Das Leben liegt vor dir wie ein riesiger, unübersteigbarer Berg; du kletterst und kletterst, aber es ist wie Geröll unter deinen Füßen, und du rutschst um so geschwinder nach unten, je angestrengter du dich bemühst, nach oben zu steigen. Über allem, was du tust, liegt das Urteil einer ständigen Vergeblichkeit. Du kämpfst dagegen an, du bist nicht ohne Tapferkeit, aber du wirst ganz sicher verlieren, ja, du mußt dir jetzt schon sagen, daß du ein Verlorener bist. Womöglich hat es das, woran du glaubtest, nie gegeben. Das Beste in dir erweist sich als Einbildung, als Irrtum nicht in einem Detail, sondern in der ganzen Lebensanlage, und die Bilanz, die auf Verlust gebucht ist, wird für dich niemand mehr begleichen.»

Die Gestimmtheit des *Saul* ist von gerade dieser Art. Wir sehen ihn kurz vor der Entscheidungsschlacht noch bei einer Wahrsagerin von Endor betteln um den Geist des *Samuel*, um einen möglichen Beistand durch eben den Propheten, der ihn (der Legende nach) zum König salbte. Aber auch dieser Mann, selbst wenn man ihn tot aus der Unterwelt holt, hat nichts weiter als Fluch über *Saul* zu vermelden. Es gibt keine Rettung für diesen Mann. Soll ein Mensch wie er noch länger leben, wenn er nicht mehr weiß, wofür? Ist es einem Menschen zuzumuten, daß er den Tag überdauert, an dem ihm die Mittagsstunde schon erscheint wie Mitternacht, an dem sich der Schatten über ihn legt, längst ehe die Sonne sinkt? *Schwermut*, das ist buchstäblich: in die Finsternis zu starren und im Grunde nur noch schlafen zu wollen. Prinz *Hamlet* bei SHAKESPEARE hat recht, wenn er die *Schwermut* charakterisiert als ein solches Verlangen: «schlafen, schlafen, nichts als schlafen, und zu wissen, daß der Tod die tausend Leiden von uns nimmt, die unseres Daseins Erbteil sind.» Nicht zu warten, bis Schluß gemacht wird, sondern als letztes Stück Eigenständigkeit und Eigenmächtigkeit das Ende selber zu bestimmen, ist der letzte Wunsch dieser Art von Lebensenttäuschung.

Wie recht *Saul* bei seiner Situationsanalyse mit dem Wenigen hat, das er in der Zukunft noch sehen zu können vermeint, zeigt sich am Ablauf der Ereignisse selber. Mindestens möchte er nicht im Triumphzug der Sieger herumgeführt werden und ihren Spott und Hohn mitanhören müssen, mindestens möchte er nicht stellvertretend für ganz Israel in Schwachheit und Schande vorgeführt werden. Die Philister werden tatsächlich sogar seinen Leichnam als Schaustück ausstellen und seine Waffen im Heiligtum der Astarte (der römischen Venus) zeigen als Zeugnis ihres Sieges. Nutzt es einem Menschen, zu wissen, daß er doch Freunde hat, z. B. in Jabes-Gilead, daß es Leute gibt, die trauern um ihren verzweifelten König, eine Woche lang fastend, und die Asche des Toten, der starb durch sein eigenes Schwert, beisetzen werden in einer Gruft, die seiner würdig ist? Ein Trost kann das nicht sein; aber welch einen Trost sonst sollte es geben für solch eine Gefühlsstimmung? Wir können diese Frage nur beantworten, wenn wir die Empfindungen Sauls auf Situationen unseres Lebens übertragen, in denen wir ganz ähnlich fühlen.

Zweifellos würde ein heutiger Psychiater angesichts einer derartigen Empfindungslage von einer situativen, milieureaktiv bedingten *Depression* sprechen. «So etwas kann man verstehen», würde er sagen. «Jemand hat Schiffbruch erlitten, es ist ihm aktuell etwas passiert, von dem her man auch die Heftigkeit seines Gemütszustandes interpretieren kann.» Aber wenn wir hören, daß *Saul* gar nicht erst in der Stunde des Kriegs gegen die Philister ein im Grunde verzweifelter Mensch war, wie müßten wir dann von ihm und von uns denken, wenn wir uns in einer ähnlichen Lage befänden?

Seit den Tagen des HIPPOKRATES haben die Griechen versucht, die *Melancholie* gewissermaßen physiologisch zu enträtseln und zu entzaubern. Es sollten nicht länger «Dämonen» in Menschen spuken; es sollte irgend etwas in ihrem Stoffwechselhaushalt nicht stimmen, so dachten sie. Natürlich konnten sie nicht wissen, was dieses «etwas» war; aber wir Heutigen sind geneigt zu glauben, wir wüßten es. Unser Nervensystem ist merkwürdig organisiert, eine Mischung aus Elektrophysik und Biochemie, indem die Reizleitungen entlang den Axonen Strom fließen lassen, aber zwischen den Nervenverbindungen, den Synapsen, Stoffe übertragen, deren Erlebnisbedeutung subjektiv mit bestimmten Gefühlen zu tun hat. So glauben wir heute zu wissen, daß *Melancholie*, daß schwere Depressionen durch einen Überschuß an Serotonin entstehen. Gesetzt daher, wir könnten die Rezeptoren an den Synapsen blockieren, z. B. durch bestimmte Medikamente – Fluktin etwa war vor zwei Jahren in diesem Zusammenhang in aller Munde –, dann könnten wir die Melancholie schlagartig zum Stillstand bringen. Medikamente dieser Art, Psychopharmaka auf dieser Basis hätten zudem nicht so schwere Nebenwirkungen, sie wären sehr erfolgreich. Tatsächlich scheinen wir dicht dabei, SIGMUND FREUDS ernsthaft geäußerte Erwartung aus den Anfangsjahrzehnten des 20. Jahrhunderts zu bewahrheiten, eines Tages werde die ganze Psychoanalyse vermutlich in Chemie umgeschrieben; die Psyche des Menschen sei gewissermaßen nur diejenige Seite des Stockes, die uns griffbereit am nächsten liege.

Aber nun gefragt: Können wir mit einer solchen physiologischen Erklärung unserer Seele uns abfinden? Wahrscheinlich nicht einmal wissenschaftstheoretisch! Warum zum Beispiel werden bei dem einen bestimmte Neurotransmitter im Übermaß ausgeschüttet, bei einem anderen nicht, woher kommen die Unterschiede? Schon diese simple Frage ist schwer beantwortbar. Liegt dieser Unterschied an genetischen Ursachen, an irgendeinem erblichen Faktor? Unmöglich ist das nicht. Es gibt zum Beispiel Menschen, die erblich bedingt hypermotorisch sind; solche Menschen werden unter allen normalen Umständen ihre Schwierigkeiten haben und dazu neigen, neurotisch zu werden. Andere Menschen sind womöglich durch erbliche

Belastung hypersensibel; unter ganz normalen Umständen reiben sie sich auf, bekommen sie Angst vor Situationen, in denen andere nur lachen würden, ärgern sie sich chronisch über Sachverhalte, die für andere mit einem dickeren Fell gar nichts bedeuten. All das kann sein, und es führt dahin, daß wir die Psychologie betrachten können als die subjektive Erscheinungsweise von derartigen «objektiven» biochemischen und neuronalen Tatbeständen. Doch ist das Problem damit schon gelöst? Ist es möglich, mit Menschen so umzugehen, als wenn sie nichts weiter wären als objektive Sachverhalte? Lohnt es sich nicht gerade, bei Kenntnis der objektiven Zusammenhänge, den Teil des Selbsterlebens, der persönlichen Selbstwahrnehmung, mithin *die subjektive Seite* um so intensiver zu betrachten?

Kein Mensch erlebt eine Ausschüttung von Neurotransmittern; was er erlebt, sind Gemütszustände, und es zeigt sich, daß das, was er in bestimmten Gefühlsmomenten sucht oder will, von höchster Bedeutung ist. Zudem, ist es nicht denkbar, daß es Menschen gibt, die auch ohne einen konkret erscheinenden äußeren Auslöser, wie im Falle *Sauls*, in schwere Depressionen geraten? In diesem Falle legt es sich der heutigen Psychiatrie nahe, zu sagen, wir hätten es mit einer *endogenen* Störung zu tun. Das Wort «endogen» ist gewißlich gerade soviel wie in der Bibel der «böse Geist», – es umschreibt nicht ein besseres Wissen um unsere Seele, es ist lediglich ein griechisches Fremdwort für etwas bislang völlig Unbekanntes, eine «innere» Ursache statt einer äußeren, aber worin nun soll sie konkret liegen, diese «innere» Ursache? Setzen wir einmal, daß das, was wir heute biochemisch und biogenetisch vom Menschen wissen, nicht auslangt, um zu begreifen, was eine *Depression* oder was eine *Melancholie* «wirklich» ist, welche Voraussetzungen haben wir dann, psychologisch zu *verstehen*, vielleicht nicht im letzten, was die *Ursache* solcher Gefühle ist, aber doch, worin Gefühle dieser Art bestehen, wie sie empfunden werden und wie wir mit ihnen umgehen können? Dann ist es möglich zu denken, daß Menschen gar nicht erst auf bestimmte Situationen hin mit *Schwermut* und *Traurigkeit* antworten, sondern daß die Melancholie in gewissem Sinne ihr gesamter Habitus, ihr *Charakter*, die dunkle Schwester ihrer Seele ist.

An genau dieser Stelle kommt nun das Reden von den *Lastern* ins Spiel. Die Moraltheologen, wenn sie von einem *Laster* reden, meinen ja gerade dies: ein Mensch verhält sich gar nicht von Punkt zu Punkt in einer bestimmten Weise zu seinem Leben, sondern chronisch, immer, strukturell. Also müssen wir die Melancholie als Haltung, als *Habitus* beschreiben und zu verstehen suchen. Setzen wir die Theorie von den erbmäßig bedingten Faktoren, gefolgt von neurobiologischen Prozessen, einmal beiseite, dann bleibt uns, daß wir es bei den Melancholikern mit Menschen zu tun haben, die gerade so sich empfinden wie *Saul* in dem Moment der Philisterschlacht, nur fühlen sie nicht *punktuell* so, sondern ihr Leben lang.

Wir müßten uns daher die Situation *Sauls* in der Stunde seiner Niederlage gefühlsmäßig *auf Dauer* gestellt denken. Dann haben wir es mit Menschen zu tun, die ihr ganzes Dasein so empfinden, wie wir es eben von *Saul* her zu beschreiben versuchten. Wir müßten dann nicht sagen: «Ich bin ein Versager, weil die Philister stärker sind als ich»; wir müßten sagen: «Ich selber bin ein Wesen, das dem Lebenskampf nicht gewachsen ist; ich komme mir unter all den andern wie ein Zwerglein vor; alle stampfen sie mit riesigen Schuhen auf mir herum, trampeln sie über mich hin, aber ich kann mich nicht wehren. All die andern sind brutal, sie sind frech, und sie haben ein riesiges Maul; sie reden, und sie wissen alles, aber ich selber kann nicht mitreden, kann nichts dagegensetzen, kann nie auftrumpfen.»

Was *Saul* hier in dem einen Augenblick erlebt, müßten wir in dieser Weise uns als *grundlegend* vorstellen. Das ganze Leben ist, so betrachtet, ein «Krieg», und man kann ihn nicht gewinnen. Man kann auch die Umstände, unter denen man auf den Kampfplatz tritt, in keiner Weise zum Günstigen manipulieren; man ist im Grunde ausgeliefert, eine Zielscheibe, eine Beute. Was also bleibt, als sich zu verstecken und zu verkriechen, und sich, wenn man schon zu klein ist, dann *ganz* klein zu machen? Diese Einstellung kann dahin führen, daß man jedem förmlich entgegenläuft, um ihm zu signalisieren: «Ich bin für dich keine Gefahr, ich bin nur lieb, ich versuche alles zu tun, was du willst, nur friß mich nicht. Ich werde so nützlich sein, wie es irgend geht, und dir sogar zeigen, daß du einen Vorteil hast, wenn du mich nur leben läßt. Ich werde keine Widerworte geben, ich werde dir nicht im Wege stehen; ich werde nur versuchen. dir hilfreich und gut zu sein.»

Hätte man je gedacht, daß es ein schweres *Unrecht* sein kann, Menschen ein *Laster* vorzuwerfen, die subjektiv sich derart bemühen, so *gut* zu sein, als es irgend geht, – in gewissem Sinne die Güte selber?

Freilich, dies muß man sagen: Es handelt sich um eine «Güte», die von Angst erzwungen wird und im Grunde sich enthüllt als eine Überlebensstrategie, die nicht ganz stimmig ist. Die entscheidende Frage dabei stellt sich erst jetzt: Wie kommt ein Mensch dahin, sich derart *winzig* zu fühlen?

Die Psychoanalytiker erklären uns, daß ein solches Erleben sich aus Eindrücken ergebe, die schon in früher Kindheit wirksam waren. So ein Zwergendaseinsgefühl habe zu tun mit Erlebnissen aus einer Zeit, da ein Mensch im Kreis der Erwachsenen wirklich noch winzig war und in der die großen Leute mit ihm, je nach Laune, machten, was sie wollten.

Wir haben zu einem früheren Zeitpunkt einmal vom *Jähzorn* gesprochen, aber wir haben damals nicht erwähnt, was es für ein *Kind* bedeuten kann, im Schatten einer Mutter oder eines Vaters zu leben, die jähzornig sind. Wir haben damals viel Verständnis dafür aufgebracht, daß Menschen die Nerven durchgehen können, aber wie soll ein Kind es begreifen, wenn seine Mutter, die eben noch so freundlich und nett war, plötzlich aus der Haut fährt und es anschreit und anbrüllt? Das Kind hat überhaupt nichts getan, das eine zornige Reaktion verdienen würde, es kann für den Zustand seiner Mutter absolut nichts; der Mutter aber ist nur gerade die Milch übergekocht, oder sie hat irgend etwas anbrennen lassen, oder sie hat etwas vergessen einzukaufen, und das fällt ihr nun ein, wenn sie das Mittagessen machen will, aber sie schnauzt und brüllt ihr Kind dafür an, nur einfach, weil es dabeisteht; das Kind ist ihr Blitzableiter, nichts weiter, und doch kann das Kind gar nicht anders, als sich von den Schimpfreden seiner Mutter gemeint zu fühlen und sich als schuldig zu empfinden. «Ich hätte», wird sich eine Vierjährige, wird sich ein Fünfjähriger sagen, «wissen müssen, was Mutter brauchte! Ich hätte das Unheil abwenden müssen!» Natürlich wird ein Kind nicht bewußt denken, daß es fortan für alles verantwortlich sei, was im Hause geschieht, aber auf jeden Fall wird es sich gezwungen fühlen zu verhindern, daß die Mutter oder der Vater noch einmal so böse werden, wie sie es gerade waren, – «böse» natürlich auf eben das Kind. Wie aber kann man vermeiden, daß «es» wieder in die Eltern hineinschlägt, außer man horcht an der Wand, man tastet seismographisch den Boden ab, oder man nimmt die atmosphärischen

Schwingungen auf, die ein Gewitter ankündigen? In jedem Fall muß man der Zeit *voraus* sein, man muß alles ringsum hellwach beobachten, nicht erst, wenn die andern etwas brauchen, sondern für jeden Fall, in dem sie etwas brauchen könnten.

Wir haben in Gestalt der *Melancholiker* vor diesem Hintergrund Menschen vor uns, die stets bestrebt sind, allen alles recht zu machen, die aber immer auf dem Sprung sind aus Angst. Das führt dahin, daß sie von sich selber niemals sehr viel halten werden. Sie können unter den Voraussetzungen ihrer Entwicklung jahrzehntelang anderen später so nützlich werden, als immer sie wollen, – das Gefühl, das sie von sich selber entwickeln, bleibt das von Sklaven; denn natürlich: wenn jeder in der Umgebung Befehlsgewalt hat über das eigene Ich, wie sollte man sich dann *nicht* fühlen als ein Diener, als ein Lakai, als ein Unwerter? Bald aber wird das, was am Anfang noch wie eine Klage klang, schon zur Selbstgewißheit: Man selber ist gar nichts; man braucht sich auch nicht einzubilden, daß man es anders, womöglich besser verdient hätte; die eigene Erniedrigung ist ein Naturzustand; die anderen sind groß, und man selber ist klein, und mit dieser Tatsache muß man sein Auskommen finden. Nur manchmal, wenn es gar zu unerträglich wird, kann das unterdrückte Gefühl des Aufbegehrens durchbrechen und die gesamte Gefühlslage umschlagen. Dann sind die Psychiater geneigt, von *manisch-depressiven* Zuständen zu sprechen, einem Schwingen zwischen einer tiefen Niedergedrücktheit, einer Dysphorie, und einer wahnähnlichen oder wahnwirklichen Euphorie. Menschen in *maniformen* Zuständen scheinen alle Wirklichkeitsbegrenzungen zu überspringen; sie geben Geld aus wie Irrsinnige, sie kennen keinerlei Zurückhaltung mehr; alle ihre Wünsche, an die sie glauben, setzen sie augenblicklich in die Tat um; mit Leichtigkeit kann man ihnen aber auch wieder ihre Wünsche ausreden, – alles ist möglich, die «Leichtigkeit des Daseins» selber tritt in eine Art Feierstunde, – wie wenn ein Esel aufgesprungen wäre und alles, was man ihm auf den Rücken gebunden hat, abwerfen würde.

Wieder kann man natürlich auf die Suche gehen, was in unserem Kopf neurobiologisch ein solches Schwingen bewirkt. Vielleicht aber hat die Genialität eines Dichters wie RAINER MARIA RILKE schon um 1900 vollkommen recht. RILKE liebte es, psychologische Studien zu malen, Miniaturen menschlicher Charaktere in Kleinformat, wie sie

MOLIÈRE auf die Bühne gebracht hat, wenn er Charakterportraits etwa des *Hypochonders*, des eingebildeten Kranken, oder eben des *Dysphorikers*, des Menschenfeindes, des *Misanthropen* zu beschreiben versuchte, eines Mannes, der an nichts Gefallen findet, der alle Welt haßt und am meisten sich selber. RILKE beschrieb in der Gestalt eines Mädchens, wie das Gefühl der Minderwertigkeit und Selbstverachtung umschlagen kann in das genaue Gegenteil. *Der Wahnsinn* betitelte er sein Gedicht.

Sie muß immer sinnen: Ich bin ... ich bin ...
Wer bist du denn, Marie?
Eine Königin, eine Königin!
In die Knie vor mir, in die Knie!
Sie muß immer weinen: Ich war ... ich war ...
Wer warst du denn, Marie?
Ein Niemandskind, ganz arm und bar,
und ich kann dir nicht sagen wie.

Und wurdest aus einem solchen Kind
eine Fürstin, vor der man kniet?
Weil die Dinge alle anders sind,
als man sie beim Betteln sieht.

So haben die Dinge dich groß gemacht,
und kannst du noch sagen, wann?
Eine Nacht, eine Nacht, über *eine* Nacht, –
und sie sprachen mich anders an.
Ich trat in die Gasse hinaus und sieh:
die ist wie mit Saiten bespannt;
da wurde Marie Melodie, Melodie ...
und tanzte von Rand zu Rand.
Die Leute schlichen so ängstlich hin,
wie hart an die Häuser gepflanzt, –
denn das darf doch nur eine Königin,
daß sie in den Gassen tanzt! ...

Es gibt in deutscher Sprache nur wenige Beschreibungen dieses ungeheuren Wechsels von der wahnsinnigen Unerträglichkeit eines erniedrigten, unwerten Lebens in die Erleichterung des Wahnsinns eines allvermögenden, überwertigen Daseins, wie RILKE ihn meisterhaft in diesen paar Zeilen beschrieben hat. Ein Mensch, der gar nichts ist, entwirft sich als König. Und umgekehrt kann man bereits voraussehen: Sobald der Traum der Königswürde in sich wieder zusammenbricht, wird der «Bettler» erneut zum Vorschein kommen. In beiden Zuständen kann man nicht wirklich leben, weder in einer Welt, die man als Wahnsinn empfindet, noch in einer Welt, in der man wahnsinnig wird. Aber welch einen Mittelweg sollte es geben?

Die Tragödie der *Melancholie*, der *Depression* liegt zu einem ganz großen Teil in der *Einsamkeit. Saul* hat nicht nur seine beiden Söhne *verloren*, er hat sie im Grunde kaum je besessen! All die Zeit über wird er in der Bibel gezeichnet als ein Mensch ohne Freunde und ohne Freude. Es ist unvermeidbar, daß ein so gestimmter Mensch, eben weil er alle anderen als gefährlich empfindet, bei seiner ständigen Flucht vor Kontakten sich kaum mehr wird vorstellen können, daß man im Kreise der andern ihn dulden würde. Lädt man ihn trotzdem ein, so wird er es empfinden wie eine Gefahr, der er auszuweichen trachten muß. Freundschaft ist für ein solches Empfinden viel zuviel, als daß man sie glauben könnte; jede Annäherung anderer wird als so bedrohlich erlebt wie für ein Kaninchen ein schnuppernder Hund, der entlang einem Feldweg seine Spur aufnimmt – man muß auf der Hut sein! Die andern können stehlen, rauben, lügen und morden, sie sind, eben weil sie Menschen sind, etwas an und für sich Ungeheures im Dasein. Man selber kann unter diesen Umständen die eigenen Wünsche gar nie äußern, geschweige denn durchsetzen. Es ist nicht möglich, in Ruhe mit anderen zu verhandeln und zu sagen: «Dies sind meine Bedürfnisse, das sind deine Bedürfnisse.»

In dieser geschilderten Form wird ein *Melancholiker* den Mitmenschen tatsächlich zu einer Art Plage; man versteht, warum die Moraltheologen am Ende das Alibi liefern müssen, um solche Gemüter tatsächlich am Ende moralisch zu verurteilen oder sie sogar zu beschimpfen: «Du willst ja nicht anders! Reiß dich doch mal zusammen! Man muß aber doch auch mal ...!»

Nicht selten neigen Melancholiker zudem dazu, wenn sie schon zur rechten Zeit ihre Wünsche nicht äußern, so doch im nachhinein Klage zu führen über eben diese ihre nichterfüllten Wünsche, und das schafft eine Reihe zusätzlicher Probleme. Es wird zum Beispiel nicht viele Menschen geben, die es verstehen, daß sie dafür beschimpft werden sollen, daß sie dem anderen nicht das getan haben, was er mochte, nur weil er ihnen gar nicht gesagt hat, was er hätte mögen können. Wünsche erfüllen Menschen eigentlich ganz gern, wenn sie nur wissen, um welche Wünsche es geht; die Meinung mancher Psychologen und Philosophen trifft nur begrenzt zu, man müsse zwischen Altruismus und Egoismus scharf trennen; im Gegenteil liegt eine große Freude darin, glücklich zu werden, indem man einen anderen Menschen glücklich macht. Menschen steigern sich untereinander in ihren Gefühlen, im Positiven wie im Negativen; aber natürlich gibt es Grenzen. *Alles* machen Menschen nicht mit, und daß man ständig etwas um die Ohren bekommt für Wünsche, die gar nicht geäußert wurden, eben weil man sie nicht vorweg schon geahnt und gefühlt hat, das empfinden die wenigsten Menschen durchaus nicht als gerecht und billig; zumindest möchten sie eine Chance behalten, herauszufinden, was nun die Gattin oder was ihr Gatte gewünscht haben würde. Zur rechten Zeit einen Wunsch zu äußern ist weit nützlicher, als im nachhinein Beschwerde zu führen. Aber dann müßte man ja den Mut haben, daran zu glauben, die anderen behandelten die eigene Person als etwas Gleichberechtigtes, als etwas Zugehöriges, als etwas wirklich Mit-Menschliches statt etwas ganz zuunterst Stehendes, als etwas kaum Ernstzunehmendes. Die Grundfrage lautet daher: Wie ist es möglich, diese Perspektive in der Selbstwahrnehmung eines Melancholikers einmal so zu drehen, daß zumindest eine Chance besteht, miteinander zusammenzuleben, statt im Grunde entweder wie durch eine gesicherte Wand sich wechselseitig vom Leibe zu halten oder fluchtartig von allen anderen wegzustreben.

Es gibt im Leben eines Depressiven eigentlich kein anderes Gefühl, das so stark wäre wie das Gefühl, Liebe nicht zu verdienen. Gerade diese Menschen, die am meisten darum betteln, einen Platz zu finden, an dem man sie wenigstens in Ruhe dulden würde, und die in all ihrer Liebenswürdigkeit und Bereitschaft zum Lieb-Sein sich dafür so sehr anstrengen, leiden schließlich am allermeisten unter dem Gefühl der Verlassenheit: Der andere, gerade wenn man seine Liebe sucht, kann jederzeit weggehen. Wieder sagen deshalb die Psychoanalytiker, diese Furcht sei gelernt worden schon in Kindertagen. Ein Kind, das nicht sicher ist, wann seine Mutter weggeht oder wann sie wiederkommt, entwickelt selber das Gefühl, man könne mit ihm machen, was man wolle. Wenn die Mutter weggeht, wird es daran liegen, daß man ihr unerträglich wurde, und wieder muß man den Fehler suchen, durch den man die Mutter vertrieben hat: Man ist aber auch ein Mensch, mit dem man auch nicht auskommen kann! So etwas mag ein Kind schon gelernt haben an der Seite einer Mutter, die es eigentlich gut mit ihrer Tochter, mit ihrem Sohn meinte; sie stand aber, unter beengten Wirtschaftsverhältnissen womöglich, zum Beispiel unter der Notwendigkeit, tagsüber arbeiten zu gehen; sie mußte das Kind in die Tageskrippe «abschieben», und nachmittags, zurückgekehrt, mochte sie dann mit dem Kind sprechen, was sie wollte; ihr Kind, das schon durch die häuslichen Ängste vorbelastet genug war, mußte das Zusammensein mit den anderen Kindern alles andere als erfreulich empfinden; es wartete im Grunde nur am Fenster des Kindergartens auf seine Mutter, die nicht kommen wollte; die Betreuerinnen wiederum verstanden ein solches Kind nicht, das nicht einmal ordentlich spielen wollte, das sich immer anders verhielt, das immer Extratouren fuhr, das man ständig zwingen mußte, «normal» zu werden.

Es ist ganz leicht, sich vorzustellen, wie solche Teufelskreise sich aufrollen. Noch einmal läßt sich allein das Empfinden, den Geliebten verloren zu haben und dadurch verloren zu sein, an einem kleinen Gedicht von RILKE beschreiben. *Mädchenmelancholie* hat er's genannt und geschrieben:

Mir fällt ein junger Ritter ein
fast wie ein alter Spruch.

Der kam. So kommt manchmal im Hain
der große Sturm und hüllt dich ein.
Der ging. So läßt das Benedein
der großen Glocken dich allein
oft mitten im Gebet …

Dann willst du in die Stille schrein,
und weinst, doch nur ganz leis hinein
tief in dein kühles Tuch.

RILKE erfaßt in seinem kleinen Gedicht diese beiden Stimmungen: den Kleinheitsgrad des Selbstwertgefühls ebenso intensiv wie das Gefühl der Verlorenheit. Da kommt jemand, der alle Träume erweckt, und der gerade geht wieder fort, als hätte er nie geschaut. Das kann nur daran liegen, daß man selber ein Versager ist. Dieser Eindruck ist im Grunde nur das Widerspiel des Gefühls, daß der Mensch, den man am meisten liebt und von dem man am meisten geliebt werden möchte, sich einem versagt. Die Ablehnung schlägt nach innen. Wir allerdings müßten nun denken, daß zusätzlich zu dem Gefühl, verlassen zu sein, irgendwo doch auch ein Zorn, ein Protest, eine Aggression sich meldet, und so beginnt der Kreis sich zu schließen. Man ist auf den anderen eigentlich ärgerlich, aber wie in Kindertagen nun zieht man das ganze Gefühl der Verdrossenheit, des Schimpfen-Mögens, des Sich-Wehren-Mögens auf die eigene Person zurück. Man macht sich selber Vorwürfe statt dem anderen, man sucht wieder nach dem Grund, durch den man den anderen vertrieben hat. Warum auch nur ist man so unattraktiv? Was hat man gesagt? Wie hat man sich gekleidet? Wie hat man sich bewegt? Der andere muß ja ein Recht haben, wegzugehen, weil man so ist; aber wie war man, daß man ihn «vertrieben» hat? Diese Pflicht liegt im Erleben eines jeden Melancholikers, herauszufinden, warum er selber die Schuld daran trägt, daß es ihm so schlecht geht. Doch je weiter er in dieser Richtung denkt, desto größer wird der Radius seiner Verantwortung. Immer mehr wird er schuld an allem und an jedem. Irgend etwas ereignet sich auf der Welt, und es liegt daran, daß er so ist, wie er ist, – er hat es nicht verhindert, nicht aufgehalten, nicht genug dafür oder dagegen getan, daß es so kam oder so nicht kam.

Am Ende ist die *Melancholie* ein Gefühl der *Unendlichkeit.* SÖREN KIERKEGAARD, wie wenn er die Psychoanalyse mit philosophischen Mitteln hätte um 80 Jahre in religiös-theologischer Absicht vorwegnehmen mögen, konnte, statt von der Depression, schreiben von der «Verzweiflung der Unendlichkeit» und dabei die beste Bestimmung für all das geben, was wir unter dem Begriff «Laster» in diesem Zusammenhang durchzukonjugieren oder zu deklinieren versuchen. KIERKEGAARD meinte, jede *Verzweiflung* bestehe in einem Mißverhältnis zu sich selber: ein Verzweifelter möchte etwas sein, das er nicht ist, und er hält es nicht aus, das zu sein, was er ist. Der dänische Religionsphilosoph aber fügte hinzu: das alles müsse so lange so sein, als es kein wesentliches, absolutes Gegenüber gebe. KIERKEGAARD dachte nicht eigentlich psychologisch; er sagte nicht: Das Gegenüber, das alles korrigiert, sind die Augen des Vaters, sind die Augen der

Mutter, sind die Augen der Geliebten; er setzte dafür in einem großen Überwurf die Augen Gottes selber ein und meinte: Irgendeinen Ort brauche doch jeder Mensch, an dem er sich aufgehoben fühle, und insbesondere die Religion habe den Sinn, den Menschen zu sagen, daß sie trotz allem *wert* seien; diese Einsicht hänge eben nicht ab von den Zufallsentscheidungen der anderen, ob sie mal nett sind oder mal abweisend sind, darauf dürfe es im Entscheidenden nicht ankommen; im Menschen müsse es eine *innere* Kontinuität geben. Für KIERKEGAARD stand es fest: Die ganze Auseinandersetzung des menschlichen Daseins kreise einzig um diese beiden Fragen: Gehen wir zugrunde an der Angst, die es kostet, ein Individuum zu sein, oder überwinden wir diese Angst durch Vertrauen? Daran entscheide sich alles. Als ein guter Protestant wußte KIERKEGAARD seit MARTIN LUTHERS oder seit des hl. PAULUS' Tagen, daß ein Mensch auf diese Frage gar nicht in eigener moralischer Entscheidung antworten kann; ein Mensch ist nicht so frei, vor Gott zu «wählen». Wie aber ist es dann möglich, aus der *Melancholie* herauszufinden?

Das einzige, was wir bisher sagen können, besteht darin, daß in all den Problempunkten auch große Chancen liegen. Von keinem anderen der «Laster» bisher konnten wir so sprechen. Es ist nicht möglich, zu sagen, daß in der *Adipositas* oder in der *Magersucht* irgendeine «Chance» liege oder im *Jähzorn* oder im *Geiz*, obwohl wir doch sahen, daß *Geiz* sich entwickeln kann aus der bürgerlich so empfohlenen Sparsamkeit, daß *Magersucht* sich entwickeln kann aus einer bestimmten übermäßigen Form von Selbstdisziplin, daß *Adipositas* entstehen kann aus einem sehr starken Anlehnungsbedürfnis usw. Irgend etwas liegt in all dem scheinbar so Falschen als etwas nur allzu Berechtigtes enthalten. Doch weit mehr als sonst gilt das für die *Melancholie.* Gerade wenn KIERKEGAARD meinte, die *Melancholie* sei ein Ausgreifen ins Unendliche oder ein Verzweifeln im Unendlichen, sollten wir dann nicht sagen, jene Dichter hätten recht, die meinten, die *Poesie* selber sei eine Tochter der *Melancholie*?

Im Grunde ist alle «Schwarzseeligkeit» oder «-galligkeit» auf zwei Punkte hin zu thematisieren. Der eine: die Welt ist *gewalttätig* und dadurch unerträglich; und der andere: das muß so sein, denn am Ende unseres Lebens steht als einzig sichere Tatsache der Tod; darum wird alles vergeblich sein, drum kommt am Ende bei allen Anstrengungen doch nur die blanke Null heraus. Dieses Empfinden des

Ungenügens an allem ist *Melancholie* in ihrem Kern, dieses Empfinden ist ihr philosophischer Inhalt, ihr geistiges Substrat gewissermaßen. Wie nun aber, wenn die Melancholie darin völlig recht hätte? Wie, wenn man denken könnte, es seien gerade die Menschen der Melancholie dazu berufen, den sogenannten «Normalen», sagen wir den *Euphorikern*, den «rheinischen Naturells», etwas zu sagen, auf das diese von allein niemals kämen? Ihre Botschaft würde ganz im Sinn der Bergpredigt aus *Matthäus 5,4* dahin lauten, daß sie, die *Trauernden* und *Weinenden*, allen anderen, dem Rest der Welt, von Gott etwas mitzuteilen hätten, das nur sie selbst so intensiv zu sagen vermöchten? Diesen anderen mag die Erde vorkommen wie eine große Rampe, über die man geradewegs zur Himmelspforte aufsteigt; diesen *Melancholikern* aber erscheint die Welt wie ein Abgrund, den man die Leiter abwärts bis zum Tiefstpunkt hinunterklettern müßte, wenn nicht ein Engel käme oder Gott selber, uns daraus zu retten. Aber eben dies, daß es etwas völlig anderes geben muß als das, was man sieht, und daß es dieses andere ganz sicher geben muß, weil sonst überhaupt kein Leben möglich wäre, dies wissen Menschen, die wir so einfachhin als *Melancholiker* bezeichnen, buchstäblich von Natur aus. All den andern ist Gott gewissermaßen im Brot und im Wein enthalten; sie essen, und sie sind dafür dankbar; sie trinken, und sie werden dabei glücklich oder selig, und immer sind für sie der Himmel und die Erde miteinander vermischt. Für die Melancholiker aber ist beides voneinander klar getrennt: die Finsternis und das Licht, und dazwischen besteht ein Entweder-Oder. Solche Menschen vermögen, nochmal mit SÖREN KIERKEGAARD gesprochen, nicht eine einzige Schwimmbewegung im Meer des Endlichen zu vollziehen ohne die Kraft des Unendlichen; sie wüßten nicht über diese Erde zu gehen, ohne daß mitten in der Nacht am Horizont ein Stern stünde, der ihnen so etwas gäbe wie eine Richtung. Auch sie werden niemals beweisen können, daß ein solcher Stern wirklich existiert, – vielleicht ist er ja nur ein optischer Trug, aber sie werden darauf beharren, daß es diesen Stern geben muß, weil sonst gar kein Hoffnungsschimmer mehr über dieser Erde läge.

Worum es sich dabei handelt, ist nicht eigentlich Schwarzmalerei, sondern in gewissem Sinne eine Ehrlichkeit, die rigoros Bilanz zieht, ohne sich zu schonen. SIGMUND FREUD konnte allen Ernstes sagen, er frage sich, je länger er Psychoanalyse treibe, warum Menschen immer erst *depressiv* werden müßten, ehe sie begönnen, ehrlich zu werden in der Analyse und ernsthaft zu werden in der Arbeit an sich selbst. FREUD wollte sagen: Solange es den Menschen gut geht, haben sie eine Menge von Sichtblenden auf ihre eigene Person; sie glauben all den praktische Ausreden. Sie haben etwas falsch gemacht, offenkundig, aber sie werden es hinkriegen, am Ende den Prozeß vor ihrem inneren Richter, vor ihrem Gewissen, zu ihren Gunsten zu lenken. Das muß so sein, weil das Ich alles, was passiert, in irgendeiner Weise ichgerecht schmieden muß; den *Depressiven* aber ist ein solch wohlfeiler Selbstschutz nicht vergönnt. Wenn etwas falsch war, so war es *gründlich* falsch, so ist es ein neuerlicher Anlaß, gegen sich selber zu wüten, am besten ohne Grenzen, je schärfer, desto besser, als wenn die einzige Selbstbestätigung nur noch im Negativen liegen könnte.

Wie wichtig deshalb, daß uns gerade Menschen dieser Gemütsart sagen: es ist doch nur möglich zu leben durch so etwas wie Vergebung, – ein Gedanke, der in der Botschaft Jesu so zentral ist wie kein anderer. Wenn Jesus uns zu beten lehrt, dann in diesem Sinne: «Lieber Vater, alles mußt du uns vergeben, weil wir sonst nicht leben könnten; und wir versprechen hiermit, auch einander alles zu vergeben!» *(Mt 6,12)* Was irgend Menschen schuldig sind, es wird nicht mehr beachtet werden. In gewissem Sinne ist das die ganze Botschaft Jesu, und sie ist wie ein wunderbares Gegengift gegen die Selbstvergiftung der *Melancholie*, der «Schwarzgalligkeit». Man kann sagen, daß Gott nie so sehr herausgefordert wird wie in solchen depressiven Gemütszuständen am Rande des Abgrunds, aber daß umgekehrt auch Gott nie als so mächtig und buchstäblich wunderbar erscheint wie im Leben von solchen Menschen, deren Dasein sich vollzieht von Tag zu Tag in einem Vertrauen, das irdisch überhaupt nicht begründbar ist. Denn eben daß die Erde nur die Erde ist, ist der ganze Inhalt dieses peinvollen Erlebens. Auch für den Mann aus Nazareth war das so. Lieber wollte er, daß diese Welt, diese unglaubliche Blutmühle dessen, was wir «Geschichte» nennen, möglichst bald verschwinde, als hinzunehmen, daß das «Reich Gottes» auch nur um einen Tag sich verzögere. Diese Sehnsucht lebte in Jesus.

«Schwarzgalligkeit» ist da noch ein harmloser Ausdruck; es geht um die Unerträglichkeit von allem, was sonst für «normal» gilt.

Aber wie nun, eben darin läge das Geniale, daß Menschen begönnen, damit zu leben? Solche Menschen werden niemals faule Kompromisse schließen; sie werden niemals sagen: «Dies oder das *muß* so sein», selbst wenn es erkennbar unmenschlich ist; sie werden sich niemals zufriedengeben damit, daß alle anderen sagen: «Aber dies oder das war schon immer so»; sie werden sagen: «Mit mir nicht!» Und haben sie nicht recht am Ende? War es nicht möglich, daß gerade in bestimmten Gefühlszuständen Kräfte gewonnen würden, die wirken mögen wie Gift und am Ende, in richtiger Dosierung, doch sind wie ein Medikament?

Tatsache ist: Man kann am Ende sogar im Gefühl und im Wissen um die Brüchigkeit der Welt so etwas lernen wie *Humor.* «Verrückt» genug ist diese Welt; – man braucht nur ein wenig FRANZ KAFKA zu lesen, um es sich vorzuführen: Schlagen Sie auf, wo Sie wollen – *Das Schloß* beispielsweise: Jemand wird berufen als Landvermesser, ohne daß er recht weiß, wozu; es gibt in dem «Schloß» eine Behörde, und dort ist vor Jahren tatsächlich ein Briefkuvert angekommen, was zeigt, daß vormals um eine Vervollständigung, um eine inhaltliche Erklärung der beauftragenden Botschaft gebeten wurde; aber dieser andere Brief ist archiviert worden, er muß in dem einen riesigen Aktenschrank liegen, den zu durchwühlen die zwei Helfer des Landvermessers sogar sich anstellig zeigen werden, – irgendwo muß der Brief doch sein, aber dann ist es auch schon ganz überflüssig, daß man ihn findet; man weiß ohnedies, daß die Nachricht, die er enthält, längst überholt ist … Wenn dieses Bild ein gültiges Gleichnis auf unser Leben ist: man kommt irgendwohin, und es ist ganz sicher sinnlos; man soll etwas tun, das ganz bestimmt nicht gebraucht wird, ja, es spricht alles dafür, daß man gar nicht erst dahin kommt, das tun zu können, was man tun sollte, – so nennt man eine solche Welt *absurd.* Wenn aber ein Mensch erst einmal so empfindet, wie KAFKA es stellvertretend für das Gott sei Dank abgelaufene 20. Jahrhundert beschrieben hat, wird da nicht eine dringende Aufforderung hörbar, Menschen endlich leben zu lassen, statt sie von außen zu kommandieren, und endlich zu hören, was in ihnen selber vor sich geht? Eine solche Hörbereitschaft wäre weit wichtiger, als immer noch bessere Weltbeglückungsprogramme für sie oder gegen sie zu ersinnen. KAFKAS *Melancholie* wäre auch ein Hilferuf danach, Menschen nicht länger festzuschreiben nach der Art naturwissenschaftlicher Objekte und die Mechanisierung des Denkens nicht womöglich auch noch bis in die Psychologie hinein auszudehnen, sondern das dringende

Bedürfnis zu spüren, Menschen als Subjekte, als Personen, als *Leidende* wahrzunehmen, sie dann aber womöglich auch als hocherfreuliche, als wunderbare, als wertvolle Menschen anzuerkennen.

Hilfe für *Saul*, das wäre, man könnte den Mann aus der Bürde entlassen, König sein zu müssen. Man könnte ihm sagen: «Saul, wenn denn schon David König sein will, so laß ihn ruhig machen. Du warst früher ein einfacher Bauer, du warst ein Mensch mit prophetischen Gaben, du konntest dich einmal begeistern, so daß es deinen ganzen Körper wie in einem epileptischen Anfall zu durchzucken vermochte *(1 Sam 10,11)*, du bist Saul, ein Mann von Kraft, wenn du auf dich selber hörst. Aber du mußt nicht länger dem nachspüren, was sie alle von dir wollen; du mußt nicht dauernd die Schlachten anderer schlagen. Vielleicht genügt es, daß du lernst, Saul zu werden, und das Königsein ist nicht die nötige Bedingung dafür. Zwischen dem Bettler und dem König gibt es doch dich selber als Menschen; und wer du jetzt bist, jenseits all der Titel, die du dir abgezwungen und die man dir angezwungen hat, das ist das einzige, was wir nun wissen möchten, es ist jedenfalls das, was du selber wissen mußt.» *Darum* geht der ganze Kampf. Im Grunde hat er ein einziges Ziel: zu münden in Vertrauen statt in Feindschaft, in Selbstvertrauen statt in Angst. Die ganze Religion hätte jenseits aller moralisierenden Schulmeisterei einzig den Sinn, eine solche Aussöhnung vorzubereiten. Ein Mann, dem die *Melancholie* wie eine dunkle Schwester erschien, war FRIEDRICH NIETZSCHE; in seinem Gedicht *An die Melancholie* schrieb er wie zur Zusammenfassung all des Gesagten:

Verarge mir es nicht, Melancholie,
Daß ich die Feder, dich zu preisen, spitze,
Und daß ich nicht, den Kopf gebeugt zum Knie,
Einsiedlerisch auf einem Baumstumpf sitze.
So sahst du oft mich, gestern noch zumal,
in heißer Sonne morgendlichem Strahle:
Begehrlich schrie der Geier in das Tal,
Er träumt vom toten Aas auf totem Pfahle.

Du irrtest, wüster Vogel, ob ich gleich
So mumienhaft auf meinem Klotze ruhte!
Du sahst das Auge nicht, das wonnenreich
Noch hin und her rollt, stolz und hochgemute.

Und wenn es nicht zu deinen Höhen schlich,
Erstorben für die fernsten Wolkenwellen,
So sank es um so tiefer, um in sich
Des Daseins Abgrund blitzend aufzuhellen.

So saß ich oft, in tiefer Wüstenei
Unschön gekrümmt, gleich opfernden Barbaren,
Und Deiner eingedenk, Melancholei,
Ein Büßer, ob in jugendlichen Jahren!
So sitzend freut' ich mich des Geier-Flugs,
Des Donnerlaufs der rollenden Lawinen,
Du sprachst zu mir, unfähig Menschentrugs,
Wahrhaftig, doch mit schrecklich strengen Mienen.

Du herbe Göttin wilder Felsnatur,
Du Freundin liebst es nah mir zu erscheinen;
Du zeigst mir drohend dann des Geiers Spur
Und der Lawine Lust, mich zu verneinen.
Rings atmet zähnefletschend Mordgelüst;
Qualvolle Gier, sich Leben zu erzwingen!
Verführerisch auf starrem Felsgerüst
Sehnt sich die Blume dort nach Schmetterlingen.

Dies Alles bin ich – schaudernd fühl ich's nach –
Verführter Schmetterling, einsame Blume,
Der Geier und der jähe Eisesbach,
Des Sturmes Stöhnen – alles dir zum Ruhme,
Du grimme Göttin, der ich tief gebückt,
Den Kopf am Knie, ein schaurig Loblied ächze,
Nur dir zum Ruhme, daß ich unverrückt
Nach Leben, Leben, Leben lechze!

Verarge mir es, böse Gottheit, nicht,
Daß ich mit Reimen zierlich dich umflechte.
Der zittert, dem du nahst, ein Schreckgesicht,
Der zuckt, dem du sie reichst, die böse Rechte.
Und zitternd stammle ich hier Lied auf Lied,
Und zucke auf in rhythmischem Gestalten:
Die Tinte fleußt, die spitze Feder sprüht –
Nun Göttin, Göttin laß mich – laß mich schalten!

TUGENDEN

Im Jahre 1597 fertigte JACOB MATHAM (nach Vorlagen von HENDRICK GOLTZIUS) eine Kupferstichserie zu den sieben Tugenden an, die er mit Texten von CORNELIS SCHONAEUS versah und bei PIETER DE REYGER verlegen ließ; als Format der Blätter wählte er Maße zu etwa 16 x 15 cm. Die Tugenden stellte er jeweils als weibliche Dreiviertelfiguren dar, mit wechselnden Frontal-, Seiten- und Rückenansichten. «Der schönheitlichen, erotisch akzentuierten Gewandausstattung mit faltenreich aufwehenden Kopftüchern arbeitet die feine, dichte, auf stoffliche Transparenz und lockere graphische Struktur zielende Stichumsetzung zu, die zugleich die jugendlichen Figuren mit dem Landschaftsraum optisch verwebt.»
(Vgl. STEPHAN BRAKENSIEK und REINHART SCHLEIER: Jacob Matham: Die sieben Tugenden, in: *«Der Welt Lauf». Allegorische Graphikserien des Manierismus,* hg. v. H. M. Kaulbach u. R. Schleier, Staatsgalerie Stuttgart, Graphische Sammlung, 18.10. 1997 bis 25. 1. 1998, Stuttgart 1997, S. 27; S. 38–40, hier S. 38.)
Andere Kupferstichserien erstellte CORNELIS CORT im Jahre 1560; im Jahre 1593 bereits hatte JACOB MATHAM zusammen mit JAN SAENREDAM eine Reihe von sieben Kupferstichen über die «Tugenden» angefertigt. (A. a. O., S. 28–30; S. 42–46.)

Im Jahre 1559 fertigte PIETER BRUEGEL DER ÄLTERE sieben Kupferstiche zum Thema der Tugenden im Format 32 x 43 cm an, die sich im Cabinet des Estampes, Bibliothèque Royale Albert I., Brüssel, befinden.
(Vgl. CHRISTIAN VÖHRINGER: *Pieter Bruegel* (1525/1530–1569), Köln 1999, S. 36–39.)

GLAUBE

PIETER BRUEGEL: **Der Glaube (Fides)**

Der (christliche) Glaube als Tugend, die *Fides*, steht auf einem geöffneten Sarg; die Frage und Infragestellung des Glaubens ist damit eindeutig angezeigt: Inwieweit hält die Botschaft von der Auferstehung Christi der Angst des Menschen vor dem Tod und der Realität des Sterbens stand? Wie um diese Frage noch zu verschärfen, sind rings um die Grabkammer Christi all die Erinnerungen an die Passionsgeschichte aufbewahrt: die Säule, an die Jesus gebunden wurde bei der Geißelung, der Hahn, der krähte zum Verrat des Petrus, Zange, Hammer und Nägel zur Kreuzigung, das Gewand, um welches die Soldaten würfelten, der Becher, aus dem man dem Gekreuzigten zu trinken gab, das Schweißtuch der Veronika, in das der Legende nach Jesus auf dem Kreuzweg sein Antlitz prägte, die Lanze, mit der man Jesu Seite öffnete, um seinen Tod festzustellen, und die Leiter, die nötig wurde, um den Leichnam Jesu von dem hoch aufgerichteten Kreuz abzunehmen. Die *Fides* steht da mit den beiden Gesetzestafeln des Moses auf dem Kopf und mit der heiligen Schrift (des Neuen Testaments) in der Hand; sie zeigt damit an, daß die Hinrichtung Jesu erfolgte gemäß dem Willen Gottes und entsprechend den Weissagungen des Alten Testaments; wer aber im Tode eingeht in Gottes Weisung, der hat auch Teil an Gottes Verheißung. In dieser Sicht des Glaubens erscheint der Tod nicht als etwas Widergöttliches, vielmehr weil der Tod im Machtbereich des Göttlichen verbleibt, ist er selber bereits der Anfang und die Eintrittsbedingung ewigen Lebens.

Auf vielfältige Weise wird dieser zentrale Inhalt des christlichen *Glaubens* entlang den Reifungsschritten des menschlichen Daseins konkretisiert: Am Eingang der Kirche als des «Raumes» der *Fides* findet soeben eine Taufe statt; am Altar vor «ausgesetztem Allerheiligsten», das heißt vor dem Leib Christi in Gestalt des konsekrierten Brotes in der Monstranz, teilt ein Priester den Gläubigen die Heilige Kommunion aus, im Vordergrund segnet ein Priester den Bund der Ehe von Mann und Frau, im gesamten rechten Bildraum ist die Kirche gefüllt mit Gläubigen, die gebeugt und andächtig den Worten eines Mönchs auf der Kanzel lauschen; ganz hinten im Winkel scheint kniend ein «Beichtkind» die Lossprechung von seinen Sünden zu empfangen. Die Ehrfurcht vor der selbst von der Reformation offenbar noch nicht erschütterten Glaubenssicherheit der katholischen Kirche kommt zum Ausdruck in dem lateinischen Mahnspruch:

Fides maxime a nobis conservanda est, praecipue in religionem, / quia Deus prior et potentior est quam homo.

Treue ist von uns am meisten bewahrenswert, vornehmlich in Hinsicht der Religion, denn Gott ist ursprünglicher, und er ist mächtiger als jeder Mensch.

FIDES
Cock exc
Bruegel Inu
FIDES MAXIME A NOBIS CONSERVANDA EST RRAECIPVE IN RELIGIONEM,
QVIA DEVS PRIOR ET POTENTIOR EST QVAM HOMO.

Die unbeantwortete Frage, die sich bei dieser Formulierung des Glaubens ergibt, stellt sich freilich, was die entscheidenden Aussagen der Religion über den Menschen für einen Wert haben, wenn sie, wie dargestellt, ganz und gar im behüteten Kircheninnenraum verbleiben. Eben die mittelalterliche Zweiteilung von Göttlichem und Menschlichem, von Glauben und Leben, von Gnade und Welt wollte der Protestantismus überwinden. Was sollen die kirchlichen Worte vom Sieg über den Tod, wenn sie nicht mehr sagbar sind in der Sprache der Sterbenden draußen, und schlimmer noch; wenn sie ohnmächtig bleiben, das rasende Morden im «Feld» zu verhindern? Und was ist das für eine «Kirche», die aus Angst vor der «Welt» die Erlebniswirklichkeit der Menschen nur noch rituell und sakramental begleitet, statt sie geistig zu durchdringen und zu deuten? BRUEGEL selbst hat in seinem Bild vom *Glauben* diese Fragen gewiß nicht bewußt gestellt, doch indem er die in sich geschlossene «Kirchlichkeit» des Glaubens so darstellt, wie es ihm katholischerseits dogmatisch korrekt vorgegeben war, wirft er um so vehementer Fragen dieser Art auf.

Mit dem Nachdenken über die Reihe der *Laster* wollten wir einen bestimmten Eindruck des menschlichen Lebens in gewisser Weise korrigieren. Die Moraltheologie des Christentums, die Moralphilosophie der griechischen Antike hat stets geglaubt, gegenüber bestimmten Verhaltensweisen des Menschen mit dem Appell an die Freiheit und an den Willen zur «Tugend» korrigierend antworten zu können. Wir haben gesehen, nicht nur wie widersprüchlich diese Einstellung ist, indem es wie zum Selbstkorrektiv dieser Betrachtungsweise stets auch ein gewissermaßen ärztliches Bemühen gegeben hat, zumindest den Folgen, wenn nicht den Ursachen der sogenannten Laster zu steuern; wir haben insgesamt gesehen, daß die sogenannten *Un*tugenden, die schweren Verfehlungen, die chronifizierten Sünden also, eben die *Laster*, weit eher unfreiwillige, wie schicksalhafte Belastungen der menschlichen Seele darstellen denn ein freies Tun. Nicht moralische Infamien haben wir uns vor Augen gestellt, sondern menschliche Tragödien. Wenn das aber so ist, so sollte eigentlich eine uralte Lehre des Christentums wieder ihre Plausibilität zurückerlangen, nämlich daß der Mensch nicht einfach gut sein könne, nur weil er wolle oder müsse; ein Mensch könne vielmehr nur «gut» sein aufgrund einer Güte, die er erfährt – die gesamte Gnadenlehre des hl. PAULUS, die Rechtfertigungslehre des MARTIN LUTHER, die Glaubenslehre von BLAISE PASCAL und die Existenzphilosophie SÖREN KIERKEGAARDS gipfeln in diesem einen Satz. Wohl, die Welt sei «erlöst», versichert uns das Christentum, sie sei es durch Jesu Christi Opfertod; aber mit dieser Doktrin entsteht sogleich das Paradox, daß wir alle Jahre wieder darauf warten, die Welt möchte doch nun endlich erlöst *werden.* Wie eigentlich vereinbart sich der Glaube an den entschiedenen und entscheidenden Durchbruch in Jesu «Erlöserleiden» am Kreuz mit dem *Advents*ritual, das wir jetzt wieder begehen, mit der Peinlichkeit also, bestimmte Aufführungen (im wesentlichen für Kinder!) immer wieder zu repetieren angesichts einer Welt, die sich offenbar durchaus nicht ändern will oder kann? Was ist uns der Glaube Jesu beziehungsweise der Glaube *durch* Jesus eigentlich wert?

Wir tun einmal so, wie wenn wir die «Laster» hinter uns hätten und wir nun spornstreichs zu den «Tugenden» kommen könnten.

Wir wollen vier Spirituals betrachten, die zur Einführung in das, was *Glauben* heißt, geeignet sind; im 19. Jahrhundert vor allem in den Südstaaten der USA sind sie entstanden. (aus: Kurt Heinrich Hansen: Go down, Moses. 100 Spirituals und Gospel Songs, Hamburg: Bd. 26 der Stundenbücher, 1963, S. 70 ff.)

Vielleicht hab ich nie Häuser und Land.
O, dieser Welt Schätze hab ich nie gekannt.
Ich mache weiter, für ein Haus da oben,
Gebaut, sagt man, ist es von Gottes Hand.
Ich bin nicht sehr eigen mit Häusern im Himmel,
Alles, was ich mir wünsche, ist, daß der Herr
Mich nimmt als sein Kind.
Herr, bau mir eine Hütte
In einem Winkel in Deinem Land.

O, Herr, Herr, bau mir eine Hütte,
Ich wünsch mir eine kleine Hütte irgendwo bei Dir.
Ich bitte Dich, Herr! Ja, ich möchte eine Hütte,
Bitte bau mir eine Hütte,
Wo ich meinem Heiland die Hand geben kann.
Mir kommt es auf Straßen aus Gold nicht an,
Und auch nicht auf Schätze, die ich vielleicht
haben kann,
Aber ich möchte eine Hütte, ja, eine Hütte,
Gebaut in einem Winkel in Deinem Land.

O, keiner kennt das Elend, das ich sah,
Nur einer kennt es – Jesus.
Keiner kennt all das Elend, das ich sah,
Gloria, Halleluja!

Manchmal bin ich oben, manchmal unten,
O ja, Herr!
Manchmal bin ich ganz am Boden,
O ja, Herr!
Siehst du mich auf meinem Weg,
O ja, Herr!
Ich habe hier unten Sorgen genug,
O ja, Herr!

O, keiner kennt das Elend, das ich sah,
Keiner erkennt die Sorgen.
Keiner erkennt all das Elend, das ich sah,
Gloria, Halleluja!

Ich war eines Tages unterwegs,
O ja, Herr!
Da tat sich der Himmel auf, und Seine Liebe kam herab,
O ja, Herr!
Ich werde nie den Tag vergessen,
O ja, Herr!
Als Jesus abwusch meine Sünden,
O ja, Herr!

O, keiner kennt das Elend, das ich sah,
Keiner kennt die Sorgen,
Keiner kennt all das Elend, das ich sah,
Gloria, Halleluja!

Ein kleines Rad dreht sich
in meinem Herzen,
Ein kleines Rad dreht sich in meinem Herzen,
In meinem Herzen, in meinem Herzen,
Ein kleines Rad dreht sich in meinem Herzen.
O, ich fühl mich so froh in meinem Herzen,
Ja, ich fühl mich so froh in meinem Herzen,
In meinem Herzen, in meinem Herzen,
O, ich fühl mich so froh in meinem Herzen.

O, ich fühl mich nicht müde in meinem Herzen,
Nein, ich fühl mich nicht müde in meinem Herzen,
In meinem Herzen, in meinem Herzen,
O, ich fühl mich nicht müde in meinem Herzen.

Schweb herab, süßer Wagen,
Komm und bring mich nach Haus.
Schweb herab, süßer Wagen,
Komm und bring mich nach Haus.
Schweb herab, süßer Wagen,
Komm und bring mich nach Haus.
Schweb herab, süßer Wagen,
Komm und bring mich nach Haus.

Ich sah über den Jordan, und was sah ich da,
Komm und bring mich nach Haus,
Sah einen Chor von Engeln um mich,
Komm und bring mich nach Haus.

Bist du da, bevor ich komm,
Komm und bring mich nach Haus,
Sag' meinen Freunden, ich komme auch,
Komm und bring mich nach Haus.

O schweb herab, süßer Wagen,
Komm und bring mich nach Haus,
Schweb herab, süßer Wagen,
Komm und bring mich nach Haus,
Komm und bring mich nach Haus.

Der Kontrast könnte größer nicht sein: Da sind Menschen, die *wissen*, daß sie mit aller Sicherheit, nur schon weil sie eine schwarze Hautfarbe tragen, so etwas wie Freiheit nie kennenlernen werden, in keiner Form, sondern daß ihr ganzes Leben in Unterdrückung und Ausbeutung bestehen wird; und nicht nur sie, selbst ihre Kinder, selbst wenn sie noch nicht einmal geboren wurden, sind schon verkauft in die Unfreiheit; und das soll so weitergehen! Diese Menschen sollen nur da sein, um den Gewinn der Besitzenden zu vermehren! Aber doch hören sie Lieder wie diese Spirituals; sie erfinden sie selber im Gemeindegesang: Die Freiheit wird kommen, und es wird dasselbe sein, wie wenn Jesus wiederkommen wird. Die Zuversicht ist nicht, daß er einmal gekommen ist, sondern daß er kommen wird. Und was dieser Jesus zu sagen hat, ist eigentlich immer dasselbe: *Gott ist groß*. Ganz richtig hat MOHAMMED, haben die Araber im Islam das übersetzt mit: Gott ist (immer noch) *größer – Allahu akbar*. Genau das bedeutet's! Du kannst die Menschen kleinmachen, so niedrig du willst, du kannst ihnen Hindernisse vor die Füße stellen, so groß sie auch sein mögen – *Gott ist größer*, und das macht den Menschen groß, das macht ihn stärker als seine Widersacher und Zwingherren.

Wenn wir diese Überzeugung anwenden auf die Frage der Erniedrigung des Menschen in den *Lastern* oder in der Aufrichtung des Menschen zu seiner wirklichen Größe, in der *Tugend*, so erhalten wir in der Tat vorab eine ganz gute Umschreibung für das, was wir *Tugend* nennen, ist doch dieses Wort im Mittelhochdeutschen nichts weiter als die Bezeichnung für «taugen», für «Tauglichkeit». Ein Mensch, der *das* ist, wozu er geboren wurde, der geworden ist, was er seinem ganzen Wesen nach sein sollte, der sich mit sich eins fühlt, der ist «tauglich» von innen her. Das Christentum lehrt, im Unterschied vor allem zur griechisch-antiken Tugend- und Lasterlehre, daß man bei der Aufzählung der «Tugenden» nicht sogleich beginnen dürfe mit Haltungen wie Keuschheit, Mäßigung, Demut usw.; die christliche «Tugendlehre» beginnt eigentlich mit einem Paukenschlag: Gleich am Anfang stehen die christlich entscheidenden Haltungen bei PAULUS aufgereiht: *Glaube, Hoffnung, Liebe (1 Kor 13,13)*. Jeder, der diese drei Begriffe hört, denkt wohl unwillkürlich an die Worte des Völkerapostels: All das vergeht, sogar der Glaube, sogar die Hoffnung, allein die Liebe bleibt, indem und weil sich alle «Tugenden» erfüllen in ihr.

Unsere Frage wird daher zunächst einmal lauten müssen, was es mit dem *Glauben* auf sich hat. Wieso besitzt er diese Energie, *Hoffnung* zu schenken und *Liebe* zu ermöglichen in einer Welt der Finsternis und der Lieblosigkeit? Wieso bringt der *Glaube* Freiheit in eine Welt der Entrechtung, der Ausbeutung und des Todes? – Im Neuen Testament gibt es eine Reihe von Erzählungen, in denen Jesus Menschen heilt und ihnen dann, wie zur Begründung, sagt: «Gerettet hat dich einzig *dein Glaube.*» Das *Johannes*-Evangelium hat daraus sogar eine Formel abgeleitet; es läßt Jesus sagen: «Wer an mich glaubt, der wird den Tod nicht kosten; selbst wenn er stürbe. – er wird nicht sterben.» *(Joh 11, 25.26)* Er steht, mit anderen Worten, durch den *Glauben* so sehr im Leben, daß der Tod keine Macht mehr über ihn hat.

Die Spirituals haben völlig recht: *Glauben*, das ist die Erfahrung, irgendwo im Leben gäbe es einen Ort, an dem jemand sagen würde: «Dein Leben ist in Ordnung, so wie es ist! Nicht als wenn das, was du wärest, in allem richtig wäre, oder als wenn das, was du tätest, besonders großartig wäre; doch daß es dich gibt, ist ein unglaubliches Geschenk für mich, für alle Welt! Gewiß, vieles, was du getan hast, bedrückt dich selbst, und du bist mit dir selber diesbezüglich nicht einverstanden, und doch zeigt sich an diesen Stellen, wenn wir sie nur richtig durchgehen, ganz deutlich, wie das, was du gegen deinen Willen zumeist sein mußtest, durch Not, Aussichtslosigkeit, Eingeengtheit und Angst verbogen und verlogen wurde. Du *wolltest* so nicht sein, wie du dir da erscheinst! Es kann sogar sein, daß man dich stolz gemacht hat auf die Dinge, die du selber überhaupt nicht wolltest, und daß wir noch viele Wege gehen müssen, um überhaupt herauszufinden, was du ursprünglich einmal gewollt hast, aber schon daß wir damit beginnen, macht im Grunde alles gut. Drum laß uns beginnen, laß uns gehen!»

Für den Mann aus Nazareth jedenfalls war dies das wichtigste Erlebnis an der Seite seines Lehrers Johannes der Täufer: die Vergebung der Sünden! Schon daß er sich ihm anschloß, war wie eine Absage und wie eine Zusage: – Es gibt die offizielle Religion im Tempel von Jerusalem; die Gruppe der Essener in Qumran will sie nicht, weil das, was die «Söhne Sadoks» dort treiben, zu sehr mit Macht verfilzt ist und zu korrumpiert ist durch Geld, – der sadduzäische Tempeldienst ist nicht so orthodox und «koscher», wie Moses ihn gemeint hat; JOHANNES DER TÄUFER will die Priesterschaft in Jerusalem nicht, weil sie nicht begreift, wie ernst die Stunde ist; man glaubt da offenbar immer noch, so weitermachen zu können wie bisher. Wohl, Gott hält das alles noch aus in seiner Geduld, aber die Welt ist am Ende; es geht so nicht weiter; vor allem die Menschen brauchen etwas ganz anderes. *Das* meint JOHANNES: Nur eine Remedur in großem Stil bedeute eine letzte Rettung. Und genau diese Botschaft muß Jesus angesprochen haben. Das erste, was wir von ihm außerhalb der «Kindheitslegenden» im Neuen Testament zu hören bekommen, ist dies: daß die Gestalt JOHANNES' DES TÄUFERS ihn in Bewegung setzt eben durch seine glühende Unzufriedenheit mit all den Verhältnissen, mit den Menschen, mit dem, was Geschichte heißt; in der Predigt dieses Mannes wird alles auf den Kopf gestellt, wofern es nicht überhaupt zugrunde geht.

Jesus muß allen Ernstes geglaubt haben, daß in der Botschaft des JOHANNES Wahrheit stecke. Aber dann, wohl als Zusammenfassung von vielen Jahren des Ringens im Leben Jesu, gab es diesen Augenblick, der in der Legende des Neuen Testamentes schon bei *Markus*, im ersten Kapitel *(Mk 1,9–11)*, sehr stark theologisiert, das heißt *christologisch* verbrämt wird: Jesus läßt in der Taufe am Jordan die «Sintflut» über sich ergehen, die JOHANNES predigte: alle Strafgerichte Gottes, alle Flüche, alle Schuldsprüche; aber dann, sagt die Erzählung, habe er sich aufgerichtet und aus den Wolken *eine Stimme* gehört; ist dies eine «Audition», wie die Psychologen sagen, eine «Projektion», wie die Tiefenpsychologen sagen, oder ist es nur ein plötzliches Gefühl für das, was ein Mensch hören *muß*, um überhaupt zu leben? Verdankt man sich, weitergefragt, jemals eine solche Einsicht selber, oder handelt es sich, wenn sie zustande kommt, nicht schon um einen Inhalt von *Gnade*? Erzählt nämlich wird, Jesus habe gehört, wie ihm gesagt ward: *Du bist doch mein Sohn!*

Genau das ist es, was er später weitersagen wird, es ist das einzige, was er zu sagen hat in den zwei Jahren seines öffentlichen Auftretens, bevor man ihn totschlägt: «Aber du bist doch mein Sohn!»

Wie ändert sich die Welt?

In *diesem* Wort liegt die Antwort: Menschen ändern sich in allem, doch sie können sich in allem nur ändern, wenn sie eine solche leise Stimme vernehmen, die ihnen sagt: *Aber du doch, mein Sohn, meine Tochter*, – ein Wort, in dem Gott wie mütterlich, wie väterlich erscheint. Erst wenn dieses Wort gilt, fände es ein Ende damit, sich

Gott verdienen zu müssen durch Opfer, durch Priestervermittlung, durch theologische Traktate der Orthodoxie; vielmehr wüchse eine kindliche Unmittelbarkeit heran, die Gott nicht mehr zutraut, über die Hilflosigkeit der Menschen den Stab zu brechen und Gerechtigkeit aus ihnen herauszuwürgen, nur um ein abstraktes Gesetz zu erfüllen.

In erschütternden Gleichnissen wird Jesus später sich rechtfertigen für diese seine Überzeugung, Gott gehe insbesondere den Menschen nach, die allen anderen als «unzugehörig» erscheinen – gesellschaftlich, sozial, finanziell, psychisch, juristisch, religiös, konfessionell, auf jede Weise, all die Menschen, die immer nur alles falsch machen, und zwar nicht weil sie es wollten, sondern einfach nur, weil sie so leben: in den Vorstädten, an den Rändern, hinter Schloß und Riegel manchmal, jedenfalls jenseits aller Grenzen, buchstäblich im Niemandsland des Daseins; gerade *die* suche er. Und so steht der Mann aus Nazareth, gleich am Anfang schon, nicht an, wie zum Programm zu erklären: «Ihr müßt nicht glauben, daß ich gekommen bin für die Gesunden; ich bin gekommen wie ein Arzt zu den Kranken!» *(Mk 2,17)*

Und so wird's bleiben.

Alle Leute, die da glauben, sie machten's doch im Grunde schon ganz richtig, sie seien zuverlässig, ordentlich, anständig, sie seien tugendhafte, gute Leute, zuverlässige Bürger, treue Seelen, prima Kameraden, all diese Leute werden Jesus nicht wirklich brauchen. Sie werden in ihm entweder eine feierliche Sonntagsangelegenheit erblicken oder eine orientalische Übertreibung, die man bei aller Geduld realistisch in den Alltag übersetzen muß; denn so, wie dieser Mann es predigte, geht es in den Augen aller ordentlichen Leute natürlich nicht. Wenn die Sache ernst wird, die Jesus verkörpert, werden sich all diese «guten Leute» zunächst gegen ihn wehren, wie gegen eine Ruhestörung, dann wie gegen ein anarchisches Verbrechen. Nur die Menschen, die samt und sonders nicht weiterwissen, *brauchen* ihn, dann aber unbedingt, wie Ertrinkende die letzte Planke eines Schiffes, das im Sturm scheiterte, umklammern. Für diese Leute bedeutet Jesus *alles.*

Und so setzt sich's fort: Was wir *Glauben* nennen, hat eigentlich diese zwei Seiten: *Gott* zu erblicken wie den Regenbogen nach der Sintflut, und an *den* Mann sich halten zu dürfen, der vor zweitausend Jahren es wagte, in dieser Überzeugung von Gott als dem «Regenbogen» alles anders zu machen als gewohnt. Was wir in seinem Sinne *Glauben* nennen, ist nichts anderes als ein großes *Vertrauen*, als eine tiefe Überzeugung, die der menschlichen Existenz einen Grund unter den Füßen gibt, ein unerschütterliches Umfangensein in Armen, die sich um alle Armen legen, eine Geborgenheit, die unerreichbar ist gegenüber jeder Drohung und Dreinrede.

Freilich, man hat aus diesem *Vertrauen* des Jesus von Nazareth theologisch *das* gemacht, was wir heute *Glauben* nennen, aber es wird uns eben deshalb nicht erspart bleiben, dieser Karikatur des Vertrauens bis zu dem Punkt nachzugehen, daß wir das Eigentliche wieder deutlich genug vor Augen haben.

Glaube, so erfährt jeder Theologiestudent der Römisch-Katholischen Kirche weltweit noch, heute, seitdem THOMAS VON AQUIN es vor rund 800 Jahren so formuliert hat, sei *ein Akt der Vernunft, des Verstandes, befohlen vom Willen.* Wie das?, fragt man sich sogleich. Ein «Akt des Verstandes» beruht auf Wissen und Erkenntnis; was also soll da noch *befohlen* werden? Das Forschen nach Wahrheit im Sinne der Wissenschaft ist allemal frei; zu kommandieren ist da gar nichts: Entweder es zeigt sich für den Verstand, aus welchen Gründen er glaubt, oder es gibt keine solchen Gründe. «Glauben» in diesem Sinne bedeutet wirklich: Nicht-Wissen. Es scheint zwar für Theologen möglich, eine Wissenschaft sogar aus dem Unwissen zu machen, aus dem also, was der Grundlage nach gar nicht wißbar ist; doch der Trick dabei basiert auf reiner Doppelbödigkeit, indem bereits das Nicht-wissen-Können übersetzt wird in einen bestimmten Begründungszusammenhang: Zwar gibt es Wahrheiten, die so subtil, so erhaben, so transzendent jeder Erfahrung sind, daß man sie eigentlich nicht wissen kann; vielleicht läßt sich aber *beweisen*, daß sie *nötig* sind? Da eine solche «Beweisführung» erfahrungsjenseitiger Wirklichkeit nie so ganz aufgeht, muß man schon eine Menge guten Willens mitbringen, um in diesem Sinne «glauben» zu *wollen.* Das aber ist in der Tat nötig: Man muß wirklich glauben wollen! Dieses Wort «wollen» könnte so viel bedeuten wie existentiellen Entscheidungsernst, doch in der rein intellektuellen Fassung der Theologie geht es um etwas ganz anderes, – um die Zustimmung oder Ablehnung einer bestimmten Kirchendoktrin. Fortan liegt es demnach an dem *bösen* Willen, wenn jemand *nicht* glaubt: – dem ist beizukommen notfalls mit Folter, mit Kirchenausschluß und mit anderen Kirchenstrafen; oder der menschliche Verstand langt eben nicht aus, um zu begreifen, was die Theologen sagen; in diesem Falle muß man nur nachsagen, was sie vorsagen; dann ist auf den Verstand, der ohnedies nicht *wissen* kann, wenn es um «Glauben» geht, von vornherein nicht viel zu geben; schon deswegen gilt es, nur zu *wollen*, das heißt, sich dem kirchlichen Lehramt zu unterwerfen.

Wir sind jetzt bereits dabei, zu begreifen, daß diese Definition von Glauben nie etwas anderes werden wird als eine Legitimation, um die Sache Jesu in die Ideologie der Kirche zu überführen. Die *Kirche* weiß fortan, was man nicht wissen kann, und sie *weiß* es immer *besser*, als man es überhaupt nur wissen kann. Von Jahrhundert zu Jahrhundert hat diese «Kirche» immer recht, schreitet sie fort im Wissen über Gott, über den Menschen und über die Welt, und es wird keine Frage geben, die sie nicht im voraus zu beantworten vermag. Die Frage ist lediglich, wen man da fragen soll: Der einzelne Dozent an der Hochschule ist irrtumsfähig; es muß also ein *Bischof* sein, der von Amts wegen darüber wacht, daß die Theologen seiner Fakultät und aller Fakultäten im Glauben gründen; der einzelne Bischof aber hat erkennbar womöglich schon in seiner Amtszeit allerhand Falsches gesagt; drum muß *die Gemeinschaft der Bischöfe* es richten. Doch auch das genügt nicht. Aus Rom erfuhr man soeben erst, daß mitnichten eine Bischofskonferenz regional etwas gilt; sie kann nicht für sich selber sprechen, wenn auch nur *ein* Bischof eine Ausnahme bildet; mit anderen Worten: *ein* Opus-Dei-Bischof genügt, um die gesamte Bischofskonferenz in Brasilien oder in Deutschland zu boykottieren. Eine lokale Bischofskonferenz kann also nur in der Wahrheit sein, wenn sie verbunden ist mit dem *Bischof in Rom*; der allein *weiß*, so soll man glauben. Aber wieder auch nicht; auch er muß verbunden sein mit der Tradition des Lehramtes und mit dem, was alle glauben. Aber was glauben sie *alle*? Da es nirgendwo festzumachen ist, bleibt es dabei, daß die Kirche immer recht hat. Andererseits sind die Kirche wir selber. Nur: wer sind wir selber? Gehören zu der Kirche, die «wir» sind, die Protestanten etwa mit dazu? Das eben nicht! erklärt das katholische Lehramt. Protestanten glauben einige Dinge doch nicht so, wie man müßte. Die Orthodoxen der Ostkirchen auch nicht; sie glauben vor allem nicht an den Papst. Die Juden schon gar nicht; sie haben an Jesus als an den Messias noch nie geglaubt bis heute, und das muß man ihnen, Auschwitz hin,

Auschwitz her, nun doch zum Vorwurf machen. Bei den Muslimen ist die Sache vollends klar. MOHAMMED ist nicht Jesus – vor solchen Gleichsetzungen muß man warnen.

Hindus, Buddhisten, asiatische Religiosität überhaupt – das liegt uns fern, und so soll es bleiben!

Mit einem Wort: wir haben unter dem Begriff Glauben nichts weiter vor uns als einen an den Himmel geworfenen Gruppenegoismus, als einen planungsvollen Terror zur Einschüchterung von Menschen; nicht Freiheit, vielmehr der Kampf *gegen* die Freiheit ist ein solcher «Glaube»; nicht Menschlichkeit, sondern der Ersatz der Person durch eine geistige, will sagen: *un*geistige Behörde ist dieser «Glaube». Er ist ein Begriffsfetischismus von Redensarten, die in sich selber wie magisch Gott herbeizaubern sollen. Ein solcher Glaube verwechselt die Hörsamkeit gegenüber Gott mit Gehorsam gegenüber kirchlichen Institutionen.

Von daher muß man die ersten drei Tugenden im Christentum vielleicht insgesamt anders übersetzen, als sie klingen: Es geht nicht um *Glauben, Hoffnung* und *Liebe*, es geht: um *Gehorsam, Treue* und *Pflicht*!

Du willst den Menschen *lieben*? Als Mann deine Frau? Das ist ein schwankendes Gefühl! Die Liebe ist subjektiv! Die Liebe ist lyrisch! Sie ist immer krisenanfällig! Man kann nicht verlangen, daß du einen bestimmten Menschen immer liebst, aber daß du deine Pflicht tust, das kann man erwarten. Übersetzen wir Liebe also mit Pflicht. Dann haben wir etwas Konkretes.

Und *Hoffnung* – wer will da wissen, was in Zukunft sein wird? Daß Zukunft zuverlässig ist, das macht allein die *Treue*; «hoffen» mußt du da gar nichts; aber man kann versprechen, so zu bleiben, wie man ist. Jeder General z. B. will wissen, mit welcher Truppe er zu rechnen hat; eben drum verlangt er unter Eid die *Treue*. Die katholische Kirche will ganz in diesem Sinne wissen, was für Bischöfe sie hat, was für Leute sie an den Fakultäten hat; diese Leute müssen unter Eid geloben, daß sie immer sagen werden, was sie «lehramtlich» sagen sollen. Das ist ihre *Treue*; eben daß es überhaupt nichts mehr zu *hoffen* gibt, weil jede Änderung eine Gefahr für das Bestehende sein würde, ist der Inhalt dieser «Hoffnung».

Und der *Glaube*? Man hat ihn gehängt an bestimmte Lehrinhalte! Die Geschichte der Perversion der Botschaft Jesu hat wahrscheinlich schon begonnen damit, daß man die Botschaft des Mannes aus Nazareth in die Kultur *der Griechen* übersetzte. Das Deutsche immerhin, das dem Altgriechischen näher steht als das Hebräische damals, kennt eine Reihe von Aussagen, die helfen können zu verstehen, wie die Ersetzung eines ursprünglichen Vertrauens durch diese Art von Kirchen«glaube» passiert ist. «Ich *glaube* dir das», sagt man im Deutschen und meint damit: «Was du mir jetzt erzählst, kann ich nicht nachprüfen, will es auch nicht nachprüfen, aber ich bin überzeugt, es stimmt, weil du mir das so sagst, und du hast die Übersicht, das glaub ich dir.» Da hängt der *Glaube* an dem Vertrauen in die Person eines andern in bezug zu einem bestimmten mitgeteilten Inhalt. Aber es ist wichtig, daß man zu diesem Inhalt nur über die Person des anderen begründeten Zugang gewinnt. An sich wäre in diesem Falle das Verhältnis allerdings noch ersetzbar durch eine sachorientierte Kontrolle. «Ich glaube dir das, – weil ich mir die Mühe nicht machen will, nachzuprüfen. Aber theoretisch wäre es möglich!»

Einen Schritt weiter und wir sagen: *Ich glaube dir.* Das ist viel mehr, denn es geht jetzt gar nicht mehr darum, *was* der andere gesagt hat; er hat dies gesagt und das gesagt, und es war auch wichtig, aber man möchte ihm glauben. *«Ich glaube dir»* heißt soviel wie: «Ich glaube dir in diesem Falle und eigentlich immer. Auch was du noch sagen wirst, – es wird in meinen Augen stimmen, weil ich dich als diese Person erlebe und schätze, ja, weil ich dich *liebe.*»

Noch einen Schritt weiter betreten wir ein fast unheimliches Gebiet. Zwischen Menschen ist es möglich zu sagen: *Ich glaube an dich.* Das bedeutet: «Ich setze mein ganzes Leben aufs Spiel in der Liebe zu dir; ich gebe es dir in die Hände wie eine Kostbarkeit, wie eine chinesische Vase: Wenn du nicht sehr behutsam bist, wirst du sie fallenlassen, und sie zerspringt in tausend Stücke. Aber *ich glaube an dich*, und deshalb tu ich's.» Diese Formulierung muß man im Deutschen übersetzen mit: Du bist mein Halt, du bist mein Schutzbunker, du bist mein Versteckraum. – Das Hebräische vor 3000 Jahren kannte noch keine Bombenangriffe und keine «Bunker», aber heute kann man die entsprechenden Bibelworte nicht mehr übersetzen mit: Du bist meine *Burg*; wenn aber da etwas ist, worauf's prasseln kann, wie's will, und es hält, wo ein Unterschlupf ist, an dem ich spüre, daß es an mich nicht herankommt und es mir ein Leben schenkt, jenseits der ständigen Angstsicherung im Überlebenskampf, dann finden wir den Sinn der Redewendung: *ich glaube an dich*. Die griechische Sprache des Neuen Testamentes variiert diese Redewendung oft, und man kann sie kaum richtig übersetzen. *Ich glaube an dich* – das gibt es wirklich im *Johannes*-Evangelium; aber *ich glaube dir* gibt es auch; *ich glaube dich* kommt sogar vor. Das sind Nuancen im Griechischen, die wir in den normalen Bibelübersetzungen überhören. Sie werden flachgeschliffen unter dem Begriff eines inhaltsbezogenen Glaubens, der uns die Vorstellung einer bestimmten Art zu sprechen, Erkenntnisse zu sammeln und zusammenzustellen, vermittelt.

Eben deswegen ist das, was wir *Glauben* im Sinne Jesu nennen, als ein großes *Vertrauen*, fast verdorben worden. Wer ist da Gott, wenn er derart verhüllt, statt offenbart wird von den Nebelwolken der orthodoxen Formeln? Wie viele Menschen heute gibt es, die ganz einfach erklären: «Ich glaube nicht an Gott» oder: «Ich glaube keinen Gott.» Doch wollen sie das wirklich so sagen? «Glauben» sie das womöglich nur, weil sie all dem widersprechen, was sie je kirchlicherseits gehört haben?

Dieser Tage sagte mir eine Frau: «Mein Mann ist ganz religiös großgeworden, und das ist der Grund unserer Trennung. Man hat ihn mit zwölf Jahren in ein Kircheninternat gesteckt, und nun ist es soweit – er kann das alles, was die Kirche sagt, nicht mehr hören. Aber ich habe Angst um ihn. Was soll werden, wenn er stirbt? Wo kommt er dann hin? Ich bin doch auch so großgezogen worden. Ich geh schon seit langem nicht mehr in die Kirche, aber ich habe Schuldgefühle. Manchmal habe ich bloße Angst; dann kommt das alles wieder aus Kindertagen.»

Ich versuchte in Antwort auf diese Not eine orientalische Geschichte zu erfinden: Denken wir uns einmal ein Land, sagte ich, das so groß ist, daß die zahlreiche Bevölkerung den König, der es regiert, noch nie gesehen hat und im Grunde überhaupt nicht kennt. Das einzige, was es von seinem König weiß, ist die Weisheit seiner Gesetze, nach denen das Land sich ordnet. Diese Gesetze aber sind von einer Art, daß man sie gar nicht geschrieben und vorgetragen bekommen müßte, weil im Grunde ein jeder von innen her sich die gleichen Weisungen zu geben vermöchte. Dieser Zustand währt nun schon viele Jahre. Da bricht in diesem Land eine Hungersnot aus. Sie ist so groß, daß die eingebrachte Ernte die Bevölkerung nicht ernähren kann. Viele alte Leute sterben, viele kleine Kinder verkümmern vor Hunger; drum verkündet in einer Stadt jemand als Befehl des Königs, man solle nicht länger die Untüchtigen miternähren, «das Boot sei voll», – die Stadt überfüllt, die Nahrungsmittel begrenzt! Jetzt habe ein Recht zu leben nur noch, wer stark genug sei, sein Leben zu verteidigen. Und damit nicht jeder zum Räuber und Mörder an dem anderen werde, beschließe man und sei beschlossen, daß nur noch die starken und wehrfähigen Männer und die gebärtüchtigen Frauen, im Alter zwischen fünfundzwanzig und zweiundvierzig, ausreichend ernährt würden; alle anderen müßten halt sehen, wie sie durchkämen. – An dieser Stelle der Geschichte denken wir uns einen Mann, der an der Scheune und im Verwaltungsdepot tätig ist. Laut Order ist er gezwungen, unter Strafandrohung der Hinrichtung, sich an die Weisung des Königs zu halten, aber er tut es nicht; immer wieder gibt er hintenherum, «unverantwortlich», wie man ihm warnend zuraunt, einem hungernden Kind, einer hungernden Frau, einem alten Mann so viel zu essen, daß sie für ein paar Stunden wenigstens sich sättigen können. Er streut manchmal sogar Körner aus für die Vögel, weil es Winter ist. Irgendwann ertappt man ihn bei diesem Treiben, man stellt ihn zur Rede, man erklärt ihn der Majestätsbeleidigung für schuldig; denn um sein Verhalten zu motivieren, sagt er, der Befehl, den der König erlassen habe, sei unsittlich, sei unmenschlich, und deshalb habe er die Pflicht, so nicht zu tun. – Wir denken uns, daß dieser Mann selbstredend hinter Schloß und Riegel kommt. Aber irgendwann dringt der Vorfall an den Königshof. Der Monarch hört, was sein Untertan in der fernen Stadt getan hat, und er ist bestürzt und erschrocken, nicht nur als er von den Zuständen in seinem Reiche hört, sondern vor allem, als er von jenem Befehl erfährt, der in dieser Stadt in seinem Namen erging; auf der Stelle läßt er den Mann zu sich bitten und sich alles aus seiner Sicht noch einmal erzählen. Wir nehmen an, daß dieser König wirklich ein weiser und gütiger Regent ist. Wird er dann nicht sagen: «Unter allen meinen Untertanen ist dies der einzige, der *an mich geglaubt* hat, weil er den Befehl, der in meinem Namen erlassen wurde, *nicht* befolgt hat. Weil er erklärte: ‹Mein König kann so etwas gar nicht befohlen haben! Er muß gestorben sein, und ein Wüstling, ein Usurpator muß sich auf seinen Thron gesetzt haben! Anders ist dieser grausame Befehl gar nicht erklärbar. Vermutlich hat man meinen

Herrn ermordet!› – Dieser mein Untertan hat *an mich geglaubt*, weil er nicht mehr denken konnte, daß ich überhaupt existierte, wenn solche Befehle in Umlauf seien!» – Der König, so denke ich, wird diesen «Ungläubigen» ganz sicher zu seinem Berater, zu seinem Wesir, zu dem höchsten Beamten in seinem Reich ernennen!

Und nun auf diese Frau hin versuchte ich zu sagen: «Ich kann nicht wissen, woran Ihr Mann glaubt, aber ich bin mir sicher, am Jüngsten Tage wird Gott Ihren Mann belobigen für all das, was er im Namen Gottes *nicht* glauben konnte – Gott zugunsten! Besser gar kein Gott als so ein Gott, hat er sich gedacht. Und das *ehrt* Gott, wie er wirklich ist! So sollten wir denken!»

Wenn wir nur einmal damit aufhören, Glauben mit einem bestimmten Lehrsystem zu identifizieren, mit einer Rhapsodie zum Auswendiglernen, mit einem ewigen Streitfall von Rechthaberei, was dann? Das Beste, was in theologischer Absicht über den Glauben gesagt werden konnte, wurde formuliert gleich am Beginn der Neuzeit, vor über 460 Jahren, von MARTIN LUTHER. Er strich die ganze christliche Lehre zusammen auf drei Worte: *Allein* durch Glauben, *allein* durch Gnade, *allein* durch Jesus, wie es in der *Bibel* steht. Mehr war in seinen Augen nicht nötig. Allein um diese Vereinfachung «allein *aus Gnade*, allein *aus Glauben*, allein *aus der Schrift*» zankt sich die Christenheit bis heute. Der Katholizismus will die lutherische Einsicht nicht wahrhaben, und wenn, dann in Kompromißformulierungen, die nichts bewegen dürfen, denn alles, träfen sie zu, würde sich ändern! Stimmte das, was die Reformatoren sich aus innerer Erfahrung und geistiger Konzentration mit Bezug zur Botschaft Jesu und zur Interpretation des PAULUS ans Herz gelegt haben, so wäre es nicht mehr möglich, zwischen Mensch und Gott den gesamten Vermittlungsdienst priesterlicher Opfer, feierlicher Beschwörungen, heiliger, gottwohlgefälliger und vermeintlich von Gott angeordneter Rituale einzusetzen; vielmehr lebte die Kirche ganz und gar in den Menschen, in deren Seele Gott aufleuchtet; in der Lebensform dieser Menschen würde Gott gefunden, und eine «Vermittlung» des *Glaubens* bestünde in nichts anderem als in einer bestimmten Art, das Leben anzupacken. Das freilich wäre nur möglich, wenn Menschen glauben könnten, in ihrem ganzen Dasein umfangen zu sein und *akzeptiert* zu sein – mit diesem lateinischen Fremdwort ist das schöne deutsche Wort *Gnade* wohl am besten übersetzt. Allein daran zu glauben und daran festzuhalten, das änderte das ganze Leben!

Auf dem Hintergrund der Lehre von den sogenannten *Lastern* brauchten wir uns nur einmal anzusehen, mit welch einer befreienden Kraft Jesus vom Jordan in sein kleines Galiläa kam und es sich zu Füßen legte als das Modell einer ganzen Welt, so daß es uns erreicht noch nach zwei Jahrtausenden; was in der Verkündigung Jesu bedeutet die Haltung des *Glaubens*?

Sagen wir vorweg ein letztes Mal noch: Es ist im Namen des *Glaubens* an Gott soviel Furchtbares geschehen, gerechtfertigt und praktiziert worden, daß es fast unmöglich ist, ohne Verstellungen und Hindernisse von dem Einfachen der Botschaft Jesu überhaupt noch zu reden. Ein Beispiel dafür.

In der Zeit des HARRY TRUMAN und des DWIGHT D. EISENHOWER nach 1945 bis in die fünfziger Jahre hinein in den Vereinigten Staaten von Amerika war etwa die Atom-Rüstung ein Hauptproblem, das heißt genauer gesagt, sie hätte es moralisch sein *müssen.* Nach 1945 aber galt in der amerikanischen Selbstrechtfertigung die Atombombe über Hiroshima als so etwas wie ein heiliges Geschenk des Himmels. Gedudelt wurden unter HARRY TRUMAN Frontlieder der amerikanischen Soldaten, etwa des Inhalts: «Im Schützengraben gibt es keine Atheisten; im Prasseln der Bomben betet ein jeder. Soldaten mit blutunterlaufenen Augen richten ihren Blick zum Himmel. Ich möchte wohl glauben, die Atombombe war die Antwort Gottes auf unser Gebet.» – Gezeigt wurde damals ein amerikanischer Geistlicher, vom Schlage eines BILLY GRAHAM, der darüber nachdachte, daß im Falle eines möglichen Atomschlags Leute, die keinen Bunker gegen die drohende Katastrophe eingerichtet hatten, schon weil sie kein Geld hatten, ihn zu bauen, nun mit der Brechstange kämen, um in den Bunker eines guten amerikanischen Bürgers einzudringen. Was folgt dann? Wenn Selbstverteidigung bisher schon göttlich legitim war, so die Folgerung dieses amerikanischen Geistlichen, so wird es eben deshalb nötig sein, Handfeuerwaffen mitzunehmen und den Bunker zu schützen. Das also ist christliche Liebe zur Freiheit, zur Gerechtigkeit und zur Menschlichkeit. DWIGHT D. EISENHOWER erklärte damals allen Ernstes, die amerikanische Nation sei das Land, das Freiheit und Frieden der ganzen Welt schenken könne, und er fügte hinzu: «Ich sage: Wir werden es ihr schenken, im Namen Gottes!» –

In dieser Art des Hurra-Patriotismus in *God's Own Country* hat sich in der menschlichen Geschichte bis heute überhaupt nichts «geändert». Woran also soll man *glauben*, wenn von *Gott* die Rede geht?

Die Erfahrung Jesu ging tatsächlich dahin, daß Gott größer sei als jeglicher Mißbrauch; jeder Mensch wisse irgendwo, wie sein Leben richtig verlaufe. Dann aber müßten wir all das, was wir bis dahin als «Laster» bezeichneten, mit dem Namen *Glauben an* ... verbinden. Es gibt Menschen, die glauben – ja woran? *An* die *Macht* zum Beispiel! Wir nannten diesen «Glauben» *Stolz* und entdeckten im Hintergrund eine große Angst, vernichtet zu werden. «Weh dem, der schwach ist!», konnte ADOLF HITLER auf dem Obersalzberg 1938 sagen. Dieses Wort war die Zusammenfassung des Grundgefühls des gesamten Faschismus in den zwölf Jahren des Wahns in Deutschland. «Wenn du schwach bist, bist du nichts.» Weiß Gott, das hatte man vorgeführt, im Massenmorden des Ersten Weltkriegs ebenso wie im Ausbruch des Zweiten Weltkriegs, wo nur die Starken, nur die Siegreichen, nur die Grausamsten, nur die Skrupellosesten in dieser Welt eine Chance zum Überleben bekommen sollten. Es gibt keine Schwäche, die man in dieser Welt verzeiht; der Sozialdarwinismus wütet, der Nationalsozialismus wütet, der Kommunismus wütet, der Amerikanismus wütet, – alle haben sie ihre eigenen Ideologien, alle fordern sie Hekatomben von Opfern, doch die zählen für nichts. «Also mußt du so stark sein, wie du irgend kannst, sonst bist du verloren in dieser Welt!»

Es war der Mann aus Nazareth, der es wagte, in diese unsere bis heute so bestehende und sich immer schlimmer weiterentwickelnde Welt vollkommen ungeschützt hineinzugehen. Im *13. Kapitel* des *Lukas*-Evangeliums droht man Jesus mit HERODES ANTIPAS; der, sagt man, lauere ihm auf, aber Jesus, im *31.* bis *33.* Vers bei *Lukas* im *13. Kapitel*, soll gesagt haben: «Geht, erzählt dem Fuchs: ich heile die Kranken, ich treibe Dämonen aus, heute und morgen!» Sinngemäß also sagte Jesus: «Was geht mich Herodes an? Was gehen mich überhaupt all die Leute an, die da auf den Thronen sitzen und erklären, sie wüßten, wer ich zu sein hätte und was ich zu tun hätte? Ich sehe, was Menschen brauchen, – wie sie leiden, und ich frage mich, was ich dazu beitragen kann, ihr Leben zu ordnen, ihnen ihr Ich zurückzugeben, die Fremdherrschaft auf dem Terrain ihrer Psyche zu beenden und all die Zustände der Entfremdung nach und nach aufzulösen; ich frage mich, wie es möglich ist, die Angst wegzustreicheln, die bis in den

Körper hinein Krankheiten erzeugt, und ein Herodes wird mich daran nicht hindern, jedenfalls heute nicht und morgen nicht. Selbst wenn er mich verhaften läßt – ich werde so bleiben, wie ich bin!»

Es ist nur ein kleiner Satz, ein Wort, das in dieser Form übrigens nur bei *Lukas* überliefert wird, aber es zeigt bereits den ganzen Jesus: Er ist auf eine geradewegs absurde Weise nicht einzuschüchtern! Die griechische, die römische Philosophie hat daraus wieder eine ganze Tugendlehre gemacht. Die *Stoa* hat sich bemüht, den Menschen eine Haltung beizubringen, die in Worte gefaßt lautet: Selbst wenn die Welt zugrunde geht, soll sie einen Furchtlosen erschlagen; mit anderen Worten: du darfst dich nicht fürchten, du mußt charakterfest durchhalten. *(Si fractus illabatur orbis, impavidum ferient ruinae.)*

Für Jesus aber ging es durchaus nicht um eine solche «Charakterfestigkeit»; ihm ging es einfach darum, die paar Dinge zu tun, die ihm in seiner Güte evident waren. Er ließ Angst nicht als Argument gelten, irgend etwas nicht zu tun.

Verstehen wir also, was im Namen dieses Mannes *Glauben* heißen müßte? Verstehen wir, wie sich das Leben von daher ändern würde? Wir hätten mit dem Wort *Glauben* eine Anwendungsformel zur Lösung so gut wie aller peinigenden Lebensumstände. Sie lautet in etwa: «Laß sie doch machen, was sie wollen! Tu das, was du innerlich im Angesicht der Not anderer Menschen für richtig findest. Niemand kann dich daran hindern, es sei denn, du selber nimmst das, was die andern wollen, unter dem Druck der Angst als Befehl in dich auf. Aber das muß nicht sein. Bleib bei dem, was du selber am deutlichsten fühlst.»

Genauso in den anderen Problemfeldern der «Laster». Wir haben *Ungeduld* und *Zorn* besprochen und gesehen, wie sich Menschen aus lauter Angst, nicht zum Ziel zu kommen, immer wieder unter Druck setzen, wie sie sich voranpeitschen, wie sie leistungsbezogen über jedes Maß leben. Jesus demgegenüber kann erklären: «Es hat ein jeder Tag schon soviel Plage; versuch ganz einfach, *heute* glücklich zu sein. Die Blumen können es dich lehren, die Vögel können es dir zeigen.» *(Mt 6,19–34)* Beim abendlichen Heimweg kann's dann der wunderbare zunehmende Halbmond am Himmel Ihnen zeigen: Es ist soviel Licht im Dunkel, soviel Schönheit im Hellen! Und du selber mit deiner Gegenwart bist dem andern *mehr* als Sonne und Mond, *mehr* als Blume und Gesang! Du in deiner Person bist etwas so Wunderbares, daß es die ganze Welt zum Singen und zum Glück begeistern kann! Lebe du ganz einfach, was du bist, und zerstöre es nicht mit endlosen Zukunftsprojekten, mit immer verstiegeneren Versprechungen, die dich nur von Tag zu Tag mehr unter Streß bringen ...

Wir haben im Rahmen der Lehre von den «Lastern» besprochen, wie Menschen abhängig werden von der *Liebe* und dem *Anerkanntwerden* durch die anderen, bis hin zu dem, was der Sprachgebrauch der Moraltheologie als *Wollust, Ehrgeiz* und *Eifersucht* bezeichnet; wir sind dabei den verschiedensten Gemütsregungen nachgegangen, um zu erfahren, wie man förmlich buhlt um die Zuwendung eines anderen, wie man sie sich erkauft, erschleicht, ermogelt, immer wie versessen darauf, andere als Konkurrenten aus dem Felde zu drängen und sich selber nach vorne zu spielen. Im Sinne Jesu erscheinen diese wesentlichen Akzentsetzungen der «Normalität» wie ein Alptraum der Menschlichkeit. Jesus kann allen Ernstes im *Matthäus*-Evangelium, am Ende der Seligpreisungen, sinngemäß erklären: «Ihr solltet euch glücklich preisen, wenn sie euch womöglich gar nicht anerkennen, sondern euch verfolgen und alle möglichen Verleumdungen über euch reden. Vielleicht haltet ihr dann ein Stückchen Wahrheit in Händen. Wenn alle es gut finden, was ihr sagt, so liegt es vermutlich daran, daß ihr die Wahrheit nur noch nicht wirklich lebt. Ihr tutet nur ins Horn! Ihr heult mit den Wölfen! Ihr marschiert mit! Ihr seid wieder dabei, euch anzugleichen an den Druck aller andern!» *(Mt 5,11–12)*

Vielleicht sind dies die schlimmsten Erinnerungen, die aus dem 20. Jahrhundert für die Nachwelt bleiben: wie verführbar Menschen sind, die nichts weiter wollen, als gut zu sein in den Augen der andern, die sich aber nicht fragen, wer sie selber sind. Wenn wir eben noch sagten, es könne so leicht aus «Glauben» unter Kirchenzwang und schließlich unter Staatsterror *Gehorsam* werden und aus *Hoffnung* ein *Treuegelöbnis* und aus *Liebe* eine pure *Pflichterfüllung*, hätten wir mühelos bereits die Gestalten der schlimmsten Perversionen der religiösen Sprache in die Dämonie der Angst durch Außenlenkung vor Augen.

Erschütternd ist es zum Beispiel in alten Archivaufnahmen zu sehen, wie HITLERS Stellvertreter und Helfershelfer, Generalfeldmarschall ERNST KEITEL, im Prozeß in Nürnberg verhört wird: Er hat all die Pläne organisiert, unterschrieben und durchgeführt, die den Tod vieler Tausender von Menschen bedeuteten, er war der Mann fürs «Praktische», fürs Grobe, er war der Oberstratege der Großdeutschen Wehrmacht, er war der Unterzeichner eines Kriegs, der unter seiner Leitung über 35 Millionen Menschen getötet hat. Aber nun muß man es ihm glauben, wenn er unter Tränen in Nürnberg sagt: «Ich habe *geglaubt*! Ich habe an das Falsche geglaubt, und ich habe nicht verhindert, was man hätte verhindern müssen. Das ist meine Schuld!» KEITEL wollte offenbar sagen: «Alles was ihr mir vorwerft, stimmt, aber darum geht es nicht! Das alles habe ich getan, aber das zu tun war nicht mein Motiv. Mein Motiv war ein Glaube, der sich mit dem Massengekreisch einer aufgewiegelten Menge identifizierte und hochputschte mit dem, was sie für den ‹Führer› hielt. An ihn hab ich *geglaubt.*»

Glauben im eigentlichen Sinne müßte in der Möglichkeit bestehen, daß man in Widerspruch mit allem möglichen gerät, nur weil man eine bestimmte Evidenz wirklich lebt. Es genügt zum Beispiel, in dieser Welt ein paar klare Optionen zu haben – Antimilitarismus und Vegetarismus zum Beispiel. Es genügt, daß Sie nicht länger wollen, daß man militärisch plant, wie man Menschen tötet, und daß man nicht länger agrartechnologisch plant, wie man Tiere quält und zugrunde richtet, – allein das reicht schon vollkommen aus, um sich mit dem Rest der Welt gründlich anzulegen. Plötzlich haben alle etwas gegen Sie! Eine Gesellschaft ohne Militär, wird man sagen, das sei unmöglich; ohne Militärrüstung, – das habe es ja noch nie gegeben! Das sei unverantwortlich! Das millionenfache Quälen von Tieren *muß* offenbar sein zur Ernährung der Menschheit. Zwar: Jeder weiß eigentlich, daß gerade die Massentierhaltung dazu führt, eben die Mittel zu verfüttern, die die Menschen brauchen würden, um selber davon zu leben. Aber was soll's? Es war immer so, also muß es auch in Zukunft so sein. Es ruiniert die Wirtschaft, es ruiniert den guten Appetit, es ruiniert das Sicherheitsgefühl des guten Bürgers!

Aber von *der* Art war all das, was Jesus machte! Begreift man plötzlich, daß das, was ihm *Glauben* hieß, sich überhaupt nicht daran festmachte, Bekenntnisse von seiner Person herzusagen. Seine Art von «Glauben» hatte es mit dem Problem zu tun, worauf wir uns beziehen, wenn wir uns fragen, wie wir leben sollten.

Das Furchtbare ist, daß wir genau wüßten, was richtig ist, aber dann kommt so etwas Angst daher und bringt alles durcheinander!

Deshalb muß man vielleicht, um zu *glauben*, ein bißchen schon doch «wissen». Man muß zum Beispiel die Geschichte des Jesus von Nazareth erzählen. Es war ein einziges Mal in der Geschichte der Menschheit, daß jemand wie der Mann aus Nazareth versuchte, ob's nicht anders ginge. Und das wird nun die alles entscheidende Frage: ob wir es mit ihm für möglich halten, daß es tatsächlich anders ginge, denn anders ist es kein Leben! An Fragen dieser Art entscheidet sich's. Überhaupt nicht aber entscheidet sich der *Glaube* daran, ob wir in der Sprache der Spätantike, im Abstand von 1500 Jahren, den Kindern eintrichtern, daß Jesus die zweite Person der dreifaltigen Gottheit sei und daß er die göttliche und die menschliche Natur in sich geeint habe in seiner göttlichen Person; mit solchen Lehren kann man ein «sehr gut» als Note in jeder Religionsstunde erzielen und sogar in der Prüfung noch im Theologiestudium, doch hat es mit dem Leben nichts zu tun, – es *soll* damit überhaupt nichts zu tun haben! Wenn wir hingegen sagen würden: Wir *glauben* gegen all das, was wir morgen oder übermorgen wieder in der Zeitung lesen werden, zwischen den Zeilen und in den Zeilen, daß das andere Beispiel des Jesus von Nazareth Geltung haben kann; wir *glauben*: Geld ist nicht wichtig, Macht bietet keinen Schutz, die Massenmeinung hält keinen Unterschlupf bereit, aber ein paar richtige Dinge zu tun, das verändert die Welt! – das wäre *Glauben* im Sinne Jesu!

Es bleibt zu überlegen, ob es wirklich nötig ist, *Jesus* zu «glauben», um ein Mensch zu sein. Oft kann man von Leuten lernen, die genauso, wie sie Gott widersprachen, um ihn zu finden, *Jesus* für uninteressant fanden, indem sie genau das lebten, was der Mann aus Nazareth tat! Ein solches erschütterndes Beispiel im 20. Jahrhundert stellt CARL VON OSSIETZKY vor, ein Kommunist, einer von denen, deren Ideologie wir immer noch glauben bekämpfen zu müssen; jedoch in seinen Tagen war «Kommunist» zu sein soviel wie international statt gruppenegoistisch-national zu denken; es bedeutete, Gerechtigkeit zu wollen statt die kapitalistische Ausbeutung ganzer Arbeitermassen und die Verelendung ganzer Teile der Dritten Welt hinzunehmen; und selbst wenn es all das nicht bedeutet hätte, – es bedeutete für CARL VON OSSIETZKY, daß die Aufrüstung der Nazis zur Großdeutschen Wehrmacht nichts weiter beinhaltete als den Versuch, einen Revanchekrieg für 1914–1918 vom Zaun zu brechen. In jenen Tagen konnte der Mann, den die römische Kirche heute feierlich benennt als den

«Löwen von Münster», KARDINAL VON GALEN, kein Geringer also, 1939 noch erklären, daß dieser Krieg – gemeint war der Überfall auf Polen mit allen Folgen, war der Einmarsch in Frankreich, war der Überfall auf Skandinavien – den Deutschen «aufgezwungen» sei, und zwar eben durch den «Diktatfrieden» von Versailles, durch eben dieses Unrecht, das es jetzt, 1939, wiedergutzumachen gelte. Damals konnte BISCHOF GRÖBER in Freiburg sagen, daß die Frage, was ein «gerechter Krieg» sei, jetzt sich gar nicht stelle; jetzt gelte es, die Pflicht zu tun! Und man konnte mit KARDINAL VON GALEN sagen, daß ein Eid, geschworen auf den Führer ADOLF HITLER, ein Eid geschworen sei auf Gott! Also hatte man gehorsam sich zu fügen, und die «Christen» hatten zu beweisen, daß sie todesmutig sich bewährten als gute Soldaten.

Wenn eine ganze Kirche eine solche Unterwerfungsbereitschaft unter die Macht präsentiert und das «Glauben» nennt, ist es dann nicht richtig, zu sagen: «Dieser Jesus bringt uns auch nicht aus der Patsche?» Und doch: *das*, was Jesus gelebt hat und was er wollte, hätten all die Bischöfe damals lernen können von CARL VON OSSIETZKY! Man konnte an ihm sehen, daß es möglich ist, Menschen so weit zu foltern, daß sie am Ende selber kaum noch wissen, wer sie sind. Ein Mensch kann in nichts für sich garantieren; aber es gibt Stunden, in denen wir uns noch im Besitz haben und in denen es an uns liegt, das Wenige zu sagen, das uns noch klar ist. *Diese Nacht* ist historisch verbürgt: daß die SS-Schergen den Häftling OSSIETZKY antreten ließen, ihn allein, auf dem Appellhof; er solle die Hacken zusammenschlagen und das *Horst-Wessel-Lied* singen: «Die Fahne hoch, die Reihen fest geschlossen, SA marschiert in gleichem Schritt und Tritt; Kameraden, von Rot-Front und Reaktion erschossen, marschiern im Geist in unsern Reihen mit» – das Heldenlied auf die «Bewegung». CARL VON OSSIETZKY indessen stand stramm, so wird überliefert, er machte den Mund auf, und er fing an zu singen: «Völker, höret die Signale, auf, zum letzten Gefecht! Die Internationale erkämpft das Menschenrecht!» – Kommunismus gegen Faschismus –, mehr stand da scheinbar nicht auf dem Spiel; aber wäre es möglich, daß es in einem solchen Augenblick überhaupt nicht mehr um Ideologie, um KARL MARX oder um irgendeinen Nazi-Ideologen, ALFRED ROSENBERG zum Beispiel ginge, sondern im Grunde nur noch darum, herauszufinden, was ich für ein Mensch bin, und ob sie es schaffen werden, das zu verbiegen oder nicht? Da geht es allein um das Bekenntnis zur

Person, – alles andere reduziert sich auf das Vorläufige und Relative. Selbst wenn MARX sich irrt, selbst wenn «die Internationale» ein Schwindel ist, der im übrigen in Moskau längst verraten wurde, selbst wenn es überhaupt keine Menschheitsgerechtigkeit gibt, im ganzen 20. Jahrhundert nicht und im 21. vermutlich auch nicht, so ist es immer noch nötig, zu sagen: «Diese Ziele aber sind das, was ich will und wofür ich geradestehe!»

So ähnlich verrückt oder richtig war das, was Jesus in Golgatha erlebte. Er konnte am Ende nur sagen: «Was immer jetzt passiert, – in deine Hände, Vater, geb ich alles, was ich bin, meinen Geist.» *(Ps 31,6; Lk23,46)* Aus diesen Worten ist in Theologensicht die Lehre geworden, Jesus hätte die Kirche gegründet und den «Heiligen Geist» ausgegossen über die «Gläubigen» – das alles aber ist offenbar nur dogmatische Doktrin; doch wenn ein Mann angesichts seines Todes sagt: «Was immer ich bin und war, steht bei dir, – du mußt es wissen, und du wirst es wissen; du bist meine Wahrheit, und selbst wenn das ganze Leben ein Irrtum war, – dies jetzt übergeb ich dir!» dann hätte man den ganzen *Glauben* des Jesus von Nazareth. Der *ganze* Rest ist nichts als Kommentar dazu.

Aber so entscheidet sich's nun wirklich. Zweitausend Jahre sind damit hingegangen, uns in violetten Stolen den Advent «näher» zubringen. «Jesus war der Sohn Gottes», heißt es, aber dann hat er sich anscheinend im wesentlichen doch geirrt: Er hat gemeint, «das Reich Gottes *ist* da», – *is coming* ist falsch, *has come* ist richtig, *Markus 1,15*! Es ist das erste Wort aus dem Munde Jesu, und es gibt in gewissem Sinn nur weiter, was sein Lehrer JOHANNES DER TÄUFER auch schon sagte, nur mit völlig anderer Richtung: Nicht mehr das flammende Gericht eines Gottes, der die Welt umkrempelt wie ein verlaustes und zerzaustes Gewand steht hier zu erwarten, sondern ein Frieden und ein Glück unter den Menschen, daß es blüht wie am Paradiesesmorgen, gefunden in einem *Vertrauen*, in dem Menschen sich nicht mehr von anderen trennen lassen, in dem Not ein Motiv ist, Menschlichkeit nicht zu verkleinern, sondern zu erweitern, in dem vor allem Gott aufhört, eine lokale Größe zum Rechthaben gegeneinander zu sein, so als ob Theologie nichts weiter wäre als eine Ideologie zur Ausgrenzung und Absonderung, als eine Produktionsfabrik immer neuer Formen von Häresie und Tyrannei; vielmehr bestünde *Glauben* nun in der Weite des Herzens, in der Offenheit des Geistes, in der Intensität des Lebens, in Angstfreiheit in jeder Form. «Ich treibe die Dämonen aus, ich heile die Krankheiten» – *Lk 13,31*! Weiß Gott, wenn's *das* ist, gibt's keine Erlaubnis mehr, die Kirche weiter darauf zu gründen, daß Jesus in dem entscheidenden Punkte seiner Botschaft sich geirrt habe, denn das Reich Gottes sei ja noch nicht da – Gott habe sich verzögert! Wohl, das Reich Gottes *soll* auch nach Kirchenmeinung kommen, ja, es ist in gewissem Sinne in Jesus aufgrund seiner göttlichen Natur auch schon angebrochen, auch vielleicht unsichtbar schon präsent, es ist heilsmächtig sogar gegenwärtig, vor allem in den Sakramenten der katholischen Kirche, zeichenhaft, symbolisch, eschatologisch, nur «gekommen» ist es halt immer noch nicht; *das* zu *glauben* wäre anarchistische, utopistische Häresie, es wäre, kirchlich betrachtet, Unglauben, zu glauben, daß es möglich sei, die Bergpredigt zu leben! Es bräche ja alles auseinander, wenn das möglich wäre!

Die Perspektive Jesu indessen war genau umgekehrt. Das *Dasein* der Gottesherrschaft zu glauben war in seiner Botschaft nicht irgend etwas, dies *war* sein ganzes Glauben! Es ist wie in dem Gleichnis von *Matthäus 22:* Da hat ein König ein Gastmahl fertig vorbereitet, es fehlt nichts mehr; doch um so mehr ist es zum Staunen, was den Leuten alles einfällt, um sich an der Einladung zum König vorbeizumogeln: Der eine hat geheiratet, der andere hat ein paar Ochsen gekauft, – die Frage Jesu ist, was für Ausreden wir noch gelten lassen wollen, um das Wesentliche zu *verpassen*! Die ganze Meinung Jesu bestand in der Überzeugung, das Leben sei kein Wartesaal!

Je mehr wir vom «Advent» begreifen, lernen wir eigentlich, daß es eine solche «Ankunftszeit» nicht geben dürfte. Gott steht nicht aus, Gott wartet, daß *wir* endlich *ein*stehen und anfangen! Nicht «Zuwarten» ist da angesagt, sondern Losmachen! *Glauben* ist keine Angelegenheit für die Zukunft, sondern für die Gegenwart. Auch das wissen die Exegeten des Neuen Testaments. Das *«nun»* – wie oft kommt es vor bei *Lukas* – und das *«heute»* – wie oft steht es in den verschiedenen Evangelien! Solche Worte sind die Ansage des Heils, die Präsentation des «eschatologischen» Heils in der «unüberbietbaren Gnadenfülle» Gottes «im Heute». Aber wenn es denn *heute* ist, warum soll es dann immer morgen sein? Wie ein jüdischer Rabbi sagte: «Wann, wenn nicht jetzt? Und wer, wenn nicht ich?» Dies, daß wir selber «Ich» sind *jetzt*, das ist der ganze *Glaube*.

HOFFNUNG

JACOB MATHAM nach HENDRICK GOLTZIUS: Hoffnung und Zuversicht (Spes)
Auf dem Kupferstich sitzt die *Spes* mit sehnsüchtig zum Himmel gerichtetem Blick, in einem Kleid, das halbseitig ihre Brust sowie die beiden Arme freiläßt; hinter ihr erhebt sich ein Felsentor, das, efeuumrankt, hinausweist zum Meer, über das, unter dem Schutz eines Gebirgszuges, ein Schiff (der Hoffnung) sich bereits dem Ufer nähert. Fest hat die *Spes* ihre Hände auf den Anker gelegt, den sie auf ihrer rechten Schulter trägt. Die lateinische Beischrift lautet:

Maerentes recreo, / vitae ne taedeat aegrae,
Adversae praebens / solatia dulcia sortis.
Ich bin Trauernden Trost, / daß niemand wegwirft sein Leben.
Widerwärtig war's, / doch lindernd gewähre ich Labsal.

Mærentes recreo, vitę ne tędeat egrę,
Adverse prebens solatia dulcia sortis.

PIETER BRUEGEL: **Die Hoffnung (Spes)**
Die Tugend der Hoffnung, die *Spes*, steht auf einem Anker, dem traditionellen Bild der Zuversicht und Sicherheit; umgeben ist sie von Symbolen der Landwirtschaft: in ihrer Rechten ein Spaten, auf dem Kopf ein Bienenkorb, in ihrer Linken eine Sichel – Zeichen dies alles der Zuverlässigkeit, mit der die Jahreszeiten dem Bauern seine Tätigkeiten in Frühjahr, Sommer und Herbst vorschreiben. Auf BRUEGELS Darstellung erscheint an allen Stellen die *Hoffnung* indessen als eine reine Kontrastgestalt zu solcher Zuversicht inmitten einer aus den Fugen geratenen Welt. Da hockt ein Mann neben einer aufrecht stehenden Frau an der Mole und hat seelenruhig, das Eimerchen für den erhofften Fang daneben, drei Angelruten ins Meer gehängt, während die Wellen hoch gehen und im Sturm gleich drei Schiffe auf einmal in den Untergang zu reißen drohen. Schwimmend oder auch auf einer Planke versuchen die im Wasser Treibenden zwischen riesigen Fischungeheuern ans Festland zu kommen, und tatsächlich mag es unter solchen Umständen schon ein Trost sein, daß trotz des Brodelns und Schäumens der Wogen, trotz des Zerberstens der Boote und trotz der offenkundigen Hilflosigkeit der Mannschaften keiner der Menschen unrettbar in Lebensgefahr schwebt; – Hilfe scheint allen noch möglich! Dasselbe gilt für die Szene hinten im Bild, wo das Meer die viel zu niedrigen und anscheinend erst in letzter Minute angelegten Uferbefestigungen zu überfluten droht: – noch hat der Blanke Hans nicht das Festland gewonnen! Auch der Rote Hahn, der das Gebäude in der linken Bildmitte erfaßt hat, wird von der Bevölkerung mit Eimern und Leitern scheinbar gerade noch rechtzeitig bekämpft, um das Schlimmste zu verhüten. Am bittersten und am hoffnungslosesten mutet die Kerkerhaft im Gefängnisturm an, in dem unten zwei Männer an Händen und Füßen in Eisen geschlossen sind, am Fenster draußen ein Falke, wie wenn die Jagdleidenschaft des Landesherrn unter dem Namen der Rechtsprechung in diesen Strafgefangenen ihre willkommene Beute gefunden hätte. Ein Stockwerk höher, hinter einem vergitterten Fenster, in ewigem Dunkel, lugen zwei Menschen hervor wie die fliehenden Schatten ihrer selbst. Und dennoch, in all dem soll Hoffnung verbleiben! Man versteht auf diesem Hintergrund den lateinischen Beispruch von der *Notwendigkeit* der Hoffnung, schon weil das Leben so voller Not und Bedrängnis ist:

Jucundissima est spei persuasio et vitae imprimis
necessaria, inter tot aerumnas paeneque intolerabiles.
Am meisten erfreulich ist die Unterweisung der Hoffnung,
ja, lebensnotwendig ist sie, inmitten so vieler fast unerträglicher Qualen.

SPEI
H. cock excu
IVCVNDISSIMA EST SPEI PERSVASIO, ET VITAE IMPRIMIS
NECESSARIA INTER TOT AERVMNAS PENEQ. INTOLERABILES.

Hoffnung hat mit einem Wechselspiel von Vertrauen in die Zukunft und dem Risiko möglichen Scheiterns zu tun.

Es war RICHARD WAGNER, der von FREDERIC CHOPIN einmal sagte, seine Musik sei die Produktion eines lungenkranken Stubenhockers. Es mag indessen sein, daß das, was es musikalisch zu künden gibt, sich heute gar nicht mehr sagen läßt in großen, mythisch konzipierten Weltentwürfen, die daherdeklamiert werden mit dem Pathos einer großen wissenden Sicherheit; es kann auch sein, daß es sich religiös genau so verhält: Womöglich hat es sich längst schon ereignet, daß das, was wir *Glauben* nennen, sich nur noch in der notvollen und trostvollen Sensibilität Einzelner, im Innenraum der Seele, und ganz leise ausspricht. Was wir da *Glauben* nennen, erscheint weniger aufgewühlt und beunruhigt als die großen Tragödien, die vormals aufgeführt wurden, aber es geschieht in dem Bewußtsein, daß es keine fertige Lösung mehr gibt, es sei denn, eine solche Lösung zeige sich in dem verschwindend kleinen Raum möglicher Antworten im Herzen eines Einzelnen. Vor hundertfünfzig Jahren jedenfalls war dies die Einsicht des dänischen Religionsphilosophen SÖREN KIERKEGAARD. Er war wie ein Sturmvogel über der Brandung, als er meinte, das Zentrum der gesamten Krise des religiösen Bewußtseins der Neuzeit auszusprechen mit einer einzigen Entdeckung: das Christentum sei eine Form der Existenzveränderung, *Glauben* sei eine Form der *Existenzmitteilung*. Kirchlich freilich ist, wie wir sahen, ein System des Lehrens, der Doktrin, daraus geworden. KIERKEGAARDS Diagnose traf deshalb exakt, sie war messerscharf. Welch ein Unterschied etwa, wenn im Neuen Testament Jesus einen ehedem Verzweifelten durch sein Wort, durch seinen Blick, durch seine Berührung «rettet» und dann wie zur Versicherung und zur Zusammenfassung all des grad so wunderbar Geschehenen sagt: «Es ist dein *Glaube*, der dich gerettet hat» *(Mk 5,34)*, – und man eine solche

Szene vergleicht mit der Behäbigkeit einer Glaubens*formel*, die es unter lehramtlicher Aufsicht in orthodoxer Richtigkeit und monoton tradierter so und nicht anders überkommener Hersagbarkeit aufzusagen gilt! Was für ein Unterschied, wenn man, was ehemals *Glauben* hieß auf dem Boden des Neuen Testamentes und was doch wie ein Sich-Beruhigen sturmgepeitschter Wogen unter den Füßen verängstigter Menschen war *(Mk 6,45–52)*, nun vergleicht mit der Formelsicherheit einer vermeintlich garantierten Wahrheit! Aus einem *Vertrauen* zwischen Person und Person ist die Deklamation eines Spruchs geworden, ein Stück Magie, das sich an die Stelle der Wahrheit setzt, indem aus der Wahrhaftigkeit der Existenz die Richtigkeit von Redensarten geworden ist. SÖREN KIERKEGAARD nannte dies einen Verrat in allem. Für ihn war Glaube eine Form der Unmittelbarkeit zwischen Ich und Du, und diese Unmittelbarkeit schien ihm gerade darin zu bestehen, daß alles andere, alles Zweideutige weggeschmolzen werden müßte im Feuer der Verzweiflung. Glaube, das war die «Definition» des dänischen Religionsphilosophen, sei die durch Verzweiflung vermittelte Unmittelbarkeit. Er wollte sagen: Wenn ein Mensch gar nichts anderes mehr hat als Gott, dann, am Rande des Abgrunds, sieht er dieses Licht, das aus dem Unendlichen ihn erreicht.

Wir können die Deformation des *Glaubens* am besten daran erkennen, daß man aus dem Glauben als einer Haltung, die wesentlich und grundlegend von Angst befreit, einen Glaubensgehorsam gemacht hat, der in der Knechtschaft des Geistes dogmatisch kaserniert verwaltet wird. Da wird sichtbar, wie aus einem Verhalten, das aus der Haltung des *Vertrauens* erwächst, eine moralische Zwangsanstalt wird. Praktisch, für das Bewußtsein des solchermaßen erzogenen «Gläubigen», reduziert sich das *Glauben* unter solchen Umständen auf die Formel eines leeren, erfahrungshohl gewordenen «Bekennens» und einer nach Geboten in Auftrag gegebenen Form des richtigen Tuns. Da sind gewisse Statuten, die allgemein gelten, und daneben ist das Subjekt als das Besondere, das diese Reglements zu erfüllen hat. Die ganze Aufregung des menschlichen Daseins, das, was es heißt, ein Einzelner zu werden, reduziert sich mithin auf den bloßen Anwendungsfall des immer schon Gewußten. Im Grunde gibt es da gar keine Einzelnen mehr, sondern es gibt nur noch Exemplare des überhaupt immer schon Gültigen. Es ist die Norm, es ist die Macht des Lehramtes, es ist die Anweisung und die Aufführung der Amtsträger, welche die Wahrheit Gottes garantiert – mehr wird da durchaus nicht zugelassen als der Zustand dressierter Schafe an der Stelle freier Menschen. Je verängstigter die Einzelnen sind, desto tödlicher ist der Selbstkreislauf dieser Deformation des Religiösen: Am Ende *erwartet* man förmlich die Außenlenkung. Das Gezeter der offiziellen Behörde beginnt natürlich bei solchen Aussagen auf Schritt und Tritt: Wie kann denn ein Einzelner zum Gläubigen werden *ohne* die Kirche? Kaum spricht man das Wort «Kirche» aus, ist auch schon gemeint, man brauche ganz sicher eine ganz bestimmte Kirche, eben die, in der man als Kind schon gelernt hat, verängstigt sich zu klammern an die richtige Redensart. *Sie* ist just *die* Kirche dann, – die katholische, die protestantische Kirche oder eine sonstige Kirchengemeinschaft, denn ohne Gemeinschaft geht es gar nicht, soviel scheint festzustehen – kein Schaf ohne Herde, kein Wolf ohne Rudel! Der Einzelne ist da das Gefährliche, das heißt das Unmögliche. Wie denn auch? Es sollte der Glaube darin bestehen, zu zeigen, daß mit jedem Menschen etwas Neues beginne, etwas niemals Abgeleitetes, etwas höchst Riskantes, etwas in Freiheit nie noch Gewolltes?

So wie man den Glauben an die Orthodoxie und das Moralsystem verraten hat, bestünde die erste Aufgabe in der ganzen Diskussion um *Tugenden* und *Laster* darin, den *Glauben* wiederzugewinnen, indem man ihn aus der Kirchendoktrin löst. Es gibt jedenfalls keine bessere Umkehrformel als diejenige SÖREN KIERKEGAARDS, als er meinte, Glaube sei nicht das Gegenstück zum Laster oder der Inbegriff der Tugend, Glaube sei das Gegenstück zur Verzweiflung. Drückt man es so aus, begreift ein jeder, was gemeint ist.

Selbst das Sprechen von *Sünde* ist zweideutig. Für die allermeisten bedeutet Sünde das Übertreten bestimmter Gebote, die man zwar gekannt, aber dann doch freiwillig nicht eingehalten hat. Die Sünde reduziert sich in dieser Sichtweise auf die Moral, die Moral aber wird identisch mit dem Willen Gottes, der die Gebote erlassen hat, und die Vernunft des Menschen wiederum hat zu begreifen, daß die Gebote Gottes immer schon vernünftig waren, – eigentlich identisch also mit dem, was man sich «vernünftigerweise» auch selber hätte sagen können. Religion ist unter diesen Voraussetzungen im Grunde eine metaphysisch verbrämte Form der Ethik geworden, und das Beste an ihr bestünde denn auch gleich darin, das Bürgerliche Gesetzbuch und den Staat zu unterstützen, – dreißig Jahre nach der Aufklärung war der deutsche Philosoph HEGEL gerade dieser Meinung. Wie aber, wenn Religion mit Moral gar nichts zu tun hätte und es in erster Linie um die Rettung des Menschseins ginge? Wie, wenn Religion in dem Wissen bestünde, daß Menschen nur gut sein können, wenn sie mit sich selbst identisch geworden sind, und das nur möglich ist, wenn sie einer Güte begegnen, die sie selber will und meint, auf daß sie den Abgrund der Angst überschreiten können und einen neuen Boden unter ihren Füßen finden? Dann wäre *Glauben* wirklich das, als was das Christentum ihn der Doktrin nach ausgibt: Er wäre lebenrettend, er wäre erlösend, weil alle Angstumschnürung auflösend.

Aber erst wenn wir diesen Hintergrund sehen und begreifen, daß *Glauben* grad das nicht ist, wofür er verkauft wird, eben nicht eine «Tugend», sondern die Voraussetzung von allem, was je im menschlichen Leben «tauglich» werden könnte, begreifen wir, daß wir auch über die *Hoffnung* anders sprechen müssen, als wie es für gewöhnlich geschieht. Sagen wir bereits zur Einleitung: So wie man den *Glauben* in Glaubensgehorsam deformiert hat, so hat man die *Hoffnung* auf eine fix und fertige Erwartung heruntergeschraubt. Beides geschieht dadurch, daß *die Angst* kirchlicherseits nicht wirklich aufgelöst wird, sie wird nur von außen her verwaltet und verschleiert, sie wird dem Einzelnen als Erlebnisraum genommen. Aber eben indem der Einzelne damit einverstanden ist, sich auf solche Art beruhigen zu lassen, ist er von sich selbst unendlich entfremdet! Nicht einmal mehr seine *Hoffnung* gehört ihm, denn man hat ihm die Zukunft gestohlen!

Der folgende Abschnitt ist im *Markus*-Evangelium so nicht entstanden, sondern wurde in das schon fertige Evangelium – weiß man, von wem? – hineingeschoben, als das *13. Kapitel.* Es ist eine *Apokalypse*, die da geschildert wird; sie hebt historisch an im Jahre 70, als Jerusalem von den römischen Legionen in Brand gesteckt wird. Diese bestürzende Tatsache forderte die frühe Kirche damals heraus. Welch eine Antwort konnte sie darauf geben?

Die Antwort, die sie gab, ist historisch wohlgemerkt in dieser Form nicht zutreffend, denn sie lautete: Hätte das Volk der Juden sich der Botschaft Jesu angeschlossen, würde es nicht auf den Kampf gegen Rom gesetzt haben, so wäre es gerettet worden; doch statt dessen mußte es seine Freiheit verwechseln mit der Guerilla der Gewalt, selbst angesichts der sicher zu erwartenden Repressionen der Weltmacht. – In solcher Weise wird Jesus historisch die Alternative kaum gestellt haben, aber diejenigen, die an ihn glaubten, interpretierten ihn vierzig Jahre später so, – vielleicht nicht einmal *ganz* unzutreffend! Die Freiheit Jesu basierte jedenfalls nicht auf der Schärfe der hart geschmiedeten Schwerter, wie die «Zeloten», die Freiheitskämpfer in Galiläa, meinten, soviel ist sicher. Jesus wollte nicht, daß man die Größe des Menschen an Machtfragen aufhängte, ganz im Gegenteil. Die frühe Jesusbewegung nun wollte wissen, was es mit der Vernichtung des jüdischen Heiligtums unter den Augen Gottes auf sich hatte. Aus Anlaß des Untergangs Jerusalems im Jahre 70 n. Chr. hub aus der jüdischen Tradition selber für sie ein Flugblatt zu reden an, das die frühen Christen auf ihre Weise interpretierten und in das *13. Kapitel* des *Markus*-Evangeliums einschoben *(Mk 13, 14–32):*

Wenn ihr aber seht den Greuel der Verwüstung (Dan 12,11; 11,31; 9,27), aufgestellt, wo er nicht darf – wer immer es liest, merke auf! –, dann sollen die in Judäa fliehen in die Berge (vgl. dagg. Ez 7,12–16), der auf dem Dach steige nicht hinunter, gehe nicht mehr hinein, noch etwas zu holen aus seinem Haus, und der auf dem Land kehre nicht noch zurück, seinen Mantel zu holen. Wehe aber den Schwangeren und Stillenden in jenen Tagen! Betet deshalb, daß es nicht winters geschieht. Denn jene Tage werden eine Drangsal sein, wie sie derart nicht war seit Anfang der Schöpfung, die Gott geschaffen, bis jetzt, noch jemals sein wird (Dan 12,1; Joel 2,2; Ex 9,18; Dtn 4,32). Ja, wenn nicht der Herr die Tage verkürzt hätte, kein lebend Wesen würde gerettet; doch wegen der Auserwählten, die er sich ausgewählt, hat er die Tage gekürzt. Und wenn dann jemand euch sagt: Sieh, hier, der Messias!, sieh, dort!, glaubt's nicht. Denn erstehen werden Lügenmessiasse und Lügenpropheten (Jer 6,13; Dtn 13,2), die werden Zeichen und Wunder bieten zur Irreführung, wenn möglich, (sogar) der Auserwählten. Ihr aber seht zu! Vorausgesagt hab' ich euch alles. Aber dann: in jenen Tagen nach jener Drangsal wird die Sonne sich verfinstern, und der Mond wird seinen Schein nicht geben, und es werden die Sterne aus dem Himmel fallen (Jes 13,10; Joel 2,10; 3,4), und die Mächte in den Himmeln werden erschüttert werden (Jes 34,4). Und dann werden sie schauen den Menschensohn, kommend auf Wolken mit großer Macht und Herrlichkeit (Dan 7,13f.). Und dann wird er die Engel aussenden und – seine – Auserwählten versammeln von den vier Winden

(Sach 2,6), vom Erdrand bis zum Himmelsrand (Dtn 30,4). Vom Feigenbaum aber lernt das Gleichnis: Wenn sein Zweig schon zartgrün wird und Blätter hervortreibt, erkennt man: nah ist der Sommer. So auch Ihr, wenn ihr seht, wie das alles geschieht, erkennt: er ist nahe am Tor. Wahrlich, sage ich euch: diese Art Mensch wird nicht vergehen, bis daß all das geschieht. Himmel und Erde werden vergehen, doch meine Worte werden niemals vergehen (Jes 51,6). Von jenem Tag aber oder der Stunde weiß niemand, nicht einmal die Engel im Himmel, nicht einmal der Sohn, nur der Vater. Seht zu! Schlaft nicht! Denn ihr wißt nicht, wann die Zeit ist.

Im Grunde ist *Hoffnung* nichts anderes als eine Haltung des Glaubens, hinausgeworfen in die Zukunft, eine Energie, nach vorn gedehnt über die Zeitachse.

Vielleicht gibt es kein besseres *Bild* für das, was *Hoffen* bedeutet, als das Auslaufen eines Schiffes. Nehmen wir die drei Segler, die im 16. Jahrhundert von der Torre de Belém in Lissabon die Tejo-Mündung entlangglitten, um unter ihrem Admiral MAGELLAN zum erstenmal mit einem kühnen Entschluß die gesamte Welt zu umrunden und nicht anders mehr zur portugiesischen Hauptstadt zurückzukehren als sozusagen von ihrer Rückseite her. MAGELLAN, so beschreibt es STEFAN ZWEIG in seinem biographischen Roman, hatte zur Vorbereitung der Fahrt an alles gedacht, woran ein Mensch nur denken kann: Was wird passieren, wenn die Planken im Sturm zersplittern? Man braucht genügend Teer und Werg, um zu kalfatern. Was wird passieren, wenn die Masten splittern? Man braucht genügend Bauholz, man braucht Ersatzteile, man braucht Geräte für den Schiffszimmermann, um alles an Bord wiederherzustellen. Was passiert, wenn die Wasserrationen ausgehen? Wie viele Gallonen Wasser sind nötig, um eine Mannschaft für vorhersehbar viele Tage vor dem Verdursten zu bewahren? Wieviele Nahrungsmittel müssen eingelagert werden? Wie hoch ist die Wahrscheinlichkeit ihrer Verderblichkeit? Was passiert, wenn Skorbut an Bord ausbricht? Wie viele lebende Tiere, wie viele Pflanzen als Nahrungsreserven müssen mitgenommen werden? Was ist zu tun gegen Fieber? Was ist vorzubereiten, wenn Überfälle beim Betreten eines Eilandes zu erwarten stehen? – Auf jede nur denkbare Eventualität kritischer Möglichkeiten hatte MAGELLAN sich vorbereitet. Er wollte nichts der ungewissen *Hoffnung* überlassen, sondern er verließ sich auf eine klare, verantwortliche Planung.

Deutlich bei diesem Projekt der ersten Weltumsegelung unterschied sich beides von einander: die *Hoffnung* und die *Planung.* Dennoch, natürlich blieb ein erheblicher Prozentsatz des Einzuschätzenden damals dem Bereich des bloßen Hoffens und Wünschens überantwortet. Niemand mehr würde im 20. Jahrhundert eine derartige Reise antreten oder auch nur jemandem erlauben, daß er sie antreten ließe! Selbst die Fahrt zum Mond hat kein Abenteuer zu sein, sondern sie muß technisch exakt vorbereitet werden; es *darf* keine Unplanbarkeiten geben! Sämtliche Eventualitäten haben vorgesehen zu werden! Ungewißheit und Risiko ist mit mathematischer Gesetzmäßigkeit *auszuschließen,* das Risiko in jedem Falle auf ein Minimum zu reduzieren. Erst wenn nach menschlicher Vorhersicht gar nichts mehr passieren kann, ist selbst die Fahrt zur Rückseite des Mondes verantwortlich zu nennen. Wir leben in einer Welt, die der *Hoffnung* im Grunde nicht sehr günstig ist. Wir möchten, daß die Zukunft sich dem fügt, was wir in sie hinein an berechenbaren Erwartungen legen. *Erwartung* aber ist im Grunde das Gegenstück zur *Hoffnung.*

Was zum Beispiel passiert, um es mit einem ebenso simplen wie lehrreichen Beispiel zu versuchen, wenn ein Fußballverein einen neuen Trainer anstellt, womöglich den Trainer, der gerade von einem anderen Verein gefeuert wurde? Man wird von ihm nicht «hoffen», daß er seinen neuen Verein in der Bundesliga voranbringt, sondern man wird das von ihm *erwarten.* Diese Erwartung ist gewissermaßen die Bedingung seiner Anstellung. Der kalkulierte Erfolg, den er einfahren soll, ist wie ein Zug, der fahrplanmäßig einlaufen wird, und der Trainer ist lediglich derjenige, der ihn abholt. Er hat gewissermaßen schon an der Bahnsteigkante zu stehen, um das für sicher Berechnete in Empfang zu nehmen. Das ist *Erwartung.* Die Zukunft bietet da nichts Neues, sie markiert lediglich den Abstand zwischen dem, was man als sicher zu erreichen wähnt, und dem Punkt in der Zeit, an dem man jetzt noch steht. Erwartung ist nichts weiter als ein Geduldspiel im bereits Sicheren. Das Kalkulierbare ist die Zeitwahrnehmung, zu der wir im Grunde unter den Bedingungen der Gegenwart, der Planbarkeit, vor allem in Wirtschaft und Industrie, die Zukunft gemacht haben. So und nicht anders wollen wir im Grunde auch, daß man mit Menschen verfährt. Wir leben in einer buchstäblich hoffnungslosen Zeit.

Zum Einpeitschen dessen, wozu wir die *Hoffnung* mittlerweile degradiert haben, gibt es vermutlich keinen klareren, zumindest keinen eindeutigeren Spruch als denjenigen, den Sie in jedem zweiten amerikanischen Spielfilm um die Ohren gehauen bekommen – als wohlmeinend, wohlgemerkt, als Erziehungsmaxime, als das Beste also, was ein Mensch dem anderen unter dem Stichwort «Hoffnung» vermitteln kann; auf amerikanisch heißt die Parole: «Du schaffst es!» Diese Phrase ist die Formel, mit der man einem verängstigten Jungen beibringt, daß er auf der Straße, wenn er sich nur «richtig» prügelt, doch gewinnen wird, – er hat keine Memme zu sein! Oder mit der man einem Baseball- oder American-Football-Spieler nach einem Beinbruch erklärt, daß, wenn er nur tapfer weitertrainiert, er sich wieder in die alte Position zurückspielen kann. Er wird es schaffen, weil er es schaffen kann, und er muß es schaffen können, weil es sonst nicht «amerikanisch» wäre. Alles muß möglich sein, was wünschenswert ist, und wenn es sein kann, wird man es auch tun müssen. Die Erwartung ist gewissermaßen die Pflicht. Die Zukunft ist das Erreichbare, das den Wünschen gegenüber Manipulierbare, die Zukunft als Knetmasse der Willkür, wenn man nur alle Kräfte anspannt, die man hat oder zu haben hat.

Solchermaßen richtet sich die Erwartung der anderen an das eigene Leben und wird schließlich verinnerlicht als Anspruch, den ein jeder an sich selber hat oder just zu haben hat, damit er anerkannt wird, damit er «gut» ist, damit er lobenswert und liebenswert wird.

Schließlich wird die Persönlichkeit identisch gesetzt mit all den verinnerlichten Erwartungen, die man an sie gerichtet hat und die sie nun von sich selber verlangt. Die Unsicherheit der Zukunft wird überbrückt durch die Spannung willentlich geschulter Anstrengungen.

Ähnlich wird die Ungewißheit des Zukünftigen in der Person jedes Einzelnen gebunden durch das mögliche soziale Versprechen der *Treue*. Es erwartet die Gesellschaft, es erwartet der Gesellschaftsvertrag, es erwarten die Institutionen auf der Basis eidlich zu sichernder Verträge, daß der Einzelne sich selbst mit seiner gesamten Persönlichkeit, mit dem Entfaltungsspielraum, der ihm eigen ist, *dem* anderen und *den* anderen als planbares Material garantiert. Man hat aus der *Hoffnung* eine ganz andere «Tugend» gemacht, eben die *Treue*! Ein Soldat etwa hat einen Eid abzulegen: Sein Leben wird sich darin verbrauchen, daß es im Notfall geopfert wird. Er hat unter Eid zu erklären nicht nur, daß er den Weisungen seines Vorgesetzten prompt und pünktlich gehorcht, sondern daß er «gehorsam» ist, er hat zu geloben, daß er ab sofort sein Leben für das Sekundäre hält gegenüber den gesellschaftlich vermeintlich höherrangigen Werten, als da sind: das Vaterland, die Gerechtigkeit, der Glaube, die Menschlichkeit, – was immer man als den nächsten Kriegsgrund ausgeben wird. Als Soldat repräsentiert er im Grunde schon die Idee des Opfers, längst bevor man ihn opfert. Schon während der «Ausbildung» hat er aufgehört, ein Selbstzweck zu sein. Denn das wäre das Gegenteil eines Soldaten: ein Individuum, das sich selbst entfalten will. Ein solches kann kein guter Soldat sein, es wird sich dagegen verwahren, zu einer Nummer in der Zahlenreihe der Kompanie oder des Regiments deklariert zu werden, es wird darauf bestehen, eigene Gedanken haben zu dürfen, statt nur noch als Rad im Räderwerk der Vernichtung zu dienen.

Aber auch im Privaten, im gewissermaßen die «Gesellschaft» Begründenden, in Ehe und Familie beispielsweise geht es scheinbar um den Preis eines *Treue*gelöbnisses. Man braucht dazu keine Rekruten mehr, die man vom zuständigen Regimentskommandanten vernehmen läßt, es genügt, daß ein Pastor dabeisteht oder zumindest ein Staatsbeamter, der protokolliert, wie hier der eine dem anderen seine *Treue* verspricht. So etwas muß sein, denn erst wenn das Versprechen der Liebe öffentlich geworden ist, nennt es sich Ehe. Aus der Liebe wird ein gesellschaftsrelevanter Vertrag, der die Öffentlichkeit interessieren muß. Man kann das Private nicht so privat lassen, als daß es nicht kontrolliert werden müßte vom Allgemeinen. Der Einzelne gilt da für das Unzuverlässige; erst wenn er über den Eid zur Treue *verpflichtet* wird, ist er einbezogen in den gesellschaftlichen Rahmen.

Aber was verlangt da die Gesellschaft?

Sie erwartet, daß der sensibelste Bereich menschlicher Gefühle, die Liebe, für alle Zukunft garantiert wird. Im Grunde erwartet sie etwas Unmögliches, und so setzt sie im Kampf gegen die Unzuverlässigkeit des Einzelnen die gesellschaftlich angeordnete Lüge: Ein Mensch hat zu erklären, daß er seine ganze Zukunft planen, gestalten, übersehen und versprechen könnte! *Das* kann kein Mensch! Er soll sein Versprechen im christlichen Kulturkreis im übrigen ablegen auf die Bibel, in deren Texten zweimal aus dem Munde Jesu das Schwören, das Gelöbnisablegen insgesamt vor Gott *verboten* wird *(Mt 5,33–36;*

Jak 5,12). Jesus scheint zu wissen, daß ein Mensch sich nicht versprechen kann. Das einzige, was er sagen könnte, bestünde in einer Erklärung dieser Art: «Ich weiß, daß ich dich liebhabe, und alles, was ich fühle, spricht dafür, daß es mein ganzes Glück sein wird, bei dir zu bleiben, solange wir leben, und mein größtes Unglück wäre es, von dir getrennt zu werden. So bin und fühle ich jetzt!» Gerade weil ein solches Empfinden *nicht* moralisch verpflichtend zu machen ist, sondern von innen her stimmen muß, kann es überhaupt eine Gültigkeit besitzen. TANJA BLIXEN, der wir den Roman *Jenseits von Afrika* verdanken, hat schon in den dreißiger Jahren darüber nachgedacht, was die Verteidiger der ehelichen Treue alles für Argumente zugunsten der Unauflöslichkeit der Ehe vorbringen. Im Grunde, sagte sie, sind sie samt und sonders bereits fahnenflüchtig geworden, denn sie beweisen gar nicht die Notwendigkeit der Ehe, sondern sie argumentieren selber mit der Bindungsenergie der Liebe. *Die* aber braucht nicht eigentlich die Ehe. Ganz im Gegenteil! Wie man sieht, ist die Ehe gar nicht selten der Tod der Liebe, eben weil sie als eine ehedem lebendige zu Tode verwaltet werden kann, eben weil man sie einspannt in die Tyrannei einer vorweg schon festgelegten Zukunft. Das Leben auch nur unter zwei Menschen ist aber nicht zu garantieren wie ein Fahrplan. Die Deutsche Bahn AG verspricht, sie wolle pünktlich sein; doch dann genügt ein wenig Schneefall, um ihren ganzen Fahrplan durcheinanderzubringen. Die Zukunft bringt uns viel Unwägbares. Um so wichtiger wird die Frage: Was ist es dann mit der *Hoffnung*?

Man hat, solange *Hoffnung* im Grunde doch verstanden wird als eine Erwartung an die Zukunft, die Religion für etwas Unnützes zu betrachten. Alles, worauf wir uns im Umgang mit der Zukunft gründen, besteht dann darin, daß sie der Zeitraum ist, der Nutzen vermehrt, der die Produktion verbessert und der das Kapital steigert. Zeit ist zu einem Wirtschaftsfaktor geworden, *time is money*, wie man zu sagen pflegt; drum, daß die Zeiteinheiten immer kürzer werden müssen; der Konkurrenzkampf geht inzwischen buchstäblich um Nanosekunden, alles kommt darauf an, wie der Kapitalumsatz noch schneller erfolgen kann, mit welchem Computersystem, mit welchen Teams von Angestellten, wie sich noch rascher arbeiten läßt. Amerikanisches Management besteht seit den Tagen des HENRY FORD und des FREDERIC TAYLOR darin, möglichst für eine komplizierte Aufgabe gleich drei Teams anzusetzen und gegebenenfalls die beiden anderen Teams zu feuern, die nicht die beste und profitabelste Lösung anbieten. Man kämpft jederzeit um die eigene Existenz. ISAAC NEWTON war es, der lehrte, daß Leistung Arbeit in der Zeiteinheit sei, – also haltet euch dran, arbeitet – je schneller, desto besser; die Folge: wir kämpfen nach Hundertstelsekunden beim Ski-Abfahrtslauf um die erste Stelle. Eine Bodenwelle, ein kleiner Windhauch, die geringfügigste Veränderung der Mechanik, Faktoren weit unterhalb der Reaktionsmöglichkeiten unseres Nervensystems werden im Konkurrenzvergleich mathematisch-technisch erfaßt, und sie entscheiden darüber, wie Hunderttausende von DM in den Prämien, in den Werbegeldern vergeben werden, sie entscheiden über eine großartige Zukunft oder über einen baldigen Abstieg. Dies alles ist erkennbar unmenschlich, und dennoch scheint es so unausweichlich notwendig, daß kaum jemand dagegen zu murren wagt.

«Wie sollen wir unsere Kinder ausbilden?», wird gefragt. Es wäre die Entscheidungsfrage für die Zukunft von uns allen, – Kinder sind die Zukunft der heute Lebenden. Wenn wir ehrlich sind, wollen wir indessen schon seit geraumer Zeit nicht länger, daß wir sie bilden, wir wollen sie wirklich nur ausbilden, wir wollen nicht Weisheit, wir wollen Wissen, wir wollen nicht Integration, wir wollen Perfektion, wir wollen nicht Pädagogik, wir wollen Schulung und Drill, wir erwarten möglichst abfragbare klare Antworten, immer schön nach Ja und Nein, wie vor einem amerikanischen Gericht. Wenn *Hoffnung* nichts weiter ist als die Erwartung bestimmter Standards, so liegt das menschliche Leben wie in der griechischen Mythe im Hause des *Prokrustes* fest: Es wird entweder gestaucht, wenn es ein bestimmtes Maß überwächst, oder es wird in die Länge gezerrt, wenn es unterhalb der Erwartungsmaße bleibt. In jedem Falle wird das menschliche Dasein so lange verformt, bis es der Paßform passend wird. *Hoffnung* ist da eine tote Vokabel, gestorben am Gift der Planbarkeit.

Man muß zur *Entschuldigung* vielleicht, jedenfalls zum Verständnis dieses unseres Bewußtseinszustandes im Umgang mit Zeit und Zukunft freilich hinzufügen, daß die Religion bis in die Gegenwart hinein vieles getan hat, um eben dieses Desaster vorzubereiten. Sie wollte im Abendland permanent, solange sie existierte, irgendwie unter Beweis stellen, daß sie doch «nützlich» sei. Die Menschen machen alles mögliche, – aber dann kommt es zu Situationen, in denen man begreift, daß nichts mehr zu machen ist, – eine Krankheit zum Beispiel, die nach dem Stand des heutigen Wissens nicht zu kurieren ist, vielleicht in dreißig, vierzig Jahren, aber eben nicht heute, kann das sein – z. B. AIDS. Was ist zu tun, wenn wir dringend etwas machen möchten, schon aus lauter Angst und Not, und doch gleichzeitig wissen, daß wir gar nichts machen können? Just für diese Momente scheint die Religion wie geschaffen zu sein. Wenn nichts mehr zu «machen» ist, kommen die Priester, die Schamanen, die Magier und erklären, daß sie doch noch etwas wissen, das sich tun ließe, das heißt, nicht gerade sie selber können etwas machen, wohl aber der Allmächtige. Es gilt also, die Aufmerksamkeit des Allerhöchsten auf den Punkt zu lenken, an dem etwas zu «machen» ist. Zwar ist der Allmächtige an und für sich allweise und allwissend, so daß er wohl kaum unserer Nachhilfe bedürfte, – aber er könnte doch etwas übersehen haben! Die recht klein geratenen Bedürfnisse von Menschen wie wir – wie kann man Einfluß gewinnen auf den mit unseren Kleinigkeiten vielleicht doch nicht so aufmerksamen Gott? Und wie ist es möglich, seinen Zorn mit uns durch ein Opfer zu versöhnen? Vielleicht war ja Gott gar nicht so unaufmerksam, er hat nur ein wenig von uns abgesehen, weil er zürnte; er hatte keine Lust mehr, sich mitanzusehen, was wir Menschen machen. Aber wenn wir nun seinen Blick ein wenig umwölken mit Opferdampf? Nicht gerade seine Optik, aber seine Nase würde dadurch positiv stimuliert, und dann könnte doch Gott eventuell seine Augen wieder öffnen und schauen, woher der Wohlduft kommt. Schon Noah, erzählt die Bibel, verbrannte ja Opfertiere am Ende der Sintflut, um die Gottheit mit der Welt wieder gnädig zu stimmen *(Gen 8,20–22)*. Wenn wir zudem auch die Ohren Gottes erreichen könnten durch Opfer und Gebet, wir besäßen eine richtige Formel, zum rechten Zeitpunkt, in der richtigen Reihenfolge, mit der richtigen Gewandung, verknüpft mit den richtigen Riten, vom Priester gesprochen, dann doch müßten wir den Allmächtigen auf unserer Seite haben, und wir könnten ihn all das tun lassen, was wir selber nicht machen können, aber nur allzu gern machen möchten.

Diese Art von «Nutzen» hat die Religion bis in die Gegenwart hinein anzubieten gehabt. Sie wußte immer noch einen Ausweg in der Not, immer noch einen Schleichweg, wenn's nicht mehr weiterging, sie hielt immer noch etwas parat, wenn alles andere versagte. Sie arbeitete mithin wesentlich mit den Ängsten der Menschen, – die Religionskritik seit rund 200 Jahren, seit den Tagen der Aufklärung, als man überhaupt begann, sich für die Hintergründe menschlicher Verhaltensweisen zu interessieren, längst noch bevor es wirkliche Psychologie gab, hat diesen Zusammenhang ganz richtig erkannt. Schon im Raum der Philosophie ahnte man damals, daß Religion in dieser Form sich zentral auf die Angst der Menschen gründet, die sie beruhigen will. Weil die Religion auf diese Weise stets «nützlich» sein wollte, delegierte sie sich indessen zunehmend an das Wissen des Menschen von der Natur, wie sie wirklich ist, und an die daraus abzuleitenden praktischen Techniken. Ein bißchen ehrlich geworden, halten wir inzwischen auch der Tatsache stand, daß wir oft genug nichts weiter machen können, – bedauernd, ein wenig fatalistisch zwar, aber auch lernbereit, unsere Möglichkeiten in die Zukunft hinein erweiternd. Ein Arzt am Krankenbett wird weder Dämonen noch Götter beschwören, – er würde, täte er so, seinem Berufsethos untreu, er müßte alles vergessen, was er jemals gelernt hat. Und so in allem.

Die praktische Religion wird ersetzt durch das, was praktisch wirklich taugt: durch Wissenschaft und Technik. Geistesgeschichtlich ist dieser Bruch gar nicht mehr zu kitten; doch um so wichtiger ist es, daß wir das, was Religion heißt, ganz anders definieren; nicht als das schlechterdings Nützliche, sondern als das buchstäblich vollkommen Unnütze. Religion erweist sich offenbar überhaupt nicht darin, daß sie irgendeinen Vorteil versprechen könnte oder daß sie Gott irgendwie dahin zu bringen vermöchte, daß er in der Welt, die er geschaffen, aber dann doch scheinbar nicht ganz vollkommen ins Werk geleitet hat, nachträglich für Ordnung sorgt. Die Religion sollte vielmehr darin bestehen, uns von der Welt der Zwecke und der Planungen zu entlasten.

Nehmen wir noch einmal den Fall, daß MAGELLAN in eine Situation kommt, die er nicht vorhergesehen hat; dann wird er gleichwohl tun, was er sich vorgenommen hat: Er wird im Taifun die Segel reffen, das Steuer halten, den Kurs so legen, daß das Schiff vor dem Sturm nicht kentert, und er wird warten, bis der Taifun vorüber ist. Doch hernach wird er in einen Ozean fahren, den die Menschen nie gekannt noch für möglich gehalten haben – den *friedfertigen*, den Pazifik werden sie ihn nennen, und sie werden ihn deswegen verfluchen, weil viele

Wochen lang kein Wind weht. Tausende von Seemeilen wird vor ihnen nichts als Wasserwüste sich dehnen. Paradoxerweise fahren die drei Schiffe des MAGELLAN Insel an Insel vorbei, ohne sie sehen zu können, sie halten fast liniengerade genau den Kurs, der kein einziges Land auf Tausende von Seemeilen erkennen läßt; aber sie werden entsprechend dem Befehl ihres Kommandanten weiterfahren. In einem solchen Zustand ist nicht eigentlich *Hoffnung* enthalten, eher eine tapfere, teils stoische, teils im modernen Sinne amerikanische Erwartung, daß man nicht aufgibt – *never surrender!* Das ist nicht eigentlich *Hoffnung*, das ist Starkmut oder Dickschädeligkeit, das ist der Wille, durchzuhalten. Im Grunde geht es dabei schon nicht mehr um ein bestimmtes Ziel, nicht um Sieg, nicht um Macht, nicht um Geld, es geht eigentlich nur noch um die Frage: Wer bin ich selber?

An genau dieser Stelle aber eigentlich beginnt die religiöse Thematik der *Hoffnung*. Was hat es mit ihr auf sich, wenn der römische Stoiker SENECA recht hat? Der meinte, das ganze Leben sei wie das Auslaufen eines Schiffes auf die hohe See, nur daß man schon wisse, wie der Hafen beschaffen sei, in dem man landen werde; dort lauere der Tod, und er werde ein schlimmer Würger sein. Dabei sei die Schiffsreise selbst unvermeidbar. Man könne langsam mit dem Schiff fahren, aber im Grunde nicht umsteigen, und selbst das Tempo der Fahrtgeschwindigkeit werde diktiert von den Winden, nicht einmal das Steuerruder gehöre uns. SENECA unternahm im 1. Jahrhundert n. Chr. am Hofe des Kaisers NERO alles, was er konnte, um die Menschen so weit zu *enttäuschen*, daß sie nichts weiter mehr besaßen als sich selber und ihre Tapferkeit. So die Lehre der Stoa. Man kann nicht sagen, daß sie das Christentum wenig beeinflußt hätte; ihre Tugendlehre ist vielmehr zentral aus dem antiken Rom in das Christentum eingedrungen; aber trägt sie, hält sie? Was hat *Hoffnung* für einen «Zweck», und wo überhaupt soll sie herkommen?

Wir sagten am Anfang: *Hoffnung* sei nicht identisch mit Erwartung; sie sei auch nicht damit identisch, daß wir selber durch eigenes Fortkommen, durch eigene Leistung und Anstrengung etwas erreichen könnten; *Hoffnung*, sehen wir jetzt, ist das genaue Gegenteil: daß da etwas auf uns zukommt, das wir nicht erwarten können, und dennoch glauben wir, daß es kommt, und wir *hoffen*, wenn es komme, werde alles gut sein. Wir müßten noch *genauer* sagen: die Bilder der Apokalyptik, z. B. die aus *Markus 13*, sind vollkommen richtig: Es wird nur alles gut, wenn gar nicht *etwas, sondern jemand* kommt!

Die Frage stellt sich, wie man Bilder dieser Art interpretiert. – Eine Studentin fragte anläßlich einer Seminararbeit, wieso ich glauben könnte, daß Texte wie diese etwas mit *Angst* zu tun hätten. Es ist für Theologen scheinbar immer noch schwierig zu begreifen, daß biblische Texte im wirklichen Leben etwas zu sagen hätten; religionspsychologisch hat die *Apokalyptik* damit zu tun, daß Menschen an der *ganzen Welt* verzweifeln, nicht nur an etwas, sondern an allem. Man muß sich das Volk der Juden, zu welchem mittelbar auch die frühe Christusgemeinde gehörte, in der Lage etwa um das Jahr 70 vorstellen. Diese Menschen erlebten, wie alles zerstört werden kann, was sie bis dahin mit Gott identifiziert hatten. Ihr Glaube war es, in Jerusalem wohne Gott selber, und Jerusalem sei seine Stadt; aber diese heilige Stadt geht verloren an die Heiden. Das Heiligtum selber kann geschändet werden, indem man an die Stelle des unsichtbaren Gottes, der in der Bundeslade wohnt, ein heidnisches Götzenbild, einen Zeus oder Jupiter, setzt. *Daniel (9,27; 11,31)* schon hat diese Möglichkeit gesehen, aber man liest davon nur mit Schrecken, und man weiß: wenn es sich *jetzt* ereignet, so erfüllt sich offenbar Gottes Wille; allerdings, dunkel ist dieser Wille! Wenn man ihn überhaupt begreift, dann nur in völligem Widerspruch zu sich selber. Aber kann es denn anders sein? Die Welt ist alt, sie ist miserabel, sie ist krank, sie liegt auf den Tod hin, – das ist die Diagnose, die die *Apokalyptik* stellt. Und nun, wie manch ein Verzweifelter, der sieht, daß alles zu Ende geht, förmlich danach verlangt, daß das Ende *bald* kommen möge, so nimmt die *Apokalyptik* das Ende von allem, das Weltende selber, für ganz dicht bevorstehend.

«Diese Generation wird nicht vergehen, ehe sie's erlebt.» *(Mk 13,30)*

Diese Aussage steht mitten in diesen Texten. Dann aber steht da auch wieder: «aber kein Mensch, nicht einmal die Engel im Himmel, auch nicht der Sohn, können wissen, wann das sein wird.» *(Mk 13,32)* Es ist im *Markus*-Evangelium die einzige Stelle, an der Jesus von sich als dem «Sohne Gottes» spricht; aber diese einzige Stelle hier in *Markus 13* erklärt gerade ganz anders als die Theologen, daß der «Sohn Gottes» nicht «*alles*» weiß, nicht einmal den entscheidenden Termin für das Schicksal der ganzen Welt! Mit einem Wort: es ist nicht möglich, das, was da kommen wird, zu *planen*, es ist ganz im Gegenteil, daß wir's prinzipiell niemals kennen werden. Wie aber lebt man mit der völligen Ungewißheit, wenn das stimmt?

Apokalyptische Vorstellungen kann man weitgehend mit den Weltuntergangsphantasien vergleichen, die manche seelisch sehr an den Rand gedrängte Persönlichkeiten bis zum tödlich Gequälten in der Psychiatrie erzählen. Sie sehen buchstäblich in ihren Alpträumen des Nachts, wenn sie am Fenster stehen, wie die Welt vor ihren Augen versinkt, wie nichts mehr ist, wie sie selber auf Flößen aus Eisschollen im Weltraum umhertreiben, wie kein Gegenüber mehr existiert, wie alles wüst wird und leer, als kehrte die Welt an den Uranfang ihrer selbst zurück, im Taumel der Haltlosigkeit, – ein Unbegründetsein in allem, was sich festmachen möchte. Man lebt da, wo das Un-Leben ist, man haust da, wo das Unbehaustsein die einzig sichere Erfahrung bildet ... *Das* ist der Gefühlshaushalt, aus dem *Apokalypsen* geboren werden, inklusive des Wunsches, es müßte alles anders werden. Aber wenn *alles* anders wird, muß erst einmal alles zu Ende gehen, was ist! *Apokalyptik*, das ist *Hoffnung* als Antwort auf eine Verzweiflung, die total geworden ist!

Was «kommt» da eigentlich, das die Apokalyptik verheißt? Das Christentum erklärt bis heute in der Sprache der Dogmen: das «Weltende» bestehe darin, daß Jesus wiederkomme als der «Messias». Aber wie «kommt» «er» «wieder»? «Auf den Wolken des Himmels», heißt es *(Mk 13,26)*. Das ist, wie wenn der Himmel sich herabsenken würde auf diese verloschene Erde und sie erneuern würde unter den Händen eines Gottes, der sie noch einmal von vorn schafft, diesmal aber «richtig», ohne Tränen, ohne Qual, ohne den Tod, ohne die Nacht, – ganz so, wie wir am offenen Sarg für einen lieben Verstorbenen beten: «Jetzt möge ihm scheinen das ewige Licht.»

Jeder weiß, daß Bilder dieser Art zum Aberglauben werden, wenn man sie äußerlich wörtlich nimmt. Was soll «kommen» auf den «Wolken des Himmels»? *Wer* soll da kommen?

Das erste, was wir denken sollten, wäre: Hoffnung bestehe weit über die Stoa hinaus (oder in gewissem Sinne im Aufgreifen des Besten, was sie zu sagen hatte) eben darin, daß jemand in seinem eigenen Wesen zu sich selber reift. Er erreicht nicht *etwas*, sondern was da auf ihn zukommt im Bilde des *Menschensohns*, ist im Grunde er selbst in dem, wozu er gemacht ist.

Verdeutlichen wir das Gemeinte in einem Bild. Was würde es für das Leben einer Rose bedeuten, wenn wir sagten, sie als Lebewesen trage in sich «Glauben» oder «Vertrauen», und wir müßten vom menschlichen Erleben ins Pflanzliche rückübersetzen, was wir da denken, um ein Bild für uns selber zu gewinnen? Wir könnten kaum anders sagen, als daß der «Glaube» einer Rose eben darin bestehe, sich auszuspannen in die Wärme der Sonnenstrahlen; ihnen *vertraut* sie, ihnen verdankt sie ihr Leben, nur in ihnen vermag sie zu wachsen. Was aber wäre dann ihr *Hoffen*? Wir müßten antworten: ihr *Hoffen* bestehe darin, daß sie die in ihr angelegten Kräfte sich in die Zeit hinein entsprechend den Gestaltungsgesetzen entfalten ließe, die in ihr angelegt sind. Das Hinausblühen zu ihrer Schönheit, das ist ihre *Hoffnung*. Was *kommt* auf diese Rose *zu*, außer das, was sie selber schon ist, indem sie es wird?

Anders sollten wir die Ankunft des *Menschensohnes* auch nicht verstehen, als daß wir gegen alle Verzweiflung würden, was wir sind. Hoffnung besteht in der Aussicht, daß das, was wir als ein Bild, als ein Ziel von uns selber bereits vor uns sehen, auf uns zukommt. Das Paradox dabei ist, daß alle Moral uns sagen wird: «Du kannst nur zu dir selber kommen, eben indem du dich anstrengst, indem du dich disziplinierst, indem du dich züchtigst und züchtest.» So aber ist nicht das Leben! So basteln wir an Kunstprodukten! Das Entscheidende, was uns leben läßt, ist tatsächlich allein das, was auf uns zukommt, und das ist, noch einmal: das Zweckfreie, das Nicht-Geplante, das in sich einfach Reifende!

So hat der historische Jesus denn wirklich seine Geschichten vom kommenden Himmelreich erzählt: als Wachstumsgleichnisse, wie Korn auf dem Feld wächst, – wie es heranreift, weiß der Bauer selber nicht, aber er kann es sehen und beobachten *(Mk 4,26–29)*. *Apokalyptische* Aussagen wie die Darstellungen in *Markus 13* waren Jesus eigentlich völlig fremd. Man muß schon mit sehr viel Angst aufgeladen die Jesusworte noch einmal hören, ehe einem Bilder dieser Art kommen.

Wo kommen wir an?

Wir müßten «apokalyptisch» unter dem Bild des *Himmels*, an dem der «Menschensohn» erscheint, sagen, es sei die Erfüllung des eigenen Wesens, wenn ein Mensch so reift, daß er die Gestalt, die er ist, auf sich zukommen sieht. Er erzwingt sie nicht, er ruft sie nicht herbei, er plant sie nicht, er macht sie nicht, ganz im Gegenteil; im *Absehen* von all den Leistungsforderungen, im Sich-Freimachen von dem herausgepeitschten Wollen für sich selber und die anderen, im *Leerwerden* von all diesen Zielsetzungen reift, wie eine Rose in der Sonne, das eigene Wesen in einem Raum der Güte, wenn man es läßt.

Augenblicklich werden an dieser Stelle manche Theologen natürlich einwenden: dann werde das *Glauben* mit nichts weiter – mit nichts weiter! – identifiziert als mit Selbstwerdung, dann werde die ganze Religion reduziert auf Psychologie, dann werde aus dem Gottmenschen Jesus Christus, der am Ende der Tage erscheine, ein Inbild der Seele, eine Wesenschiffre, dann sei Glauben am Ende nichts weiter als Selbstverwirklichung. Die Theologen, die so fürchten, meinen immer noch, daß Selbstwerdung identisch sei mit Selbstentwurf und Planung. Sie verwechseln im Grunde die Sprechweise der Existenzphilosophie, die unter MARTIN HEIDEGGER und JEAN-PAUL SARTRE so geklungen hat, mit der komplexen Psychologie CARL GUSTAV JUNGS, die, wenn sie von Selbstwerdung oder Selbstfindung spricht, etwas ganz anderes meint. Sie möchte mit Selbstfindung sagen, daß man gerade nicht etwas «entwirft», gerade nicht etwas nach Plan und Maß gestaltet, sondern daß man leise auf sich zu horchen lernt, daß man geduldig wird, daß man Gehorsam buchstäblich nach innen gewinnt, daß man mit einem Wort Sensibilität für die eigenen Gefühle aufbringt. Und darein nun sollte sich die religiöse Überzeugung setzen; so spricht der Gott, der wollte, daß wir sind! Wer diese Stimme überhört, mag am Ende an Institutionen reden lassen, wen und was er will; das, was Gott jedem Einzelnen zu sagen hat, geschieht in dieser sanften, kaum hörbaren Sprache des Herzens, in den Träumen, in den Sehnsüchten, in den wirklichen, unverstellten und durch Angst nicht verbogenen und verlogenen Wünschen, in dem, was immer gerader wird, wenn es seine Ersatzformen langsam absprengt, wenn es seine Schutzpanzer zunehmend unnötig macht, – so wie ein Rosenblatt schließlich aus der Knospe heraus sich einfach freisetzt. Wir können schon ahnen, daß aus einem Vertrauen, das sich als *Hoffnung* in die Zeit hineinstreckt, wie von selber schließlich *die Liebe* wächst als eine Frucht, die die Zeit und ihre Begrenzungen überlebt.

Was aber, wird man sagen, ist es mit dem *Tod*, mit *dem* Moment im Leben, an dem gar nichts mehr zu hoffen ist? Was ist es angesichts all der Unfälle, die uns zugefügt werden, was mit den Absurditäten, mit denen wir uns jeden Tag konfrontiert sehen? Ein MAGELLAN mochte auslaufen mit einem relativen Selbstwertgefühl, mit einem Empfinden der Selbstsicherheit; er konnte denken: «Ich habe gelernt, ein guter Seemann zu sein, und was immer kommt, irgendeine Antwort ist mir noch immer eingefallen, und sie wird mir infolgedessen auch in Zukunft einfallen; ich kann nicht alles wissen, was kommt, aber ich kann mich selber mitbringen, und dann werde ich wissen, daß es bisher noch immer eine seemännische Lösung gegeben hat; und das wird so bleiben, weil ich ich bin.» Aber irgendwann kommen die Momente, in denen wir uns so nicht durchhalten können, in denen die Frage im ganzen sich stellt, was aus uns wird. Und nun noch viel stärker gefragt: Wenn Hoffnung im letzten darin besteht, unter den Händen oder in den Augen oder in dem leisen Hauch der Worte Gottes auf sich selber zuzureifen, wem in den Tagen seines irdischen Lebens wäre es denn vergönnt, da *anzukommen*?

Begriffen haben wir, daß man IMMANUEL KANT im Grunde falsch versteht, wenn man *Hoffnung* mit «Tun» und «Machen» verbindet. KANT unterschied das sehr deutlich. Die Frage: «Was muß ich tun?», sei eine Frage der Ethik, meinte er, doch die Frage der Religion sollte identisch sein mit der *Hoffnung*. «Was darf ich hoffen?», *das* sei Grundlage der Religion; und er leitete aus dieser Frage die Zuversicht der Unsterblichkeit der Seele und der Existenz Gottes ab, schon damit «Gerechtigkeit» glaubhaft sei und subjektiv ein Motiv bilde, das Sittengesetz einzuhalten. Übersetzen wir im Abstand von 200 Jahren IMMANUEL KANTS Gedanken in unsere heutige existentielle Erfahrung, so müßte man, ihm recht gebend, sagen: Kein Mensch wird Zuversicht in seine eigene Entfaltung setzen können angesichts der einzig gewissen Tatsache, daß sie irgendwo abgebrochen wird, von irgendeinem sinnlosen Zufall womöglich, eben vom Tod, der eintritt, wann immer er will; ja, es ist schon ein fast tröstliches Bild, die anonyme unpersönliche Gestalt des Todes zu personifizieren und «Gevatter Hein» mit einem eigenen Willen auszustatten. Irgendein mechanischer Unfall, irgendein sinnloses Ereignis rafft uns hinweg; irgendein Naturgeschehen zugunsten eines Einzellers wird die liebste Person an unserer Seite töten können. Was also ist es mit der *Hoff-*

nung, wenn sie als illusionär entlarvt, wenn sie Lügen gestraft wird als ein allzu unvorsichtiges und kühnes Sich-Hinaus-Spannen ins Ungewisse der Zukunft?

Es ist kaum anders denkbar, als daß der ganze Inhalt der religiösen Hoffnung in der einen Erfahrung besteht: «Eben weil es dich gibt, darfst du das Vertrauen haben, *gemeint* zu sein, nicht als ein x-Beliebiger, sondern als du selber. Das verleiht dir die Kraft wirklicher *Hoffnung*: in die Zeit hinein zu reifen und zu verwirklichen, was an Wesensauftrag, an Lebensinhalt, an Ton und Musik in dir liegt; und das zu spielen, zu singen, zu gestalten und mitzuteilen, das ist schon der ganze Inhalt des Lebens.»

Wie aber, wenn die Romantik, wenn in gewissem Sinn CHOPIN, ganz recht hat: Alles, was wir tun, sei nichts als ein Fragment, und zwar so, daß nicht das Ganze in einem Teil zu finden wäre, sondern so, daß da ein paar Glassplitter und Scherben sind, aus denen niemals mehr ein Kirchen- und Kathedralenfenster werden wird, ja, nicht einmal eine Ahnung dessen, was wir sein könnten! Schattenverwirrt treiben wir dahin, und es geht uns fast wie Schulkindern, die, wenn die Pausenglocke läutet, beim Schreiben des Deutschaufsatzes nun endlich zu ahnen beginnen, wie der Lehrer das Thema vielleicht gemeint hat. Würde man ihnen die Chance geben, noch einmal von vorne alles zu beginnen, so käme vielleicht etwas Sinnvolles dabei heraus. Doch die ganze Zeit, die man beim Schreiben aufbrachte, bestand darin, das Thema überhaupt erst zu suchen und den Sinn der Frage allererst zu verstehen, die das Leben an uns stellte. KANT bedauerte das mit einem Satz des HORAZ: das Mißlichste am Leben sei, meinte er, daß wir zu wissen, wie man leben sollte, erst vermöchten, wenn es zu spät sei. Aber wenn es nun so ist, was macht der *Tod* dann für einen Sinn?

Als Antwort greifen wir das Wort des Jesus aus Markus 13 noch einmal auf. Schreckliches können Menschen über Menschen bringen oder kann die Natur den Menschen zufügen, – unerträglich viel Schlimmes, so daß man nur hoffen kann, es ginge bald vorüber. Doch gerade wenn es so ist, wenn man schon bald wünscht, es gehe vorüber, so sollten wir begreifen, wie wenn der Feigenbaum zu blühen beginnt, das sei nicht das Ende, sondern das sei wie ein zarter Neuanfang *(Mk 13,28–29)*. Hoffnung ist nur möglich, wenn der Horizont der Zeit sich öffnet in die Ewigkeit. Anders ist Hoffnung ein leeres Wort. Gerade wenn sie darin besteht, uns anzueifern, wir selbst zu werden und uns zu wagen, braucht sie einen Erfüllungsspielraum weit über unser Leben hinaus. *Das* im Grunde ist es, was man *Himmel* nennt: ein langsames Wissen und Werden, was wir selber sind. *Hölle* ist ein Inbegriff für die Verzweiflung, daß Menschen nicht das sind, was sie sind, sondern aus lauter Selbsthaß ganz anders sein möchten, als sie sind, oder daß sie zumindest nicht das sein möchten, als was sie sich erkennen; nie wollen sie sie selber sein, – das ist der Inbegriff aller Verzweiflung, der Gegenbegriff aller Hoffnung.

Merkwürdig sind dann nur die kirchlichen Lehren über all diese Bilder. Es gibt immer noch Theologen, die es fast schon wieder für fortschrittlich halten, nach RUDOLF BULTMANNS Entmythologisierungsversuch den Leuten «klarzumachen, daß die Bibel *doch* recht hat, wenn sie davon redet, wie Gott ein *strafender* Gott sei.» Der Vorsitzende der Deutschen Bischofskonferenz, Kardinal LEHMANN, residierend in Mainz, versichert noch im Jahre 1998 n. Chr., daß man nicht katholisch sein könne, wenn man nicht an die Hölle glaube, denn wohl bestehe das Christentum in der Verkündigung des Heils; Heil aber sei nur, wenn man wählen könne zwischen Heil und Unheil; also müsse es das Unheil geben, schon damit wir von Heil reden könnten. Außerdem: die Menschen seien frei; sie seien aber nicht frei, wenn es zu dem Guten, das sie wählen sollten, nicht auch das Böse gebe, das sie wählen könnten. Wenn sie also nun in Freiheit das Böse wählten und Sünder seien, so müsse Gott ihre Freiheit respektieren; wenn sie nun selbst nach ihrem Tode noch immer das Böse wollten, mit dem sie im Leben identisch verschmolzen waren, so könne Gott nicht anders verfahren, als sie in dem zu belassen, wie sie sind, und *das* sei die «Hölle»: sie sei die liebende Ernstnahme des Sünders durch den unendlichen Gott in alle Ewigkeit. – All diese Erklärungen laufen am Ende darauf hinaus, daß Gott offenbar ein ebensolcher Stümper sei wie wir auch. ADOLF HITLER zum Beispiel gehört diesen Vorstellungen zufolge in alle Ewigkeit verurteilt, er ist der Ausbund des Bösen, er ist ein Unmensch gewesen; er muß so unmenschlich gemalt werden, damit kaum eine Erinnerung noch daran sei, daß 60 Millionen Angehörige eines «Kulturvolkes» ihn begeistert gewählt haben, daß irgend etwas von ihm also vermutlich in allen Menschen lebt! Er ist ein Teufel, er ist ein Ausbund, und das schon gilt als der Beweis dafür, daß es die Hölle geben müsse. Außerdem, sagt man, liebt Gott immer die Opfer, nie die Täter; die Täter haßt er, die Täter vernichtet er, so steht das in der Bibel, so ist es deshalb auch richtig, und so entspricht es auch unserer Auffassung von «Gerechtigkeit». Wie aber wäre es, wir erinnerten uns, daß ein Mensch niemals das, was wir moralisch *böse* nennen, wirklich wollen kann? Das, was wir böse nennen, ist lediglich das Ergebnis einer Verzweiflung, in der ein Mensch durchaus nicht mehr weiß, wer er ist, in der er nicht mehr weiß, wofür er ist, in der er sich selbst so weit verloren hat und so tief an sich gescheitert ist, daß alles, was er sein könnte, ihm unerreichbar wird; alle *Hoffnung* bricht deshalb zusammen, alles, was Ich sein sollte, geht zugrunde. Doch daraus folgt gerade bei den starken Charakteren eine ganz eigentümliche Psychologie: Nur indem ich mich zerstöre, werde ich aus mir etwas Rechtes hervorbringen! Nach dieser Devise kann man den Entwurf von allem Terror, von aller Selbst- und Fremdvergewaltigung, von aller Selbstzerstörung und Fremdzerstörung definieren.

Es ist tatsächlich das Motiv des ADOLF HITLER: Zwar bin ich ein schwacher Mensch, aber wie wir schon hörten: «Weh dem, der schwach ist!» Also brauchen wir Hochrüstung, also brauchen wir perfekte Kampfesbereitschaft, also brauchen wir die Orgien der wechselseitigen Zerstörung, also müssen wir, um Menschen zu werden, Menschentiere bleiben!

Es gibt viele Formen von Verzweiflung, von Selbstmißhandlung, von Selbstruin, die wir beim besten Willen und Wollen weder therapieren noch, ehrlich gestanden, wirklich verstehen können. Es ist ein eitler Selbstbetrug, wenn unsere Gerichte sagen: «Diesen oder jenen Delinquenten übergeben wir jetzt pflichtgemäß zur Weiterbehandlung an die Psychotherapeuten», – als sei da ein Spielraum: *die einen* bestrafen wir auf lebenslänglich, sie verdienen nicht einmal eine Therapie, vielmehr verfügt die «Gerechtigkeit», daß sie einsitzen für lebenslänglich oder daß wir sie hinrichten, weil ihr Leben zu teuer steht für den Steuerzahler, und dann gibt es *die anderen*, die wir therapeutisch «hinkriegen» wollen und werden. Im ersteren Falle haben wir vermeintlich nichts weiter mehr vor uns als Menschenobjekte, die ihre Subjektivität vertan haben und die es nicht mehr verdienen, daß man sie als sich wandelnde Subjekte betrachtet. Lebenslänglich verurteilen bedeutet, nicht mehr zu glauben, daß ein Mensch ein Mensch werde – ein endgültiges Urteil; doch sollte man denken, daß

Theologen immer noch diese Form des Umgangs von Menschen mit dem Menschen für richtig finden und sie ins Göttliche projizieren, indem sie nun auch den lieben Gott dazu bemühen, die Trennlinie zwischen Mensch und Mensch in alle Ewigkeit festzuzurren, ja, daß sie im Grunde ihre eigenen sadistischen Rachephantasien ins Überirdische hineinlegen, um sie zu verewigen? Sollten wir nicht umgekehrt mindestens Gott zutrauen, daß er, der gewollt hat, daß es uns gibt, und von dem wir sagen, daß er uns geschaffen habe, die Möglichkeit besäße, all die Verwirrung, die in uns liegt, aufzulösen und aufzuklären?

Es gibt dazu allerdings keinen anderen Weg als die *Liebe*. Sie bildet das Thema im nächsten Kapitel; aber wir begreifen jetzt schon, daß einzig die Liebe die Macht hinter all dem darstellt, was Vertrauen schenkt und Zukunft bringt. Die *Liebe* ist *Glaube* und *Hoffnung* in einem. Sie ist die Fähigkeit zu hoffen, daß jeder Mensch bei sich selber ankommt und daß die «Ankunft des Menschensohnes», dieses mythische Symbol der Selbstfindung, den Menschen nicht hinrichtet oder abrichtet, sondern aufrichtet. Nur das Maß der Verwirrung und des Leids mag Unterschiede unter uns Menschen bilden; doch diese Unterschiede gehören in den Bereich von Glück und Unglück, nicht von Verdienst und Leistung oder Mißverdienst und Strafe.

Dann aber stehen wir alle vor Gott, und genau das ist es, was wir den *Himmel* nennen. Keine Aussicht auf irgendeine *Hölle* ist vereinbar mit dem, was *Hoffen* heißt; denn daß das Leben zerstört werden kann, ohne sich zu vollenden, ja, weiß Gott, das sehen wir in der irdischen Hölle oft genug. Wenn indessen *Hoffnung* sei, dann muß es eine Perspektive geben, die HIERONYMUS BOSCH oder PIETER BRUEGEL widerlegt. Da muß es mehr zu sehen geben als *Die tolle Griet*, die die Furien der Verzweiflung mit Fackelbrand und Krieg und mit Mord und Wüstenei über die Erde trägt und das Zusammenleben von Menschen in eine Qual ohne Ende verwandelt. Das vielleicht Wichtigste ist zu verstehen, daß Menschen Leiden nur verbreiten, weil sie selbst gelitten haben, ohne aber an ihrem Leiden haben lernen können, daran als Menschen zu reifen. Sie möchten nur loswerden, was ihnen weh tat, wie ein Mensch, der sich den Magen verdirbt und die aufgenommene Nahrung ausbricht! *Will* er in seinem zu Haß verfestigten Leiden, daß der andere mit ihm zugrunde geht? Subjektiv wohl; aber gäbe man ihm selbst eine Chance zur Rettung, würde er es nimmermehr wollen!

Es hilft daher gar nichts, wir müssen die Begriffe, die die Religion uns bietet, aus den Tugendkatalogen *herausführen*. Wir müssen anfangen, das auch wirklich zu glauben, was die Religion sagt: der *Glaube* sei eine Erlösung von allem, er sei die Wiedergewinnung des Menschlichen aus all dem Unheilvollen; dann müßten wir sagen: *Hoffnung* sei nicht das Gegenteil zur Unzuverlässigkeit, – gegen die könnte man die *Treue* setzen, oder das *Laisser-faire* der Melancholiker, – dagegen könnte man die leistungsgebundene Erwartung setzen; wir sollten demgegenüber sagen: *Hoffnung*, das sei die Schönheit der Seele, die aufblüht, wenn die Strahlen der Liebe sie berühren. *Hoffnung* sei das, was das hebräische Wort dafür sagt; es spricht von *tiqwah*, das ist soviel wie die *Ausstreckung*. Wir könnten auch sagen: *Hoffnung* ist der rote Faden, den wir in die Zukunft sich entwickeln sehen. Das Leben des Menschen wird zu seiner Einheit nur gelangen, wenn wir, den Blick nach rückwärts, den Faden der *Ariadne* noch einmal aufgreifen, um nach vornehin ins Freie zu treten. Aber ob wir nun in das Labyrinth hineingehen oder aus dem Labyrinth heraustreten – in dem einen Fall ist es die Integration, die die Vergangenheit bietet, in dem anderen Falle ist es die *Hoffnung* in die Zukunft, die uns ganz werden läßt. In beide Richtungen verläuft im Grunde die Hoffnung. Irgendwo braucht jeder *Theseus* im Kampf mit dem *Minotauros* eine *Ariadne*, die ihm den Faden zeigt, der gewoben, gesponnen und sichtbar ausgelegt wird einzig vor den Augen der Liebe; doch anders als im Mythos der Griechen sollten wir nicht wie *Theseus*, gelandet in Naxos, die Liebe zu *Ariadne* gleich schon verraten.

LIEBE

JACOB MATHAM nach HENDRICK GOLTZIUS: Nächstenliebe (Caritas)
Die *Caritas* wird auf dem Bild als Mutter dargestellt, die ein kleines Kind stillt, – der Zusammenhang von Mutterliebe und Menschlichkeit besitzt auch für ihn eine psychologisch unwiderlegliche Evidenz. Gleichwohl bedarf die Tugend der *Liebe* in dieser Darstellung offenbar selber des Schutzes, der ihr durch Baum und Mauer, durch Natur und Kultur, gewährt wird, ist die *Caritas*, so betrachtet, doch selbst eine Grundkraft, die ebenso dem naturhaften Antrieb wie der gebotenen Moral folgt. Tatsächlich wirkt die Darstellung der *Caritas* durchaus profan, jedenfalls erscheint sie eher «heidnisch» als «christlich»: die beiden nackten Knaben, die mit einer Windmühle und mit einem Blumenstrauß die junge Frau umspielen, werden in der lateinischen Beischrift gar als *Amor* und *Cupido*, als (geschlechtliche) Liebe und Verlangen, erklärt; es heißt:

Quantum vis magnos / dulce est mihi ferre labores,
Quos flagrans amor edulcat, / vehemensque cupido.
So viel du auch willst, / mir fällt es nicht schwer zu ertragen;
Süß macht mir Liebe die Last und / sehnsuchtsvolles Verlangen.

Wohl betont auch 1 Kor 13,7: «Sie (sc. die Liebe, d. V.) erträgt alles ..., duldet alles»; entscheidend aber an der Darstellung von MATHAM ist die humanistische Rückführung der «christlichen» *Nächstenliebe* auf natürliche Gefühle und Motivationen.

3
Quatum vis magnos dulce est mihi ferre labores,
Quos flagrans amor edulcat, vehemensque cupido.

PIETER BRUEGEL: Liebe, Nächstenliebe, Barmherzigkeit, Mildtätigkeit (Caritas)

Ganz und gar im Umkreis tradierter Bildsymbolik erscheint die *Caritas* mit einem Pelikan auf dem Kopf, der nach der Legende sich selber mit dem Schnabel die Brust öffnete, um seinen Jungen das Leben zu retten; an der Hand hält die *Caritas* denn auch zwei Kinder; doch liegt darin mehr als nur ein konventioneller Gedanke; denn wirklich dürfte die Mutterliebe und das mit ihr verbundene Pflege- und Hingabebedürfnis, ausgedehnt über aller Menschen Not, nicht nur das Urbild, sondern psychologisch sogar den Ursprung menschlicher Hilfsbereitschaft insgesamt darstellen. An Gelegenheiten, das zu zeigen, mangelt es ringsum allerdings wahrlich nicht. In enger Anlehnung an Mt 25,31–46, an das Gleichnis Jesu vom Großen Weltgericht, malt Bruegel die sechs Werke der «leiblichen Barmherzigkeit»: Hungernden Brot geben, Dürstenden Wasser reichen, Nackte bekleiden, Kranke besuchen, Fremde beherbergen und Gefangene aufsuchen; hinzugefügt hat er im Hintergrund als siebentes Werk der Barmherzigkeit das Bestatten von Toten, die keine Angehörigen mehr haben, wie es das Buch Tobit (Tob 1,18; 2,3–5) erwähnt. Die mögliche Umsetzung der Werke der «leiblichen» Barmherzigkeit in den Umgang auch mit *seelisch* Hungernden, Dürstenden, Nackten, Kranken, Fremden, Gefangenen und «Toten» scheint symbolisch naheliegend, wird in der Darstellung selbst aber nicht angedeutet oder ausgeführt. Die lateinische Beischrift besagt:

Speres tibi accidere quod alteri accidit;
ita demum excitaberis ad opem ferendam,
si sumpseris eius animum
qui opem tunc in malis constitutus implorat.
Stelle dir vor, dir geschehe, was einem anderen geschieht;
dann wirst du bald zu dem Engagement gedrängt, das man eingehen muß,
wenn du dich in das Empfinden dessen versetzt,
der in einer schwierigen Lage gerade ein solches Engagement sich erbittet.

Oder, kürzer gesagt, die goldene Regel der Bergpredigt (Mt 7,12): «Alles nun, was ihr wollt, das euch die Leute tun sollen, das tut ihnen auch.» Oder, *indisch* gesagt: «Denke, der andere wärest du selbst» *(tat tvam asi).*

CHARITAS
H. cock excude.
BRVEGEL. 1559
SPERES TIBI ACCIDERE QVOD ALTERI ACCIDIT, ITA DEMVM EXCITABERIS AD OPEM FERENDAM
SI SVMPSERIS EIVS ANIMVM QVI OPEM TVNC IN MALIS CONSTITVTVS IMPLORAT

Unter den «Tugenden» des Glaubens, des Hoffens und des Liebens gibt es in keiner Menschensprache ein lieblicheres Wort als dieses: *Liebe*! In keiner Menschensprache fehlt es, in jeder Sprache verbindet es Zeit und Ewigkeit miteinander. Dieses Wort schenkt der Seele Flügel; es entreißt ein einzelnes Lebewesen seiner Beliebigkeit und Gleichgültigkeit. In der Liebe, so wissen die Menschen, seitdem sie über sich fühlsam nachzudenken beginnen, atmet etwas Göttliches. Ja, die Liebe, steht das Neue Testament nicht an zu sagen, ist selber Gott *(1 Joh 4,16)*. Um so mehr Grund haben wir, darüber nachzusinnen, wie zwiespältig die Liebe beurteilt werden mag, wie ambivalent sie sogar selber mitunter wirkt und wie mühsam sie *das* wird, als was wir sie so gerne glauben und hoffen möchten: die Kraft, die, wenn sie uns gänzlich durchströmt, das ganze Glück auf Erden und die ganze Verheißung des Himmels ist. Was also ist Liebe?

Stets hat das Christentum zu unterscheiden versucht zwischen der Nächstenliebe und der Freundesliebe, zwischen *amor* und *caritas*, zwischen *Eros* und *Agape*, und stets zitierte es dabei eine Passage aus dem *1. Korinther-Brief*, dem *13. Kapitel*, aus dem *Hohen Lied der Liebe*, wie der Apostel PAULUS es gesungen hat. Allein dieser Worte wegen, so meinen manche Theologen, könne man diesem Manne vieles vergeben, was er vornehmlich über die Frauen und über den Umgang zwischen Mann und Frau ansonsten noch geschrieben hat und was sich zumindest im fernen Rückblick als allzu zeitbezogen zu erweisen scheint. Das *Hohe Lied der Liebe*, wie es PAULUS niederschrieb, heißt so:

Wenn ich mit Menschen- und Engelszungen redete,
hätte aber der Liebe nicht,
wär' ich ein tönendes Erz oder eine klingende Schelle.
Und wenn ich prophetisch reden könnte

und wüßte alle Geheimnisse und alle Erkenntnis
und hätte allen Glauben,
so daß ich Berge versetzen könnte,
hätte aber der Liebe nicht,
so wäre ich nichts.
Und wenn ich alle meine Habe den Armen gäbe
und ließe meinen Leib verbrennen,
hätte aber der Liebe nicht,
wär's mir nichts nütze.
Die Liebe ist langmütig und freundlich,
die Liebe eifert nicht,
die Liebe treibt nicht Mutwillen,
sie bläht sich nicht auf.
Sie verhält sich nicht ungehörig,
sie sucht nicht das ihre,
sie läßt sich nicht erbittern,
sie rechnet das Böse nicht zu.
Sie freut sich nicht über die Ungerechtigkeit,
sie freut sich vielmehr an der Wahrheit.
Sie erträgt alles,
glaubt alles,
hofft alles,
duldet alles.
Die Liebe hört nie auf,
wo doch das prophetische Reden aufhören wird,
das Zungenreden aufhören wird,
das Erkennen selbst aufhören wird.
Unser Wissen ist Stückwerk,
unser prophetisches Reden Stückwerk;
wenn aber kommen wird das Vollkommene,
wird das Stückwerk aufhören.
Als ich ein Kind war,
redete ich wie ein Kind,
dachte wie ein Kind,
war klug ganz wie ein Kind.
Als ich aber ein Mann wurde,
tat ich ab, was kindlich war.
Wir sehen jetzt wie durch einen Spiegel

ein dunkles Bild,
dann aber von Angesicht zu Angesicht.

Jetzt erkenne ich stückweise,
dann aber werde ich erkennen, wie ich erkannt bin.
Nun bleiben Glaube, Hoffnung, Liebe, diese drei,
aber die Liebe ist die größte unter ihnen.

Wäre es so falsch, wenn man in den jubelnden Fragen und schluchzenden Klagen etwa der Musik von BRAHMS den Widerhall seiner unerhörten Sehnsucht nach Liebe um CLARA SCHUMANN hören wollte? Brauchten sie nicht alle, die Musiker, die Maler, die Dichter, die *Liebe* bis zur Grenze ihres Unglücks, um als Menschen schöpferisch zu sein, und stand ihnen ihr Leben lang nicht die sogenannte Vernunft und die bürgerliche Moral entgegen, so sehr, daß LEO TOLSTOI schließlich, sein ganzes Dichtertum verratend, in der *Kreutzer-Sonate*, BEETHOVEN'sche Musik wie zur Anklage der Sinnenbetörung und Gefühlsverschwörung bezichtigen konnte; – gefährlich, weil zweideutig, sei die Musik für das Empfinden wie für das Leben!

Merkwürdig genug: dieselbe Liebe, die dem Namen nach mit Gott identifiziert wird, gilt wie etwas Dämonisches und Unheimliches, wie etwas den menschlichen Willen Übermögendes. Der Grund für diese Zwiespältigkeit ist sehr alt und reicht bis in die Wurzeln des Christentums: die Liebe nannte man groß, aber nur als eine moralisch kontrollierte Haltung; die Liebe wollte man wohl, aber nur wenn sie vom Willen beaufsichtigt blieb; die Liebe als Gefühl akzeptierte man, doch nur als vom Willen bestimmt, eben als «Tugend».

So also steht es jetzt: der *Glaube* – ein Akt des Verstandes, befohlen vom Willen; die *Hoffnung* – ausgeworfen von der Kalkulation «vernünftiger» Planung; die *Liebe* – in Treue ordiniert und koordiniert von Institutionen, Beamten und Aufsichtsbehörden! Der Text des hl. PAULUS im *1. Korinther-Brief* sogar galt wie zum Zeugnis all dieser Umprägungen. Schreibt etwa PAULUS von Lust, von Glück, von taumelnder Seligkeit, von orgiastischem Erleben? Er schreibt im Gegenteil von der Duldsamkeit der Liebe, vom Ertragen allen Leids in der Liebe, von einer ständigen Bereitschaft zum Verstehen. Aber versteht man PAULUS wirklich, wenn man ihn in diesen seinen schönsten Worten, die er in allen seinen Briefen uns hinterlassen hat, *moralisch* auslegt? Dann böte der Text des hl. PAULUS ein reines Tugendvorbild, das es unter allen Umständen zu erreichen gälte. Ein solches sittliches Ideal der Liebe könnte schon den Kindern gar nicht früh genug wie ein Wald von Schildern am Wegesrand aufgestellt werden, um sich «richtig» zu orientieren. Wenn sie schließlich jedes Gefühls entbehren und ihnen nur noch der diktierte Wille bleibt oder vielmehr schon gar kein eigenes Wollen, sondern nurmehr ein gehorsames Befolgen des fremden Diktats, dann endlich werden sie von der «richtigen» Liebe überzeugt sein.

Ein einfaches Beispiel: Die Liebe ist nur erlaubt in der Ehe, – so das Urteil des gesamten bürgerlichen Verstandes über das wichtigste Gefühl des menschlichen Herzens; und weiter: weil nur in der Ehe erlaubt, ist eine Ehescheidung als Widerspruch zur Tugend der *Treue* abzulehnen. Dieser Standpunkt führt zu der Groteske, daß Menschen etwa in der Römischen Kirche nur «heiliggesprochen» werden können, wenn und weil sie sich als Mann und Frau niemals wirklich geliebt haben. Die *Jungfrau* Maria ist das Tugendvorbild, eben weil sie Joseph nie «erkannt» hat; oder auch HEINRICH und KUNIGUNDE, – auf dem Kaiserthrone wurden sie heilig, weil sie der ehelichen Liebe *abgeschworen* hatten. Unter dem Pontifikat des jetzigen Papstes JOHANNES PAUL II. wird am laufenden Bande heiliggesprochen: Wer da an Vergewaltigung starb, wer da im Kindbett verschied, wer immer unter den Folgen der Wollust zu leiden hatte oder sich sonstwie weigerte, auf normalem Wege glücklich zu werden, – der ist im Verdacht schon des Heiligmäßigen. «Liebe», das ist allenfalls inkarniert in einer Ordensschwester wie MUTTER TERESA, die eben als Schwester *Mutter* war, aber nie Frau sein durfte.

Jeder begreift, wieviel untergründiges Mißtrauen gegenüber dem fast anarchisch zu nennenden Gefühl der Liebe auf allen Ebenen waltet, solange es gilt, den Menschen von außen zu zügeln und zu züchtigen. «Die Liebe ist von Gott», – wohl schon; aber man darf sie eben deshalb nicht mißverstehen, sonst ist sie vom Teufel! Nur: wer entscheidet so praktisch zwischen dem einen und dem andern?

Spätestens seit dem Beginn der Neuzeit, nachdem die Römische Kirche in Europa dabei ist, ihre Macht, die sie im Mittelalter gehortet und gehütet hatte, zu verlieren, bewegt sich die Geistesgeschichte des Abendlandes auf einen Freispruch der *Liebe* hinaus. Alles beginnt sichtbarlich in den Museen der Welt mit den Bildern BOTTICELLIS; so wie wenn die Malerei von Madonnen über Jahrhunderte hin nichts als eine Vorübung wäre, endlich die schaumgeborene Venus aus dem Meer an den Strand schreiten zu lassen, setzt sich BOTTICELLI frei. Wenn die Päpste und Kardinäle es wollen, malt er ihnen Madonnen, aber wenn er wirklich malen will, dann malt er den Eros, die Frau in Reinheit und Unschuld, so wie noch die Griechen sie sahen. Und die Dichter nicht anders. Sechzehntes Jahrhundert: SHAKESPEARE. «Sag mir, was Liebe sei», fragt *Phoebe* in *Wie es euch gefällt* den *Schäfer*; und der antwortet für alle Zeiten gültig: «Liebe, das heißt, aus Seufzern ganz bestehen und klagen, es heißt, aus Phantasie bestehen und Sehnsucht und Verlangen, aus Anbetung und Unterwerfung und Gehorsam, aus Treue und Geduld und Ungeduld, aus Reinheit und Bewährung und ganz Dein-Sein.»

Da ist die Liebe *alles*; sie ist das Grundempfinden jeglicher Verehrung, so daß den meisten Menschen kein Gott mehr ist, wenn ihnen die Liebe zerbricht, und daß ihnen Gott gegeben scheint, wenn es möglich wird, auch nur ein Tier an ihrer Seite, geschweige einen Menschen, in ihr Herz zu schließen. Die Liebe ist der Konzentrationspunkt aller Aufmerksamkeit, aller Verwesentlichung, sie ist der Inbegriff von allem, was wir wünschen. Entweder senkt sich wie ein Regenfall aus den Wolken nach langen Tagen der Dürre die Erfüllung der Sehnsucht bis in die Wurzeln hinein ins Erdreich, oder umgekehrt, es erhebt die ausgestreuten Samen hinauf zur Sonne. Beides, die Begegnung nach oben wie die Bewegung nach unten, die Erhebung wie die Vertiefung, die vollkommene Verschmelzung und Vermählung ist die Liebe. So jedenfalls redet von ihr die *Dichtung*.

Und die *Musik* schon gar! Nie im Grunde von etwas anderem spielt sie als von den Klängen einer einladenden Sehnsucht. Die Mythen haben recht: der Klang der Flöte, meinte DSCHELAL ADDIN ARRUMI, der Begründer der tanzenden Derwische von Konja in der islamischen Mystik, singt die beschwörende Melodei von der Wiederkehr der in Liebe Getrennten und der in Liebe einander Suchenden. Der geschnittene Röhricht, wenn der Wind ihn durchweht, faßt sich in die Sprache von solchermaßen Suchenden.

Wie soll ein solches menschliches Gefühl umgeschmiedet werden in ein Tugendideal und in ein Verstandesdiktat des «Willens»? Nachdem die Kirche bis ins Ende des 20. Jahrhunderts hinein in römischer Prägung darauf beharrte, die Liebe kontrollieren zu wollen, setzte sie letztlich nur ihr eigenes Possenstück frei. Was zum Beispiel soll man jemandem raten, der, angestellt in einer kirchlichen Anstalt, nur weil er auf der Karriereleiter immerhin hoch genug geklettert ist, es sich nicht leisten kann, von seiner Frau sich scheiden zu lassen und eine andere zu heiraten? Er darf sie lieben, sagt ihm die Kirche, doch nicht mit ihr leben; oder doch? Er darf, seien wir großzügig, mit ihr leben, doch nicht in Offenheit sich offenbaren in seiner Liebe, denn das machte Aufsehen, das wäre skandalös. Da müßte die Kirche einschreiten, damit den Seelen der Gläubigen kein Beispiel der Verwirrung und kein Anreiz zur Verführung werde. Soll man nun, zynisch geworden, sagen: «Wenn doch zusammenleben konnten in der Ehe, doch nicht ‹ehelich›, Joseph und Maria und HEINRICH und KUNIGUNDE, so sei auch euch das gleiche Recht, – lebt nur zusammen und erklärt der Kirche, ihr hättet's nach solchem Tugendvorbild selber vermocht, es sei euch das Kirchenwort zur Wahrheit gediehen und ihr hieltet euch daran? Welch Argwohn müßte der Kirche sein, ein anderes euch zu unterstellen, – ihr müßt nur, entsprechend den Heiligenlegenden, euch selber zur Schau stellen, dann wird man es euch glauben?» Ja, will man denn in einer solchen Moral statt der Tugend wirklich nichts als Heuchelei? Schon FRIEDRICH SCHILLER, wütend über die säkulare Adaption des Kirchenstandpunkts durch den Königsberger Philosophen IMMANUEL KANT, brachte es aus in zwei Versen: «Zwar liebe ich meinen Freund, doch leider tu ich's aus Neigung, und so schäm' ich mich denn, daß ich nicht tugendhaft bin.» – SCHILLER sprach in griechischem Versmaß, um an die klassische Unschuld des griechischen Denkens gegenüber der christlichen Verleumdung der Liebe zu gemahnen.

Was ist Liebe wirklich? Der schwedische Filmregisseur INGMAR BERGMAN, verwüstet genug als Pastorenkind durch die Greuelphantasien von Hölle und Leid, konnte am Beginn seiner Filmtrilogie, die mit dem Film *Schweigen* endete, unter dem Titel, der dem PAULUS-Zitat hier entnommen ist: *Wie in einem Spiegel*, das Schicksal eines Mädchens schildern, das in seiner Sehnsucht nach Liebe und in seiner Angst vor der Liebe wahnsinnig wird. Es verlangt nach Gott, aber es erlebt ihn schließlich, wie wenn eine Spinne zwischen seinen Beinen emporkriechen würde. Der Vater versucht seinem Jungen begreifbar zu machen, *alles* sei Liebe, das Höchste wie das Gemeinste. In diesen Worten gewinnt man immerhin eine Ahnung von dem Wert der Liebe und verwahrt sich von daher gegen die Verleumdung der unschuldigen Gefühle im Herzen eines Mädchens oder eines Jungen, die wirklich möchten, daß ihnen die Liebe alles sei, – alles verstehend, alles umgreifend, alles vereinigend. Doch wie ist es dann möglich, daß wir, wie die Theologen im 19. Jahrhundert, Gott zu einem Erkenntnisgegenstand verobjektivierten, nunmehr in den bioneurologischen Labors die Liebe «objektiv» zu «erklären» versuchen? Der Folgezustand eines bestimmten Hormons in unserem Kopfe oder das Absinken eines bestimmten Proteins, die Überschüttung mit Stimulantien, damit verbunden der Abfall von Hemm-Mechanismen, aus diesen Prozessen schließlich ergebe sich die Liebe? Sollte es möglich sein, das subjektivste und lyrischste aller Gefühle auf diese Weise förmlich wegzuerklären? Fast wie unvermeidbar sind wir in unseren Tagen wissenschaftlich gerade dabei. Unsere Sprache ist nüchtern geworden. Vor ein paar Jahrzehnten noch war es die Verhaltensforschung, die man benützte, um von Gefühlen eigentlich nur noch so zu reden, daß man sie sich vom Leibe hielt. Eine ganze – man darf nicht sagen: Sprachkultur in der Literatur, sondern eher Sprachverhunzung ging unter den Lobesprämien der Literaturrezensenten in die Bibliotheken und die Buchhandlungen, in welcher aus «Zärtlichkeit» nichts weiter wurde als eine «Streicheleinheit», die man vergibt, eben weil der andere sie braucht, – ein bioneurologisches Bedürfnis, das man wie ein Therapeutikum medizinisch wohldosiert verordnet! Redet man da von Liebe oder macht man sich lächerlich über sich selber, daß man insgeheim ja so etwas doch noch empfinden könnte wie Liebe? Genauer gesagt: Zelebriert man in solchen gebildet sich gebenden Phrasen nicht lediglich die *Angst* vor etwas, das im eigenen Inneren zu stark aufwachsen könnte? Nachdem scheinbar in der «Revolution» von 1968 die Sexualität freigegeben wurde, scheint sie uns noch viel mehr Angst gemacht zu haben, als sie unter moralischer Zuchtrute hätte machen müssen. Ehedem kontrolliert wie ein gefangenes Tier hinter Gitterstäben, schien sie domestiziert und harmlos; nunmehr aber, freigesetzt, knurrend und grimmig geworden, muß man sie anscheinend auf andere Weise sich vom Leibe halten. Die *Seele* jedenfalls darf sie nicht erreichen, selbst wenn der Körper ihr wie hemmungslos freigegeben wird. Wie viele Ausreden, welch sonderbare Fluchtmechanismen, welch schizoide Abspaltungen zwischen Gedanken und Gefühlen benötigen wir zur Zeit, um nur ja nicht glücklich zu sein in der Liebe! Dies wäre ja das Triviale, das fast Unanständige! Zu loben ist der Roman der ständigen Selbstzerfleischung, des Höhnens über sich selbst und den anderen, des Auseinander*wollens* förmlich in der allseits bewiesenen Unmöglichkeit, es miteinander auszuhalten. Selten geworden sind die Bücher, in denen Menschen beschrieben werden, die nach einander suchen, um im anderen sich selbst zu finden; selten geworden auch die Bücher, die an die Liebe zumindest noch glauben *möchten*. Dabei gibt es kaum ein anderes Thema, das der Dichtung so wesentlich wäre wie der Antagonismus von Liebe und Tod.

Was eigentlich lieben wir, und warum hat die Liebe diese Macht über uns? Von den Neurobiologen und Verhaltensforschern hinuntersteigend zu den Zoologen und Genetikern wird man uns beizubringen versuchen, daß die Liebe ihren Sitz im Grunde im Informationsaustausch der Gene habe; später, evolutiv komplizierter, seien dann die Mechanismen der Reproduktion und der Vermehrung hinzugekommen; eben deshalb bedürfe man des Mannes und der Frau, und die nun drängten aneinander, um den biologischen Zwecken zu genügen; eben deshalb verstehe man, warum weibliche Wesen die Liebe anders empfänden als männliche Wesen: Allein schon die «Treueverhältnisse» zwischen Mann und Frau müßten als *asymmetrisch* beschrieben werden; denn die *Frau* sei immer dessen sicher, daß ihre Kinder ihre Kinder seien, den Männern aber bleibe dies stets ungewiß. Daran liege es, daß die letzteren ausschwärmten, um möglichst viele Kinder mit möglichst vielen Frauen zu zeugen, damit irgendwo eine Sicherheit denn doch sei, ganz bestimmt die eigenen Gene untergebracht und weitergegeben zu haben; die Frauen hingegen verlangten *Treue*; sie möchten eine Weile lang beschützt werden in ihrer Ungeschütztheit an der Seite eines Kindes, schon infolge der doppelten Aufmerksamkeit, die sie für sich und ein Kind aufzuwenden hätten. Aus solchen Theorien entsteht immer wieder die Begründung des *Geschlechterkampfs* in der Liebe: Gar zu verschieden, meinte schon ARTHUR SCHOPENHAUER, seien die Interessen von Mann und Frau, stets sei der eine der Feind des anderen. Auch andere Philosophen im 19. Jahrhundert dachten wie er darüber nach, ob nicht die Verbindung von Mann und Frau das fast Unmögliche sei, – Geist und Stoff, miteinander verbunden? Intelligenz und Gefühl als Einheit? Der Mann, natürlich, personifizierte in solchen Konzeptionen den Geist, wohingegen die Frau immer erdgebunden, die *Mut-*

ter Erde, das Gefühlige, das mühsam nur mit dem Verstand zu Durchdringende zu verkörpern schien.

Vielleicht haben alle diese Theorien schon deshalb unrecht, weil sie voraussetzen, daß etwas noch gar nicht existiert, von dem die Liebe indessen wesentlich lebt: das ist die *Individualität* eines Menschen. Woran uns die Liebe wirklich glauben läßt, ist das in der Natur im Grunde gar nicht Vorgesehene, daß nämlich die Person eines einzelnen Menschen zum Inbegriff der ganzen Welt im Herzen der Person eines anderen, liebenden, werde. Das Personsein selbst wird buchstäblich geboren einzig durch die Liebe, so sehr, daß die Psychiatrie wohl recht hat, wenn sie meint, daß manche Formen der Schizophrenie sich direkt auf die Ungeliebtheit beziehungsweise widersprüchliche Geliebtheit der Kindertage zurückführen ließen. Die Identität des Bewußtseins setzt sich nicht zusammen, der Spiegel fügt sich nicht zur Einheit, wenn er zerrissen wird in ein Vielerlei von Erlebnisweisen, in denen das eigene Ich gar nie gemeint, nie wirklich angeredet ward. Wird aber das Personsein geboren aus der Liebe, so verlangt es umgekehrt mit einem Übermaß nach ebendieser Bestätigung und Wertschätzung, die nur die Liebe zu geben vermag. Die Person bedeutet von daher ein ungeheures Risiko im Schoße der Natur. Sie wird von ihr ermöglicht, aber nie gemeint, sie existiert, aber nie als berechtigt. Sobald ein Mensch zu seiner eigenen Personalität erwacht, entdeckt er sich in gewisser Weise als nicht-notwendig, als zutiefst überflüssig, als nicht-sein-müssend, als in keiner Weise unentbehrlich.

An diesem Punkt beginnt die eigentliche Frage aller Religion, aller Philosophie, aller wahren Kultur: Warum existiert ein Mensch als eine einzelne Person?

Die Versuche der Barbarei sind zahlreich, das Wagnis der Individualität sofort wieder einzuschmelzen – im naturhaften Dasein biologisch, im Kollektivpatriotismus politisch, im Kirchendogmatismus religiös. Der Gedanke FRIEDRICH NIETZSCHES im *Zarathustra* von der «Fernstenliebe», die auf höhere Sachen und Zielsetzungen gehe, statt in kleinlichen Beziehungen zu versanden, ließ sich in diktatorische Formen der Fremdbestimmung hinein interpretieren. Der Verfahren der Außenlenkung, das Individuum einzuschüchtern und zurückzudrücken in das, was es schon immer war: eine Welle im Ozean, sind unendlich viele, und immer sind sie identisch mit Kulturverfall, mit der Zerstörung von Humanität. Das, was wir Menschsein nennen, erhält sich nur im Energieraum der Liebe selber. Von ihr wird die Person getragen, und die Person wiederum ist die Trägerin aller Kultur, aller Freiheit, aller Menschenwürde, aller wirklichen Größe. Doch die Nahrung der Person, ihre geistige Grundlage, ist die Liebe.

Der Bielefelder Soziologe NIKLAS LUHMANN hat auf seine Weise darüber nachgedacht, worin die Funktion von Religion in Gesellschaft bestehe: Er hat die Meinung vertreten, Religion diene dazu, die Kontingenzlücke im Wirklichkeitserleben zu schließen. Damit meinte er, daß jede Nachdenklichkeit eines Menschen über die Gesetze, über die Einrichtungen der Sozietät dahin führen müsse, zu erkennen, daß nichts absolut notwendig sei, ja, daß es in einer anderen Gesellschaft durchaus auch anders zugehen könne, – zu vergangenen Zeiten war vieles gewiß schon einmal anders, und in Zukunft drängt es sogar dahin, sich zu verändern. Die Religion aber solle den Zweifel beschwichtigen, den die Nichtnotwendigkeit mit sich führt. Die Religion erklärt und verklärt mehr oder minder alles, was im Moment als wünschenswert erscheint, für den göttlichen Willen selber; doch die entscheidende Frage stellt in seinem Funktionalismus nicht NIKLAS LUHMANN: Kann man eine solche Theorie wirklich behaupten, ohne als ein solchermaßen wissend Gewordener zum Zyniker zu werden? Die Religion rechtfertigt und bestätigt als göttlichen Willen alles, was wünschenswert wird? Ja, du liebe Zeit, hätte sie das nicht besser sein lassen? Wenn etwa der Kaiser den Krieg erklärte oder der deutsche Führer, so erschien das damals offenbar als sehr wünschenswert, und schon war die Religion dabei, diese Wünsche für Gottes Willen zu erklären! NIKLAS LUHMANN hat dem Eindruck der tatsächlichen Geschichte nach sehr recht, aber man möchte weder in menschlicher noch in religiöser Absicht, daß er länger recht behielte! Man möchte, daß man Gott reklamierte für die *Liebe. Sie* wäre das allein Wünschenswerte! Aber dann wäre die Ebene der Diskussion als allererstes gar nicht die menschliche Gesellschaft, sondern jeder Einzelne. Die *Liebe* ist nicht zu verordnen im Kollektiv, sie ist nicht Teil einer «Tugendlehre», sie wird nicht produziert durch Gesetzgebung und Willensmanipulation, sie wächst auf als Bedürfnis in einem Einzelnen. Der freilich fühlt sich unendlich verloren im ganzen All, sobald er seiner bewußt wird, und er fühlt sich nur «gefunden» im Hause der Liebe.

Leider reden wir im Raum der Liebe nach wie vor am liebsten Medizinerdeutsch, aus lauter Angst vor den Gefühlen, die lyrische Begriffe vermitteln könnten, und so sprechen wir von dem Zustand, der vielleicht in den Reifungsschritten eines Menschen den größten Sprung hervorruft, nicht als von der Zeit des Erwachens, von der Zeit des Reifens oder, glückseliger noch, als von der Phase der Mondträume, sondern wir nennen eine Zwölfjährige, einen Dreizehnjährigen mitten in den Aufregungen des Gestaltwandels ihres Körpers und des Gefühlsstrudels ihres Herzens «pubertierend». Mit einem solchen Wort wissen wir als Erwachsene Bescheid, wir haben die Etiketten parat – wachsende «pubes», das kann man feststellen; aber was erlebt denn ein solchermaßen «Pubertierender»? Doch nicht, daß ihm die «pubes» werden! Was er erlebt, besteht darin, daß er aus der Ordnung herausfällt, in der man ihn erzogen hat, daß er aufhört, ein Kind zu sein, daß die Frage, wer er ist, sich nicht länger mehr damit beantwortet, daß mein Vater so und meine Mutter so war oder daß die Lehrer mich bis dahin so wollten. Plötzlich geht ein Riß durch das Gefüge des Erlebens. Man ist herausgesprungen und weiß gar nicht, wie. Von einem bestimmten Morgen an, bei der Lektüre eines bestimmten Buches, bei einer plötzlich zugeschlagenen Tür begann dieses Erdbeben, und man spürt genau: es wird nie mehr aufhören! «Du mußt selber wissen, wer du bist», – das ist die Erfahrung. «Aber du kannst gar nicht wissen, wer du selber bist», das ist ebenfalls die Erfahrung; und mit diesen beiden Ideen gleichzeitig im Kopf kann ein Mensch nicht leben. «Um dich selber zu finden, mußt du einen anderen Menschen suchen, der sich findet in dir», – das ist das wirkliche Drängen eines Menschen, der reift in der Liebe.

Was Wunder deshalb, daß uns die Literatur von früh an drei Aspekte auf dem Wege der Liebe wie Bilder und Schilder bereitstellt.

Das eine ist zum klassischen Terrain der Psychoanalyse geworden. Wir schlagen Erzählungen auf, wie uns HOMER sie bereits erzählt: Da kämpft der größte Held auf den Feldern von Troja, *Achill*, Kind nicht eines gewöhnlichen Menschen, sondern der Meeresnymphe *Thetys*, wie Jung-*Siegfried* unverwundbar und gepanzert am ganzen Körper, bis auf die Ferse; er streitet als Preis um die Liebe der geraubten *Briseis*. Sie wurde ihm von *Agamemnon* versprochen als Lohn allen Mannesmuts, und wahrlich, er hatte sich bewährt; doch kaum wollte er die Geliebte sein eigen nennen, da trat der Völkerherrscher *Aga-*

memnon ihm entgegen und enthielt ihm die Kampfesbeute *Briseis* vor. Darüber ergrimmte *Achill* und schaute sich grollend mit an, wie das Heer der Achäer vor der Burg von Troja Niederlage auf Niederlage erlitt. Psychoanalytiker, die diesen Text lesen, OTTO RANK z. B., Schüler SIGMUND FREUDS, glaubte sich sicher: Wonach *Achill* wirklich strebte und was ihm verweigert ward durch den «Völkerführer», war, wenn es einen Mann so tief verletzen kann, gar nicht so sehr eine Sklavin als Kriegsbeute, denn vielmehr die Sehnsuchtsgestalt seiner eigenen Mutter. Diese Frau in der Tiefe der «See», in der Tiefe der Seele ist es, nach der er wirklich verlangte, und der Mann, der sie ihm vorenthielt, war im Grunde eine Nachfolgegestalt seines eigenen Vaters. Was Menschen in der Liebe suchen, meinte deswegen die Psychoanalyse, sei immer die Rückkehr in den Schoß der Mutter, sei der Wille, mit dem Ursprung selbst, aus dem man kam, zu verschmelzen. Alle Liebe, so sehr sie nach vorn dränge, sei im Grunde der Wille nach Rückkehr, nach endgültiger Ruhe, nach endlosem Versinken, ein Verlangen, nichts länger mehr *tun* zu müssen, sondern einfach nur zu *sein* in Frieden, Geborgenheit und Obhut.

Andere Geschichten sind so verschieden davon nicht. Wir erleben, wie *Tristan* und *Isolde* einander lieben, und es fällt über sie die Zuneigung zueinander wie ein Gifttrank, wie ein Zauber, für den sie nicht können. Sie sind, obwohl der Moral nach Schuldige, in Wirklichkeit dem Herzen nach freigesprochen – Unschuldige! Wieder aber ist es, daß der Oheim *Marke von Tintajol Tristan* in seiner Liebe zu *Isolde* entgegentritt; es ist *seine* Frau, in die Tristan sich verliebt hat, und nur in Heimlichkeit darf er deshalb mit ihr Verkehr haben; drum daß sich das Bild *Isoldes* selber aufspaltet und verdoppelt. Wen liebt *Tristan* unter diesen beiden Frauen, und wem begegnet er, als er *Marke* zuliebe schließlich in Britannien die *bretonische Isolde* in die Arme schließt, voller Verlangen aber denkend an jene andere, die ihm erst wieder begegnen wird, als er auf dem Sterbelager liegt, und die ihn nur noch als Verstorbenen erreichen wird? Wieder würde OTTO RANK sagen: Die Suche der Liebe geht nach der Verschmelzung mit der Mutter, und sie nimmt den Tod selbst dafür in Kauf; der Wunsch nach Verschmelzung selber ist wie ein Abschied vom Leben. Aus solchem Stoff scheinen die Träume der Liebe gewebt zu sein.

Nehmen wir noch aus der mittelalterlichen Dichtung hinzu den Ritter an der Tafelrunde, des Königs *Artus* Gefolgsmann, *Lancelot* vom See; auch *seine* Mutter, wie ihr Name *Viviane vom See* schon sagt, ist eine Meerfrau, eine Fee drunten im Wasser. Kein Wunder deswegen, möchte man psychoanalytisch meinen, daß augenblicks, da *Lancelot* am Hofe Königs *Artus* der Königin ansichtig wird, ihm der *Speer* aus den Händen gleitet und in das *Gewand* der Königin fällt. *Lancelot* ist vom ersten Moment an in die Königin verliebt, ganz als wäre sie seine Mutter. Und wieder begeht er ein Unrecht, indem er die verheiratete Frau seines Königs mit allen Sinnen und mit aller Sinnlichkeit umwirbt und umwebt, sie, die ihm mehr eine Gestalt der Phantasie als der Wirklichkeit ist; doch das Erstaunliche: der König selber, als Hüter aller Moral, als Verkörperung des Sittlichen, ist der Legende nach weise genug, um das Geschehene zu wissen, ohne einzuschreiten! Erst der im Ehebruch gezeugte Halbsohn *Mordred* wird das Tun der Königin und des Ritters, wird das Verhältnis *Ginevras* und *Lancelots*, offen aufdecken und damit blutigen Krieg und den Untergang der Tafelrunde beschwören.

Wäre es möglich, so der Gedanke der Psychoanalytiker, daß alle Liebe gar nicht so sehr dem wirklichen Gegenüber gilt als vielmehr der Rückerinnerung des Kinds an seine Eltern? Dann sollten wir glauben, alles, was die Liebe möchte, sei darauf ausgerichtet, daß ein Mensch gewissermaßen ein zweites Mal zur Welt käme; das Ziel sei nicht, wie FREUD meinte, zu versinken im Anorganischen, sondern das Ziel sei, wiedergeboren zu werden in seinem geistigen Ich, in seiner wirklichen Person; doch dazu bedürfte es noch einmal einer Erlebnistiefe, wie sie in Kindertagen einmal bestand. Die Eltern damals mögen uns gezeugt haben, aber ihre Liebe war nichts als eine Vorahnung dessen, wonach wir heute, erwachsen geworden, verlangen. Der Unterschied ist deutlich. Ein Kind *ist* einfach, es kennt diesen Zweifel nicht an sich selbst; der Jüngling, das Mädchen unbedingt! Sie spüren eine Angst, die nur beruhigt zu werden vermag in der Liebe eines anderen. Was aber soll dieser andere an uns lieben?

Wir sind, erwachsen werdend, bereit, alles zu tun, um die Liebe eines Menschen, der uns lieben könnte, zu erringen; bis zur Bewußtlosigkeit werden wir versuchen, uns anzustrengen und alles mögliche zu unternehmen; bis zum Verbrecherischen womöglich würden wir gehen, bloß um die Achtung einer bestimmten Bezugsgruppe zu erlangen. Besser sogar, sich selber zu verlieren, so scheint es, als des

Beistands der Gefährten verlustig zu gehen. Wonach wir in Wirklichkeit aber verlangen, ist nicht die Anerkennung für das, was wir *tun*, sondern für das, was wir *sind*. Entscheidend aber ist: wir möchten nicht geliebt werden für unser Menschsein als solches; eine solche Abstraktion der Liebe ins Generelle oder Universelle ist gerade das nicht, was uns als Individuen beruhigen könnte.

An dieser Stelle ist es durchaus nicht mehr möglich, mit der christlichen *caritas* zu antworten. Dieser «Tugend» gelten im Grunde alle Menschen gleich; eben weil sie Menschen sind, haben sie alle dieselbe Würde; eben weil sie Menschen sind, verdienen sie alle dasselbe Mitleid – eben weil sie als Menschen Leidende sind. Dieser Typ von *caritas* bleibt der konkreten Person gegenüber fremd. Was wir indessen als Personen brauchen, ist eine Liebe, die nicht unser Menschsein als solches, sondern unser So-Sein als Menschen bestätigt, möchte, unterstreicht und für *notwendig* erklärt, indem es behauptet, gar nicht anders sein zu können, «ohne daß du so bist, wie du bist»! Das genau ist das einzige, was wir hören möchten, und was, wenn wir es nicht hören, all unsere Qual nur vermehrt. Wir fühlen uns dann wie abgelehnt, meist durch die Gegenwart eines Dritten, auf den all unsere *Eifersucht* sich richtet. Das, was wir in früheren Zusammenhängen als *Laster* beschrieben haben, ist nichts weiter als ein Randwirbel in der Turbulenz dieses Verlangens, hören zu mögen: «So wie du bist, ist es für mich *notwendig!*»

Natürlich wissen wir, daß kein Mensch einen anderen Menschen «notwendig» machen kann, indem auch der andere genauso überflüssig ist wie man selbst. Eben daran aber liegt es, daß die Liebe der erste und einzige Spiegel des Göttlichen in unserem Leben zu sein vermag. Wenn irgend wir etwas Himmlisches ahnen, liegt es in diesem Wort: «Du aber bist für mich notwendig!» Obwohl kein Mensch es uns *endgültig* sagen kann, es sei denn, wir wollten den anderen gegen jedes bessere Wissen selber vergöttern, so ist doch seine Liebe die geheime Leiter, die uns zum Himmel hinaufführt. Aber auch umgekehrt hat das Christentum darin wohl vollkommen recht, wenn es behauptet: an Gott zu glauben, das mache es überhaupt erst möglich, einander ohne ständige Vergöttlichung oder Verhexung zu lieben. Die Griechen und die Römer hatten ihre eigene Art, sich über die Liebe lustig zu machen. Sie taten's weniger moralisch als vielmehr ästhetisch; sie betrachteten die Liebe – Realisten, die sie manchmal sein konnten – als eine Art *Satyr*-Spiel, und sie erfanden sogar einen eigenen Gott dafür: *Eros.* Ursprünglich muß er einmal sehr stark gewesen sein, aber die Griechen glaubten daran, daß *Eros* die Verbindung zwischen Endlichkeit und Unendlichkeit sei, so wie es PLATON im *Gastmahl* ausführt. Für die Römer wurde daraus der Gott *Amor*, ein kleines Kind, das immer zu spielen liebt. Glücklicherweise – oder unglücklicherweise – hat es einen Bogen in der Hand, der aus der Keule des *Herkules* geschnitten wurde. *Herkules* war ein Heros von Kraft, ein Halbgott, der im Feuer zum Himmel aufstieg, seiner Geliebten *Deianeira* zuliebe. Aus der Keule dieses Mannes wurde der Bogen des *Eros* geschnitzt, und so kommt's: Wenn er damit schießt, so sind seine Pfeile unwiderstehlich. Keine Waffen helfen dagegen, nicht einmal die Hornhaut eines *Achill* oder *Siegfried. Amors* Pfeil durchdringt alles, doch da er nie genau zielt, sondern einfach behende, wie es ihm gerade kommt, zu schießen pflegt, so läuft das Leben so ab, wie es ist.

In psychoanalytischer Betrachtung macht dieses mythische Motiv Sinn; denn natürlich möchte man, daß die Liebe irgendwie glücklicher gerate, weniger wahllos zumindest, weniger schicksalhaft, und doch scheint bis heute kein Kraut gegen sie gewachsen. Psychoanalytisch müssen wir sagen, dieser *Amor*, dieses kleine Kind mit seinem Bogen, sei im Grunde die kindlich gebliebene Seele eines Menschen. Immer «schießt» dieser *Amor*, wenn jemand den Geliebten, die Geliebte mit Vater und Mutter verwechselt. Der Geliebte, die Geliebte ist gewiß nicht mit den Gestalten von Vater und Mutter identisch, und doch heften sich an sie oft genug uralte, unerfüllte kindliche Wünsche, die in aller Regel enttäuscht werden müssen. Doch liegt darin auch die Chance, die Eltern endlich hinter sich zu lassen; nur so entdeckt man den anderen in seiner Wirklichkeit. Und nur so werden wir fähig, einander das zu schenken, was wir wirklich brauchen: der andere in seinem Verlangen, in seiner Sehnsucht, mit seiner Person möge uns in dem bestätigen, was wir wirklich sind. Denn das setzt ja voraus, daß wir die Wirklichkeit des anderen überhaupt zu erkennen vermögen, daß wir ihn so wahrnehmen, wie er ist, jenseits der Projektionen, jenseits der Übertragungen, jenseits des Verwechslungsspiels von damals und heute.

Wie stark die alten Elternbindungen sein können, zeigt sich religiös daran, daß viele Menschen sich sehr schwertun, auch nur das christliche *Vaterunser* zu beten, denn gleich fällt ihnen ihr Vater dabei ein; mit diesem Wort können sie Gott nicht benennen, mit diesem Wort können sie niemanden benennen, dem sie ihre Gebete und ihre Sehnsucht weihen. Aber wenn das so ist, wird man den Vater andererseits auch wieder suchen. Und genauso mit der «Mutter Gottes». Wie viele Größen hat es gegeben, die madonneminnend waren, von dem Kreuzzugsprediger BERNHARD VON CLAIRVAUX angefangen bis zu dem Faschisten FRANCO, bis hin zu ESCRIVA, dem Gründer des *Opus Dei*; – andere «große» Beispiele seien dahingestellt. Es genügt, daß Kinder in ewiger Sorge an ihrer Mutter hängen, die sie als leidvoll erleben, und sie werden mit Leichtigkeit eine Philosophie oder Theologie in die Welt bringen, in der Frauen ihr Leben lang nichts Besseres zu tun haben, als zu leiden – sich etwa im Kindbett zu opfern oder an gebrochenem Herzen zu sterben. Wenn solche Menschen wirklich eine Frau liebgewinnen, dann muß sie eine Ähnlichkeit mit dem Vorbild ihrer Mutter aufweisen, und zwar je nachdem, in Hinwendung oder Abwendung; stets wird da die Vergangenheit zur Gegenwart, wird das, was war, zum Schicksal dessen, was werden könnte. Dazwischen in das *Heute* hineinzufinden setzt eine Durcharbeitung all der alten Gefühle voraus.

Eben darin kann der Anfang von wirklicher Frömmigkeit, von wirklicher Poesie liegen, und die innere Befreiung kann groß sein. Dann beginnt die Welt zu singen, dann verströmt sie ihre ganze Faszination, dann fügt sie sich so, daß es stimmt und die Gestimmtheit und Stimmung aufwachsen läßt zu einer reinen Seligkeit. Aber man muß sie hinter sich bringen, – die dunklen Schatten von damals, so verzaubernd oder bezaubernd sie auch sein mögen.

Man kann sie in ihren Schwingungen zumeist leicht daran erkennen, daß sie abbruchartig eben noch Seligkeit verheißen können und jetzt plötzlich Schrecken und Angst; eben noch fühlt eine Frau sich ganz und gar angenommen und gleich darauf vollkommen abgelehnt; ein Mann denkt eben noch sich unendliche Treue, unendliches Glück in den Armen seiner Geliebten aus, und dann genügt es, daß sie in den Spiegel schaut statt in seine Augen, und es ist alles dahin, – er könnte sie umbringen vor Neid und Eifersucht. Wenn bestimmte Gefühle derart rasch verändert werden können, dann dürfen wir uns ganz sicher sein, daß wir es nicht mit dem gegenwärtigen Erleben zu tun haben, sondern mit Einbrüchen der Vergangenheit.

Aus diesen Zusammenhängen ergibt sich ein *zweites* Problem im Umgang mit der Liebe, das ist die *mögliche Spaltung der Person* in der Liebe. Bei *Tristan* und *Isolde* klang diese Problemstellung bereits an. Ein Mann, der im Schatten seines Vaters (beziehungsweise seines «Oheims») lebt, wird auch die Frau, die er liebt, zwiespältig erleben: einerseits als eine Verbotene, die er gleichwohl ersehnt, und als eine andere, mit der er zwar leben muß, die er aber nur in «Treue» liebt, als ein «anständiger» Mensch, der doch im Untergrund gepeinigt und geplagt wird von ganz anderen Wünschen, – ein «Verbrecher», wenn er seinen Wünschen folgte, grau geworden und alt geworden aber, wenn er tut, was er soll; zwischen beidem wird er selber ebenso zerrissen wie das Bild seiner Geliebten. Auch so erzählt sich die Geschichte von *Tristan* und den beiden *Isoldes*.

Andere Spaltungen werden uns überliefert, zum Beispiel im *Nibelungenlied*. Da ist eine Frau von großem Stolz, *Brunhild* mit Namen, aus dem dunklen Island nach Worms gekommen, aus einem Land, wie CHRISTIAN FRIEDRICH HEBBEL schreibt, «da die Steine funkelnder leuchteten als das Sonnenlicht». Diese Frau aus dem ewigen Eis, aus dem ewigen Dunkel, aus dem ewigen Kampf hat gelernt, stark zu werden, – eine Walküre, die man bewundert für ihre die Männer übermögende Kraft. Sie aber wird nur denjenigen lieben, der stärker ist als sie selber. Das wäre einzig *Siegfried*. Verlobt werden soll sie aber mit König *Gunther*, einem männlichen Schwächling, einem Durchschnittsgouverneur. Aus diesem Eheplan würde nie etwas, besäße nicht *Siegfried*, der Drachensieger, eine Tarnkappe aus dem Rosengarten des Zwergs *Alberich*. Mit Hilfe dieser Tarnkappe gelingt es dem Helden, die tollkühnen Übungen an der Seite *Brunhilds* zugunsten Gunthers zu bestehen. In der Brautnacht freilich muß *Gunther* sich offenbaren, und da *Brunhild* erkennt, wen sie vor sich hat, hängt sie ihn buchstäblich an den Nagel, – aus eben diesem 10. Kapitel des *Nibelungenliedes* stammt die deutsche Redensart: «an den Nagel hängen». Da zappelt der arme *Gunther* eine Nacht lang an der Wand! Psychoanalytiker haben viel Grund, über dieses Motiv nachzudenken, was da mit «Nagel» und «Wand» gemeint sei. Jedenfalls wurde *Gunther* aus seiner mißlichen Lage nur befreit, weil *Siegfried* an seiner Statt die Walküre bezwang. Erneut spaltet sich da das Bild des Mannes in die Ambivalenz eines schwachen Versagers und eines übermächtig Kräftigen. Als schließlich *Brunhild* erfährt, wen sie in

Bildtafeln

HIERONYMUS BOSCH: **Die sieben Laster** (PIERO BIANCONI: *Maestri del Colore*, Milano 1963; ins Franz. übers. v. J. Ducroix: *Bosch*, Paris 1993, S. 7, Nr. 3, Abb. 3.)

Um 1475 malte HIERONYMUS BOSCH (ca. 1450–1516) in sieben Medaillons *die sieben Todsünden* (Laster), ringförmig angeordnet um die Person des auferstandenen Christus. Vier Kreisbilder an den Eckseiten der «Tischplatte» umgeben diesen zentralen Zirkel, indem sie den Tod, die Auferweckung zum Jüngsten Gericht, den Eintritt der Geretteten in den Himmel sowie die Bestrafung der Verdammten in den ewigen Qualen der Hölle zeigen. Das Bild, das im Schlafzimmer Philipps II. im Escorial hing, befindet sich heute im Prado in Madrid. Dargestellt sind auf dem Höllenbild in der linken unteren Ecke die Symbolgestalten der sieben Laster in den Händen ihrer dämonischen Quälgeister. Die dunkelroten Farben dieses Bildes unterscheiden sich so sehr von der Farbgebung der übrigen Darstellungen, daß dieses Bild möglicherweise von einer anderen Hand, wenn auch im Sinne und im Stile HIERONYMUS BOSCHS, gemalt wurde.

Alles beginnt unten mit dem Laster der *Superbia*, mit dem *Stolz*, durch den laut kirchlichem Dogma die ersten Menschen, Adam und Eva, im Paradies gesündigt haben sollen (Gen 3,1–7). Ein nacktes insektenähnliches Wesen, das nur eine rote lang herabfallende Mütze trägt, hält dem ersten Menschenpaar einen Spiegel vor das Angesicht, doch der Akt ihrer Selbsterkenntnis gerät zu einem Augenblick des Schreckens: «Sie erkannten, daß sie nackt waren.» (Gen 3,7) In der biblischen Erzählung bedeutet die Entdeckung der «Nacktheit» durch Adam und Eva eigentlich, daß ein Mensch zu merken beginnt, was es heißt, als bloßes Geschöpf leben zu müssen außerhalb der Gemeinschaft mit seinem Schöpfer; auch das Motiv, sein zu «wollen wie Gott» (Gen 3,5), ergibt sich in der «Sündenfallerzählung» erst aus der *Reaktion* auf die Todesangst, die von der Schlange im Herzen der Menschen geweckt wurde. Insofern ist es im Grunde nicht möglich, die «Ursünde» in kirchlich-dogmatischem Sinne als *Stolz* oder *Hochmut* (oder «Ungehorsam») zu deuten; doch das Bild BOSCHS folgt der tradierten Anschauung, wenn es die Reihe der Laster mit der *Superbia* beginnen läßt. Dabei gelingt dem niederländischen Maler ein psychologischer Geniestreich: Während die Haltung des Stolzes in der Malerei mit Vorliebe als eine Frau vor dem Spiegel typisiert wird, stellt BOSCH die *Strafe* dieses Lasters gewissermaßen als seine teuflische Selbsterfüllung dar, die dem «ersten Menschenpaar», das heißt dem Menschen *wesentlich* gilt: Die Sucht eitler Selbstbespiegelung kann nur in der Erkenntnis der eige-

nen «Blöße», der Ausgesetztheit und der Erbärmlichkeit des menschlichen Daseins enden. Anders als in der Bibel gelingt es den Menschen auf BOSCHs Bild nicht, sich «Röcke aus Feigenlaub» zu machen; vielmehr hüpft Eva eine eklige schwarze Kröte in den Schoß, während eine Gans sich mit lang gestrecktem Hals an Adams Bein zu schaffen macht; die sexualsymbolische Bedeutung dieser «Tiere» verhüllt die Scham der Menschen offenbar nur, um sie desto greller hervortreten zu lassen.

Links gewendet, im Uhrzeigersinn, findet sich das Bild der *Luxuria*: In einem grellrot überzogenen Bett liegen unter einem grünen Himmelsdach ein Mann und eine Frau, die zur Strafe für das Laster der *Ausschweifung* von Dämonen heimgesucht werden. Ein riesiges salamanderähnliches Untier mit langem Schwanz ist soeben auf das Bett geklettert und kriecht nun mit geöffnetem schnabelähnlichem Maul auf die beiden zu; dabei ist ein bocksgesichtiges Tier mit glühenden Augen bereits dabei, den ihm zugeneigten Mann auf seine Seite zu ziehen, während ein ähnliches geflügeltes Ungeheuer den Arm der Frau gefaßt hält und sie in einen mit grüner Flüssigkeit gefüllten Bach zu ziehen versucht, in dem noch die Köpfe, Arme, Hände und Beine anderer Opfer zu erkennen sind. Angst, Einsamkeit und Versinken sind demnach die unmittelbaren «Strafen», mit denen die Unzucht sich selber quält.

Weiter geht es in der nächsten Szene mit der *Gula*, der Trink- und Freßsucht. Die männliche Personifizierung dieses Lasters tafelt nackt, wie alle Figuren des Bildes, aber wohlbeleibt in einem mit rotem Tuch verhangenem Spitzzelt an einem mit weißer Decke bezogenen Tisch, auf dem sich freilich außer einem kleinen Krüglein (mit Essig?) nichts Trink- noch Eßbares befindet; einzig erscheint wiederum das kröten- und salamanderähnliche Untier nebst einer Schlange auf dem Tisch, – diese symbolischen Scheusale, die wir gerade als Bilder von Sünde, Unzucht und Wollust kennengelernt haben, sind allem Anschein nach das, was die *Gula* sich selber serviert, insofern sie, wie dargestellt, endgültig der Hand eines jener bocksgesichtigen Dämonen verfallen ist.

Die im Uhrzeigersinn nächste Szene stellt die *Invidia*, die Eifersucht und den Neid, dar. Am Fuß eines flammenspeienden Berges, aus dessen Schlot ein höllischer Fahnenmast sich erhebt und auf dessen Gipfel ein «Teufel» einen einarmigen Handstand macht, versinken die Menschen händeringend, doch vergebens um Hilfe bittend, in die höllische Tiefe; die nagende, untergründig lodernde Glut ihres «Lasters» wird sie selber verzehren. Und als wenn das allein nicht schon genügte, fallen auch noch Wölfe über die Verlorenen her. Das Wort von THOMAS HOBBES: *Homo homini lupus* – der Mensch ist dem Menschen ein Wolf, charakterisiert auf dem Bild von HIERONYMUS BOSCH die Welt der *Invidia* als eine unentrinnbare Pein; wenn Menschen vor *Eifersucht* und *Neid* zu wilden Wölfen werden, so besteht ihre folgerichtige «Strafe» darin, in diesen Tierungeheuern sich selbst zu begegnen.

Das Thema der nächsten Szene ist die *Ira*, der Jähzorn, die Wut. Auf einem hölzernen Brett liegt, wie gekreuzigt, doch ohne jegliche Fesselung, ein nackter Mensch, neugierig betrachtet von einem grünen, langschwänzigen Ungeheuer und gepeinigt von einem tierköpfigen Dämon mit Menschenleib, der den jetzt Wehrlosen mit einem langen Schwert wie mit einem chirurgischen Messer in den linken Oberschenkel sticht. An die Stelle der konvulsivischen Zuckungen des Jähzornigen als eines Anfallstäters ist die völlige Passivität eines systematisch Gefolterten getreten, doch kann man in dieser strafweisen Umkehrung der jähzornigen Reaktion zugleich auch eine Offenbarung der Grundsituation dieses «Lasters» erblicken: einer vollkommenen Wehrlosigkeit und Ausgeliefertheit nach außen wie nach innen!

Das Laster der *Avaritia*, der Habgier, des Geizes, stellt das sechste Bild dar: In einem riesigen Kessel über offenem Feuer wird hier drei Verlorenen eingeheizt, deren Köpfe auf dem siedenden Wasser schwimmen, während grün-, braun- und silbriggesichtige Ungeheuer das begehrte Geld wie eine zusätzlich würzende Prise in den Kochkessel zu werfen scheinen. Es gibt keine «Abkühlung» mehr in der Welt der Habgier, nur ein äußerstes unerträgliches sinnloses «Verkochen» in und an der eigenen Gier; kein Bild des Elends des Kapitalismus und des Zinswuchers könnte eindringlicher mahnen und warnen.

In das Zentrum des höllischen Szenarios gelangen wir freilich erst mit dem Laster der *Desidia* oder der *Accidia*, der *Trägheit* beziehungsweise der *Schwermut* oder *Melancholie*. Die Personifikationsgestalt dieses «Lasters» liegt, festgehalten von einem schwarzen geflügelten Dämon, mit dem Kopf auf einem Amboß, nackt und wehrlos den Peinigungen einer Nonne in der Haustracht der Dominikanerinnen preisgegeben, die einen Hammer in ihrer rechten Hand schwingt und damit offenbar das weit herausgestreckte Gesäß des Delinquenten zu bearbeiten gedenkt. Da diese Szene den Mittelpunkt des Höllenbildes darstellt, kommt ihr zweifellos eine zentrale Bedeutung zu.
Da ist einmal die psychologische Aussage: Wie sollte das «Laster» der «Schwermut» beziehungsweise der «Trägheit» anders zu verstehen sein, als daß der Kopf eines Menschen sein Leben lang wie auf einem Amboß lag und auf ihn wie mit Hämmern eingeschlagen wurde! Alle «Laster» sind im Grunde solche «Teufelskreise», in denen die Ursachen eines bestimmten Fehlverhaltens schließlich als unentrinnbare Zwänge «strafweise» auf die betreffenden Menschen zurückkommen; – die Wahl der *Kreisform* selbst bringt den *circulus vitiosus* eines jeden «Lasters» psychologisch vollkommen zum Ausdruck.
Darüber hinaus aber könnte die gleiche Anschauung vielleicht sogar für die gesamte Höllen- und Teufelslehre der Kirche bis in unsere Tage gelten! Man darf nicht vergessen, daß schon der Kirchenvater ORIGENES (185–254) religiöse Zweifel geäußert hatte, ob die Existenz einer Hölle mit der Güte

Gottes vereinbar sei; diese Zweifel wurden im 13. Jahrhundert insbesondere von den Katharern in aller Deutlichkeit erneuert; aber ORIGENES war zum Irrlehrer erklärt worden, und die Katharer wurden in grausamen Kreuzzügen unter Papst Innozenz III. in Südfrankreich bis auf den letzten Mann, bis auf das letzte Kind ermordet. Die Angst vor Hölle und Teufel aber steigerte sich in der Folgezeit bis zu dem Wahn jenes Buches, das von JACOBUS SPRENGER, dem Dominikaner-Prior von Köln und Inquisitor, im Jahre 1487 unter dem Titel *Der Hexenhammer* (Malleus maleficarum) (JAKOB SPRENGER und HEINRICH INSTITORIS: *Der Hexenhammer*, aus dem Lat. v. J. W. R. Schmidt, München [dtv 2162] 1982) herausgegeben wurde. BOSCH gehörte der «Bruderschaft unserer lieben Frau» an, die man in gewisser Weise als «Sammelpunkt der niederländischen Unabhängigkeitsbewegung», als «eine Keimzelle des niederländischen Staates» betrachten kann (ROSEMARIE SCHUDER: *Hieronymus Bosch*. Das Zeitalter – Das Werk, Berlin 1991, S. 46–47).
Vor diesem Hintergrund erscheint die Dominikaner-Nonne auf dem Höllenbild offenbar mit Absicht in das Zentrum gerückt: Sie gilt, den «Hexenhammer» schwingend, als der Hauptteufel des ganzen Bildes! (A. a. O., S. 60) Die Aussage dieser Darstellung, so verstanden, wäre dann von provokanter Kühnheit: Es sind die Dominikaner, die den Menschen auf Erden die Hölle heiß machen. Wohl erlaubt die *Trägheit* der Menschen dem Wahn des kirchlichen Dogmas sein Wüten, doch umgekehrt gründen die Wurzeln der *Trägheit* selber in der Angst und Einschüchterung durch das kirchliche Dogma. Trägt denn aber, wenn es so steht, nicht eine bestimmte Art der kirchlichen «Verkündigung» selber die Schuld an den «teuflischen Lastern» der Menschen, die sie am Ende wieder mit Teufel und Hölle bestraft? Offenbar gibt es nicht nur einen Teufelskreis zwischen den Gründen eines Lasters und seiner (Selbst)Bestrafung, sondern auch eine Wechselbeziehung zwischen der Höllenlehre der Kirche und dem «höllischen» Verhalten der Menschen.

HIERONYMUS BOSCH: **Die Laster: Zorn (Ira), Hoffart (Stolz, Superbia) und Faulheit (Melancholie, Desidia).** Ausschnitt aus der rechten Flügelinnenseite des *Heuwagen-Triptychons* (um 1490–1500), Prado, Madrid. (LUDWIG BALDASS: *Hieronymus Bosch*, Wien – München, [3]erw. Aufl. 1968, S. 55–56, Abb. 44)

Der Mann, der von einem Dämon herbeigeschleppt wird, könnte als Verkörperung des *Zorns* (der *Ira*) verstanden werden; der Hirsch, der zu dieser Gruppe gehört, könnte aber auch auf die *Unkeuschheit* (die *Luxuria*) hinweisen. Die Frau mit der Kröte im Schoß personifiziert (wie auf der *Tischplatte*: *Die sieben Todsünden*) die *Hoffart* beziehungsweise den *Stolz* (die *Superbia*). Der nackte, nur mit seinem Helm bedeckte Krieger, der, auf einem Rind reitend, über eine Brücke in die Hölle einzieht, wurde auch als Kirchenräuber gedeutet; sieht man in der Gestalt des Reitenden ein Bild der *Melancholie* (der *Desidia*), so stellte diese Person das Negativbild eines Kriegers dar, – einen Mann, der des Kämpfens müde ist und dessen Herz von einem Speer verwundet ist. Was er sucht, ist, endlich Ruhe zu bekommen, doch genau das wird ihm nicht gelingen – die ihn begleitenden, beobachtenden oder vorantreibenden Dämonen zeigen das deutlich.

HIERONYMUS BOSCH: **Geiz, Völlerei und Neid.** Ausschnitt aus der rechten Flügelseite des *Heuwagen-Triptychons* (um 1490–1500), Prado, Madrid. (LUDWIG BALDASS: *Hieronymus Bosch,* Wien – München, ^{3}erw. Aufl. 1968, S. 55–56, Abb. 45)

Der *Geiz* und die *Habgier* (die *Avaritia*) werden hier als erlegte Jagdbeute von einem Dämon heimgetragen – die Jagd nach Geld und Besitz fällt sich selber zum Opfer. Die *Völlerei* (die *Gula*) verschlingt als ein Krötenungeheuer in gestiefelten Menschenbeinen mit kaltem, grün-gelbem Blick einen nackten Menschen, um dessen rechtes Bein sich eine Schlange ringelt, mit dem Kopf nach vorn in ihrem Riesenmaul, so daß nur noch der Unterleib des Opfers hervorschaut. Der *Neid* (die *Invidia*) schließlich wird als ein von rötlich und grünlich gefärbten Hunden gehetzter nackter Mann geschildert, der vergebens mit der rechten Hand rückwärts um Hilfe winkt, während er, ebenso vergeblich, mit seiner linken Hand seine Blöße zu bedecken sucht. Vor ihm, auf dem Weg unter einer steinernen Brücke, liegt ein anderer Mensch bereits wehrlos am Boden, von Hunden niedergerissen. Die «Bissigkeit» des *Neides* richtet sich letztlich selber zugrunde.

HIERONYMUS BOSCH: **Der Zorn (die Ira).** Ausschnitt aus dem Mittelbild der Altartafel mit dem *Jüngsten Gericht.* Entstehungszeit ungewiß. Akademie der Bildenden Künste, Wien. (LUDWIG BALDASS: *Hieronymus Bosch,* Wien – München, ^{3}erw. Aufl. 1968, S. 56–58, Abb. 60)

Nicht wenige Forscher ordnen das Triptychon einem Bosch-Schüler zu; gleichwohl sind gerade die Farben dieses Bildes besonders intensiv; vielleicht handelt es sich um die Wiederholung eines Werks, die 1564 von Philipp dem Schönen bestellt wurde. Im Mittelbild sind in der Darstellung des Jüngsten Gerichts mit dem ausgemalten Höllenmotiv die sieben Todsünden symbolisch ausgestaltet, darunter der *Zorn* (die *Ira*). Die Verkörperung dieser «Todsünde» erscheint in der wütend angreifenden Gruppe von gepanzerten «Helden», die mit verbundenen Augen oder mit einem raubtierähnlich fressenden Helm wie mechanische Wesen in die «Schlacht» ziehen, die Spieße eingelegt, das Schlachtrmesser geschwungen. Wie selbstzerstörerisch die zornige Kampfespose für sich selber ist, zeigt der nackte, wehrlose Mann, der als Folteropfer dreier Tierdämonen in einem Baum auf perverse Weise gequält und zerstückelt wird, der sexualsadistische Zug dieser Szene wird noch deutlicher, indem einer der Tierdämonen, der dem Opfer beziehungsweise der Verkörperung der *Ira* gerade mit einem Messer den linken Arm abschneidet, auf einer nackten Frau reitet. Was BOSCH mit solchen Bildern zeigt und zeigen will, wird am klarsten wohl in dem Mann, der in einem stachelbewehrten Rade gezwungen wird, sich im Kreise zu drehen. Der kriegerisch-vorstürmende Zug der *Ira* wird besonders in den Bildern von PIETER BRUEGEL DEM ÄLTEREN aufgegriffen.

HIERONYMUS BOSCH: **Die Wollust (Unkeuschheit, die Luxuria)**. Ausschnitt aus dem Mittelbild der Altartafel mit dem *Jüngsten Gericht.* (LUDWIG BALDASS: *Hieronymus Bosch,* S. 56–58, Abb. 59. Darstellung aus: P. BIANCONI: *Bosch,* S. 10, Abb. 16)

Im Zentrum des Bildes der *Wollust* stolziert wie auf einem Laufsteg eine nackte, blonde Frau mit langen, bis zu den Knien reichenden lockigen Haaren, deren Beine von zwei schwarzen Schlangen umringelt werden; ein großspurig-höhnisch auftretender personifizierter Dudelsack, ein unbekleideter Zwerg mit dämonischem Gesicht, der eine Laute auf seinem Kopf spielt, die brennende Kerze als Attribut der Dirne, die ein begehrlicher Drache wie bei einer Prozession in der Hand hält, ein greisenhafter Gnom, dessen Gestalt sich auf Kopf und Beine reduziert und dessen rote Mütze mit den beiden metallischen Ohren wirkt wie ein wandelndes männliches Geschlechtsteil, machen den Weg dieser Frau, die ihre Augen geschlossen hält und mit ihrer weit ausgestreckten linken Hand sich all der Ungeheuer zu erwehren sucht, zu einem moralischen Spießrutenlaufen ohne Ende. *Mehr* aber scheint tatsächlich nicht nötig, als die Vorstellungen isolierter Triebwünsche in unentrinnbare Obsessionen zu verwandeln, um die irdische Realität selbst in ihrer «höllischen» Tiefendimension zu offenbaren. Auch der Mann, der links von der Szene auf einem rotbedeckten Bett von kröten- und salamanderähnlichen Tieren heimgesucht wird, erlebt offenbar seine Tagträume als Alpträume. Psychologisch ist es sehr wichtig, den *Teufelskreis* der Angst zu begreifen, in dem die Sexualität dämonisiert wird und dann selbst wieder als dämonisch erscheint.

HIERONYMUS BOSCH: **Die Völlerei (Freßsucht, Trunksucht, die Gula).** Ausschnitt aus dem Mittelbild der Altartafel mit dem *Jüngsten Gericht.* (LUDWIG BALDASS: *Hieronymus Bosch,* S. 56–58, Abb. 54)

Die *Völlerei* erscheint auf dem Bild als ein fettleibiger nackter Mann, dem gerade ein teuflisches Gebräu in den Mund gegossen wird: aus einem vergitterten Fenster entläßt das Gesäß eines Menschen oder Dämons einen dünnen Harnstrahl, der in einem Trichter aufgefangen und in ein großes Faß weitergeleitet wird. Dieses Faß führt ein rothäutiger Mensch mit Katzengesicht auf seinen Schultern so weit heran, daß der Strahl aus dem Spundloch direkt in den offenen Mund der *Gula* fließt. Deutlich hat dieses arme Opfer des «Schwedentrunks» gar kein Interesse mehr, das widerliche Getränk aufzunehmen, es liegt wehrlos, mit verdrehten Augen, wie ein Alkoholiker im Rauschzustand. Ein anderes grünes Katzenmonstrum hält mit roten Flügeln den Mann genau in der richtigen Lage. Dieser selbst ist von der Steintafel, an der er zu dinieren trachtete, so vollkommen eingeklemmt wie von einer Grabplatte. Als «Speise» sind vor ihm eine Kröte und eine Schlange ausgebreitet, in die sich jedoch längst ein Fischmensch mit behelmtem Kopf, geöffnetem Mund und mechanisch zu bewegenden Armen «verbissen» hat. Im Hintergrund bereitet gerade ein mausgesichtiges Monstrum, wie eine Köchin mit einer Schürze bekleidet, den Kochlöffel in den Jackenbund gesteckt, zwischen den Mühlsteinen einer Blutpresse aus menschlichen Leichenteilen ein noch grausigeres «Getränk» vor, das in einem Bottich aufgefangen wird. Dabei schaut die Verwalterin dieser «Teufelsküche» nach rückwärts, wie wenn sie mit ihrer makabren Tätigkeit einem höheren Befehl folgen würde. – Selbst bei HIERONYMUS BOSCH gibt es nicht viele Details in seinen Bildern, die so dringlich wie hier die Frage aufwerfen, wer eigentlich *freiwillig* ein solches Leid «wählt»? Je unheimlicher man die Bilder BOSCHS auf sich wirken läßt, desto deutlicher schreien seine gefolterten Menschen nach Erbarmen und betteln sie um ein Verstehen, über das sie selbst nicht verfügen, das aber, wenn vorhanden, ihre einzige Rettung wäre.

der Brautnacht in die Arme geschlossen hat, im Wahn, ihren Mann zu lieben, kommt es zum Mord, da gerät die Kränkung einer betrogenen Liebe zur Rache. *Siegfried* muß sterben, der Starke muß ermordet werden, damit die Stärkere wieder zu leben vermag. Und die Rache an der Ermordnung *Siegfrieds* wiederum wird zum Untergang eines ganzen Volkes führen. Solches vermag *Eifersucht* aus gekränktem Ehrgefühl, aus tief verletztem Narzißmus.

Die Psychologie des *Nibelungenliedes* läuft darauf hinaus, daß man nur denjenigen lieben kann, in dessen Augen man seine Selbstachtung bestätigt findet. Die Liebe steht in Funktion eines eigenen Stolzes, eines eigenen Selbstwertgefühls. Von einem für «unwürdig» Gehaltenen kann man keine Selbstachtung beziehen. Aber die Frage bleibt: Sieht man unter solchen Umständen den anderen wirklich, wie er ist, oder nur als Wunschfigur? Wann darf ein Mensch in der Liebe ehrlich sein, und wann muß er ein ständiges Tarn- und Versteckspiel vor den Augen des anderen aufführen, nur damit ihm die nötige Gefälligkeit zuteil wird?

Wenn die Liebe nicht dazu beiträgt, den anderen so sein zu lassen, wie er wirklich ist, wenn es nicht möglich ist, den anderen unverhüllt in unschuldiger Nacktheit, ohne Verhüllungen, ohne Verstellungen zu lieben, handelt es sich nicht um wirkliche Liebe. Möglicherweise hebt die Liebe alle Komplexe, ein Versager zu sein, alle Ängste, als Schwächling zu erscheinen, noch einmal hervor, aber doch nur, um davon Abschied zu nehmen und um sie zu überreifen; am Ende ermöglicht es nur die Liebe, einander gegen die kindlichen Befürchtungen und schließlich sogar gegen den Tod anzulieben.

All die Geschichten, die da aus mythischer Überlieferung erzählt werden, haben nur das eine Ziel: uns zu beschwören, auf dem Weg der Liebe trotz allem weiter voranzuschreiten. Das aber ist das *dritte Motiv*. Die Liebe, sagen uns alte Geschichten, ist ein endloses Reifen. HOMER erzählt neben der Geschichte des *Achill* auch und vor allem von dem listenreichen *Odysseus*, der auf der Suche nach der geraubten mondschönen *Helena* selber zum Suchenden und Wandernden wurde, um heimzukehren zu seiner eigenen Gemahlin. Wie findet ein Mann, was er im Grunde längst erobert zu haben meint? Wie ist es möglich, daß *Odysseus Penelope* wiederbegegnet nach so vielen Jahren des Ringens und Kämpfens? Die ganze List des verschlagenen *Odysseus* liegt zufolge der Poesie des HOMER darin, viele Stufen durchlaufen zu müssen, ehe er als Mann seiner Frau langsam adäquat wird. Auf dem Weg nach Hause wird *Odysseus* verlockt von der Nymphe *Kirke*, welche über die Macht verfügt, mit ihrem Zauberstab seine Gefährten in Tiere: in Schweine und Hunde und Schafe, zu verwandeln. Auch das kann die Liebe bewirken, daß sie aus einem Mann etwas Halbmenschliches oder sogar Unmenschliches in allen Formen hervorbringt. Positiv ausgedrückt, ist die Liebe entweder eine Energie, die alles, was vom Tiere in uns liegt, zu integrieren und zu vermenschlichen vermag, oder sie wird durch lauter Abspaltungen sich verselbständigen und uns um den Verstand bringen. Es ist *Odysseus* schließlich, welcher der Nymphe erklären muß, es koste ihr eigenes Leben, wenn nicht die Liebe sich vermenschliche und die Gefährten des Odysseus ihre humane Gestalt zurückerlangten. – Daneben gibt es eine andere Nymphe, von der wir schon hörten, *Kalypso*, die *Odysseus* erklärt, er könne an ihrer Seite in den gewölbten Höhlen unsterblich werden wie die Götter selbst, er könne aus der Zeit heraustreten und die Vergangenheit vergessen, um nur noch in seliger Gegenwart genießend zu schlummern. Es gibt kaum eine Stelle der antiken Dichtung, die man als menschlich derart rühmen muß wie jene aus der *Odyssee*, als der Held – der Mythe nach auf der Insel Gardos, 250 km vor der afrikanischen Küste – erklärt, nichts weiter sein zu wollen als ein Mensch; doch das bedeutet für ihn, weiter auf die Suche zu gehen nach seiner geliebten Gemahlin *Penelope*, sie wiederzufinden und in ihr sich selbst. In einem wilden Sturm, den *Poseidon* entfacht, wird *Odysseus* an die Küste der Phäaken getrieben und nackt, als ein frierender, zitternder Mann vor den jungen Mädchen an der Seite *Nausikaas*, der Tochter des Phäakenfürsten *Antinoos*, auftauchen. Auch diese Begegnung mit dem jungen Mädchen bildet offenbar eine Vorstufe, um der erwachsenen, der alt gewordenen Frau zu begegnen. Wann erkennt der Fremdgewordene die Fremde als die immer schon Vertraute?

Die Begegnung zwischen *Odysseus* und *Penelope* in HOMERS *Odyssee* hat man stets gerühmt als das hohe Epos der Gattenliebe; aber was man selten dabei erwähnt hat, ist die Notwendigkeit so vieler langer gefahrvoller Reifungsschritte beim Erlernen der Liebe. Wann eigentlich darf sie geübt werden? Wieso immer schon ist sie als fertig zu setzen? Wer hat erklärt, daß Zwanzigjährige, wenn sie einander «christlich» heiraten, entsprechend den Gesetzen der römisch-kirchlichen Moral, zusammen bleiben müßten, bis daß der Tod sie scheide? Ist nicht die Moral der orthodoxen Kirche sehr viel weiser, wenn sie sagt: das Zusammenleben zweier Menschen dauere bis zum Tod der *Liebe*? Mehr kann kein Mensch einem anderen versprechen, als daß er aus Liebe und in Liebe des anderen Glück sein möchte und sich's anders auch gar nicht vorstellen könne. Aber wenn durch Gründe, die wir in all den genannten Zusammenhängen wesentlich unbewußter Prozesse der Psyche gerade kennenlernen, die Liebe zerbricht, wieviel Macht und Verpflichtungscharakter hat dann ein gegebenes Versprechen noch? Ist es nicht identisch mit den Bedingungen, aus denen heraus es sich formuliert hat, und kann es eine größere Tragweite haben, als es in diesen Bedingungen selber eine tragende Basis besitzt? «Bis daß der Tod euch scheidet» – soll das heißen, man müsse wirklich erst das Sterben des anderen wünschen, um schließlich die Freiheit der Liebe und des Glücks wieder erfahren zu dürfen? Was macht die römische Kirchenordnung mit ihren absonderlichen Anweisungen aus dem Herzen von Menschen? Wieso weiß sie von außen her alles besser? Und soll es wirklich ein Trost sein, wir richteten uns darauf ein, ein späteres Jahrhundert werde kommen oder auch ein Jahrzehnt, vielleicht im kommenden Jahrtausend, wo just dieselbe Kirche erklären werde, all die alten Regeln gälten natürlich weiter, eine Ehe, geschlossen als Sakrament, sei und bleibe unauflöslich für alle Zeiten, aber man wisse nicht so wohl, wann denn die Ehe *als Sakrament* geschlossen sei? Sollen die Liebenden tatsächlich darauf warten, daß irgendwann auch ein Kardinalskollegium der Römischen Kirche, erleuchtet vom Geist, nun endlich dahinterkommt, daß diese sich heute Liebenden denn doch wohl zusammengehörten, – als Geschiedene und Wiederverheiratete?

Aber es geht nicht nur um die Kirche und ihre Ordnungen. Die Liebe ist furchtbar für *alle* Regierenden, weil sie uns lehrt, einzig Gott zu fürchten. Der aber redet sehr leise und sanft in unsere Herzen. Er möchte, daß wir «gehorsam» sind ganz nach innen und zugleich den anderen nehmen wie ein Spiegelbild unseren selbst. Die Liebe ist am Ende die einzige Kraft, die macht, daß wir den Mut gewinnen, selber zu sein.

FRIEDRICH NIETZSCHE, der in seinem *Zarathustra* über die Liebe zwischen Mann und Frau ungeheuerliche Sätze des Zynismus schreiben konnte, war in vielem genial. Zum Beispiel konnte er auch notieren:

«Wenn du ein Sklave bist, kannst du ein Freund nicht sein; wenn ein Tyrann du bist, kannst Freunde du nicht haben» – und wollte sagen: «Solang du dich herumquälst an deinen Minderwertigkeitsgefühlen, wird Liebe dir unmöglich sein; wenn du den andern aber benutzen mußt, gewissermaßen um dich aufzurichten und deine Ehre zu bilden, deinen Stolz, deinen Erfolg, so werden alle Menschen, die frei sind, dich meiden.»

Das Paradox liegt gänzlich darin, daß einzig die Liebe uns dahin führt, daß wir uns selber lieben können, daß sie aber irgendwo einen Funken der Selbstachtung schon voraussetzt, um der Liebe fähig zu werden. Dieser Kreis der Seligkeit ist das, was wir als das Göttliche bezeichnen, indem wir in der Liebe zum Menschen das Absolute, das Göttliche selbst stets schon voraussetzen. Alle Psychoanalyse ist in diesem Sinn nur ein nacharbeitender Dienst am Göttlichen, und alles, was wir einander hier auf Erden schon schenken können, wenn wir so sagen: «Mein ganzes Glück ist, daß du bist als ein wirkliches Geschenk, so daß ich die ganze Welt erlebe wie eine Gabe eines guten Gottes, wie eine Schöpfung, die sich selbst zu Füßen legt», so ist's im Empfinden der Liebe.

Der libanesische Dichter KHALIL GIBRAN, selber in jungen Jahren ein unglücklich Liebender, konnte in seinem Bändchen *Der Prophet* von der Liebe schreiben:

Winkt dir die Liebe, so folge ihr,
Sind auch ihre Wege hart und steil.
Und umfangen dich ihre Flügel, ergib dich ihr,
Mag auch das unterm Gefieder verborgene Schwert dich verwunden.
Und redet sie mit dir, so trau ihrem Wort,
Mag auch ihre Stimme deine Träume erschüttern wie der Nordwind den Garten verwüstet.
Die Liebe drischt dich, um dich zu entblößen,
Sie siebt dich, um dich von Spreu zu befreien.
Sie zermalmt dich, bis du weiß wirst.
Sie knetet dich, bis du geschmeidig bist,
Und dann beruft sie dich an ihr heiliges Feuer, auf daß du heiliges Brot werdest
zu Gottes heiligem Festmahl.
Liebe genügt nur der Liebe.

Wenn du liebst, so sage nicht: Gott ist in meinem Herzen; sag lieber: ich bin in Gottes Herzen.
Und denk nicht, du könntest der Liebe Lauf lenken, denn Liebe, so sie dich würdig schätzt, lenkt deinen Lauf.
Liebe hat keinen anderen Wunsch, als sich zu erfüllen.
Doch so du liebst und noch Wünsche haben mußt, seien dies deine Wünsche:
Zu schmelzen und zu werden wie ein fließender Bach, der sein Lied der Nacht singt.
Zu kennen die Pein allzu vieler Zärtlichkeit.
Wund zu sein von deinem eigenen Verstehen der Liebe und zu bluten willig und freudigen Herzens.
Zu erwachen beim Morgenrot mit beschwingter Seele und Dank zu bringen für einen neuen Tag der Liebe.
Zu rasten um die Mittagsstund und nachzusinnen über der Liebe Verzückung,
Heimzukehren in Dankbarkeit, wenn der Abend graut,
Und dann einzuschlafen mit einem Gebet für dein Lieb im Herzen und einem Lobesang
auf deinen Lippen.

Es gibt erstaunliche Zeugnisse für eine solche Liebe. Eines ist entstanden in den Tagen, da Jesus von Nazareth zur Welt kam, in den Tagen des Kaisers AUGUSTUS. Damals gab es einen jungen Mann, dessen Leben wir im Grunde kaum kennen, PROPERZ mit Namen. Er ist einzig berühmt geworden durch die Liebeslieder für seine CYNTHIA. Seine Gedichte wurden sehr schnell in Rom verbreitet, solcherart, daß Kaiser AUGUSTUS ihm antrug, er solle endlich über etwas «Ordentliches» schreiben, über den Ruhm Roms zum Beispiel. Die Antwort dieses jungen Mannes, der eine glänzende Karriere am Kaiserhof hätte machen können als Prophet der Größe des AUGUSTUS, als Hofliterat des Kaisers, steht im zweiten Buch der *Elegien*:

Fragt ihr, warum ich so oft das Erleben der Liebe besinge?
Wie mein zärtliches Buch Ruhm bei den Leuten erlangt?
Nicht Kalliope kündet mir solches und auch nicht Apollo,
Facht die Geliebte doch selbst meine Begeisterung an.
Wünschst du die Strahlende wandeln zu sehn im koischen Kleide,
Stoff für das ganze Buch gibt das Gewand mir von Kos.

Seh ich vereinzelte Locken auf ihre Stirn sich verirren,
Freut sie sich über mein Lob, stolz auf die Fülle des Haars.
Wenn sie ein Lied auf der Lyra schlägt mit den Elfenbeinfingern,
Staun ich, wie sie mit Kunst regt die geschmeidige Hand.
Oder wenn sie die Augen, die Schlaf verlangenden, abkehrt,
Einfälle tausenderlei hab ich als Dichter sodann.
Liegt, des Gewandes beraubt, mit mir die Nackte im Kampfe,
Dann gar schwillt der Gesang zu Iliaden mir an.
Ja was immer sie auch getan hat oder gesprochen,
Aus einem Nichts entsteht mir ein gewaltiger Sang. –

... und eben nicht ein Lobpreis auf den Kaiser AUGUSTUS! Wollen wir aber wissen, wie die Liebe die oder den Geliebten anredet, um ihr oder ihm zu beteuern, welch eine Bedeutung ihre oder seine Zuneigung für die Wahrnehmung der eigenen Person besitzt, so hat wohl niemand dafür schönere Worte gefunden als FRIEDRICH RÜCKERT in einem seiner Gedichte der Sammlung *Liebesfrühling*; er schreibt:

Du meine Seele, du mein Herz,
Du meine Wonn', o du mein Schmerz,
Du meine Welt, in der ich lebe,
Mein Himmel du, darein ich schwebe,
O du mein Grab, in das hinab
Ich ewig meinen Kummer gab!
Du bist die Ruh, du bist der Frieden,
Du bist der Himmel mir beschieden.
Daß du mich liebst, macht mich mir werth,
Dein Blick hat mich vor mir verklärt,
Du hebst mich liebend über mich,
Mein guter Geist, mein bess'res Ich.

Ist da die Liebe eine «Tugend»? Sie ist die Ausstrahlung eines Menschen in vollkommenem Selbstbesitz aufgrund einer angstfrei gewordenen Fähigkeit vollkommener Selbsthingabe. Ein solcher Zustand ist nicht herbeizubefehlen; er ist nicht mit moralischen Mitteln erzwingbar; aber alles, was jemals «tauglich», also «tugendhaft» ist an einem Menschen, entstammt und verdankt sich einzig solcher Liebe.

TREUE

JACOB MATHAM nach HENDRICK GOLTZIUS: Treue (und Glaube) (Fides)
Auf diesem Kupferstich sitzt, in der Rechten das Kreuz, in der Linken die Bibel, die Tugend der *Fides* vor einem Säulenfragment auf hohem Sockel, umflort von Blattwerk, das aus den Nischen des Mauerwerks herauswächst; den Blick hält sie andächtig auf das Kreuz mit Kruzifixus gerichtet. Kaum sichtbar erhebt sich in der offenen Landschaft ein Kirchturm, der auf den Alten Bund hinweisen soll. An dieser Sicht christlicher Glaubens«lehre» scheint die Feststellung besonders bemerkenswert, daß die kirchliche Theologie ungleich deutlicher das geistige Erbe der klassischen Antike aufgegriffen hat als die Lehrtradition der Synagoge. Der lateinische Text weist denn auch mehr auf die (Vertrags-)*Treue* unter Staaten im Sinne des römischen Begriffs *Fides* hin als auf den christlichen Inhalt des *Glaubens*:

Sacra fides passim, / nulli violanda, probatur,
Devincit varias / haec firmo foedere gentes.
Heilige Treue hält / ein jeder für niemals verletzbar,
Bindet sie doch ganz fest / der Völker Reiche zusammen.

HGoltzius Inuent
Matham sculp.
A°1597.
Sacra fides passim, nulli violanda, probatur,
Devincit varias hec firmo fœdere gentes. C. Schonęus.
Pieter de Reyger Excud.

Jetzt soll es um die Tugend der *Treue* gehen. Die Frage wird, im Rückblick auf die Gedanken, die wir schon entwickelt haben, zunächst überhaupt noch einmal sich stellen: Was ist *Tugend*? Wie setzt sie sich ab vom *Laster*? Läßt sich Tugend moralisch befehlen, und welche Funktion und Wirkung hat es, wenn es versucht wird?

Wir werden nicht umhin können, die so sicheren, stolzen, fundamental erscheinenden Wertüberzeugungen der bürgerlichen Gesellschaft, eben ihre *Tugenden*, mindestens so kritisch zu befragen wie das, was man uns in Selbstgewißheit unter Verbot und Strafe als *Laster* vorgestellt hat. Wenn es bisher schon galt, dem Laster, dem Bösen in seinen Tiefen so etwas wie den Schimmer eines Suchens nach etwas Verlorenem abzugewinnen, so werden wir auch jetzt nicht umhin können, gerade bei den sogenannten *Tugenden* Schattenseiten zu entdecken, mögliche Gefahren, ja, sogar Verfälschungen des Daseins. Alles wird dadurch komplizierter. Selbst der Teufel ist nicht so schwarz, wie man ihn malt, sagt man, und die Engel nicht so weiß, wie man sie anstreicht, müssen wir hinzufügen. Genau dazwischen aber, zwischen Schwarz und Weiß, liegt wohl die wirkliche Welt.

Zum Thema der menschlichen *Treue* gibt es in der Bibel keinen vorbildlicheren Text als eine kleine Passage aus dem Buche Ruth. Erzählt wird, vermeintlich in den Tagen der Richter, weit in die Vergangenheit also als Sage zurückverlegt, davon, daß im Raum *Bethlehem*, im «Haus des Brotes», wörtlich übersetzt, eines Tages durch Dürre eine Hungersnot ausbricht, die viele Menschen in den Untergang zu treiben droht, ein Ereignis, das sich millionenfach auch heute noch in ganzen Regionen der Erde wiederholt. Nur wie anders reagieren wir heute darauf! Die Bibel erzählt, daß damals ein frommer Jude, dessen Name schon hieß *Elimelech* – «mein Gott ist der einzig wahre König», – sich mit seiner Frau Naomi und seinen beiden Söhnen Macheon und Chiljon aufmachte, um hinüberzugehen ins Heidenland der Moabiter. Für jeden Juden sind die Gründungs- und Ursprungserzählungen von dem Volk der *Moabiter* schaudererregend und skandalös, denn das Volk der Moabiter, – so weiß ein jeder, der das erste Buch Mose *(Gen 19,36–37)* gelesen hat, und wer hätte das nicht als ein frommer Jude? – das Volk der Moabiter also wurde gezeugt nach dem Untergang von Sodom und Gomorrha, als die eigenen Töchter den *Abrahams*bruder *Lot* betrunken machten und sich in der menschenleeren Gegend mit ihm verpaarten, daß der Menschen wieder viele würden. Moab, das heißt: *meab* – «vom eigenen Vater» (gezeugt), das verkörpert das Verbrechen des Inzests, das ist das Furchtbarste, was man über ein Volk sagen kann, eben: Moabiter! Fluch sei über sie! – Genau dahin aber, in das Grasland der Verfluchten, brechen *Elimelech* und seine Familienangehörigen auf. Das Volk der Moabiter ist gebunden an die Regeln der Gastfreundschaft. Es gibt keine Grenzen, – keine Flughafenregelung, keine Zweitstaatenregelung, keine internationalen Abkommen, die den Flüchtlingszustrom gleich an den Grenzen abfangen können, um in Behäbigkeit und Behaglichkeit in der Gepflegtheit der eigenen Tradition weiterleben zu können. *Elimelech* findet just bei den Moabitern Aufnahme und Rettung in der Zeit des Hungers, ja, er tut, was man als Jude eigentlich gar nicht tun darf: er verheiratet seine eigenen Söhne mit zwei moabitischen Frauen, *Orpa* und *Ruth* mit Namen. Das Gesetz des Moses verbietet ausdrücklich, solches zu tun *(Num 25,6–8; Dtn 7,1–11)*; «Rassenschande» ist das nach der Ethik des Alten Testaments, Vermischung des Blutes, Auflösung von Kultur, Religion, Tradition, nationaler Identität und Würde; ein Angriff auf den Bestand des göttlichen Gebotes ist es, die eigenen Söhne mit fremdstämmigen Weibern zu verheiraten. Und wer wüßte nicht, wie verführerisch Frauen sein können, Moabiterinnen zumal! Sie haben es ja bewiesen, denn sonst gäbe es sie nicht, die Töchter *Lots* und ihre Kindeskinder! Fluch sei über sie! *(Dtn 29,1–28)*

Was aber sollen Menschen tun, die im Hunger leben, die in Einsamkeit sind und die fern von der Heimat neue Wurzeln finden müssen? Es kommt, daß die beiden Söhne sterben, *Machlon* und *Chiljon* und der eigene Ehemann *Elimelech* auch. Da ist's an *Naomi* zu sagen: «Nicht mehr soll man mich nennen die Liebliche – die «Naomi» –, *Mara* sei mein Name, die Verbitterte!» Alles hat das Schicksal ihr genommen, die Heimat ebenso wie die Menschen, auf die sie sich verlassen hatte, um mit ihnen ein neues Heim zu gründen. Doch wie manch ein Mensch, der stolz ist sogar noch im Elend, daß er von anderen nicht als lästig empfunden werde, fordert «Mara» ihre eigenen Schwiegertöchter auf, sich von ihr zu entfernen; soll sie selber, *will* sie selber doch bleiben, wo immer sie kann! Aber sie will nicht noch die Schwiegertöchter mit in ihr Unheil ziehen. An dieser Stelle ist es, daß *Orpa* ihre Schwiegermutter küßt und auf ihre Worte hört, wenn auch nach langem Weinen und einer angemessenen Trauer des Abschieds, *Ruth* aber bleibt bei *Naomi. Ruth, 15–17.22*:

Da sprach diese: Sieh, deine Schwägerin ist umgekehrt zu ihrem Volk und ihrem Gott, kehr auch du um, deiner Schwägerin nach. Aber Ruth antwortete: Rede mir nicht ein, daß ich dich verlassen und von dir umkehren sollte; wo du hingehst, da will auch ich hingehen. Wo du bleibst, da bleibe auch ich. Dein Volk ist mein Volk, dein Gott ist mein Gott. Wo du stirbst, da sterbe auch ich, da will ich auch begraben werden. Der Herr tue mir dies und das, aber scheiden wird mich und dich nur der Tod. – So gingen die beiden miteinander, bis sie nach Bethlehem kamen.

Es war einmal eine Zeit, da man an den Fürstenhöfen des Barock glaubte, den Menschen die Tugenden verordnen zu können wie die Bewegungsschritte eines grazilen Tanzes. Wenn es möglich sei, einem ungebildeten Tier Manieren beizubringen, wieso dann nicht auch dem rohen Volke, dachten die Despoten. Und sie brachten bei, und sie brachten nahe, und sie nannten «gebildet» den Menschen, den sie auf diese Weise geformt hatten nach ihrem Bild und Gleichnis. Die Explosion, die diese Tyrannei beendete, war gewaltig; sie entlud sich in der Französischen Revolution. Aber was bedeutet es, wenn Menschen ihre Freiheit beanspruchen und des Tugenddiktates überdrüssig sind? Es waren im 19. Jahrhundert sensible Menschen, Dichter zumal, die aus dem Erleben der eigenen Persönlichkeit heraus entdeckten und formulierten, daß die Infragestellung des Menschen sich nicht mehr mit den Tapetenwänden moralischen Zierats verschleiern läßt.

Nehmen Sie als Beispiel nur die Reflexion der ganz und gar privat erscheinenden Verzweiflung des großen dänischen Dichter-Theologen SÖREN KIERKEGAARD.

Was tut ein Mann, der ein Mädchen aufrichtig liebhat und es im

Grunde wohl auch in die Ehe führen möchte, was tut er, SÖREN KIERKEGAARD, mit Bezug auf die junge und schöne REGINE OLSEN, wenn er entdeckt, daß er aufgrund seines Charakters, seiner ganzen Persönlichkeit nach, durch die Schwermut, die in ihm liegt, durch das Laster der *Acedia*, die Seele dieses Kindes über Gebühr überschatten und belasten wird? Kann er ein gemeinsames Unglück verantworten an der Stätte, wo ein gemeinsames Glück warten sollte? Ja, hat er, tiefer gefragt, überhaupt ein Recht, mit ihr glücklich zu werden, wenn das Vorbild eines Christen der Mann aus Nazareth ist? Hatte Jesus eine Frau? Zeugte er mit ihr Kinder? Und selbst wenn – war er ein ordentlicher Ehemann? Brachte er überhaupt das nötige Einkommen zum Unterhalt einer Familie auf? Stand er in der Gesellschaft anerkannt und überzeugend da, geehrt und in Würden? – In allem: Nein! War Jesus also ein ordentlicher Bürger? Nein. Jesus war in keinem Betracht ein ordentlicher Bürger. Wie aber und mit welchen Begriffen mogelt man sich dann in die Erlaubnis irdischen Glücks hinein, wenn das Vorbild Jesu so ganz anders ausfällt?

So die «ideale» Betrachtungsweise. Doch stimmt sie? Kann man nicht fragen: «Guter Sören Kierkegaard, machst du dir nicht etwas vor? Hast du nicht im Grunde lediglich Angst, dich festzulegen, hast du nicht bloß eine neurotische Furcht vor der Liebe? Schlimmer: fürchtest du im Grunde nicht lediglich, daß die Gestalt deines Vaters wieder zum Vorschein käme und in dir selber erscheinen könnte als Ungeheuer?» Dieser Mann heiratete, aber er ging fremd und verwüstete damit das Vertrauen seines Kindes, das den Vater ursprünglich sah wie die Verkörperung, wie den Leitfaden des Göttlichen in seiner ganzen Jugend. Aber auch noch wieder anders: «Müßtest du nicht glauben, wenn du ein gläubiger Mensch wärest, daß Gott dir diese Angst und Verzweiflung aus deiner Seele nähme und du bekämest von ihm eben die verbotene Welt zurückgeschenkt?» – Wer erst einmal in solchen Abgründen der Existenz hin und her grübelt und denkt und keinen Ausweg findet, der weiß, daß mit einer *Tugend*, mit irgendeinem moralischen Entschluß, aus einer solchen Lage kein Entrinnen sein wird. Es gälte, einen Halt zu finden, der tiefer wäre als alle «Tugend»; es müßte einen Standpunkt geben *jenseits* der Moral, an dem ein Einzelner in seiner Person sich entschiede und unterschiede von allem sittlich Allgemeinen. Dieses Postulat bildete die Entdeckung, die wirkliche Revolution des SÖREN KIERKEGAARD.

Ein Dichter wie GEORG BÜCHNER, – verpflichtet der Revolution von 1848 schon im Vorlauf Jahre zuvor, noch ehe das Dynamit an die Lunte gebracht wurde, – ahnte, daß das Reden von Gut und Böse, von *Tugend* und *Laster* im Grunde nichts weiter sein könnte als die Attitüde der Herrschaft, die will, daß man Menschen nach praktischer Verwaltungsmanier einteilt, verwaltbar hält und sie kuschen läßt. In seinem Dramenfragment *Woyzeck*, gleich in den Eingangsszenen, konfrontiert er die Hilflosigkeit und Not eines Menschen mit der vermeintlich so selbstsicheren Identität eines Mannes, der in der Gesellschaft als Säule und Stütze empfunden wird. Es handelt sich um die Szene, da der Herr Hauptmann seinen Burschen *Woyzeck* darum bittet, ihn zu balbieren; man redet dabei miteinander über die Welt und die Ewigkeit, und es entspinnt sich folgender Dialog:

> «Es schaudert mich», spricht der Hauptmann, «wenn ich denk, daß sich die Welt in einem Tag herumdreht, was 'n Zeitverschwendung, wo soll das hinaus? Woyzeck, ich kann kein Mühlrad mehr sehn, oder ich werd melancholisch. – Ja wohl, Herr Hauptmann. – Woyzeck. Er sieht immer so verhetzt aus. Ein guter Mensch tut das nicht, ein guter Mensch, der sein gutes Gewissen hat. – Red Er doch was, Woyzeck. Was ist heut für Wetter? – Schlimm, Herr Hauptmann, schlimm; Wind. – Ich spür's schon, 's ist so was Geschwindes draußen; so ein Wind macht mir den Effekt wie eine Maus. Ich glaub, wir haben so was aus Süd-Nord. – Jawohl, Herr Hauptmann. – Ha! ha! ha! Süd-Nord! Ha! ha! ha! O Er ist dumm, ganz abscheulich dumm. Woyzeck, Er ist ein guter Mensch, ein guter Mensch – aber Woyzeck, Er hat keine Moral! Moral, das ist, wenn man moralisch ist, versteht Er? Es ist ein gutes Wort. Er hat ein Kind ohne den Segen der Kirche, wie unser hochehrwürdiger Herr Garnisonsprediger sagt, ohne den Segen der Kirche, es ist nicht von mir. – Herr Hauptmann, der liebe Gott wird den armen Wurm nicht drum ansehen, ob das Amen drüber gesagt ist, eh er gemacht wurde. Der Herr sprach: Lasset die Kindlein zu mir kommen. – Was sagt Er da? Was ist das für n'e kuriose Antwort? Er macht mich ganz konfus mit seiner Antwort. Wenn ich sag: Er, so meine ich Ihn! Ihn. – Wir arme Leut. Sehn Sie, Herr Hauptmann, Geld. Geld. Wer kein Geld hat. Da setzt einmal einer seinesgleichen auf die Moral in die Welt. Man hat auch sein Fleisch und Blut. Unsereins ist doch einmal unselig in der und der andern Welt. Ich glaub, wenn wir in Himmel kämen, so müßten wir don-

nern helfen. – Woyzeck, Er hat keine Tugend, Er ist kein tugendhafter Mensch. Fleisch und Blut? Wenn ich am Fenster lieg, wenn es geregnet hat, und den weißen Strümpfen so nachsehe, wie sie über die Gassen springen, – verdammt, Woyzeck –, da kommt mir die Liebe! Ich hab auch Fleisch und Blut. Aber, Woyzeck, die Tugend, die Tugend! Wie sollte ich dann die Zeit herumbringen? Ich sag mir immer, du bist ein tugendhafter Mensch, ein guter Mensch, ein guter Mensch. – Ja, Herr Hauptmann, die Tugend! ich hab's noch nicht so aus. Sehn Sie, wir gemeinen Leut, das hat keine Tugend, es kommt einem nur so die Natur, aber wenn ich ein Herr wäre und hätt' einen Hut und eine Uhr und eine Anglaise und könnt vornehm reden, ich wollt schon tugendhaft sein. Es muß was Schönes sein um die Tugend, Herr Hauptmann. Aber ich bin ein armer Kerl. – Gut, Woyzeck, du bist ein guter Mensch, ein guter Mensch. Aber du denkst zuviel, das zehrt, du siehst immer verhetzt aus. Der Diskurs hat mich ganz angegriffen. Geh jetzt und renn nicht so; langsam, hübsch langsam die Straße hinunter.»

Es ist nur eine einzige kleine Szene von einem Menschen, der innerlich sich wie gejagt fühlt, weil, wenn er das Ohr an den Boden legt, er die Welt beben und kreißen hört, ein Mensch, der vor lauter Angst vorangepeitscht wird und sich selber nicht gehört. Sein behandelnder Arzt wird mit ihm medizinische Experimente dieser Art durchführen: Was wird die Folge sein, wenn man ihm in einer bestimmten Zeit Erbsbrei zu essen gibt? Wie wird die Diät anschlagen auf seine Nervosität? Oder: Man hält im Obergeschoß eines Hauses eine Katze in der Hand; was wird mit der Bestie geschehen, wenn man entsprechend den GALILEIschen Gesetzen sie zu Boden fallen läßt? Welche Empfindungen werden in ihr zum Austrag kommen? – Menschen werden von der Medizin gerade entdeckt als mechanische Objekte zu neuartigen, ganz unerhörten lehrreichen Forschungszwecken. *Woyzeck* aber wird erleben, daß die Frau, die er liebt, daß seine *Marie*, eine ebenfalls Verzweifelte, sich der Schönheit eines durchziehenden Tambourmajors wegen für einen kurzen Augenblick selber wegwirft. Daran wird er, Woyzeck, zum Mörder, und er tötet die, die er liebt. Wer beantwortet die Fragen solcher Menschen, denen die Welt erscheint wie ein «umgestürzter Hafen» in dem «Märchen» der Großmutter in BÜCHNERS *Woyzeck*? Der «Hauptmann» in BÜCHNERS Dramenfragment ist die Verkörperung des bürgerlichen Anstands, korrekt, wie man es von ihm verlangt, im Befehlston, wie er es weitergibt, im Grunde ein Zahnrad im Getriebe der Macht. Ist eine *Tugend* glaubhaft, ist sie menschlich überhaupt erstrebenswert, wenn sie sich in solcher Feistheit präsentiert? Sie besteht, so formuliert, im Grunde einzig in der Unterdrückung der Triebe, und ihr ganzer Stolz ist darauf ausgerichtet, sich mühsam, und sei es auch nur, wenn die Frauen nach dem Regen die Röcke etwas heben, im Griff zu behalten. Die Selbstbeherrschung, die Contenance ist der ganze Stolz dieser Zerrissenheit des Tugendideals. Es ist ganz offenbar monströs, auf solche Weise «Sittlichkeit» zu definieren; denn jeder sieht: diese «Sittlichkeit» ist nichts weiter als ein Herrschaftsinstrument der Mächtigen, und sie wird aufrechterhalten in der Seele der Menschen allein durch einen Akt der Selbstvergewaltigung.

Sprechen wir hundertfünfzig Jahre nach BÜCHNER, am Ende des 20. Jahrhunderts, in psychoanalytischen Kategorien, so finden wir ganz einfach, daß wir die Kette der *Laster* kennengelernt haben als gescheiterte Reaktionsbildungen auf schwere Gehemmtheiten. Menschen, eingeschränkt in ihren Triebbedürfnissen, haben ihre ursprünglichen Wünsche unter dem Druck der Triebabwehr überdehnt ins Maßlose und Zwanghafte, sie sind Getriebene und Fixierte geworden und daran zerbrochen. Die Dekompensation von Gehemmtheitsstrukturen, – das ist die generelle Diagnose der «Laster». Aber könnte es dann nicht sein, daß diese Art von «Tugend» zwar nicht gleich der Perversion, wohl aber der Neurose entspricht? Dann müßten wir, was für *Tugend* ausgegeben wird, einmal unter den Verdacht stellen, wir hätten in ihr alle möglichen Formen rationalisierter Gehemmtheiten vor uns. Menschen, die es nicht wagen, selber zu leben oder selber zu sein oder überhaupt etwas selbst zu entscheiden, lehnen sich breitschultrig an den gesellschaftlichen Konsens an. In seinem Schatten werden sie alles richtig machen. Offiziell wird ihnen ja garantiert, daß, wenn sie dem Allgemeinen folgen, sie gar nichts falsch machen können. Aber eben weil sie selber nicht persönlich leben, machen sie am Ende wirklich alles falsch. Für ihre Unfähigkeit, selber sich ins Leben zu getrauen, rächen sie sich jedoch, indem sie die ihnen auferlegten Zwänge für göttliche Befehle oder für sittliche Tugenden erklären.

Konnten wir das nicht in jedem Betracht schon erkennen? Die christlichen Haupttugenden: *Glaube*, *Hoffnung* und *Liebe*, – sollten sie nicht das Schönste am Menschen sein?

Aber wie rasch können sie als Tugendideale verkommen! Aus dem Glauben als einer Haltung des Vertrauens kann sehr schnell bloßer Glaubensgehorsam werden, bloße Fügsamkeit gegenüber der Ideologie von Gesellschaft und Kirche, gegenüber dem Dogmenzwang, gegenüber dem Verbot persönlichen Denkens, gegenüber dem Verbot jeglichen Zweifels; das Vorgedachte an die Stelle des eigenen Suchens zu setzen gilt da für göttliche Tugend, verwaltet in den Händen der Machthaber, von Papst und Kaiser.

Und die *Hoffnung*! Ist sie nicht viel zu gefährlich für die Verwalter des Menschlichen? Da sei eine Energie, die sich ausrichtet in die Zukunft? An ihre Stelle läßt sich, wie wir hörten, die Tugend der *Treue* setzen, die Garantie aller Erstreckung künftiger Zeit unter dem Versprechen, niemals sich ändern zu wollen. Fragen wir deswegen vor allem nach diesem Ideal: der *Treue.* – Sagen wir nur noch, daß auch die *Liebe* verkommen kann zu einer öden Pflichterfüllung, die entweder zu Sterilität oder zu einem Mittel der Produktivität gerät, je nachdem, wie es gewünscht wird, in jedem Falle zu einem Selbstverzicht in totaler Unterdrückung anstelle von Lebenssteigerung und Lebenserweiterung. Aus dem Gefühl der Liebe, daß der eine Mensch dem anderen etwas Absolutes sei, kann geradewegs die Diktatur der Gefühlsentfremdung sich bilden: nur noch das Allgemeine gilt es zu lieben, abzuleisten ist «liebend» ein Dienst für Volk, für Vaterland, für die Kirche oder für die jeweilige Bezugsgruppe. Dem Gruppenzwang entweder ameisengleich durch Arbeit und Selbstkasteiung zu genügen oder aber ihm in potenter Selbstentfremdung neues Blut zuzuführen, erscheint, so bestimmt, als Ideal «richtiger» Liebe. Da existiert keine persönliche Empfindung mehr, nur noch das Ritual und das «Sakrament», bis in den Innenraum der Seele hinein.

Es gibt vermutlich keinen Tugendbegriff, der sich so deutlich, vor allem im 20. Jahrhundert, als mißbrauchbar erwiesen hat als eben der Begriff der *Treue.* Nehmen wir als zwei Beispiele für diese These nur den Mißbrauch des Treueideals im Militär sowie den Mißbrauch im Gesellschaftlichen, und setzen wir dagegen den Aufruhr, der vor allem von dem Philosophen und Psychologen FRIEDRICH NIETZSCHE im 19. Jahrhundert bereits entfacht wurde; es ist, wie wenn uns bei NIETZSCHES Lektüre die Augen geklärt würden, um nicht länger den Mummenschanz des Heiligen an falscher Stätte zu glauben und die

Umfunktionalisierung des sittlich Wertvollen zur Zerstörung des Menschlichen nicht länger hinzunehmen.

Treue beim Militär – das war der Inbegriff des guten Soldaten. Das heißt: es *war* nicht, es *ist*, es *bleibt* dabei, so steht es am Ende des 20. Jahrhunderts! Es war die SS, es war der deutsche Blutadel der Faschisten, der so sprach: «Unsere Ehre ist Treue.» So zu denken *war* verbrecherisch, das wissen wir heute, mehr als ein halbes Jahrhundert danach; aber hat man sich seither geändert? Wo eigentlich? «Unsere Ehre heißt Treue» ist der Wahlspruch der Fremdenlegion Frankreichs, immer noch, unverändert, und wer sagen sollte, dieser Satz gleiche wie ein Ei dem andern der Haltung der Waffen-SS, der rührt an den Stolz der «Großen Nation». Die Fremdenlegion hat man erfunden, um es den französischen Müttern zu ersparen, die eigenen gefallenen und verwundeten Kinder auf den Schlachtfeldern des Kolonialismus betrauern und bedauern zu müssen. Ein Fremdenlegionär zu sein bedeutet nichts weiter, als daß die Ziele, wofür man Menschen tötet, vollkommen egal sind, wenn sie nur befohlen werden von der französischen Zentralgewalt in Paris. Dann, gleichgültig, ob es sich um Kolonialismus oder um Chauvinismus oder um die Ausbeutung meuternder Drittländer handelt, ist zu tun, was gesagt wird. Das gilt für Ehre; also, daß ein derart geformter Soldat so präzise arbeitet wie die Guillotine oder so sicher wie das Messer, das eine starke Hand führt. Und so etwas braucht vermeintlich bis heute jeder Staat, der auf Macht und globale Bedeutung Wert legt.

So trainieren zum Beispiel die Amerikaner ihre Spezialtruppen immer noch genauso, bis auf den einen wichtigen Unterschied, daß sie, statt den soldatischen Stolz der Rekruten zu fördern, diese als erstes menschlich erniedrigen: Sie sind nichts, sie sind ein Haufen Dreck, und sie werden sich nur aufrichten als wertvolle Menschen in der Uniform der Vereinigten Staaten von Amerika, wenn sie sich jedem Befehl unterwerfen; dann werden sie jeden noch so großen Haufen von Menschenleichen produzieren, ohne Gefühlsregung, ohne Reue. Wie sagte doch der ehemalige Chef der CIA und spätere US-Präsident GEORGE BUSH sen., als man gerade über zweihundertvierzig Perser in einem Air-Bus über dem Golf aus Versehen abgeschossen hatte? – «Für die Vereinigten Staaten von Amerika werde ich mich niemals entschuldigen!» Ob man sich jemals entschuldigen wird für die hunderttausend Toten am 6. August 1945 in Hiroshima oder für die achtzigtausend Toten zwei Tage später in Nagasaki? Wohl kaum, nicht einmal mehr als ein halbes Jahrhundert danach. Wann je hätte man den beteiligten Soldaten gesagt: «Ihr habt einen schrecklichen Fehler begangen, ihr beide, Major TIBBITS, Leutnant SWEENY! Ihr seid die beiden Leute, die im 20. Jahrhundert persönlich mehr Menschen getötet haben als jeder andere Mensch der Weltgeschichte.» Nein, man hat gesagt: «Ihr seid Helden, ihr seid Patrioten! Wir feiern euch alle Jahre wieder! Wir führen euch zu dem Flugzeug, aus dem heraus ihr die Bomben abgeklinkt habt. Ihr hattet völlig recht, die Hiroshima-Bombe den ‹kleinen Jungen› zu nennen. Ja, lieber Major Tibbits, so hat doch deine eigene Mutti dich genannt. Und selbst dein Flugzeug hast du nach deiner Mutter: Enola Gay, bezeichnet. Du bist ein lieber, treuer Bubi geblieben, immer befehlskonform, immer wie du mußtest, aber in der Position eines Volkshelden.» Und so etwas müssen wir nun also in Serie kreieren: Menschen, die so viel Angst haben, daß sie sich persönlich zu gar nichts mehr getrauen, daß sie wie die Wetterfahne im Sturm unserer Befehle sind. Auf solche Leute muß man stolz sein und auf ihre Unterwerfung müssen wir sie stolz machen. Das ist ihre *Treue.*

Natürlich wird man sagen, so zu reden, das sei Volksverhetzung, das sei Zerstörung der Wehrkraft, das sei Unterwühlung des Wehrwillens, solch eine Haltung dürfe man nicht in die politische Landschaft lassen, und sie sei im ganzen völlig falsch. Die Bundeswehr zum Beispiel werde kontrolliert von der Demokratie, sie sei eine Volksarmee, sie habe den Bürger in Uniform zum Ziel, eben nicht den Faschisten. Doch hat man je gehört, daß in der Bundeswehr gelehrt worden wäre, wie man Befehle *verweigert,* wenn sie unmenschlich sind? Hat man je gehört, daß man einem Soldaten gesagt hätte: «Du hast die gottverdammte Pflicht deinem Gewissen gegenüber, Panzergranaten auf das nächste Dorf *nicht* abzuschießen, wenn Frauen und Kinder dabei draufgehen»? Hat man die amerikanischen GIs im Golfkrieg etwa gelehrt, daß sie, wenn sie ihre «Tomahawk»-Raketen über Bagdad abfeuern, bei einer Trefferquote von vielleicht sechzig Prozent natürlich in Kauf nehmen müssen, daß unter den restlichen vierzig Prozent viele tausend Zivilisten ermordet werden, daß da unbekannt wie viele Menschen verkrüppelt werden für den Rest ihres Lebens? Wie viele hundert, wie viele tausend Menschen sind, wie nebenbei, beim Programmieren der intelligenten Bomben, der «smart bombs», der «homing bombs systems», ausgerottet, das heißt «ausgeschaltet» worden, nur um Macht zu demonstrieren? Wem von den Soldaten hätte man je gesagt: «Das hättest du nicht tun dürfen»? Wer so sprechen wollte, würde selber in Schande, ein Versager zu sein, aus der Armee entlassen werden. Man hat stark zu sein und *treu*, so lautet die Devise. Könnte es aber nicht sein, daß wir unter solchen Umständen die *Treue* betrachten müßten als ein schlimmeres Übel denn die meisten Laster und daß wir darauf sinnen müßten, wie wir die Menschen freimachen könnten von solchen *Tugenden*? In der Tat, das müßten wir!

Fügen wir nur noch hinzu, daß auch *weltanschaulich* dasselbe mit Menschen gemacht wird. *Treu* zu sein, das bedeutet, festzuhalten an den Überzeugungen der Väter. «Du bist ein richtiger Mensch, wenn du dich anpassungsfähig zeigst in dem Sinne, daß du beibehältst, was wir dir gesagt haben» – das bedeutet *Treue* in der katholischen Kirche. Wie ist es möglich, daß man allen Ernstes Achteinhalbjährigen, Neunjährigen, beim Empfang der sogenannten «ersten heiligen Kommunion», wo doch der Heiland in Gestalt einer Hostie zu ihnen kommt, abverlangt und zumutet, daß sie, nun nicht mehr ganz kleine Kinder, sondern immerhin schon in der Grundschule, «dem Teufel widersagen» und feierlich singen: «Ich will die Kirche hören! Sie soll mich allzeit gläubig sehen und folgsam ihren Lehren!»? Ja, diese Kinder müssen ihr «Taufversprechen» aus Babyzeiten «wiederholen»! Und damit nicht genug! Die Jungen und Mädchen sind gerade zwölf Jahre alt, da wird der Bischof oder zumindest der Weihbischof ins Dorf kommen, und er wird erneut den noch nicht einmal Jugendlichen das Versprechen, die Kirche zu hören und ihr treu zu bleiben, noch einmal «abnehmen». Es wird bei der Firmung zugehen, wie wenn ein Ritter geadelt würde – mit einem Backenstreich, gilt es doch fürderhin, Leiden zu tragen für die Kirche, und man erwartet, daß dieses Sakrament, daß dieses «Siegel», das Gott dem Heranwachsenden aufgeprägt hat, fortan sein ganzes weiteres Leben bestimme.

Alles das hat System.

Der dogmatische Glaube ist solcherart, daß ein Katholik, der mit drei Wochen als Säugling getauft wurde, in alle Zukunft nichts anders mehr sein kann als eben katholisch. Selbst wenn er eines Tages aus der katholischen Kirche austreten würde, so bliebe er gleichwohl nach dogmatischer Auffassung katholisch vor Gott, der ihn richten wird am Jüngsten Tage – als Katholik, nach Maßgabe also all der Gesetze, die in der katholischen Kirche gelten und die er womöglich vorsätzlich übertreten hat. Stehen die Dinge derart, so ist wirklich nur zu fragen, ob jemand, den Gott als Kind bereits «geprägt» hat im Sakrament der Taufe, dieses unauslöschliche Merkmal in *Treue* nun auch subjektiv «nachvollzieht». *Treue*, das ist fortan das Gelöbnis, zu sein, was man ist: durch göttliche Gnade katholisch! So die Ideologie.

Könnte es indessen nicht sein, daß eine so definierte *Treue* nichts weiter ist als geistige Unterwerfung im Status der Schwäche, als die Verweigerung, selber zu denken? IMMANUEL KANT war es, der vor zweihundert Jahren erklärte: «Aufklärung, das ist die Herausführung des Menschen aus selbstverschuldeter Unmündigkeit.» KANT meinte, daß etwas, das nicht gedacht werden könne, keine Geltung besitze. Natürlich, niemand wird alles denken, alles erforschen können, aber alles, was behauptet wird, muß erforschbar und denkbar sein, oder es gründet sich lediglich auf Autorität, und Autoritätsgehorsam ist das Gegenspiel einer wirklich vernünftigen Haltung, meinte KANT. Was nur *befohlen* statt eingesehen werden könne, sei in sich selbst die blanke Unvernunft, der man schon deshalb niemals gehorchen sollte. Moral, so IMMANUEL KANT vor über zweihundert Jahren, bestehe darin, daß ein Mensch sich selber folge; Grundlage aller Moral sei die Autonomie, sei die Selbstbestimmung, sei der Mut, selber zu denken, selber zu entscheiden. Eine solche Lehre hat Kraft und Energie, denn sie erklärt das Subjekt zum Träger der Moral. Aber was KANT nicht ahnte oder nicht wahrhaben wollte, ist die Tatsache, daß es dem Menschen offenbar sehr schwerfällt, frei zu werden, und am schwersten wohl, sich freizumachen von dem, was einmal für heilig galt. Es geht ein Riß durch die Welt, wenn *das Denken* beginnt, ein Erdbeben, das die Wände spaltet, schlimmer als den Palast des Belsazar in Babylon nach dem Menetekel an seiner Wand. Es steht dahin, *wann* jemand diese Erschütterung persönlich erlebt oder *an welcher Stelle*, – der Auslöser dafür kann völlig beliebig sein.

Denken wir uns, um diesen Zusammenhang zu verstehen, ein frommes Kind, das sich bemüht hat, den Lehren des Calvinismus, des Luthertums, der katholischen Kirche, gleich, welcher Doktrin, mit Inbrunst zu folgen. Irgendwann bekommt es Fragen, die es denkend einfach sich stellen muß, zum Beispiel: Warum lehrt die katholische Kirche, daß man den ganzen Christus empfängt, wenn er doch bei der Eucharistie gegenwärtig ist in Fleisch *und* Blut? Das fragten sich vor siebenhundert Jahren schon die sogenannten Calixtiner. Oder umgekehrt: Wie kann der ganze Christus in Fleisch und Blut gegenwärtig sein, wenn er *ganz* empfangen werden kann im Brot allein bereits? Scheinbar eine simple Frage ist das, aber wenn dafür Menschen umgebracht wurden wie vor siebenhundert Jahren eben die Calixtiner und es bis heute keine vernünftige Antwort auf eine so simple Frage gibt, wie soll man solche «Glaubenszweifel» dann vermeiden? – Oder: Wieso kann Jesus zwei Willen gehabt haben, einen göttlichen und einen menschlichen, wie das Dogma seit dem 6. Jahrhundert sagt? Wäre das nicht soviel, wie daß Jesus zwei Köpfe gehabt hätte? Wozu hatte Jesus zwei Willen, wenn er doch am Ende nur einen haben durfte, nämlich den Willen, dem Vater «gehorsam» zu sein? Und wieso brauchte er überhaupt einen Willen, wenn er in göttlicher Allwissenheit die ganze Zukunft vor sich sehen konnte? Was ist das für eine «Psychologie», die einem «Gottmenschen» mit zwei Willen in Allmacht und Allwissenheit zugrunde gelegt wird? Unvorstellbar all das! – oder: Wie ist es möglich, daß Gott in drei Personen existiert und dabei eines Wesens ist?

Endlos könnten Sie diese Fragen fortsetzen; und Sie können hinlangen, wohin Sie wollen. Sie werden merken, daß die Unruhe nicht aufhört. Je mehr dogmatische Informationen Sie sammeln, desto mehr zerfällt das heilige Gebäude des kirchlichen Lehramtes in Staub. Es ist egal, ob Sie mit MARTIN LUTHER fragen, was es mit dem Ablaßwesen auf sich hat, ob da nicht nur Angst ausgebeutet werde zum Geldgewinn, oder ob Sie sich fragen, wieso es möglich sei, daß ein Bischof oder ein Papst die Wahrheit besitze, eben weil er Papst oder Bischof sei? Wie fügt sich das alles in dem Kopf schon von Vierzehnjährigen? Und ist es so anders, wenn man von außen hört, wie man leben soll?

Vor einiger Zeit erschien das Buch von SUSANNA TAMARO *Geh, wohin dein Herz dich trägt.* Darin erzählt sie, wie sie mit sechs bis zehn Jahren bei den Schwestern des Heiligsten Herzens Jesu groß wurde. Die Schwestern hatten das ganze Jahr über die Krippe von Bethlehem aufgestellt, – das Jesuskind, Maria und Joseph, Ochs und Esel, und dann, in den Bergen verstreut, die Schafe. Jedes Kind in dem Internat hatte sein eigenes Schäfchen, und jeden Tag konnte man sehen, ob das Schäfchen näher zur Krippe gerückt war oder ferner. SUSANNA TAMARO hatte das Pech, daß ihr Schäfchen immer ganz dicht am Abgrund stand. Vor allem mußte sie erleben, daß die Entfernung zum Christuskind nicht abhing von wirklichen Taten, Gedanken oder Wünschen, die sie selber hätte als schlecht begreifen können: Haß zum Beispiel oder Lüge oder Rivalität mit der eigenen Freundin oder kleine Sticheleien und Gehässigkeiten und dergleichen, nein, es ging darum, daß sie beim Eintritt in die Kapelle noch gelacht hatte, daß sie vor dem Altar nicht flugs genug auf die Knie gekommen war, daß sie in der Gebetsphase zu lange gesessen hatte, daß sie bei Tisch sich nicht gesittet verhielt; und als sie ihre Erzieherin danach fragte, was sie denn mit «gesittet» meine, mußte sie am nächsten Tag entdecken, daß ihr Schäfchen ganz in den Abgrund gestürzt war. – Längere Zeit über als junges Mädchen fühlte sie ihr Bett des Nachts furchtbar heiß, doch darüber war natürlich nicht zu sprechen. All diese Erlebnisse führten dazu, daß sie, kaum vierzehnjährig, aus der Kirche austrat und ihre eigene Tochter in keinen Religionsunterricht mehr schicken mochte.

Aber nun müssen Sie nur hören, wie WOLFGANG SCHÄUBLE beim CSU-Parteitag deutlich macht, daß die CDU und die CSU dafür sorgen werden, daß die Religion nur in den Händen der Kirchen gelehrt werden könne, denn sonst hätten wir eine Staatsdiktatur. Ja, wär's nicht möglich, daß die Menschen in unserem Staat viele verschiedene Formen von Religion haben und längst begreifen, daß «Religion» als Beziehung zu Gott viel größer ist als das, was die Kirchen praktizieren? Kann es nicht sein, daß wir Freiheit im Innenraum des Religiösen dringend brauchen und den Kirchen nach ihrer Geschichte gar nicht mehr zutrauen können, daß sie just dies wollten: freie Menschen?

Vielleicht müßten wir dann den starren Begriff der *Treue* verabschieden; wir müßten sprechen wie LAMPEDUSAS *Leopard*: «Die Dinge müssen sich verändern, um sich gleich zu bleiben.» Aber was das kostet, läßt sich wohl am besten zeigen in einer Leseprobe aus FRIEDRICH NIETZSCHE, in seiner Vorrede zu *Menschliches, Allzumenschliches.* NIETZSCHE beschreibt dort den Preis, den es kostet, ein freier Geist zu werden, und er nennt das, was wir als Gegenbegriff zur «Treue» vielleicht *Untreue* nennen müßten, *die große Loslösung*; er schreibt:

«Man darf vermuten, daß ein Geist, in dem der Typus ‹freier Geist› einmal bis zur Vollkommenheit reif und süß werden soll, sein entscheidendes Ereignis in einer *großen Loslösung* gehabt hat, und daß er vorher um so mehr ein gebundener Geist war und für immer an seine Ecke und Säule gefesselt schien. Was bindet am festesten? Welche Stricke sind beinahe unzerreißbar? Bei Menschen einer hohen und ausgesuchten Art werden es die Pflichten sein: jene Ehrfurcht, wie sie der Jugend eignet, jene Scheu und Zartheit vor allem Altverehrten und Würdigen, jene Dankbarkeit für den Boden, aus dem sie wuchsen, für die Hand, die sie führte, für das Heiligtum, wo sie anbeten lernten, – ihre höchsten Augenblicke selbst werden sie am festesten binden, am dauerndsten verpflichten. Die große Loslösung kommt für solchermaßen Gebundene plötzlich, wie ein Erdstoß: die junge Seele wird mit einem Male erschüttert, losgerissen, herausgerissen, – sie selbst versteht nicht, was sich begibt. Ein Antrieb und ein Andrang waltet und wird über sie Herr wie ein Befehl; ein Wille und Wunsch erwacht, fortzugehn, irgendwohin, um jeden Preis; eine heftige gefährliche Neugierde nach einer unentdeckten Welt flammt und flackert in allen ihren Sinnen. ‹Lieber sterben, als *hier* leben› – so klingt, die gebieterische Stimme und Verführung: und dies ‹hier›, dies ‹zu Hause› ist alles, was sie bis dahin geliebt hatte! Ein plötzlicher Schrecken und Argwohn gegen das, was sie liebte, ein Blitz von Verachtung gegen das, was ihr ‹Pflicht› hieß, ein aufrührerisches, willkürliches, vulkanisch stoßendes Verlangen nach Wanderschaft, Fremde, Entfremdung, Erkältung, Ernüchterung, Vereisung, ein Haß auf die Liebe, vielleicht ein tempelschänderischer Griff und Blick rückwärts, dorthin, wo sie bis dahin anbetete und liebte, vielleicht eine Glut der Scham über das, was sie eben tat, und ein Frohlocken zugleich, *daß* sie es tat, ein trunkenes, inneres, frohlockendes Schaudern, in dem sich ein Sieg verrät – ein Sieg? über was? über wen? ein rätselhafter, fragenreicher, fragwürdiger Sieg, aber der erste Sieg immerhin: – dergleichen Schlimmes und Schmerzliches gehört zur Geschichte der großen Loslösung. Sie ist eine Krankheit zugleich, die den Menschen zerstören kann, dieser erste Ausbruch von Kraft und Willen zur Selbstbestimmung, Selbst-Wertsetzung, dieser Wille zum *freien Willen*: und wieviel Krankheit drückt sich an den wilden Versuchen und Seltsamkeiten aus, mit denen der Befreite, Losgelöste sich nunmehr seine Herrschaft über die Dinge zu beweisen sucht! Er schweift grausam umher, mit einer unbefriedigten Lüsternheit; was er erbeutet, muß die gefährliche Spannung seines Stolzes abbüßen; er zerreißt, was ihn reizt. Mit einem bösen Lachen dreht er um,

> was er verhüllt, durch irgendeine Scham geschont findet: er versucht, wie diese Dinge aussehn, *wenn* man sie umkehrt. Es ist Willkür und Lust an der Willkür darin, wenn er vielleicht nun seine Gunst dem zuwendet, was bisher in schlechtem Rufe stand, – wenn er neugierig und versucherisch um das Verbotenste schleicht. Im Hintergrund seines Treibens und Schweifens – denn er ist unruhig und ziellos unterwegs wie in einer Wüste – steht das Fragezeichen einer immer gefährlicheren Neugierde. ‹Kann man nicht *alle* Werte umdrehn? und ist Gut vielleicht Böse?›»

An anderer Stelle fährt NIETZSCHE fort:

> «... – jetzt wagt und fragt er es laut und hört auch schon etwas wie Antwort darauf. ‹Du sollst Herr über dich werden, Herr auch über die eigenen Tugenden. Früher waren *sie* deine Herren; aber sie dürfen nur deine Werkzeuge neben andren Werkzeugen sein. Du solltest Gewalt über dein Für und Wider bekommen und es verstehn lernen, sie aus- und wieder einzuhängen, je nach deinem höheren Zwecke!›»

Es ist psychologisch Brillanteres kaum geschrieben worden über dies Schwere, Freiheit zu wagen. Ist sie nicht wirklich stets identisch mit *Untreue* gegenüber dem Vergangenen? Ist sie nicht ein mutwilliger, revolutionärer Akt, dem Neuen zuliebe mit dem Alten zu brechen? Und heißt sie nicht stets in den Augen der Konservativen das Verbrechen? Ist es überhaupt möglich, mit solchen Menschen des Widerspruchs aufgrund einer tieferen Bejahung zu leben?

Gleichwohl legt es sich nahe, NIETZSCHEs Betrachtung identisch zu setzen mit der Zustandsbeschreibung gleich des ersten Kapitels im *Markus*-Evangelium *(Mk 1,13.14)*: Als Jesus vom Teufel in die Wüste getrieben wird, geschieht dies, meint der erste uns erhaltene Evangelist, nur damit er erlebe, daß am Ende die «Engel ihm dienen» und «die Tiere bei ihm sind». Was ist das für ein Mensch, dem die «Engel» nicht mehr, wie St. Michael im Kampf gegen den Drachen, das Kommando geben, gegen sich selber anzukämpfen, sondern für den die Engel wie dienstbare Geister sind? Die heiligsten Gedanken, die göttlichsten Tugenden, die engelähnlichen, die erhabensten Ideale fügten sich dann seiner Menschlichkeit ein und terrorisierten ihn nicht mehr nach fixen, rigiden Tugendidealen des Über-Ichs; sie gehorchten vielmehr der Auslegungspflicht des Ichs in der jeweiligen Situation. Wie paßt das Gelernte nun im Konkreten? Wie fügt es sich in die Bedürfnisse der Menschlichkeit? Dies wäre zu fragen jenseits der fertigen Lösungen.

Längst werden Sie vielleicht denken: Das alles mag mit der Tugend der *Treue* und der Frage der *Untreue* irgendwie noch zusammenhängen, aber es führt doch weit weg von dem eigentlichen Thema. In Wahrheit aber befinden wir uns durchaus mitten im Thema.

Der Ernstfall des *Konkreten* in den Bestimmungen von *Treue* und *Untreue* ergibt sich vor allem in der Beziehung zwischen zwei Menschen, – in der Liebe. Da besitzt der Begriff der *Treue* einen außerordentlichen Wert. Ob man treu ist gegenüber dem Staat, ob man irgendeiner Institution gegenüber treu ist, nun gut, darüber läßt sich diskutieren; *Untreue* aber unter zwei Menschen, das ist bitter und grausam und scheinbar mit gar nichts zu rechtfertigen. Tatsächlich hat speziell die katholische Kirche bis heute die Auffassung vertreten, daß eine Ehe beispielsweise niemals geschieden werden könne. Sie erklärt gleichermaßen den Priestern und Ordensleuten, daß ihr Versprechen des Zölibats genau so einzuhalten sei – lebenslänglich gewissermaßen, weil ja auch die Eheleute ihre Treue-Pflicht ableisten müßten. Alles das scheint ganz klar, ist es aber im Grunde nicht. Eins lediglich stimmt: die Frage nach der *Treue in der Liebe* darf geradewegs als der Kristallisationspunkt des ganzen Problems gelten. Wie ist mit der Tugend der *Treue* zumindest in einer Zweierbeziehung umzugehen?

Hören wir noch, bevor wir diese Frage zu beantworten suchen, vorweg die Ansicht der Biochemiker. *Treue*, werden sie uns erklären, läßt sich rein hormonell darstellen. Es ist möglich, daß wir für Zorn und Aggression Adrenalinausstöße als chemischen Träger isolieren können, aber auch für die *Treue*. Der Stoff heißt Oxytozin, er wird hergestellt im Hypothalamus und sorgt bei einer Frau dafür, in der entscheidenden Phase der Geburt die Milchproduktion anzuregen. Oxytozin bindet die Mutter an ihr Kind; es ist offenbar ein eigenes, sehr wichtiges Hormon der *Treue*. Es regelt biologisch, daß eine Mutter dieses ihr Kind lieben möchte, und zwar nicht weil das Kind bestimmte Eigenschaften hat, sondern weil es von ihr geboren wurde. So weise kann die Natur sein. Diese biologische Betrachtung wird natürlich Zweifel schüren, ob bei Männern, die über Oxytozin nicht verfügen, *Treue* gleichermaßen ein Ideal sein könne. Und schon kommen die Ethnologen, kommen die Psychologen, kommen die Biologen und sprechen von der «Asymmetrie» der Treue zwischen Mann und Frau, indem es das weibliche Interesse sein müsse, für das Kind, das unbezweifelbar von der Mutter selber ist, nun auch männliche Fürsorge und Begleitung zu erheischen, während ein Mann nie ganz sicher sein kann, ob das Kind, das geboren wurde, von ihm ist – in jedem Fall geht er sicherer, wenn er vielleicht noch andere Möglichkeiten zur Fortpflanzung nutzt. Den Mann also treibe es ins Weite und das Weib ins Häusliche – so die Philosophie schon der viktorianischen Ära, jetzt aber in «wissenschaftlichem» Gewande. *Treue* und *Untreue* scheinen da biologische Gegebenheiten zu sein.

Hinzu tritt die psychologische beziehungsweise psychoanalytische Betrachtung der «Treue». Denken wir uns einmal, daß die Bindung des Kindes an seine Mutter eine sehr große prägende Kraft besitzt. Ist nicht das, was wir dann als Treue in der Liebe bezeichnen, psychoanalytisch betrachtet, wesentlich daran gebunden, daß wir ein Muster der Prägung aus Kindertagen neu durchprobieren im Umgang mit anderen Menschen? Bleiben wir bei der Suche nach einem Geliebten, nach einer Geliebten, nicht immer noch *treu* dem Vorbild unserer eigenen Eltern? Wieviel Sehnsucht nach Heimat liegt in all den Bindungen, die wir mit unserem Liebespartner eingehen, eingehen *möchten*! Ist es nicht im Grunde immer neu der Versuch, das Gelernte und Geliebte wiederzufinden nun in einem anderen?

Die Sicht auf solche Zusammenhänge kann uns sehr leicht verstellt werden, indem wir die eigene Mutter, den eigenen Vater oft geradewegs in deren Gegenteil suchen. Ein Mädchen hat etwa die eigene Mutter, den eigenen Vater als wenig zuverlässig und haltgebend kennengelernt, der Vater war ein Alkoholiker, die Mutter war womöglich stark depressiv, oder der Vater war jähzornig, die Mutter eher kalt, – wie auch immer; es spricht vieles dafür, daß wir beim Suchen nach Liebe in einem paradoxen Sinne uns selber und unserer Geschichte *treu* bleiben, indem wir in der späteren Partnerwahl oft das unbewußte Gegenbild zu dem, was wir erlebt haben, im anderen erhoffen und erwarten. Wir können sagen, daß das Umkehrbild der Not als Hoffnung uns den Weg ins erwachsene Leben weist. Der Partner, den wir suchen, soll eigentlich das genaue Gegenstück, das antithetische Ideal von dem sein, was einmal unsere Eltern uns auferlegt und zugemutet haben, und wir kommen nicht darauf, daß lediglich spiegelbildlich wir immer noch dem gleichen Schema folgen und nach wie vor dasselbe Bild der Angst wie der Hoffnung in uns wohnt. Die Frage stellt sich unter solchen Voraussetzungen natürlich, wie eine solche Bindung in ihrer «Treue» an die Elternvorbilder sich in einer neuen Beziehung bewähren kann. Ist der andere, weil er als zuverlässig *gebraucht* wird, auch schon wirklich zuverlässig? Ist der andere, weil er als geduldig und verständnisvoll benötigt wird im Kontrast zu den eigenen Eltern, wirklich mit eben jenen Eigenschaften ausgestattet, für die man ihn liebt? Wieviel Spielraum zwischen dem alten Bild der Eltern und dem Kennenlernen neuer Eigenschaften in der Realität einer anderen Persönlichkeit gibt es? Wie weit ist die jetzige Beziehung gebunden an die Vergangenheit, und wie viele Chancen bleiben ihr, eine eigene Zukunft zu entdecken? Aber nun: Wo in der gängigen Moral hätte man solche Fragen auch nur gestellt?

Wenn Eheleute nach zehn oder zwanzig Jahren des Ringens aneinander, um einander, miteinander, schließlich nicht anders sagen können, als daß in ihrer Ehe, die angeblich «von Gott geschlossen» ist, der «Teufel» drin ist oder sagen wir: «der Wurm», wenn jedenfalls ihre Treue zerfasert, welch ein Recht haben wir dann, von außen zu dekretieren, daß zusammengeschweißt gehört, was so deutlich auseinanderwill und -strebt? Reden wir dann von *Untreue* oder womöglich nicht weit eher von einer tieferen Bejahung des anderen, so wie er wirklich ist, um den Preis freilich einer schweren Enttäuschung? Kann es nicht sein, daß wir *Treue* als kontinuierliche Bejahung der realen Identität einer Person erst mühsam *lernen* müssen, ungewiß, welches der Ausgang sein wird? Ist es möglich, daß wir auch die Liebe nicht kassieren können wie einen fertigen Bestandteil des Lebens, so wie die Bettücher und die Silberlöffel, die als Mitgift in die Ehe gegeben wurden? Unser Herz! Haben wir es wirklich so in der Hand, daß wir's «verschenken» können, wie wir wollen? Sind wir nicht womöglich unser am wenigsten sicher, wenn wir uns am meisten selbstsicher fühlen?

Sie können selbstredend sofort sagen: «Das ist typisch für die Psychoanalyse! Sie läßt kein gerades Wort bestehen. Zu allem, was im Bewußtsein gewünscht und gesagt wird, hat sie ihr Unbewußtes, ihre endlose Dialektik.» Das ist richtig. Alles, was bisher zu denken und zu sagen war, läuft darauf hinaus, daß das Reden von *Tugend* und *Laster* bestenfalls als Symptombeschreibung taugt. Menschen, die wesentlich im Bewußtsein leben, die das Unbewußte in sich selber nicht genügend kennen, sollten jedenfalls mit dem Begriff der *Treue* in moralischer Absicht nicht ohne weiteres traktiert werden. Ein solcher Begriff muß sich anders, grundlegender definieren, er muß tiefer reichen, er muß umfänglicher die ganze Persönlichkeit meinen, als es in der Beziehung zu geistigen Inhalten, Institutionen oder Personen sich darstellen läßt.

Ein Hauptproblem jenseits des Zynismus mancher Biologen, Soziologen und Psychologen liegt tatsächlich in der Frage, was passiert, wenn ein Mann einer Frau oder eine Frau einem Mann das antut, was man *Untreue* nennt. Die Liebe möchte, daß man einander vertrauen kann, und es gibt kaum etwas Schlimmeres im Verhältnis zweier Liebender als *Untreue*. Schauen wir aber psychologisch hin, was der Grund etwa eines Ehebruchs sein kann, so werden wir in aller Regel eine zerbrochene Persönlichkeit entdecken. Fragen wir uns, was *Untreue* im Umgang miteinander hervorbringt, so werden wir finden, daß sie in aller Regel wesentlich darin ihre Ursache hat, sich selber viel zu oft *nicht* treu haben bleiben zu dürfen. In sich zersplittert, hat man dem anderen etwas versprochen, das so nicht zu halten ist, weil es für die eigene Person nicht stimmt. Man meinte es gut, man hatte es dem anderen so gesagt, man hoffte, von ihm dafür geliebt zu werden, aber es stimmte nicht. Man verteilte gewissermaßen die innere Aufgelöstheit, die mangelnde innere Identität, die Zersplitterung so vieler Wesensanteile im eigenen Ich auf eine Vielzahl anderer Personen, immer dabei auf der Suche nach sich selber.

Es ist erschütternd, was manchmal in Gesprächen deutlich wird. Ein Mann zum Beispiel gibt sich darüber Rechenschaft, daß er mit drei Frauen lebt, von zweien hat er je ein Kind, keine der Frauen weiß von der anderen; der Mann selber wird verfolgt von Migräneanfällen, tagtäglich, er wird gejagt von Schlaflosigkeit, allnächtlich, seine Haut ist ganz buchstäblich geschunden; doch das alles kommt, wie er nun merkt, von dem völligen Unvermögen, Nein zu sagen und sich anderen gegenüber abzugrenzen. Denn das, so findet er bald, durfte er nie. Es war unmöglich, seiner eigenen hilfsbedürftigen, bleichgesichtigen, kränkelnden Mutter in Kindertagen irgend etwas abzuschlagen. Im Grunde suchte dieser Mann in allen Beziehungen seine Mutter wieder, er versuchte, sich immer noch als nützlich und hilfreich zu erweisen; «objektiv» aber, nach dem Verständnis der bürgerlichen Gesellschaft, lebt er jetzt wie ein Ehebrecher und ein Herzensbrecher, ja, fast wie ein Verbrecher! – Von BILL CLINTON brachte eine amerikanische Zeitung ein Bild: Man sah den amerikanischen Präsidenten neben einem Gangster in einer Gefängniszelle. Der eine sagte: «Ich habe zwei Frauen ermordet», und der Präsident der Vereinigten Staaten von Amerika mußte gestehen: «Ich habe zwei Frauen geliebt.» – Als Verbrechen scheint im bürgerlichen Verständnis das eine wie das andere gleichermaßen schwer zu wiegen! Wir mögen über eine solche Bewertung lachen, aber daß ein Mensch nicht *treu* sein kann, wenn er es nicht lernt, in sich selber mit sich zusammenzuwachsen, das ist ein wirkliches, ganz entscheidendes Problem.

Denn worauf gründen wir uns selber, außer daß die Liebe uns lehren würde, uns selber zu bejahen, so wie wir sind, und die Kräfte schenken würde, darin zu uns selber aufzuwachsen? Wir begreifen aber gerade, daß alles Sprechen von *Tugend* so lange falsch sein muß, als mit diesem Wort nichts weiter als die Tauglichkeit für bestimmte Forderungen der Umgebung definiert wird. Wir sollten demgegenüber viel eher sagen: *Tugend*, das ist das Strahlen des Lichts einer Persönlichkeit, die in sich selber durchsichtig und hell geworden ist.

Gedanken sind das, die wir im Abendland so nie konzipiert haben. Anders die altchinesische Weisheit, LAOTSE und der Taoismus etwa gegenüber der konfuzianischen Ethik im 5. Jahrhundert v. Chr., in Ostasien! LAOTSE konnte so sagen und hat sinngemäß so gesagt:

> «Was du ‹Tugend› nennst, KONFUTSE, das ist in Wahrheit ein gesundes Leben; solange du noch Tugenden verordnen mußt, bringst du die Menschen immer weiter von sich selber weg. du setzt ja voraus, daß sie von innen her gar nicht wissen können, was Gut und was Böse ist, und daß du ihnen deshalb von außen sagen mußt, was sie von innen her nicht finden; doch das wirkliche Problem liegt eben darin, daß sie vermeintlich von innen her gar nicht finden können, was Gut und was Böse ist, und solange du es ihnen vorschreibst, verschlimmerst du dieses Grundproblem. Du müßtest die Menschen heilen, so daß sie sich selber vertrauen und sie mit sich selber eins werden können.»

Das aber ist dann die Frage: Wie lehrt man Menschen, *treu* zu sein *sich selber gegenüber*? Diese *Treue* zu sich selbst ist die Voraussetzung auch dafür, einander zuverlässig werden zu können. Sagen wir so: Es ist nicht möglich, über den Rhein eine Brücke zu schlagen, wenn nicht beide Uferböschungen in sich selbst fest gegründet sind. Nicht einmal die Beziehungen zwischen zwei Menschen können stabil bleiben, solange nicht ein jeder für sich selber erst einmal *er selber* ist, und die *Treue der Liebe* bestünde darin, eine gewisse Dankbarkeit dafür zu entdecken, daß dieser andere gerade dieser andere ist. Er ist sicher nicht identisch mit dem Wunschbild, mit dem wir auf ihn zugegangen sind. Er ist ganz sicher nicht eine neue positive oder negative Variante der Mutter oder des Vaters. Er weist ganz sicher auch eine Reihe überraschender Eigenschaften auf, die man nicht einmal geahnt hat, als man sich auf ihn einließ; er hat gewiß manche Angewohnheiten, die man nicht ohne weiteres sehen mochte noch möchte, er hat selbstverständlich seine Schattenseiten, er ist manchmal wie ein Frosch oder wie ein Igel oder wie irgendein anderes Tier – aber gehört es nicht auch zur *Treue*, daß es Zonen gibt, an denen die Einsamkeit wohnt, an denen Zurückgezogenheit möglich ist, an denen Erlebnisräume des Sich-Wiederfindens sich öffnen?

Sie gehen zu zweit, mit Ihrer Geliebten, mit Ihrem Geliebten, mit Ihrem Gatten oder mit Ihrem Freund, sagen wir, durch ein Museum oder am Ufersaum des Meeres spazieren, Sie gehen im Sommer in den Hochalpen wandern, und Sie werden feststellen, daß Sie zu zweit die Welt: die Dinge, die Schönheit ringsum, anders wahrnehmen werden denn allein. Sie sind zu zweit, Sie sind einander zugewandt, Sie sagen also zum anderen: «Das Schimmern der Sonne über den Marmorklippen ist wunderschön», oder: «Siehst du die Wellen, die an den Strand rollen?» oder: «Schau, die Möwe!» oder: «Dieses Bild!» Man macht einander aufmerksam, man sieht die Wirklichkeit mit den Augen des anderen, man entdeckt sie für ihn, eben weil man ihn liebt. Aber es ist dabei, wie wenn die Energie halbiert würde. Es muß ein Recht geben, die Welt auch noch mal anders zu sehen, in der Weise, daß man sie einmal nicht dem andern schenkt, sondern daß sie einem selber zum Inhalt wird. Allein dieses Schwanken schon zwischen Innen und Außen, zwischen Einsamkeit und Gemeinsamkeit gehört zur Liebe wie das Ein- und Ausatmen, wie das Pulsieren des Herzens zwischen Systole und Diastole, wie ein Schwingen des Gefühls immer wieder um die gleiche Mitte und über das eigene Zentrum hinaus, in dem es den anderen einschließt und umfängt. *Treue*, das ist mit anderen Worten gerade dieses Wechselspiel, sich geliebt zu fühlen im anderen und den anderen liebzugewinnen in sich selber, und beides zu befestigen in seiner jeweiligen Eigenart.

Und jetzt noch einmal: Läßt sich so etwas verordnen? Ist es nicht ein *Kunstwerk*, wenn es gelingt, und sollten wir nicht ehrlicherweise hinzufügen: gehört nicht eine ganze Portion Glück dazu, wenn wir so glücklich werden, es zu erfahren? In den *Märchen* schon wohl geht es ständig so aus: Am Ende werden die sich Suchenden einander finden; aller Zauber der Vergangenheit wird sich auflösen; selbst aus gläsernen Särgen wird die Geliebte gerettet; und eine tausend Jahre Dahinträumende wird durch einen Kuß beseligend erlöst und zum Leben erweckt; – aber die Märchen sind nichts weiter als Bilder, die uns gegen alle mögliche Angst ein Vertrauen schenken möchten, es mit der Liebe dennoch zu versuchen, – es könnte ja sogar wider alles Erwarten doch noch gut enden, und die Möglichkeit, das Glück zu ergreifen, ist doch die Bedingung dafür, das Glück denn auch wirklich zu finden. Aber daß es immer gut ausgeht in unserem wirklichen Leben, will und kann nicht einmal ein Märchen garantieren; es ist nichts als die Sprache der Sehnsucht, die uns beschwören möchte, alles zugunsten der Liebe zu wagen.

Die Folgerung aus dem Gesagten ist deutlich. Treue kann nicht der Inbegriff der Liebe sein, sie kann nicht das moralische Abstraktum einer Liebesverordnung sein, die *Treue* ist im Gegenteil das selbstverständliche Ergebnis des Glücks von Menschen, die in ihrer Liebe gar nicht anders können, als zueinander zu stehen. Sie wollen es gar nicht anders! Sie haben sich füreinander «entschieden», und sie werden sagen: darin sei ihr Wille gebunden; aber kann man einen Menschen «gebunden» nennen, der sich überhaupt erst wirklich frei fühlt in der Bindung an den anderen und der sich wie entleert erlebt ohne den anderen?

Ist solch eine Art von Treue nun «Tugend»? Sie ergibt sich aus dem Empfinden, *selber* zu sein.

FRIEDRICH NIETZSCHE hat viel Garstiges geschrieben über die Romantik der Gefühligkeit, «denn allzu viel lügen die Dichter», sagte er. All unsere schönen Betrachtungen hätten einen Mann wie ihn rebellisch gemacht. Und dennoch müssen wir denken, daß der Philosoph unrecht hatte, als er sein Lieblingsbild so arrangierte, daß LOU ANDREAS-SALOMÉ auf einem Leiterwagen stand und er, FRIEDRICH

NIETZSCHE, als Pferd davor, die Geliebte mit der Peitsche in der Hand. Der Philosoph der Macht fand das größte Vergnügen an diesem Bild: er selber wie ein Karrengaul! «Gehst du zum Weib, vergiß die Peitsche nicht» – solche Sätze schrieb NIETZSCHE zum Thema Geschlechterkampf wirklich. Doch was er eigentlich meinte, war ein anderes. Man sagt, daß er in Turin, ganz am Ende des syphilitischen Zusammenbruchs, auf offener Straße ein Pferd umarmt habe, einen geschundenen Karrengaul. Dieser Mann hatte die Lasten von 1900 Jahren Christentum getragen und den Menschen in einem Umfang erneuern wollen, daß er von sich sagen konnte: «Ich bin wie das Licht eines Sterns, das in tausend Jahren zu den Menschen kommen wird.» Vermessen, wahnhaft, sagten seine Gegner, sei er, aber wieviel kostet es, die menschliche Geschichte auch nur um ein Jahrhundert vorwegzunehmen, auch nur um ein Jahrzehnt! Selbst zu sein, auch wenn es notwendig ins Scheitern führt – gehört das nicht zum menschlichen Schicksal? Aber sich *treu* zu bleiben – das geht nur in einem Raum der Gewährung, der Annahme, der Bestätigung, der Liebe. *Frei* werden wir nicht als Einzelne, zu uns selber kommen wir nicht solitär, aber es ist möglich, in den Augen eines Liebenden das Bild zu finden, das uns am meisten entspricht und das sich zurückwirft als Wunsch, ja, als Pflicht, von ganzem Herzen ihm zu entsprechen. Dies im Wechsel ist der Kern aller *Treue* zu sich selbst und zum anderen.

DEMUT UND GEHORSAM

CORNELIS CORT nach FRANS FLORIS: Demut und Bescheidenheit (Sobrietas)
Die Tugend der *Demut* und Bescheidenheit (Sobrietas) lehnt auf dem Kupferstich von CORNELIS CORT aus dem Jahre 1560 diademgeschmückt an einer Mauer und streckt soeben das rechte Bein über einen riesengroßen Fisch aus. Der *Fisch* galt als ein Symbol der *Mäßigung*, der *Temperantia*, war er doch die klassische Speise der Fastenzeit. Mit dem riesigen Schlüssel in der rechten Hand, den die *Sobrietas* sich vor Augen hält, scheint ein Hinweis auf rechte Ökonomie und sparsame Haushaltsführung verbunden zu sein. Der Taubenschlag auf dem Dach im Hintergrund versteht sich als ein Bildzitat aus Mt 10,16: «Seid klug wie die Schlangen und ohne Falsch wie die Tauben.» Den pragmatischen Nutzen eines bescheidenen Lebensstils betont die lateinische Beischrift:

Maxima donabit / tenuis tibi commoda victus,
ut valeas recte, / sobria vita facit.
Höchsten Gewinn gewährt, / wenn du lebst in bescheidener Weise;
gute Gesundheit schenkt / Leben in einfachem Stil.

SOBRIETAS
·HF· inu·
Maxima donabit tenuis tibi comoda uictus, ut ualeas recte, sobria uita facit

Im letzten Kapitel haben wir die *Treue* behandelt. Man mußte, um die Problematik dieser Tugend zu verstehen, sich nur vorstellen, daß die Haltung ergebener Verbundenheit dahin führen kann, in bestimmten Situationen nicht mehr selber zu entscheiden, sondern denjenigen, mit dem man sich verbunden fühlt, als letztverantwortlichen Entscheidungsträger zu betrachten. Wie zum Beispiel ist Deutschland in den Ersten Weltkrieg gezogen worden? Durch die «Nibelungentreue», sagen die Historiker. Der deutsche Kaiser fühlte sich verbunden mit dem österreichischen Kaiser, doch die Verbündeten auf der Gegenseite hatten auch ihre Verpflichtungen – es war am Ende die *Treue*, die ein Millionenmassaker über Europa brachte. Uns Deutschen nach dem Zweiten Weltkrieg hat man vielleicht nicht zu Unrecht erklärt, daß das Führerprinzip des Dritten Reichs womöglich schon darin seine Wurzeln gehabt habe, daß bereits unsere Vorfahren, die Germanen, nicht aufgrund von Wirtschaftsinteressen, auf der Rechtsgrundlage eines Lehen-Vertrags etwa, sich um ihren Miet- oder Dienstherren scharten, sondern daß ihnen die Gefolgschaft zu dem Führer wie ein Rechtsgrundsatz eigen war. Als Ersatz am Ende für jeden Rechtsgrundsatz zeigte sich die *Treue* als das moralisch Gute schlechthin, als das menschlich Wertvolle an sich, als das Staatstragende.

Es ist von da aus nur ein geringer Unterschied, um von der Treue hinüberzufinden zu zwei anderen Tugenden, das ist die *Demut* und, damit eng verbunden, der *Gehorsam.*

Beide Worte auch nur auszusprechen bedeutet, ein *Problem* zu bezeichnen, denn wo anders als noch im Militär und in der Klosterschule wollte man ernsthaft sprechen von *Demut*? Und auch *Gehorsam* ist ein äußerst problematisches Wort; doch eben deshalb müssen wir diese beiden Begriffe, die einmal so kostbar waren und einen tiefen Sinn besaßen, um ihres Inhalts willen reinigen von Militär und

Klosterschule beziehungsweise von den Haltungen, die beides tragen; – kein einfaches Bemühen, aber ein lohnendes!

Wir Deutschen, sagt man, seien ein gefährlich romantisches Volk. Daran mag etwas Richtiges sein. Nehmen wir beispielsweise ROBERT SCHUMANNS *Träumerei*, diese Betrachtung über die Welt, wie sie daliegen würde voller Frieden: ein Waldrand im Mondschein, ein murmelnder Bach zwischen den Steinen, ein Vöglein auf seinem Nest, Wolken, die im Abendschimmer über das Land ziehen … In einer solchen milde gestimmten Welt zu wohnen wäre wie eine Rückkehr nach Arkadien, wie eine Suche nach dem verlorenen Paradies – die gesamte Romantik in Literatur wie Musik hat darin geschwelgt. Würde es in einer solchen erträumten Welt, in einer solchen unschuldsvollen Form des Daseins nicht genügen, als einfacher Bürger seine Pflicht zu tun, seinem Handwerk nachzugehen, sein Haus zu bestellen, die Kinder zu erziehen und Gott in Frieden und Güte seines Amtes walten zu lassen? So könnte es sein, und so wäre es vielleicht, wären nicht die Vorstellungen von dem, was wir *Gehorsam* nennen, auf merkwürdige Weise widersprüchlich.

HEINRICH MANN im Rückblick auf sein frühes Hauptwerk *Der Untertan* sagte Jahre nach dem Vulkanausbruch des sogenannten Ersten Weltkriegs (der damals so nicht heißen konnte, weil der ganze Wahn dieses blutbeschmierten 20. Jahrhunderts noch nicht vor den Augen der Menschen lag) – HEINRICH MANN also sagte: «Es war der *Untertan*, der den Krieg gemacht hat.» Es ist ein furchtbareres psychologisches Paradox, kaum zu formulieren, denn keine Perversion von Moral und Existenz vermöchte schlimmer zu sein als diese. Wenn sogar das Bestreben nach vollkommen gesicherter Richtigkeit des Handelns am Ende das Allerärgste hat gebären können, welche Kriterien für Richtig und Falsch gibt es dann überhaupt noch?

Im *Brief an die Epheser*, in *5,21–26 und 6,1–6,* finden sich im Neuen Testament sogenannte *Hausregeln* für die Erziehung und für die Einrichtung des Familienlebens; Worte, die an sich aus ihrer gesellschaftlichen Verankerung und Bedingtheit nie hätten gelöst werden dürfen. Um so schwerer wirkt, daß man sie sogar absolut setzen wollte; doch eben das macht die Auslegungsgeschichte dieser Worte über zweitausend Jahre Kirchengeschichte hin so desaströs und geradewegs fatal; hören Sie, wie hier der *Gehorsam* anempfohlen wird:

Seid einander untertan in der Furcht Christi! Ihr Frauen (seid untertan) euren Männern wie dem Herrn! Denn der Mann ist das Haupt der Frau, wie auch Christus das Haupt der Kirche (ist), er, (der es) als Erlöser seines Leibes (ist). Wie nun aber die Kirche Christus untertan ist, so sollen es auch die Frauen ihren Männern in allem sein. Ihr Männer, liebet eure Frauen, wie auch Christus die Kirche geliebt und sich für sie dahingegeben hat, um sie zu heiligen, nachdem er sie durch das Wasserbad in Verbindung mit dem Wort gereinigt hat…

Ihr Kinder, seid euren Eltern gehorsam im Herrn; denn das ist recht. «Ehre deinen Vater und deine Mutter» – welches das erste Gebot ist, das eine Verheißung hat: «damit es dir wohl gehe und du lange lebest auf Erden». Und ihr Väter, reizet eure Kinder nicht zum Zorn, sondern ziehet sie auf in der Zucht und Ermahnung zum Herrn! Ihr Sklaven, seid euren leiblichen Herren gehorsam mit Furcht und Zittern, in Aufrichtigkeit eures Herzens, wie (dem Herrn) Christus, nicht mit Augendienerei wie Leute, die den Menschen gefallen wollen, sondern wie Knechte Christi, die den Willen Gottes von Herzen tun…

Ein jüdischer Rabbi meinte einmal, ein Mensch solle stets zwei Zettel bei sich tragen, in jeder seiner Manteltaschen einen; auf dem einen solle geschrieben stehen: «Nur Staub bist du»; und auf dem anderen: «Gottes Odem atmet in dir.» Und zur Gebrauchsanweisung fügte er hinzu: «Immer wenn es dich hinwegträgt in die Gefahr der Überheblichkeit und des Stolzes und du schwingst dich auf wie ein Adler, wo du doch nur auf der Erde gehst, dann hole schnell hervor den Zettel, auf dem geschrieben steht, woher du stammst; immer aber auch, wenn es dich in den Staub drückt und du darunter leidest, dich so niedrig oder gar schuldig zu sehen, so betrachte jenen anderen Satz, auf dem deine Berufung verzeichnet ist.»

Wie ist es möglich, daß ein Mensch mit diesen beiden vollkommen konträr erscheinenden Seiten seines Wesens nicht nur sich abfindet, sondern eine innere Mitte erreicht? Wie ist es möglich, zwischen beiden Seiten seiner selbst nicht zerrissen und zermahlen zu werden, sondern eine Einheit zu bilden?

Die Worte *Demut* und infolgedessen auch *Gehorsam* sind bis in die Gegenwart hinein in einer Weise ausgelegt, angewandt, verzweckt und verfälscht worden, daß sie alles andere als hilfreich waren, um den Menschen ihre Mitte zu zeigen. Ganz im Gegenteil. Selbst wer von *Demut* nicht spricht als von einer Tugendhaltung der verrenkten Wirbelsäule oder des dauernd schief gestellten Kopfes, des eingerollten Eigenwillens oder des katzbuckelnd auf allen vieren sich dahinschleppenden Daseins, sogar wer den Begriff der *Demut* in irgendeiner Weise aus dem Mißbräuchlichen hervorzuziehen gedenkt und erläuternd davon spricht, es bedeute rein sprachgeschichtlich-etymologisch «Demut» soviel wie «Dien-Mut», das Wort bezeichne also die Bereitschaft, sich in einen größeren Verfügungs- und Aufgabenzusammenhang zu stellen, von innen her, persönlich überzeugt, begeistert vielleicht sogar, spricht doch immer noch kaum etwas anderes aus, als was man gerade auf der Ebene von Politik und Gesellschaft aus der Tugend der *Demut* gemacht hat: die völlige Abhängigkeit der Menschen von gegebenen Befehlen und damit die brutale Ausbeutung ihrer Bereitschaft, sich zu opfern. «Du bist nichts, dein Volk ist alles» – so hieß einer der Leitsätze im Faschismus. ADOLF HITLER in *Mein Kampf* konnte in diesem Sinne ausführlich erklären, was für ihn «Dienst- und Opfergesinnung» bedeuteten: Staaten, so schrieb er, errichte man auf der Aufopferungsfähigkeit und Aufopferungsbereitschaft der Einzelnen: alles andere sei Krämergeist, sei Judentum, sei Demokratie, sei Libertinage; und eben dagegen trete ein tapferer, starker Charakter schon aufgrund seiner natürlichen Überzeugung an. Es erschien als nicht «artgerecht», dem «Führer» gegenüber nicht in dieser Weise *demütig* und *gehorsam* zu sein. *Unbedingter Gehorsam* sogar wurde ab 1935 im Fahneneid auf den deutschen Führer allen Wehrpflichtigen abverlangt. Und die Kirchen marschierten gleichauf mit. «Ein Eid auf den Führer, in unbedingtem Gehorsam, ist ein Eid auch auf Gott», so ließ es 1938 sogar Kardinal CLEMENS AUGUST VON GALEN schreiben. Haben wir das nicht gerade als biblisch noch gehört? Hieß es da nicht auch, die Sklaven müßten gehorchen, als wenn sie Gott gehorchten? Und die Kinder hätten in ihren Eltern die Sendboten Gottes zu erblicken, die Frauen gar in ihren Männern? Und sogar aus «guten» Gründen heraus wird das so beschrieben! Nachdem «das Weib» in der Sündenfallerzählung den Mann «verführt» hatte, hatte er die Pflicht, so heißt es in *Genesis 3,15*, ihr «obzuwalten». Es gibt Gebote, an welche die Menschheit sich augenscheinlich gehalten hat, nur erkennt man sehr deutlich den Patriarchalismus dieser gesamten Grundauslegung beider Begriffe, der *Demut* wie des *Gehorsams*, in dieser Auslegung!

Es war im Biologieunterricht für Sie vielleicht einmal eine unheimlich anmutende Betrachtung, in einem Tierfilm vorgeführt zu bekommen, was es im Tierreich bedeuten kann, wenn sich Individuen «opfern», bedingungslos, instinktiv und total. Nirgendwo sonst läßt sich das so eindrucksvoll und schrecklich beobachten wie bei dem Kampf Hunderttausender von Individuen, beim Kampf zum Beispiel zwischen Termiten und Treiberameisen. Es kann sein, daß ganz wenige von den Treiberameisen in das Gebiet der Termiten eingedrungen sind, ihre Späherabteilungen, aber nun haben die Wächtersoldaten auf der Seite der Termiten die unbedingte Pflicht, sie allesamt auszuschalten. Denn kehren von ihnen auch nur einzelne zurück, so werden diese den gesamten Verband aufrufen zum Kampf, und die Schlacht wird zentral um die Königin gehen, für den Insektenstaat eine Auseinandersetzung auf Leben und Tod. Die Königin allerdings ist fünfzigmal so groß wie eine «normale» Termite, und es wird Hunderte von Termiten brauchen, um sie in Sicherheit zu ziehen. Alle anderen werden kämpfen. Sie müssen so tun, denn wenn die Königin verlorengeht, werden die Termiten untereinander sich zwar weiterhin so sozial verhalten wie all die Zeit vorher, – sie werden Nahrung austauschen, sie werden das Zusammenleben pflegen, aber es wird keine Einheit mehr geben, keinen Sinn, würden wir menschlich sagen, der das Ganze zusammenhält. Vor allem die Reparaturarbeiten am Bau werden nicht mehr organisiert; schon der nächste Regen wird die Bauten deshalb leerwaschen, und der ganze Verband wird zugrunde gehen. Eben dieser Gefahr wegen *muß* gekämpft werden. Der Einzelne spielt dabei nicht die geringste Rolle.

Wie leicht fiele es in der Tat, aus solchen Beispielen das Tugendideal für gute Soldaten, für gute Bürger, für brauchbare Menschen, für Männer insbesondere, in der Konzeption geistiger und politischer Diktatur zu gewinnen! Wie überzeugend ist die Betrachtung, daß ein Staat, ein Volkskörper, eine religiöse Gemeinschaft wie etwa die Kirche Roms, des Einsatzes aller und jedes Einzelnen im Ganzen überaus wert sei, eben weil der Einzelne ohne den Staat, ohne den Volksverband, ohne die ihn erlösende und heiligende Kirche gar nimmer zu leben vermöge! Er, der Einzelne, tut mithin für sich selber das Allerbeste, wenn er sich opfert im Interesse aller anderen! Scheint es nicht die Biologie, also die Natur, also Gott geradewegs so zu wollen?

Wie kann zum Beispiel ein Soldat wissen, was zu tun ist, wenn er im Gefecht gar nicht imstande ist, die Lage zu überblicken, um eine eigene verantwortliche Entscheidung zu treffen? Was ist es, wenn nicht einmal die militärischen Führer wissen, welch eine Entscheidung sie politisch verantworten können? Sind sie nicht alle abhängig und weisungsgebunden? Ist es nicht geradezu ihre Pflicht, auf eine Weise zu handeln, die es ihnen ermöglicht, im Falle einer Niederlage immer wieder zu erklären: «Befehl ist Befehl»? Dreht sich in dieser Manier nicht die Blutmühle der menschlichen Geschichte endlos im Kreise, weil es niemanden gibt, ja, überhaupt niemanden geben darf, der sein eigenes Denken bemühte, um einmal Nein zu sagen und aus der Maschinerie des Tötens auszusteigen? Bestünde aber nicht gerade die Geburtsstunde der Menschlichkeit eben darin, daß wir aufhörten, Treiberameisen oder Termiten zu sein, und uns entfalten würden als wirkliche Individuen, nicht nur als Rädchen in einem subjektiv unüberschaubaren Getriebe? Wie aber müßten Menschen beschaffen sein, die die Kraft zu solchem Widerspruch besäßen?

FJODOR M. DOSTOJEWSKI, als er in der Parabel vom *Großinquisitor* über die Frage nachdachte, was Menschen glücklich mache, vermutete nicht zu Unrecht, es stelle *die Gabe der Freiheit* für den Menschen etwas zu Großes und zu Schweres dar; insgeheim wünsche er sich die Abhängigkeit, die Unterwürfigkeit, das Mitmachen im Haufen; er sei wie erleichtert, endlich zu wissen, jetzt könne er nichts mehr falsch machen, eben weil alle in dieselbe Richtung marschierten. «Ich bin nie allein, weil ich ganz sicher dazugehöre; es gibt ja den Befehl, der mir sagt, was ich tun muß; es gibt ja die Weisung, die mich dahin weise macht, zu wissen, wer ich zu sein habe, und also bin ich, wie sie wollen.» So in etwa lautet die Erwartung der Selbstentlastung von der Qual der Freiheit. DOSTOJEWSKI zögerte nicht, insbesondere der Kirche Roms nach Hunderten von Jahren des Mißbrauchs Gottes: der Verwandlung der sanften Botschaft Jesu in eine Geißel der Macht, der Inquisition, des Rechthabens und der Unterdrückung ganzer Kulturen, in aller Form vorzuwerfen, daß sie selbst den Begriff der Erlösung inzwischen dem Mann aus Nazareth vom Mund und aus der Hand gestohlen und in ihrem Sinne umgeprägt habe. Erlösung der Menschen bedeute in ihren Reihen nicht länger mehr eine Ermutigung zur Freiheit, eine Entwicklung zur Persönlichkeit, eine

Stärkung des Individuums, es bedeute die «Erlösung» des Menschen von der Last seiner Freiheit, es bedeute die Abnahme der anscheinend ungebührlichen Beschwernis, ein Individuum zu sein. Wenn erst einmal eine kirchliche Bürokratie, wenn eine geistige Zentralgewalt imstande ist, den Menschen beizubringen, daß sie über so etwas Schwieriges wie das, was Gut und Böse oder was Richtig und Falsch oder was Heilig und Sündhaft sei, gar nicht selber entscheiden könnten, weil sie allesamt ohnmächtig und unwissend seien, sie sollten Fragen solchen Komplexitätsgerades besser den theologisch Ausgebildeten und Vorgebildeten überlassen und deren Entscheidungen getreulich befolgen, um Gott zu erreichen, – so tritt die irdische Macht an die Stelle Gottes selbst; den Menschen aber stiehlt man Gott aus dem Herzen und rückt einen Fetisch an seinen Platz. Und das Schlimmste: Man beruft sich dabei immer noch auf die Religion, insbesondere auf den Mann aus Nazareth! Man unterliegt einer Verfälschung in jedem Betracht!

Es war nur natürlich, daß DOSTOJEWSKI mit der Geschichte vom Großinquisitor auf den Index der verbotenen Bücher der Kirche Roms kam, und da blieb er sitzen bis 1965; aber seitdem man – immerhin also schon seit dreißig Jahren – in der Römischen Kirche, ohne vorher Dispens und Lizenz einzuholen, DOSTOJEWSKI lesen kann, ist nun endlich seine Botschaft 130 Jahre später angekommen? Es hat nicht den Anschein! Man wird wohl immer noch sagen, er sei halt ein Russe gewesen, der sich im Westen nicht so ausgekannt habe, oder man wird sagen, er habe wohl über den Großinquisitor geschrieben, aber sein Thema sei viel größer als die Römische Kirche, man müsse seine Parabel grundsätzlich und substantiell verstehen, nicht so eng und so prägnant, wie die Worte da klingen, es gehe um jede Art von Unterdrückung des Menschen, und schon ist man der Notwendigkeit entronnen, für die Unterdrückung des Menschen, die bis heute im katholischen System besteht, Verantwortung zu übernehmen. Auf was bis heute gründet sich dieses System denn anders als auf den schnöden Mißbrauch: eben der beiden Begriffe: «*Demut*» und «*Gehorsam*»?

Beim *Gehorsam* gibt es keinen Zweifel. Niemand, der Priester wird, niemand, der Theologiedozent wird, niemand, der irgendeinen Posten in der kirchlichen Behörde Roms einnehmen will, hätte nicht zuvor und als erstes Gehorsam zu schwören, und zwar vor Gott, nicht nur vor dem Staat, nicht nur vor der Verfassung – auf Gott! *Gehorsam* ist da unter Eid dem Bischof gegenüber zuzusagen, dem jetzigen, und gleich mit *Gehorsam* auch allen seinen Nachfolgern, soweit man sie selbst noch erleben wird. Da erwartet man von erwachsenen Menschen, daß sie sich auf die Erde werfen wie im alten Orient: die *prostratio* – die Hinwerfung des Untertans vor dem Gottkönig, dem Pharao. Ein solcher Gehorsam ist wie ein Versprechen, niemals man selber zu sein. Es hilft nichts, die Sache zu verharmlosen, als handle es sich nur um einen bloßen Ritus, um ein ästhetisches Arrangement, die Wahrheit ist, daß dieser Gehorsamseid ernster genommen zu werden verdient als die Eidesableistung sogar von achtzehnjährigen Rekruten auf dem Kasernenhof.

Ein General, der unter dem Befehl seines Kaisers oder Präsidenten steht, kann für nichts anderes bürgen als dafür, daß er die Ausübung des ergangenen Befehls so gewissenhaft in die Wege geleitet hat, wie es ihm möglich war. Er mag sogar davon überzeugt sein, daß der ergangene Befehl falsch war, geradezu unverantwortlich, er kann sich dennoch in seinem Gehorsam verpflichtet fühlen, eben diesen Befehl auszuführen; aber zumindest ist er nicht dafür verantwortlich, glauben zu müssen, daß der Befehl richtig sei; es besteht für ihn immerhin noch die Gewährung eines Erlaubnisraums persönlichen Urteils; unter dem Zwang des Gehorsams hat er dieses sein persönliches Urteil nicht für maßgeblich zu halten, aber er darf sich ein solches wenigstens erlauben.

Anders, ganz anders, wenn der Befehl in den Gewissensbereich vordringt, wenn der *Gehorsam* eine göttliche Tugend wird. Dann gibt es keine Erlaubnis mehr, auch nur denken zu dürfen, daß das, was da verlangt wird, unrecht sein könne, daß es falsch, unmenschlich oder unverantwortlich sei, daß es wider die Sache Jesu oder die Bedürfnisse der Menschen sich richte; dann ist im *Gehorsam* erfordert, das Denken dahin zu bestimmen, sich selber einzureden, daß der Befehlsinhalt selber göttlich sei und nicht falsch sein könne.

Ich selbst entsinne mich noch meines armen Dorfpastors, der, wenn ich ihn fragte, nach was immer es sei, mit dem lateinischen Satz antwortete: Roma locuta, causa finita – wenn Rom gesprochen hat, ist jede Sache entschieden. Und dieser Mann fügte noch hinzu: «Dann nehme ich meinen Kopf unter den Arm.» Ich dachte zum erstenmal: Das ist ja wie bei einer von MÜNCHHAUSENs Gestalten, die auf dem Mond alle mit ihrem Kopf unter dem Arm herumlaufen! Das ist doch nicht die Welt, in die ich hineinwachsen möchte! Aber ich hatte damals noch keine Ahnung, daß dieser Mann nichts anderes tat, als was man ihm befohlen hatte. Er war an sich ein intelligenter Mensch, aber er hatte gelernt, jeden freien Gedanken sich als Sünde zu verbieten. – Und so geht es weiter!

Glaubenszweifel sind schon von Kindern zu beichten unter der Selbstanklage der Sünde und dem Versprechen, sie zu meiden und sich zu bessern. Gibt es eine Form von *Gehorsam*, die einen Menschen tiefer zerstören könnte? Das eigene Denken ist die letzte Widerstandswaffe, die ein Mensch im Kampf um seine Persönlichkeit besitzt; wird sie ihm entzogen im Anspruch des *Gehorsams*, so kann er nichts weiter mehr sein als eine Marionette an Fäden.

Es hilft überhaupt nichts, aus dem *Epheser-Brief* das *5.* und *6. Kapitel* abschwächend mit der Anweisung zu zitieren, daß ja auch die «Herren» anständig sich verhalten sollten gegenüber ihren Sklaven, die Männer gegenüber ihren Frauen, und daß selbst die Väter ihre Söhne nicht zum Zorne reizen sollten. Schön gesagt, daß sie so milde sein möchten! Denn als erstes sind und bleiben sie die «Herren», dann, in unangefochtener Größe, mögen sie denn auch sich vermenschlichen. Es sind eben die Frauen und die Kinder sowie vor allem die Kriegsgefangenen, die man zu Sklaven gemacht hat, die wie die Täler sein müssen, um die Größe des Gebirges der Macht ihrer Herren nur um so sichtbarer zu machen; und wenn es aus den Wolken, die sich an den Hängen brechen, nun auch noch in den Tälern regnet, wieviel Dankbarkeit muß dann entgegenströmen den so Huldvollen, den sich derart Herabbeugenden!

Demut ist unter solchen Umständen soviel wie *gedemütigt* werden, wie getreten werden, mit einem Wort: wie in den Staub erniedrigt werden. Und wollen «die Herren» ihn nicht auch am liebsten so: den Menschen: *amorph*? Sie möchten und müssen im Grunde um ihrer selbst willen den Vorgang der Schöpfung revidieren, als Gott selber den Staub der Erde nahm und mit unsichtbaren Händen aus Lehm den Menschen formte und ihm göttlichen Atem eingab *(Gen 2,7)*. Wie wäre es, man könnte über den Menschen als Rohmasse verfügen, in die hinein man seine eigenen Hände pressen und seinen eigenen Atem blasen dürfte?

Die Mittel zu solchen «Manipulationen» sind einfach, die Mechanik der Prozedur ist buchstäblich «bei der Hand». Menschen, die man «handhaben» will, muß man lehren, das Wort des *Epheser-Briefs* zur Empfehlung für die Sklaven in Furcht und Zittern dahin zu bringen, daß es genügt, mit Strafe zu winken, um sie sprungbereit zu halten. Es genügt, daß der Herr sich erlaubt, den Tonfall seiner Stimme als gereizt erscheinen zu lassen, oder daß er das Tremolo der Tonart noch verstärkt oder sich gar dazu hinreißen läßt, lautstark zu sprechen, – dann hat es dem Abhängigen durch alle Glieder zu fahren und ihn hin und her zu schütteln wie im Veitstanz. Kein Hund dürfte parater und prompter sich seinem Befehl unterwerfen als ein derart dressierter Mensch.

Wie man z. B. seiner Gattin Angst und Furcht einflößt? Man muß beide Gefühle mischen mit dem Eindruck, im Grunde doch ein guter Herr zu sein. Erst wenn zum Beispiel eine Ehefrau begreift, daß es ihr besser gar nicht gehen kann als an der Seite ebendieses ihres Herrn, wird sie ihm aus der Hand fressen und ihm sogar die Finger küssen; erst wenn der heranwachsende Knabe so richtig begreift, was für einen Vater er hat, wie weise er ist, – wo doch dieser sich auch nach dem Bibelwort richtet, das da gemahnt: «Ein Vater züchtige seinen Sohn, wenn er ihn liebhat» *(Spr 13,24; 22,15; 29,17)*, soll da der Sohn nicht dankbar die Hand küssen, die ihn geprügelt hat? HEINRICH HEINE mochte gar nicht so falsch speziell von den Deutschen sagen, sie gingen stets so aufrecht, weil sie den Stock auch noch verschluckt hätten, mit dem man sie geschlagen. Diese Haltung gilt am Ende für Charakter, sie verrät Geradheit. Der Mensch mag von Hause aus amorph sein, aber wenn er doch inneren Halt bekommt, indem man die Corsettage der Anweisungen zu seinem Rückgrat macht, dann wär's geschafft, dann wäre aus dem Zwang Überzeugung geworden, aus dem Befehl wahre Gesinnung; von innen her hätte man den Menschen aufgebaut! Man muß ihn zu diesem Zweck nur umstülpen wie einen Handschuh. Abhängigkeit und Herablassung, Untertänigkeit und göttliche Ermahnung, bei solchem Vorgehen ist die Verführung fast perfekt. – Doch nun Schluß mit der Travestie von Worten, die einmal wahre Werte waren!

Wenn wir die *Inhalte* der Tugenden von *Demut* und *Gehorsam* jemals wieder den Menschen als etwas Wertvolles zurückgeben wollen, so müssen wir nicht nur fragen, wie man sie mißbraucht und verfälscht hat; wir müssen uns vor allem fragen, *mit welchen Menschen* man das hat machen können und immer noch machen kann, welche Voraussetzungen eigentlich bestehen, um Menschen derart fügsam und lenksam zu machen. Setzen wir das Problem noch einmal in den Ausgangspunkt: Wie können Menschen dazu gebracht werden, wirklich zu glauben, es seien *Demut* und *Gehorsam* heilige, göttliche Tugenden in dem Sinne, daß das Gehorchen als Selbstzweck, die Demut als Grundhaltung gelten könne?

Wie man Menschen zu *Gehorsam* nötigt, läßt sich in der einfachsten Weise als eine Form der Gewaltausübung beschreiben. Wir setzen einen Vater oder eine Mutter, die mit unbeherrschtem Jähzorn ihr heranwachsendes Kind traktieren. Im Grunde genügt es, daß ein Mädchen, ein Junge erlebt, wie seine Mutter, wie sein Vater haltlos explodieren können. Das Kind wird gar nicht einmal begreifen, warum das geschieht, es wird einfach erleben, daß es selber etwas falsch gemacht haben muß, denn wie könnte diese Mutter, wie könnte dieser Vater sonst derartig zornig geworden sein? Also wird das Kind sich gezwungen sehen, die Schuld bei sich selber zu suchen. Irgend etwas muß es angestellt haben, soviel steht fest. Da es aber womöglich gar nichts getan hat, sondern nur die Pflicht besitzt, sich schuldig zu fühlen und einen Grund dafür zu finden, warum es schuldig ist, wird es in jedem Falle einen Grund finden. Je «besser» und gutartiger es ist, desto sicherer sogar wird es einen Grund finden, der bei ihm selber liegt, denn nur dann kommt es in die Lage, dem Vater nicht selber Widerworte geben zu müssen beziehungsweise die Mutter nicht selber anklagen zu müssen. Der Konflikt mit den Eltern wird unter diesen Umständen lösbar, aber nur dadurch, daß man ihn verinnerlicht. Das *Umgekehrte* ist im Gefälle der Gewalt überhaupt nicht denkbar: daß ein heranwachsendes Kind etwa die Kraft zusammennähme, um einem zornwütigen und -mütigen Vater oder einer Mutter, die zum haltlosen Schimpfen und Krakeelen geneigt ist, Widerspruch entgegenzutragen. Man kann es sich nicht leisten, man darf es sich nicht leisten, in gewissem Sinne ist es wirklich ein wohlverstandenes Eigeninteresse, sich dem Druck zu fügen und *Gehorsam* zu lernen, indem man in einer Art Denken gegen sich selber allen Eventualitäten zuvorzukommt. Die Pflicht erwächst, herauszufinden, was man in Zukunft *vermeiden* muß: Wie ist es möglich, zu verhindern, daß erneut der Vater oder die Mutter unversehens explosiv sich äußert? Wie brav muß man sein, um dem Zorngewitter entgegenzulaufen, als lebendiger Blitzableiter sozusagen, damit es nicht unkontrolliert irgendwo einschlägt? Wie ist es möglich, herauszufinden, in welchen Spannungszuständen die Eltern leben, um für sie eine Verantwortung zu übernehmen, die sie anscheinend selber nicht besitzen?

Denken wir uns noch, daß *Jähzorn* sehr geneigt macht, die Hände ausrutschen zu lassen und sich nach den genannten biblischen Anweisungen zu verhalten. Da wird der Prügelstock auf dem Kleiderschrank das Maß aller Dinge, die Elle der Moral. Im Jahre 1999 haben wir darüber nachgedacht, wie wir die Prügelstrafe in den Erziehungsstuben der Kinder per Gesetz beseitigen könnten. Doch ließe sich selbst mit diesen Gesetzen verhindern, was allerorten doch geschieht? Sensible Psychologen, wie z. B. der Schweizer Psychoanalytiker HANS ZULLIGER, konnten vor über 40 Jahren schon allen Ernstes sagen: «Solange Kinder geschlagen werden, wird es Kriege geben.» Er meinte: Ein Kind, das man schlägt, lernt als erstes seine völlige Rechtlosigkeit zu begreifen; es hat keinen Zweck, zu widerstehen, und zwar nicht etwa deshalb, weil das Kind unrecht hätte, sondern weil es ohnmächtig ist. Es würde sich nur noch weiter selber bestrafen, im Falle es Widerworte sagen oder sich auch noch als bockig erweisen würde. Man würde ihm den «Bock» oder den Teufel schon austreiben! Man würde den ohnedies schon aufgeregten Elternteil nur noch mehr zur Weißglut reizen, also hat man am Ende geradewegs die Pflicht, sogar mit seiner Bestrafung sich einverstanden zu erklären. Man begreift bei all dem aber auch, daß solches «Recht» keinen Anspruch auf Gerechtigkeit hat; dieses «Recht» ist nichts weiter als das «Recht» des Stärkeren, als ein Diktat der Macht.

Will man zum Beispiel verstehen, wie Menschen von der Art eines ADOLF HITLER entstehen können, so muß man gewiß berücksichtigen, wie er von seinem schreienden und schlagenden Vater erzogen wurde. Berichtet wird, daß HITLER mit sieben, acht Jahren begann, die empfangenen Schläge einfach seinem Vater laut vorzuzählen, einfach um ihm zu zeigen: «Auch ich habe einen Willen, und den wirst du nicht brechen, du magst so viel prügeln, wie du willst.» Die ganze Psyche eines solchen im Grunde verschüchterten, blassen, in sich eingerollten, menschenscheuen Kindes wird sich paradoxerweise gerade mit der Macht identifizieren, die es am meisten zu fürchten gelernt hat, und es wird ihr in ständiger Ambivalenz gegenüberstehen.

Da aber sind wir bei einem zweiten wichtigen Punkt. Eine feste Regel z. B. der katholischen Kirche lautet als Anweisung an ihre künftigen Amtsträger, daß jemand als erstes *gehorchen* lernen müsse, um später befehlen zu können. Diese Lehre ist weitverbreitet, im Grunde aber ist sie ungeheuerlich, weil sie auf nichts weiterem basiert als darauf, den erlittenen und verinnerlichten Sadismus selber weiterzugeben. Man ist geschlagen worden, man hat es überstanden, doch nun, an die Macht gekommen, darf man selbst wieder prügeln? Man war *gehorsam* und erwirbt dadurch das Recht, andere strammstehen zu lassen? Wir müssen nur ein häufiges Beispiel beobachten, um die Gefahr einer solchen Vorstellung zu erkennen.

Erstaunt zeigen immer wieder viele Menschen sich darüber, was aus Leuten wird, die vormals für intelligent und ehrlich galten, doch die nun in Ehren und in Ämtern sich wiederfinden. Sie mögen vor Jahrzehnten gewußt haben, was Denken hieß und was Wahrheitsliebe bedeutet, nun aber haben sie an ihrer Spitze einen Führer, einen Präsidenten, einen Papst, – wen immer man will, und nun ist es offenbar nicht länger nötig, daß diese Persönlichkeiten, in deren Händen die Welt zu liegen scheint, über besondere Einsichtsfähigkeit, Weisheit, Nachdenklichkeit, Selbstreflexion oder sogar über ein kritisches Urteil gegenüber der eigenen Stellung und Stellungnahme verfügen würden; es ist für sie einfach nötig zu tun, was sie wollen, und dementsprechend wird das eigene Denken, im Paradeschritt, Straße auf, Straße ab, nach Trommel und Tambour marschieren. Das macht Gehorsam aus Menschen!

Dennoch ist diese Direktheit der Vermittlung von Gehorsam wohl nur die erste mechanische Form, um Menschen die Tugend des *Gehorsams* im schlimmsten Sinne, als Strammstehen auf Befehl, beizubringen. Es gibt «feinere» Methoden. Es genügt, eine Persönlichkeit in Kindertagen vor sich zu sehen, die in die verworrene und verwirrende Lage der Ehe ihrer Eltern hineingeboren wurde. Es genügt, mitzuerleben, wie sich Vater und Mutter tagtäglich streiten, vielleicht gar nicht mal in Worten, aber inwendig, in den Gefühlen, in den Haltungen, in den Ausdrucksformen der Umgangsweise. Ein Kind, ein wenig sensibel, hört das genau, es nimmt auch wahr, wie die Eltern sich selbst und einander etwas vormachen. Aber wie will man das herausfinden, wie will man in seinen Wahrnehmungen sicher gehen? Die nachdrücklichste Form, *Gehorsam* zur absoluten Tugend zu erheben, liegt darin, einem Kind eine Situation zu schaffen, in der es selber beim besten Willen nicht mehr erkennen kann, was stimmt und was nicht stimmt, was wahr ist und was falsch ist, was nur vorgemacht ist und was wirklich gilt.

Nehmen wir zum Beispiel nur zwei gut katholische Elternteile, die vielleicht schon seit langem aufgehört haben, sich zu lieben, doch denen man in der uns schon vertrauten Weise beigebracht hat, daß eine Ehe, einmal vor dem Pastor und zwei Trauzeugen geschlossen, unauflöslich sei, «bis daß der Tod euch scheidet». In der Tat ist untergründig womöglich längst schon ein Wunsch vorhanden, der Tod des anderen träte ein; längst haben die Eheleute insgeheim angefangen, sich zu hassen; aber natürlich dürfen sie das einander nicht zugeben. Der heilige Stand der Ehe gebietet ihnen vielmehr, einander treu zu sein und einander zu lieben, und das ist zugleich auch die Wahrheit, die für das Kind zu gelten hat. Was aber soll ein Kind über eine Wirklichkeit denken, an die es zu glauben hat, wenn es eine ganz andere Wirklichkeit erlebt, die nicht ausgesprochen werden darf? Die Wahrheit, die es sieht, wäre, offen ausgesprochen, ein unglaublicher Sprengstoff: In einer riesigen Detonation würde sie das ganze Haus wie ein Kartengebilde zum Einsturz bringen! Man lernt unter solchen Umständen, daß man das, was man sieht, nicht sehen darf, das, was man fühlt, nicht aussprechen darf, das, was man wahrnimmt, nicht für wahr nehmen darf. Ein solches Kind wird dahin gebracht, daß es sich am Ende schuldig fühlt für den einfachen Satz, zweimal zwei sei vier. Es wird im Gegenteil lernen, wie in GEORGE ORWELLS *1984*, daß, wenn der Große Bruder befiehlt, daß drei plus vier acht ist oder fünf, dann es eben auch acht oder fünf ist; und wenn er befiehlt, daß der Kohl draußen weiß ist, so ist er eben weiß und nicht etwa grün oder violett. Die Welt hat unter diesen Umständen so zu sein, wie sie befohlen wird, und erst wenn Menschen damit einverstanden sind, sind sie wirklich verfügbar, sind sie wirklich fügsam, sind sie gehorsam und zahm gegenüber ihren Auftraggebern, die sie in Dienst halten.

Es ist so leicht, Menschen schon als Kinder derart zu verunsichern, daß sie in ihrem eigenen Urteilsvermögen am Ende förmlich danach winseln, man möge ihnen doch gefälligst nun endlich sagen, was sie tun können und sollen, um richtig zu sein, um in einer doppelbödigen Umgebung eindeutig brauchbar, nützlich, anerkannt, wichtig und bedeutsam zu werden. Man muß es ihnen nur sagen, – sie werden alles tun. *Gehorsam* und *Demut*, so verstanden, sind die Ausdrucksformen eines vollkommenen Selbstmißtrauens, eines völligen Unvermögens, die eigene Urteilsfähigkeit als einen Ort der Wahrheitsfindung auch nur der Möglichkeit nach anzunehmen. Es ist am Ende buchstäblich wie in der katholischen Kirche – ich kenne keine andere Institution auf Erden als diese, die bis in die Formen der Frömmigkeit hinein bei der Erziehung von Ordensschwestern, Ordensgeistlichen oder Priestern verfügt, daß der Befehl des Abtes, der Befehl des Beichtvaters, die Weisung des Vorgesetzten in sich selber der Spruch sei, den Gott für das Leben des untergebenen Einzelnen bereithalte. Kadavergehorsam hat man dies genannt; aber kaum jemand weiß, daß ausgerechnet dieses Wort von dem sonst so geachteten hl. FRANZISKUS stammt: «Man muß gehorchen», sagte er, «wie wenn man einen Toten herumträgt. Schau ihn dir an, wie er den Kopf senkt auf die Erde, wie er in jeder Bewegung abhängt von demjenigen, der ihn trägt.»

Das Wort vom *Kadavergehorsam* feierte seine große Auferstehung in dem Manne, welcher der Kirche Roms den geistlichen Militärdienst der Jesuiten zur Verfügung stellte: in IGNATIUS VON LOYOLA mit seiner Forderung nach absolutem *Gehorsam* gegenüber den Vorgesetzten. Viele Jesuiten heute werden gewiß erklären, man müsse die Regeln des hl. IGNATIUS VON LOYOLA *recht* auslegen; wohl stehe so etwas sin den Statuten, aber es stehe doch auch da, daß der Obere sprechen solle mit seinen Untertanen. Die Verhältnisbeschreibung ähnelt in der Tat dem, was wir in *Epheser 5* und *Epheser 6* gelesen haben: Der Mann hat zu befehlen, aber er soll es tun gutmütig und mit einem gewissen Respekt; was aber geschieht, wenn ihm die Geduld platzt, was, wenn der geforderte «Dialog» unendlich wird, was, wenn er Weisungen zu geben hat, über die er nicht mehr verhandeln will noch wird? Dann wird er sprechen wie beim amerikanischen Militär: *that's an order!* und das heißt: es wird nicht diskutiert, sondern gesprungen, – «ausgeredt is», wie man auf Bayerisch sagt. Es braucht dann keine weiteren Gründe auf seiten des Befehlenden mehr, das Befohlene ist Gottes Befehl, und entsprechend ist zu handeln; denn wer dem Oberen widerspricht, der bricht nicht nur all die heiligen Eide, die er einmal geschworen hat, er befindet sich ab sofort im Kriegszustand mit Gott.

Freilich werden die Verteidiger der katholischen Kirche sofort erklären, so verhalte es sich nicht; schon der hl. THOMAS habe im 13. Jh., noch bevor die Inquisition richtig etabliert war, noch bevor die Kreuzzüge so richtig wüteten, erklärt, daß das Maß aller Dinge das persönliche Gewissen sei; er habe ein für allemal klargestellt, daß ein Mensch gebunden sei an sein Gewissen, – wenngleich die Kirche unter Umständen die Pflicht habe, einen solchen Menschen zu verbrennen. *So* also: die Kirche wird beten am Scheiterhaufen, daß der Ungehorsame doch noch einsichtig sein möge, um in den Himmel zu kommen, doch der wiederum hat die Pflicht, sich an sein Gewissen, auch an sein «irriges», zu halten! Ist es möglich, Menschen krasser in die Irre zu führen, als ihnen beides gleichzeitig zu sagen: «Du hast ein Gewissen, aber du mußt das immer irrtumsfähige Gewissen bilden an der normativen Lehre der Kirche, und so ist es deine Schuld, daß dein Gewissen nicht übereinstimmt mit der kirchlichen Behörde, die da von Gott ist! Ja, ist es unter diesen Umständen nicht deine Schuld, daß du überhaupt noch ein ‹Gewissen› hast? Du solltest hören wie die Fledermäuse auf jeden Ultraschall des Lehramtes, und um zu überleben, können deine Ohren nicht groß genug sein, damit sie selbst bei Nacht noch ihren Pfad zu finden vermögen. Lerne, Untertan zu sein!»

Man möchte denken, wenn wir so sprechen, daß *Gehorsam* und *Demut* nichts weiter wären als die Formen, in denen Menschen sich kujonieren lassen, aber wir haben schon ein Stück weit begriffen, daß die Perversion bestimmter Tugenden noch weitergetrieben werden kann. Bisher sprechen wir von Menschen, die bestimmte Konflikte niemals auszutragen gelernt haben, sondern die sie aus Angst in ihre Seele nehmen, um im Äußeren unangefochten zu bleiben. Wir haben Menschen vor uns, die oft mimosenhaft fein sich bemühen, mit allem zurechtzukommen, und die über ein unendliches Maß an gutem Willen verfügen. Wollen wir solchen Menschen im Ernst vorwerfen, daß man sie in eine solche Willfährigkeit gebracht hat? Alles bisher Gesagte dient in keiner Weise als Vorwurf gegenüber den Opfern einer bestimmten Tugendlehre. Was aber sind dann *Demut* und *Gehorsam* wirklich? Verschieben wir diese Frage noch einen Moment lang, um zwei mögliche charakterliche Folgezustände der beschriebenen Art von Menschendressur zu betrachten.

Das eine ist der *unverbesserliche Fanatiker*, sagen wir der *Erzkonservative* in Person, der *Bürger in Uniform* gewissermaßen, die Säule der Etablierten. Da man ihm all seine Überzeugungen mit *Zwang* beigebracht hat, wird er wie von selbst zu dem unfreien ideologischen Verteidiger des Vorgestern. Jede Veränderung, alles Zukünftige erfüllt ihn mit Schauder. Was er einmal gelernt hat, macht in seinen Augen die Pflicht, daß auch gegenwärtige und künftige Generationen es genauso lernen, und ihm selbst, versteht sich, kommt die Aufgabe zu, alle anderen in der nämlichen Weise, wie er belehrt wurde, seinerseits zu belehren. Die Vergangenheit ist für ihn die Zukunft.

Wir verstehen von daher, daß ein System, das sich wesentlich auf die «Tugenden» von *Demut* und *Gehorsam* in diesem Sinne gründet, gar nicht anders sein kann als durch und durch konservativ, zukunftverhindernd, das Morgen verfinsternd, noch ehe ein Morgen heraufdämmern könnte. Die einzige Sicherheit besteht für solche Menschen darin, bei dem zu bleiben, was war. *Old time religion* – mehr ist in ihrem Programm nie vorgesehen. Also werden sie jeden Aufbruch ideologisch wegphilosophieren, also werden sie jeden Geist, der freimütig reden möchte, zu einem teuflischen Gespenst erklären, und es wird die Kunst eines solchen Gesellschaftsverbandes, der sich Kirche nennt, immer mehr darin routiniert werden, sich stets auf heilige Ordnungen, im Namen Gottes, zu berufen.

Es gibt *zum zweiten* allerdings noch eine ärgere Variante von Gehorsamsgeschädigten als die bloßen Ideologen. Nennen wir diese Leute die Stammtischhelden, nennen wir sie die Parteifunktionäre, nennen wir sie die Wichtigtuer vom Dienst. Es ist erstaunlich, was bereits HEINRICH MANN in seinem schon erwähnten Roman *Der Untertan* darüber hat schreiben können, schildert er doch Menschen, die im Grunde gar nichts sind, die aber eben deswegen in die Kostüme, welche die Umgebung für sie bereithält, schlüpfen, mit der Absicht, genau die Rolle zu spielen, die von den anderen am meisten gewünscht wird und die jedenfalls den sichersten Applaus bringt. Auf diese Weise sind sie nichts weiter als das Sprachrohr dessen, was die anderen ohnehin denken, aber nach den Gesetzen der Gruppenpsychologie werden gerade sie zu denjenigen, die sich zu den wahren Führern mausern, indem sie eben das aussprechen, was alle denken. Dieses «Führertum» katalysiert sich selber: Diejenigen, die am wenigsten als Persönlichkeit gelten, setzen sich mit einem Mal als die Ziffer, die sich vor die Serie der Nullen all der anderen schreibt, und das aus voller Überzeugung! Diese Leute, eben weil sie selbst nichts zu sagen haben, sprechen lauthals aus, was ihnen vorgesagt wurde. Sie reden hinein in die Erwartungen der anderen, sie geben den Stummen Stimme. Das war, noch einmal, die Entdeckung ADOLF HITLERS im Bürgerbräukeller in München, daß er ja reden konnte. Es war das erste Mal, daß man von ihm sagte: «Der hat a Goschn!» Und es stimmte. Wie man den Haß der anderen so herausbrüllt, daß sie ihn fühlen, wie man die Minderwertigkeitsgefühle und das Empfinden der anderen, unterdrückt zu sein, stellvertretend artikuliert, wie man die Angst, den Ekel, den Willen zu zerstören so verdichtet und mit einer derartig demagogischen Sprache erfüllt, daß die anderen sich drin wiederfinden – das war das Rezept dieses kommenden «Führers», kein eigener Gedanke, aber getragen von einer Welle, die man selbst aufpeitscht, um darin persönlich immer größer zu werden und von ihr immer höher sich tragen zu lassen.

HEINRICH MANN beschreibt diese Zusammenhänge in der Person des *Diederich Heßling*, in der Gestalt des Untertans par excellence. Es geht darum, daß *Diederich Heßling* vernommen wird; da sagt *Herr Buck* dem Vorsitzenden zur Kennzeichnung des Angeklagten:

> «Ich werde also nicht reden ... von Wilhelm II., sondern vom Zeugen Heßling. Sie haben ihn gesehen! Ein Durchschnittsmensch mit gewöhnlichem Verstand, abhängig von Umgebung und Gelegenheit, mutlos, solange hier die Dinge schlecht für ihn standen, und von großem Selbstbewußtsein, sobald sie sich gewendet hatten.» «Wie er ... waren zu jeder Zeit viele Tausende, die ihr Geschäft versahen und eine politische Meinung hatten. Was hinzukommt und ihn zu einem neuen Typus macht, ist einzig die Geste: das Prahlerische des Auftretens, die Kampfstimmung einer vorgeblichen Persönlichkeit, das Wirkenwollen um jeden Preis, wäre der Preis auch von anderen zu bezahlen. Die Andersdenkenden sollen Feinde der Nation heißen, und wären sie zwei Drittel der Nation. Klasseninteressen, mag sein, aber umgelogen durch Romantik. Eine romantische Prostration vor einem Herrn, der seinem Untertan von seiner Macht das Nötige leihen soll, um die noch Kleineren niederzuhalten ... Die Gesinnung trägt Kostüm, Reden fallen wie von Kreuzrittern, indes man Blech erzeugt oder Papier; und das Pappschwert wird gezogen für einen Begriff

wie den der Majestät, den doch kein Mensch mehr außer in Märchenbüchern ernsthaft erlebt: Majestät ...»

Später in seinem Tagebuch von 1919 schreibt HEINRICH MANN:

> «Der Bürger dachte in Machtgesetzen ...» «Sie (s. c. die Bürger, d. V.) dachten mit Recht, daß alle ihre Interessen gegen den Krieg seien, und dachten mit Unrecht, daß sie darum nicht kämpfen würden. Ihr gefühlsmäßiger Nationalismus kannte sich selber nicht ...» «Bis in die entsetzlichsten Orgien der Weltmacht hinein ist über angeborene Gefühlsweichheit geklagt worden. Erstrebenswert erschien eine, England nachgesagte, Unberührtheit von Gefühlen ... So herrenmäßig fühlten sich doch nirgends die Herren, und noch in keiner uns verwandten Welt wurden Menschen so sehr zum ‹Menschenmaterial›.»

Was HEINRICH MANN hier beschrieb, war soviel wie die Diagnose und sogar schon das Rezept gegen eine seuchenähnliche, soeben im Ausbruch begriffene Krankheit, deren Fieberzustand in den Begriffen *Gehorsam* und *Demut* (Untertänigkeit) zu messen ist.

Wenn wir die Psychologie des *Untertans* ein Stück weit verstanden haben und dabei vor allem seine Mißbrauchbarkeit, seine fast als normal erscheinende Durchschnittlichkeit vor uns sehen, so wissen wir zugleich, daß sich kaum etwas massenwirksam dagegen tun läßt, daß Menschen nicht bestimmten Autoritäten nachlaufen, daß sie nicht bestimmte Ämter für göttlich anbeten, daß sie nicht sich selbst wie eine Schafherde in Weisung nehmen lassen. Gegen die Masse kann man nicht in Masse vorgehen. Aber sehen wir den Einzelnen vor uns, so einen *Diederich Heßling*, wie er hier beschrieben wird in seiner Großmannssucht auf dem Hintergrund seiner Kleinkariertheit, in dem Geckentum der Imitation fremder Personen, die dem eigenen Nichts den Anschein von Persönlichkeit verleihen soll, ist es dann nicht ganz deutlich, was einzig im Kampf gegen die Gehorsamssucht untertäniger Herrscher hilfreich sein könnte? Kaum eine Sozialreform, kaum eine politische Reform, einzig die langsame Geduld persönlicher Begleitung vermöchte die Unperson *Heßling* wieder in eine Person zu verwandeln. Was dazu erforderlich ist, bedeutet nicht mehr und nicht weniger als den Willen, an das Gute im Menschen zu glauben.

Jeder Absolutismus wird sich rechtfertigen mit der Angst vor dem

Menschen. Sie sind ihm so unheimlich, die freien Menschen, wie wenn man die Käfige öffnen und die Raubtiere herauslassen würde. Aus dieser Angst heraus benötigt man den permanenten Notstand, das Training für die Termiten und die Treiberameisen, auf daß sie sich opfern. Der Staat, so soll man glauben, ist ständig in Gefahr, die Kirche hat die ewige Seligkeit des Menschen zu retten gegen den Teufel und gegen die Hölle, – immer ist der akute Notstand der Normalfall, und ebendeshalb muß man die Ausnahmesituation trainieren, wie wenn sie das Gewöhnliche wäre. Jeder Betrug um das wirkliche Leben führt sich so auf.

Wie aber, wir wollten die Menschen nach und nach hinter das Pappmaché führen, das sie sich selber als Bühnendekor aufgebaut haben? Das Schlimme ist: Solange die Machenschaften eines *Diederich Heßling* und seiner Nachfolger erfolgreich sind, werden Leute dieser Art daran kleben, so sein zu müssen, wie sie sich geben, werden sie den Verdacht auch nur, sie seien unglücklich, für eine geradezu unverschämte Unterstellung erklären. Man muß gewissermaßen darauf warten, daß ihre Luftballons platzen, daß ihre falschen Ideen und Phrasen sich von selbst erledigen; *das* allerdings kann geschehen durch eine kleine Wende in ihrem Leben bereits, durch eine beginnende Ahnung von Scheitern. Jenseits des persönlichen Zusammenbruchs freilich ist es wichtig, ein Klima zu schaffen, in dem der Glaube wächst, in irgendeiner Weise trotz allem geschätzt zu werden und liebenswert zu sein, und zwar eben nicht nur für das, was man zeigt, nicht nur für das, was man tut, nicht nur für das, was man nachahmt. Im Grunde genügt ein wärmeres Klima, um all das Eis der Angst, der Minderwertigkeit und des Selbsthasses abzutauen und so etwas wie einen milderen Frühling ins Land zu rufen. Wir müßten dann all die Schritte noch einmal durchgehen, die Menschen als Kinder schon daran gehindert haben, so etwas aufzubauen wie ein sicheres Gefühl für das, was in ihnen als ihre persönliche Wahrheit reden könnte. Es nützt nichts, abstrakt zu fordern: ein Mensch soll sich halten an sein Gewissen; die Frage ist, wie er Ohren bekommt für sein Gewissen. Und jetzt plötzlich sind wir dabei, *Gehorsam* anders, im Grunde richtiger zu verstehen, und *Demut* besser, im Grunde würdiger zu begreifen.

Das erste, was zu lernen wäre, läge eben darin, die Aufmerksamkeit nicht länger nach außen zu lenken, sondern nach innen. Der Vorteil eines solchen Wechsels der Aufmerksamkeitsrichtung ist offensichtlich. Wieviel kostete der ehemalige Weisungs- und Käfiggehorsam, wieviel Reibung rein körperlich, wieviel an Magenschmerzen, ganz wörtlich, wieviel an Nervosität, wie viele Durchfälle womöglich aus lauter Angst; und neben den Störungen des Magen-Darmtrakts die Belastungen von Herz und Kreislauf: Schweißausbrüche, Bluthochdruck – was soll unser unschuldiger Körper noch anderes tun, als uns einen solchen Haufen von Warnsignalen zu geben, mit der Anempfehlung, auf sich selber mehr und besser zu hören, und zwar vor allem auf unsere Gefühle?

HEINRICH MANN hat das sehr klar gesagt: Was man uns beibringen müsse, um rechte «Untertanen» aus uns zu machen, sei die Gefühlsabgewöhnung, erklärt man uns doch, daß Gefühle zu befolgen Gefühligkeit bedeute und identisch sei mit Weiblichkeit und Weichlichkeit; wirkliche Männer seien da anders, eben daß sie im *Gehorsam* sich zu disziplinieren wüßten. Man muß nur die Äußerungen einmal lesen, die zwischen dem Ersten und dem Zweiten Weltkrieg über den Deutschen getan wurden: wie er tapfer an der Front vor Verdun ausgehalten habe, welche Leiden er auf sich genommen habe, um seine Pflicht zu tun. Es treibt einem die Tränen in die Augen, denn die Rede ist von der Generation unserer eigenen Eltern und Großeltern: Sie hatten nie eine Chance, auf sich selber hören zu lernen! Befohlenermaßen haben sie Ungeheuerliches getan. Die gesamte Geschichte des 20. Jahrhunderts fing damit an, daß Gefühle aufhörten, einen Überzeugungswert zu haben; ein Gefühl wie Mitleid zum Beispiel – so etwas muß man sich abgewöhnen, um ein Mann zu sein! Der Schwergewichtsboxer MIKE TYSON konnte das dieser Tage noch sagen: «Ich bin ein Mann; ich habe keine Angst, selbst wenn ich sterben muß; ich bin ein Kämpfer; man wird mich nie besiegen!» Man könnte mit gewissem Recht solche Äußerungen als absurd abtun, bildeten sie nicht den Ausdruck einer ganzen Kultur. ERNEST HEMINGWAY etwa, der Autor der Erzählung *Der alte Mann und das Meer*, vertrat in den fünfziger Jahren keine andere Philosophie als diese: «Ein Mann kann vernichtet, aber nicht besiegt werden», sagte er. Der Einwand trifft nicht, «a man» könne im Englischen auch heißen «ein Mensch», nein, die Rede geht von dem, was «ein Mann» ist; von Frauen kann man so nicht sagen: sie fangen keine Schwertfische auf hoher See, so etwas tun nur Männer, *starke* Männer: Stierkampftoreros, Fighter im spanischen Bürgerkrieg, Leute, bei denen Gefühle keine Rolle spielen. Gegen Depressionen Aggressionen zu setzen, das hat man gelernt um dieser Art von verinnerlichter Gewalt wegen. Tatsächlich scheint es unter dem Stichwort von *Demut* und *Gehorsam* notwendig, eine ganze Welt von dem Mißbrauch überkommener Wertbegriffe zu befreien.

Gehorsam, recht verstanden, kann für eine unbedingte Pflicht nur gelten, wenn er in der Wahrnehmung der feinen Schwingungen im eigenen Herzen besteht. Wie viele Gefühle gibt es, die uns sagen, was stimmt und was wir tun sollten! *Jeder* weiß im Grunde, was er tun müßte; doch dann kommt ein bißchen Angst, und er wird alles anders machen. Dabei wäre es noch nicht einmal schlimm, der Angst zu folgen, wenn das, wovor die Angst besteht, wirklich verdiente, Angst zu haben. Aber wie wir gerade sagten: Das, was da angst macht, ist in aller Regel ein Gespenst der Kindheit. Man verwechselt Menschen, die einem womöglich gar nichts tun wollen, mit der Macht, die einmal die eigenen Eltern besaßen. Es wird kaum anders gehen, als daß man bis in diese Schichten der Vergangenheit zurückgeht und noch einmal überlegt, wie es damals war: «Was», muß man fragen, «hat dich damals so verunsichert, daß du glaubst, nur wenn du tust, was die anderen wollen, könntest du, dürftest du leben, wärest du liebenswert? Was wolltest du damals wirklich? Noch heute nennst du die Leute, die dich damals verformt haben, deine Peiniger, und zumindest ansatzweise fühlst du eine geheime Abneigung, einen verborgenen Zorn gegen sie. Wie aber wäre es, du gäbest dir das Recht, einmal herauszufinden, was dir guttut, was wirklich für dich stimmt, was immer schon im Grunde richtig für dich war und es jetzt für die Zukunft um so mehr sein wird? Daß sie dich damals um deine Kindheit betrogen haben, um die halbe Jugend und ein halbes Leben, dafür konntest du nichts; aber für den Rest deines Lebens, der dir bleibt, da bist du zuständig; den kannst du ergreifen. Es ist nur nötig, daß du dich selber entscheidest. Du willst niemandem Unrecht tun, das ist wahr; du hast mit deinem ‹Gehorsam› womöglich die Ehe deiner Eltern gerettet, auch das stimmt; in gewissem Sinn hat sich dein Opfer damals wirklich gelohnt, aber heute lohnt es nicht mehr, ja, es ist völlig überflüssig geworden, und so weiterzumachen wäre vollends ein schwerer Fehler. Es geht heute nicht mehr darum, nach Art dieses Duckmäusersinns demütig zu sein; wirkliche *Demut* – das hieße jetzt, dein eigenes Maß zu finden, und zwar im Positiven wie im Negativen, indem du dir sagst: dies kann ich, und das möchte ich, und dies will ich nicht, und das kann ich nicht – es paßt nicht zu mir.»

Andernfalls kann es leicht so ähnlich zugehen wie in dem Märchen der Brüder GRIMM vom *Rumpelstilzchen.* Da gab es, wird erzählt, einmal einen Müller, der seine Tochter derart liebte, daß er sie mit dem König verheiraten wollte. Da das aber eigentlich gar nicht möglich war, erklärte er dem König, er habe eine Tochter, so begabt, daß sie jede Nacht eine ganze Kammer mit Stroh in Gold zu spinnen vermöchte. Der König hörte dies; er ließ die Müllerstochter kommen und befahl ihr, solche Kunst unter Beweis zu stellen, oder sie werde hingerichtet.

Diese Einleitung eines kleinen GRIMMschen Märchens bietet zu dem Thema *Demut* und *Gehorsam* in dem herkömmlichen falschen Verständnis ein überaus scharfsichtiges Bild; es zeigt uns Kinder, die vom Ehrgeiz ihrer Eltern überfordert werden und die immer in der Gefahr sich fühlen, hingerichtet zu werden, wenn sie nicht so tun, wie ihr Vater (oder ihre Mutter) es von ihnen will; immer geht es dabei um alles oder nichts: Königin oder Galgenvogel – dazwischen pendelt alles hin und her. Wie ist es möglich, diese ganze unmenschliche Indienstnahme eines Kindes aufzuheben? Es ist nicht nötig, aus Stroh Gold zu lügen, es ist nicht möglich, sein ganzes Leben lang dem Schwindel derer aufzuopfern, die selber kaum wußten, wie sie leben sollten. Wohl aber ist es möglich, sich auf die eigenen Fähigkeiten zu besinnen. *Das* wäre *Gehorsam* und in gewissem Sinne auch *Demut*; beide bedeuteten sie eine unerhörte Erleichterung in der Wahrheit des Lebens! *Demut* hieße jetzt nicht länger mehr: «Du mußt dich ducken und klein halten», es hieße ab sofort: «Du brauchst endlich und ein für allemal nicht *mehr* zu sein, als du wirklich bist. Du kannst aufrecht durch jedes Dorf und durch jede Stadt gehen und sagen: das bin ich, – nicht mehr und nicht weniger; und es genügt!»

Es wär zum erstenmal, daß es so etwas gäbe wie Zufriedenheit mit sich selber! Endlich träte eine ehrliche Buchführung im Umgang mit sich selber in Kraft. Solange wir die Sklaverei akzeptieren, haben wir ständig Menschen, die das Beste tun, die Goldwertes schaffen können, doch geht daraus niemals für sie selber etwas Gutes hervor, da ihnen das eigene Leben entfremdet ist. Alles, was sie vollbringen, ist nichts weiter als eine Dienstleistung für ihre Herren. Nur wenn der

Herr den Sklaven lobt, ist er lobenswert, vorher nicht. Er selber für sich produziert nichts, er ist nichts, er tut nichts. Das Ende der Sklaverei hingegen bestünde psychisch darin, selber sich zuzutrauen, ein eigenes Urteil zu sprechen über das, was man selber wert ist und was man selber getan hat. Nicht der Beifall der anderen entscheidet, sondern was man selber sehen kann. Und natürlich kann man das sehen, darf man das sehen, was an einem selber wert ist. Was da wirklich schlecht ist, weiß man in aller Regel sehr viel genauer, als alle anderen es wahrnehmen können, schon weil sie nur von außen zu schauen verstehen; schon deshalb können sie sich immer irren; man selber aber kann relativ klar sehen. Man kann dann auch wissen, was gut ist, selbst wenn es den anderen nicht gefällt!

Vermutlich bedeutete diese Einsicht speziell für das Christentum im Umgang mit den Tugenden von *Gehorsam* und *Demut* eine entscheidende Klarstellung. Immer hat das Christentum sich berufen auf den Kreuzestod Jesu, daß der Mann aus Nazareth so *demütig* war und so *gehorsam*, daß er selber sich aufopferte für die Sünden der Menschen; eben darin sollte das Vorbild für jeden Christen liegen, um das eigene Glücksstreben gering zu achten und sich für das Wohl aller anderen einzusetzen. So wurde aus dem, was der Mann aus Nazareth zur Befreiung der Menschen versuchte, eine heilige Ideologie des ständigen Masochismus. Wie aber wäre es, im Ursprung verhielten sich die Dinge gerade umgekehrt? Im Grunde war Jesus ein Mensch, der *die* Dinge so sagte, wie sie einfach stimmten, ob sie den Leuten gefielen oder nicht. Doch genau das wurde seine Gefahr, denn den Mächtigen konnte es nicht wohlgefallen, daß da ein Mann plötzlich den Menschen ihre Freiheit zumutete, daß er den Bettlern erklärte, sie hätten eine eigene Würde und seien schöner in ihren Lumpen als König Salomo in seinen Prachtgewändern. Wie sollten solche Lehren den Herrschenden gefallen? Wie sollte es ihnen rechtkommen, daß er die Bettler seligpries? Er sagte, sie besäßen in ihrem Wissen um die Notwendigkeit des Erbarmens einen Reichtum, der gegen nichts aufzuwiegen sei *(Mt 5,3.7)*. Jesus konnte erklären, daß alle, die im Namen Gottes Grenzen ziehen und die im Namen der staatspolitischen Vernunft Menschen von Menschen zu trennen suchen, weder das tun, was die Menschen brauchen, noch das, was Gott will. Natürlich war eine solche Einstellung revolutionär. Der Mann aus Nazareth hat einfach nur gesagt, was er von innen her wußte, und diese seine Haltung müßte allen, die sich auf ihn berufen, zum Beispiel dienen. Daß es gefährlich sein kann, so zu leben, mag dahinstehen; daß es richtig ist, so zu leben, kann trotzdem jeder wissen.

Das jedenfalls wäre *Demut* in einem Sinne, der den Menschen helfen würde, selber zu leben und selber zu sein, indem sie den ganzen Horizont ihres Daseins in ihrer eigenen Entfaltung vor sich sehen. Dann endlich würden einst kostbare Tugendbegriffe aufhören, ein Instrument unmenschlicher Entfremdung zu bilden. Nicht mehr die Logik der Ausbeutung, sondern der persönlichen Entfaltung würde formuliert in zwei solchen Worten: *Demut* und *Gehorsam.* Als bloße Begriffe sind sie vermutlich nicht mehr zu retten, so wenig wie die Begriffe «Sünde», «Keuschheit» oder «Wollust». Wie aber könnten wir «Demut» dann übersetzen? Vielleicht mit *Mut zum persönlichen Leben* oder mit der *Courage, selber zu existieren*; und *Gehorsam* könnten wir umschreiben mit Sensibilität für die Stimme des eigenen Herzens. Nur wer sich selber in seinen Ängsten wahrzunehmen gelernt hat, in seinen Ausweichmanövern, in seinen Übertragungen, der wird die Augen freibekommen, um die Wahrheit auch im Leben eines anderen zu sehen.

Es ist deshalb nicht wahr, daß ein Mensch, der auf sich selber hört, schon dabei ist, ein Egoist zu sein und eben dadurch unbrauchbar für die anderen, ein Individuum und eben dadurch isoliert als Gemeinschaftswesen. Gerade umgekehrt verhält es sich wirklich. Ein Mensch, der auch nur ein Stückchen von sich selber kennenlernt, bezieht augenblicklich die Menschen an seiner Seite in das Feld seiner Erkenntnis mit ein. Die andern Menschen sind ja nicht grundverschieden von ihm selber; wohl sind sie nicht genau wie er, aber auch nicht grundsätzlich anders als er. Wer irgendein Problem in seinem eigenen Leben löst, der trägt augenblicklich auch dazu bei, es im Leben anderer Menschen zu lösen. Die Wahrheit, zu der er sich selber bekennt, stellt eine Erlaubnis auch für die anderen dar, ihre Wahrheit endlich sagen zu dürfen. Die Träume, die er selber in seinem Leben zu realisieren wagt, schaffen die Zonen, in die hinein auch die anderen sich wagen dürfen. Die Ehrlichkeit, mit der er zu sich selber steht, öffnet den Mund auch demjenigen, der immer glaubte, lügen zu müssen, bettelnd stets um fremde Bestätigung. Es ist für den anderen kein Glück zu schaffen, ohne die Fähigkeit, im eigenen Leben glücklich zu sein. Es ist nicht möglich, den anderen zu begleiten, außer bis zu dem

Punkt hin, an den man selber gelangt ist. Nicht die Ausschaltung der Person bedeutet das Menschliche, das Verdienstvolle, das Nützliche, – gerade umgekehrt! Wenn überhaupt etwas nützlich zu nennen ist, so sagten wir schon einmal, so liegt dieses «Nützliche» religiös darin, den Gedanken an den Nutzen beiseite zu stellen und zu leben, was ist. Jede Blume wüßte, wie so etwas geht. Jedes Tier auf seine Art wüßte, wie so etwas gemacht wird, nur uns Menschen verwirrt immer wieder die Angst dabei. Es ist die Angst, die aus Subjekten Objekte macht, aus denkenden Wesen Ideologen, aus fühlenden, sensiblen Persönlichkeiten Apparatschiks, Marionetten, Funktionäre – Untertanen. Es gibt nur eine Art, die «Könige» und Herren mit ihren Gehorsamsforderungen im Sinne Jesu zu beseitigen, das ist, zu glauben, daß ein Einziger «König» ist, der aber redet in uns; dessen Reich ist mitten in unserem Herzen *(Lk 17,21)*. Nicht von draußen, einzig von drinnen kommt die Wahrheit Gottes. So konnte Jesus sagen: Wenn es um etwas Wesentliches geht, so müßt ihr nicht glauben, es käme mit Posaunengeschmetter daher, – im Gleichschritt kommandiert gewissermaßen; das, was menschlich gilt, meldet sich leise, sensibel, vorsichtig, behutsam, geduldig *(Lk 17,20)*.

Das wären die Begriffe oder vielmehr die Felder, auf denen wir die beiden fast sterbenden Pflanzen *Demut* und *Gehorsam* neu ansiedeln könnten und müßten. Statt *Gehorsam* sollten wir sagen: Treue zu sich selber, wachsende Identität. Festigkeit der eigenen Persönlichkeit gegenüber. Und *Demut* wäre zu leisten, immer dann, wenn von innen her uns etwas überzeugt, für das sich einzusetzen mit allem, was wir sind, wirklich lohnt, und *davon*, gewiß, gibt es die Menge! *Demut* – das wäre, sich zu engagieren an all den Stellen, an denen Menschen unfrei sind, unterdrückt werden und niedergehalten werden, an denen sie unter verlogenen Begriffen abgewöhnt bekommen, auch nur zu ahnen, was und wer sie selber sind. *Dagegen* anzukämpfen wird bis zum Jüngsten Tage niemals überflüssig sein. Aber die Kraft dazu läßt sich nur finden unter den Augen Gottes in der eigenen Person. Niemals daher sollten Frauen «untertan sein ihren Männern», die Kinder niemals mehr «gehorsam» ihren Eltern, und alle «Sklaven», sozial wie psychisch, sollten wir für abgeschafft erklären.

WEISHEIT

JACOB MATHAM nach HENDRICK GOLTZIUS: Klugheit (Prudentia)
Die Tugend der *Klugheit*, die *Prudentia*, kehrt in der Darstellung von JACOB MATHAM dem Betrachter ihren schulterfreien Rücken zu; dafür verdeutlicht ihr janusgesichtiges Kopftuch die Fähigkeit, nach rückwärts wie nach vorwärts, in die Vergangenheit wie in die Zukunft zu sehen. Der eigentliche Blick der *Prudentia* aber gilt der Selbsterkenntnis in dem Spiegel, den sie in der linken Hand sich vorhält und in dem sie sich selber anschaut. Das Schlangenpaar, das sie in ihrer rechten Hand hinter dem Rücken hält, schaut, einander umwickelnd, ebenfalls in die jeweils entgegengesetzte Blickrichtung von Vergangenheit und Zukunft; die Fähigkeit, aus der Kenntnis der Vergangenheit die Zukunft zu gestalten und aus der Planung für das Künftige die Bedeutung der überkommenen Geschichte zu begreifen, erweist sich diesem Bild zufolge mithin als die selbstverständliche «Rückseite» rechter Einsicht in das eigene Wesen. Die lateinische Beischrift von CORNELIS SCHONAEUS übergeht diese zentrale Bedeutung der Selbsterkenntnis, wenn sie lediglich das Motiv des Januskopfes aufgreift:

Arcanas rerum / scrutor Prudentia causas,
Praeterita ancipiti / vultu videoque futura.
Was verborgen ist, /erforscht ursächlich die Klugheit.
Was da verging und was kommt, / erschau ich in beiderlei Hinsicht.

5
Arcanas rerum scrutor Prudentia causas,
Prȩterita ancipiti vultu, videóq; futura.

PIETER BRUEGEL: **Weisheit, Klugheit, Vorsicht (Prudentia)**

Die Klugheit beziehungsweise die Umsicht oder die weise Voraussicht (die *Prudentia*) findet auf BRUEGELS Bild aus dem Jahre 1559 ihre Stellung inmitten eines wesentlich häuslichen Lebensbereichs. Aufrecht steht sie zwischen zwei Häusern, welche die Für- und Vorsorge für Diesseits und Jenseits umschließen: In dem Haus *rechts* sind soeben Frauen dabei, Fleisch zur Lagerhaltung im Winter mit Salz zu pökeln und in Fässer einzulegen; auch andere Vorräte: Früchte und Stroh, werden in das Haus geschafft, während ein Lastkahn, der unter Segeln den Fluß entlangtreibt, weitere Waren verspricht; im Hintergrund der Bildmitte wird ein Haus dicht am Fluß mit neuem Gebälk winterfest gemacht, – der wachsame Hund unterstreicht die kluge Wahrnehmung drohender Gefahren. In dem Haus auf der *linken* Bildseite zeigt sich, daß auch und gerade das «Andenken» an den Tod zur «Klugheit» gehört: Es ist möglich, durch den Ratschlag des herbeigerufenen Arztes die Krankheit zu lindern, vielleicht gar zu heilen, doch wichtiger noch erscheint auf dem Bild die Wegbegleitung des Priesters, der den Todkranken auf seinen womöglich letzten Gang vorbereitet. Zwischen dieser Sorgfalt für das leibliche wie das seelische, für das zeitliche wie das ewige Wohl sieht man ins Zentrum die *Prudentia* gestellt: In ihrer rechten Hand hält sie einen Spiegel, der – im Unterschied zur Selbstbespiegelung der *Eitelkeit* – zweifellos das Moment der Selbsterkenntnis, der Nachdenklichkeit und der Reflexivität bezeichnet, das zur Weisheit und Klugheit unerläßlich zählt; in der linken Hand hält die *Prudentia* einen aufrecht stehenden Sarg: Alle Selbsterkenntnis besteht in der Einsicht in die eigene Sterblichkeit, und nur wer mit dem Tode rechnet, lebt richtig; auf ihrem Kopf trägt sie ein Sieb, das ihre Unterscheidungsfähigkeit zwischen Gut und Böse andeutet und das sie schmückt nach Art einer Krone. Die Leitern und zahlreichen Eimer, auf und zwischen denen die *Prudentia* steht, zeigen ihre Umsicht beim Brandlöschen: Feuersbrünste stellten bis ins 19. Jahrhundert hinein eine große Gefahr für die im wesentlichen aus Holz und Fachwerk bestehenden Häuser in den engen Gassen und Straßen der Dörfer und Städte dar. Links vorn macht eine Frau denn auch gleich Gebrauch von der Tugend der *Vorsicht*, indem sie mit Wasser das Feuer ihrer Herdstelle löscht. Auf den Leitern der Prudentia mag daher selbst ein Hund, statt seiner «Pflicht» zu steter Vigilanz zu obliegen, in einem Bottich genüßlich sich zur Ruhe legen. Die lateinische Beischrift gemahnt:

Si prudens esse cupis, / in futurum prospectum ostende,
et quae possunt contingere, animo tuo cuncta propone.
Möchtest du klug sein, so schau / unverwandt in das Antlitz der Zukunft,
was zu geschehen vermag, / überlege es alles beizeiten.

PRVDENTIA
SI PRVDENS ESSE CVPIS, IN FVTVRVM PROSPECTVM OSTENDE, ET
QVAE POSSVNT CONTINGERE, ANIMO TVO CVNCTA PROPONE.

Die Weisheit gilt seit den Tagen des alten Orients nicht minder als in der antiken philosophischen Überlieferung Griechenlands und Roms für eine ausgezeichnete, überaus lobenswerte Haltung des Menschen. Aber was ist Weisheit? Gibt es etwas Gemeinsames, das zwischen den verschiedenen Kulturen unter diesem Begriff vermitteln kann? Oder ist sie womöglich nur das Spiegelbild einer wünschenswerten Durchschnittshaltung in der jeweiligen Kultur? Gibt es etwas, das von allen Menschen gemeinsam bezeichnet werden kann als vernünftig, «weise», besonnen, – wie man's auch nennt?

Zu tun hat die Haltung der *Weisheit* offenbar mit der Fähigkeit, die richtige Wahl im richtigen Zeitpunkt für das richtige Ziel zu treffen. Aber was ist das: ein richtiges Ziel und ein richtiger Zeitpunkt? Mit all diesen Fragen wollen wir uns beschäftigen. Das Gegenstück der Weisheit ist übrigens nicht die Dummheit. Dummheit scheint etwas Schicksalhaftes zu sein, noch niemand hat sie als ein *moralisches* Gebrechen gebrandmarkt; das Gegenstück der Weisheit ist die Torheit, die Narretei, daß jemand all seine Intelligenz für unsinnige, schädliche Ziele nutzt. Fragen wir also: wieso kommt die Weisheit dazu, eine Tugend zu sein, und was ist ihr merkwürdiger Schatten, worin besteht die Narretei?

In den *Sprüchen Salomos*, im *1. Kapitel*, wird die Weisheit mit folgenden Worten gelobt:

Die Furcht des Herrn ist der Anfang der Erkenntnis, die Toren verachten Weisheit und Zucht. Höre, mein Sohn, die Belehrung deines Vaters und verwirf nicht die Weisung deiner Mutter; denn sie sind deinem Haupte ein lieblicher Kranz und ein Geschmeide für deinen Hals. Mein Sohn, wenn die Sünder dich locken, so folge nicht; wenn sie sagen: «Geh mit uns, wir wollen dem Frommen auflauern, wollen dem Unschuldigen nachstellen ohne Ursache; wir wollen sie lebendig verschlingen wie die Unterwelt, die Gesunden denen gleich machen, die zur Grube hinabfahren; da gewinnen wir allerlei köstlichen Reichtum, füllen unsere Häuser mit Raub; wirf dein Los unter uns, wir alle wollen einen Beutel führen!» – mein Sohn, dann gehe nicht ihre Wege, halte deinen Fuß zurück von ihrem Pfade. Denn ihre Füße laufen zum Bösen und eilen, Blut zu vergießen.

Ein Spötter ist der Wein, ein Lärmer der Rauschtrank; keiner, den er taumeln gemacht, wird weise. Wie Knurren eines Jungleuen ist des Königs Drohen; wer ihn reizt, sündigt gegen das eigene Leben. Dem Streite fernzubleiben, ist dem Mann eine Ehre; ein jeder Tor aber bricht los. Der Faule mag zur Herbstzeit nicht pflügen; sucht er dann in der Ernte, so ist nichts da. Ein tiefes Wasser ist das Vorhaben im Herzen des Menschen; ein kluger Mann aber weiß es zu schöpfen. Manch einer heißt ein gütiger Mann; einen getreuen Mann aber, wer findet den? Der Fromme geht unsträflich seinen Weg; wohl seinen Kindern, die nach ihm kommen! Ein König, der auf dem Richterstuhl sitzt, findet mit sichtendem Auge alles Arge heraus. Wer darf sagen: «Ich habe mein Herz geläutert, bin rein geworden von meiner Sünde»? Zweierlei Gewicht und zweierlei Maß, das ist beides dem Herrn ein Greuel. Schon an des Knaben Tun läßt sich erkennen, ob sein Charakter rein und gerade sei. Das hörende Ohr und das sehende Auge, alle beide hat sie der Herr gemacht. Liebe den Schlaf nicht, daß du nicht verarmest; tue die Augen auf, so hast du genug zu essen. Schlecht! schlecht! sagt der Käufer; ist er aber weg, so rühmt er sich. Hat man auch Gold und Korallen die Menge, das köstlichste Gerät sind doch verständige Lippen. Wer für einen andern bürgt, dem nimm den Rock, und um Fremder willen pfände ihn. Süß schmeckt dem Menschen erschlichenes Brot; hinterher aber hat er den Mund voll Kies. Wenn man Rat einholt, haben Pläne Erfolg; nur unter kluger Lenkung führe Krieg. Wer als Schwätzer umhergeht, plaudert Geheimnisse aus; drum laß dich nicht ein mit dem, der viel redet. Wer seinem Vater und seiner Mutter flucht, dessen Leuchte erlischt in der Zeit der Finsternis. Ein Erbe, das anfänglich erhastet worden, wird hinterher ohne Segen sein. Sprich nicht: «Ich will das Böse vergelten»; warte auf den Herrn, er wird dir helfen. Zweierlei Gewicht ist dem Herrn ein Greuel, und falsche Waage ist nicht vom Guten. Die Schritte des Mannes lenkt der Herr; wie könnte der Mensch seinen Weg verstehen? Es ist für den Menschen ein Fallstrick, unbedacht zu geloben und erst nach dem Gelübde zu überlegen. Ein weiser König worfelt die Gottlosen und läßt das Rad (des Dreschwagens) über sie hingehen. Der Odem des Menschen ist eine Leuchte des Herrn; sie durchspäht alle Kammern des Leibes. Güte und Treue bewahren den König, durch Gerechtigkeit stützt er seinen Thron. Der Jünglinge Zier ist ihre Kraft, und der Schmuck der Greise das graue Haar. Blutige Striemen treffen den Bösewicht und Schläge das Innerste des Leibes.

Dies ist ein heiliger biblischer Text, und dennoch muß man ihn nur zum erstenmal hören, und man wird das Gefühl nicht los, es könnte hier endlos so weitergehen, – man würde nicht einen Punkt klüger dabei! Weisheit: Wer sie nicht befolgt, gerät ins Unglück, und wer sie befolgt, gerät ins Glück; man darf sich nicht verführen lassen, nicht mit den bösen Buben gehen ... was soll der ganze Aufwand an Rederei für ein so Weniges an Inhalt? Es muß an Texten wie diesen liegen, daß man zu dem *Buch der Sprüche* nur noch ein Verhältnis hat wie bei Sprüchemachern sonst: Man wird nervös und dessen überdrüssig allzubald. Es sind mindestens drei Eindrücke, die man sofort erhält und die man erst einmal abladen muß, ehe man zu dem Thema *Weisheit* als einem Inbegriff biblischer «Tugend» Zugang finden kann.

Das erste ist: Man wird hier in der Tat mit erhabenen Redensarten konfrontiert. Ganz deutlich tragen Texte wie diese das Zeichen einer anderen Zeit an sich. Im alten Orient vor dreitausend Jahren, in vielen Teilen der Erde noch heute, gilt es für ein unschätzbares Glück und Geschenk, den Alten im Rate zuzuhören. Ihre Lebensweisheit gilt für unübertrefflich, ihre gesammelte Einsicht verdient der heranwachsenden Generation vermittelt zu werden. Der Jugend kommt es daher zu, den Alten in Respekt zuzuhören und weise zu werden an den Anweisungen der Alten. Man mag eine solche Einstellung loben, aber feststellen muß man doch, daß sie sich sehr im Kontrast zu der Grundhaltung unserer Tage und unserer Kultur befindet. Ist es für uns Heutige nicht tatsächlich ein großes Problem, daß den Heranwachsenden das Sprüchedozieren ihrer Eltern auf die Nerven geht, vor allem wenn es vermittelt wird in der Attitüde des: «Wir wissen's, wir haben's, wir sind die Träger erzieherischer Verantwortung»? Die Frage stellt sich: Was haben die alten Leute nun wirklich zu sagen, und wie paßt das, was sie sagen, in die Gegenwart? Ist es womöglich nur eine Weltsicht von vorgestern, die sie vermitteln, durch Sturheit und Traditionalismus verfestigt, aus lauter Angst in Unbelehrbarkeit aufbehalten? Ändern sich nicht mittlerweile alle fünf bis zehn Jahre die Moden, aber auch die Paradigmen des Erkennens? Sollten nicht inzwischen die Alten lernen von den Jungen?

Und dann als *zweites* die Art und Weise, situationsbezogene, sprichwortähnliche Aphorismen zu bilden! In jeder beliebigen Lage hat so ein vermeintlich Weiser seinen Spruch zu machen. Er kennt ja die Lage schon, bevor man sie überhaupt kennenlernen konnte, und er beherrscht auch die Lösung im allgemeinen schon im voraus, – man hätte nur zur rechten Zeit auf ihn hören sollen!

Sprüche wie die hier vorgetragenen bilden zudem niemals irgendeinen kohärenten Zusammenhang. So disparat wie das Leben erscheint eine solche Ansammlung von Sprüchen; sie läßt sich endlos fortsetzen, und sie gewinnt dennoch, trotz aller quantitativen Fülle, nie eine geistige Geschlossenheit. Im Gegenteil, widersprüchlich wie das Leben sind denn auch im einzelnen ihre Inhalte. Eine gewisse Treffsicherheit in der Formulierung, bestimmte im Volk verankerte, über Generationen weitergegebene Formulierungen, die scharfsinnig und witzig sein können und wohl auch zum Nachdenken anregen, – das ist schon fast alles, was man lobend darüber vermerken kann. Ansonsten geht es fast zu wie bei der Bauernregel: «Kräht der Hahn auf dem Mist, ändert sich das Wetter oder es bleibt, wie es ist.» Man kann das eine Sprichwort nehmen, aber auch das andere, im Zweifelsfall wird jedem, der so gebildet wurde, etwas aus dem Zitatenschatz einfallen. Daß *Weisheit* überhaupt entstehen soll aus dem Kommemorieren von Weisungen und Anweisungen, ist als Prinzip schon etwas, das uns nicht mehr nur gefallen will. Dabei haben wir es in der Bibel noch mit einer Kultur zu tun, die sich weitgehend mündlich tradierte und die in der Breite des Volkes nicht an Schriftkultur gebunden war. Wir aber lesen das Buch der Bücher natürlich als *Buch.* Uns fällt, wenn wir von wissenden, weisen Leuten hören, als erstes der Stand der Wissenschaftler ein, der Wissensproduzenten unserer Tage, doch sind ausgerechnet diese Wissenden weise? Schon die Idee, daß Ausbildung identisch sein könnte mit Bildung, daß Schulung des Intellekts menschlich an und für sich etwas Wertvolles darstellen sollte, läßt uns mißtrauisch werden. Dies ist nun wirklich ein Sprichwort im Volke: «Je gelehrter, desto verkehrter.»

Im 16. Jahrhundert ärgerte sich schon MONTAIGNE über die «Gelehrten» unter seinen Zeitgenossen. In seinen *Essais* schreibt er sinngemäß:

Wenn so ein Gelehrter kommt und will sagen, daß er die Krätze im Hintern hat, braucht er als erstes ein Lexikon, um nachzusehen, was «Krätze» und «Hintern» ist. Solche Leute kommen nicht aus ohne Bücher, um sich verständlich zu machen, und es ist ihnen kein Wort beglaubigt, ehe sie's nicht schriftlich dokumentiert belegen können. Ihr ganzes Leben scheint nur noch aus Zitaten zu bestehen, statt selber zu denken.

Dies ist tatsächlich ein ärgerlicher Punkt an all den Weisheitstraditionen, daß sie gar nicht so sehr von innen her erleuchten wollen als von außen her Lichter aufstecken, die nie die eigenen werden; am Ende ist die Welt voller Leuchttürme, doch niemand weiß noch, wohin das Schiff steuern soll. Denn es gibt keine innere Richtungsanweisung, es fehlt der rechte Kurs an Bord. Den Verdacht hat man bei diesem *Buch der Sprüche* in der Bibel allemal: Wenn man jemandem Ratschläge geben muß wie diese: «Geh nicht mit den bösen Buben» – ist einem solchen denn wirklich zu helfen? Ist die Nichtigkeit und der Aufwand, mit dem hier «Weisheit» getrieben werden soll, nicht in sich schon erdrückend und erstickend in einer Fülle rhapsodischer Tautologien?

Es kommt *zum dritten* und übelsten eigentlich hinzu, daß im Schatten solcher «Weisheit», assoziiert mit Gelehrsamkeit und Vernunft, der Schatten stets gesehen wird in der *Torheit* im Sinne von Unwissenheit und Ungebildetheit. Über sie sich zu mokieren, ist ein Plaisir in jeder gelehrten Herrenrunde von Professoren und Dozenten. Man schaut herab auf das einfache Volk, auf das «Volk vom Lande» in den Tagen Jesu, auf die Ungebildeten, auf die Deppen. Auch die wieder haben ihre Art, mit dem Problem Dummheit und Klugheit umzugehen. Es gibt, wenn Sie so wollen, den Ruhrgebietsverstand. Er besteht in aller Regel darin, den anderen zu fragen: «Ja meinste denn, eih» – und dann kommt irgend etwas ganz «Bescheuertes». z. B.: «daß ich hier nur rumsteh aus Lust und Laune», soll heißen: «Ich bin ja schon ‹bescheuert›, aber wenn du nicht mal mich verstehst, mußt du noch viel doofer sein als ich.» Auf diese Weise kann man sich immerhin arrangieren; man ist unter seinesgleichen, und man hat eine gemeinsame Sprache mit eih! und mit dem Rippenschubsen, man befindet sich also unter Kumpanen. Es gibt solch eine «Weisheit» in vielerlei Form als eine einfache Kunst, zu überleben und mit dem Leben umzugehen.

Aber womit haben wir es jetzt wirklich zu tun? Wir setzen einmal, daß *Torheit* das Gegenstück von *Weisheit* ist. Dann aber dürfen wir sie nicht bestimmen nach dem Intelligenzquotienten, dann hat sie nichts zu tun mit biologischer Vererbung, dann ist sie keine Naturtatsache; dann müssen wir das Problem der *Torheit* psychologisch statt biologisch formulieren, und erst dann gewinnen wir womöglich die Lust, uns auch mit der *Weisheit* wieder ernsthaft zu beschäftigen, denn dann ist sie kein fertiger Habitus, dann wird sie nicht im Rahmen der Kultur an einige wenige, näherhin an eine besondere religiöse oder ethische Elite delegiert, sondern sie ergibt sich als Resultat bestimmter zu vermeidender, durch Einsicht abzuarbeitender Fehlhaltungen.

Im 20. Jahrhundert ist es in diesem Zusammenhang immer wieder die Psychoanalyse gewesen, die uns gezeigt hat, wie Menschen geistig *eingeschränkt* werden können. Wäre es da nicht möglich, daß ein mangelnder oder falscher Gebrauch der Intelligenz, in welcher Form auch immer, daß eine bestimmte Art von *Selbstverdummung* durch Angst und Schuldgefühle ein wirkliches psychisches Problem darstellen würde? *Weisheit* jedenfalls gründete dann darin, eben diese Einschränkungen des Denkens beziehungsweise der Geistigkeit abzuarbeiten, aufzusprengen und in Freiheit zu verwandeln.

Wie leicht hatte es scheinbar IMMANUEL KANT vor zweihundert Jahren noch, als er schrieb: «Aufklärung ist die Herausführung des Menschen aus selbstverschuldeter Unmündigkeit.» Das Problem liegt in dem Wort «selbstverschuldet». Dem Philosophen in Königsberg schien es sonnenklar: Wer nicht das Denken ergreift, trägt selber die Schuld daran, geistig unmündig zu bleiben. Aber so einfach liegen die Dinge offenbar nicht. Denk*verbote* sind kulturell zweifellos etwas wirklich Schlimmes, doch hat die Tabubildung des Denkens so viele Seiten, daß wir sie ein Stück weit durchgehen müssen, indem wir *charakterspezifisch* im Sinne der Psychoanalyse ihre Nuancierungen, ihre Artikulationen, ihre Symptombildungen uns verdeutlichen.

Beginnen wir mit der einfachsten Frage: Wie unterdrückt man die Neugier eines Kindes, wie lenkt man seine Versuche, die Welt selber zu erkunden? Wie sabotiert man sein Vermögen, aus eigenen Erfahrungen Rückschlüsse zu ziehen und aus Versuch und Irrtum selber zu lernen?

Der unmittelbare Weg, Intelligenz in Dummheit zu verwandeln und angeborenen Scharfsinn abzustumpfen bis zur Stupidität, besteht gesellschaftlich in dem *direkten Denkverbot.* Jede schwache, aber nach außen hin stark sich verteidigende Autorität wird darin gründen, allen Zweifel an ihren Weisungen zu unterdrücken. Die katholische Kirche etwa hat bis in die Gegenwart hinein unter den Rubriken ihrer Sündenkataloge vermerkt, daß Zweifel an ihren Lehren zu hegen vor Gott als eine schwere Verfehlung gebeichtet, bereut und gebüßt werden müsse. Mit einem Wort: Wenn einem Zwölfjährigen, Fünfzehnjährigen bestimmte Punkte der kirchlichen Lehre, zum Beispiel wie eine Jungfrau gebären oder wie Brot sich in Fleisch verwandeln kann, als höchst sonderbar, als zumindest der Nachprüfung bedürftig erscheinen, so ist allein schon der Wunsch nach Nachprüfung derartiger Doktrinen aufgrund des willentlich gehegten Zweifels für unbotmäßig gegenüber der Weisung Gottes zu halten, welche wesentlich durch die Kirche den Menschen zuteil wird.

Der intellektuelle *Zweifel* als moralische *Schuld* – dahin wird es kommen, meinten Psychoanalytiker wie THEODOR REIK vor über siebzig Jahren bereits, wenn ein System jeglichen Zweifel an sich selber ersticken muß; denn irgendwie weiß das System natürlich auch, daß eine ehrliche Nachprüfung seiner Lehren vermutlich ins Leere greifen und daß eine tiefere Erforschung der Gründe, aus denen heraus etwas behauptet wird, die ganze Doktrin für null und nichtig entlarven würde. Da nun aber lehramtlich ständig in Sachen Gottes etwas behauptet wird, das schlechterdings nicht beweisbar ist, so muß man es jeder Nachforschung entziehen, indem man es für unbezweifelbar erklärt. Erlaubt ist da nicht einmal mehr der methodische Zweifel, den RENÉ DESCARTES in die Wissenschaft einführte: Jede wissenschaftliche These, meinte er, *muß* bezweifelt werden können, ist sie in sich doch nichts als eine Aufforderung zur Nachprüfung, bis sie zweifelsfrei erhärtet wird oder sich neue begründete Zweifel an ihr einstellen. In Glaubensfragen hingegen, wo gar nichts zu «beweisen» ist, sondern wo die Situation, wie manche Zyniker gemeint haben, der Lage eines Mannes ähnelt, der in einem schwarzen Zimmer bei Nacht eine schwarze Katze suchen will, von der er nicht weiß, ob sie überhaupt vorhanden ist, muß man die Behauptung aufstellen, daß es gewissermaßen zu hell ist, um etwas zu sehen, und daß man die Katze schon in der Hand halte, nur daß man es noch nicht richtig merke. Wer ständig gegen die Evidenz seines eigenen Urteils genötigt wird, das Gegenteil dessen, was er eigentlich denken möchte, zu denken, der muß seinen Verstand zermartern und ihn sich förmlich aus dem Gehirn pressen, um mit einem bestimmten autoritären System der Außenlenkung übereinstimmen zu können. Unter solchen Umständen wird Selbstverdummung zum Attribut göttlicher Weisheit.

Wie hörten wir doch eingangs? *«Die Furcht Gottes ist der Anfang der Weisheit.»* «Mein lieber Christ», kann das heißen, «wenn du Gott fürchtest, dann als erstes hast du zu fürchten die Kirche, die ihn verkörpert, und aus lauter Ehrfurcht vor dieser Kirche hast du treu auf das eigene Denken Verzicht zu tun.» In Wahrheit ist der erste Satz hier im *Buch der Sprüche* das Musterbeispiel einer Fehlübersetzung, die sich ergibt, wenn man Worte aus einem fremden Kulturraum Punkt für Punkt lexikalisch korrekt, doch ohne inneres Begreifen in das Verständnis eines anderen Kulturraums übersetzt.

«Die Gottes*furcht* ist der Weisheit Anfang»? Soll wirklich das Verhältnis zwischen Gott und Mensch gründen auf Angst, eben auf «Furcht»? Soll Gott wirklich ein Zwingherr sein und bleiben, der Inhaber schrecklicher Strafgewalten, und was den Menschen nötigt, sich ihm zu unterwerfen, soll wirklich darin gründen, daß er sich den Ahndungen und den Fahndungen dieses seines obrigkeitlichen Herrn nicht ausgeliefert sehen möchte? Allein daß hier die Rede geht von Gottes*furcht*, ist ein schlimmes sprachliches Mißverständnis des hebräischen Textes. Es sollte freier und richtiger übersetzt heißen: «Allein Gott ernst zu nehmen», und es würde soviel bedeuten wie: vor nichts anderem Respekt zu haben und nichts anderes für letztgültig zu erklären außer allein Gott! Alle anderen Dinge verdienen in diesem Sinne nicht, daß man sich von ihnen ins Bockshorn jagen läßt, denn einzig wichtig und einzig notwendig als Maßstab des Lebens, als Garant von Vertrauen, als Rückhalt im Dasein ist Gott allein. Statt mit «Gottesfurcht» sollte man das Wort deshalb übersetzen mit: «sich festzumachen allein in Gott».

Ist das aber nun der *Anfang* der Weisheit? Natürlich nicht! sondern der «Anfang» ist im Hebräischen soviel wie das *Prinzip*, der *Inbegriff*, nicht der zeitliche Beginn, so daß danach noch eine Folge anderer Dinge kommen könnte, anstelle der Gottes*furcht* z. B. die Gottesliebe; es ist ja gar nicht möglich, mit *Furcht* zu beginnen und dann aus der Schreckensgewalt Gottes am Ende die Liebe zu Gott zu läutern. Wenn man aber sagen würde: «sich allein in Gott festmachen», so bildet eine solche Haltung in der Tat die Grundlage, das Prinzip von allem, was einen Menschen richtig leben läßt; dementsprechend hätten wir in einer solchen Paraphrase den Inhalt dieses Satzes gewiß einigermaßen richtig wiedergegeben.

Bliebe nur noch zu erklären, was unter *Gott* zu verstehen ist, worin dieser Punkt einer möglichen Einheit des menschlichen Daseins eigentlich liegt. *Das* freilich müssen wir erläutern und wollen einfach einmal nur durchgehen, wovor Menschen in ihrem Leben eine derartige *Angst* empfinden können, daß sie wirklich weit unterhalb der Intelligenz, zu der sie eigentlich fähig sein könnten, sich aufzuhalten scheinen. Was für ein «Gottesverlust» ist dann «Torheit» und was für eine Form von Gottvertrauen «Weisheit»?

In der Psychotherapie, in der Psychiatrie stellt sich immer wieder die gar nicht so einfach zu beantwortende Frage: Sind Leute wirklich so dumm, wie sie erscheinen? – dann ist ihre Behandlung naturgemäß schwierig, denn man kann mit ihnen nicht wirklich reden, so daß es zu verändernden Einsichten führte; – oder ist ihre «Dummheit» nur eine Art Maskerade, ein Überlebenstrick, aus Furcht, falls sie ihren funkelnden Verstand aufleuchten ließen, auf der Stelle «hingerichtet» zu werden, so daß sie das Licht ihres Lebens gewissermaßen immer in verdeckten Gefäßen tragen mußten? Manche Psychologen neigen dazu, sogenannte «Intelligenztests» durchzuführen, doch zählt es mehr oder minder zum Aberglauben der Psychologen, man könnte mit einer Kette von ausgeklügelten Fragen dahinterkommen, was in der Psyche eines Menschen vor sich gehe. Nichts ist leichter, als Psychologen, die mit solchen Tests herausbekommen wollen, wer ein Mensch wirklich ist, hinters Licht zu führen; nicht, als geschähe das absichtlich: Ein bestimmter Patient wird auf die gestellten Fragen ganz einfach nur so reagieren, wie er auf hundert andere Situationen zuvor auch reagiert hat: Er wird einfach nicht verstehen, wonach man ihn fragt! Eine «Intelligenzfrage» zum Beispiel in solchen Tests lautet: «Ist Kohle ein Naturprodukt oder ein Kulturprodukt?» Jemand erzählte einmal, daß er auf diese simple Frage prompt falsch geantwortet habe. Als Sohn eines Bergarbeiters war Kohle für ihn natürlich ein Kulturprodukt. An solchen Fangfragen aber kann am Ende durchaus eine Empfehlung für einen bestimmten Beruf, zum Beispiel Schornsteinfeger zu werden, herauskommen!

Tatsächlich erscheinen viele Menschen als weit dümmer, als sie in Wirklichkeit sind; aber warum? Woran liegt das? Fragen wir uns einmal, entlang der *psychoanalytischen* Neurosenlehre, nach den neurotischen Intelligenzeinschränkungen, mithin nach der «Unweisheit» des Lebens im Gebrauch unserer Vernunft.

Ein wirkliches Zeitübel, eine förmliche Kulturkrise läßt sich im Stil unserer Erziehung und in unserem Verhalten gewiß im Bereich der *Schizoidie* ausmachen. Gemeint ist mit dieser Bezeichnung eine Verstandestätigkeit, die von Gefühlen nicht mehr «gestört» wird. – Dieser Tage schrieb die *Leipziger Stadtzeitung*, die von den Leuten auf der Straße gemacht wird, in einer Glosse, in Deutschland lernten die Kinder heute vielleicht als erstes noch das Wort «Mama», aber als zweites Wort, um die Mama zu beschreiben, lernten sie ganz sicher das Wort «cool». Die *Stadtzeitung* meinte damit, es sei für ein «modernes» Kind, für ein «Kid» also, offensichtlich am meisten bewundernswert, wenn die Mutti gar keine Gefühle mehr verrät, sondern wenn sie völlig emotionslos die Übersicht in allem behält. Dabei meint «cool» in der üblichen Verwendung meist schon längst nicht mehr so viel wie emotionslos, es meint meist genau das Gegenteil von dem, was das Wort sagt, – es bedeutet zumeist so viel wie «faszinierend», «toll», «wahnsinnig gut», doch wird dieser Zustand in Scheinsouveränität «cool» genannt. Die Gefühlsaustrocknung, die Enthitzung aller Affekte, der vollkommene Ausfall von emotionalen Regungen und begleitenden Schwingungen scheint uns allmählich so erstrebenswert zu sein wie ein Wert an sich.

Manche Forscher sind inzwischen dabei, zu untersuchen, wie der Dauergebrauch von Fernsehen und insbesondere von Computerspielen auf die Seele von Kindern wirkt. Was passiert, wenn man gehäuft sogenannte Entscheidungsbäume den Kindern zum Spielen gibt? Dies wird ausgeschaltet, das wird eingeschaltet, und am Ende bleiben nur noch wenige Möglichkeiten bestehen. *Was* da ausgeschaltet wird, spielt eigentlich gar keine Rolle. Kinder handeln in solchen «Spielen» bereits so ähnlich wie die «Fachleute» am Computerschirm irgendeiner Bank: Sie stellen genauso seelenruhig fest, welche Anlagen ihrer «Einleger» verschwinden werden, welche in ihrem Aktienindex steigen werden, und es spielt für diese «Banker» absolut keine Rolle, wovon wirklich die Rede geht, geschweige denn, daß gefühlsmäßig begleitet würde, was da geschieht: – die Zerstörung eines Urwalds ist als Inhalt ihrer Kalkulationen durchaus nicht sichtbar oder wie das Bürokratendeutsch neuerdings sagt: es ist nicht «nachvollziehbar».

Auch das ist so ein Wort! Da ist im Leben eines anderen etwas Wichtiges geschehen, aber natürlich glaubt man oder tut man so, als ob man es «unter Kontrolle» hätte und als ob aus der Vergangenheit die Gegenwart rekonstruiert werden könnte; «nachvollziehbar» ist durch eine ganze Welt getrennt von dem ursprünglich guten deutschen Wort *verstehen*. Verstehen meinte einmal: «Du begreifst etwas, wenn du dich an die Stelle des anderen stellst, wenn du die Welt aus seiner Perspektive wahrzunehmen versuchst, wenn du nur einmal probeweise dich in das Leben eines anderen nicht nur hineindenkst, sondern viel eher hinein*fühlst*; wenn du in gewissem Sinne er wirst, dann verstehst du ihn, dann versteht ihr euch.» *Nachvollziehen* ist etwas völlig anderes; es ist ein Vorgang, der absolut wertneutral abläuft. Dieser Ausdruck entstammt reinem Aktendeutsch; im Grunde benötigt man zum «Nachvollzug» nur noch die Zettel der Buchführung, die von damals zu jetzt die Brücke schlagen sollen. Gefühle sind bei all dem unerwünscht, – etwas Störendes!

Man betrachte, wie zum Beleg dieser Tatsache, nur einmal irgendeine beliebige Bundestagsdebatte – sie wird geführt voller kleiner Reibereien und Gehässigkeiten; ständig spielen unterschwellige Aggressionen dabei eine Rolle, ständig geht es um Machtkämpfe, also um die Frage, wie man den anderen demütigt, wie man ihn bloßstellt, wie man ihn verhöhnt, wie man ihn absichtlich mißversteht. Derart gestaltet sich bereits der Austausch der Worte an der Oberfläche, doch bemerkenswerterweise haben keine Gefühle bei all dem vorzukommen. Wollte jemand seine Sache wirklich existentiell engagiert vertreten, so daß man spüren könnte, er sei mit seiner ganzen Person dabei, er leide ersichtlich an der Frage, die er verhandelt, für ihn selber hänge erkennbar etwas davon ab, ob die getroffene Entscheidung so oder anders fällt, so wird der ihm nachfolgende Redner gewiß augenblicklich erklären, daß er zu emotional gesprochen habe, daß seine Ausführungen zu subjektiv gewesen seien, daß seine Sicht der Dinge zu persönlich sei; statt dessen brauche man jetzt einen übergeordneten, einen objektiven, einen sachlichen Standpunkt, die ganze Diskussion sei thematisch nüchtern und rein rational zu entscheiden.

Eine solche Art von emotionsloser Intelligenz pflegen wir heute geradezu, und sie hat damit zu tun, daß die Menschen seelisch immer abgespaltener werden. Tatsächlich unterliegt *die schizoide*, gefühlsenthobene *Intellektualität* gleich zwei Gefahren.

Die erste: sie kennt sich selber nicht, sie begreift subjektiv nicht mehr, von was für Affekten sie selbst eigentlich gesteuert wird, und das bedeutet, daß ihr eigenes Unbewußtes eine ungeheure Macht über alle Gedankentätigkeiten bekommen kann. Denn wohlgemerkt schafft der Intellekt keine Werte, er ist gewissermaßen nur wie ein Spürhund, dem man ein Ziel vorgeben muß. Wenn man ihm sagt, er solle einen Knochen suchen, wird er einen Knochen suchen; wenn man ihm sagt, er solle nach Verschütteten buddeln, wird er nach Verschütteten buddeln; aber er wird nicht selber wissen, was er tun soll. Der Intellekt ist ein ausgezeichnetes Mittel zur Forschung nach vorgegebenen Zielen, aber er dient nicht selber zum Setzen von Werten. Werte wollen empfunden werden im Gefühl. Wenn aber das Gefühl verdrängt ist, sind die Wertsetzungen selber unbewußt. Mit einem Wort, wir haben es bei so erzogenen Menschen mit einer Schicht von Intellektuellen zu tun, die im Grunde völlig wurzellos sind und die den unbewußten Motivationen schonungslos und hoffnungslos unterliegen. Genau betrachtet, verfügen sie über keinerlei hemmende Selbstkontrolle. Ihr Machtanspruch zum Beispiel wird in keinem Punkt gefiltert. Intelligent wie sie sind, werden sie natürlich sofort gute Gründe sich zurechtlegen, warum sie dies und das machen müssen, etwa daß sie auf just diesen Posten kommen müssen: Aus absolut notwendigen Gründen nicht nur der Hochschulverwaltung, sondern des Gemeinwesens an und für sich, ja, der Kultur Europas insgesamt wegen müssen sie dieses oder jenes Amt bekleiden. Auch wie sie es zu Hause halten, *muß* so sein, – schon aus Gründen der Arbeitsersparnis etwa hat ihre Frau die Pflicht, an der Seite und auf seiten ihres Gatten jede Art von Egoismus, Faulenzerei und Parasitentum zu fördern. Eine Persönlichkeit, so kostbar wie diese, muß ja auf Händen getragen werden; das ist klar. Auch die Kungeleien hinter den Kulissen sind nicht als einfache Schmierereien zu betrachten, sondern es handelt sich um Usancen, die nun einmal üblich und unerläßlich sind, geheiligt vom Zweck zudem.

Ein halbwegs intelligenter Kopf wird immer Gründe finden, um sich selbst und anderen plausibel zu machen, daß es anders, als es geht, gar nicht gehen kann, ja, daß es eine höhere Pflicht gegenüber der (All)Gemeinheit gibt, als einfach sich nach den bürgerlichen Vorstellungen zu richten; es sind schlechtweg objektive «Sachzwänge», die zum Lügen, zum Austricksen, zum Mehrheiten-Schaffen nötigen.

Am meisten imponieren muß, wie Menschen dieser Art wendig genug sind, buchstäblich alle zehn Minuten einen völlig konträren Standpunkt sich selbst und anderen gegenüber einzunehmen. Viele Jahre über habe ich mich gefragt, wie es möglich war, daß die Intelligenzia in Deutschland in den zwölf Jahren des braunen Spuks so unglaublich versagen konnte: die Richter, die Pastoren, die Beamten, – die Lehrer – wo waren sie? Wo waren diejenigen, die das Denken gelernt hatten, als es drauf ankam, zu denken? Wie konnte es passieren, daß selbst Leute wie MARTIN HEIDEGGER im Braunhemd 1933 Reden hielten, wie sie sie hielten, wie war es möglich, daß hier in Paderborn Kirchenrechtler der römisch-katholischen Kirche im Braunhemd Prüfungen abhielten? Natürlich kann man sagen: Sie standen unter Angst, sie wurden von der Gestapo kontrolliert, sie waren in der Diktatur gleichgeschaltet, – das alles ist wohl wahr; aber bis es dahin kam, war eine lange Zeit verstrichen, und als es soweit war, spätestens da hätte die Stunde der Bewährung schlagen können, schlagen müssen! Die tiefste und unheimlichste Erklärung für das offenkundige Versagen der Intelligenzia vor und nach 1933 wird darin bestehen, daß eine bestimmte Form von schizoider Intellektualität wie Treibsand unterm Wind ist: Je nach den Umständen, atmosphärisch geradezu, wird sie hierhin oder dorthin verweht; denn sie gründet in nichts, sie ist in sich vollkommen hohl.

Und nun muß man die Gefährdung dieses Typus von intellektueller Ausbildung, die wir mit Bildung verwechseln, sich nur recht klarmachen, um zu begreifen, was für ein Menschentyp hier dominiert und produziert wird. Wem in der Lehrerausbildung etwa wird man die Frage vorlegen, wer er selber ist, welch eine Persönlichkeit in ihm wächst, was von innen her er irgendeinem Kind als wesentlich auf seinem Lebensweg vermitteln möchte? Interessiert zu zeigen hat man sich für bestimmte rein intellektuell als Wissen zu lernende Inhalte; aber soll die Weitergabe dieser Inhalte das Hauptanliegen der Schule sein? Dann könnten wir wirklich die Lehrer ersetzen durch irgendein Fernsehprogramm, in das die einzelnen Klassen sich je nach der Stundenfolge einschalten; wir brauchten dann offenbar überhaupt keine Persönlichkeiten mehr. Gerade die Ruhe, mit der ein Apparat zu sprechen vermag, müßte dann als das didaktisch Wertvolle, als das *Coole*, als das durch nichts mehr zu Erschütternde erscheinen, und wirklich, wir würden als eine neue Tugend die *Unerschütterlichkeit* kennenlernen, bei den Griechen schon gerühmt als die *Ataraxia*, als die von Emotionen unverwirrte Reaktionsfähigkeit. Was wir mithin vor uns haben, ist eine bestimmte Form von Geistigkeit, die für sich selber stumpf geworden ist, eine Verdumpfung im Wesen.

Fragen müßten wir uns deshalb, wie sich soviel *Angst vor dem eigenen Fühlen* regenerieren läßt, wie ein solches Eis abzutauen ist, auf daß Gefühle wieder zu fließen beginnen, wie die Furcht vor dem Untergrund aufzulockern ist, so daß ein Mensch begreift, in welch einer Gefährdung er lebt, wenn es Gefühle in seinem Leben nicht länger mehr gibt noch geben darf.

Man hat vor allem nach dem Desaster des «Dritten Reiches» immer wieder darauf hingewiesen, daß es äußerst gefährlich sei, sich unkontrolliert bestimmten Gefühlen auszuliefern. Irrationalität könne in Wahnsinn und Untergang führen; Menschen könnten um den Verstand gebracht werden, wenn ihr Ich von schweren Triebdurchbrüchen überschwemmt werde. Das alles ist sehr wahr, aber die umgekehrte Gefahr ist in gewisser Weise noch viel größer: Die Abspaltung des Geistes vom Gefühl, *diese schizoide Selbstverblödung* ist in sich selbst *das Gegenstück von aller Weisheit, Besonnenheit und Klugheit.* Die schlimmsten Verbrechen im 20. Jahrhundert konnte man begehen mit subjektiv gutem Gewissen unter dem Titel von Befehl und Pflicht, emotionslos und kalt! Immer noch haben wir weltweit Trainingslager eben dafür, – für anerzogene Grausamkeit, für gefühlsmäßige Abspaltung, für die Selbstverhöhnung weicherer Gefühle. Wir nennen das dann einfach die militärische Erziehung oder den männlichen Drill, wir betrachten es respektvoll als Courage und Schneid, die wir angeblich brauchen, um richtige männliche Taten zu vollbringen. Doch stets sind wir dabei in der Gefahr, emotionslose, kalte Psychopathen zu erziehen, deren Vorbilder reine Gedanken- und Exekutionsmaschinen sind.

Diese Gefahr ahnen und davor warnen konnten wirklich weise

Leute schon im alten China. Es gibt Texte aus dem 5. Jahrhundert v. Chr., in denen zum Beispiel ein Taoist sich weigerte, eine «Maschine», in diesem Falle einen Hebebaum zum Wasserschöpfen, zu gebrauchen, weil er der Meinung war, daß die Verwendung von Maschinen durch Menschen schließlich Maschinenmenschen hervorbringen werde; die Mechanisierung von Arbeitsabläufen bis zur mechanischen Routine lasse am Ende keinen Spielraum mehr für in sich stimmige Verhaltensweisen. Es fällt schwer, die Berechtigung dieser Einstellung zu bezweifeln. Wenn wir in unseren Tagen den ganzen Intellekt nur nach dem Modell des Computers formen, hören wir auf, Menschen zu sein.

Vielleicht ist in diesem Zusammenhang ein kleines Beispiel nützlich, um zu zeigen, was gemeint ist. Berühmt vor rund dreißig Jahren war der Schachweltmeister BOBBY FISCHER. Was die wenigsten von Ihnen wissen werden, ist sein Werdegang. Er war als das Kind armer Leute großgeworden und so gut wie ohne Vater und Mutter aufgewachsen. Der einzige Mensch, der ihm etwas näher stand, war seine Schwester, die, bemüht, ihn zu unterhalten, mit dem Fünfjährigen ab und an Schach spielte. Und dieses Spiel wurde zu der einzigen ganz schmalen Tür, durch die der kleine Bobby in die Welt eintrat. Er wurde genial im Schachspielen. In der Schule tat er eigentlich nichts anderes, als unter der Bank diesem Spiel zu frönen, bis ihm die Schachfiguren weggenommen wurden. Doch diese «Strafe» war der eigentliche Beginn der weltmeisterschaftlichen Ära des BOBBY FISCHER; denn achtjährig fing er nunmehr an, sich das Schachbrett *vorzustellen*; er brauchte keine Figuren mehr, um Schach zu spielen; auf der geistigen Leinwand konnte er alle Züge und alle Stellungen sich einprägen und nach Belieben visualisieren. Er lernte die Schachbücher auswendig, er projizierte sie in den Schulstunden sich selber zur Unterhaltung an die Wände seines Geistes, und er fing mit zwölf Jahren an, Russisch zu lernen, um «die Russen» auf dem Schachfeld zu besiegen. Die «Philosophie», die Geisteshaltung von BOBBY FISCHER war die eines typisch schizoiden, mit zwanghaften Anteilen versehenen Charakters; doch bedeutete es für ihn eine Erleichterung, nur noch Probleme dieser Art lösen zu müssen: Wie läßt sich das Schachspiel von der unglaublichen Fülle der Anfangsmöglichkeiten immer weiter im Spielverlauf auf bestimmte Stellungsvorteile reduzieren? Schach kann man bekanntlich nur durch die Fehler gewinnen, die der andere macht und die man schrittweise konsequent ausnutzt. Der kleinste Fehler beim vierzehnten Zug wird Folgen haben vielleicht beim fünfunddreißigsten oder fünfundsechzigsten Zug, man muß nur Zug um Zug an der Stelle, wo sich eine kleine Abweichung von der einstudierten Regel der Lehrbücher zeigt, herausfinden, ob es sich dabei um eine Unachtsamkeit des Gegners oder um eine neue, womöglich geniale Variante handelt, die man nur noch nicht kennengelernt hat; man muß es geistig durchprobieren und zu beantworten versuchen; mit einem Wort, es ist unerläßlich, den möglichen Entscheidungsraum «erlaubter» Züge einzuengen und den Gegner zu strangulieren, man muß ihn weiter einkreisen, man muß die Schlinge um seinen Hals zusammenziehen, – man muß den Kampf Amerikas gegen den Bolschewismus ausfechten und ihn auf den Brettern gewinnen, die die Welt bedeuten, auf den 64 Feldern eines Schachspiels. An einer solchen Aufgabe kann man zum Paranoiker werden, und BOBBY FISCHER ist es daran geworden. Er wurde ein Intellekt, der nichts weiter mehr dachte, als wie man computergenau einen anderen Intellekt vernichten könnte. Sein ganzes hilfloses Leben offenbarte auf tragische Weise eine hoch berühmte und doch unglaublich reduzierte Form von Menschlichkeit.

Wenn Sie sich nun vorstellen, daß wir mittlerweile die wichtigsten Entscheidungen, ob Krieg sei oder Frieden, ob einem Land wirtschaftlich zu helfen sei oder nicht, wie eine Firma zu leiten oder «feindlich zu übernehmen» sei, nicht mehr Menschen überlassen, sondern Computern, die dann entscheiden, welche Bomben in welches Zielgebiet zu bringen sind, welche Börsentransaktionen zu tätigen oder zu unterlassen sind und welche Wirtschaftsmaßnahmen jetzt zu «greifen» haben, so gewinnen Sie sehr bald ein fast karikaturhaftes, aber nicht ganz weit von der Wirklichkeit entferntes Modell für das, was uns an *Unweisheit* droht; und wir begreifen im Umkehrschluß zumindest ahnungsweise bereits, was *Weisheit* denn sein könnte. – Im folgenden gehen wir die Formen der Zerstörung von Menschlichkeit im Rahmen der Neurosenpsychologie einmal etwas rascher, doch nicht minder stringent durch.

Die *depressive* Form von Selbstverdummung und -verdumpfung läßt sich mitunter schon daran erkennen, daß Leute das dringende Bedürfnis äußern, von sich zu sprechen, aber ihnen keine Sprache zum Sprechen geschenkt scheint. Sie kommen, und man spürt ganz deutlich, wie sehr sie sich danach sehnen, von sich selber Mitteilung machen zu können, irgendwo einen Menschen zu finden, dem sie sich anvertrauen dürften, doch dann darf offensichtlich kein Wort über ihre Lippen kommen. Eine halbe Stunde lang womöglich erlebt man ein völlig krampfhaftes Schweigen, ein Ringen um ein Wort, das sich nicht getrauen will. Von außen her hat man sogar den Eindruck, als sei inwendig alles wie taub, wie hohl, als sei da überhaupt gar nichts zu erwarten. Tatsächlich aber herrscht inwendig ein reiner Tumult, der nur nicht offenbar zu werden sich getraut.

Es kann aber auch sein, daß es dem Betreffenden wirklich so ergeht, als ob da gar nichts mehr sei. Da war einmal eine Schultafel randvoll beschrieben, aber nun ist es, wie wenn ein Riesenschwamm alles weggewischt hätte, und man steht wie ein Kind vor der Tafel und kann nichts mehr lesen, – es ist alles fort! Soeben noch stand da so viel, und jetzt: gar nichts mehr! Dazwischen liegt ein Alptraum von Angst. Diese Angst hat damit zu tun, daß jemand für sich selber schon wohl weiß, was er denken könnte und möchte, doch das Problem stellt sich ihm jetzt, daß er für sich selber eigentlich nie denken durfte. Die ganze Geistestätigkeit eines Depressiven besteht in der Frage: Was möchtest *du* von mir? Und in dieser Frage liegt das Geheimnis seines völligen Sprachabbruchs. Er kommt mit dem Vorsatz, von sich zu reden, – schön und gut; aber nun sitzt er da entsprechend der Haltung, in der er großgeworden ist: er muß und möchte herausfinden, was der andere hören will. Normalerweise, so hat er gelernt, kann er das auch; an jedem Stammtisch wird ein anderer das Gespräch mit irgendeiner Nichtigkeit eröffnen – wie das Wetter ist oder wie die Züge der Bahn fahren – schon ist der Depressive gerettet! Er braucht ja nur noch auf den fahrenden «Zug» zu springen, das Thema, in das er sich einklinken kann, existiert schon. Freilich, er selber kommt auf diese Weise niemals zur Sprache; dafür aber hat er das Problem, wie er von sich spricht, schon gelöst, – er braucht gar nicht von sich zu sprechen!

Nun aber will er ja von sich reden, und das bringt ihn in die Zwickmühle, denn eigentlich darf er nur das sagen, was der andere hören möchte. Aber was möchte der andere hören? Also sitzt er jetzt da wie eine Buddhastatue, weil der Psychotherapeut ja auch nichts sagt außer bestimmten formalen Bemerkungen, die durchaus nicht verraten sollen, was er hören will. Wenn man aber nur reden darf in bezug auf das, was von dem anderen her erwünscht ist, ist man unter diesen Umständen vollkommen verunsichert. Tatsächlich erst wenn dieses Problem wirklich zur Sprache gebracht wird, geht in aller Regel der Gesprächsfluß mit einem Depressiven weiter.

Eine andere Unterbrechung möglicher Gespräche, auf die schon SIGMUND FREUD hingewiesen hat, besteht gerade darin, daß Gefühle sehr intensiv werden können, aber unaussprechlich sind, weil man fürchtet, im Falle ihrer Zurückweisung furchtbar allein dazustehen, abgewiesen zu werden, ins Nichts gejagt zu werden; der andere könnte böse sein, daß man «so etwas» auch nur gedacht und jetzt sogar ausgesprochen hat! Dabei handelt es sich bei diesen gefürchteten Äußerungen zumeist gerade um die wesentlichen Inhalte des Gesprächs; die also muß man verschweigen, um nicht alles zu zerstören; andererseits: wenn man es nicht sagt, wird *auch* alles zerstört; der andere wird am Ende wirklich ungeduldig! Und das nun ist die Furcht eines Depressiven: Wenn ich den Mund aufmache, denkt er, wird der andere ärgerlich, und wenn ich ihn nicht aufmache, wird er auch ärgerlich. Drum wohl erst beim Gang durch die Tür, ganz am Ende einer Sitzung, beim Abschied, wird das Wichtigste eben noch angedeutet. Bis dahin herrscht die *Vermeidung des Wesentlichen* als eine unvermeidbare Strategie der Angst: Man darf den eigenen Verstand im Grunde nur gebrauchen im Dienste der anderen!

In manchen einsamen Stunden wird derselbe Mensch womöglich sehr gut wissen, daß er klug ist, daß er sogar *sehr* intelligent ist, daß es ihn gar nicht geben würde, wenn er nicht an sich außerordentlich schwierige, komplexe Aufgaben *für andere* immer wieder zu lösen vermocht hätte; doch selbst das ist eine Wahrheit, die er den anderen nicht mitteilen darf und die er im Grunde auch für sich selber nicht verbuchen darf. Wenn man ihn lobt, hat das in seiner Buchführung als ein Irrtum zu gelten, ein Lob darf er nicht auf sich beziehen. Doch dann wieder: wenn unter hundert Formen der Anerkennung ein Einziger auch nur noch einmal etwas im eigentlichen Sinne kritisiert, wenn er mal eine Bemerkung fallenläßt, die nicht die volle Anerkennung verrät, so ist das so schlimm, als wenn ein Nagel im Schuh stecken würde: man läuft sich Blasen daran, und das ganze Denken geht dahin, wie man vermeidet, daß eine solche Bemerkung jemals wieder geäußert wird. Man kämpft gewissermaßen ständig gegen Verdächtigungen von außen und gegen Minderwertigkeitsgefühle im eigenen Inneren an, die sich nie beruhigen dürfen. Man traut sich die Klugheit, die Schulung des Verstandes, überhaupt nicht zu, weil sie nur exerziermäßig gedrillt wurde.

Die Situation ähnelt gewissermaßen einem hebräischen Sklaven aus den Tagen, da diese Texte entstanden: Sie arbeiteten sieben Jahre lang bei ihrem Herrn und verstanden von allen Handwerksarbeiten weit mehr als ihre Auftraggeber; ihre Herren besaßen zum Beispiel das Geld, um eine Goldschmiedearbeit zu bestellen, aber nicht die Kenntnis, sie auszuführen. Eben weil die Sklaven buchstäblich alles tun mußten, waren sie am Ende allemal schlauer als ihre Herren, doch nie so, daß sie sich selbst dessen hätten getrauen dürfen; auch vor sich selber waren sie nichts. So wurden sie betrachtet, so hatten sie sich zu betrachten.

Dementsprechend ist es psychisch möglich, daß jemand seine Klugheit auch sich selber gegenüber ständig verbirgt, nur um nicht aufzufallen und um nichts falsch zu machen. Man hat am Ende eine Form von Verdumpftheit in all den Punkten vor sich, an denen persönliche Interessen gefragt wären; man hat einen Intellekt vor sich, der nie für sich selber überlegen durfte, wie eigene Wünsche sich realisieren ließen. Keine Frage, daß es von außen betrachtet dann wirklich so aussehen kann, als kämen solche Menschen zu nichts, als paßten sie nicht in die Welt oder als wären sie wirklich irgendwie zu «dumm», nämlich in dem Sinne, daß sie nicht einmal ihre eigenen Interessen wahrnehmen könnten, daß sie kein Eigenwertgefühl besäßen, daß ihr Intellekt an all den Stellen ausfiele, an denen sie selber gemeint wären.

Man kann die Problematik natürlich noch steigern. Beim *Depressiven* ist das «Denken, was die anderen denken», gewissermaßen die Pflichtvorschrift, um sich selber in Deckung zu halten; es kann aber auch dahin kommen, daß Menschen den fremden Willen zur Hälfte als den eigenen zu verinnerlichen hatten. Als Kinder hatten sie wohl schon gelernt, wie man Nein sagt, wie man ein Stück Trotz ausbildet und wie man die eigene Motorik für sich selber nutzt, dann aber wurden von Mutter oder Vater Machtkämpfe ausgefochten, die für das Kind von Fall zu Fall verlorengingen. Auf diese Weise formte sich eine Intelligenz, die immer wieder sagen mußte: «Ich habe zwar recht, aber ich werde niemals Recht bekommen!» Mit einem Wort: wir erleben, wie unter solchen Umständen alles Denken dazu benutzt wird, sich im Kreise zu drehen. Von einer solchen *zwangsneurotischen* Intelligenz und Nachdenklichkeit hat SIGMUND FREUD einmal gemeint, im Unterschied zum normalen Denken, das ein Probehandeln darstelle, um Wege zu erkunden, wie zwischen Wunsch und Wirklichkeit eine Verbindung herzustellen sei, bestehe *das zwangsneurotische Grübeln* darin, das Handeln förmlich zu vermeiden. Es wird hier immerzu «gedacht»; doch wer nun glauben wollte, man stehe eben deshalb dicht davor, einen Entschluß zu fassen und zu sehen, was daraus folge, der wird erleben, daß augenblicklich wiederum alles sich selber in Frage zu stellen beginnt; und man versteht: Hier darf überhaupt nichts aus dem eigenen Denken folgen, denn träte man mit einem eigenen Entschluß dem Vater oder der Mutter unter die Augen, so lautete ihre Antwort sofort: «Was fällt dir ein, du Unverschämter!» und: «Wie kannst du nur!»

Mithin ist alles, was man selber denkt, überhaupt erst richtig, wenn es durch einen größeren, mächtigeren Willen *genehmigt* wird. Gerade diese Genehmigung aber ist das stets Unwahrscheinliche. Man darf eigentlich nur handeln auf *Befehl* hin.

Also steht ein solches *zwangsneurotisches* Denken vor zwei Möglichkeiten: Es kann zum einen den Widerspruch des anderen ständig selber vorwegnehmen und sich inwendig protestierend zu eigen machen. Wenn am Anfang noch die Rede davon ging, daß man Zweifel verbieten kann, kann das Verbot des eigenen Denkens dahin führen, nur noch an sich selber zu zweifeln. Man *denkt* zwar, aber ob es stimmt, kann man nicht wissen, eben weil die Erlaubnis für gar nichts besteht, nicht einmal für das eigene Denken. Gerade Persönlichkeiten, die intelligent und klug sind, können auf diese Weise sich bis zum Rasenden zermartern und bis in die Psychosomatik hinein mit ständiger Migräne herumlaufen. Es ist ein dauerndes Denken gegen sich selbst. Die eigene, oft messerscharfe Intelligenz darf nicht eingesetzt werden, um die erniedrigende Autorität zu kritisieren oder gar zu erschüttern, sondern vielmehr wird aus dem Zweifel an der Macht des andern die förmliche Pflicht, sich in endlosen Teufelskreisen der Ohnmacht und des Selbsthasses zu bewegen.

Die *andere Möglichkeit* ist: Man überspringt den Zweifel und erhebt die verordnete Wahrheit zur einzigen Wahrheit. Dann stehen wir vor den Strukturen aller geistigen «Autoritäten», die sich als «göttlich» beglaubigen möchten. Sie unterdrücken das Nachdenken und verschieben die Intelligenz in das Fanatische: Alle Geistestätigkeit wird dann nur noch zu dem Zweck gebraucht, um den vorauszusetzenden Erklärungen Rechtfertigung zu verschaffen.

Leider müssen wir auch in unseren Tagen immer noch mitansehen, daß in den wichtigsten Bereichen des Geistes, in unserer Kultur, in unserer Ethik, vor allem in der Religion das Beste an intellektuellem Bemühen damit vergeudet wird, biographischen Zufällen eine göttliche Fügung zuzusprechen, durch welche man in ein bestimmtes Elternhaus just als katholisch, als evangelisch, als muslimisch, als hinduistisch oder als was auch immer geboren wurde. Daß jemand in einem katholischen Elternhaus zur Welt kam, muß Gottes Willen gemäß sein, denn gerade das hat der katholische Priester eigentlich schon bei der Taufe gesagt: Drei Wochen nach seiner Geburt ward das Kind ein *katholisch* getauftes Kind, und nun kann es aus dieser Kirche nie mehr austreten; all seine geistige Pflicht wird künftig darin bestehen, sich zu beweisen, daß es sich gerade so verhält. Alle Geistestätigkeit vollzieht sich in einem Gefängnis, das Stein auf Stein als Verlies der eigenen Unfreiheit selber errichtet wird. Doch so machen sie's nun alle! Die theologischen Hochschulen unter kirchlicher Aufsicht müssen darauf achten, daß nur Argumentationszüge zugelassen werden, die dem Glauben der zuständigen Behörde entsprechen. Fanatismus und Selbstunterdrückung, ideologischer Zwang und Durchsetzungswille schließen so eine unheilige Allianz.

Es gibt zum vierten eine Art von *hysterischer* Verdummung oder Verdumpfung. Sie gründet mit Vorliebe darin, die depressive Einstellung in eine Art Erfolgsstrategie umzuformen. Die *depressive* Geistestätigkeit besteht, wie wir sahen, unter anderem in der ständigen Frage: Was möchtest du von mir?, um im Wunsch des andern zu verschwinden und keinerlei Kritik und Tadel mehr auf sich zu ziehen. Der *Hysteriker* stellt dieselbe Frage, aber mit einer gänzlich anderen Zielsetzung: Was ist es, das du von mir möchtest und das, wenn ich es erfülle, mich dahin bringt, in deinen Augen und in den Augen der Menschheit, des Publikums, für überaus anerkennenswert erkannt zu werden?

Hysteriker sind sehr sensibel darin, herauszufinden, was andere mögen könnten; sie wissen im Handumdrehen, was andere erwarten, nur daß sie nie dahin kommen, herauszufinden, wer sie selber sind. Sie können alles sein und werden, sie sind die geborenen

Schauspieler, und jedes Script wird ihnen auf der Bühne zu einem Erfolg geraten, indem sie ihre Rolle perfektionieren. Aber wer sind sie selber? Es ist so ähnlich wie in einer chassidischen Geschichte bei MARTIN BUBER; er erzählt von einem Mann, der, wenn er abends schlafen ging, darunter litt, am Morgen nicht zu wissen, wo seine Kleider lagen; also ging er hin und beschriftete sie: Das sind meine Schuhe, das ist meine Hose usw. Alle Kleidungsstücke lagen jetzt bereit. Am andern Morgen aber, als er aufstand, sah er all die Zettel, wußte jedoch nicht in die Kleider zu kommen, denn er fragte sich: Und wo bin ich selber, ja, wo bin ich nur selber? – So ähnlich geht es dem hysterischen Denken eigentlich permanent. Verknüpft mit zwangsneurotischen Komponenten, läuft es mitunter auf den ständig wiederholten fast verzweifelten Satz hinaus: «Ich weiß es nicht, das weiß ich nicht!»

So sprach zum Beispiel vor Jahren eine Frau, die im Grunde sehr intelligent war, eine Lehrerin, die in endlosen Reflexionskaskaden mit glänzendem Verstand und glänzender Versprachlichung Situationen zu schildern und Überlegungen zu allem möglichen anzustellen wußte. Und doch hatte all ihr Grübeln mit Intelligenz als persönlicher Befähigung nichts zu tun. Wohl mußte man ihr glauben, wenn sie sagte, sie wisse es nicht, doch blieb es ein Rätsel, warum das so war. Statt dessen hatten wir es mit einem Spielen mit ständigen Möglichkeiten zu tun: alles konnte alles sein. Wenn man entsprechend ihren Ausführungen vorschlug, dies und das wäre so, hatte sie bestimmt viele Gründe, daß es so sein könnte, aber es konnte eben auch wieder ganz anders sein, und wieder ergoß sich eine neue Kaskade von Theorien, die bewies: Es könnte wirklich auch noch anders sein! Jede Stunde bot deshalb für jedes beliebige Thema eine neue Fülle von Möglichkeiten, die sich strauchartig verzweigten. Es war sehr wichtig, daß wir irgendwann dahinterkamen, daß dieses «ich weiß nicht» im Grunde bedeutete: «Ich weiß nur allzu genau, wie meine Mutter in meiner Kindheit immer alles wußte.» «Ich weiß» hätte bedeutet, die einzige absolute Autorität im Erleben der Kindertage als angemaßt, als terroristisch, als aus lauter Angst einschüchternd, als abhängig machend, als besitzergreifend, als freiheiterstickend, als keine Alternative duldend zu verklagen. Die tausend Alternativen im Denken, die diese Frau sich bildete, dienten dem einzigen Zweck, der Festlegung zu entweichen, die ihre Mutter in Frage gestellt hätte; der Satz «ich weiß nicht» vermied den Vorwurf: «Ich weiß nur allzu gut, Mutter, daß du unrecht hast und hattest! Selbst wenn ich gar nichts weiß, dies weiß ich allemal, und hätte ich erst das Recht, so zu denken und zu sprechen, so könnte aus mir noch etwas werden.» So aber war die Angst, der eigenen Mutter zu widersprechen und, noch viel schlimmer, den Zorn auf die eigene Mutter zu lenken, übergroß.

Was ist im Hintergrund von soviel Verdumpfung und *Unweisheit* für *weise* zu begreifen? Vielleicht läßt sich diese Antwort am besten geben, wenn wir uns die Frage vorlegen, wie wir uns selber denn zur *Weisheit* erziehen können; doch da das meist ein bißchen verfänglich ist, machen wir uns die Aufgabe leichter und fragen uns, wie wir denn *unsere* Kinder zur Weisheit erziehen würden. In Hypothesen spricht es sich immer leichter und mit Richtung auf andere auch viel schonender. Was also würden wir in den Schulen, in den Elternhäusern *für unsere Kinder* an Komponenten wünschen, um sie zur *Weisheit* zu bringen, statt ihnen Wissen zu vermitteln, um ihnen Bildung angedeihen zu lassen, statt sie in bloßer Ausbildung zu schulen? Gehen wir die genannten Zerrformen menschlicher Geistestätigkeit nur noch einmal durch, um sie zur *Weisheit* zu bestimmen!

Da brauchten wir als erstes ohne Zweifel ein Klima, eine Umgangsform, in welcher Gefühl und Denken zusammenkämen. Vorschläge, Ideen von pädagogischer Seite dazu gibt es genügend. In den dreißiger Jahren des 20. Jahrhunderts konnten Leute wie JOHN DEWEY und GEORG KERSCHENSTEINER, damals berühmte Pädagogen, vorschlagen, daß man sinnvollerweise nur unterrichten könne, wenn man an jeder wesentlichen Stelle der Erkenntnis bestimmte persönliche Erfahrungen vermittle. Kinder sollten nicht einfach auf der Bank sitzen, sie sollten *wissen*, was ein Stück Holz ist, wie aus einem Stück Holz ein Gebrauchsgegenstand wird, wie eine Bank aus Holz sich formt usw., einfach damit sie durch Tun und Erfahrung wertzuschätzen wüßten, wo sie sich befänden. Die Gegenstände, die sie umgäben, sollten mit ihnen anfangen zu reden, indem sie mit den Dingen in einen wirklichen Kontakt träten. Ursprünglichkeit der Lebenserfahrung also galt da als ein erzieherisches Mittel. – In der modernen Psychiatrie haben sich solche Formen einer weisemachenden Menschlichkeit z.B. in der *Ergotherapie*, in der *Beschäfti-*

gungstherapie, erhalten. Es handelt sich einfach um den Versuch, in einem Bereich, da Fehler noch nicht «schlimm» sind, im Umgang mit bestimmtem Material die eigenen Gefühle wieder zu entdecken und dabei bestimmte Techniken zu erlernen, die im Verlauf der menschlichen Kulturgeschichte schon viele Jahrtausende und Jahrzehntausende alt sein mögen, wie Flechten, Weben oder das Brennen von Ton; – es geht darum, an den Dingen sich selber wiederzufinden, die eigene Seele in dem, was man tut, zu erkennen und dann über die Dinge mit anderen Menschen ins Gespräch zu kommen beziehungsweise umgekehrt im Gespräch mit anderen Menschen wieder den Mut zu gewinnen, fremdes Material zu formen. Sehr bald wird man bei solchem Vorgehen gewisse Einschränkungen des Verstandes studieren können.

Manche Leute etwa beginnen, etwas zu wollen, und schon übernehmen sie sich. Es wird nicht einfach gewebt, es muß sogleich ein Gobelin hergestellt werden; es wird nicht einfach gemalt, sondern es wird sogleich ein Gemälde komponiert; Leute dieser Art stellen Forderungen an sich, die von Anfang an unerfüllbar sind, doch wenn sie es schließlich merken, gewinnen sie Grund, darüber nachzudenken, wer in der Kindheit eigentlich diese stets überfordernde, diese im letzten frustrierende, diese in allem entmutigende Instanz gewesen ist. Jetzt gilt: *Man darf!* Man darf in kleinen Schritten lernen, man muß nicht dauernd das Laufen mit dem Stabhochsprung einüben. Es ist möglich, daß man langsam, Schritt für Schritt, ins Leben findet. Man wird nicht für jeden Fehler ausgelacht, im Gegenteil, hier zeigt sich, daß es ganz normal ist, etwas mißzuverstehen, etwas falsch zu verknoten, aber eben indem man sieht, wie etwas *nicht* weitergeht, lernt man zugleich auch, *wie* es weitergeht, denn nur aus der Summe der Fehler organisieren sich am Ende die Schritte richtiger Einsicht. Da sind *Gefühle* wieder zugelassen. Uralte Strafängste, die längst schon nicht mehr nötig sind, werden hochkommen, Formen der Selbstverachtung und der Selbstverurteilung melden sich wieder zu Wort, aber sie können jetzt einem reiferen Fortschreiten zu sich selber weichen.

An jeder Stelle ist es nötig, Gedanken mit Empfindungen und Gefühlen zu verknüpfen. Denken Sie nur, wie wir mit der belebten Kreatur an unserer Seite umgehen. Was wir in unseren Schulbüchern ausgedrückt finden, enthält eine Fülle von Genetik und zellularer

Mikrobiologie; wo aber lernen Kinder heute, die Liebe zu einem Tier, die ihnen im Grunde angeboren ist, weiter zu pflegen? Wo ist es möglich, daß man ihnen beibringt, daß Tiere fühlende Wesen sind, mit denen man nicht alles machen kann? Etwas Entsprechendes steht in jedem Biologiebuch unter dem Thema *Verhaltensforschung*, doch auch da werden in aller Regel recht öde Kunststücke des Reiz-Reflex-Schemas durchprobiert. Auch da hat man Tiere immer noch als Erkenntnis«gegenstände», als «Objekte», als «Reflexmaschinen» vor sich. Wo aber wird Kindern gesagt, daß sie mit den Tieren fühlen können, weil alle menschlichen Gefühle stammesgeschichtlich – durch die Tierreihe – gewachsen sind, daß die Tiere unsere Partner sind und es einen absoluten Unterschied ausmacht, ob man von ihnen als von einem «Es» redet oder ob man mit ihnen als mit einem «Du» spricht, ob sie mit anderen Worten ein Gegenüber oder ein Sachgegenstand sind? Dazwischen fällt die ganze Welt auseinander und das Herz eines Menschen! Es wäre so wichtig, unseren Kindern beizubringen, daß sie nie etwas lernen und tun sollten, das menschlich relevant ist, bei dem sich nicht Denken und Fühlen zu einer Einheit formt!

Dann wären wir bereits dabei, die *Schizoidie* in weiten Feldern aufzulösen. Wir brauchten zu diesem Zwecke eine Unterrichtsform, in der die *Person*, das Ich der Kinder eine Rolle spielt. Was immer sie sagen, die Stellen, an denen sie sich schwertun, etwas zu lernen, lassen sich lesen als Hinweise auf bestimmte Hintergründe ihres Erlebens. Ist es nicht möglich, daß ein Kind zum Beispiel aufgrund bestimmter Erfahrungen sich außerstande zeigt, in einem speziellen Fach erfolgreich zu lernen?

Daß Kinder, die Angst vor ihrem eigenen Körper haben, keine großartigen *Sportler* werden können, wird jedem deutlich sein; was aber ist es mit einem Fach wie *Deutsch*? Ist es nicht möglich, daß eine Sprachgehemmtheit, ein Ich-darf-nicht-Sagen, wie grad auf der *depressiven* Stufe geschildert, einem Kind die größten Schwierigkeiten bereiten kann, sich in einem Aufsatz fließend und gut auszudrücken? Wo andere Kinder hundert Wörter machen, hat ein solches Kind gelernt, daß ein einziges Wort genügen muß, – mehr will man von ihm überhaupt nicht hören! Oder ganz im Gegenteil: es tröstet sich und sagt: der Aufsatz gibt mir ja die Erlaubnis, in aller Länge und Ausführlichkeit meine Gedanken niederzuschreiben;

meine Mutter wird das alles niemals lesen, mein Lehrer aber ist gezwungen, das alles zu lesen! Mit einer solchen Einstellung kann die Geburt eines Schriftstellers beginnen, aber das ist ein anderer Entwicklungsgang. Notwendig wäre es, wir hätten Lehrer, die immer mal wieder zumindest sich fragen, warum ein Kind in bestimmter Weise an dieser Stelle sich so verhält, sich so äußert, sich derart schwertut. Ein Fach wie *Mathematik* etwa kann damit zusammenhängen, daß ein Kind nie gelernt hat, im eigenen Interesse Ansprüche zu stellen und dabei bis drei zu zählen, daß es nie gelernt hat, seine Anteile beim Verteilen bestimmter Dinge richtig zu kalkulieren. Wie man Interessen verrechnet, hat ein solches Kind vielleicht gar nie beigebracht bekommen. Das Sprichwort sagt: Es bekommt ein *Sehr gut* in Religion, aber *Mangelhaft* im Rechnen! Wenn Kinder eigene Interessen nicht haben wahrnehmen dürfen, kann ihnen das Verhältnis zu einem ganzen Wissenschaftsgebiet, zur Eintrittstür für die gesamte Naturwissenschaft, leicht verbaut werden! Oder sollen wir von *Musik* reden oder von anderen Fächern? An allen Stellen erhebt sich die Frage: Wie gewinnen wir die *Person* unserer Kinder, ihr eigenes Ich, zurück und stellen sie in das Zentrum? Wie verschmelzen wir Gedanken und Gefühle so miteinander, daß sie aufsteigen wie Wolken über dem Meer und abregnen an den Wänden der Gebirge und ein ständiger Ringkreislauf sie beide miteinander verbindet?

Beim *zwangsneurotischen* Denken wüßten wir theoretisch vielleicht den leichtesten Rat, in der Praxis aber stellt alles sich gerade hier als besonders schwierig heraus. Denn wir müßten den Kindern die «Unverschämtheit» beibringen, gewisse Autoritäten nicht länger gelten zu lassen; wir müßten das Erbe IMMANUEL KANTS und der Aufklärung voll und ganz in die Schule hineintragen. Nichts soll da mehr beglaubigt sein, das sich vor dem Forum des eigenen Denkens nicht als glaubwürdig zeigt, und bis dahin müssen wir prüfen, aus was für Gründen es als wahr erscheinen soll. Welch eine persönlich erlebbare Macht liegt darin, den Verstand selber zu gebrauchen, den ganzen Bombast von faulen Phrasen geistig in die Luft zu jagen und dabei zu erleben, wie explosiv die Freiheit des Denkens sein kann! FRIEDRICH SCHILLERS Lied: «Die Gedanken sind frei» – dieses schönste deutsche Volkslied womöglich – versichert geradezu:

«Und sperrt man mich ein im finsteren Kerker
Das alles sind nur vergebliche Werke.
Denn meine Gedanken
Zerreißen die Schranken
Und Mauern entzwei.
Es bleibet dabei:
Die Gedanken sind frei.»

Solche Überzeugungen Kindern zu vermitteln, – welch eine Aufregung! In der *Deutschstunde* am besten ließe es sich probieren. Den Dichtern ist es eigentümlich, die Welt aus der Perspektive ihrer jeweiligen Akteure zu zeigen und die Kinder aufzufordern, einmal zu sehen, wie unterschiedlich die Welt begreifbar ist, je nachdem, ob man GOETHES *Werther* zum Beispiel aus der Perspektive Charlottes, Alberts oder Werthers betrachtet. Sehr unterschiedlich kann die Welt erlebt werden, völlig gegensätzlich, bis zum Tödlichen! Und was hat die eine Haltung für sich und was die andere? Wer besitzt da die Wahrheit? Gibt es sie überhaupt? Formt sie sich nicht, frei nach WILHELM DILTHEY, völlig relativ zum jeweiligen Charakter? Aber wo ist dann das Verbindende und Verbindliche zwischen den Menschen? – lauter Aufregungen des Geistes! Würden wir den Mut haben, sie den Kindern zuzumuten, statt mit fertigen Antworten immer schon die Neugier des Fragenden einzuebnen, wir hätten eine wunderbare Form, *weise* zu machen im Unterricht!

Und der *Hysterie* müßten wir nach und nach beibringen, daß Selbstdarstellung sich nur lohnt, wenn sie von innen her stimmig wird, indem das, was sich äußert, eine wirkliche Äußerung und keine Maskerade ist. Es käme drauf an, etwas denken zu dürfen, das dann auch so stehen bliebe und nicht verhuscht werden müßte zu etwas ganz anderem, weil vielleicht der Beifall geradezu einer neuen Mode gewechselt hat, zu einer neuen Durchschnittserwartung; unter Umständen könnte es sogar bedeuten, Mißfallen von diesem und jenem zu beziehen. Auch das muß es geben! Es kann nicht an jeder Ecke die Prämie des Lobes und der Anerkennung warten. Aber etwas zu riskieren, das auf Widerspruch stößt, die Erfahrung, daß es sich lohnt, auch eigenen Widerspruch zu riskieren, das alles sammelt sich nun zur Frage der *Weisheit*.

Was ist ein weiser Mensch? Vielleicht läßt es sich weder auf Hebräisch noch auf Griechisch endgültig beantworten; vielleicht brauchten wir dazu die *Buddhisten*, in deren Religion innerhalb des achtfachen Weges *das rechte Denken* eingeübt werden soll. Die Buddhisten üben das Weisewerden durch Meditation, durch Stille, durch Selbstversenken, durch Verzicht auf Illusionen, durch langsames Hinwegreifen über das Anhaften an Dinge, die den Einsatz nicht lohnen. Eine solche menschheitliche Form, weise zu sein, ist völlig identisch damit, frei zu sein, gütig zu sein und in sich selber zu ruhen. Die religiöse Formulierung des *Buchs der Sprüche* meint im Grunde etwas Ähnliches: Wer Gott findet, wer ein Gegenüber hat, dem er absolut *vertrauen* kann, und damit aufhört, irgend etwas auf der Welt sonst noch zu «fürchten», der reift wie ein blühender Baum, und die Schönheit seines Wachsens und die Fülle seiner Früchte sind das, was wir *weise* nennen.

Ein ganzer Mensch zu sein, geboren aus Vertrauen statt aus Einschüchterung und Furcht, sollten wir das eine «Tugend» nennen? Eine solche Haltung fragt nicht mehr danach, wem sie «taugen» kann, sie gründet nur in sich selbst, sie ist in gewisser Weise kein Gebrauchsgegenstand, sondern sie stellt etwas in sich Gültiges und Wertvolles, etwas ganz und gar Persönliches dar.

Dann könnten wir überhaupt damit aufhören, von *Tugend* als von einem Moralbegriff zu reden und daneben von dem *Laster* als von etwas, das wir willentlich vermeiden könnten. Wovon wir wirklich reden sollten, wäre die Einschränkung der Menschen in einem ihrer wichtigsten Vermögen: in ihrer Vernunft, in ihrem Verstand, in ihrer Geistigkeit und in der Befreiung all dieser Möglichkeiten, die in uns ruhen. Am Ende bietet der Verstand die beste Möglichkeit, sich gegen all das zu wehren, was unterdrückt, bildet er die freieste Möglichkeit, Stellung zu nehmen auch zu sich selbst.

ERINNERUNG

CORNELIS CORT nach FRANS FLORIS: Die Erinnerung (Memoria)

In einer Serie von acht Kupferstichen zu den *Tugenden* hat im Jahre 1560 CORNELIS CORT (nach Entwürfen von FRANS FLORIS) auch die Tugend der Erinnerung *(Memoria)* dargestellt, die in dem Graphikverlag von HIERONYMUS COCK in Antwerpen verlegt wurde, ein Blatt im Format 29,3 x 19,3: Die Tugend des Gedächtnisses sitzt in einem Gewand, das Arme und Füße frei läßt, auf dem Sockel einer antiken Säule – «Grundlage» und «Bezugsrahmen» der Erinnerung ist die Vergangenheit; sie selbst ist die Verkörperung dessen, was aus weit zurückliegenden Zeiten prägend in die Gegenwart hineinreicht. So sieht man die Memoria, das rechte Bein angezogen, den Inhalt des Erinnernswerten in das Buch der Geschichte schreiben, während ein feingliedriger Jagdhund mit lang vorgestrecktem Kopf zu ihr aufblickt: Findigkeit und Treue, Spürsinn und Anhänglichkeit vereinigen sich in der Gestalt dieses «Hilfstieres» der *Memoria*. Im Gegenüber der Erinnerung sieht man ein repräsentatives, doch schlichtes Gebäude, das im Kontrast zu dem «Tempel» der Vergangenheit als das noch unbewohnte Haus der Zukunft verstanden werden kann. Um so bezeichnender ist das Symbol am Eingang dieses «Hauses»: ein Steinquader mit einer Kugel, – eine Kombination von Stabilität und Labilität, von Vorhersehbarkeit und Unvorhersehbarkeit, von berechenbarer Notwendigkeit und unberechenbarer Zufälligkeit; gerade die Fähigkeit zur Erinnerung kann diese Offenheit aller Geschichte demnach nicht überwinden, nur vergegenwärtigen. Doch obwohl geschichtliche Ereignisse sich nicht nach naturgesetzlichen Festlegungen wiederholen, ist die Kenntnis dessen, was war, wichtig zur Vermeidung von Fehlern in vergleichbaren Situationen. So erklärt denn auch die lateinische Beischrift:

Praeterios memori / et prudens si respicis actus
ad res praesentes / hinc erit utilitas.
Wenn man Vergangenes klug / erinnert und darauf zurückblickt,
wird der Gegenwart / bald daraus Nutzen entstehn.

Memoria
Præterios memori et prudens si respicis actus ad res præsentes hinc erit utilitas

Die Fähigkeit der Erinnerung, das Gedächtnis, lateinisch die *memoria*, griechisch die *mnemosyne*, wurde nicht immer als «Tugend» verstanden, genoß aber im 16. Jahrhundert, im Barock, ein hohes Ansehen.

Gemalt hat man sie gern als eine schöne Frau, die gedankenversunken auf einem Stein sitzt, gewissermaßen als einem Sockel der Festigkeit, und damit beschäftigt ist, Notizen auf ein Blatt oder in ein Buch zu schreiben; ihr zur Seite ein getreuer Hund, lang den Kopf vorgeschoben, spürnasig, findig, zuverlässig – so unser Geist, bemüht, herauszufinden, was war, und zu erfassen, was in Wahrheit ist.

Zwei Seiten der Erinnerung sind der Bibel eingebrannt wie negative Zeichen, wie Gefahrenmomente des Geistes, keinesfalls wie Tugenden, für uns aber sind es eben deshalb zwei sehr nützliche kurze Passagen.

Die erste steht im Buche *Genesis*, näherhin in *Gen 19*, anläßlich der Szene vom Untergang Sodoms. Gewarnt hatte Gott den Abraham-Bruder Lot, er möge sich eilen, um sich zu retten bis hinüber zur Stadt Zoar; es heißt:

> *Und eben, als die Sonne über der Erde aufgegangen war, kam Lot nach Zoar. Der Herr aber ließ Schwefel und Feuer auf Sodom und Gomorrha regnen, von dem Herrn vom Himmel herab, und vernichtete so die Städte und den ganzen Umkreis und alle Bewohner der Städte und was auf dem Lande gewachsen war. Lots Weib aber sah sich hinter ihm um und ward zur Salzsäule. Am andern Morgen in der Frühe machte sich Abraham auf an den Ort, wo er vor dem Herrn gestanden hatte, und schaute hinab auf Sodom und Gomorrha und auf das ganze umliegende Land. Da sah er den Qualm aufsteigen von dem Lande, wie Qualm von einem Schmelzofen. Und als Gott die Städte in der Niederung vernichtete, da gedachte er Abrahams, und er geleitete Lot hinweg aus der Zerstörung, als er die Städte zerstörte, in denen Lot gewohnt hatte.*

Einen ganz anderen Rückblick hält im Neuen Testament Jesus in seiner Anklagerede wider die Schriftgelehrten und die Pharisäer im *23. Kapitel* des *Matthäus*-Evangeliums:

> *Wehe euch, ihr Schriftgelehrten und «Pharisäer», ihr Angeber, ihr erbaut die Gräber der Propheten und schmückt die Gedenkstätten der recht Lebenden (vor Gott) (der Heiligen) (Lk 11,47–48) und sagt: Wären wir in den Tagen unserer Väter, wir würden nicht ihre Komplizen am Blute der Propheten. Somit bezeugt ihr euch selber, daß ihr Söhne der Prophetenmörder seid (Lk 11,48). Und ihr selber: macht nur das Maß eurer Väter voll! Ihr Nattern, ihr Schlangenbrut, wie wollt ihr dem Urteil der Höllenstrafe entgehen (Mt 3,7; 12,34)?*

Es ist offenbar möglich, mit dem Blick auf die Vergangenheit starr, unbeweglich und leblos zu werden, *und* es ist möglich, mit dem Blick auf die Vergangenheit geschmeidig zu werden; es ist möglich, daß man beim vermeintlichen Sich-Abgrenzen von der Vergangenheit sie wie zwanghaft immer neu wiederholt, und es ist möglich, die Vergangenheit durch bewußtes Durcharbeiten hinter sich zu lassen. Fragen wir daher, was ist es mit unserem *Gedächtnis*, daß es dem Leben dient und eine *Tugend* wird statt eines *Lasters*?

In Schülertagen hat es eine Weile gedauert, bis ich meinen protestantischen Hebräischlehrer zu verstehen vermochte. Er war bereit. Hebräisch zu unterrichten, wenn ich mindestens noch zwei andere Leute aufzutreiben wüßte, die es mit mir lernen wollten; aber diese Sprache, Hebräisch, schien furchterregend, schon weil man sie von rechts nach links schreibt, und dann die vielen gutturalen Laute, die in «europäischer» Betonung alle so ähnlich klingen! Eines Tages lobte ich meinen Hebräischlehrer, wie er die hebräischen Vokabeln je habe behalten können; doch statt über mein ungelenkes Lob zu lächeln, geriet er fast in Zorn. «Alle sagen», erklärte er, «ich hätte ein gutes Gedächtnis, – als sei das eine Naturbegabung! Man sollte anerkennen, daß es mich viel gekostet hat, ein gutes Gedächtnis zu bekommen! Es fällt einem nicht in den Schoß!»

Es war das erste Mal, daß ich mich fragte, was es mit unseren geistigen Leistungen auf sich hat, daß man sie für ein Talent hält, ohne auch nur entfernt abschätzen zu können, wieviel an Mühewaltung notwendig ist, sie vielleicht erst zu erwerben.

Bei unserem *Körper* scheint alles viel deutlicher: austrainierte

Muskeln verdanken sich irgendeinem Fitness-Studio, aber wer sie erst einmal ausgeprägt hat, dem ist zuzutrauen, daß er fortan gewaltige Lasten leicht zu bewältigen imstande ist. Bei unserem *Gedächtnis* verhält es sich nicht ganz viel anders, nur nicht nach außen hin sichtbar: Riesige Mengen der Vergangenheit transportiert es mit sich herum wie schwerelos, und das tatsächlich Erstaunliche: Ganz unterschiedliche Inhalte aus ganz unterschiedlichen Zeiten sind ihm wie mühelos abrufbereit präsent und in der Gegenwart zur Verfügung zugänglich. *Gedächtnis* ist in sich selbst scheinbar die Zeitlosigkeit der Zeit, der freie Zugriff in die Vergangenheit. *Gedächtnis* macht aus der Geschichte, bei aller Genauigkeit der Vergegenwärtigung, eine Art Sonate zur Aufführung und Interpretation für die Zeitgenossen in der Gegenwart. Kein Wunder deswegen, daß man das *Gedächtnis* als eine *Tugend* bewundert hat, nicht nur im Barock, sondern quer durch die Zeiten.

Wann eigentlich «behalten» wir etwas? Im Grunde werden Sie bei einiger Selbstbeobachtung rasch feststellen können, daß es nicht beliebig ist, was sich Ihrer Erinnerung einprägt. Es sind bestimmte Situationen, die von außen her, offenbar schon aus der Merksamkeit der Tierpsyche, uns vorschreiben, was des Behaltens wert ist. Ein Tier wird sich sehr genau vor allem Orte merken, die *gefährlich* sind, und Situationen, die Angst bedeuten. In der Strategie des Überlebens ist es außerordentlich wichtig, möglichen Todesgefahren, denen man einmal durch Glück entronnen ist, nicht ein zweites Mal wieder zu begegnen. Man darf das Glücksspiel nicht übertreiben, Vorsicht ist angezeigt. Orte der Gefahr bleiben deshalb unvergeßlich. Doch auch das Gegenteil gilt. Orte, an denen es *Nahrung* gibt, werden gleichermaßen gut erinnert. Unser Menschengedächtnis ist, bei allem Stolz auf unsere Kulturleistungen, diesbezüglich so anders nicht als das der Tiere. Ein Beispiel dafür kennen wir schon.

Sie gehen in irgendein Konzert, und Sie hören drei bedeutsame Kompositionen der Musikgeschichte Europas; Sie sind mit Recht entzückt, dankbar über die Aufführung, aber dann auch ein wenig durstig und hungrig; also begeben Sie sich in irgendein nahegelegenes Lokal, und es steht zu erwarten, daß Sie, wenig danach schon, kaum noch mehr wissen, was an jenem Abend musikalisch aufgeführt wurde, doch welche Speisen Sie in jenem Restaurant gewählt haben, dies, wenn es denn Ihre Wahl verdient hat, bleibt unvergeßlich in Erinnerung. Ja, die Verführungskraft solch glücklicher Erinnerung wird Sie dahin drängen, immer mal wieder dasselbe Lokal, vermutlich im gleichen Arrangement, aufzusuchen. Das Umgekehrte kann natürlich auch passieren: Speisen, die *vergiftet* sind oder ekelerregend schmecken, behält man über lange Zeit genau in Erinnerung; und auch das macht biologisch Sinn: Es genügt, daß eine bestimmte Speise ein einziges Mal verdorben war, und sie kann für alle Zeiten den Appetit verschlagen. Man will sie nicht mehr, man erbricht sich schon bei ihrem Anblick.

So stark kann die Erinnerung in der Gegenwart sich ausprägen. Das gilt selbstredend auch für etwaige peinliche oder kritische Augenblicke. Bestimmte *Fehler* dürfen sich nicht wiederholen; ein bestimmtes schädliches Verhalten muß augenblicklich abgestellt werden. Man lernt aus Fehlern, gewiß, aber allzu groß darf die Fehlerrate gar nicht erst werden. Und dazu verhilft die *Erinnerung*.

Was darüber hinaus werden wir behalten, wenn es sich nicht um solche krassen, sozusagen animalisch bedeutungsvollen Szenen handelt? Was ist es zum Beispiel mit unserem *spielerischen Gedächtnis*?

Man kann leicht feststellen, daß etwas um so leichter zu behalten sein wird, als es in ein freies Spiel von Beobachtungen, Inhalten, Gegenständen und Möglichkeiten eingebettet ist. – Sie gehen an einem Strand spazieren, und Ihr Auge fällt auf eine Vielzahl von Wellen, Muscheln, Strandformationen, Personen, Dünen, Häusern, Wolken ... Da kann es plötzlich geschehen, daß Sie diese Muschel, dieses Stück Holz, dieses Steinchen aufheben, einfach weil es durch seine Schönheit, durch das Schimmern seiner Farbe Ihre Aufmerksamkeit besonders an sich gezogen hat. *Erinnern* ist im Grunde nichts anderes als ein solches Sammeln von Eindrücken, an deren Verwertungsmöglichkeit eine bestimmte Wahrscheinlichkeit hängt. Wir werden kaum jemals von innen her, ohne durch die objektiv scheinende Bedeutsamkeit dahin gedrängt werden, etwas zu behalten, außer wir möchten mit dem, was wir behalten, später etwas Sinnvolles anstellen. Mit einem Wort: Das Denken an die Vergangenheit ist gebunden an den Entwurf einer möglichen Zukunft! Wir nehmen das, was war, in uns auf, um es in das, was es für uns sein könnte, hinüberzutragen.

In gewisser Weise hängt die Gabe der Erinnerungsfähigkeit mithin an unserer Phantasie. Je mehr wir in die Zukunft hinein für verwendbar halten, desto voller werden die Taschen unseres Gedächtnisses sich füllen. Es ist wie bei einem Jungen, der mit acht oder neun Jahren alles mögliche sammelt, von braunen Kastanien bis hin zu rostigen Nägeln, – alles könnte er ja verwenden! So ähnlich unser Geist, wenn *er* auf die Sammlung geht. Vermeiden möglicher Gefahren und Fehler einerseits und eine bestimmte Verwendbarkeit für die Zukunft, dies sind die beiden Hauptmotive der Erinnerung.

Daß man ganz allgemein die Erinnerungsfähigkeit lobt, hat im Raum der Geschichte vor allem mit der Vermeidung möglicher *Gefahren* zu tun. Freilich schon, daß wir das sagen, stellt uns vor ein Problem.

Es gibt die Dringlichkeit des Erinnerns, mit welcher die französische Dichterin MARGUERITE DURAS in ihrem Filmdrehbuch *Hiroshima mon amour* eines der schlimmsten Verbrechen der Menschheit im 20. Jahrhundert verknüpft hat, mit dem Gedanken der *Erinnerung*: Zwei Menschen, so erzählt sie, treffen sich in der verbrannten Stadt, ein Japaner, eine Französin, ohne persönlichen Namen, Träger, bei allen Unterschieden, des gleichen Schicksals, Verwüstete des Krieges: *Sie*, aus Nevers, kann nicht vergessen, wie man ihren Geliebten, einen deutschen Soldaten, am Tag der Befreiung, als die Glocken der Stadt den Sieg vermeldeten, hinterrücks erschossen hatte; als er auf dem Pflaster verstarb, verstarb zugleich ihre Jugend, ihre Liebe, ihr Vertrauen: *Sie*, als Soldatenhure, wurde kahl geschoren zur Strafe für ihre «unordentlichen Gefühle». *Er*, der Japaner, vermag nicht zu glauben, daß ein Gang durch das Museum von Hiroshima, daß der Anblick der Photos, daß die Beschreibung der 10000 Grad auf dem Platz der Sonne in irgendeiner Form die Wirklichkeit des Grauens damals und der lauernden Möglichkeit seiner Wiederkehr heute einem Touristen in die Seele reden könnte. «Du hast nichts gesehen in Hiroshima», lautet sein ständiger skeptischer Kommentar. Doch, beharrt sie: «Ich habe gesehen! Der Regen über dem Pazifik ist giftig, eine ganze Stadt wirft ihre Nahrung fort. Ich habe die Trauer gesehen, ich habe die Geduld gesehen, ich habe den Zorn gesehen, ich habe das Nichts gesehen. – Wir müssen uns erinnern, sonst wird alles wiederkommen!» so die Hoffnung der sensiblen MARGUERITE DURAS vor jetzt über 40 Jahren.

Sie hat nicht geahnt, daß wir uns an alles mögliche pflichtgemäß im Jahresumlauf ritualisiert erinnern werden, um es immer wieder zu begehen! Bis heute freilich gibt es keine Entschuldigung von seiten der Amerikaner für Hiroshima. Wie auch? Das Auslösen der Bombe wurde aufgrund seines durchschlagenden Erfolges sogleich zum Programm für die weiterzuentwickelnden Testreihen; man wollte die atomare Drohung mit dem Erst- oder Zweitschlag, je nachdem, wie die Philosophie der NATO es definierte, um buchstäblich jeden Preis aufrechterhalten. Wir «erinnern» uns in diesem Zusammenhang offenbar nur, um das Scheußliche zu perfektionieren, um es zur Routine zu erheben. Laßt sie doch Kränze niederlegen, laßt sie doch über den Frieden reden, wir werden hinzufügen, daß wir den Frieden nur haben können um den Preis der Standhaftigkeit und der Tapferkeit. Also: weiter so!

Was eigentlich lernen wir aus der Vergangenheit? Es gab Hiroshima, doch wir haben an der Seite der Amerikaner nichts gelernt. Es gab Auschwitz, es gab Stalingrad, es gab Dresden – und was haben wir in Deutschland gelernt? Nie wieder, nie mehr so etwas, – so das Denken der Deutschen, als sie nach 1945 glaubten, «es» hinter sich zu haben. Doch: «Wir müssen es verhindern, indem wir uns bereits für das nächste Mal vorbereiten», lautete sogleich die Gegenstimme. Als hätte man Dresden zerbombt, um Auschwitz zu befreien! Oder als sei Stalingrad die Ursache für Auschwitz gewesen! Als hinge das eine mit dem anderen überhaupt in irgendeiner Weise logisch zusammen, bis auf die Tatsache, daß das skrupellose Hinmorden von Menschen immer wieder neue Rechtfertigungen finden wird.

Alljährlich wiederholt zum Beispiel der Verein *Blumen für Stukenbrock* in der Nähe von Paderborn Anfang September eine Gedenkfeier für die etwa 80000 russischen Kriegsgefangenen, die in dem «Strafgefangenenlager» Stukenbrock 1942–1945 auf grausame Weise gestorben sind; die Organisatoren bestehen darauf, daß diese *Erinnerung* eine klare Kundgebung gegen den Krieg, gegen *jeden* Krieg ohne Wenn und Aber sei – der Sohn von Pastor NIEMÖLLER z. B. gehört zu den Veranstaltern. Doch wie sprach einmal ein Vertreter der Landesregierung? «Wir müssen militärisch überall auf der Welt gerüstet sein, um Stukenbrock zu verhindern.»

Was also lernen wir aus dem, was einmal war? Scheinbar gar nichts!

Gerade darin gründet der Zorn, den Jesus im *23. Kapitel* des *Matthäus*-Evangeliums in seinen Vorwürfen an die Adresse der geistigen

Elite seiner Zeit äußert. Derselbe Mann, den wir als so sanftmütig kennen und den wir als die personifizierte Liebe des Göttlichen auf der Erde verehren, in dem wir die Geduld und die Güte in Person erblicken, erreicht hier offensichtlich die Grenze der Geduld, ja, er ist willens, sie zu überschreiten. Würde jemand, der das Ölgemälde des üblichen Jesusbildes aus den Sonntagspredigten kennengelernt hat, je glauben können, daß der Mund gerade dieses Mannes sich auftun und reden könnte: «Natterngezücht! Otternbrut!»? Doch genau das sagt Jesus hier, und er hat offensichtlich Grund dafür, denn er findet, daß die ganze schriftgelehrte historische Erinnerung sich in Phrasendrescherei verbraucht.

Es gab vormals Propheten in Israel, o ja! Aber als sie lebten, hat man sie ermordet, weil sie den «ordentlichen» Theologen auf die Nerven gingen und weil sie den etablierten Kreisen ständig querkamen. Sie stellten das Königtum in Frage, sie stellten den Priesterdienst in Frage, sie stellten den Tempel in Frage, sie wollten Gott, und sie verwahrten sich gegen das Geschäft mit Gott. Das, natürlich, war gefährlich, das war aufrührerisch, das bedeutete ein Erdbeben, gegen solche Leute mußte man sich schützen. Also: Weg mit ihnen! Später dann, als man sie ermordet hatte, ging man zur Trauer über. Man hatte die Boten Gottes ermordet, aber man wollte das nicht getan haben; wie denn auch? Es war also eine Pflicht, die Taten der Väter zu bereuen; ein «guter» Mensch wird immer wieder sagen: «Nein, so etwas wollten und wollen wir nicht tun; es war eine Heimsuchung, daß so etwas geschehen konnte.» So sprechen womöglich noch die Zeitgenossen. Doch die Generation später wird sagen: «*Wir* hätten so etwas nie getan; nein, hätten wir damals gelebt, so würden wir ganz unfähig gewesen sein, so etwas zu tun!»

Man versteht den Gedanken Jesu an dieser Stelle eigentlich erst, wenn man sprachlogisch das Hebräische beim Worte nimmt. Er sagt: «Ihr erklärt: hätten wir gelebt in den Tagen unserer Väter, so hätten wir nicht gehandelt wie sie; aber damit erklärt ihr ja, daß ihr *die Söhne* der Prophetenmörder seid!» Man ist leicht geneigt, eine solche Aussage für eine merkwürdige Logik zu nehmen, kann doch schließlich niemand etwas dafür, daß er von einem bestimmten Vater oder von einer bestimmten Mutter abstammt und im biologischen Sinn damit in einer Reihe von Generationen steht. Für den Hebräer aber ist die Bezeichnung von «Vater» und «Mutter» identisch mit der

Angabe der *Wesensherkunft.* Wir müßten das Wort Jesu sinngemäß etwa so übersetzen: «Ihr erklärt dauernd: Wir hätten nicht getan, was unsere Väter taten; wir wären nicht so gewesen wie sie in den Tagen, da sie lebten; aber indem ihr so sprecht, handelt ihr doch *dem Wesen nach* genau wie eure Väter!»

Was ist der «Trick», der Jesus derart erzürnt? Worum geht es dabei?

Die existentielle Verlogenheit besteht ganz einfach darin, die Vergangenheit zu beklagen, um sich damit die Hände freizuhalten, um in der Gegenwart genau das gleiche, wenn auch unter veränderten Voraussetzungen und unter gewechseltem Etikett, neu aufzuführen. Auch die Leute damals werden bereits ihre Gedenkfeiern gehabt haben, ihre Erinnerungsstunden, und doch werden sie die Propheten in ihren Tagen nach wie vor und wie zu allen Zeiten als zu rebellisch, als zu revolutionär abgewehrt haben. Es gibt Gedenkfeiern, die überhaupt nichts bewegen sollen, indem sie lediglich zum Ritual, zur Alibiveranstaltung des Konservatismus, zum Handlungsersatz degenerieren. Sie sind nichts weiter als bloßes Etikett, als eine Anstandsregel politischer Korrektheit, als ein Pflichtpensum, das man ableisten muß, um kein Außenseiter zu werden. Aber eben indem die psychischen und sozialpolitischen Gründe nicht abgearbeitet werden, *warum* etwas geschah, bzw. indem die Gründe für das Vergangene *lediglich historisch* erinnert werden, enthebt man sich der Analyse der gleichen gefährlichen Mechanismen in der Gegenwart, beraubt man sich der Erkenntnis der eigenen Gefährdung, entzieht man sich der Konfrontation mit den eigenen Motiven und steht eben deshalb zumindest schutzlos, wenn nicht sogar willfährig dem völlig gleichen Tun in der Gegenwart gegenüber.

Das meint Jesus: «Heute tut euch der Jeremia von vor 600 Jahren leid, aber was wird sein, wenn ein Jeremia heute wiederkommt?»

Natürlich hat der Mann aus Nazareth Grund, dabei an sich selber zu denken, ist doch seine Botschaft aufs Haar eine gleiche, und bedroht man ihn genauso, kaum daß er zwei Jahre lang in der Öffentlichkeit geredet hat, mit demselben Willen, ihn zu ermorden. Und wieder wird man Gottes Wort im Munde führen, und wieder wird man die Staatsgewalt anrufen, – alles wie gehabt! *(Mt 16,14!)*

«Aber nein», wird man sagen, «es gibt ja gar keinen judäischen König mehr wie damals, unser Problem ist ja gerade darin gelegen, daß wir von den Römern besetzt sind; schon deshalb kann ja ein

Jeremia gar nicht wiederkommen, – die Zeiten haben sich geändert!»

Daß man immer nur bedauert und betrauert, was man war, um dadurch mit gutem Gewissen in der Gegenwart alle Abscheulichkeiten unverändert fortzusetzen, – das ist das Zwielichtige an all diesen «Gedenkfeiern». Man müßte statt Erinnerung zu «feiern» *durcharbeiten*, was im Menschen lebt; nicht «Vergangenheitsbewältigung», nicht bloße Geschichtskenntnis, sondern existentielle Offenheit und Betroffenheit müßten das Thema bilden: Was geht in Menschen, also auch in mir, vor sich, wenn sie handeln, wie sie gehandelt haben? *Das* wäre «Gedächtnis», wie wir es uns wünschen, nicht als ein rituelles Regelwerk, sondern als ein veränderndes Mittel unserer Vermenschlichung. Wie kann es sein, daß wir das Gedächtnis so einsetzen, daß es unserer Humanisierung hilft und daß es eine wirkliche Klärung und Läuterung unserer selbst bewirkt?

Es gibt zumindest *eine* Form, in welcher unser Gedächtnis auf unfruchtbare Weise an das Vergangene gebannt wird. Bezeichnen wir diese Form der Erinnerung als die *Traumafixierung*. Irgend etwas in unserem Leben, ein bestimmtes Ereignis, hat sich in uns derart eingebrannt, daß wir davon nicht loskommen. Es geht dabei nicht um eine bestimmte Erfahrung von Angst und Gefahr, nicht um einen bestimmten Fehler, nicht um eine bestimmte Speise, wie eben erwähnt; es wurde uns vielmehr etwas so Verheerendes zugefügt, daß der Schmerz bis zum Herzen vordrang und unser Leben stillstehen ließ. An dieser Stelle, so spüren wir, ist etwas Entscheidendes in unserem Leben beendet worden, ohne daß es hätte beendet sein dürfen. Das, was damals geschehen ist, hat die gesamte weitere Entwicklung eingefroren und vereist, und da hält sie nun; unser Nachdenken geht immer wieder darüber hin, wie um sie freizuschmelzen, wie um sie in eine neue Dynamik hineinzulocken, aber vergebens. Ein solches Trauma kann etwas sein, das sich im Bewußtsein nur sehr mühsam erinnern läßt; es kann aber auch sein, daß es uns immer wieder beschäftigt.

Ein heute 62 Jahre alter Mann beispielsweise erzählt, wie er 1945 siebenjährig aus Ostpreußen in einer Karawane der Trostlosigkeit vor der Roten Armee geflohen ist. «Damals», so sagt er wörtlich, «endete meine Jugend», und sieht man ihn heute, glaubt man's ihm aufs Wort. Alles, was er gelernt hat an Verantwortung, an Selbstdisziplin, an Härte gegen sich selber, wurde damals geformt. Es gab seither für ihn keine Wünsche mehr, keine Freiheit mehr, keinerlei Genuß mehr, es begann seit jener Zeit für ihn ein Ringen ums Überleben. Jeder muß dem andern helfen, er als Kind also seiner Mutter, aber wie? Das Leben ist eine einzige Anstrengung, hatte er damals gelernt, das Daseinsrecht muß verdient werden, – so viele Menschen sterben am Rand, und wer hat es verdient, zu überleben? All diese Eindrücke waren sehr schlimm für ein Kind von sieben Jahren. Aber nun begibt sich etwas Merkwürdiges, wie oft bei Erinnerungen an furchtbare Begebenheiten in der Kindheit oder der Jugend: Gerade diese Erinnerungen erhalten eine eigenartige Faszination nach rückwärts, eine düstere Magie.

Manche Kriegsveteranen suchen absichtlich die alten Schlachtfelder, die Gräber ihrer gefallenen Kameraden auf wie persönliche Wallfahrtsstätten – man möchte alles das noch einmal ganz genau sehen, und nicht nur einmal, sondern immer wieder! Es ist, wie wenn an diesen Punkten des Daseins, gerade weil sie so schwer in die Seele fielen, fortan etwas hängt wie Wehmut und Stolz. Eine merkwürdige Selbstachtung erbaut sich darüber wie ein Dom: Man hat es doch geschafft, damit fertigzuwerden! Und wieder: All das Vergangene ist doch ein Teil der eigenen Persönlichkeit, derart, daß, wer mich kennenlernen will, unbedingt davon wissen muß! Aber weiß ich denn selber, wer ich bin, ohne immer wieder dorthin zurückzukehren, zu eben der Stelle, an welcher die Bahngleise in eben die Richtung gestellt wurden, in die der Zug dann fuhr, mit dem ich reisen mußte, um da anzukommen, wo ich heute stehe? Konnte man damals, als die Weichen gestellt wurden, überhaupt auch von ferne nur begreifen, *warum* sie in dieser Weise gestellt wurden und was ihre Stellung bedeutete? Ganz sicher nicht. Und versteht man es jetzt besser, indem man zu dem Ort in die Zeit zurückwandert? Ganz sicher auch nicht! Und dennoch soll aus all dem Unverständlichen und schlechterdings Unverstehbaren so etwas erwachsen wie Identität, wie ein Einverständnis mit sich selber!

In der Psychoanalyse hat man gelernt, daß die alte Traumatheorie, mit welcher SIGMUND FREUD seelische Erkrankungen, Neurosen, begründen wollte, so einfach nicht zutrifft, wie der Erfinder der Psychoanalyse anfänglich glaubte. FREUD meinte zur Erklärung von Neurosen ursprünglich, daß im Erleben der Kinder bereits sehr früh bestimmte Erfahrungen derart mit Angst verknüpft worden seien, daß an die Stelle einer gesunden Triebentwicklung bestimmte Fixationen einmal erreichter Entwicklungsstufen getreten seien; FREUD nahm dabei für eine Weile als sicher an, daß die Erinnerungen seiner Patientinnen und Patienten an bestimmte ängstigende Eindrücke und Erlebnisse auf etwas historisch Korrektes zurückzuführen seien.

Doch stimmt das?

In der Gegenwart ist eine heftige Debatte um diese Frage in der Thematik des Mißbrauchs von Kindern, von Mädchen insbesondere, entbrannt. Tatsächlich kommen Frauen oft nach Jahren eines therapeutischen Gesprächs mitunter irgendwie und irgendwann zu der Vermutung zunächst, dann zu der Rekonstruktion bestimmter Szenen, schließlich zu der subjektiv gewissen Überzeugung: Man hat ihnen «so etwas» angetan. Und an diesem Ereignis nun liegt alles weitere an Ängsten, Gehemmtheiten, Blockierungen, Fremdheitsgefühlen usw. Aber darf man so denken vom eigenen Vater, vom Onkel, von dem Freund der Mutter, vom älteren Bruder? Ist es erlaubt, solche Vorstellungen sich überhaupt zu machen? Und darf man sie dem Therapeuten gegenüber äußern? Jeder Schritt ist belastet von Schuldgefühlen.

Die Situation ist auch in unseren Tagen im Prinzip nicht sehr viel anders als nun vor hundert Jahren schon. FREUD meinte damals, um 1900, es sei nicht einmal so wichtig, ob das, was subjektiv erinnert werde, sich auch objektiv historisch so abgespielt habe, wie es sich eingeprägt habe und heute darstelle, wichtig sei allein die psychische Realität, die es besitze. Mit einem Wort: Es kann sein, daß das einzelne Erlebnis eines erinnerten traumatischen Geschehens lediglich die symbolische Zusammenfassung bestimmter konstant wirkender Eindrücke darstellt, die sich darin verdichten. Die «Erinnerung» an Mißbrauch und Vergewaltigung kann zum Beispiel Erfahrungen wie diese wiedergeben: «Du wirst geliebt, wenn du dich opferst; man mag dich, wenn du dich vollkommen willenlos dem fügst, was insbesondere dein Vater von dir will; du giltst für schön, wenn du dich widerspruchsfrei öffnest; du wirst ausgenutzt als Preis dafür, daß man dich duldet.»

All diese Erfahrungen können sich *sexuell* thematisieren, müssen es aber nicht unbedingt und erscheinen vielleicht nur im späteren Rückblick der Entwicklung in sexueller Verkleidung.

FREUD selber hat in aller Regel dem Psychotherapeuten aufgetragen, die «historische» Frage in ein Suchen des Patienten nach sich selber umzuwandeln. Nicht wie es «objektiv» damals war, sondern wie es subjektiv gefühlt wurde und dazu beiträgt, sich in der Gegenwart heute zu verstehen, ist die wahre Aufgabe solcher *Erinnerung*. Zudem kann, was als ein einzelnes traumatisches Erleben erinnert wird, aus einer Kette vieler gleichgerichteter *Mikrotraumen* sich zusammensetzen. Der ganz «normale» Alltag damals, der Gleichklang des üblichen Umgangs der Eltern mit einem Kind, die Tendenz ihrer Worte, der Tonfall ihrer Rede, die Art ihres Eingreifens, all das kann dafür sorgen, daß nach dem deutschen Sprichwort «ein steter Tropfen den Stein höhlt». Das Fallen eines Wassertropfens an und für sich bedeutet wohl noch gar nichts, aber immer wieder ein Wassertropfen auf der gleichen Stelle – das formt mit der Zeit das härteste Material.

Gleichgerichtete hindernde, hemmende Erfahrungen, die ein Leben nicht zulassen, bilden das wirkliche Thema und das eigentliche Problem aller Erinnerung. Denn solche Bewußtseinsinhalte werden ihrer scheinbaren Bedeutungslosigkeit, Gleichförmigkeit und Alltäglichkeit wegen gar nicht als etwas Besonderes gegenwärtig gehalten. An ein einzelnes Trauma könnte man sich heranarbeiten wie an eine einmalige Explosion, wie an ein Unglück, das mit entsprechender Wucht aufgetreten ist und das schon insofern unvergeßlich bleibt, aber wenn etwas derart Auffälliges scheinbar gar nicht geschehen ist, weil alles «ganz normal» verlief, so daß ein Außenstehender eine Ursache für die späteren Problemstellungen gar nimmer erkennen wird, wie soll sich dann der subjektiven Erinnerung einprägen, was damals geschah? Woran man heute leidet, hat scheinbar gar keinen Bezug mehr zu den Vorgängen damals, und so führt sich jetzt etwas auf, das wie schicksalhaft, wie zwangsläufig, offenbar wie angeboren erscheint. Es hat keine Geschichte, es war immer da, es ist nicht geworden, es ist schlechterdings gegeben oder auferlegt, und so ist es heute, eben weil schicksalhaft, auch durchaus nicht behebbar. Der Strom des seelischen Erlebens kommt nur ins Fließen, wenn man die Gegenwart über die Brücke der Erinnerung mit dem verknüpft, was damals war.

Insbesondere bestimmte *Charakterprägungen*, aber auch spezielle Krankheitsbilder werden überhaupt nur verständlich, wenn man sie in bezug setzt zu dem, was unter Umständen kaum erinnerlich ist und zumindest gefühlsmäßig kaum noch nachempfindbar erscheint und was doch um so stärker aus der Vergangenheit die Gegenwart bestimmt.

Menschen leiden zum Beispiel trotz vielerlei Behandlungsstunden und trotz des Besuchs einer Reihe von Kliniken immer noch an derselben seelischen Problematik, – an Magersucht oder an Bulimie etwa. Beide sind Massenkrankheiten mitten in der Überflußgesellschaft geworden. Was aber ist ihr Sinn?

Nehmen wir die *Magersucht.* Ein Patient, der an dieser Krankheit leidet, erinnert sich mit Sicherheit an gar nichts, schon weil der Sinn seiner Erkrankung in gewissem Sinne in der Zeitlosigkeit liegt. Es gibt keine Entwicklung, keine Geschichte, keine Erlaubnis, ein Junge oder ein Mädchen zu werden, es gibt nur eine stehende ewige Gegenwart, – bedürfnislos, rein der Seele gehorchend, den Körper vergessend. Wie formt sich eine solche Haltung? Wie ist es möglich, daß ein derartiges Maß an Selbstbeherrschung, an Selbstkontrolle, an Willen zur totalen Selbstverfügung und Freiheit identisch wird mit einem vollkommenen Zwang zur Selbstzerstörung? Ein magersüchtiger Kranker begreift durchaus, daß das, was er tut, für ihn selber ruinös und schädlich ist, ja, daß die Konsequenzen seines Verhaltens auch den Willen, den anderen nicht lästig zu werden, vollkommen boykottieren müssen: Bald schon wird die künstliche medizinische Versorgung die Krankenkasse schädigen und die Mitmenschen, statt sie zu erfreuen und zu entlasten, in ständige Unruhe versetzen. Man spürt bei aller subjektiven Friedfertigkeit eines Magersuchtkranken deshalb auch den aggressiven Impuls heraus, der da am Werke ist. Dementsprechend muß man sich fragen, was denn hier erreicht werden soll? Gegen wen die demonstrierte Totalverweigerung sich eigentlich richtet? Wer der unsichtbare Adressat ist, dem das Arrangement der Krankheit gilt, auf wen es berechnet ist, wem gegenüber es als Vorwurf wirken soll? Die Botschaft der Magersucht in Richtung dieses Adressaten lautet: «Ich will nicht mehr leben, ich kann nicht mehr leben, ich möchte nicht mehr sein»; aber was ist der Grund dafür?

Denken wir uns als unsichtbaren Empfänger dieser Botschaft die eigene Mutter, den eigenen Vater, dann haben wir vor vielen Jahren, womöglich vor zwanzig, vierzig Jahren, einen Vater oder eine Mutter vorauszusetzen, denen gegenüber der heutige Patient als Kind nicht sagen konnte: «Was ihr mit mir macht, versperrt mir mein ganzes Leben; so, wie ihr mich haben wollt, werde ich niemals sein!» Es hat über solche Konflikte kein Gespräch stattgefunden; statt dessen begriff das Kind schon damals wohl sehr genau, daß die Eltern auf ihre Art es gar nicht schlecht meinten, daß man ihnen jedenfalls nicht widersprechen konnte, ohne sich schuldig zu machen und zu fühlen. Man kann nicht, man darf nicht sagen, was man wirklich fühlt. Das, was man tut, das, wofür man leben möchte, ist in der Welt der Eltern gar nicht vorgesehen. Mit einem Wort, die ganze Welt ist wie verboten, wie verstellt, und da, wo Boden unter den Füßen sich finden sollte, brennt es einem selber unter den Schuhen.

Was also ist zu tun, als gewissermaßen schwebend über die Erde zu gehen und wie lebendig tot zu sein? Nichts ist da noch von früher erinnerlich; aber die Struktur der Krankheit selber läßt sich wie ein Brief lesen, der nie abgeschickt wurde; und plötzlich beginnt der gegenwärtige Zustand verständlich zu werden, indem er die stehengebliebene Vergangenheit offenbart.

Erst wenn deutlich wird, wie stark ein Mensch, der heute lebt, in Wirklichkeit gar nicht existiert, sondern nur das stehengebliebene «es war einmal» verewigt, wird durch die Arbeit der Erinnerung eine neue Entscheidung möglich; erst dann kann man das Vergangene absetzen vom Gegenwärtigen, erst dann mag man überlegen, ob der Protest, der damals eingefroren wurde, heute noch sinnvoll ist und noch immer beibehalten zu werden verdient. Dann ist es endlich möglich, zwei verschiedene Zeitstufen miteinander zu vergleichen, also auch die Personen, die damals waren und die heute sind, einander gegenüberzusetzen. Endlich, indem die alten Gefühle wieder auftauchen, mögen sie sich heute zu neuen Gefühlen wandeln. Zum erstenmal kommt jetzt überhaupt so etwas wie Geschichte zustande. Und zum erstenmal begreifen wir, was für eine Macht die *Erinnerung* hat, wie lebensnotwendig sie ist, wie absolut entscheidend darüber, wer wir selber sind.

Erinnerung, so lernen wir, bedeutet die Rückgabe unserer Verfügungsgewalt an all den Stellen, an denen uns das Leben in der Vergangenheit entzogen wurde. So erscheint die *Erinnerung* als eine wunderbare Gabe der Vermenschlichung. Denn die abstrakte Lehre stimmt so nicht, der Mensch an und für sich sei *frei*. Diese Lehre vertreten zwar die Moraltheologen, diese Lehre vertreten die Ethiker, doch irren sie gewaltig. *Freiheit* ist keine Naturmitgift, sie ist kein Geschenk der Götter, das uns, weil wir «vernünftig» wären, mit auf den Weg gegeben worden wäre. *Freiheit* gewinnen wir nur, indem wir die Vernunft dazu einsetzen, uns selber zu erkennen. Das aber ist der Weg der *Erinnerung*. Und was wollten wir von uns erkennen, außer, wie wir wurden, was wir sind? Gewinnen wir *darüber* keine Erkenntnis, so wird unsere Psyche selber zur Aufführung des schicksalhaft immer Gleichen genötigt werden, so bleiben wir Gebundene der Vergangenheit, im Wahne womöglich, dem eigenen Wesen zu gehorchen. Man begreift, daß das Allerschlimmste in unserem Leben der Gedächtnisverlust sein kann. Er ist mindestens so gefährlich wie die Fixierung auf die Vergangenheit unter dem Druck alter Ängste.

Es gibt Menschen, die nur rückwärtsgewandt leben wie Lots Frau. Da ist etwas so Furchtbares passiert, daß man den Blick davon nicht mehr abwenden kann, daß man wie versteinert dasteht und wird wie eine Salzsäule. Es ist möglich, daß die Lähmungen, die damals eingetreten sind, all die Energien, die nach vorne gerichtet sein könnten, einfach gebunden haben. Man redet mit Menschen über dies und das, aber es gibt trotz aller Gespräche niemals eine Planung, nie eine praktische Folgerung. Es ist immer wieder, als begönne man in derselben Zimmerecke sich im Kreise zu drehen; man kommt vielleicht gerade zur Tür, aber man vermag nicht, den anderen durch die Tür hinaus in sein Leben zu begleiten. Es hilft zum tausendsten Mal nicht, ihm zu sagen: «Unsichtbar stehen an dieser Tür dein Vater und deine Mutter und sagen: Du bringst mich um, wenn du durch diese Tür gehst; es darf nicht sein, daß du durch diese Tür gehst; ich will nicht, daß du durch diese Tür gehst; ich habe Angst, wenn du durch diese Tür gehst.» Durch diese Tür zu gehen scheint nach wie vor unmöglich. So groß kann die Macht der Vergangenheit sein, daß es wirklich keinen Schritt nach draußen gibt. Darum soll und muß sich alles drehen wie eine Schallplatte, immer im Kreise mit immer demselben Wortlaut. Allein dies schon ist sehr schlimm, daß *Erinnerung* nicht der Öffnung nach vorn dient, sondern in sich selber sich vertut.

Auf der anderen Seite kann, was damals geschehen ist, so schmerzhaft sein, daß darüber die Decke der *Verdrängung* geschoben werden mußte. Mit diesem genial gefundenen deutschen Wort hat SIGMUND FREUD beschrieben, daß schon Kinder etwas erleben können, das für ihr kleines Ich viel zu groß ist. Sie *dürfen* es nicht mehr sehen; sie handeln, wie vielleicht Sie sich als Kinder wirklich noch erinnern können: Sie liegen im Bett, und dann kommt irgend jemand, den Sie gar nicht mögen, und ausgerechnet der soll Sie in den Schlaf begleiten. Dann konnte es sein, daß Sie sich zur anderen Seite hin gedreht haben und waren prompt auch schon eingeschlafen. Sie haben damals einfach die Augen zugemacht, und schon hörte die Wirklichkeit auf zu existieren. Dinge, die sich nicht beantworten lassen, Zustände, die nicht zu verändern sind, können einfach aus dem Bewußtsein ausgeblendet werden. Es hat keinen Zweck mehr, daran zu denken, es ist zu gefährlich, daran zu denken. Auf diese Weise können eigene Wunschregungen einfach aus dem Bewußtsein ausgeblendet werden; Dingen, die man nie sagen durfte, die schlechthin unsäglich waren, wird einfach die Wortvorstellung entzogen; statt immer wieder sich sagen zu müssen, dies und das sei unaussprechlich, dies und das dürfe man nicht sagen, dies und das dürfe man nicht einmal wünschen, gereicht es jetzt zur Erleichterung, überhaupt nichts mehr zu wünschen, zu sagen und zu denken. Das ehdem Verbotene verschwindet, es wird spurlos vergraben, es ist später im Bewußtsein wie nicht mehr vorhanden. Das ist *Verdrängung*. Sie geschieht nicht ohne Gewalt, denn das verdrängte Material lauert unter dem Sand wie ein Skorpion, jederzeit bereit, wieder zuzustechen. Das Gefährliche an der erinnerungslos gewordenen Vergangenheit, an der verdrängten Wirklichkeit von damals ist, daß sie sich in der Gegenwart zwanghaft immer neu aufführt wie ein von fremder Hand geschriebenes Textbuch. Alles, woran man sich nicht erinnert, wird wiederkommen. Daran hat MARGUERITE DURAS gedacht. Und hatte sie nicht recht?

1945 – noch einmal – das Grauen des Dritten Reichs und des Zweiten Weltkriegs wurde weitgehend verdrängt. Die Wehrmacht hatte ihre Pflicht getan, erklärte KONRAD ADENAUER, sie hatte gehorcht, sie war tapfer gewesen, sie hatte «das alles» nicht gewollt, aber sie war im ganzen anständig geblieben, also konnten «wir» uns wieder sehen lassen; man hatte im Ausland kein Recht, uns dies und das vorzuwerfen. Es war erledigt.

Oder 1989 – Auflösung der DDR! Ging und geht es da nicht genauso zu? Wir benennen ein paar hundert Leute als die Schuldigen, der Rest des Volkes aber hat «all das» wieder mal «nicht gewollt», er ist nur mitmarschiert, weil er mitmarschieren mußte, er ist also unschuldig. Doch diese paar hundert sind es gewesen!

Man kann es gar nicht oft genug sagen: Die Vergangenheit, die wir *verdrängen*, wird unsere Zukunft sein, immer neu. Denn damals fühlten wir uns wirklich so ohnmächtig, daß wir als eigenständige Subjekte kaum existierten; die Verdrängung aber behält diesen Zustand der Subjektlosigkeit bei, und so kommen wir erst gar nicht auf die Idee, daß wir für unsere Vergangenheit und Zukunft zuständig sein könnten. Damals waren wir es nicht, und heute können wir es nicht, – wir haben es nie gelernt, und wir werden es nicht lernen, solange wir unseren eigenen Werdegang nicht aufarbeiten. Solange es bei der verdrängten Vergangenheit bleibt, sind wir politisch, geschichtlich, psychisch Unmündige, die den Mächtigen wie Kinder verfügbar sind.

Auch im persönlichen Leben verhält es sich nicht anders, eher noch schlimmer. Wie viele Ehen zum Beispiel scheitern einfach daran, daß die Regungen der Liebe und der Zuneigung zugleich auch uralte Gefühle von Zärtlichkeit, Liebe und Haltsuche aus Kindertagen wieder auf den Plan rufen! Viele Empfindungen und Gefühlsregungen heute können sich im Grunde nur geltend machen, weil alte Fragen, die damals ungelöst liegen blieben, sich jetzt wieder melden, eigentlich mit dem Anspruch, nun endlich bewußtgemacht und durchgearbeitet zu werden. Dazu aber gehört, daß man das, was jetzt geschieht, als eine erinnernde Vergegenwärtigung des Früheren betrachtet. Die entscheidende Frage also stellt sich: *Warum* empfinde ich heute so? Erst wenn diese Frage beantwortet ist, wächst vielleicht die Erkenntnis, daß es so wie bisher nicht mehr zugehen müßte.

Ein Mann etwa ist wütend auf seine Frau; dabei tut diese ihr Bestes, sie umgibt ihn mit allen möglichen Aufmerksamkeiten; er aber fühlt sich gerade deshalb von ihr kontrolliert, belästigt oder bedrängt, er will ihre Fürsorge nicht, er schimpft sie aus, wo er sie loben könnte, er straft sie, wo er ihr dankbar sein könnte – das Zerwürfnis ist perfekt. Er antwortet in seinem Verhalten eigentlich auf seine Mutter, ja, er hat in gewissem Sinne eine Frau geheiratet, die sogar dem Bild seiner Mutter entsprechen *sollte*! Er hat sie zu lieben begonnen, weil sie vieles von dem ersetzen mußte, was seine Mutter an Eigenschaften vermissen ließ. Dabei war er schon auf der Flucht vor seiner Mutter im Grunde in die Position eines Macho geraten, eines starken Mannes, der, autark wie er ist, keines anderen Menschen zur Hilfe bedarf, der nicht betüttelt werden und schon gar nicht kommandiert werden will; andererseits aber möchte er doch versorgt und umhegt und auch ein bißchen verwöhnt werden; wie aber kann beides gleichzeitig sein – Unabhängigkeit und Bindung, Selbständigkeit und Verbindlichkeit? Es ist möglich, daß ein Mann einer Frau alle möglichen Vorwürfe macht, die er eigentlich seiner Mutter hätte sagen müssen; diese aber kann ihren Gatten nicht verstehen, weil sie nicht zu begreifen vermag, daß seine Invektiven sich gar nicht gegen sie richten, sondern eine Abrechnung mit einem ganz anderen Menschen darstellen, der vielleicht längst tot ist und im Grunde nur in der Vorstellung gegenwärtig zu sein beansprucht, – ein Gespensterleben, lauter unerledigte Schatten und Schemen der Vergangenheit!

Weil sie nicht erinnert wird, ist die Vergangenheit Gegenwart! Weil sie nicht durchgearbeitet wurde, gehört die Vergangenheit einem selber nicht und führt sich wie zwanghaft in der Gegenwart auf!

Dabei kann der Verlust der Erinnerung geradezu charakterbedingt erfolgen.

Ich entsinne mich eines Mannes, der ernsthaft behauptete, seine «erste Erinnerung» – eine Routinefrage bei jeder psychoanalytischen Anamnese – liege bei achtzehn Jahren; es war die Zeit, in der er sein Abitur gemacht hatte. Es war beim besten Willen nicht möglich, aus ihm irgend etwas hervorzulocken, das er mit drei oder fünf Jahren erlebt hatte. Sein Leben begann tatsächlich erst mit achtzehn Jahren – man mußte es ihm glauben. Er war groß geworden in einem Waisenhaus, er war erzogen worden in einem Internat, er hatte in einer Welt gelebt, in der es ein eigenes Leben nie gab, er hatte überlebt in einer Welt, die seelisch gefroren und kalt war. Nichts bedeutete ihm gefühlsmäßig etwas, – schon damit es nicht wehtat, vereiste er es; nichts kam ihm nahe, schon damit es ihm nicht bedrohlich wurde; nichts durfte er empfinden, schon weil die Enttäuschung seiner Wünsche ohnedies feststand. In einer solchen Welt lohnt es sich nicht, irgend etwas dem Gedächtnis anzuvertrauen. Das eigene Leben begann für diesen Mann wirklich erst, als der Spuk des von Patres geleiteten Internats vorüber war. Mit seinem Studium verband sich für ihn zum erstenmal die Vorstellung eines eigenen Lebens.

Aber natürlich ist die Psyche dialektisch: Was sie *nicht* erinnert, ist das im Grunde viel Wichtigere gegenüber dem erinnerten Material, denn schon daß sie sich nicht erinnert, spricht Bände! Man muß die

Nicht-Erinnerung lediglich problematisieren, um sie in Tausende von Erinnerungen zu übersetzen, die der Bedeutungslosigkeit der eigenen Person, dem Nicht-Interesse aller anderen, der Beliebigkeit der eigenen Existenz, der kompletten Gleichgültigkeit der Umwelt gelten! All diese Inhalte werden so nicht «erinnert», aber sie liegen doch darin verborgen, daß jemand sagt: «Das weiß ich nicht, ich habe keine Ahnung; wer ich war, weiß ich nicht.» Eine solche Mitteilung bedeutet doch, daß jemand wirklich ein Nichts war als Kind, daß er in den Augen von niemandem als Person wahrgenommen wurde, daß er eine Pflegeaufgabe für Ordensschwestern vielleicht bildete, denen die Eltern ihren Obolus entrichteten, aber nicht mehr!

Erinnerungslosigkeit kann sich jenseits einer solchen *schizoiden* Ausblendung aller Affekte auch im *depressiven* Bereich einstellen. Stellen wir uns Menschen vor, die so verschmolzen mit den anderen sind, daß sie persönlich in Kindertagen für sich selber gar nicht vorkamen. Sie haben gelebt wie Hasen auf der Treibjagd, hakenschlagend quer durchs Feld, immer auf der Flucht. Ein Hund wird nach einer solchen Jagd wissen, woher er gelaufen ist, ein Hase auf der Treibjagd niemals. Er ist froh, daß er irgendwo, bei irgendeinem rettenden Gebüsch, rechtzeitig angekommen ist. Wie er dahin gekommen ist, kann er später ganz unmöglich wissen. *Depressive* sind in ihrem Erinnerungsvermögen meist wie solche Menschen auf der Treibjagd: Sie hören es überall schießen; es genügt, daß jemand hustet, und schon erscheint er als wütend, schon also muß man tun, was er will, – nur was will er überhaupt? Aus welcher Richtung wurde da geschossen? Auf wen wurde gezielt? Das alles weiß man nicht, man gerät nur in Aufregung, daß wieder einmal alles nicht stimmt, doch um so mehr muß man es durch Wohlverhalten stimmig machen. Nur wie?

Wenn Gedanken dieser Art von früh bis spät sich fortspinnen, so besteht niemals ein Spielraum, an sich selber zu denken, und wie soll da Erinnerung wachsen?

Anders im *zwangsneurotischen* Gedächtnisverlust. «Wie bist du groß geworden?» – Die zwangsneurotische Antwort wird lauten: «Ich war immer.» Mit einem Wort: Ich war nie ein Kind, ich habe nie gespielt, ich war eigentlich nie in der Schule, ich bin eigentlich fertig auf die Welt gekommen. Es ist peinlich für einen *Zwangscharakter*, daß auch er sich hat entwickeln müssen, daß auch er einmal klein und hilflos war und bestimmte Bedürfnisse hatte, daß zu einer bestimmten Zeit auch er noch nicht alles wußte und konnte; diese blamable Wirklichkeit ist einfach der Erinnerung nicht würdig. Die großen Taten im Geschichtsbuch des Lebens eines *Zwangscharakters* beginnen überhaupt erst, als er ein rechter Mann ward und Taten vollbrachte, für die man ihm eigentlich Denkmäler bauen müßte; die *Erinnerung* an sich selbst stammt von und besteht in den selbsterrichteten Denkmälern, – alles andere ist unbedeutend. Das zwangsneurotische Gedächtnis schreitet von Leistung zu Leistung, von Erfolg zu Erfolg hinweg über die Täler und Niederungen all der zu verschweigenden Mißerfolge und Peinlichkeiten.

Es bleibt, die *hysterische* Form der Amnesie zu beschreiben. Sie hat ihren Grund darin, daß ein Leben lang gespielt wird, was man selber nicht ist; ganz wie wenn man eine Opernsängerin fragen würde, welch eine Rolle sie einmal gehabt habe – ein paar große Rollen wird eine *Hysterikerin* noch erinnern, – sie hat, im Bilde gesprochen, irgendwann einmal die «Norma» gesungen; aber daneben gab es viele Nebenrollen, für die es nicht viel Applaus gab. Manches ist wohl auch mißlungen, im übrigen aber stellt sich die Frage nach dem nächsten Auftritt, nach dem nächsten Engagement. Eine kontinuierliche *Erinnerung* kann unter diesen Umständen nicht zustande kommen, – dafür ist die Außenlenkung viel zu stark, dafür muß man viel zu oft in Vorschriften schlüpfen, die von der eigenen Person ablenken. Die Rolle bietet ein zu erinnerndes Textbuch, aber sie bietet keine Antwort auf die Frage, wie man selber wurde und wer man selber ist. Kein Mensch kann sagen, was seine Geschichte ist, wenn sie sich zusammensetzt aus einer Reihe von Theaterauftritten. Dabei müssen wir durchaus nicht an die großen Künstler nur denken, vor uns stehen vielmehr die kleinen Lebenskünstler, die jeden Tag proben, wie sie andere beeindrucken können, wie sie nette Bemerkungen machen, auf daß alle anfangen zu lachen, wie sie wieder eine Clownerie zur Belustigung anderer vorführen; und *verlangt* man es nicht geradezu, jedenfalls wenn man schon Pastor ist oder Lehrer? In der Schule, in der Gemeinde muß etwas her, das die Schüler, das die Gläubigen begeistert. Und *daran* wird man sich erinnern, vielleicht werden es sogar die Zeitungen schreiben. War «es» das dann nicht am Ende? «Es» war vielleicht, aber man selber war nie! Gestohlenes Leben, entwendete Erinnerung – wie findet man die Brücke zurück nach damals, um das, was in Zukunft möglich wird, vorzubereiten? Wir sagten vorhin, die Erschütterung eines Traumas könne so groß sein, daß alles Erlebte der Verdrängung anheimfalle; zumindest in diesem Falle wird man SIGMUND FREUD durchaus zustimmen können: ob das Trauma historisch objektiv sich ereignet hat oder ob es in Form einer symbolischen Verdichtung erinnert wird, läßt sich subjektiv kaum unterscheiden; und wer von außen will es herausfinden? Die Lieblingsgestalt symbolischer Erinnerung beispielsweise ist der *Mythos*, aber man mißversteht ihn, wenn man ihn danach befragt, was er an Tatsacheninformationen enthält. Nie nur ist der Mythos ein Report von Geschehnissen in historischem Sinne, sondern er dient allenfalls der Bedeutungsverleihung dessen, was einmal war, und der Deutung dessen, was ist. Nicht viel anders verhält es sich bei der individuellen Erinnerung.

Jeder, wenn er von dem spricht, wie er als Kind groß wurde, erzählt in gewissem Sinne seinen *Mythos*. Tatsächlich ist dies eine beliebte Frage in der psychoanalytischen Anamnese: «Was würden Sie für eine Geschichte erzählen, wenn man Sie fragte, wie Sie zur Welt gekommen sind, und Sie hätten ein *Märchen* beziehungsweise einen *Mythos* zu erfinden?» Ich bin überzeugt: Jeder von Ihnen könnte sofort auf einem Blatt Papier sich eine solche Geschichte zurechtlegen, und würde er sie ein wenig später mit Aufmerksamkeit lesen, so würde er erschrocken, wenn nicht erschüttert sein, zu sehen, was sich da alles in einer kleinen phantastischen Symbolerzählung offenbart.

Eine vergleichbare Frage in der Anamnese kann lauten: «Was in Kindertagen war Ihr Lieblingsmärchen?» Auch ein solches *Märchen* faßt mit aller Wahrscheinlichkeit ganze Phasen der Kindheit symbolisch zusammen. Ob jemand sich wesentlich als ein *Aschenputtel*, als ein *Schneewittchen*, als ein *Hans im Glück*, als ein *tapferes Schneiderlein* oder als was auch immer empfinden mochte, darf in gewissem Sinne als die Zusammenfassung seiner *Deckerinnerung*, seines privaten *Mythos* gelten. Doch wenn es sich so verhält, läßt sich die Psychoanalyse dafür nutzen, auf symbolischen Brücken die Bedeutung vergangener Erlebnisse aus Kindertagen herauszuarbeiten. Kleine Erinnerungssprengstücke bereits können dabei hilfreich sein; so wie ein Geologe aufgrund einer silberführenden Ader die Entstehung eines ganzen Gebirges zu rekonstruieren vermag, so kann unter

Umständen ein Psychoanalytiker die Zerwürfnisse und Zerklüftungen unserer Seele nachzeichnen, wenn er nur erst bestimmte Erinnerungen zur Verfügung hat.

Ich entsinne mich, wie eine Frau eines Tages, nachdem sie schon seit langer Zeit zu mir gekommen war, ohne etwas Wesentliches mitzuteilen, sich plötzlich entsetzt zeigte über die Blumen, die auf dem Tisch standen. Sie selber verstand nicht, warum sie so fühlte, und es dauerte eine Weile, bis wir es herauszufinden vermochten. Der erste Schlüssel zum Verständnis lag darin, daß die Blumen eine rote Farbe trugen. Die Frage mußte also lauten: Was bedeutete für diese Frau eine rote Farbe auf einem weißen Tischtuch? Mehr als dieser Anhaltspunkt stand uns zunächst nicht zur Verfügung; das weitere Gespräch verlief eine Zeitlang, wie wenn man mit viel zu schwachem Gerät durch eine viel zu feste Wand bohren wollte. Stunden danach endlich tauchte eine erste Erinnerung daran auf, wie sie als zwölfjähriges Mädchen bei einer Bahnfahrt den Wandel vom Kind zur Frau hatte erleben müssen. Die erste weibliche Periode, die sie erfuhr, bedeutete für sie eine Schande, keiner hatte es zu sehen, insbesondere die Nonnen nicht, bei denen sie zur Schule ging. Aber wie verbirgt man etwas, das selbst nach dem Waschen auf der Toilette nicht aufhören will? Doch das war nicht das eigentliche Problem, es war nur der Anfang einer ganzen Kette peinigender Erinnerungen.

Die Frage stellte sich, warum ein 12jähriges Mädchen ein an sich normales Erleben für zwanzig und mehr Jahre aus seiner Erinnerung hatte *verdrängen* müssen; was war passiert, daß der Eintritt in die Weiblichkeit selbst als derart traumatisch erlebt wurde?

FREUDS Einsicht lautete, daß mit zwölf Jahren wiederkehre, was mit fünf Jahren etwa erlebt worden sei; in der Pubertät wiederholten sich noch einmal bestimmte Erinnerungen, die in der sogenannten Latenzzeit ins Unbewußte abgedrängt worden seien. Was also war im Leben dieser Frau mit fünf, sechs Jahren, vor dem Schuleintritt also, geschehen?

Nach und nach wurde deutlich, wie beengt die eigene Mutter damals hatte leben müssen, wie wenig Geld sie seinerzeit besaß, so daß der ohnehin viel zu geringe Wohnraum noch hatte vermietet werden müssen an einen anderen Mann; und als die Erinnerung erst einmal bis zu diesem Punkt vorgedrungen war, brach sich die entscheidende Mitteilung Bahn: Dieser Mann hatte die damals Fünfjährige zu onanistischen Handlungen verführt.

Aber war das alles «wirklich» so gewesen?

Es verhielt sich bei dieser Frage so, wie wenn man von der Detonation einer Bombe, die ein ganzes Haus verwüstet hat, nur noch ein paar Sprengstücke irgendwo in hundert Meter Entfernung hätte auflesen können; man mußte die Sprengstücke, so gut es ging, einsammeln, um sich eine Vorstellung von der Wucht der Detonation zu machen, von der Art der Verwüstung und vor allem von dem, was da zerstört worden war: Wieviel an Unschuld, an Liebe, an Vertrauen war damals vernichtet worden? Diese Frau hatte als Kind ihrer Mutter nie sagen dürfen, was mit ihr gemacht worden war; denn hätte sie davon gesprochen, so hätte ihre Mutter diesen Mann auf der Stelle aus dem Haus weisen müssen; die ganze Existenzgrundlage der Mutter wäre dann verloren gewesen.

Da haben wir also ein fünfjähriges Kind vor uns, das die Grundregeln zu begreifen lernt, wie man sich prostituiert: aus Verantwortung! Da wird der Anblick eines roten Blumenstraußes zu einem freien Fall in die Vergangenheit oder, besser, wie zu einem Sturz vom Felshang über viele Klippen. Mit einem Mal wird die Persönlichkeit dieser Frau gerade in ihren peinlichsten Erinnerungen sich selber verständlich. Wie viele Ängste, wie viele Unaussprechlichkeiten, wie viele Überlagerungen, wie viele Anpassungsbereitschaften und -willigkeiten, wie viele grenzenlos beschämende Verfügbarkeiten hatten ihren Charakter geformt! Aber auch welch ein verborgener Stolz: Was ich leiste, weiß niemand! Andere Mädchen später werden von vielem reden und mit ihrer Neugier Neuland erobern; dieses Mädchen hingegen wußte mit fünf Jahren bereits mehr von all dem als die geschwätzigen Gören mit fünfzehn; aber sagen durfte es das niemandem, empfinden für sich niemals, und am Ende wußte es gar nichts mehr davon; erst jetzt, viele Jahre danach, angesichts einer Rose, kam alles wieder zum Vorschein. Wie gewinnt ein Mensch seine eigene Vergangenheit zurück?

Das Thema *Erinnerung* war in Deutschland am Ende des 20. Jahrhunderts nicht nur persönlich, sondern vor allem politisch aktueller denn je. All jene irren sich, die da glauben, man könne das Gedenken an eine verbrecherische Vergangenheit zur Pflichtübung machen. Die Debatte dreht sich heute mit Blick auf die alte DDR vor allem darum, ob wir so etwas wie eine Amnestie über die damals so offenkundig staatstragend Schuldiggewordenen aussprechen sollten. Die juristische Debatte wird darum geführt, ob man über Menschen nach Gesetzen richten kann, die nicht bestanden, als die Taten geschahen, die heute zur Anklage stehen, ob es mit anderen Worten möglich ist, daß ein politisches System ein anderes richtet, ohne dabei Sieger-Justiz zu üben. All diese Fragen kann man stellen. Psychologisch viel wichtiger aber dürfte die Feststellung sein, daß eine ehrliche Erinnerung überhaupt nicht möglich ist, solange die Vergangenheit schmerzhaft und peinlich von außen oder von innen als fremde oder eigene Schuld bis zum Unerträglichen auf der Seele glüht.

Immer wird unser Ich unter drohendem Schuldvorwurf Wege finden, mit sich selber zurechtzukommen, indem es Rechtfertigungsgründe findet für das, was geschah. Es ist nur möglich, die Wahrheit zu erinnern und zuzugeben, wenn am Ende des Bekenntnisses das Eingeständnis steht, daß vermutlich kein Mensch an derselben Stelle etwas gänzlich anderes getan hätte und daß es allemal vermessen ist, wenn ein Mensch zu Gericht sitzen will über einen anderen Menschen. Zu der angsterzwungenen *Amnesie* gibt es im Grunde als Alternative nur die *Amnestie.* Es stimmt gerade nicht, Amnestie bedeute Amnesie, und wir müßten strafen, damit das Vergangene eindeutig bleibe. Vielleicht mißbraucht man nur die Moral zu bestimmten Zwecken der Politik und sitzt zu Gericht mit dem guten Gefühl, selber ganz anders zu sein als die Väter damals; dann sind wir wieder im *23. Kapitel* des *Matthäus*-Evangeliums!

Genial konnte vor rund 60 Jahren MAHATMA GANDHI sein. Gefragt, wie mit Schuldigen zu verfahren sei, wie zum Beispiel mit denen, die als Hindu-Fanatiker Muslime getötet hatten, oder mit denen, die in der Kongreßpartei dafür plädierten, daß Muslime ausgegrenzt würden, oder wieder umgekehrt mit Muslimen, die fanatisiert über Hindus hergefallen waren, und wie sich die Interessen der Opfer in Anbetracht der Schuldigen wahren ließen, konnte MAHATMA GANDHI, dieser vielleicht einzige wirklich «christliche» Politiker des 20. Jahrhunderts, fragen, was es denn helfe, wenn jemand zu dem Schmerz, der ihm selber zugefügt worden sei, nun eine Genugtuung darin finden wolle, wenn ein gleicher Schmerz einem anderen, dem Täter, zugefügt werde. Er meinte, das «Interesse» des Opfers müsse es gerade sein, in der *Erinnerung* an die Vergangenheit frei zu werden von dem Kleben an der Vergangenheit.

Natürlich kann man eine solche Freiheit nicht verordnen, aber doch könnte darin eine entscheidende Perspektive liegen: Wir ließen die erinnerte Vergangenheit erst hinter uns, wir gewönnen die Zukunft wirklich erst, wenn wir als freie Menschen, das heißt einander verzeihend und verstehend, einander begegneten. Der andere kann nur sagen: «Mir tut es leid, was ich dir getan habe», wenn er sich selbst zu verstehen begonnen hat und wenn er weiß, daß es auf der Gegenseite zumindest das Bemühen um ein Verstehen gibt, wie es zu seiner Tat kam, was in ihm vor sich ging.

Wir im Westen haben unsere Rechtssysteme, wir federn und sichern sie ab mit vermeintlich göttlichen Geboten, wir haben noch nie ein schlechtes Gewissen dabei gehabt, wenn wir wieder einmal einen «gerechten» Krieg exekutierten. Wie aber wäre es, wir hätten eine Haltung, wie GANDHI sie lebte? Noch kurz vor seinem Tode konnte dieser Mann sagen: «Ich bin Muslim, Hindu und Christ»; er glaubte fest, die Bergpredigt könne auf allen Ebenen der Wirklichkeit funktionieren, persönlich wie politisch.

Ein wunderbares Beispiel dafür, daß es auf diese Weise wirklich gelingen kann, die Vergangenheit über furchtbare Verbrechen hinweg bewußt zu machen, durchzugehen und im Wissen einer Amnestie einander ohne Ausreden und Beschönigungen einzugestehen, wurde unter dem Zweigespann von Bischof TUTU und von Präsident MANDELA in Südafrika in der sogenannten Wahrheitskonferenz inszeniert. Es hat eine Menge rassistischer Morde gegeben, es hat einen jahrhundertealten Dünkel der Weißen gegenüber den Schwarzen gegeben, es gibt immer noch die soziale Abhängigkeit und Ächtung der Farbigen durch die weiße Oberschicht als reale Wirklichkeit, aber es gibt auch einen farbigen Präsidenten, der dazu aufruft, nicht Rache zu nehmen, sondern das Furchtbare gemeinsam zu besprechen, indem die einen sagen, warum sie all das Furchtbare getan haben, und indem die anderen sagen, was sie erlebt haben, als es ihnen angetan wurde, auf daß beide zueinanderfänden.

An dieser Stelle irrt die katholische Kirche mit ihrer Beichtpraxis gewaltig, wenn sie lehrt, ein Mensch, der schuldig geworden sei, müsse als erstes geständig sein und bereuen, dann werde Gott ihm vergeben. Menschlich weit wahrer dachte in diesem Punkt MARTIN

LUTHER; er meinte, ein Mensch könne in seiner Erinnerung an die Vergangenheit nur ehrlich zu sich selber stehen, wenn er an *Vergebung* glauben könne. Und merkwürdig genug: *alles* muß einem Menschen vergeben werden, oft sogar die Zukunft, ehe sie beginnt, sich aufzuführen! Selbst der Blick nach vorn wird uns nur gelingen mit einem Mut, der es gestattet, in Vertrauen auf Verstehen und Vergebung auch Fehler zu begehen; es ist möglich, schuldig zu werden, indem man anderen fehlt und allein schon dadurch unter Umständen auf schlimme Weise Fehler begeht; es ist möglich, daß wir Grenzen haben, wo sie nicht sein dürften, daß wir nervenschwach sind, wo Contenance gefragt wäre; an all diesen Punkten wird ein ehrlicher Umgang mit sich selber nur möglich sein, wenn über unserem Leben wie ein milder Wind die leise Stimme der Vergebung weht.

In summa: Was wir lernen, ist, daß *Erinnern* und *Gedächtnis* keine «Tugend» sind, in Wirklichkeit sind sie ein reines Werk der *Gnade*. So verstanden, kommt *Dankbarkeit* vom rechten *Denken*; so verstanden, ist *Erinnern* nichts anderes als eine Form der Integration in ein Leben aus Vertrauen und Verstehen; so verstanden, ist rechtes *Erinnern* das reine Werk einer *Gnade*, die es ermöglicht, daß das Leben eines Menschen in allen drei Zeitstufen: in Vergangenheit, Gegenwart und Zukunft, eine Einheit bildet.

GEDULD

CORNELIS CORT nach FRANS FLORIS: Geduld (Patientia)

Auf einer Druckgraphik von CORNELIS CORT aus dem Jahre 1560 sitzt die *Geduld* auf einer Anhöhe, den Blick voller Demut zu Boden gesenkt. Andächtig hält sie die Arme verschränkt, in der Rechten ein Kreuz, das die besondere christliche Komponente dieser Tugend hervorhebt. Das Symboltier des Lammes an ihrer Seite gemahnt denn auch an das Vorbild Christi als «Lamm Gottes» (Joh 1,29; Apk 14,1–5), um so mehr, als die beiden Bäume, zwischen denen die *Patientia* sitzt, bedrohlich sich vorstreckende Schlangen anstelle von Ästen austreiben und ein geflügelter Drache seinen Schweif schon um ihre Beine geringelt hält. Die Geduld erscheint somit als ein Vermögen, Angst zu besiegen und Anfechtungen standzuhalten, als «Leidensfähigkeit» im eigentlichen Sinne des lateinischen Worts *patientia*, gewonnen durch den steten Blick auf das Symbolbild des leidenden Christus. Die lateinische Beischrift erklärt:

Quidquid erit durum, / lenius patientia reddet;
nullo igitur cupias / esse labore minor.
Was da als hart auch erscheint, / die Geduld wird es milder schon machen;
keinerlei Mühen deshalb / wünsche zu klein du zu sein.

PATIENTIA
h. cock excu.
f. floris inv.
Quidquid erit durum, lenius patientia reddet nullo igitur cupias esse labore minor

In der Reihe der sogenannten Tugenden verdient die Haltung der *Geduld* eine ganz besondere Beachtung, schon deshalb, weil sie als Erziehungsziel von vielen Eltern vielen Kindern beigebracht wird: Man muß warten können, man muß Ruhe bewahren können! *Geduld* gilt als die erste Bürgerpflicht, so wird es der Erwachsengewordene später als Staatsmitglied zu lernen haben. Dennoch sieht man vielleicht deutlicher als bei all den anderen sogenannten Tugenden, daß es hier um eine Haltung geht, die man weder anexerzieren noch im Grunde willentlich sich selber beibringen kann. *Geduld* zu lernen ist soviel wie das Atmen zu lernen oder ein ruhiges Sehen zu lernen. Man könnte beinahe sagen: *Geduld* hat man, oder man hat sie nicht.

Und dennoch gibt es selbstverständlich zwischen Geduld und Ungeduld Übergänge. Es gibt Gründe, warum Geduld gestört werden oder in Unbeherrschtheit, gar in Jähzorn umgebogen werden kann, und es gibt selbstredend Versuche, einer solchen Möglichkeit durch Erkennen und das Durcharbeiten dieser Gründe entgegenzuwirken. Im ganzen ist *Geduld* etwas sehr Kostbares, wert also, einmal darüber nachzudenken.

Es gibt zwei Stellen *in der Bibel*, die, ohne von *Geduld* zu reden, gleichwohl diese Haltung als lebensnotwendig erklären.

Die *erste* Szene ist dramatisch und weltberühmt: *die Geschichte von der Sintflut*, – jeder kennt sie. Ihr Ende aber wird wenig beachtet. Man muß wissen, daß der biblischen Erzählung zufolge im *ersten Buch Mose* im *Kapitel 6* Gott beschlossen hatte, die Menschen auszurotten auf seiner Erde; es reute ihn, sie überhaupt gemacht zu haben, denn böse war all ihr Trachten «von Jugend auf», was auf hebräisch soviel heißt wie *wesenhaft*, ausschließlich. Grundverderbt also waren die Menschen, *die Gott gemacht hatte;* dieser Zusatz deutet den ganzen Kontrast an. So war der Mensch vom Ursprung her nicht gemeint, so lag es nicht in Gottes Absicht, so ist der Mensch geworden gegen den Willen Gottes; doch nun, gewissermaßen um sich selber treu zu bleiben, muß Gott selber die Treue brechen zu seinem Geschöpf. Um die Welt zu retten und sie reinzuwaschen wie einen Augiasstall, wird Gott in einer vierzig Tage dauernden Flut die Menschheit hinwegspülen. – Das alles besitzt eine, zugegeben, bizarre, geradezu wahnsinnige, aber in gewisser Weise doch «göttliche» Logik. Um so weniger ist man darauf vorbereitet, daß am Ende von all dem die Geschichte mit einem Opfer schließt, das Noah dem Herrn dargebracht habe; da heißt es, im *8. Kapitel* im *1. Buch Mose*:

> *Da roch der Herr den lieblichen Geruch von Noahs Opfer und sprach in seinem Herzen: Ich will hinfort nicht mehr die Erde verfluchen um der Menschen willen, denn das Dichten und Trachten des menschlichen Herzens ist böse von Jugend auf. Und ich will hinfort nicht mehr schlagen alles, was da lebt, wie ich getan habe, sondern solange die Erde steht, soll nicht aufhören Saat und Ernte, Frost und Hitze, Sommer und Winter, Tag und Nacht.*

Die Natur also wird ihre Ordnung bewahren und die Bühne für den Menschen bilden, sich selbst immer gleichbleibend. Die Frage aber stellt sich nur um so mehr, wie und ob überhaupt das menschliche Herz jene Ruhe lernt, die in den Dingen schlummert.

Das *zweite* Beispiel: Im Neuen Testament, im *4. Kapitel* des *Markus*-Evangeliums, erzählt Jesus verschiedene Gleichnisse, darunter auch *das Gleichnis vom Sämann.* Man nimmt an, daß Jesus mit dieser Geschichte die Frage beantworten wollte, was jetzt zu tun sei, da nach dem sogenannten «galiläischen Frühling», als die Leute begeistert ihm zuströmten und Wunder der Heilung vor ihren Augen geschahen, nunmehr vor allem durch den Widerstand der Jerusalemer Zentrale und der rechten Kreise der Pharisäer-Bewegung die Leute unsicher werden und sich nach und nach verlaufen. Der Aufbruch, den Jesus wollte, scheint an Attraktivität zu verlieren. Wie also soll es nun weitergehen? Das, so glaubt man, ist im Hintergrund dieser Geschichte die dringende Frage, welche die Jünger an Jesus stellen. Doch wie alle Gleichnisse Jesu ähnelt auch diese Geschichte einem Baum, der an einem bestimmten Ort gepflanzt wurde, aber dann mit seinen Zweigen weit über seinen Wurzelgrund hinausgreift. Nicht eine Frage der Jünger nur, sondern eine wesentliche Frage des menschlichen Lebens wird hier in *Mk 4,1–9* beantwortet, und zwar speziell die Frage, wie man Geduld lernt.

Abermals fing er an, am Meer zu lehren, und es versammelte sich zu ihm sehr viel Volk, so daß er in ein Boot stieg und auf dem Meer sich setzte, während all das Volk zum Meer hin am Land blieb. Und er lehrte sie in Gleichnissen vieles und sagte ihnen in seiner Lehrrede: Hört! Also: ein Sämann ging zum Säen aus. Und beim Säen geschah es: Das eine fiel neben den Weg, und es kamen die Vögel und fraßen es weg. Anderes fiel auf Felsgestein, wo es nicht viel Erde hatte, und gleich schlug es aus, weil es keine Erdentiefe hatte. Doch als die Sonne aufging, verbrannte es, und weil es keine Wurzel hatte, verdorrte es. Anderes wiederum fiel in die Disteln; und die Disteln gingen auf und erstickten es, so daß es keine Frucht gab. Anderes wiederum fiel auf gute Erde, und es gab Frucht, indem es aufging und wuchs und trug: dreißigfach, ja sechzigfach, ja hundertfach. Und er sagte: Wer Ohren hat, zu hören, höre!

Normalerweise wird *Geduld* mehr oder minder als die Kaschierung unserer eigentlichen Lebensart betrachtet. Es ist löblich, wenn ein Mensch sich Zeit nimmt, wenn er zum Beispiel nicht ständig mit dem Fuß auf dem Gaspedal Auto fährt oder wenn er ein bißchen vorsichtig und rücksichtsvoll zu Werke und zu Wege geht; aber es ist paradox: Im ganzen wünscht unsere Gesellschaft sich nicht gerade *Geduld*, eher verlangt es sie nach dem Raubvogel, der lauernd hockt, der seine Beute erspäht und der zielgenau zustößt – *Geduld* allenfalls als Jagdverhalten, als Präzision im Angriff, das wird man loben, aber nicht gewissermaßen als philosophisch-religiöse Einstellung dem Leben gegenüber. Das Tempo, in dem sich unsere Zeit entwickelt, ist viel zu rasch, als daß man Schläfrigkeit oder Unachtsamkeit oder Langsamkeit hinnehmen könnte.

Und geht es denn überhaupt noch anders?

Es ist nicht möglich, große Schwankungsbreiten etwa von Fehlverhalten «geduldig» zu tolerieren, – sie sind viel zu gefährlich im Insgesamt des Zusammenlebens. Also müssen sie nach Möglichkeit ausgerottet werden; erste Warnsignale schon müssen gleich berücksichtigt werden. Entwicklungsmöglichkeiten zum Negativen hin müssen im Keim schon erstickt werden. Es waltet die totale Kontrolle. Sie aber ist das genaue Gegenteil von dem, was wir *Geduld* nennen. Es ist die Bibel, die demgegenüber kaum einen Zweifel daran läßt, daß es nichts Gefährlicheres gibt als *Ungeduld* im Umgang mit Menschen, wie wir sind, sagen wir ein wenig abstrakter, mit einer *Welt im Werden.*

Der Mythos vom *Teufel* ist dem Judentum sehr spät gekommen, unter *persischem* Einfluß vermutlich, und er ist nie wirklich intelligent durchgearbeitet worden. Das Bild selber aber von einem reinen Geist, der Gott dienstbar sein soll und der zu seinem Widersacher wird im Anblick unserer real existierenden Welt, enthält eine sehr sinnvolle Zuordnung zu der Frage der *Geduld.* Gleichgültig, ob es sinnvoll ist, an «reine Geister» zu glauben oder nicht, – wenn irgend wir sie uns vorstellen wollten, so müßten sie in einer Welt leben, die ungefähr im Raum der Mathematik uns erreichbar wäre: Alle Gesetze, die sich dort finden, haben eine zeitlose Gültigkeit; sie werden im Verlauf eines gewissen Erkenntnisfortschritts entdeckt, aber sie bestehen an und für sich; sie verfügen über eine erhabene Logik, die sich nie ändert; unter bestimmten Voraussetzungen sind von vornherein richtige Ergebnisse abzuleiten. Das alles ist zweifellos etwas Faszinierendes, – ein Geistwesen, das nur seinen eigenen Gesetzen, seinem eigenen Wesen folgt und dabei in einer erhabenen Ruhe schwebt! Würden wir uns nun vorstellen, daß Gott Lebewesen geschaffen hätte, die «reine Geister» sind, so muß man einer solchen Wesensart beinahe recht geben, wenn sie rebelliert und jedenfalls sehr unruhig wird, im Falle sie von dem Plan ihres Schöpfers erfährt, eine Welt zu machen, die an Materie gebunden ist, also an ständigen Wechsel, also an ständige Unruhe. Das Heraufdämmern des Lebens auf dem Planeten Erde allein – wieviel unglaubliche Zeit geht dahin! Vom Einzeller bis zum Mehrzeller werden buchstäblich Jahrmilliarden benötigt, um auch nur den kleinsten Fortschritt der Entwicklung zu etablieren! Selbst auf dem Wege zu uns Menschen dauert es Jahrhunderttausende, Jahrmillionen, um irgendeinen kleinen kulturellen Fortschritt bemerkbar zu machen. Wann wird da etwas fertig sein? Die Antwort kann nur lauten: Niemals! Wann wird da etwas in sich selber ein für allemal ruhig? Die Antwort ebenfalls genauso: Negativ! Ein Geist, der etwas Reines, Ruhiges will, *muß* folglich rebellieren gegen eine Welt des Werdens. Jemand, der das unbedingt Fertige in sich trägt, wird sich sehr schwer tun, diese Krebs- und Schneckengeschwindigkeit auf ein bestimmtes Ziel hin abwartend und duldsam zu begleiten.

Der Mythos vom *Teufel* scheint am weisesten interpretiert, wenn man denkt, daß der reine Träger des Lichtes, *Luzifer*, am Throne Gottes – man darf nicht sagen: sich in den «Satan» verwandelte, sondern sich selber gleichblieb, während Gott ein ganz und gar anderes plante, als er selber war, eine Erde, eine Schöpfung, vollkommen in Kontrast zu sich selbst als dem Ewigen, eine Welt, hineingegeben in die Zeit. Wäre es möglich, daß die besten geistigen Zielsetzungen und Absichten vom Konstruktiven ins Destruktive pervertieren durch buchstäblich satanische *Ungeduld*?

Psychologisch gibt es niemanden, der wie der russische Dichter FJODOR M. DOSTOJEWSKI bei der Beobachtung der studentischen Jugend in den siebziger Jahren des 19. Jahrhunderts in Petersburg diesen Gedanken nachgespürt und Fragen dieser Art durchlitten hätte: die bebende Unruhe an einer unerträglich werdenden, nicht nur unfertigen, sondern schlechterdings unzumutbaren Welt. DOSTOJEWSKI begriff, daß gerade bei den hochfliegenden Zielen der Jugend, bei ihrem glühenden Idealismus die Ungeduld eine selbstzerstörerische, ja, mörderische Gefahr werden kann. In seinem Roman *Schuld und Sühne* läßt er den Untersuchungsrichter *Porfiri Petrowitsch* immer wieder zu dem jungen Studenten *Rodjon Raskolnikow* sagen: «Vor allem aber sind Sie ein ungeduldiger Mensch!» Dieser Untersuchungsrichter will den verzweifelten jungen Mann davor bewahren, in seiner furchtbaren Schuld nach der Ermordung zweier alter Frauen sich selbst das Leben zu nehmen und damit seine Existenz wie etwas endgültig Verlorenes, Unpassendes, Unwertes wegzuwerfen. Wie erträgt ein Mensch sich selbst, so dicht gelagert am Abgrund?

In dem Roman *Die Dämonen*, dem man in den siebziger Jahren des 20. Jahrhunderts in Deutschland eine unglaubliche Aktualität, der vollkommenen Parallelität der handelnden Gestalten wegen, nachgesagt hat, beschreibt DOSTOJEWSKI, wie er selber sich ausdrückt, Menschen, die «wie Engel mit zerbrochenen Gliedern auf die Erde gefallen» sind: Der anarchistische Kreis, der zynisch-terroristische Zirkel um den jungen *Werchowjenski* hat sich vorgenommen, die Gesellschaft gründlich zu ändern; da aber in der Korruptheit der Umstände nicht einmal ein klares Ziel auszumachen ist, in welche Richtung hinein die Gesellschaft sich nun eigentlich ändern könnte, gilt es als erstes, alles zu planieren. Ehe die Architektur eines bewohnbaren Neubaus überhaupt möglich wird, gilt es, die Gesellschaft bis in die Grundfesten zu zerstören, kommt es darauf an, die Menschen verzweifelt zu machen durch überfallartige Verbrechen und sie in ihrer Selbstgewißheit zu erschüttern durch permanente Angst, ist es unvermeidlich, einen Zwang auf sie zu legen, der sie anpassungsbereit macht demjenigen gegenüber, der ihr endlich die Zügel ans Maul legt. Es gilt mithin, so das Programm dieser Revolutionäre der *Ungeduld*, mit Volldampf quer durch den Morast zu fahren und kein Opfer dabei zu scheuen.

Tatsächlich ist die Gegenwartsnähe solcher Gedanken nicht zu übersehen. In den siebziger Jahren des 20. Jahrhunderts gab es eine Menge Ziele, die hochherzige junge Menschen durch ihre Enttäuschung an den Zeitumständen in die Verzweiflung trieben, wie die Pastorentochter GUDRUN ENSSLIN zum Beispiel. Man hatte ihr beigebracht, daß Religion wesentlich darin bestehe, die Welt zu verändern, die Gesellschaft zu verändern und nicht länger Ungerechtigkeit hinzunehmen. Das, meinte sie, habe auch Jesus gewollt. Es erschien dieser Generation von Idealisten einfachhin als feige, weiter im Rahmen der vorgegebenen Umstände zu paktieren, weiter nach Kompromissen mit den vermeintlichen Sachzwängen zu suchen, kurz: *Geduld* walten zu lassen. Diese Leute wollten handeln, sie wollten etwas tun. Was aber war zu tun?

Als erstes: die Lethargie des Bürgertums aufbrechen! All diese bürgerlichen Leute gehen unbekümmert in die Kaufhäuser, sie kaufen mit ruhigem, gutem Gewissen alles, was sie brauchen, und wer von ihnen denkt schon daran, woher die Waren stammen, die sie kaufen, unter welchen Bedingungen sie ach so billig produziert wurden, welch ein Elend da objektiv in den Regalen lagert? Als erstes galt es, den Konsumrausch des Kapitalismus zu zerstören! Ein Kaufhaus anzünden, – das wurde eine mögliche Idee. Niemand sollte dabei umkommen, aber es sollten Fackeln der Aufmerksamkeit gesetzt werden.

Und weiter: Wird nicht ein unglaubliches Geld verschwendet für das Militär? Immer wieder gibt es neue Ausflüchte, warum das Militär nötig sei; aber selbst wenn es augenscheinlich völlig überflüssig ist, so werden sie doch neue Ziele formulieren, die es unentbehrlich machen, und die Waffenindustrie wird sich immer neu ihre blutigen Hände reiben. Also: auch *dagegen* muß etwas getan werden! Der Vietnamkrieg damals – es mußte gezeigt werden, daß eine bestimmte Wirtschaftsordnung in sich selber strukturell zerstörerisch ist; aber diese Einsicht wird den Mitmachern nur bewußt werden, wenn man partiell, demonstrativ, durch Zerstörung zeigt, was Zerstörung ist.

Der Terror der sogenannten RAF besaß die teuflische Logik eines Terrors aus enttäuschter Menschlichkeit. Ist es nicht wirklich so, daß Menschen zu Teufeln werden, weil das Gute, das sie sich vorsetzen, so unerreichbar fern liegt? Es brennt ihnen auf den Nägeln, sie wollen es unbedingt herbeizwingen, wenn es nicht kommen will, sie wollen es herbeischreien, wenn es sich nicht herbeirufen oder herbeibeten läßt.

Ungeduld kann ein so furchtbares Maß des Katastrophenartigen annehmen. Es ist die Logik auf den ersten Bibelseiten in der Sintfluterzählung, und es ist eine wirklich «göttliche» Logik: Der Autor dieser Geschichte – etwa um 1000 v. Chr., der sogenannte Jahwist – kannte keinen «Teufel». Was er in der Geschichte von der Sintflut sich ausdachte, bestand gleichwohl darin, daß Gott selber zum Teufel werden könnte, einfach weil er Gott ist: Er ist das Gute, er will das Gute, und nun muß man sich nur die Weltwirklichkeit besehen! Sie ist ein Kunstwerk, soll man glauben, sie ist in jedem Bestand ihrer Einrichtungen auf gewisse Weise vollkommen. Aber nun zeigt sich, daß die *Menschen* auf der Bühne dieser vollkommen eingerichteten Welt zu Mördern aneinander werden können – die Geschichte von *Kain und Abel* in *Gen 4,1–12* zum Beispiel –; ja, es zeigt sich, daß sie aus der Angst des einen vor dem anderen heraus die Perfektion der Grausamkeit bis zu nie gekannten Gipfeln führen können: *Sicher* zu sein bedeutet jetzt, am stärksten zuschlagen zu können! Es befindet sich im *4. Kapitel* des Buches *Genesis (4,23–24)* bereits ein *Liebeslied,* das der Mann Lamech singt, indem er beschließt, sich siebzigfach für jede ihm angetane Verwundung zu rächen.

Es scheint seither eine ganz normale Reaktionsbereitschaft zu sein, daß die Furcht in einer Welt, in welcher der Tod in die Rolle des Jägers schlüpft, den einen mordbereit macht im Kampf ums Überleben gegen den anderen. Nicht das Vertrauen in Gott, nicht das Vertrauen in eine Gerechtigkeit, die bis in das Herz des Menschen hinein leise und weise zu reden vermöchte, sondern die Rechtsetzung aus der Brutalität der Stärke heraus, das ist es, was die Menschen sich verordnen als Ordnung zur Selbstsicherung, zum Schutz vermeintlich der Schwachen.

Wieder handelt es sich hier um Gedanken, die außerordentlich modern sind. Es scheint inzwischen ein Irrtum, wenn MAHATMA GANDHI sagte: «Der Friede ist kein Ziel, sondern der Weg.» Nein, *wir* müssen zeigen, daß und wie wir Ordnung setzen! *Geduld?* Sie wäre unverantwortlich, heißt es!

Wenn wir unter solchen Voraussetzungen die Zeitung lesen, kann der Wunsch immer wieder entstehen, es möchte doch da ein Gott sein, der endlich *eingreift*! Die Not der Theologen am Ende des 20. Jahrhunderts, am Ende zugleich all ihrer windigen Ausreden, bleibt bestehen: Wo war Gott in Auschwitz? Warum hat er nicht «eingegriffen»? Was hat Gott getan, daß er sich tatenlos die Greuel mitansah, die Menschen einander antaten? Unbeantwortbar scheinen diese Fragen.

Es ist demgegenüber das *8. Kapitel* der *Genesis (8,21.22)*, das diese Fragen in der äußersten Zuspitzung vorwegnimmt. Denken wir uns einmal einen Gott, der wirklich «eingreift». Was wäre die Folge? Es gäbe kein Halten! Gott müßte hier ein Übel verhindern, dort ein Übel verhindern, und immer wieder müßte er glauben, es sei möglich, das Böse aus dem Menschen wie ein Krebsgeschwür herauszuschneiden. Er müßte die Menschheit gewissermaßen auf den Operationstisch legen, aseptische Bedingungen schaffen und dann hoffen, daß die Chirurgie gelingen werde. Wie aber, wenn das nächste Krebsgeschwür schon gleich daneben wuchert? Wie, wenn so lange operiert werden muß, bis überhaupt kein Patient mehr da ist? Wie, wenn die Menschen inoperabel krank sind? *Das* genau ist der Gedanke auf den Anfangsseiten der Bibel. Wie denn ist dem Menschen, wenn er so ist, wie er sich aufführt Tag für Tag im Verlauf seiner Geschichte, mit «Eingriffen» beizukommen? Die «Eingreiftheorie» des Göttlichen läßt sich konsequent in der Tat zu Ende nur denken in der *Sintflutgeschichte.* Stell dir vor, sagt sie, Gott verhindere alles Böse, wird es ihm da nicht einzig noch bleiben, den Menschen als solchen abzuschaffen, im Bedauern zudem, daß da überhaupt je ein Mensch existiert hat? Es ist, als müßte Gott seinen Grundirrtum, den schlimmsten im Verlaufe seines ganzen Schöpfungswirkens, sich eingestehen und revidieren: den Menschen geschaffen zu haben! Wem soll das helfen?

Aber was ist die Alternative dann? Die biblische Geschichte erklärt, daß Gott am Ende der Sintflut *Geduld* lernte. Er beschwört noch einmal seine Natur: Sie hat ihr Gleichmaß, ihr Kommen und Gehen, sie tut niemals etwas überstürzt, es gibt den Winter und den Sommer, und alles bringt sie hervor zur rechten Zeit. Alles geht seinen notwendigen Gang, ungestört, sich aufführend stets, wenn es dran ist, nie überhastet, nie vorzeitig, nie *ungeduldig*. Wenn diese Welt so ist, dürfte dann Gott ein anderer sein? Kann er, soll er mit seinem Menschen anders verfahren?

Es ist ein unglaublicher Kontrast, in einer Welt, die wir so ausgelegt sehen, daß sie voranschreitet in Ruhe, den Menschen derart gepeitscht und gepeinigt von Angst wahrzunehmen. Zwischen der Natur, die ihn umgibt, und der Natur, die scheinbar in ihm liegt, trennt es sich wie zwischen Hell und Dunkel, ohne wie im Sonnenumlauf einen Zyklus zu bilden, ohne über eine wirkliche Regenerationsfähigkeit zu verfügen, – eine Beziehung nur im reinen Widerspruch. In dieser Stunde am Ende der Sintflut ist es, daß Gott beschließt, nie mehr strafend «einzugreifen», nie mehr in Strenge zu «richten», denn das vollkommene Richten wäre das vollständige Hinrichten, das vollkommen konsequente göttliche «Schaffen» das restlose Abschaffen alles Ungöttlichen, also das Ende von allem. Was aber bleibt Gott dann anders als der Entschluß, diese seine unfertige, unvollkommene, dem Bösen wesenhaft zuneigende Menschheit zu begleiten, sie auszuhalten, sie zu erhalten, mit ihr durchzuhalten in der Hoffnung, daß Schritt für Schritt allmählich sich eine Lösung abzeichne?

Im *Neuen Testament* nimmt Jesus gerade an einer Geschichte wie dieser sein Vorbild. Und er hat es nötig, daran zu lernen! Sieht man die Taten, hört man die Worte Jesu, so ist man oft erschrocken und irritiert zu sehen, wie *ungeduldig* der Mann aus Nazareth in seinem Wesen sein konnte. Alles, was er sagte, vom ersten Satz an, bestand darin, daß keine Zeit mehr sei, denn das Himmelreich sei da! *(Mk 1,15)* Was für einen Grund aber hatte er für seine Behauptung? Nur einen einzigen: daß er selber so ist und daß er es so will! Also *muß* es gehen für jeden, der sich ihm anschließt! Abzuwarten ist da ab sofort überhaupt nichts mehr; auf gar nichts mehr kann man noch warten; die Zeit ist *aus*, – das ist das Lebensgefühl Jesu. Und mit diesem Tempo, mit diesem Katarakt sich ergießender Energie, paart sich so etwas wie *Geduld* eigentlich gar nicht. Schreckliche Sätze der *Ungeduld* gibt es denn auch aus dem Munde des Mannes aus Nazareth, zum Beispiel daß er in Galiläa die Städte verflucht, die auf ihn nicht hören trotz all seiner guten Worte und trotz all seiner Wunder. «Chorazin und Bethsaida!», sagte er; «wären die Taten, die in euch gewirkt wurden, in Tyrus und Sidon geschehen, man hätte Buße getan! Euch wird es deshalb schlimmer ergehen als Tyrus und Sidon!» *(Lk 10,13.14)* Oder: «Wenn sie auf euch nicht hören», sagt er im *10. Kapitel* bei *Matthäus*, «schüttelt doch den Staub von euren Füßen!» *(Mt 10,14)* Bleibt – sinngemäß – doch nicht bei Leuten, die sich die Ohren zuhalten und nicht verstehen wollen! Vertut nicht eure Zeit mit diesen Leuten! Weiter, weiter, treibt Jesus seine Jünger, stets nur nach vorn!

Die zitierten Worte scheinen wirklich originale Sätze Jesu zu sein. Aber wenn wir fragen, worum es Jesus eigentlich ging und was er zu Ende bringen wollte, so spricht seine Zielsetzung sich unter anderem tatsächlich in einem so wunderbaren Gleichnis wie der *Geschichte von dem Sämann* im *4. Kapitel* bei *Markus* aus. Es ist derselbe Jesus, von dem wir gerade gesprochen haben! Im wesentlichen, meint er, gelte es, in einem ruhigen Vertrauen zu lernen und nichts zu übereilen. Beide Seiten Jesu lassen sich nur verstehen aus einem Kontrast, den man aus der Psychologie in die Religion übersetzen sollte: Jesus muß in dem Verhältnis zu Gott gelernt haben, absolut zu vertrauen, also Handlung und Erfolg von einander zu trennen und trotzdem zu glauben und für möglich zu halten, daß Gott niemals zerstörerisch sein werde, sondern aufbauend, rettend, alles vollbringend und vollendend. Wie geht beides zusammen?, muß man sich fragen. Doch die Antwort scheint darin zu liegen, daß Jesus offenbar geglaubt hat, es genüge, zu sagen, zu tun und zu leben, was richtig sei und stimme. Ob es sich dann einträgt, ob es zum Erfolg führt, ob es kalkulierbar Gewinn wirft, das alles sind überflüssige Fragen! *Die* müssen bei Gott stehen.

So erzählt Jesus, gefragt, was er zu tun gedenke gegen eine Reihe sichtbarer Mißerfolge, diese Geschichte: «Ja schaut's euch doch an», scheint er zu sagen. «Was kann ein Sämann tun, außer er wirft sein Saatgut aus?» Auf einem Acker im Orient aber wird gesät über das Unkraut hinweg. Der Boden ist sehr felsig und steinig, quer dadurch führen die Wege der Leute, denn die Felder sind nicht eingezäunt. Die Verlustraten des ausgestreuten Saatguts gestalten sich entsprechend hoch. Ein *geduldiger* Sämann wird deshalb jeden Tag auf sein Feld gehen, um zu sehen, wie das Korn emporwächst im Kontrast zu der Geschwindigkeit, mit der das Unkraut um so viel rascher wächst; und dann muß er mitansehen, wie die Menschen achtlos durch die

Frühsaat hindurchtrampeln, ganz als wenn seine Mühe für nichts gelten würde; all diese Einbußen müssen ihn zornig und sehr ärgerlich machen. Ein *guter* Sämann indessen wird wissen, daß es mit aller Wahrscheinlichkeit einen ausreichenden Ertrag geben wird, die Frage ist nur, wie hochprofitabel: vierzig- oder sechzigfach, der Ertrag am Ende sein wird; irgend etwas dabei herauskommen wird allemal, und jedenfalls kann er es nicht verbessern. Es ist ihm nicht möglich, seinen Acker zu «säubern», indem er alle Steine daraus entfernt; es ist nicht möglich, all das Unkraut auszureißen. Er kann nur warten, aber eben das will gelernt sein. Und das Wichtigste: Es ist nur möglich, *Geduld* zu lernen durch Vertrauen. An dieser Stelle kommt das Gleichnis zu seinem Kern.

Sollten wir denken, Gott, der «Sämann» dieser Geschichte, müßte Vertrauen haben in uns, in uns Menschen? Nicht nur wir in Gott, sondern auch Gott in uns? Manchmal glaube ich, für Jesus selber bedeutete dies den entscheidenden Augenblick seines Lebens zwischen Gründonnerstag und Karfreitag: zu lernen, wie es möglich ist, im Vertrauen an Gott zu glauben an den Menschen. Immer wieder wird gesagt, Jesus sei auf Golgatha in seinem Vertrauen zu Gott zerbrochen. Mir scheint das sehr unwahrscheinlich. Viel wahrscheinlicher scheint mir, daß der Abstand zwischen Jesus und den *Menschen* gerade in diesem Augenblick übergroß wurde.

Stellen Sie sich vor, daß jemand einer Gruppe von Menschen alles gesagt hat, was ihm wesentlich ist, und dann muß er erleben, – wenn denn irgend etwas historisch wahr ist an der Berichterstattung der Evangelien –, wie diese «Jünger» bis in den Abendmahlssaal, bis in die letzten Stunden hinein darüber debattieren, wer unter ihnen der «Größte» ist *(Lk 22,24)*, wie man Macht ausübt über Menschen, wie viele Schwerter zur Hand sind, um notfalls sich zu verteidigen *(Lk 22,38)* – lauter absurde Themen im Sinne Jesu, wie wenn diese Leute nie von irgend etwas irgendwas begriffen hätten. Laut kirchlicher Überlieferung hat Jesus im Abendmahlssaal die «Eucharistie» «eingesetzt» als «Sakrament», – ein neutestamentlicher Mythos, der offenbar der Begründung eines neuen Kultes dient, wie Jesus ihn historisch niemals gemeint hat. Wenn das Bild aber zumindest symbolisch stimmt, müßte Jesus selber in diesem Moment etwas gelernt haben, das als Zeichen womöglich noch schöner ist als jedes Sakrament, nämlich daß die Stunde reif ist, seine ganze Sache, sich selbst, seine Person und sein Schicksal in die Hände eben dieser seiner Jünger zu legen, die ihn so deutlich erkennbar mißverstehen, die sogar das, was sie verstehen, noch ins Kleinliche verdrehen, ja, die ein paar Stunden später schlafen werden, während er «Blut schwitzt» vor Angst *(Lk 22,44–45)*, – Menschen also, mit denen er im Grunde, wenn es darauf ankommt, weder reden, noch auf die, wenn es ernst wird, er wirklich zählen kann. Diesen Menschen, Leuten wie uns also, muß er sich anvertrauen! *Gott* zu vertrauen ist unter bestimmten Voraussetzungen nicht schwer, aber den *Menschen*, wie wir sie kennen, etwas anvertrauen, sich selbst sogar mit allem Wesentlichen? Das scheint unmöglich; aber genau das wäre *Geduld*, genau das wäre wirklich ein Stück vom Himmel auf die Erde gebracht. Andererseits müssen wir recht bescheiden sagen, daß uns viel anderes als eine solche Haltung der Geduld auch wohl gar nicht übrigbleibt. Im Grunde müssen wir immer wieder Geduld üben, damit so etwas wie Leben in uns und an unserer Seite überhaupt gelingen kann.

Nehmen wir zum Beleg dieser These nur vier Beispiele: Eltern mit ihren Kindern; Lehrer mit ihren Schülern; Therapeuten mit ihren Patienten oder Klienten; Menschen im Umgang miteinander und mit sich selber. An jeder dieser Stellen werden wir feststellen, daß *Geduld* die wesentliche Bedingung dafür ist, daß menschlich etwas Rechtes zustande kommt.

Eine Mutter und ihr Kind – wie sollen sie anders miteinander umgehen als in *Geduld*? Da kommt ein Wesen auf die Welt und erwartet wie selbstverständlich, daß da ein anderer sei, der alles versteht, was es braucht. Es genügt, zu schreien, es genügt zu wimmern, und irgend etwas wird passieren, das dann richtig ist. Das Kind selber hat keine Ahnung, was es wirklich braucht, aber es spürt in sich etwas, das es undifferenziert als Signal des Mißbehagens zu melden vermag, und dann steht die Mutter biologisch und psychologisch irgendwie in der Pflicht, herauszufinden, was das Kind nun im einzelnen benötigt. Meistens geht diese Art von Beziehung gut, schon deshalb weil die Mutter mit eigener Angst auch ihr Kind in Unruhe versetzen würde. Was aber, wenn die Angst der Mutter zu groß wird? Nehmen wir eine Mutter, die es ganz lieb mit ihrem Kind meint; aber nun bekommt ihr Junge die Grippe, und dabei steht doch im Lehrbuch, daß eine Grippe in den Kopf ziehen kann, daß eine Meningitis darauf folgen kann und daß bei Hirnhautentzündung ein Kind bis zum Wahnsinn geistig zerstört werden kann. Alle furchtbaren Möglichkeiten lassen sich ausdenken. Eine Mutter, die ihre Verantwortung sehr ernst nimmt, kann in einer solchen Situation durchaus in Ungeduld getrieben werden: Das Kind soll *möglichst bald* gesund werden, es soll *endlich* Anzeichen geben, daß eine Besserung eintritt. Im Extrem darf das Kind eigentlich gar nicht krank geworden sein.

Eine Mutter erzählte mir unter Tränen einmal, wie sie ihren Jungen, zweijährig, geschlagen und ins Bett geworfen hatte: Er sollte ja doch um Himmels willen endlich gesund werden! Der Hintergrund ihrer Verzweiflung war, daß sie selber im Grunde immer wieder hatte Angst haben müssen um ihre eigene Mutter. Die drohte wirklich mehrfach zu sterben: eine Hirnblutung, chronische Herzrhythmusstörungen, – diese Frau war erst fünf Jahre alt gewesen, als sie irgendwie die Verantwortung für die Gesundheit ihrer Mutter übernommen hatte. Krankheiten des Herzens können tödlich verlaufen, und man darf doch nicht schuldig werden! Diese Frau hatte als Kind schon gelernt: Wenn der Mutter etwas zustößt, so kann das daran liegen, daß du als Vierjährige ungehorsam warst, daß du böse warst, daß du nicht aufmerksam genug warst; die Mutter hat sich eben zu viel über dich geärgert, da mußte sie krank werden! Krankheit bedeutet unter solchen Umständen, daß man etwas falsch gemacht hat; sie bedeutet, daß man schuldig geworden ist. Wird also ein Lebenspartner krank, so muß man die Schuld daran abarbeiten, man muß deshalb die Krankheit so bekämpfen, daß sie gar nicht erst auftritt. Wenn aber ein Mensch um seiner eigenen Identität willen die Fehler, die Gefährdungen, die Krankheiten in einem anderen Menschen niederkämpfen muß, so hat *Geduld* keinen Spielraum mehr. Dabei wäre es so wichtig, gerade im Krankheitsfalle eines Lebenspartners sich nicht aus der Ruhe bringen zu lassen!

Wie soll zum Beispiel eine Mutter anders sich verhalten, als dem Rat des Arztes und dem eigenen Gefühl zu folgen, die besagen, daß ein Kind, das schläft, das Beste tut, was es in seiner Krankheit überhaupt nur tun kann, indem die Natur sich selber hilft, zusätzlich womöglich durch unterstützende Medikamente? Soll man in solcher Lage nicht wirklich sagen, wir seien auf Gedeih und Verderb ganz und gar umfangen, sogar dann, wenn alles schiefgehe? Das Allerwichtigste und das Allererste besteht dann allerdings darin, natürliche Prozesse nicht ins Moralische zu heben, also nicht sich selber schuldig zu fühlen für Dinge, die in der Natur unvermeidbar sind, sich nicht selber anzuklagen oder andern Vorwürfe zu machen für etwas, für das in Wirklichkeit kein Mensch etwas kann.

Geduld, so lernen wir, hat etwas damit zu tun, daß man die Dinge moralisch möglichst unbelastet, möglichst objektiv betrachtet; denn sonst vermischen sich die Ebenen, sonst überdehnt man den Bereich, für den man überhaupt zuständig sein kann, sonst entsteht am Ende aus einem überdehnten guten Willen lauter Verbitterung, lauter Ärger und immer neu der Wille, das Unrecht, das man aus Ärger dem anderen angetan hat, wieder gutzumachen, – eine Schraube ohne Ende.

Dabei kann auf der anderen Seite Geduld wie ein Wunder wirken. Vielerlei Krankheiten beruhigen sich rein psychosomatisch wie von allein, einfach indem ein genügendes wechselseitiges Vertrauen vorhanden ist; dabeizusein, mitzugehen, zu begreifen, nicht aufgeregt zu sein, all das allein schon wäre sehr viel. So lautet zum Beispiel eine ganz vernünftige Regel für Krankenschwestern, man dürfe auf einer Krankenstation niemals laufen oder rennen, denn wenn jemand auf der Station läuft, werden die Patienten, die das sehen, denken, irgend etwas Bedrohliches sei gerade passiert, und das macht angst. Selbst wenn etwas Wichtiges zu erledigen ist, gemessenen Schritts zu gehen, bleibt eine Regel der *Geduld*.

Und um das Thema auszuweiten: Wie viele Lernschritte sind nötig für ein Kind? Es selber kann oft ganz ungestüm und ungeduldig sein. Es möchte möglichst schnell laufen lernen, und schon fällt es mit dem einen Bein über das andere, weil es erst einmal lernen muß, Schritt für Schritt zu gehen. Doch Schritt für Schritt – das ist nicht das Tempo eines Kindes. Es hat geradeeben gelernt zu strampeln, und so ähnlich nun möchte es sich auch über die Erde bewegen. Die Mutter kann auf ein solches Verhalten mit eigener *Ungeduld* antworten, sie kann dafür, daß sich das Kind weh getan hat, noch zusätzliche Vorwürfe machen: «Nun geh vernünftig!» kann sie sagen. Aber aus der ungeduldigen Befehlsform, langsamer zu gehen, wird ganz sicher der Versuch des Kindes erwachsen, beim nächsten Mal nur noch rascher und noch «tüchtiger» zu gehen.

Am schlimmsten können in der Erziehung von Kindern elterliche Wunschgebilde wirken. Stellen wir uns einen Vater vor, der unbedingt einen Sohn braucht, damit dieser später seinen Betrieb übernimmt – die Geschichte von THOMAS MANNS *Buddenbrooks* gewissermaßen. In dem Roman zieht der junge *Hanno* schließlich mit dem Lineal einen Querstrich unter das ganze Familienstammbuch. «Was ficht dich an?», wird Konsul Buddenbrook empört das Kind fragen, und der Junge wird sagen: «Ich dachte, danach käme nichts mehr.» Es ist möglich, durch Überforderung Kinder derartig zu entmutigen, daß sie für sich gar keine Zukunft mehr sehen. Geboren als kleine Kadetten der kaiserlichen Armee oder als Statthalter des Geschäftskontors des eigenen Vaters oder als die Erfüllungsgaranten des Wirtschaftsstandorts Deutschland dürfen sie nie Kinder sein. Die Geschichte der *Buddenbrooks* zeigt zudem, wie zerspalten Kinder sein können. Da ist ein Vater, der streng seinen Sohn auf die Bahn des Erfolgs drängen möchte, und daneben eine Mutter, die, musikalisch, sensibel, verträumt, eine ganz andere Welt für ihr Kind erobern möchte. Bei ihr fühlt sich der Sohn wirklich zu Hause, aber tatsächlich wird er die Austragungsstätte eines nie erklärten Ehe-Zweikampfs. Nach wem soll ein Kind sich richten, wenn die Mutter im Grunde in dem Jungen den Vater und der Vater in dem Jungen die Mutter bekämpft? Beide wagen niemals offen, sich mit ihrer unterschiedlichen Lebensauffassung zu konfrontieren, aber subjektiv möchte ein jeder von ihnen auf seine Weise, daß das Kind glücklich werde. Und doch ist, was sie «Glück» nennen, im Grunde nur das Schatten- oder das Abziehbild ihrer selbst. Für *Geduld* ist da kein Platz.

Wir lernen daraus, daß Geduld nicht nur daraus entsteht, die Dinge und Sachverhalte möglichst objektiv, möglichst moralisch unbelastet hinzunehmen, sondern genauso auch *die Menschen.* Gerade sie brauchen ihre Freiräume, ihnen muß es erlaubt sein, zu sein, wie sie sind. Je mehr eine Mutter oder ein Vater selber nicht haben leben dürfen, wird ihre Neigung um so größer sein, ihre eigenen verlorenen Möglichkeiten wie eine Erwartungspflicht in ihre Kinder hineinzulegen. Man sagt, das Kind gelte unter solchen Umständen als das «Substitut» der ungelebten Wünsche seiner Eltern. Es hat dann kein Recht auf ein eigenes Dasein; es wird im Gegenteil mit Macht hineingedrückt in etwas, das es womöglich selber weder sein will noch wirklich sein kann. Je stärker aber die Abweichungen des Kindes vom Sollen werden, je energischer die Ungeduld der Eltern sich darstellt, desto weniger ist es möglich, etwas in Ruhe sich entfalten zu lassen. Das aber wäre die einzig wirkliche Form einer Erziehung zu persönlicher Reife. Eine «geduldige» Mutter, die bestimmte Eigenschaften in ihrem Kind wahrnimmt, merkt gewiß sehr bald, daß ein jedes Kind einen eigenen Charakter, eine eigene Persönlichkeit besitzt. Es ist daher nicht möglich, das eine Kind zu formen nach dem «Muster» eines anderen und das wieder nach dem «Muster» eines dritten, entsprechend dem Wunsch des Vaters oder entsprechend dem eigenen Vorstellungshimmel. Zu fördern aber, was sich meldet, die Begabungen zu verstärken, die von Natur aus vorhanden sind, sie zu «kultivieren» wie der Bauer in dem Gleichnis Jesu beim Betrachten des besäten Feldes und dann zu schauen, was sich da entwickelt, jeden Tag neu also etwas dabeizugewinnen und ein Stück Freude daran zu finden in dem festen Glauben, im ganzen wachse es sich schon richtig aus und werde schon richtig werden, darin äußert sich die Geduld auf seiten der Eltern. Sie setzt, wie zu sehen, eine gewisse Festigkeit in sich selber voraus. Oft fragen Mütter, was sie denn tun können für Kinder, die so viele Probleme haben, und die einfachste Antwort lautet in aller Regel: «Das Beste, was Sie für das Glück Ihres Kindes tun können, besteht darin, sich das Recht zu nehmen, selber glücklich zu sein.» In gewisser Weise ist *Geduld* der freie Raum der Seele, der sich ergibt, wenn ein Mensch sich selbst zu entfalten vermag. Dann haben auch andere genügend Platz darin.

Kann man eine solche ruhige Geduld verordnen, kann man sie religiös «machen»? Der Techniken dafür sind viele. Die Meditationstechnik der Buddhisten zum Beispiel ist genial für diesen Zweck erfunden. Man setzt sich einfach hin, und die Erde wird sich weiter drehen; man selber aber übt sich in der Vorstellung, selber wäre man just die Achse, um die alles sich dreht. Nichts im Moment ist wichtiger und nichts ist gleichgültiger als der Ort, an dem man sich gerade befindet. Zu «machen» ist da gar nichts, sondern alle Aufmerksamkeit gilt dem Bemühen, sich buchstäblich auf ein Nichts zusammenzuziehen, um dann sich selbst zu entleeren von jedem Wunsch, von jedem Anhaften, von jedem sich selber vorantreibenden Gedanken, und das Atmen zu üben, auf daß genügend Luft da ist, sich zu verströmen wie eine wortlose Rede, sich auszuatmen – was für eine Übung in *Geduld*! Der ganze Körper wird in sich schwerer, geordneter, einheitlicher bei einer solchen Übung des Sich-Versammelns, und der BUDDHA hat recht: Die Gründe, etwas Schlimmes zu tun, verringern sich von selber! Es gibt keine Motive mehr, die anderen in Unordnung zu bringen, wenn man mit sich selber in Ordnung kommt.

Andere, vielleicht oberflächlichere, aber uns im Westen näher stehende Techniken, *Geduld* zu üben, kann das *autogene Training* bieten. Bestimmte Vorstellungen, deren man sich gerade nicht entleert, sondern die man sich fest einprägt, sollen dafür sorgen, daß gegen bestimmte Ängste, gegen bestimmte Zwangsgedanken, gegen innere Unruhe sich eine innere Festigkeit formt, an welcher die Gedankenbahn sich zu orientieren vermag.

Kann man sich Ruhe auf diese Weise «verordnen», kann man Geduld auf diese Weise autohypnotisch herbeihexen? Es gelingt und gelingt auch wieder nicht. Es ist möglich, sich auf die Couch zu legen und sich Ruhe in gewissem Sinne zu befehlen. Man achtet etwa auf den Herzschlag, ob er ruhiger wird; bei manchen Menschen funktioniert dieses Verfahren, bei anderen aber kann allein die Beobachtung des Herzschlags dazu führen, daß sie plötzlich auf eine Pulsfrequenz wie bei Weltraumfahrern von hundertzwanzig und hundertdreißig getrieben werden; – andere Patienten nehmen sich vor, unbedingt heute nacht in Ruhe zu schlafen, und sie möchten Geduld üben auch beim Einschlafen; aber nehmen wir an, daß sie wirklich schlafen «müssen», weil morgen etwas Wichtiges bevorsteht, dann werden sie in ihrem Bett rotieren wie ein Brathähnchen am Spieß. Es ist nicht möglich, auch nur einzuschlafen, wenn man einschlafen *muß*. *Geduld* haben zu *müssen* ist deshalb ein Un-Gedanke. Aber man begreift auch wieder, wie nötig *Geduld* ist. Nur: Wie bekommt man sie, außer daß man die Dinge und sich selber und die Mitmenschen *sein* läßt, daß man die Bedeutung der eigenen Person relativiert, – Vertrauen zu Gott mag man das nennen, aber es gründet zugleich in einem Vertrauen zu den Menschen.

Sprechen wir zum zweiten von der *Geduld* in der Pädagogik, im Verhältnis zwischen Kindern und Lehrern. Am erstaunlichsten ist es womöglich, wie das Fach *Deutsch* zu unterrichten ist. Daß *Mathematik* in bestimmten Stufen gelernt werden muß, vom kleinen Einmaleins bis zur Differentialrechnung, hat seine logische Ordnung. Daß man Naturwissenschaften lernt in entsprechenden Sparten, die zum Teil aufeinander aufbauen, geht genauso in Ordnung. Aber die deutsche Sprache ist in sich selber etwas bereits Vollkommenes; die deutsche Grammatik ist für ein sechsjähriges Kind dieselbe wie für seinen fünfundzwanzigjährigen Lehrer. Wie ist es möglich, daß man in etwas, das die Natur in ganzen zwei Jahren dem Köpfchen eines Kindes einprägt, ein Lehrverfahren gestufter Abfolgen von Leistungen einfügt? Es ist die Kunst eines guten Deutschlehrers, herauszufinden, wie weit die Sprache eines Kindes überhaupt erst entwickelt sein kann, wie weit seine Vorstellungen reichen, und er muß die kleinen Fortschritte bemerken, die auf der jeweiligen Stufe gemacht werden. Da, wo gar keine «Stufen» objektiv bestehen, muß ein Lehrer aus Sympathie für seine Schüler solche Stufen gewissermaßen erfinden. So ist es im vierten Schuljahr sehr viel wert, eine kleine Geschichte zu erzählen, die sogar bereits einen gewissen Spannungsbogen verrät. Wie soll der Lehrer korrigieren? Was ist ein wirklicher Ausdrucksfehler? Die Grammatik ist klar, die Rechtschreibung, soweit gelernt, ist eindeutig, aber was ist mit dem Ausdruck, was mit dem Satzbau? Wie schleift man an der Wortstellung, welche Nuancen der Sprache lassen sich schrittweise in der Oberstufe beibringen? Alles *gute Deutsch* ist zum Beispiel rhythmisiert; ein ordentlicher deutscher Satz muß lesbar sein, indem er seine eigene Musikalität verrät. Der englische Schriftsteller GRAHAM GREENE konnte sagen, ein Roman beginne im ersten Satz bereits mit einer bestimmten Melodie, das Thema brauche diesen speziellen Rhythmus, diese Satzmelodie, alles entscheide sich gewissermaßen schon in den ersten Worten. GRAHAM GREENE hat vollkommen recht; aber wo in der Schule würde man so etwas lernen? Und wo, wenn man es lernte, ließe es sich unterbringen, außer man vermittelte geduldig ein Sprachgefühl, das sich langsam und schrittweise daraufhin bewegt?

Die *wichtigste* Regel bestünde darin, niemals den Willen zum Lernen in einem Kinde zu entmutigen; die wichtigste Regel müßte lauten, die kleinen Fortschritte, die es gibt, nach Möglichkeit zu unterstützen. Pädagogik ist eine lediglich auf den Lernbereich angewandte Erziehungskunst der *Geduld*. Der Lehrer ist dabei nur ein schwaches Abbild dessen, was die Eltern bereits grundgelegt haben, doch um so weniger kann es ihm erlaubt sein, von der Haltung der Geduld abzuweichen. Vielleicht ist es ein gar nicht falsches erzieherisches Ideal, Noten überhaupt nicht zu vergeben und keine leistungsgebundenen Unterschiede der Konkurrenz in den Klassenverband einzuführen, vielmehr den Maßstab des Fortschritts individuell auf jedes einzelne Kind zu beziehen.

Ich entsinne mich eines jungen Mannes, der in Paderborn sein Abitur am Westfalenkolleg nachmachen wollte. Er stand in Chemie, diesem Horrorfach für die meisten auf dem Kolleg, «sehr gut», er stand in Mathematik, dem zweiten Horrorfach auf dem Kolleg, «sehr gut»; dennoch drohte er sein Abitur nicht zu bekommen, des Fachs *Deutsch* wegen. Sein Lehrer fand die Art, wie er Aufsätze schrieb, schlechterdings unmöglich und wollte ihm nicht nur eine «fünf», sondern eine «sechs» dafür geben. Es haperte seiner Meinung nach an allem: am Ausdruck, am Stil, am Aufbau, an der Logik der Gedankenführung, es haperte wohlgemerkt nicht an Grammatik und Rechtschreibung, da gab es kaum einen Fehler, es haperte am «guten» Deutsch. Ich kann nicht anstehen, diesen Lehrer als ausgesprochen *ungeduldig* und im Grunde als äußerst selbstbezogen zu bezeichnen. Was er nämlich in Wirklichkeit vor sich hatte, war ein junger Mann, der so sprach, wie er seiner ganzen Herkunft nach sprechen mußte. Sprache ist ganz gewiß der Ausdruck einer Persönlichkeit, sie ist nicht eine leere Stilübung, sie ist die persönliche Mitteilung eines Menschen an einen anderen Menschen. Kann man bei der Beurteilung einer Sprache davon absehen, *wer* hier redet? Was dieser Schüler schrieb, war nicht ein GOETHE-Deutsch, ohne Zweifel; gemessen an dem fertigen Standard der GOTTSCHED-Zeit war es «nicht genügend», – richtig, Herr Lehrer! Aber gemessen an diesem jungen Mann bedeutete diese Benotung ein krasses Unrecht. Seine Gedankenführung im Aufsatz wurde bemängelt; aber schauen wir uns die Gedankenführung in einem seiner Aufsätze an, so werden wir feststellen, daß sie absolut korrekt ist, sie verläuft nur anders, als «man» es aus stilistischen Gründen vielleicht wünschen würde. Dieser junge Mann war ursprünglich Elektrotechniker gewesen, und so hatte er gelernt, wie man Kabel verlegt und Anschlüsse herstellt, und ganz entsprechend montierte er Sätze. Jeder seiner Sätze war präzise gefügt, er besaß eine Überleitung, und am Ende, wenn man den ganzen Aufsatz gelesen hatte, paßte ein Satz durchaus zum anderen, ja, er kam vollkommen rund zu einem Ergebnis. Aber es war nicht möglich, daß man einen Satz herausschnitt und fragte: Was soll er isoliert bedeuten? An der jeweiligen Stelle bedeuten seine Sätze isoliert so wenig wie ein Kabel ohne Anschluß – überhaupt nichts. Aber ist das so ungewöhnlich? Kein Satz bedeutet irgend etwas, außer der Zusammenhang, in dem er vorkommt, definiert seinen Sinn. «Aber eine syntaktische Einheit sollte in sich einen Gedanken vermitteln», wandte der Deutschlehrer ein, und natürlich hatte er damit an sich recht. Wie aber, wenn es viele Arten gibt, deutsch zu reden?

Nun, setzen wir einmal als idealen Standard das GOETHE-*Deutsch*; ist es dann nicht gerade erzieherisch, pädagogisch, überaus wichtig und richtig, einen jungen Mann zu lehren, seine persönliche Sprache zu erweitern im Vertrauen, daß es erlaubt ist, erst einmal so zu sprechen, wie es seiner Persönlichkeit entspricht? Da sind wir bei dem Wichtigsten, bei dem wirklich religiösen Problem. *Geduld* besteht darin, Fehler zuzulassen, Freiheitsräume zu tolerieren, in denen Fehler passieren können, ja, in denen sogar Schaden eintreten kann; *Geduld* besteht darin, eigene Verantwortung zu begrenzen. Ein Lehrer, der nichts weiter will als das abfragbare Richtige, wird enorm *ungeduldig* sein; jemand, der das Perfekte möchte, wird nicht den Spielraum offenhalten können, in dem spielerisches Lernen sich ermöglicht.

Es gibt keinen größeren Feind der *Geduld* als den Willen zum Vollkommenen, denn gemessen daran erscheinen alle Schritte als ungenügend. Und wieder kann man diese Zusammenhänge zwischen der eigenen Psychologie und dem Perfektionswillen so leicht begreifen. Manch ein Lehrer ist in die Schule nur gekommen, weil es ihm nicht vergönnt war, einen eigenen selbständigen Beruf aufzubauen. Er mußte Deutschlehrer werden, statt Schriftsteller zu sein, er mußte Musik unterrichten, statt Künstler zu sein, er muß Zeichnen unterrichten, statt selber Gemälde zu malen; er lebt und handelt in der Schule also unter seinem Niveau, und darunter leidet er. Aber nun sich mit anzusehen, welche Schmierereien seine Schüler aufs Papier bringen, das ist für ihn unerträglich. Ein Genie als Lehrer, – ein BEETHOVEN als Musikunterrichtender für seinen Neffen – das allein schon ist schwer vorstellbar, doch ein verhindertes Genie als Lehrer – das ist unmöglich! Je unerbittlicher der Anspruch an sich selber, je krasser der Perfektionsstandard an das eigene Ich gerichtet ist, desto schwerer wird es werden, Geduld mit sich selbst und mit anderen aufzubringen.

Nehmen wir als drittes den Raum, in dem man eigentlich etwas tun sollte, das anderen Menschen «guttut», – das deutsche Fremdwort dafür ist *Psychotherapie.* Es gibt ein paar therapeutische Regeln, die eigentlich nur beschreiben, wie man überhaupt miteinander verfahren sollte; doch da wir selten entsprechend diesen Regeln miteinander verfahren, ist es ganz gut, sich diese Anweisungen bewußtzumachen, im Wissen freilich, daß Menschen, die einander wohlwollen, sich in aller Regel kaum anders einander gegenüber verhalten werden.

Eine der Regeln einer sinnvollen Psychotherapie lautet: Frage nie nach äußeren Informationen! Gemeint ist mit dieser Regel, daß ein wirkliches Gespräch gründlich anders verlaufen sollte, als wir es in den TV-Talkshows und am Stammtisch zu Ohren bekommen. Man versteht etwas noch nicht wirklich von dem, was der andere mitteilt, man möchte es aber verstehen; was also läge da näher, als zu fragen: Was war da? Wie war das? Wie ist es gekommen? Aber derlei Fragen unterbrechen den Gedankenfluß des andern, und so können sie als überaus störend empfunden werden. Es ist nicht einfach, die Stelle zu finden, an der man störungsfrei eine Frage stellen kann, und dann stellt sich die Frage, *wie* man fragt, daß es den anderen nicht unterbricht, sondern, wenn schon nötig, wirklich weiterführt. Nach äußeren Zusammenhängen sollte gar nie gefragt werden; denn entweder erklärt der andere sie, wenn sie dran sind – man erfährt sie immer noch früh genug! – oder sie haben für den andern die Bedeutung gar nicht, und dann sind sie – im Moment jedenfalls – auch nicht von besonderer Wichtigkeit. Man würde das Thema verschieben, auf das es wirklich ankommt, wollte man auf die externalen Dinge abstellen. In die Tiefe mit zusätzlichen Fragen zu bohren kann richtig sein, wenn der andere zum Beispiel wegen einer gewissen Scheu gar nicht wirklich vorankommt, obwohl er es doch möchte. Dann bedeutete es womöglich eine Erleichterung für ihn, wenn er auf ein bestimmtes Thema angesprochen würde, brauchte er dann doch nur zu antworten, statt sich selber zu Wort zu melden. In diesem Falle könnten Fragen das Richtige sein. Aber der Unterschied zum Gewohnten ist so überaus deutlich. Der Redestil am Stammtisch, das Verhalten in der Talk-Runde im Fernsehen lautet geradezu konträr, mit jedem beliebigen Einfall dazwischenzuplatzen, dazwischenzu«hauen», Aufmerksamkeit zu erregen um jeden Preis. Die erste Regel für Journalisten, insbesondere bei Rundfunk und Fernsehen, scheint geradewegs zu besagen: «Laß den andern niemals über neunzig Sekunden hinaus reden, das Höchstmaß dürfen fünfundvierzig Sekunden sein. Geh gleich dazwischen, denn dann wird das Gespräch lebendig, dann bekommt es Farbe und Abwechslung, dann ist es unterhaltsam!»

All das hat natürlich nichts zu tun mit einem Gespräch, das wirklich «guttut». Tatsächlich wird der andere die Schatzkisten und die Abfallgruben seiner Seele nur öffnen, wenn und wann wir als Hörende es verdienen. *Geduld* ist die einzige Form, Vertrauen zu schaffen und zu bekommen. Der andere aber verdient ein solches geduldiges Vertrauen schon deshalb, weil an ihm oft genug sein Leben lang herumerzogen und ihm ständig bedeutet wurde, wie er und wer er zu sein hat, – bis zum Unerträglichen oft! Eben deswegen muß einmal ein Ort sein, an dem er sein eigenes Tempo findet, in dem er sich selber entwickelt. Erst wenn sich zeigt, daß sich immer wieder alles im Kreise dreht und nicht recht vorangeht, ist so etwas wie Konfrontation angezeigt; bis dahin aber ist nichts weiter als geduldiges Warten vonnöten. Erst dann wird es einem Klienten möglich, seine eigenen Zielsetzungen zu verfolgen.

Wie soll zum Beispiel eine Beratung in der sogenannten Schwangerenkonfliktberatung – ein echtes neudeutsches Wort aus dem kirchlichen Wörtergebrauch und der staatlichen Rechtsprechung – möglich sein, wenn nach Meinung der katholischen Moraltheologie das Ergebnis einer solchen «Beratung» immer schon festzustehen hat? Kann man einen Menschen ernsthaft beraten, wenn man, und zwar absolut, auf Gut und Böse, letztgültig sogar unter dem Anspruch, einen Mord verhüten zu müssen, weiß, was der andere zu tun hat, und zwar unter allen Umständen, in jeder Lage, im voraus zu jeder denkbaren Situation? Ist es dann überhaupt noch möglich, eine therapeutische Beratung durchzuführen? Kann man mit dem anderen dann noch so offen reden, wie es doch sein soll? Wieviel Spielraum besteht, wenn ein vorgängiges absolutes Wissen auf seiten des Beraters waltet und die völlige Hilflosigkeit auf seiten des Ratsuchenden? Wieviel *Geduld* dürfen Menschen aufbringen, denen der Gesetzgeber noch ganze drei Wochen zu einer für sie äußerst wichtigen Entscheidung läßt? Und was ist zu tun, wenn in den kommenden drei Wochen so pünktlich ein Wunder nicht zu wirken ist? Mit einer anderen Person, unter gänzlich anderen Umständen, in einer völlig anderen Lage wäre gewiß vieles an anderen Entscheidungen möglich, aber wenn die Menschen so sind, wie sie sind, und sie sich in drei Wochen nicht wesentlich ändern lassen, was außer Verstehen und Offenheit kann dann am Platze sein? Das aber setzt ein gewisses Freisein von fixen Ideen voraus, und es erfordert erneut die Ernstnahme der Lage eines anderen. Und eben das ist es, was wir *Geduld* nennen.

Fragen wir uns zum vierten noch danach, wie wir *als Erwachsene* miteinander umgehen. Sehr erschwerend merkwürdigerweise kann der *Geduld* die Notwendigkeit entgegentreten, Rücksicht zu üben. Man sollte glauben, daß es etwas relativ einfach zu Lernendes sei, anderen die eigenen Interessen und Wünsche mitzuteilen. Aber wo hätten wir das erlaubtermaßen gelernt, wo hätte man uns als Erwachsenen beigebracht, wie man Konflikte löst oder unterschiedliche Interessen so ausspricht, daß sie sich ausgleichen lassen? Wo hätte man je das Vertrauen gelernt, daß man in Ruhe und Geduld abweichende Meinungen, einander widersprechende Absichten und Ansichten im Vergleich miteinander auf eine mögliche Verständigung zuführen könnte? Selten genug haben Menschen gelernt, daß sie auf den anderen hören sollten, um Konflikte zu vermeiden, daß sie in den anderen sich einfühlen und ihm entgegenkommen sollten; doch gerade bei diesen Personen wächst die Hoffnung, auch der andere möchte ähnlich sensibel merken, was einem selber fehlt; wenn nun aber der andere es gar nicht bemerkt, obwohl man es immerhin doch vielleicht leise angedeutet hat, so kommt es in aller Regel zu einem Zusammenbruch, – der Kontakt bricht einfach ab. Man hat bestimmte Wünsche gehegt, der andere hat sie nicht bemerkt, oder er hat sie sogar niedergetreten, dann entsteht leicht der Eindruck, man sei ja auch etwas Wertloses, das man auch so behandeln könne, oder aber der andere sei so grausam, mit einem so zu verfahren, dann aber habe es schon gar keinen Zweck mehr, mit ihm zu sprechen. An die Stelle der unausgesprochenen Wünsche tritt dann so etwas wie ein Brummschweigen und wie ein verbittertes Fortgehen. Harmlos ist ein solches Verhalten nicht, sondern was wir hier vor uns haben, ist eine Form des «Leidens der Ungeduldigen», – so hat der Psychoanalytiker THEODOR REIK einmal den Masochismus bezeichnet. Er wollte damit sagen, es gebe Menschen, die sich und andere quälten im Grunde aus *Ungeduld*; dabei seien sie an der Oberfläche die geduldigsten und liebsten Menschen, sie hätten nur nie gelernt, für ihre Interessen in Ruhe etwas zu tun.

Stellen Sie sich, um diese Theorie zu verstehen, ein Kind auf der Kirmes vor, das nur eine einzige Mark für ein einziges Los besitzt. Ein anderes Kind, das *zehn* Lose auf der Kirmes kaufen könnte, kann ein Los nach dem andern öffnen, und selbst wenn es fünf Nieten gezogen hat, ist immer noch keine Sorge nötig, die sechste oder siebente Ziffer wird am Ende doch zumindest einen Kugelschreiber oder einen Teddybären bescheren. Hat ein Kind aber nur ein einziges Los und zieht gleich beim Öffnen eine Niete, dann ist alles verloren. Ganz ähnlich verhält es sich mit unseren Wünschen, mit unseren Interessen. Wenn wir sie nicht aussprechen, so bedeutet der eine unerfüllte Wunsch, in dem die anderen zehn Wünsche sich verdichten, das Liegenbleiben von allem, und entsprechend groß wird die Resignation beziehungsweise die Enttäuschungsbereitschaft ausfallen: «So war es ja immer schon», und: «Mit mir macht man's ja so». *Ungeduld* unter dem Deckmantel einer scheinbaren Höchstform von Toleranz, die aber durch masochistische Selbsteinschränkungen erkauft wird – das zeigt unter anderem auch, daß *Geduld* eine Frage des Selbstwertgefühls ist, des Muts notfalls auch zum Widerspruch, in jedem Fall der Fähigkeit, zu sagen: «Hier stehe ich, so denke ich, so möchte ich!» Erst wenn dieser persönliche Spielraum gegeben ist, vermeidet man es, wie mit dem Rücken zur Wand schließlich bestimmte Dinge als *ungeduldige* Forderung, als ein unbedingtes Muß auszusprechen und gleich zum Duell zu laden: Du oder ich! Miteinander leben kann man nur, wenn die breiten Räume eines geduldigen Vergleichs möglich werden.

In all dem begreifen wir das vermutlich Wichtigste: *Geduld* ist das genaue Gegenteil von dem, als was man sie als Karikatur oft malt: *Geduld* als naturgeborenes Phlegma, so als bestehe *Geduld* in einem besonders dicken Fell. Man läßt fünf gerade sein, man läßt die Kirche im Dorf, es ist einem alles egal – so etwas gilt da für *Geduld* und ist doch nichts weiter als bierbäuchige Behäbigkeit. *Geduld* ist in Wahrheit etwas völlig anderes. Sie besteht darin, am andern ein eigenes Interesse zu behalten und ihn durch dick und dünn zu begleiten, ihn nie loszulassen, ihm gegenüber aufmerksam zu bleiben. *Geduld* besteht aber auch darin, nicht nach unbedingten Maßstäben zu richten. Sie besteht darin, die Perspektive des anderen einzunehmen, von sich selber abzusehen und dafür um so konzentrierter sich in die Blickrichtung des andern einzuüben. *Geduld* ist die einzig angemessene Haltung gegenüber einer Welt im Werden. Eben deswegen braucht sie diesen langen Atem, diesen Blick in die Zukunft, dieses Vertrauen, daß es im ganzen gut sein wird, selbst wenn wir es heute noch nicht sehen.

Ein Problem, das sich nicht unter dem Stichwort *Geduld* lösen läßt, ist der *Zynismus* der faulen Kompromisse. Wie viele sind es, die es *Geduld* nennen, wenn sie immer wieder ihre Überzeugung verraten! Sie müssen heute noch dies und das tun, damit sie die gegenwärtigen Mehrheiten behalten, um übermorgen dann endlich das Richtige zu vollbringen. Sie werden beispielsweise in den Vereinigten Staaten von Amerika wie Ex-Präsident BILL CLINTON für die Todesstrafe plädieren, denn erst wenn sie an der Macht sind, werden sie die nötigen Verbesserungen im Sozialwesen vorantreiben können, um wenigstens indirekt für eine Absenkung der Verbrechensrate zu sorgen und damit ein Klima zu schaffen, in dem die Bevölkerung nicht mehr unbedingt die Todesstrafe verlangt; doch all das braucht seine Zeit, es geht nicht von heute auf morgen. Bis dahin freilich sind ein paar Leute tot, doch das muß man in Kauf nehmen, um der langfristigen Ziele wegen. Die «Kunst des Möglichen», man wird BISMARCK zitieren, eben das sei *Geduld.*

Tatsächlich aber ist es sehr schwer, eine solche Haltung des fast zynischen Pragmatismus mit dem Wort *Geduld* in Verbindung zu setzen. Es fällt sehr schwer, das «Ich will Erfolg haben» mit der Haltung der *Geduld* zu verpaaren. In Wirklichkeit kommt es eher umgekehrt darauf an, daß wir Geduld ganz im Sinne Jesu lernen: Die Ernte steht bei Gott *(Joh 4,35)*! Was zum Beispiel aus unseren Kindern wird, steht bei dem, der wollte, daß sie sind. Was aus uns selber wird und wer wir selber sind, hat nicht einmal die Nachwelt zu beurteilen. Irgendwo steht jeder Mensch mit allem, was er ist, was er war, was er gewollt hat und was er hätte werden mögen, in dem absoluten Raum einer unendlichen *Geduld* jener liebenden Aufmerksamkeit gegenüber, die es sich schon in den Tagen der Sintflut verbat, noch einmal den Menschen zu richten wie etwas Ungehöriges; und – in der Sprache MARTIN LUTHERS: «nur daran liegt's, daß wir nicht gar aus sind.» Die Tatsache, daß es uns überhaupt gibt, ist, biblisch gesehen, eine solche Folge göttlicher *Geduld.* Wir können sie erlernen bei ein wenig Liebe zu uns selbst, bei einem bißchen Mut zu uns selber, inklusive der Bereitschaft, mit unseren Fehlern zu leben, mit jenem freien Atem, den wir anderen lassen, indem wir selber sind.

MUT UND TAPFERKEIT

JACOB MATHAM und JAN SAENREDAM nach HENDRICK GOLTZIUS: Tapferkeit und Stärke (Fortitudo)

Im Jahre 1593 erstellten JACOB MATHAM und JAN SAENREDAM (nach Vorlagen von HENDRICK GOLTZIUS) sieben Kupferstiche (im Format von etwa 32x16 cm) zum Thema der Tugenden. Die Stärke bzw. die Tapferkeit *(Fortitudo)* steht da an eine abgebrochene Säule gelehnt, – das Bild ihrer «Aufrichtigkeit» und «Standhaftigkeit»; konzentriert und gesammelt, mit entschlossener Miene, blickt sie zu Boden. Außer dem Helm trägt sie keinerlei Rüstung, – ihre Kraft ist ganz und gar innerlich, soll man denken. In diese Richtung weisen auch die Embleme im Hintergrund: links sieht man den auf Schädel und Schlange, auf Tod und Teufel tretenden Fuß Christi, dessen Sieg (nach sachlich falscher, doch kirchlich dogmatisierter Auffassung) den Menschen gleich nach dem «Sündenfall» in Gen 3,15 «verheißen» ward; von einem solchen «Sieg» über die Mächte des Bösen spricht auch *Paulus* (Röm 16,20); vom Sieg über alle sieben in Tierattributen dargestellten Laster kündet entsprechend das rechte Wappen. «Tapferkeit» – das bedeutet, so verstanden, den Sieg über sich selbst. Die lateinische Beischrift von CLAESZ JANSZ erklärt ganz in diesem Sinne:

Strenua in adversis, / et pro iustoque, fideque,
Dura pati Fortis / supero indefessa ferendo.
Stärke im Unglück ist / für Recht und Treue mir eigen;
Schweres zu leiden bin / unermüdlich, siegreich ich fähig.

Strenua in aduersis, et pro iustoq. fideq.
Dura pati Fortis supero indefessa ferendo

PIETER BRUEGEL: **Stärke, Tapferkeit, Mannhaftigkeit (Fortitudo)**
Wie bei der Darstellung der *Gerechtigkeit* erscheinen auch in dem Bild der *Fortitudo* die Zweifel BRUEGELS am Wert dieser Tugend ausgeprägter als die Bemühungen der gewissermaßen staatlich verordneten Pflicht zum Rühmen gerade dieser Haltung erwiesener Männlichkeit *(virtus)*. Wie der Erzengel Michael steht da die *Tapferkeit* auf einem Drachenungeheuer, das sie mit einer Kette bändigt – eine Szene wie sie in Apk 12,7; 20,1–3 geschildert wird. Ihre Fähigkeit, Belastungen auszuhalten, stellt die Tugend der *Stärke* durch die Steine, die sie auf ihrem Kopf trägt, unter Beweis; von ihrer inneren Festigkeit und Aufrichtigkeit kündet die Säule, an der sie selber sich festhält. Die Frage aber stellt sich offenbar, wie man die Tugend der *Tapferkeit* versteht – innerlich oder äußerlich?
Alles, was BRUEGEL wie zur Warnung zeigt, demonstriert ein apokalyptisches Szenario, wie es sogleich entsteht, sobald man absolute Maßstäbe in die Bewertung der äußeren menschlichen Geschichte einführt und sich anschickt, die jeweiligen Konflikte mit dem fanatischen Entweder-Oder zwischen dem ganz und gar Guten auf der einen Seite und dem ganz und gar Bösen auf der anderen Seite auszutragen.
Da sehen wir auf der rechten Bildseite im Vordergrund vier Soldaten mit gezogenem Schwert fettleibige Monstren, reptilienartige Ungeheuer und raubtierähnliche Bestien unter einem breiten Brett niedermachen, unterstützt von anderen mit Armbrust und Dolch.
Das Bild selbst wirkt allein in diesem Ausschnitt bereits wie eine Travestie der auch heute noch ganz normalen politischen Wirklichkeit: Wann irgend wieder die Rede geht von der Notwendigkeit, «stark» und «tapfer» zu sein, kann man sicher sein, daß ein Krieg nahe bevorsteht; doch im Vorlauf zu jedem Krieg wird die psychologische Vorbereitung darin bestehen, in den Köpfen der Menschen die Fronten zu klären: diesseits der Demarkationslinien, auf der eigenen Seite, steht selbstredend das absolut Gute, das Göttliche, das Rechtmäßige, das Wahre und das Menschliche, auf der Gegenseite aber befindet sich das Böse an sich, das Widergöttlich-Satanische, das Unrechtmäßige und Gesetzlose, das Verlogene und Verbrecherische, mit einem Wort: das Unmenschliche, das «Tierische», das «Bestialische»; und so gilt es, voller «Tapferkeit» nicht eigentlich Menschen, sondern Monstren zu vernichten, ganz wie BRUEGEL sie zeichnet – *Wildschweine*, denen, wie auf der linken Bildhälfte, der Bauch aufgeschlitzt wird, *Pfauen* («Goldfasane» im Militärdeutsch), die einen Kopf kürzer gemacht gehören, *Hühner*, die als bloßes Schlachtvieh zählen, *Esel* und *Kröten*, die man zur Strecke bringen muß.
In all dem wird so getan, als sei der Krieg eine Art Jagd nicht auf Menschen, sondern auf Tiere und Untiere und als dürfe, ja, müsse man dabei um so skrupelloser zuwege gehen. Nicht einmal das oft groteske Mißverhältnis

FORTITVDO
BRVEGEL INVENTOR
ANIMVM VINCERE, IRACVNDIAM COHIBERE CAETERAQ. VITIA ET AFFECTVS
COHIBERE VERA FORTITVDO EST-

zwischen der eigenen absoluten Überlegenheit und der völlig hilflos wirkenden Winzigkeit der «Gegner» stört dabei den Selbstruhm der kriegerischen Helden der *Tapferkeit*.
So wird man in der Mitte der linken Bildhälfte zum Zeugen der tiefgestaffelten Kavallerieattacke eines gewaltigen Aufgebotes an gepanzerten Rittern, vorgetragen gegen weniger als eine Handvoll verstreuter maus- und rattenähnlicher «Feinde». Man versteht die Ironie dieser Darstellung: Immer in der Kriegspropaganda sind ja die eigenen Truppen von bewundernswertem Heldenmut, während der Feind regelmäßig als feige und von niedriger Gesinnung geschildert wird; wie es indessen möglich sein soll, *Tapferkeit* im Abschlachten derart unebenbürtiger Gegner zu zeigen, bildete gewiß in noch keiner Siegesfeier eine ernstgemeinte Frage.
Auch der massive Infanterieangriff auf der rechten oberen Seite des Bildes gegen die in ihr Ei sich zum Teil auf allen vieren verkriechenden Feinde folgt demselben Schema, nach dem das Eigenschaftswort «tapfer» im Grunde nur der siegreichen und eben damit schon der «guten» Seite verliehen zu werden pflegt. Selbst wenn das tierische Gelichter auf der rechten Bildseite noch eine Weile vermeint, hinter seinem beweglichen Schutzschild aus Holz wehrhaft aushalten zu können – an dem heroischen Sieg des «Guten» über das «Böse» kann kein Zweifel mehr sein. Und wozu sonst auch sollte die *Tapferkeit* dienen, wenn nicht zu dem Zweck, die gute Sache gegen alle Widerstände durchzusetzen?
Es ist BRUEGELS Darstellung der Tapferkeit, die auf das apokalyptisch Wahnhafte dieser Auffassung der *Fortitudo* hinweist. Was denn soll das «Tierische» und «Dämonische» anderes sein als jener Anteil des eigenen Wesens, den man lieber projiziert im anderen bekämpft, als ihn bei sich selbst zu erkennen und durchzuarbeiten? Was aber soll eine *Tapferkeit* wert sein, die sich lieber mit einer Welt von Feinden herumschlägt, als den Mut aufzubringen, sich ehrlich mit sich selbst auseinanderzusetzen?
Daß solche Fragen nicht aus einer psychologisierenden Fehldeutung der BRUEGELschen Absichten oder womöglich einer Kritiklust der Psychoanalyse an den guten Werten des bürgerlichen Zusammenlebens entstammen, sondern von dem Bild selber bewußt intendiert sind, zeigt die Neudefinition des Begriffs der *Tapferkeit* in der lateinischen Beischrift:

Animum vincere, iracundiam cohibere, caeteraque
vitia et affectus cohibere – vera fortitudo est.
Das Herz besiegen, den Jähzorn beherrschen und auch alle anderen
Laster und Triebregungen beherrschen – das ist wahre Tapferkeit.

Diese *wahre* «Tapferkeit» unterscheidet sich nur allzu deutlich von dem, was das Bild selber im Gefolge der herkömmlichen Vorstellung von «Tapferkeit» als einer «soldatischen», «männlichen» «Stärke» vor Augen führt.

Bei den Tugenden *Mut* und *Tapferkeit* handelt es sich beide Male um Haltungen, die seit dem Altertum insbesondere den Männern empfohlen werden, wenngleich ein patriarchalischer Unterton darin mitschwingt, insofern die Frauen vermeintlich dieser Haltungen weit mehr bedürften, da sie ihrer angeblich so gebrächen. Wie auch immer; «Mut» und «Tapferkeit» heißt auf lateinisch schon ganz wörtlich «Mannhaftigkeit» – *virtus*; kein Wunder also, daß wir in diesen beiden Tugendhaltungen denn auch das Konterfei dessen zu erblicken haben, was Männer in einer bestimmten Zeit, im Rahmen einer bestimmten Kultur, von sich denken oder doch zumindest denken möchten. Was das alles mit Religion zu tun hat? werden Sie sich bei solch kritischer Betrachtung fragen. Nun, außerordentlich viel, ist doch *Glauben* wesentlich nichts anderes als Überwindung von Angst. Ist aber *Mut* imstande, Angst zu überwinden? Oder ist der «Mut» nicht selber schon ein Ausfluß von Angst, eine Reaktionsbildung auf Angst?

Zum Thema *Mut* und *Tapferkeit* hat jedes Volk seine eigene Weise, sich mit Hilfe von Heldensagen eine glorreiche, möglichst kriegerische Vergangenheit zu malen und in Erinnerung zu halten. Leicht wäre es zum Beispiel, aus dem uns verschollenen *Buch der Krieger* im Alten Testament die Liste der «Helden an Kraft» zu verlesen, das schriftliche Ehrendenkmal der Hebräer, die Liste ihrer Kämpfer in der Elitetruppe König Davids *(2 Sam 23,8–39; 1 Chr 11,10–47)*. Doch ist das Heldische in der Bibel zum Vorbild der Menschen wenigstens einmal in Form eines *tierischen* Beispiels geschildert. Selten genug geschieht es, daß die Bibel überhaupt ein Tier lobend erwähnt; und daß sie sich für das *Verhalten* eines wirklich existierenden Tieres interessiert, ist singulär. Im *Buche Job* nämlich, im *Kapitel 39*, in den *Versen 19 bis 25* wird in seiner rätselhaften Kampfkraft den Menschen das *Pferd* empfohlen:

> *Kannst du,* fragt Gott da seinen zweifelnden Job, *dem Roß Kräfte geben oder seinen Hals zieren mit einer Mähne? Kannst du es springen lassen wie die Heuschrecken? Schrecklich ist sein prächtiges Schnauben. Es stampft auf den Boden und freut sich, mit Kraft zieht es aus, den Geharnischten entgegen. Es spottet der Furcht und erschrickt nicht und flieht nicht vor dem Schwert. Auf ihm klirrt der Köcher und glänzen Spieß und Lanze. Mit Donnern und Tosen fliegt es über die Erde dahin und läßt sich nicht halten beim Schall der Trompete. Sooft die Trompete erklingt, wiehert es hui! und wittert den Kampf von ferne, das Rufen der Fürsten und Kriegsgeschrei.*

So also sind die *Helden an Kraft*, die der Pferde als Kampfgefährten bedürfen, ihnen Beispiel gebend und an ihnen ein Beispiel sich nehmend.

Ganz anders, wie kaum geschaffen zum Thema Mut und doch geradedavon handelnd, ist eine kleine Episode im *13. Kapitel* des *Lukas*-Evangeliums:

> *Zu dieser Stunde kamen einige Pharisäer und sprachen zu Jesus: Mach dich auf, geh weg von hier, denn Herodes will dich töten. Er aber sprach zu ihnen: Geht hin, sagt diesem Fuchs: Siehe, ich treibe böse Geister aus; ich mache gesund heute und morgen, und am dritten Tag werd ich vollendet sein. Doch muß ich heute und morgen und am folgenden Tag noch wandern. Es geht nicht an, daß ein Prophet umkomme außerhalb von Jerusalem.*

Es handelt sich in diesen Sätzen um ein Rätselwort, das vermutlich eine historisch echte Überlieferung wiedergibt und das wie üblich, gleich einem Prisma, das ganze Bündel von Strahlungen zusammenfassen kann, die von der Person und der Botschaft Jesu ausgehen.

Womöglich muß man die menschliche Geschichte so melancholisch wie ARTHUR SCHOPENHAUER und so verträumt wie NOVALIS betrachten, um zu ergründen, wie groß und wie niedrig wir Menschen in dem, was wir sind und tun, zu sein vermögen. Was ist die Wirklichkeit in der Bewertung der Tugend oder des Tadels eines Menschen? Soviel steht fest: Mit dem Begriff der Tugend von *Mut* und *Tapferkeit* wurden ganze Generationen in die Irre getrieben. Nicht nur daß jedes Dorf, gleich wo in Europa, sein Ehrendenkmal für die Gefallenen 1914–1918 aufweist; – als wenn das noch nicht genug wäre, sind diese Denkmäler allzumal erweitert für die «Helden» zwischen 1939 und 1945. Es genügte, daß die eingezogenen

Rekruten irgendwo krepierten, um zu Helden der Tapferkeit für ihr Vaterland stilisiert zu werden.

Eines ist wahr: Lebewesen, die in dieser Welt ihrer Situation bewußt werden, statt sie nur stumm zu erleiden, müssen *Tapferkeit* lernen, schon um nicht irrsinnig zu werden. Keinem Lebewesen außer dem Menschen ist es auferlegt zu wissen, daß Schmerz und Tod letztlich unentrinnbar sind und daß, je älter man wird, die Zukunft sich immer enger gestalten wird. Viel Glück müßte da ein Mensch schon haben, wenn ihm nur eine kurze Zeit an Leiden zugemessen wäre. Doch als wäre das Leiden, das die Natur uns auferlegt, noch nicht ausreichend genug, haben wir Menschen uns angewöhnt, Schmerz und Tod als Instrumente der Kultur geradezu virtuos zu handhaben, um Leidensfähigkeit und Todesverachtung förmlich zu trainieren.

Von altersher herrscht bei sogenannten Naturvölkern die Sitte, den jungen Männern wie den jungen Frauen des Stammes Mutproben aufzuerlegen, auf daß sie als Mädchen und als Jungen schon den Beweis erbringen, für das Leben in ihrer Gemeinschaft *reif* zu sein, das heißt: mutig genug, Schmerz und Tod, notfalls freiwillig, auf sich zu nehmen. – In Frankreich beispielsweise kriminalisiert man zur Zeit gerade die uns Europäern absurd erscheinende Praxis im Innern Afrikas, Mädchen am Anfang der Pubertät durch Extirpation der Klitoris zu verstümmeln. Weniger beachtet wird der parallele Ritus, junge Männer zu beschneiden. Beide Praktiken haben in dem Gefüge unserer Kultur keinen Sinn mehr; sie gelten uns als barbarisch, und wir empfinden es als Teil des berechtigten Kampfes der Frauen gegen ihre Unterdrückung, derlei Unsitten nicht länger mehr unter dem Deckmantel der Toleranz zu dulden. Aber ist es so schwer für Ethnologen herauszufinden, was das barbarisch Scheinende einmal bedeuten sollte und wie ungeschmälert, nur in anderen Formen, wir an demselben Weltbild immer noch teilhaben? Eine Frau soll, zur Frau erwachend, nicht so sehr Lust und Freude empfinden als vielmehr Schmerz und Leid, denn sie soll sich üben, möglichst bald Kinder in die Welt zu setzen, also unter Schmerzen zu gebären, wie es selbst biblisch ihr Schicksalsanteil ist *(Gen 3,16)*; und die Jungen sollen lernen, Gefahren zu bestehen, auf daß sie die Kinder, die sie zeugen, als Männer später tapfer zu verteidigen vermögen. Frauen müssen gebären, und Männer müssen töten und den Tod erleiden, heißt es in einem äthiopischen Sprichwort; – so verteilt sich die Waage der Lasten auf beide Geschlechter.

Uns gilt, wie gesagt, eine solche Einstellung offiziell für primitiv und roh, aber haben wir bis heute etwas Besseres in unserem Staatstraining für junge Männer und in unserer Moral für Frauen ersonnen? Papst JOHANNES PAUL II., am Ende des 20. Jahrhunderts nach Christus zum Beispiel, steht nicht an, gewisse Frauen selig zu sprechen, die ihr höchstes Verdienst darin sahen, den Rat ihres Arztes, kein weiteres Kind zu gebären, zu übergehen, und im Kindbett starben; lieber dienten sie dem Leben durch ihren Tod, als den Tod zu besiegen durch ihren Willen zu einem eigenen Leben. *Heiligmäßig* ist in den Augen des Heiligen Vaters das Opfer solch einer Frau, die die Last auf sich nimmt, die Schuld Evas über alle ihre Töchter *mutig* zu ertragen und auf sich zu nehmen.

Und bei den *Männern* nicht anders! Wann je hätte man die *Tapferkeit* eines Soldaten in Frage zu stellen gewagt? Was wird man den jungen Männern beim «Bund» anderes beibringen, als daß sie Todesgefahr nicht länger fürchten sollen? Ein entsprechendes Training wird sie lehren, durch Feuerringe zu marschieren, unter Beschuß weiterzurobben und die Tötungshemmung beim Schießen auf Pappkameraden herabzusetzen. Es war ERICH MARIA REMARQUE, der zwölf Jahre nach dem, was uns heute als der Erste Weltkrieg gilt, seinen Spieß *Himmelstoß* schilderte, eine Karikatur scheinbar, wie in KIRSTS *Nullachtfünfzehn* im Zweiten Weltkrieg, aber in Wirklichkeit nur die Porträt-Figur des Immergleichen, des offenbar Unverbesserlichen, des vermeintlich militärpolitisch absolut Notwendigen. *Himmelstoß* war Postbote, ehe er in der kaiserlichen Armee zum Vorgesetzten aufrückte und den Rekruten beibringen durfte, was Ordnung, Disziplin, Gehorsam, Mannesmut und Kampfeskraft ist. Und so läßt er sie auf allen vieren durch den Morasthof kriechen. Wenn Menschen schon nicht mehr wissen, ob der Morast, durch den sie robben, mit ihnen nicht bereits identisch ist, dann sind sie im militärischen Training offenbar weit genug, um jeden Befehl über sich ergehen zu lassen. REMARQUE wird später sinngemäß schreiben: «Wir waren erzogen, Platon auf Griechisch zu lesen und Cicero auf Lateinisch, aber ganze drei Monate Drill hatten genügt, uns vor jedem Postboten in den Schlamm zu werfen. Es muß alles umsonst gewesen sein, was man je Kultur genannt hat», fügt er noch hinzu, «wenn *das* möglich war.» Mit *das* meinte er das Vergasen, Erschießen und Erstechen Hunderttausender von Menschen auf Befehl.

In der Tat: *Tapferkeit* vor dem Feind, das Weiße im Auge des Gegners zu erblicken und kaltblütig drauflos zu marschieren ist immer wieder als das feierliche Lied der Männlichkeit besungen worden, ganz nach den Worten des römischen Dichters HORAZ: *Dulce et decorum pro patria mori* – Schön und ehrenvoll ist es, für das Vaterland zu sterben!

Im Ideal gehört es zum *Mut*, die Interessen der Gruppe über die Privatinteressen zu stellen. *Mut* kann daher identisch sein mit der Kraft zur Selbstaufopferung, wofern das Selbstopfer unvermeidbar gefordert wird. Zugunsten eines höheren Wertes sich einzusetzen bis zum äußersten ist in der Tat eine außerordentliche Fähigkeit. Immer wieder hat man philosophisch und dann auch psychologisch herauszuarbeiten versucht, daß eben diese Tugend von *Tapferkeit* und *Mut* uns Menschen auszeichne. Tiere, sagte man, flöhen vor Gefahr, sie seien von Natur aus feige; uns Menschen aber sei es aufgegeben, durch Verstand und zügelnde Disziplin Angst und Furcht zu besiegen. Das eben gilt für *Mut* und *Tapferkeit.* Doch man schmäht die Tiere zu Unrecht, wenn man so denkt. Verhaltensforscher zeigen uns, wie etwa eine Häsin ihre Jungen verteidigen kann, indem sie gegen einen angreifenden Bussard mit den Hinterläufen in die Luft springt, um den Raubvogel abzuwehren. Lieber läßt sie sich selber zerreißen, als daß ihre Brut vernichtet wird. Mutterliebe bei Tieren kann stärker sein als das Interesse des individuellen Selbsterhalts. Oder ein anderes Beispiel: Will man einem Stier im Kampf mit einem anderen, im Komment-Vergleich, *Mut* und *Tapferkeit* absprechen? Es geht hier «nur» um das Recht, ein Weibchen zu besitzen, also an der Weitergabe der Gene teilzuhaben, und jegliches Opfer, auch der Schmerz, wird als Preis nicht zu hoch für dieses Ziel erscheinen. Es ist, wie wenn uns aus der Tierreihe bereits die Ziele vorgegeben wären, für die der Mut sich lohnt, und als bildete unsere menschliche Verhaltenspsychologie nur eine Aufgipfelung dessen, was uns die Tiere lehren. Auch Ameisen werfen sich zu Hunderttausenden besinnungslos in die Schlacht, wenn die roten gegen die schwarzen Ameisen antreten oder die Treiberameisen das Heer der Termiten überfallen. Doch will man da von «Mut» sprechen? Und vor allem: Sind wir Menschen so viel anders als die Tiere in den Festlegungen der jeweiligen Gruppe?

Vor allem psychologisch müssen wir uns fragen, was eigentlich Mut genannt wird, denn es gibt keine «Tugend», die sich als derart mißbräuchlich durch die Gesellschaft erweisen würde, wie eben die Haltungen von *Mut* und *Tapferkeit.* Ist es nicht möglich zu denken, es ginge unseren gerühmten «Helden» aus Bibel und Geschichtsbuch ganz ähnlich wie dem *Kriegspferd* im Buche Job?

Da finden wir in der ganzen Bibel also das einzige Beispiel, daß ein Tier einmal über mehr als neun Zeilen hinaus positiv geschildert wird, doch kaum ein Porträt eines Tieres könnte so fatal verkehrt sein wie diese biblische Beschreibung des «tapferen» Kriegsrosses! Da schmettert die Trompete, und das Pferd wiehert, und so soll man glauben: Tapfer antwortet es auf das Angriffssignal! Doch völlig falsch! Sehen müßte man die weitgeöffneten Nüstern des Pferdes, seine schreckgeweiteten Augen, das Beben seiner Flanken, – sein Wiehern ist ein einziger Klagelaut. Aber darf man ihn hören bei einer Kreatur, die man als Helden braucht? – Ein Pferd, weiß Gott, läßt sich nicht einmal durch das Feuer abschrecken! Welch ein Mut! – Doch wieder falsch! Auf seinem Rücken sitzt jemand, der es mit den Sporen durch die Flammen treibt; ein Stück Eisen, einen Pflock, hat man ihm durch den empfindlichsten Körperteil, durch seine Nase, getrieben, um es unter Ausnutzung seines Schmerzes in die «richtige» Richtung zu treiben. Nichts fürchtet ein Pferd mehr als das Feuer; es genügt, daß sein empfindlicher Geruchssinn von weitem Rauch wahrnimmt, und sein Instinkt sagt ihm, daß es an der Zeit ist, die Flucht zu ergreifen. Wann in der offenen Steppe, in den Weiten Rußlands zum Beispiel, in denen die Pferde ihre Heimat hatten, wäre Feuer etwas anderes gewesen als eine flächendeckende Gefahr, der man nur entweichen kann, indem man beizeiten die Flucht ergreift? Was muß man den Pferden angetan haben, wenn sie, statt daß sie vor dem Feuer zu entrinnen suchen, mit schreckgeweiteten Augen sich ins Verderben stürzen? Es weiß offenbar das Pferd, daß es etwas zu fürchten gibt, das schlimmer sein kann als jegliche Gefahr: Das ist der Mensch, der es gezähmt hat. Er allein kann einem Tier alles antun. Kein Wunder deshalb, daß gerade die Pferde seit ihrer Züchtung durch die indogermanischen Mitanni im oberen Mesopotamien, mehr als 2000 Jahre v. Chr., als Kriegspferde verwandt wurden, indem sie von den Hyxos ins alte Ägypten importiert und dann vor die Streitwagen gespannt wurden.

Doch wenn man in der Bibel schon die *Pferde* so falsch beschreiben muß, um ihre Tapferkeit als vorbildlich hinzustellen, liegt dann nicht der Gedanke nahe, daß auch der Mut und das Heldentum von *Menschen* einer ähnlich falschen Beobachtung oder einfachem Selbstbetrug entstammt? Kann es nicht sein, daß die *Tapferkeit* der Soldaten lediglich in der Angst besteht vor denjenigen – man darf nicht länger sagen: die sie «gezähmt», sondern die sie gedrillt und dressiert haben, um ihnen beizubringen, daß sie keine weichlichen, weibischen Feiglinge und Drückeberger zu sein haben? Als solche wird man sie verachten und ausstoßen aus der Armee.

Es ist, wie zum Beweis dieser Vermutung, bis heute nicht möglich, daß man auch nur die *Deserteure* aus der HITLER-Armee rehabilitiert und ihnen ehrenwerte Motive des Widerstands zutraut. Es ist, als hielte man sich immer noch an den Satz des «Führers» aus *Mein Kampf*: «Soldaten können sterben, Deserteure müssen sterben.» Mindestens die soziale Ächtung über sechzig Jahre lang, bis hinein in den heutigen Bundestag, ist ihnen gewiß! Einen Befehl verweigert zu haben gilt in sich selber für Insubordination; so denken alle «verantwortlichen» Politiker in allen Ländern bis heute! Es ist wie in den Tagen des «göttlichen» CÄSAR, von dem man sagte, daß er an seinen Truppen nichts *mehr* achtete als Mannesmut und Manneskraft und nichts mehr verachtete als Ungehorsam; jenes war ihm Tugend, dieses Laster! Ansonsten konnten seine Legionen Dörfer und Städte plündern und brandschatzen, Frauen vergewaltigen, Kinder totschlagen, ganze Landstriche verwüsten, – am Ende waren es, so schätzt man, mehr als 1,5 Millionen Gallier, die nur zum Raub und Geldgewinn für die Macht in Rom auf der Walstatt blieben. Aber CÄSAR war ein «göttlicher» Mann, und seine Truppen waren erfolgreich, und noch heute wird jeder, der Latein als Fremdsprache lernt, die mörderische Kunst des «großen» CÄSAR literarisch zu würdigen haben.

Nehmen wir den Gedanken einmal ernst: Was wir für gemeinhin als *Mut* und *Tapferkeit* bezeichneten, sei nichts weiter als eine verschobene und verschrobene Obrigkeitsangst, als ein verinnerlichter Zwang zur Unterwerfung, als ein Duckmäusertum gegenüber dem Befehlshabenden, dann sollten wir denken, die «Tugend» des *Mutes* sei auch psychologisch höchst verdächtig; was wir als «Mut» bezeichneten, sei möglicherweise nur eine kaschierte, von der Gesellschaft propagandistisch verbrämte Form sublimer Feigheit. Dafür, daß es sich so verhält, spricht der Automatismus des *Gehorsams*, der sich mit der *Tapferkeit* zu kombinieren pflegt.

Es gibt in diesem Sinne vielleicht kein sprechenderes, weil zufälligeres Gespräch als dasjenige, das im August 1995 auf RTL mit GÜNTHER JAUCH aufgenommen wurde. Er befragte den Commander des Bombergeschwaders über Nagasaki, Major SWEENY, danach, was im Verlauf der letzten fünfzig Jahre seit den Ereignissen über Japan in ihm vor sich gegangen sei. Neben Major TIBBITS, dem Bomberpiloten über Hiroshima, war SWEENY derjenige, der in der Geschichte der Menschheit persönlich die meisten Menschen getötet hat, über 80000 Menschen in wenigen Sekunden, viele Zehntausende im Verlauf der nächsten Dutzend bis zwanzig Jahre später, darunter viele Kinder, die entweder gar nicht zur Welt kamen oder nur als Krüppel geboren wurden. Von all dem, glaubte GÜNTHER JAUCH, wird Herr SWEENY doch in der Zeitung gelesen oder im Rundfunk gehört haben, – irgendeine Form der Auseinandersetzung damit wird in ihm erfolgt sein. Wie also steht dieser hochdekorierte Amerikaner, diese Heldengestalt der US-Geschichte, heute zu sich selber? Eigentümlicherweise war die Antwort SWEENYS fast ergrimmt. Er fand die Frage allein schon unverschämt, er antwortete überhaupt nicht persönlich; er wies vielmehr darauf hin, daß jeder Soldat in jeder Armee der Welt dasselbe wie er getan hätte, ganz einfach weil es befohlen war; er also hat lediglich seine Pflicht als Soldat getan.

SWEENY wußte offensichtlich nicht, daß für uns Deutsche in der Nacharbeit zum Dritten Reich dies ganz schrecklich in den Ohren klingt: «Befehl ist Befehl!» Das haben sie alle gesagt, vom SA- und SS-Mann bis zu jedem Gefreiten in der großdeutschen Wehrmacht! Dieser Satz war die Entschuldigung für all die Schrecken, die Deutsche von Coventry bis Rotterdam, von Warschau bis Auschwitz Menschen angetan haben. Diese Generalabsolution soll gerade im Rückblick auf das «Dritte Reich» und seine Greueltaten für uns Deutsche nicht gelten. Uns gilt: Ein Mensch ist zuständig für das, was er selber tut, und er kann sich nicht herausreden mit einem Befehl. Aber wir begreifen: Wenn es möglich ist, daß ein Mensch einfach das tut, was ihm befohlen wird, eben weil es befohlen wurde, dann kann er *wie ein Pferd* durchs Feuer gehen; doch dann ist er nicht *mutig*, dann ist er ein verkappter Feigling, der Verantwortung nicht auf seine eigenen Schultern nimmt, ja, dem man es überhaupt abgewöhnt hat, eine eigene Verantwortung und eine persönliche Meinung noch zu besitzen. Ist aber das, was wir Militär nennen, dann nicht ein einziger großer Schwindel, ein absurder Zwang zu verlogenen Idealen und pervertierten Tugenden?

Die *Bundeswehr* zum Beispiel gilt für demokratisch, sie wird zumindest dem Ideal nach vom Parlament kontrolliert, und darin liegt zweifellos in der politischen Kultur ein gewisser Fortschritt gegenüber der Diktatur; aber liegt in der bloßen Verfassung auch schon moralisch und sittlich ein Fortschritt? Wir bezeichnen den Soldaten als Bürger in Uniform, doch warum müssen wir ihm dann erst einmal das bürgerliche Denken austreiben? Wir fragten schon einmal: In welch einer Armee der Welt ist es je geübt worden, Befehlen zu widersprechen? Wo gibt es Planspiele, in denen man Soldaten dahin erzieht, zu erkennen, wann ein Befehl unmoralisch ist? Ja, darf ein einzelner Soldat sich des Urteils vermessen, zu fragen und entscheiden zu wollen, wie die Moralität eines Befehls beschaffen ist, wo er doch den Überblick über die Lage gar nicht haben kann, wo er doch aus seiner Zwergenperspektive das Verhältnis der eingesetzten Mittel zu dem zu erreichenden Zweck in keiner Weise kalkulieren kann? Es ist von vornherein die Position des Subalternen, in die er hineingestellt wird. Er hat eben nicht die Verantwortung für den Befehl, der erteilt wird, er hat die Verantwortung für die Ausführung des Befehls. – Und nicht viel besser als ihm geht es im Getriebe des Dienstleistungsbetriebs Armee womöglich auch dem Befehlgebenden. Auch er hat nur seine Anweisungen zu befolgen; denn über den taktischen Spielen, für die er zuständig ist, stehen die strategischen Ziele, und die wieder sind verflochten mit den politischen Zielen, und wer will das alles überschauen? Mit einem Wort: Das ganze Leben als Attrappe! Wenn *das* Mut und *Tapferkeit* ist, sollten wir in ihnen nicht länger eine Tugend sehen, sondern viel eher eine Verblendung, und wir sollten uns Gesellschaften wünschen, die *ohne* solche «Tugenden» auskämen!

Aber wie dann? Soll das heißen, daß es eine Tugend überhaupt nicht gibt, jedenfalls nicht die der *Tapferkeit*? Vielleicht doch, nur müßten wir ein Stück genauer nachschauen. Fest steht uns: Bei der fremdbestimmten, bei der – nennen wir sie: *Generalstabstapferkeit*, bei der *Tapferkeit der blutroten Hosenstreifen*, haben wir es mit einer direkten Form der Außenlenkung zu tun. Psychologisch viel verfeinerter stellt sich die Frage nach *Mut* und *Tapferkeit* bei all den Formen, in denen Außenlenkung, Angstverinnerlichung, Fremdbestimmung und Entmündigung schon in Kindertagen erfolgt sind. Wir brauchen zur Erzeugung außengelenkter Tapferkeit durchaus keinen militärischen Drill, es genügt unter Umständen die militarisierte Kinderstube. Auch außerhalb der Militarisierung des Politischen und Gesellschaftlichen genügt im Privatleben der ganz «normale» Kommandoton oder eine bestimmte Form sozialer Angst vor Ausgrenzung und Ansehensverlust, um einen Menschen als *mutig* erscheinen zu lassen, der es eigentlich gar nicht ist. Um so mehr müssen wir uns deshalb fragen: Wie gewinnen wir wirklichen *Mut*?

Es gibt in der Literatur ein erschütterndes Beispiel für den *Mut* einer Frau – und für die psychologische Zweideutigkeit seiner Entstehung. Die deutsche Dichterin GERTRUD VON LE FORT schrieb in ihrer Novelle *Die Letzte am Schafott* die Geschichte einer Karmelitennovizin, *Blanche de la Force,* in der Zeit der Französischen Revolution. Als der Franzose GEORGES BERNANOS diese Geschichte las, war sie ihm ein Bühnenstück wert, und schließlich entstand daraus das Libretto einer Oper von FRANCIS POULENC unter dem Titel *Gespräche der Karmeliterinnen.* BERNANOS haßte den Zeitgeist in der Mitte des 20. Jahrhunderts. Er sah die menschliche Existenz durch die Naturwissenschaften gewissermaßen hinwegerklärt, ganz so, als sei der Mensch, die Persönlichkeit, das Geschöpf Gottes womöglich nichts weiter als die Summe oder das Produkt aus Biologie, Psychologie und Soziologie. Mediziner, Seelenärzte, Sozialtherapeuten, – ihr Wissen vom Menschen zeigt immer wieder die Persönlichkeit des Einzelnen als das Ergebnis der Gene, der erzieherischen Einflüsse, des gesellschaftlichen Milieus, und man hat am Ende scheinbar nichts weiter übrig als eine Marionette auf der Bühne des Daseins. BERNANOS also wollte den Menschen als Geschöpf Gottes in seiner Dichtung zurückgewinnen und schuf deshalb in seinen Romanen immer wieder heilige Ausnahmegestalten, die gar nicht zu existieren vermöchten, gäbe es nur die Gene, die Erziehung und die Gesellschaft. *Blanche de la Force* insbesondere wurde für GEORGES BERNANOS zum Probefall für ein Zitat aus dem zweiten Korintherbrief des hl. PAULUS: Die Kraft Gottes, *la force de Dieu,* komme zur Erscheinung in der Schwachheit des Menschen *(2 Kor 12,9).* Selbst die Oberin im Karmelitenkloster hat große Mühe, der kleinen *Blanche* zu glauben, daß ihr Wunsch, in den Orden einzutreten, etwas anderes bedeute als Angst vor dem Leben und Flucht vor der Wirklichkeit. Darf aber jemand sich von Gott berufen fühlen, der so sehr gezeichnet ist von Angst und aufgewühlt von Alpträumen? Ist das Kloster ein Garten Eden inmitten einer dunklen, blutbeschwerten, revolutionär umgewühlten Welt weitab vom Paradies?

Blanche de la Force, wie sie nach der Aufnahme in den Orden unter den Schwestern heißen wird, verweist zur Erschütterung der Oberin auf jene Stelle im 22. Kapitel bei *Lukas*, da Jesus selber in der Nacht von Gethsemane nichts weiter mehr war als bebende Angst: «daß sein Schweiß wurde wie Blutstropfen, die auf die Erde fielen» *(Lk22,44)*. Der Mann, der kam, eine ganze Welt für Gott aus der Macht der Dunkelheit und der Verblendung zurückzuerobern, war in diesem Moment ganz offensichtlich selber zu Boden gedrückt und verzweifelt vor Angst. Umgeben war er von Jüngern, die schliefen, als er sie brauchte, die mißverstanden, als er sie am meisten benötigt hätte, und schlimmer noch: Nebst der drohenden Vergeblichkeit aller Bemühungen stand vor ihm der unentrinnbare, sichere Tod: Man würde ihn verhaften, man würde alles auf den Kopf stellen, was er je gewollt hatte, man würde sogar die Bibel zitieren, um gegen ihn recht zu behalten! Er hat Menschen geheilt – es geschah mit Hilfe des Satans! *(Mk3,22)* Er hat von Gott geredet – das hat er sich nur eingebildet, denn er war ein Lügenprophet! *(Mk11,27–33)* Er glaubte an das Reich Gottes – das war Frechheit und Anmaßung! *(Lk22,67–71)* «Er bringt alles durcheinander von Galiläa bis Jerusalem», wird man Pilatus entgegenschreien. *(Lk23,5)* Was anders will die politische Macht, als Ruhe und Ordnung wiederherstellen? Und was wäre dazu einfacher, als wenn man einen notorischen Unruhestifter eliminiert?

Doch nun: Was ist es, wenn eine *Blanche de la Force* dieselbe Angst spürt wie der Mann aus Nazareth: Sie spürt die Vergeblichkeit der ganzen Existenz, die Verzweiflung von allem guten Willen, das mögliche Mißverständnis sogar ihrer Freunde! Was ist, wenn sie beschließt, mit eben dieser Angst und vermutlich dann doch auch mit eben dieser *Erlösung* zu verschmelzen?

Doch kann sie das? Vermag sie das?

Die Geschichte spielt in den Tagen der Französischen Revolution. *Blanches* Vater ist mittlerweile inhaftiert, die Karmeliterinnen arretiert und zum Tode verurteilt, *Blanche* selber könnte sich ins Verborgene zurückziehen; doch da faßt sie, zum Erstaunen ihrer Mitschwestern, den Entschluß, mit ihnen aufs Schafott zu gehen, das Lied *Veni Creator Spiritus* auf den Lippen. Dieser Gesang bedeutet im Sinne GEORGES BERNANOS' das Flehen, daß eine neue Schöpfung möglich werde, die nicht mehr gebunden ist an die kreatürliche Furcht, an das Spiel der Triebe und Instinkte. Ein Mensch – das ist mehr als das Produkt dessen, was man ihm beigebracht hat! Spätestens in dem völlig Unwahrscheinlichen, in dem *Wunder*, das hier geschieht, kann sich das zeigen: wie ein verängstigter Mensch durch seine Angst hindurchgeht, so daß noch einmal PAULUS, im *zweiten Brief an die Korinther*, recht behält, wenn er davon redet: Wer in Christus ist, sei eine neue Schöpfung *(2 Kor 5,17)*. All die Gesetze des «alten Menschen» gelten nicht mehr! *Blanche de la Force* – das ist für BERNANOS eine Heilige, die den Durchbruch durch die Welt der Angst geschafft hat. *Tapferkeit* ist, so verstanden, eine wahre Tugend des christlichen Glaubens.

Tatsächlich hat im 20. Jahrhundert kein Autor das Spiel der Antipsychologie zugunsten des Glaubens so weit getrieben wie BERNANOS und, in seinem Umfeld, die *nouvelle théologie* im Frankreich der dreißiger, fünfziger Jahre, die eine Antwort des Katholizismus auch auf die Geisteshaltung der Existenzialisten zu geben versuchte. Auch *die* sprachen von *Mut*, – ALBERT CAMUS etwa, JEAN-PAUL SARTRE etwa. *Diese* Autoren lehrten einen *Mut*, der es akzeptiert, daß man sterben muß, auch wenn das Leben sinnlos ist, denn sie hielten es für möglich, gerade in diesem Wissen heroisch auszuhalten, sich nichts vorzumachen, keine falschen Tröstungen zu akzeptieren, sondern mit klaren Augen, wissend, das Leiden des Sisyphus, die Vergeblichkeit von allem, das Tun im Kreise, als das einzige dem Menschen mögliche *Glück* anzunehmen. So CAMUS. – SARTRE hingegen hat oft genug beschrieben, wie Menschen, die mutig sein wollen, noch im letzten Augenblick versagen können. Es genügt, den Deutschen in die Hände zu fallen und als Kollaborateur gefoltert zu werden! In dem kleinen Stück *Die Mauer* beschreibt SARTRE eine solche Möglichkeit: Ein Mann, der fest entschlossen ist, seine Kameraden nicht zu verraten, wird nach ein paar Stunden der Folter schon genau das tun. Er weiß, daß sein Geständnis oder sein Verrat ihm nicht einmal eine Rettung einbringen wird, man wird ihn gleich miterledigen, aber ein bißchen weniger Schmerz, und Menschen sind zu allem bereit! Menschen sind so formbar, ihre Kreatürlichkeit ist so manipulierbar! Stimmt dann die Antwort von GEORGES BERNANOS wirklich? Auf die Guillotine zu gehen, ja, das kann eine glorreiche Veranstaltung sein, ein Stück noch, sich selber bühnenreif zu «entwerfen», hätte SARTRE gesagt: Da ist noch ein Publikum, da ist man noch man selber, da weiß man wenigstens den Zeitpunkt, an dem der Tod wartet. Aber in der *Folter* unterliegt man einem Katz-und-Maus-Spiel, das jeglichen *Mut* raubt.

Wäre es denkbar, wir Menschen seien gar nicht selbstverfügend genug, um *mutig* zu sein? Dann hätte BERNANOS recht und unrecht.

Das bißchen Mut, das wir aufbringen, wäre eine *Gnade*, die wir nicht selber erzeugen können, eine Befähigung, auf die wir uns mit aller Selbstdisziplin gerade *nicht* entwerfen können. Aber vielleicht hat BERNANOS auch unrecht, zumindest psychologisch steht er sehr in dem Verdacht.

Als POULENC seine Oper über *Die begnadete Angst* schrieb, tobte gerade der Krieg in Korea. Die Amerikaner und die UNO hatten gegen die «rote Gefahr» der Nordkoreaner und des verbündeten Rot-China mobil gemacht, – MAO TSE-TUNG mußte am Yalu gestellt und bekämpft werden. In dieser Zeit gerieten amerikanische Soldaten in nordkoreanische Gefangenschaft und wurden in aller Regel dem unterzogen, was man damals «Gehirnwäsche» nannte. Aber nun zeigte sich etwas sehr Merkwürdiges, das amerikanische Psychologen seither immer wieder in Staunen versetzt hat: Leute, die im Gefecht womöglich als schwach erscheinen konnten, die große Angst vor Schmerz z. B. hatten, die sich unter Beschuß lieber auf die Erde warfen, als auf den feindlichen Schützengraben zuzulaufen, konnten in nordkoreanischer Gefangenschaft sich erstaunlich widerstandsfähig zeigen, wohingegen viele von den alten Kämpen scheinbar leicht zu manipulieren waren. Des Rätsels Lösung lautete, daß man es bei diesen Unbeugsamen mit Menschen zu tun hatte, die seit Kindertagen seelisch durch tiefe Ängste geprägt waren. Zum Beispiel gab es für sie einen heiligen Kodex, der unüberschreitbar festlegte, daß man bestimmte vaterländische, religiöse oder nationale Überzeugungen nicht verraten dürfe. Den Kommunisten sich zu fügen widersprach dem, was sie für ihr Gewissen hielten. Psychoanalytisch müßte man das Wort *Gewissen* sogar durch den Terminus *Über-Ich* ersetzen.

Wir begreifen die Nuancierung: Es ist eine Form von *Tapferkeit* möglich, die nicht von einem äußeren Befehlsgeber erzwungen wird, sondern die darauf basiert, daß innerseelisch eine Apparatur etabliert wurde, die ständig ein eigenes Kommando mit der ihr eigenen Unterwerfungsgewalt produziert. Das Ich ist im Schatten eines starken Über-Ichs im Grunde schwach, es ist nach außen wenig durchsetzungsfähig, aber gerade deshalb kann es sich den Befehlen des Über-Ichs total unterwerfen und anpassen. Nicht das Ich ist in dieser Konstellation tapfer, vielmehr ist das Über-Ich starr und rigide.

Eine schlimmere Denunziation dessen, was uns für Tapferkeit gilt, kann es kaum geben als diese rasch zu entwickelnde psychologische Einsicht. Ja, wir sollten noch etwas genauer formulieren. Wäre es im Falle der *Blanche de la Force* nicht denkbar, daß das, was sie Gott nennt, lediglich die erweiterte Form eines verstoßenden, strafenden Über-Ichs darstellt? Damit wir uns recht verstehen: Es bedeutet sehr viel, wenn ein Mensch kraft eines religiösen Vertrauens es lernt, seine Neurose in gewisser Weise lebbar zu halten und im entscheidenden Augenblick sogar zu überwinden. Es bedeutete individuell ein Unrecht, einem Menschen den letzten Halt seiner Zuversicht als verdächtig hinzustellen. Aber ein ganz anderes ist es, aus neurotischem Leid bestimmte Tugendideale abzuleiten und diese dann für eine bestimmte Gruppe auszubeuten. Die katholische Kirche zum Beispiel spricht Menschen heilig, aber sie legt damit in das individuelle Leben von Menschen lediglich das hinein, was sie sich entsprechend ihren Dogmen am meisten wünscht. Sie prüft bei ihren Heiligsprechungsverfahren alle möglichen abergläubischen und mittelalterlichen Dinge durch, wie zum Beispiel, ob nach dem Tode oder während des Lebens der betreffenden Person an ihrem Körper oder Leichnam besondere Wundertaten zu erspüren und zu erfahren gewesen seien; aber der Psychologie der Betroffenen hat die katholische Kirche sich bis heute nicht zugewandt, offenbar weil Fragen dieser Art an sie selber und an die Mechanismen der Verinnerlichung ihres eigenen Systems gehen und zu prekär werden könnten.

Genau das aber müssen wir am Ende des 20. Jahrhunderts tun: Wir dürfen uns keine Tugenden mehr vorstellen lassen, die nicht psychologisch durchgearbeitet wurden und die letztlich nicht dem Zweck dienen, das Ich zu befreien. Formulieren wir als Arbeitshypothese jetzt schon: *Mut* und *Tapferkeit* als Tugenden besitzen nicht den geringsten Wert, wenn sie nicht durch die Stärke des Ichs getragen sind und einen genuinen Ausdruck der eigenen Persönlichkeit bilden. Mithin bleibt uns die Frage aufgegeben, was denn die Entfaltung einer eigenen Persönlichkeit behindert und warum es Menschen so oft an *Mut* gebricht.

Die Vorstellung, die wir bisher darüber entwickelt haben, ist in der notgedrungen knappen Zeichnung offenbar noch viel zu einfach geraten. Ein Kind wird eingeschüchtert, zum Beispiel durch die Strafe und Härte seines Vaters oder seiner Mutter. Dies ist das Einfache, es bedarf keiner weiteren Kommentierung. Aber wenn wir uns nun einmal denken, daß Menschen von Angst geprägt sind, also unmutig im wörtlichen Sinn, unfähig zur Courage im eigenen Leben, und zwar gar nicht so sehr durch die Unterdrückung von Vater und Mutter, sondern in der Symptomtradition derselben Angst, die Vater und Mutter bereits haben durchleiden müssen, dann sind wir dabei, eine sehr viel feinere Beobachtung zu treffen.

Nehmen wir einmal an, eine Mutter oder ein Vater habe einen Jungen, eine Tochter, mit denen sie oder er im Grunde sehr fürsorglich und wohlmeinend umgeht; wir setzen nun aber voraus, daß diese Mutter oder dieser Vater auf ihre Weise durch persönliche Ängste geprägt sind: Irgend etwas schon in ihrem Leben hat sich ereignet, das in ihnen zu einer Dauererwartung möglicher Gefahren geführt hat; was liegt dann näher, als bestimmte Anzeichen möglicher Bedrohung im Leben auch ihrer Kinder sich vorzustellen und bei den kleinsten Gegebenheiten sich als schon real bestehend auszumalen? Die Mutter, der Vater wird dem Kind mithin ständig den Eindruck vermitteln, daß dies und das unüberschaubar, gefährlich, bedrohlich, in jedem Sinne zu meiden sei. Das Kind hat etwa einen einfachen Husten; wie aber, wenn die Mutter mit ihrer Ängstlichkeit daraus eine große Krise machen würde? Aus einem Husten kann sich ja eine Grippe entwickeln. Ein Kind aber, das bei den kleinsten Krankheitszeichen ausgemalt bekommt, wie schrecklich jede weitere Entwicklung verlaufen könnte, wird späterhin jede beliebige Situation von möglicher Gefahr oder Unübersichtlichkeit mit eben solchen Horrorinterpretationen versehen. Es wird als Erwachsener nicht wissen, daß es gar nicht seine *persönliche* Angst ist, die es am Leben hindert, sondern die Angstinterpretation der Wirklichkeit von seiten seiner Eltern. Die Wahrnehmung der gesamten Wirklichkeit läuft in diesem

Falle durch einen unsichtbaren Filter. Das, was man persönlich zu sehen glaubt, das, wovor das Ich Angst entwickelt, ist gar nicht die Realität als solche, sondern es tritt unbewußt zwischen Wahrnehmung und Wirklichkeit erneut die Mutter von damals, der Vater von damals, und deren Auslegung der Situation jetzt läßt alles als so gefährlich und hilflos erscheinen wie in den Tagen, da man ein Kind war.

Wie soll ein Mensch, der in seiner Angst gar nicht eine persönliche Angst empfindet, sondern lediglich die Ängste seiner Eltern reproduziert, dahin kommen, ein starkes Ich zu entwickeln und eine mutige Persönlichkeit zu werden, wo er nicht die geringste Chance hat, zu begreifen, worin die Ursache seiner Ängste eigentlich liegt?

Es wird, um einem solchen Menschen zu helfen, nicht anders gehen, als daß man nach und nach bestimmte Angstsituationen konkreter durcharbeitet. Natürlich hilft es überhaupt nicht, von außen zu befehlen, man solle sich nicht so anstellen, man solle sich am Riemen reißen, man solle jetzt einfach weitermachen; es hilft auch nichts zu sagen, daß der Betreffende in seiner Angst aus jeder Mücke einen Elefanten mache, daß er das Gras wachsen höre, kurz, daß er ein Hypochonder sei, der sich alles mögliche einbilde. Denn zwar träfe ein solcher Vorwurf vielleicht durchaus zu, aber etwas Hilfreiches getan wäre erst, wenn man die Angst von heute zurückführen würde auf die Stunden von damals, da sie entstand, und man beides miteinander vergliche. Schon daß man merkt, wie eine fremde Interpretation in der Person der Eltern, nicht der Realitätssinn der eigenen Vernunft, das Leben in der Gegenwart auslegt, schafft einen gewissen Abstand zwischen damals und heute und erlaubt einen erstmaligen Freiheitsspielraum, in den hinein so etwas wie persönlicher *Mut* allererst wachsen kann.

Oder nehmen wir eine andere Situation, die sehr häufig vorkommt. Menschen fühlen sich sehr verängstigt, sehr unmutig, doch hört man genau hin, so liegt es daran, daß sie sich kaum durchzusetzen wagen, und die Erklärung für ihre Scheu, für ihre Zurückgezogenheit liegt eigentümlicherweise in der unbändigen Wut, die sie fühlen. Eine Frau sagte einmal: «Ich hab's noch nie getan; – ich bewundere Filme, in denen Frauen alle Tassen nehmen und auf den Boden pfeffern. So etwas möchte ich auch manchmal! Ich weiß, das ist unsinnig – am Ende muß ich meine Wohnung wieder aufräumen;

schon deshalb habe ich so etwas noch nie getan; aber ich habe die Lust drauf!» Natürlich stellte sich die Frage, *wem* diese Frau denn den ganzen Klumpatsch vor die Füße hätte werfen wollen. Dahinter standen bestimmte Erinnerungen an ihre Mutter – *der* hätte der ganze Zorn gegolten. Doch schon die nächste Frage lautete, warum all die Aggressionen, aufgestaut in mehr denn über vierzig Jahren, niemals zu äußern waren. Auf die Mutter granatenwütend zu werden bedeutete damals, ein böses Kind zu sein, es bedeutete, schuldig zu sein, es bedeutete, sich schämen zu müssen. Folglich war es die Pflicht dieser Frau als Mädchen, auf sich selber wütend zu sein, wenn sie hätte auf ihre Mutter wütend sein mögen. Schuldgefühle also sind es, die am Ende einem Menschen jeden Mut rauben können.

Was wir da sagen, ist im Grunde paradox. Wir haben vorhin noch gehört, daß Schuldgefühle selbstvergessen, blindwütig, beinahe mutig, ja, tollkühn machen können, daß sie die ganze Realität absperren können, – man sieht überhaupt keine Gefahren mehr, man sieht nur noch die flatternde Fahne, man geht übers Schlachtfeld oder durchs Minenfeld, wie amerikanische Soldaten in Vietnam einfach *stoned*, unter Drogen, in den Dschungel liefen. So blind kann das Über-Ich machen! Es ist aber auch möglich, daß das Gegenteil eintritt: Man riskiert überhaupt nichts mehr, weil die Wut, die man gegen die eigene Unterdrückung empfindet, so stark ist, daß man sie weder äußern kann noch überhaupt fühlen darf, ohne sich selber schlecht vorzukommen. Dazu gehört, daß man die Autorität, die eigene Mutter, den eigenen Vater, im Grunde *lieb hat*.

Merkwürdigerweise zeigt die Beschäftigung mit den Entstehungsbedingungen von ein wenig *Mut* oder *Tapferkeit* mithin ein Doppeltes. Das eine ist: Aggression, Kampfeswille, *Kraft* mit einem Wort wird überdimensioniert aufgestaut, wenn es keine adäquaten Äußerungsformen geben darf: Zuviel Unterdrückung macht am Ende aus jedem Anlaß, bei dem man Ärger empfindet, etwas so Explosives, daß es in keiner Situation mehr gerecht anzubringen ist; man läuft innerlich gewissermaßen mit Atombomben herum, wo es darum ginge, Zwerge zu besiegen. Das andere aber ist: Die Aggression, die man endlich zu äußern beginnt, ist wie ein beginnendes Werben um Nähe und Liebe. Jene Frau, die als Kind der Mutter alles hätte vor die Füße schmeißen wollen, hätte in Worten nie etwas anderes gesagt als: «Mutti, habe doch endlich mich lieb!» Und doch hatte sie gewußt, ja, sie hatte auch als Kind bereits begriffen, daß die Mutter lediglich mit anderem beschäftigt war und die Nerven nicht aufbrachte, auch auf ihre Tochter noch besonders einzugehen. Aber eben weil das, was man eigentlich wünschte, von vornherein ganz unmöglich war, war es auch nicht erlaubt noch möglich, den eigenen Ärger darüber zu äußern; heute aber, wo es möglich wäre, sich zu Gehör zu bringen, erscheinen die ersten Aggressionen, die jetzt zum Vorschein kommen, wie bei einem Gewitter, das sich langsam aufbaut: Die Hammerwolken wachsen und wachsen, aber die niederzuckenden Blitze suchen den Kontakt mit der Erde, und das scheint furchtbar gefährlich; in Wahrheit jedoch reinigen die Gewitter die Atmosphäre, und der Regen, der herniederströmt, belebt nach Tagen und Wochen der Dürre allzumeist das Land. Die Heftigkeit des aufgestauten Zorns, das zuckende Ungestüm, das da hervorbricht, gilt es lediglich in kleinen Portionen mitzuteilen. Dann aber wird aus der Aggression das Verbindliche, und plötzlich merken wir, daß es eine *Tapferkeit des Alltags* gibt, eine, bei welcher ein Mensch es lernt, für sich selber einzustehen, und das womöglich zwanzigmal am Tage. Plötzlich ist es überhaupt nicht mehr die Frage, ob man Erfolg hat, ob man siegt, ob man gewinnt; man hört im übrigen auch auf, sich in einem permanenten Busch- oder Privatkrieg zu fühlen. Das einzige, worauf es jetzt ankommt, besteht darin, eine gewisse Übereinstimmung mit sich selbst zu erlangen. Mehr braucht man nicht.

Eine Frau klagte darüber, daß sie mit ihrem Ärger bei niemandem ankomme. «Ich bestehe aus zwei Hälften», sagte sie, «einer vernünftigen, die alles unterdrückt, und darunter einer anderen, die rebelliert und wütend ist; die aber darf sich ja nie zeigen, denn sonst werde ich verurteilt und abgelehnt, und das will ich auch nicht.» Die Frage war natürlich, wie diese beiden Ebenen zusammenkommen, wie Verstand und Aggression eine Einheit bilden könnten.

Im Bilde gesprochen, geht es um die Überlebenskunst unserer Vorfahren vor über Hunderttausenden von Jahren, vielleicht um die größte Entdeckung der Kulturgeschichte, jedenfalls um einen der Gründe, warum es uns alle überhaupt gibt, nämlich daß sie lernten, nicht nur Feuer zu legen, – schon das war unerhört: etwas, das eigentlich angst macht, zu handhaben und zu nutzen! –, sondern mit dem Feuer Eis und Schnee zu schmelzen und zum Kochen zu bringen, indem sie zwischen Frieren und Sich-Verbrennen eine Synthese bildeten. Der Trick, der aufgewandt werden mußte, bestand darin, daß man das Eis oder den Schnee nicht einfach ins Feuer kippte, denn dann schmilzt zwar das Eis, aber dann verlöscht auch das Feuer, und es kommt gar nichts dabei herum. Die Kunst bestand darin, beides, Feuer und Eis, gegeneinander zu isolieren, mit einem Lederbeutel, mit einem Kochtopf, wie auch immer, – es brauchte eine Trennfläche, um beide Elemente zusammenzubringen, nur dann konnte es klappen!

Wie also ist es möglich, den Verstand so zu gebrauchen, daß er mit der Aggression nicht ideologisch verschmilzt und sich jedes Recht zum Durchbrennen nimmt, oder anders: Wie ist es möglich, daß die Aggression den Verstand nicht zum Kurzschluß zwingt? Es müßte eine Vernunft walten, die darüber nachdenkt, wie Aggression adäquat geäußert wird, wie es mithin ein Maß der wechselseitigen Begrenzung gibt. Die reine Vernunft, isoliert, kommt zu nichts, die reine Aggression aber kommt auch zu nichts. Doch indem das eine das andere *begrenzt*, läßt sich überlegen, wie ich den Ärger, den Zorn, die Wut dem anderen so mitteile, daß sich etwas bewegt. Und eine solche Situation bewußt um eines sinnvollen Zieles willen einzugehen, – das ist *Mut*, das ist *Tapferkeit*.

Schaut man sich die Situationen an, in denen man früher als Kind so hilflos war, so wird es auch im nachhinein gar nicht einfach sein, sich auszudenken, was man damals hätte tun können. Es ist mitunter nicht einmal heute möglich, mit der Mutter oder dem Vater, die irgendwo in einem Altenheim wohnen, so umzugehen, daß es keine Plage wird. «Meine Mutter ist krank, und ich muß sie im Krankenhaus besuchen», klagte jene Frau. «Ich will es aber gar nicht. Sie muß mich nur anfassen, dann fühle ich es wie einen Ekel; aber sie will das. Wenn ich da bin, will sie unbedingt meine Hand nehmen. Ich kann ihr doch nicht sagen: ‹Laß das!› Und wenn ich das täte, hätte ich über eine Stunde eine Debatte über die Frage, was ich für ein Kind bin! Also, was kann ich anderes machen?» – Die Frau merkte nicht, daß sie in Wahrheit soeben schon dabei war, eine erste Lösung zu finden, indem sie davon redete, daß die ganze Auseinandersetzung nur eine Stunde dauern müsse! Bisher hatte es immer vier Stunden, fünf Stunden gedauert, wenn sie ihre Mutter besucht hatte, und dann war es wirklich unerträglich. *Eine* Stunde Krankenhausbesuch bei der Mutter aber, zu dem man sich verpflichtet fühlt, weil sie inzwischen eine alte Frau ist und weil sie zugleich die eigene Mutter ist, auf die man aber auch ärgerlich ist, weil sie nie eine richtige Mutter war – wie man zwischen diesen beiden Gefühlen ein Maß findet, einen Kochtopf gewissermaßen, der an der Trennfläche richtig erhitzt wird, das ist die Frage. *Eine Stunde* ist zumindest schon der zeitlichen Erstreckung nach eine recht brauchbare Begrenzung. – Und dann stellt sich die Frage, *wie* man miteinander redet, welche Themen man wählt, und vor allem: wie man sich realistisch klarmacht, was einem bevorsteht. Feuer bleibt Feuer, und Eis bleibt Eis. Je realistischer man ist und je weniger Illusionen man sich macht, desto erträglicher wird diese eine Stunde. Die Mutter hat sich in den letzten vierundzwanzig Stunden nicht geändert, ganz sicher nicht; sie wird genauso fortfahren, wie man sie bisher kannte. Nichts hat sich in dem Sinne gebessert; aber wenn man sich hinlänglich klarmacht, daß man vielleicht gar nicht mehr das kleine Kind der Mutter von damals ist, sondern daß man jetzt eine Frau ist, die einen Krankenbesuch macht und damit etwas sehr Schweres tut, etwas, das keine Krankenschwester im ganzen Krankenhaus tut, dann hört man im gleichen Moment auf, abhängig zu sein, dann gewinnt man zum erstenmal so etwas wie ein Selbstwertgefühl.

Tapferkeit in diesem Sinne fängt an sich zu lohnen. Zu sich zu stehen zahlt sich aus mit einem Stück Selbstvertrauen und mit dem Gefühl, etwas Richtiges gemacht zu haben. Es kommt dabei nicht einmal darauf an, daß der andere all das versteht, was man sagen will, aber es ist nötig, das zu sagen, was man wirklich meint, und sich hinter sich selber zu stellen. Nur so hören die inneren und äußeren Brechungen auf. Und nur diese Art von *Tapferkeit* zählt. Kein Mensch kann stolz sein auf seine «Tapferkeit», so hoch dekoriert er auch sein mag, wenn er sie sich nicht selbst verdankt, wenn er in Wahrheit nur der Zappelphilipp und das Hampelmännchen derer war, die ihn am Bändchen gezogen haben oder die sich in seinem Über-Ich verkörperten. Aber wenn er etwas tut, wofür er selber geradesteht, dann kann er mit seiner Unterschrift den Scheck auch einlösen, auf dem der Wert seiner Leistung angegeben ist. Nur so kommt er als Mensch zu etwas.

Oft vertun wir uns mit der Erwartung, die andern müßten uns zustimmen, wenn wir nur wir selber sind. Diese Vorstellung stammt aus Kindertagen. Die Wirklichkeit ist, daß wir mit Zustimmung nicht rechnen können und daß alle Ausreden uns nicht helfen. Die beliebteste Ausrede lautet: «Wenn *ich* nicht geradestehe für dies und das, dann kommt ein anderer und macht es.» Wie oft hat man das nach 1945 gehört! «Wenn ich das nicht gemacht hätte, hätte man jemanden anderes abkommandiert! Was hätte es genützt, wenn ich mich selbst geopfert hätte?» In Wahrheit kommt es darauf nicht an, was andere getan hätten, es kommt darauf an, ob und wie man für sich selber geradegestanden hat. Die Frage ist nicht: Hätte jemand anderes dies und das getan? Wäre ich austauschbar gewesen? Die Frage ist vielmehr: Bin ich ich selber gewesen? Bin ich der Unvertauschbare in der eigenen Existenz gewesen? *Das* ist die Frage des *Mutes*, und sie ist das einzige, worauf es ankommt.

Genausowenig kann es darum gehen, daß *Mut* sich auszahlt im Erfolg. Es wäre ein Einfaches, nur die Dinge zu tun, auf die hin sich am Ende die Prämie: du wirst reüssieren, schon im voraus absehen ließe. *Mut* ist etwas, das sich im Augenblick entscheidet, ohne daß man lange rechnet, ohne Kalkül, ohne Strategie. – Wenn Sie so wollen, ist *Mut* das Gegenteil von der Kunst der Politik. In der Politik macht alles falsch, wer nicht Erfolg hat. *Mut* aber besteht darin, das zu tun, was für die eigene Person stimmt. *Tapferkeit* und *Mut* sind nichts weiter als die Ergebnisse einer Person, die sich selbst gefunden hat.

An dieser Stelle ist jenes Kontrastbeispiel im Neuen Testament so wichtig. Wir haben eingangs im *13. Kapitel* des *Lukas*-Evangeliums eine ganz erstaunliche Begebenheit vernommen, die gewissermaßen das Gegenstück zu der «Pferdetapferkeit» aus dem *Buche Job* darstellt. Die erzählte Begebenheit könnte historisch sein, weil sie etwas berichtet, das der Tendenzzeichnung des Neuen Testaments sonst diametral entgegensteht. Üblicherweise wird die Gruppe der Pharisäer schon im *Markus*-Evangelium absolut düster gezeichnet. In diesen Kreisen lauern die latenten Mörder, die theologischen Gegner Jesu. *Diese* Stelle hier ist die einzige im Neuen Testament, die daran erinnert, daß Jesus womöglich selber aus dem Kreis der Pharisäer kam und daß es zumindest am Anfang seines öffentlichen Auftretens eine gewisse Gemeinsamkeit im Erscheinungsbild und sogar eine Übereinstimmung in den Tendenzen gab. Die Sadduzäer, die Priester im Tempel, die Kaste der Mächtigen in Jerusalem, hatte Jesus von Anfang an angegriffen, aber die Frömmigkeit der Pharisäer stand ihm eigentlich nahe. Wie auch immer, – ehe Jesus durch seine Art der Gesetzesinterpretation im Sinne eines liberalen Humanismus in tödlichen Widerspruch auch zu den Pharisäern geriet, scheint diese Szene gespielt zu haben: HERODES und die Sadduzäerkreise haben längst auf Jesus angelegt, da warnen ihn die Pharisäer, er solle sich hüten. Er ist in Todesgefahr, er soll sich vor den Häschern des Königs und der Partei der Herodianer und Sadduzäer nur ja in acht nehmen! Es sind die Pharisäer, die an dieser Stelle Jesus noch retten möchten.

Aber was tut ein Mann wie Jesus in Todesgefahr?

Die Antwort Jesu ist wirklich unglaublich! Er legt einfach dar, daß ihm die Warnung nichts bedeutet, außer den längst gefaßten Standpunkt noch einmal klar zu formulieren. Er ist in Todesgefahr, jawohl; doch für ihn bedeutet das, er werde heute und morgen, wie gestern und vorgestern, als allererstes Kranke heilen. Allein schon daß Jesus damit seine Tätigkeit zuoberst umschreibt: er heilt Kranke, ist ein wunderbares Zeugnis seines Selbstverständnisses. Es geht ihm darum, Menschen von einer Angst zu erlösen, die bis in den Körper geht, es geht ihm darum, Menschen aufzurichten in ihrer Gebrochenheit. Krankheit als Widerspruch der Seele zu sich selbst, der Seele zum Körper, des von der Seele geleiteten Körpers zu sich selbst – Krankheit als eine Fehlsteuerung der Angst, aus der es gilt, den Menschen herauszuführen, das stellt für Jesus offenbar das wichtigste Thema dar. Und das wird er tun, heute und morgen, in aller Ruhe, und niemand wird ihn daran hindern. – Und er wird von Gott sprechen, so vertrauensvoll, daß es die Angst unter der Stirn der Menschen hinwegstreichelt. Auch daran wird ihn nichts hindern. Also: «Sagt doch dem Fuchs ...!» Hat je ein Mann über einen König so geredet? Das heißt auf deutsch: «Mag Herodes ein ‹Fuchs› sein, aber wir jetzt sind nicht im Hühnerstall! Wir sind freie Menschen, und wir werden uns durch das Geschnüffel seiner Verfolger nicht beeindrucken lassen!»

Wenn Sie wissen wollen, was Mut ist, dann ist es dieses: unerschütterlich bei dem zu bleiben, was man ist. Tapferkeit ist meistens das falsche Wort dafür; es klingt zu viel nach dem Gloriolenhaften. *Mut* aber, der darin besteht, das, was man im eigenen Wesen für richtig erkannt hat, unerschrocken weiterzumachen, zeigt die Stabilität der Person; und jetzt sollten wir *Mut* oder *Tapferkeit* überhaupt nicht anders mehr definieren denn als die Standfestigkeit der Person, als die innere Geschlossenheit der Person. Sie kann, weiß Gott, nicht «gußeisern» sein, sie ist das Gegenteil von Starrheit, sie ist gewiß zerbrechlich, doch eben drum ist die Tugend des *Mutes*, so definiert, im letzten ein Ausfluß größeren *Vertrauens*.

Jesus glaubt an dieser Stelle des *Lukas*-Evangeliums für sich selber garantieren zu können, für heute und morgen, aber schon sieht er kommen *den dritten Tag*, und er ist vorsichtig genug, darüber nichts mehr zu sagen. Da muß Gott wissen, was dann wird! Daß ein Mensch so weit für sich geradesteht, wie er sehen kann: *für heute und für morgen*, schon das ist viel! ERICH KÄSTNER hat sich viele Gedanken gemacht über das falsche Heldentum, vor allem in den fünfziger Jahren bei der Wiederaufrüstung der Bundeswehr und dem Kriegsgezeter und -geschrei, mit dem man aus Kommunistenangst neue Patrioten schmieden wollte – dieser ganze Unfug, der nach seiner Meinung längst hätte vorüber sein sollen, führte sich wieder auf bis zum Atomtod ... – ERICH KÄSTNER vermißte das, was wir Zivilcourage nennen, bei den Bürokraten, die nichts als ihre Pflicht tun, bei den Soldaten, die nichts als ihre Befehle ausführen, bei all den Kirchlichen, die nichts weiter plappern können als ihre Ideologie, bei all den Philistern, die immer wissen, was richtig ist, schon weil sie überhaupt nicht denken. – ERICH KÄSTNER fragte und antwortete einmal: «Wer wagt es, sich gegen donnernde Züge zu stellen? – Die kleinen Blumen in den Eisenbahnschwellen.» Nichts mehr wäre nötig, als solch eine kleine Blume zwischen den Schwellen zu sein.

MASS UND MÄSSIGUNG

JACOB MATHAM nach HENDRICK GOLTZIUS: Maß und Mäßigung (Temperantia)

Die Tugend der Mäßigung, die *Temperantia,* erscheint auf diesem Kupferstich als die gewissermaßen hausfrauliche Fähigkeit, verschiedene gegensätzliche Essenzen aus zwei Gefäßen in einer Schale zu einer geschmackvollen Substanz zu mischen. Man sieht der *Temperantia,* die als eine vornehme Frau mit tief dekolletiertem Kleid, kostbarem Halsschmuck und wehendem Kopftuch gezeichnet ist, die Freude an ihrem Tun deutlich an; Löffel und Zirkel auf dem Tisch verweisen neben der Kunst der richtigen Mischung auch auf die Notwendigkeit, Mengen und Abstände sorgfältig zu bestimmen. Die ländliche Idylle, in welche die Szene eingebettet ist, läßt die Tugend der *Temperantia* in sich selbst zugleich als eine gelungene Synthese von Kultiviertheit und Natürlichkeit erscheinen. Der lateinische Beispruch von CORNELIS SCHONAEUS erklärt denn auch die *Temperantia* als innere Entschlossenheit zu einer einfachen Lebensführung:

Nec mihi deliciae / gratae, nec foeda voluptas:
Contemno luxum, / vili contenta paratu.
Nicht ist mir Prunk ein Genuß / noch hab ich Ausschweifung gerne;
Luxus brauch' ich nicht; / was einfach bleibt, langt mir gänzlich.

Nec mihi delicię gratę, nec fœda voluptas;
Contemno luxum, vili contenta paratu.

PIETER BRUEGEL: **Maß, Geduld und Mäßigung (Temperantia)**
Ein nahezu «aufklärerisches» Bild gelingt BRUEGEL in seiner Darstellung der *Temperantia*, der «Selbstbeherrschung». Konventionell ist das Bild der Tugend selbst: ganz wörtlich «gezügelt» hält sie sich mit ihrer rechten Hand «im Zaum», in der linken Hand trägt sie brillenartige Gläser – Verstand und Wille, Auge und Mund, beide zusammen bedingen die Tugend der «Mäßigung». Hinzu kommt das rechte Bewußtsein von der engen Begrenztheit des Lebens: Auf ihrem Kopf trägt die *Temperantia* eine Uhr, die daran gemahnt, angesichts der ablaufenden Zeit des menschlichen Daseins bescheiden zu bleiben und das Erreichte vom Unerreichbaren zu unterscheiden, oder auch umgekehrt: zu spüren, daß alle Dinge, die ins Werk gesetzt werden sollen, ihre Zeit brauchen und der *Geduld* bedürfen. Die Leitern, auf denen die *Temperantia* ebenso steht wie auf einem anderen Bild die *Prudentia* (die Klugheit), dienen hier wohl als Zeichen eines langsam emporsteigenden, zielgerichteten Weges in kleinen Schritten. In all dem hält die Darstellung der «Mäßigung» sich im Rahmen des Vertrauten.
Überraschen aber muß die *Deutung* der «Mäßigung», die BRUEGEL in seinem Bild vornimmt, indem er die Tugend der *Temperantia* mit der Frage der *Bildung* in Zusammenhang bringt. Ganz im Geiste des Humanismus, insbesondere des ERASMUS VON ROTTERDAM, sieht BRUEGEL in dieser Tugend die Ursache und Folge einer geordneten geistigen Tätigkeit; er fragt, mit anderen Worten, (noch) nicht nach den psychischen Voraussetzungen, unter denen das Herz eines Menschen mit sich in Einklang zu kommen vermag, vielmehr glaubt er, ganz entsprechend dem humanistischen Bildungsideal noch WILHELM VON HUMBOLDTS (1767–1835) zweihundert Jahre später, offenbar daran, daß die Beschäftigung mit den Inhalten vor allem der Kultur des antiken Griechenland den Geist des Menschen wie von selbst auf das angenehmste und wohltätigste zu formen vermöge.
Dargestellt also sind im Umkreis der *Temperantia* die sieben «freien Künste», «frei», da sie keine schweren Handarbeiten erforderten, die von «Unfreien», von Sklaven, verrichtet wurden; die unausgesprochene Hoffnung geht in der Tat dahin, daß eine Bevölkerung, welche Gelegenheit erhält, sich die Bildungsgüter der Alten zu eigen zu machen, auch eine Haltung «klassischer» Humanität zeitigen werde. Zu diesem Zweck dürfte «Bildung» freilich kein bloßes Privileg mehr der Wohlhabenden bleiben; diese sozialrevolutionäre Seite der humanistischen Grundideen ist in dem Bild BRUEGELS zwar enthalten, sie wird aber nicht explizit dargestellt.
So sieht man auf der rechten Bildseite im Vordergrund eine Gruppe von Kindern bei einem gestrengen Lehrer mit der Rute im Gürtel seines Mantels *lesen und schreiben* lernen; die Kinder sind – entsprechend der pädagogischen Auffassung des 16. Jahrhunderts – als kleinwüchsige

VIDENDVM, VT NEC VOLVPTATI DEDITI PRODIGI ET LVXVRIOSI
APPAREAMVS, NEC AVARA TENACITATÆ SORDIDI AVT OBˢCVRI EXISTAMVS

Erwachsene, nicht eigentlich als Kinder gezeichnet, in ihren Trachten und in ihren Zügen aber sind keinerlei gesellschaftliche Unterschiede zu bemerken. Auf der linken Seite werden erwachsene Männer in die Kunst von *Rechenwesen und Buchhaltung* eingeführt. Nach dem Spiel einer mit einem Blasebalg versehenen Orgel sowie einer Reihe von Blasinstrumenten übt unter einem Baldachin ein Chor aus Männern und Jungen den Vortrag geistlicher *Lieder*. Dahinter spielen auf einer Bühne drei Personen, darunter eine mit der im antiken Schauspiel üblichen Maske, eine offenbar dramatische Szene im Rahmen der *Theaterwissenschaften*. Interessant für das BRUEGELsche Weltbild ist die Darstellung der *Astronomie*: Da steht jemand auf dem wolkenumhüllten im Weltall schwebenden Erdenglobus, auf dem sogar der Äquator eingezeichnet ist, und vermißt mit einem Winkelmaß in einem strahlenförmigen Halo den sichelförmigen zunehmenden Mond unter einem sternenübersäten Himmel; assistiert wird er von einem Kollegen, der mit einem gleichen Meßgerät vom «Boden» aus in anderer Richtung die Position und Form des Vollmondes zu ermitteln sucht, dessen unterer Rand auf dem Bilde sichtbar wird; ein Sextant zum Vermessen von Sonnenstand und Breitengrad steht neben ihm auf der Erde; *Astronomie* und *Geographie* gehen so ineinander über.

In dem Fach *Geometrie* üben sich andere mit Zirkel und Lineal, wie es in den vorliegenden, doch nicht notwendig zu öffnenden Lehrbüchern im Erbe des EUKLID als sicheres Wissen enthalten ist; an Säulen und Mauern erzeigt sich sogleich der praktische Nutzen derartiger Kenntnisse; doch hat die Anwendung einer so unschuldig scheinenden Wissenschaft wie der *Geometrie* auch eine alles andere als harmlose Folge: Sie hilft, die Richtwinkel der Geschützrohre bei einer Kanonade im Feld zu bestimmen, und das Pulverfaß neben der Menge der aufgeschichteten Steinkugeln deutet an, in welchem Umfang man sich solcher Techniken gegebenenfalls zu bedienen gedenkt.

Mäßigung?

Sie wäre dringend geboten zur Vermeidung kriegerischer Konflikte. Doch ob und wie es gelingt, strittige Fragen durch vernünftigen Ausgleich zu lösen, darüber entscheidet die *Kunst der Rede*, die *Rhetorik*, sowie das Geschick der Argumentation, die *Dialektik*.

So sieht man, in unmittelbarer Nähe zur drohenden Kriegsgefahr, buchstäblich vor aufgestellten Kanonen, vier Männer miteinander disputieren; doch zeigt das neben ihnen auf einem Pult ausgelegte Buch, daß es ihnen trotz der politischen Bedeutung ihres Faches nicht um die Bewältigung eines aktuellen Problems zu tun ist, sondern um das Studium möglichst wirkungsvoller und überzeugender Rede- und Argumentationsfiguren.

Die Darstellung der «sieben freien Künste» weicht bei BRUEGEL von der für das ganze Mittelalter gültigen Aufzählung des MARTIANUS MARCELLUS im 5. Jahrhundert n. Chr. insofern ab, als bei ihm *Rhetorik und Dialektik* offenbar in *einer* Szene zusammengefaßt sind, dafür aber das *Rechnen* hinzugefügt und in seiner Bedeutung für das Wirtschaftsleben gebührend gewürdigt wird. Die Frage, die BRUEGELS Bild an uns stellt, läßt sich in diesem Punkte nicht übersehen: Was wäre in unseren Tagen etwa darum zu geben, wenn wir es verstünden, *maßvoll* mit Geld und insbesondere mit den natürlichen Ressourcen umzugehen? Und: Inwieweit bewahrt die Kunst richtigen Rechnens durch sich selbst schon den Menschen vor Habgier und Geiz? Die Aussageabsicht des BRUEGELschen Kupferstichs offenbart jedenfalls unzweideutig die lateinische Beischrift, wenn sie erklärt:

Videndum, ut nec voluptati dediti prodigi et luxuriosi
appareamus, nec avara tenacitate sordidi aut obscuri existamus.
Man sehe darauf, weder der Genußsucht ergeben, verschwenderisch und voller Wollust zu erscheinen
noch durch habsüchtige Raffgier erniedrigt beziehungsweise wie im verborgenen existieren zu müssen.

Die *Temperantia*, gebildet durch die sieben freien Künste, besteht mithin darin, eine Haltung auszuprägen, in welcher keines der sieben Laster sich einzuschleichen vermag.

Von alters her wurde der Begriff des Maßes, der Mäßigung, der Mäßigkeit (altgriechisch: der *mesótes*) nicht nur als eine zentrale Form von Tugend, sondern als der Inbegriff von Tugendhaftigkeit überhaupt bestimmt. Es gibt für das griechische Wort bis heute eigentlich keine vernünftige deutsche Entsprechung. Fest steht, daß man im Mittelalter von *Zucht* und *Maß* redete, *das* Maß war die *maze*, ein weibliches Wort, noch keine Sache, sondern etwas der Person wie geschwisterlich Zugetanes, das der Bewahrung und dem Selbsterhalt dient. Mit einem Wort: Es geht um ein Thema, bei dem viel auf dem Spiel steht, die alten Griechen meinten sogar: alles.

Das Buch *Jesus Sirach*, weil es griechisch geschrieben, wenngleich im Original vermutlich einmal semitisch verfaßt war, zählt nicht zu den offiziellen Buchausgaben der Bibel, eher zu den Büchern, von denen MARTIN LUTHER einmal sagte, sie seien «nutziglich zu lesen, wenn auch nicht zum Alten Testament gehörig». Jedenfalls ist es die einzige uns erreichbare Betrachtung des alten Israel, die sich überzeugt gibt, daß die ganze Welt geschaffen sei nach Maß, Zahl und Gewicht von Gott; überzeugt von dieser Werkeharmonie der Schöpfung, formuliert es im *42. Kapitel* in den *Versen 15* bis *24* die folgenden Betrachtungen:

Der Werke Gottes will ich nun gedenken und will erzählen, was ich wahrgenommen. Durch Gottes Wort entstanden seine Werke, und er vollbringt, was ihm gefällt, durch seinen Auftrag. Der Sonnenstrahl ergießt sich über alles und Gottes Herrlichkeit auf alle seine Werke. Selbst Gottes Heilige genügen nicht, um seine Wunderwerke aufzuzählen. Gott gibt selbst seinen Heerscharen die Kraft, daß sie vor seiner Herrlichkeit bestehen können. Die Meerestiefe und das Herz erforscht nur er, und alle ihre klugen Pläne kennt nur er. Denn alles Wissen ist dem Herrn zu eigen, er schaut das Kommende bis in die fernste Zeit. Vergangenheit und Zukunft tut er kund, enthüllt die tiefen

Rätsel des Verborgenen. Es fehlt ihm keine Kenntnis, und nichts kann ihm entgehen. Die Größe seiner Weisheit hat er fest gegründet. Nur er ist einzig und allein von Ewigkeit. Man braucht nichts anzufügen und nichts wegzunehmen, und er hat niemand nötig, der ihn lehrte; wie wundervoll sind alle seine Werke, wie herrlich anzuschauen sind sie alle. Der lebt, der hat Bestand, und alles fügt sich ein, wo immer es gebraucht wird. Sie alle sind verschieden voneinander, und keines hat er so gemacht, daß es entbehrlich wäre. Das eine wechselt mit dem andern ab an Wert, und wer wird dabei satt, die Schönheit anzuschauen?

Was ist die Haltung des Mittelalters gewesen? Was galt ihm als «Zucht und Maß»? Die einfachste Antwort besteht darin, ein Schulkind bei der Hand zu nehmen und es in den Dom zu Bamberg zu führen. Gleich am Eingang links zeigt man ihm das Reiterstandbild des Ritters: Das ist *zuoht* und *maze*, das ist Selbstbeherrschung und Demut, das ist Anstand und Würde, das ist Festigkeit und Augenmaß, – nur Gutes über einen Menschen dieser Art! Doch wie alles, was 700 Jahre lang den Menschen zur Unterweisung vorgelegt wird, hat der Begriff des *Maßes* eine charakteristische Bedeutungsveränderung angenommen. Im Ruhrgebiet pflegt man so zu sprechen, wie man denkt. «Das ist aber man mäßig», pflegt man dort zu sagen, wenn man das, was ein anderer gerade gemacht hat, dahin beurteilt, daß es viel, sehr viel *zu wünschen* übrig läßt; in einer Schulnote ausgedrückt, ist «mäßig» gerade nicht schon mangelhaft, also vier minus sozusagen. Es ist «man mäßig», heißt soviel wie, es ist ganz und gar durchschnittlich, unauffällig, im Grunde gar nichts, worauf man achten könnte.

Inzwischen ist über dieses Ruhrgebiet-Deutsch längst die Wirklichkeit hinweggegangen. Wir verbinden mit Worten wie *Maß* und *mäßig* fast schon Schimpfwörter. Das *Mäßige* ist identisch mit dem Durchschnittlichen, mit dem Grauen, mit dem Langweiligen, mit dem, was sich verstecken muß und auch gut daran tut, sich freiwillig zu verstecken, denn es darf sich nicht vorzeigen und ins Rampenlicht treten. Wir spüren sehr deutlich, daß mit *Maß*, mit *Durchschnitts*maß genau das Gegenteil von dem gemeint ist, was wir in unserer Konkurrenz- und Mediengesellschaft wollen. Was wir wünschen, ist etwas wie «wahnsinnig», wie «ganz toll», wie «geil», wie «tierisch», etwas, das man der Kamera präsentieren kann, etwas, das «super» ist und eben: «Spitze». Das ist die herausragende Leistung, die «Sahne», die obenauf schwimmt, und nur das Allerhöchste ist der Gradmesser für Wert geworden. Wer wünscht da schon Maß oder einen Menschen, der sich mäßig fände?

Paradoxerweise haben wir in der Politik eine ganz und gar gegenläufige Betrachtung anzustellen. Die Parteien buhlen um das Maß der *Mitte.* Wie zu allem Unfug kennen wir die linke und die rechte Mitte, avisieren wir die «wahre» Mitte, also die bürgerliche Mitte – alle Parteien im Parlament drängen sich in diese «Mitte», als wenn sie den Kochtopf der Wählergunst überfließen lassen wollten. Soviel *Mittelmaß* in wörtlichem Sinne versammelt sich merkwürdigerweise oder notwendigerweise wohl gerade unter den Politikern. Sie alle sind das Maß. Und der Grund dafür? Sie haben die Macht, *Maßnahmen* zu ergreifen. Das ist ein Wort, an dem FRANZ KAFKA übel wurde und das BERTOLT BRECHT sein Leben lang zu ironisieren suchte. Die *Maßnahme* wird ergriffen, um jemanden in den gesellschaftlichen Verband einzuordnen, um Prozesse, die dereguliert waren, wieder zu regulieren, und die Einzelnen haben sich dementsprechend *angemessen* zu verhalten. Es findet eine äußerst widerspruchsvolle Bewegung statt zwischen dem angemessenen Grau der Bürokratie der Alltagswirklichkeit einer computerverwalteten Gesellschaft und einem maßlosen Erlebnishunger, der mit denselben Mitteln über die Computer an die Menschen herangetragen wird, beides in dialektischem Wechselspiel. Die Nachrichten müssen so «interessant» werden, daß man zwischen Kriminalfilm und Realfilm kaum noch zu unterscheiden vermag, allenfalls daß die Wirklichkeit die Phantasie stets bei weitem übertrifft. Um «interessant» zu sein, braucht man das Exzentrische, das Exotische, das Besondere, eben nicht das Normale, das Durchschnittliche, – nicht die graue Maus, eher den Tiger im Dschungel.

In diesem Wechselspiel der Gefühle und der Wertungen besitzt speziell die «christliche» Religion eine merkwürdige, von altersher bekannte Ambivalenz. Je nach den Zeitumständen mehr oder weniger, aber ehrlicherweise durch alle Zeit obliegt es ihr, den Mann aus Nazareth zu feiern als den geraden Gegentyp eines «maßvollen» Charakters. Wenn Jesus eines *nicht* war, dann ein Mann der Anpassung. Ganz im Gegenteil. Die Ehrentitel, die man auf ihn versammeln muß, sind die der Rebellion, der Revolte, der Revolution, des Umbruchs in allem, der Weigerung, das Bestehende noch länger auszuhalten und zu ertragen. Seine Bilder schon am Anfang des *Markus-*

Evangeliums gehen alle in diese Richtung: «Glaubt doch nicht, ich sei gekommen, daß man Wein hat, *neu*, zersetzend frisch, nur um ihn in alte Schläuche zu gießen! Glaubt doch nicht, es wäre mit mir eine Flickschusterei anzufangen, wie wenn man ein neues Tuch auf ein altes Gewand setzt!» *(Mk 2,21–22)* Was Jesus will, ist eben dies, daß man den Umbruch in allen Dingen begreift, den er zu bringen versucht. Wie man zur Tradition steht? – sie ist in seinen Augen nicht länger mehr die Ausrede für die Behäbigen. Wie man zur Zukunft steht? – sie ist in seinen Augen nicht länger mehr der Wartesaal für die Übergeduldigen, gewissermaßen für die Gehunlustigen und Gehbehinderten des Lebens. Jesus mochte flinke Beine voller Sehnsucht, die die Menschen an ihr Ziel bringen, denn vom Zielpunkt her, so sah er's, kommt Gott uns schon entgegen, erfüllt mit der gleichen Ungeduld, die Dinge zu Ende zu bringen, sie zu vollenden. *(Mk 1,15)* Da ist nicht «Maß» angesagt, sondern Zusammenbruch und Aufbruch, Einbruch und Einsturz, damit Neues werde, endgültig Richtiges.

Von dieser Art merkwürdigerweise sind die Menschen alle, die spätere Geschlechter bewundern, während die Zeitgenossen sie verurteilen. Wie hätte man z. B. einer Frau wie ELSE LASKER-SCHÜLER *Maß* und *Mäßigung* predigen und beibringen sollen? Sie erfand das Hippietum, längst bevor es existierte. Die Polizei fand sie in Zürich auf einer Parkbank, während die Schulkinder ihre Gedichte lasen! Ein größerer Kontrast war kaum möglich. Ein «maßvolles» Genie – das ist unmöglich. Eher scheinen Menschen dieser Art als dämonisch Getriebene, als mit unglaublichem, übermenschlichem Maß erfüllt, entweder Verfluchte oder Gesegnete. Und wer weiß am Anfang, was von beidem sie sind?

Für die alten Griechen, für AISCHYLOS vor allem, war der Begriff des *Maßes* so verpflichtend, daß er darin den Inbegriff des göttlichen Auftrags für die Menschen schlechterdings sah. Das Göttliche galt ihm als das Unbegrenzte, das Menschliche aber fand seine Begrenztheit eben an den Maßen, die die Götter den Sterblichen gesetzt hatten. Sie nicht zu überschreiten galt als Inbegriff der Humanität für die Griechen. So bringt AISCHYLOS z. B. in Gestalt des Perserkönigs XERXES einen Mann auf die Bühne, der sich überhebt, der sein Maß nicht kennt noch kennen will und der eben deswegen, durch seine *Hybris*, geschlagen wird von Verblendung. Er wird blind für seine

Wirklichkeit, er verliert das Augenmaß für seine Umgebung, und eben daß dies so kommen muß, unweigerlich, ist die Strafe, die die Götter selbst an ihm üben. Sie tun gar nichts, außer daß sie den Menschen seiner eigenen unheimlichen Psychologie überlassen.

Freilich war genau dies der Punkt, an dem die Griechen nicht sehr viel weiterkamen. Sie waren glänzende Philosophen, hervorragende Naturwissenschaftler, ihnen mangelte es nicht an großen Dichtern, die das ganze Abendland bestimmen sollten, aber eine eigene Psychologie in unserem Sinne war ihnen, wie könnte es anders sein in der Antike, noch fremd. Wohl, *der Einzelne* spielte seine Rolle auf der Bühne, und diese projizierte Ebene der Selbstbetrachtung war der wichtigste Spiegel, über den sie verfügten; auf der Bühne aber sprach *das Volk*, der Chor, die Masse der Vielen und Allzuvielen, dem Einzelnen für seine Überheblichkeit, für seine Unangemessenheit, für sein Unvermögen, Maß zu halten, das Gericht.

Es bleibt deshalb nichts anderes, als daß wir im Ringen um das, was die Tugend des *Maßes* sein könnte, die Schwierigkeiten, die sich zu ihrer Erreichung in den Weg stellen, zu begreifen versuchen und im gleichen auszuräumen uns bemühen. Denn was das *Maß* sein könnte, an welche Felder der lebendigen Wirklichkeit es anzulegen wäre, dies ist so schwer nicht auszumachen, der Maßstab legt sich gewissermaßen in die eigene Hand. – Wenn ich sage «gewisser*maßen*», ist dabei ein deutscher Sprachgebrauch der Gegenwart fast noch ironisch zwischenzuschalten: Aus dem Verwaltungsdeutsch haben wir «mäßig» als Anhängsel für jedes beliebige Hauptwort, das wir damit in ein Eigenschaftswort verwandeln können, zu übernehmen gelernt. Da ist etwas arbeits*mäßig* oder verwaltungs*mäßig*, es gehört dann meist dazu, daß es prozeß*mäßig* nicht «nachvollziehbar» ist; wohl gemerkt, an sich ist da alles als «mäßig» zu bestimmen, und man will damit im Grunde nur den bürokratischen Anspruch auf die totale Verwaltung, auf die Durchsicht und die Übersicht bis ins Perfekte hervorheben. Aber indem man einen Wirklichkeitsbereich herausnimmt und dann sehr unscharf als «mäßig» definiert, ist das Zugeständnis schon gegeben, daß man überhaupt nicht klar sieht, wohin etwas gehört, sondern nur einen leeren Anspruch an das Leben stellt. Wir jedenfalls müssen, was die Tugend des *Maßes* angeht, «gewisser*maßen*» klar sehen und haben in unserer Analyse jetzt durchaus kein Recht auf diese Sorte «Mäßigkeit».

Auf *drei Ebenen* gestaltet sich das Ringen um das rechte *Maß*: Es muß gefunden werden zwischen *Innen* und *Außen*, zwischen *Oben* und *Unten* sowie zwischen *Person* und *Wirklichkeit*. Alle drei Ebenen hängen mehr oder minder zusammen, lassen sich aber deutlich genug voneinander abheben.

Zum ersten lautet die Forderung vieler alter Erzählungen und mancher *Märchen* noch heute, daß ein Mensch unbedingt ein rechtes Maß finden müsse zwischen dem, was er im Inneren für sich selber subjektiv ist, und dem, was er nach außen objektiv darstellt, es müsse eine Übereinstimmung geben zwischen *persona* und Person, zwischen Rollenspiel und innerer Wirklichkeit, zwischen Für-sich-Sein und An-sich-Sein, wenn das menschliche Leben gelingen solle. Eine Geschichte wie die der Brüder GRIMM, *Aschenputtel* zum Beispiel, legt den größten Wert darauf, daß ein Mädchen, das als verachtet gilt und eine Königin der Liebe zu werden hofft, es irgendwann lernt, in *die* Schuhe zu treten, die ihm wirklich gehören: Es soll einen eigenen Standpunkt einnehmen, es soll sein eigenes Maß finden, es soll nach außen hin sich nicht anders darstellen, als wie es innerlich stimmt, oder auch umgekehrt, es soll das Innere so weit in Ordnung bringen, daß es nach außen zu treten sich getraut. Wie eine Identität geschaffen wird zwischen Außen- und Innenseite, gehört, man muß es nur erwähnen, in sich bereits zu den schwierigsten Aufgaben im Leben, und man darf bereits vorhersehen, daß, wenn diese Aufgabe zu erfüllen nicht gelingt, alle möglichen Zerrformen des Menschlichen möglich werden.

Dabei ist die Verwirrung auf dem Weg zu diesem *Maß* sehr leicht beschreibbar. Es genügt, daß Kinder heranwachsen, die für sich selber keine Augen haben dürfen, sondern die wie hypnotisiert darauf achten müssen, was sich in ihrer Umgebung, speziell in ihrer Familie, abspielt, und es kann jedes Gefühl für das eigene *Maß* verloren gehen.

Nehmen wir als Beispiel dafür nur ein Kind, dessen Mutter chronisch herzkrank ist. Immer mal wieder, ob durch medizinische Ursachen oder durch psychische Bedingtheiten, erlebt ein Kind, wie seine Mutter bestimmte Herzattacken über sich ergehen lassen muß. Dem Kind, genau wie der Mutter selbst, erscheinen die Herzattacken lebensbedrohlich. Jedesmal ist das Kind wie in Panik, und im Grunde genügt ein einziges Mal für allemal: Es wird für alle Zeiten hin Sorge tragen, wie die Mutter am Leben bleibt, es wird insgeheim die Mutter beobachten, ob sie noch gesund genug ist oder ob es schon wieder Anzeichen für die nächste Attacke gibt. Und am schlimmsten: es wird in der Umgebung nicht fehlen, daß eine kluge Tante oder ein guter Lehrer oder ein ernstmeinender Pastor dem Kind noch obendrein sagt, es dürfe aber die Mutter nicht ärgern, sonst mache es sich schuldig am Tod seiner Mutter; es breche der Mutter das Herz, wenn sie ein böses Kind habe, das nicht genügend lerne in der Schule, das nicht pünktlich und fleißig sei, das nicht immer gut zu sein sich bemühe – aus der Krankheit der Mutter wird die Folter der Seele eines Kindes, das stets die Augen nach außen richten muß und das auf die eigenen Gefühle nicht das geringste Interesse verschwenden darf. Somit wird es zu der Aufgabe eines solchen Kindes, die Mutter seiner Mutter zu werden und die ganze Welt in Ordnung zu bringen, daß es schließlich als Kind in ihr zu leben vermöge. Das ganze Leben stellt sich einem solchen Kind auf den Kopf. Es muß sozusagen dreißig Jahre alt sein, kaum daß es drei Jahre alt ist. Es muß eine Verantwortung für einen andern übernehmen, der eigentlich dafür da wäre, ihm selber ein Stück Schutz und Geborgenheit zu bieten. Wie soll ein so herangewachsenes Kind später als Erwachsener Innen und Außen in Übereinstimmung bringen können?

Oder fragen wir noch ein Stück weiter: Wie soll ein Kind groß werden, dessen Vater ein chronischer Alkoholiker ist? Wieder genügen wenige Szenen, um ein Kind in eine ständige Unruhe zu versetzen. Natürlich erlebt es, wie die Mutter auf die Uhr guckt: Wann wird der Vater wiederkommen? Gerade ist es sieben Uhr, und er hat versprochen, um sechs Uhr zu Hause zu sein. Was will das bedeuten? Daß er im Betrieb noch etwas zu tun hat oder daß er wieder mit den Kollegen am Stammtisch sitzt? Wenn er um neun Uhr immer noch nicht gekommen ist, kann man fast sicher sein, *wie* er nach Hause kommen wird, nicht *wann*. Diese ständige Sorge, daß jeden Tag alles mögliche passieren kann, spürt ein Kind, das seiner Mutter helfen muß und will. Die Mutter vielleicht hat längst darüber resigniert, dem Mann zu sagen, was er mit seinen Exzessen anrichtet; es mag sogar dahin kommen, daß das Kind, weil die Worte der Mutter nicht mehr verschlagen, in die Wirtschaft geschickt wird, um den Vater anzubetteln, er möge doch endlich nach Hause kommen; der aber ist womöglich gerade dabei, seine Stärke vor den Kollegen unter Beweis zu stellen; er wird auf einen so lächerlichen Antrag nicht eingehen; womöglich wird er das Kind sogar schlagen; und mit dieser Botschaft, daß der Vater noch lange, *extra* lange nicht nach Hause kommt, wird das Kind bei seiner Mutter eintreffen.

All das sind nur ein paar kurze Schilderungen, um Ihre Phantasie dahin anzuregen, sich vorzustellen, wie Menschen völlig davon abkommen, eine geordnete Selbstwahrnehmung sich auch nur zu erlauben. Wir müssen hinzufügen, daß kein Kind so geduldig auf die Welt kommt, daß es nicht inwendig gegen das Durcheinander rebellieren würde. Diese Rebellion wäre die Sprache seines Inneren, aber gerade sie darf sich nicht äußern. Ein Kind darf nicht so frech sein, einer Mutter, die kaum zu leben weiß, eine «angemessene» Antwort auf den Vorwurf zurückzugeben: «Du bist mein Sargnagel!» Korrekt müßte das Kind sagen: «Aber du läßt mich nicht leben, Mutter!» Kein Kind kann unter solchen Umständen die Sprache finden, die passend sein würde; es kann nicht sagen: «Mutter, du mußt für dich selber sorgen, daß du leben kannst, und das Beste, was du für mich tun könntest, bestünde darin, du würdest so glücklich sein, daß von dem Glanz deines Lebens auch auf mich ein bißchen Licht fiele.»

Aus derartigen Verstrickungen eines gestohlenen Inneren ergibt sich, daß das Schwergewicht der Aufmerksamkeit nach außen gezogen wird, und zwar so sehr, daß wir kaum anders sagen können, als daß die gesamte Aufmerksamkeitslenkung aus dem Zentrum herausgefallen, das heißt *exzentrisch* geworden ist, mit der Folge, daß die Lösung der eigenen Probleme stets im Äußeren gesucht wird.

Vor einer Weile sprach ich mit einer Ordensschwester, die kreuzunglücklich war, und doch fiel es sehr schwer, mit ihr darüber zu verhandeln, daß all ihre Probleme heute eine Vorgeschichte haben mußten, daß die Umstände, unter denen sie litt, zunächst einmal doch ihr eigenes Leid waren. Ihr Bestreben ging stets dahin, als erstes ihren Orden zu verändern. Erst wenn die Satzungen der Ordensgemeinschaft nächstens in Rom geändert würden, erst wenn die Schwestern im Konvent nicht so wären, wie sie heute noch sind, würde die Welt für sie in Ordnung kommen können; zweifellos galten ihre besten Absichten diesem Bemühen. Die Botschaft der Bergpredigt, die Überzeugung des Ordensgründers selber, – wenn man sie richtig interpretierte, könnten sie dann nicht dazu taugen, zumindest doch den eigenen Orden zu verändern? Diese Schwester hatte das Leben gelernt wie auf dem Bauernhof: Man muß erst einmal das Vieh versorgen und den Hof in Ordnung bringen, danach, am Abend, kann man sich einigermaßen zufrieden und berechtigt an den Tisch setzen; vorher hat man kein Recht dazu; stets geht da die Pflicht vor der Neigung. Doch was folgt daraus? Es ist sehr schwer, um die ganze Welt laufen zu müssen, nur um bei sich selber anzukommen. In gewissem Sinne ist es vollkommen unmöglich.

Wie aber kann man die Welt so nach innen ziehen, daß sich darunter erlaubtermaßen ein Ich entfalten und sich ein Raum der Selbstwahrnehmung bilden kann?

Das Gegenstück kann ja auch vorkommen: Jemand ist auf eine Weise um sich selbst zentriert, die ihn immer tiefer in die Passivität, in die Isolation, in eine andere Form von Nichtexistenz treibt. Die Überbelastung durch die Umgebung kann so stark werden, die Resignation darüber kann so übermächtig sich steigern, daß ein Mensch sich gar nicht mehr getraut, an die Wirklichkeit heranzutreten. Es steht ihm von vornherein fest, daß er die Konflikte, auf die er draußen trifft, nicht lösen kann, die Frustration des «Es lohnt alles nicht» kann so quälend sich gestalten, daß er auf Problemlösungen nur noch im Phantastischen verfällt. Ehe er eine Aufgabe angreift, arbeitet er sie in seiner Vorstellung zwanzig-, fünfundzwanzigmal durch; subjektiv steht ein solcher Mensch ständig unter Druck, objektiv aber geschieht gar nichts. Während er selber sich permanent als überanstrengt erlebt, sind seine Mitmenschen gewöhnt, ihn für ein Faultier zu halten, und sie werden ihm entsprechende Vorwürfe machen. Tatsächlich aber ist die Apathie, der Widerwille, der Ekel vor allem Äußeren schließlich so groß, daß es nur noch im engsten Innenraum eine Zuflucht gibt: die eigenen vier Wände und, wenn die nicht zählen, das eigene Körperich, schließlich nur noch die Bettdecke über dem Kopf: – die Welt wird immer schmaler, immer kleiner, alles dreht sich um ein Ich, das im Grunde gar nicht existiert, alles rotiert wie ein Kreisel, um ein Selbst zu stabilisieren, das gar nicht besteht.

Beide Bewegungen: die Flucht nach draußen wie die Flucht nach drinnen, sind übertrieben, sind *ungemäß*, sie finden keine wirkliche Mitte. Zusammenkommen könnte beides nur, wenn sich als erstes eine Gelegenheit fände, darüber zu sprechen, wie es denn zu dem jeweiligen Zustand gekommen ist. Erst so hörte das vermeintlich

Selbstverständliche, das Naturgesetzliche, das angeblich in den Genen schon Festgeschriebene auf, seine Zwangsstruktur zu behalten. Erst als erkannt, als bewußtgemacht, als durchgearbeitet öffnet das Unbewußte sich zu einem Raum der Freiheit, um bei sich noch einmal nach Alternativen zu suchen. Es mag ja sein: in Kindertagen war die Welt draußen eine einzige Zumutung, aber eben drum ist die Wahrscheinlichkeit sehr groß, daß heute, in der Gegenwart, andere Menschen gründlich anders sind als die Eltern, die man damals kennengelernt hat, daß andere Haltungen heute anders wirken als just der Standpunkt, den einzunehmen man als Kind genötigt war. An jeder dieser Stellen wird es darum gehen, noch einmal die Anforderungen zu überprüfen, die von außen an einen Menschen gestellt wurden und schließlich als Anspruch an sich selber verinnerlicht wurden. SIGMUND FREUD hätte darauf hingewiesen, daß es um einen Konflikt geht, der sich im Grunde zwischen Ich und Es abspielt: Eine Fülle von Wünschen war einmal bereit, sich in der Wirklichkeit zu erfüllen, dann aber traten Zwänge, Ängste, Verbote, schließlich Verdrängungen an die Stelle der Wünsche; nicht mehr das Eigene zu betreiben und zur Entfaltung zu bringen, sondern etwas von außen an deren Stelle zu rücken wurde zur Pflicht. Die Folge: Man kennt sich am Ende im eigenen Leben am allerwenigsten aus.

Wer bin eigentlich ich? Was war ursprünglich mal mein Wunsch? Was war das, was ich einmal wollte? All das ist in Verwirrung geraten.

Auf der anderen Seite sind die ursprünglichen Wünsche aufgestaut und übermächtig, – man muß sie fürchten; ganz normale Kinderwünsche, die nie geduldet wurden, ganz normale Gefühlsreaktionen, die damals weder ausgesprochen noch gelebt werden konnten, liegen jetzt wie kläffende Hunde vor der Tür und versperren den Ausweg in die Wirklichkeit.

Unter solchen Voraussetzungen ist das Ringen um *ein rechtes Maß* darin begründet, sich noch einmal Fragen zu stellen wie: was hast du selber gewollt? was könntest du jetzt mögen und wünschen, und wie bekommst du deine eigenen Wünsche ein Stück weit gelebt? Wie gehst du damit um? Die «normale» Antwort auf solche Fragen wird unter den gegebenen Bedingungen lauten: Im Grunde gar nicht; im Grunde treten Schuldgefühle an die Stelle, an denen einmal hypothetisch Wünsche sich bildeten; aber gehen wir solchen Schuldgefühlen nach und fragen, worauf sie sich denn richten, welchen Inhalt sie haben, so werden wir mit Sicherheit, wenn wir nur lange genug im Sande buddeln, die Quellen finden, an denen bestimmte Wünsche in Angst und Schuld vergiftet wurden. Doch gerade darin liegt jetzt eine Chance, das ehemals Verbotene oder Undenkbare zum Sprechen zu bringen. Freilich ist damit noch lange nicht gegeben, daß auch entsprechende Entschlüsse gefaßt würden. Solche Entscheidungen würden ja bedeuten, alte Autoritäten beiseite zu räumen, alte Dreinreden wegzuschieben und alte Rationalisierungen aufzulösen. Es würde bedeuten, daß sich das eigene Denken, die beste Kraft des Ichs, mit dem Es, mit dem eigenen Wünschen verknüpfte; man könnte zum erstenmal überlegen, was denn auch nur heute nachmittag oder morgen früh wirklich getan werden möchte: «Womit hätte ich Aussicht, zufrieden zu sein mit mir selber, statt unzufrieden zu sein mit der Umgebung?» Wir begreifen, daß das *rechte Maß*, sich zu finden, eine Fülle von Schattierungen im Umgang mit sich selbst aufweist. Es ist, wie wenn wir eine Lampe, statt sie ins Zentrum zu setzen, irgendwie in eine Ecke gerückt hätten, so daß sie über alle Gegenstände Schatten werfen muß; statt richtig zu beleuchten, sorgen wir dafür, mit der Lampe fast alles zu verdunkeln. So ist es, wenn ein Mensch sein *rechtes Maß* auch nur *zwischen Ich und Es* nicht kennt.

Wir können an dieser Stelle noch denken, das alles sei aber doch nur Psychologie. Wir werden noch sehen, wieviel *an Religion* unmittelbar in der Frage der Selbstfindung steckt. Vorerst mag es genügen, eine kleine Erzählung zum Besten zu geben, die der arabische Mystiker AL GHASALI unter dem Titel *Von der Vorzüglichkeit der Zufriedenheit* überliefert hat; er schrieb:

> «In den israelitischen Geschichten wird erzählt, daß einem Diener Gottes, der sich lange Jahre im Dienste Gottes mühte, im Traum eine Hirtin gezeigt wurde, die seine Gefährtin im Paradiese sein sollte. Er fragte nach ihr, bis er sie fand, und blieb bei ihr drei Tage zu Gast, um zu sehen, worin ihr frommes Tun bestand. Aber wenn er des Nachts betete, so schlief sie, und wenn er des Tags fastete, so aß sie. Da fragte er sie: ‹Tust du weiter keine Werke, als was ich gesehen habe?› Sie sagte: ‹Nein, bei Gott, nichts als was du gesehen hast, und ich weiß nichts weiteres.› Er aber hörte nicht auf, in sie zu dringen, daß sie nachdenken sollte, bis sie schließlich sagte: ‹Ich habe eine kleine Tugend. Wenn ich in Not bin, wünsche ich mir nicht Wohlergehen, wenn ich krank bin, wünsche ich mir nicht Gesundheit,

wenn ich in der Sonne stehe, wünsche ich mir nicht, im Schatten zu sein, und wenn ich im Schatten sitze, wünsche ich mir nicht, in der Sonne zu stehen.› Da legte der Mann die Hand auf sein Haupt und sprach: ‹Ist das eine kleine Tugend? Bei Gott, es ist eine sehr große Tugend, zu der die Diener Gottes zu schwach sind.›»

Was dieser «Diener Gottes» erlebte, war die Möglichkeit, daß das Ich und das Es in der jeweiligen Situation zusammenkämen; es bedeutete ihm soviel, wie sich selbst gefunden zu haben *und Gott* gefunden zu haben. Allerdings meinte schon SIGMUND FREUD, so einfach sei das Leben nicht. Das «Es» steht für das Unbewußte überhaupt, und es lagern darin zunächst eine ganze Reihe von Triebwünschen; das System aber, nach dem wir mit dem «Es» umgehen, vor allem das System von Prämien und Strafen, wird der Einfachheit halber irgendwann verinnerlicht, – es mechanisiert sich; wir wollen nicht bei jedem Augenblick überlegen müssen, was nun richtig oder falsch sei, irgendwann wollen wir es wissen; aus dem Es wird das *Über-Ich* und behauptet fortan sein Terrain auf dem Boden des Ichs. Mit einem Wort, wir müssen überlegen, wie wir *mit Oben und mit Unten* umgehen, wofür wir uns loben und wofür wir uns verachten, was die *Maßstäbe* sind, nach denen wir uns messen, und wie sie so verrutschen können, daß wir ein rechtes Maß in uns selber sehr schwer oder gar nicht zu finden imstande sind. Wie es dahin kommen kann, daß Menschen gewissermaßen chronisch *das falsche Maß* an sich anlegen, läßt sich psychologisch in vielerlei Formen zeigen.

Die Griechen erzählten sich eine Geschichte, in der ein gewisser *Prokrustes* Leute, die er bei sich zu übernachten einlud, wie ein Foltermeister, entsprechend den Maßen seines Bettes, in dem sie schlafen sollten, entweder streckte, um sie auf die richtige Länge zu bringen, oder zusammenstauchte, um sie entsprechend zu verkürzen: Das Maß, nach dem die Menschen bei diesem *Prokrustes* sich zu richten hatten, war dessen vorgegebener, starrer Maßstab. Man müßte schon den reinen Zufall oder Glücksfall treffen, um in einem solchen *Prokrustes*-Bett auch nur eine Nacht ohne Schaden ruhen zu können. Was die Griechen meinten, war die Einsicht, daß ein von außen auferlegtes Maß einen Menschen verkrümmen und verkümmern, aber ganz sicher nicht richtig wachsen läßt. Der Hinweis liegt in dieser Erzählung, daß ein Mensch nur glücklich werden kann, wenn es ihm gelingt, sein *eigenes Maß* zu finden. Dazu aber würde es gehören, daß er vom Gutdünken der anderen ein Stück weit abzusehen vermöchte. Wenn die erstbeschriebene Aufgabe schon nicht einfach zu lösen war, so ist die zweite Aufgabe jetzt: die *Synthese von Oben und Unten*, von *Über-Ich und Ich*, wohl ebenso wenig. Wie soll ein Mensch das Urteil auch nur seiner eigenen Eltern relativieren können? Es läßt sich psychologisch gut verstehen, wie Eltern, die in sich selber und untereinander kein rechtes Maß gefunden haben, alle möglichen Erwartungen auf ihr Kind legen, so daß dessen *Über-Ich* am Ende jedes vernünftige Maß vermissen läßt.

Nehmen wir an, daß eine Mutter selber als Kind gerne Pianistin geworden wäre, aber daß die Verhältnisse ihrer Familie eher kleinbürgerlich, jedenfalls für einen solchen Wunsch ganz ungeeignet waren; die Zeit war noch nicht reif dafür, daß ein Mädchen auch nur ein Abitur machen, geschweige denn hätte studieren und überhaupt schon gar Kunst und Musik hätte studieren können. Der brennende Wunsch dieses Mädchens aber blieb bestehen; und was Schöneres also blieb ihr zu wünschen, als daß sie als *diese* Frau zumindest ein Kind bekäme, das seinerseits eine Pianistin würde? Fast erscheint es ungerecht, wenn die Psychologen, die Psychoanalytiker, davon sprechen, daß ein solches Kind als Wunschideal seiner Eltern mißbraucht werde, als Substitut und Ersatzfigur der unerledigten, der unterdrückten oder verbotenen Wünsche der Eltern. Richtig bleibt es trotzdem, daß all die Hohlstellen im Leben von Eltern sich auswirken, indem sie als Pflichtvorschriften durch die Person der Kinder erfüllt werden sollen. Die Kinder sind buchstäblich dann die Lückenbüßer im ungelebten Leben der Eltern, sie sind gehalten, diejenigen Probleme zu lösen, die im Leben der Eltern ungelöst liegengeblieben sind. Man kann dabei auf seiten der Eltern nicht einfach von Ehrgeiz reden; subjektiv möchte jene verhinderte Pianistin als Mutter wirklich nur das Beste für ihr Kind: Das Kind soll es endlich schöner haben als sie selber! Dennoch betrachtet sie das Heranwachsende gewissermaßen mit dem Stolz eines Jungen, der im Herbstwind seinen Drachen über dem Stoppelfeld steigen läßt: Je höher der Drachen schwebt, desto höher steigt die Phantasie des Jungen, der ihn an der Leine hält; sein Drache aber wird nie frei, und der Junge, der ihn steigen läßt, wird nie die Wolken erreichen. Dazwischen schwebt nichts weiter als die Phantasie, ein schönes Spiel, aber wehe denen, die genötigt werden, es mit der Wirklichkeit zu verwechseln! Ein Kind, das nur dafür da ist, daß der Vater oder die Mutter zu ihm aufschaut, hat keine gute Möglichkeit, mit beiden Beinen über die Erde zu gehen. Es wird ein Engel sein müssen, und wenn es ihm nicht gelingt, ein Engel zu werden, wird es sehr bald das Gefühl bekommen, in ihm stecke der Deibel, alles sei verhext, durcheinandergeraten, gefährlich sogar für den Familienfrieden am Mittagstisch.

All diese einfachen Beispiele zeigen lediglich bestimmte Einfallstore zu einem Zustand, bei dem ein *Über-Ich* sich auf eine Weise organisiert, daß ein ständig ungerechter, ungerechtfertigter, unangemessener Maßstab der Selbstbewertung daraus resultiert. Wir haben schließlich Erwachsene vor uns, die ständig nach fremden Schablonen sich bewerten mußten. Wir haben es mit Menschen zu tun, die dreißig, vierzig Jahre lang sich bemüht haben, alles richtig zu machen, gut zu sein, hilfsbereit zu sein, und die gleichwohl voller Mißtrauen mit sich selber sind; chronisch sind sie mit sich unzufrieden, gallenbitter, voller Sarkasmen und gänzlich außerstande, irgend etwas bei sich selber anzuerkennen; ständig sind sie auf der Suche nach Fehlern, wie ein Hund auf dem Friedhof: jeder Knochen ist ihm nahe; aber an irgend etwas Lebendigem, an etwas, wovon man Anerkennung oder Wertschätzung finden könnte, herrscht nicht das geringste Interesse. Es ist dieser inwendig aufgenommene Standard, den man auflösen müßte, es ist dieser *Konflikt zwischen Ich und Über-Ich*, der gelöst werden müßte, aber dieser Konflikt trägt sehr schwer, weil in aller Regel das Ich noch überlagert ist sogar durch bestimmte religiöse Komponenten. Ginge es nur um die Eindrücke von Vater und Mutter, so hätten wir meist noch ein relativ leichtes Spiel vor uns; aber nun ist schon in die Seele des Achtjährigen der *Beichtvater* eingezogen und mit ihm der liebe Gott, der Vater im Himmel und die Mutter Gottes, und das hat dafür gesorgt, daß das Familiendilemma nunmehr im Himmel sich aufführt als Teil einer Metaphysik, die ins Ewige und Unangreifbare gehoben wurde. Da ist kein eigenes Denken mehr möglich, denn die gesamte kirchliche Ideologie steht dagegen; zweitausend Jahre einer Kirche, die ewig recht hatte, weil sie vermeintlich unfehlbar ist, sprechen dagegen. Die Vernunft wird angeleitet, gegen sich selber zu denken und die Gründe des Selbstwiderspruchs zu rechtfertigen. Die Gefangenschaft wird immer enger, ein Entrinnen immer unmöglicher.

Ein *rechtes Maß* würde demgegenüber darin bestehen, einen geistigen Aufstand zu wagen und den Mut zu gewinnen, noch einmal über das Beigebrachte nachzudenken, jetzt allerdings mit der Frage: Wie paßt denn das alles zu mir? Wie finde ich heraus, was für mich *ein rechtes* Maß bedeutet? Wer bin ich überhaupt selber, mit welchen Anlagen, welchen Fähigkeiten, auch jetzt in der Art des Umgangs mit mir selber? Mit welch einer Lebensgeschichte eigentlich, die ich selber nicht zu verantworten, bestenfalls zu ertragen hatte, stehe ich denn nun da? Wie gewinne ich Verständnis für mich? Und was sind die Kriterien, mit denen ich mich anerkennen oder tadeln möchte? Was sind die Zielsetzungen, die ich selber in meinem Leben anstreben kann?

Maß finden, merken wir immer mehr, ist identisch damit, sich selber zu finden. Kaum anders können wir sagen, als daß im Inneren *eine Synthese* entstehen müßte, die *zwischen Ich und Über-Ich* vermittelt. Als SIGMUND FREUD über dieses Thema schrieb, fügte er noch hinzu, es komme zugleich darauf an, mit der Wirklichkeit übereinzustimmen; das mache, daß das Leben nicht leicht sei. Damit stehen wir vor dem neuerlichen Problem einer möglichen *Übereinstimmung zwischen Person und Wirklichkeit.* Formulieren wir das Problem so: Selbst wenn wir einen Menschen vor uns haben, der weiß, woran er mit sich ist, weiß er dann schon, wie er mit den andern zurecht kommt? Allein schon, daß er womöglich nicht mehr so tüchtig ist, wie sie ihn bisher, als er immer noch der Windhund seiner Mutter oder seines Vaters war, in seinem Betrieb ausgenützt haben, ist enttäuschend für die Mitwelt; es kann sogar eine Rückstufung im Gehalt oder eine Arbeitsentlassung zur Folge haben. Man ist nicht mehr zufrieden mit ihm; «er ist nicht mehr der alte», werden die andern sagen, als hätten sie einen Anspruch und ein Recht sogar, festzuschreiben, wer dieser andere ist und zu sein hat, und als wären sie alle nur die Folgediener dessen, was schon in Kindertagen angerichtet wurde. Es ist auf jeden Fall nicht ohne Risiko, sein eigenes *Maß* zu finden.

Freilich dann stimmt es: Es muß gelingen, auch mit den Bedingungen ringsum, mit der sogenannten «Wirklichkeit», einen lebbaren Kompromiß zu schließen. Es ist nicht möglich, völlig blind durch die Welt zu laufen. Es ist nicht möglich zu sagen: «Jetzt habe ich mich gefunden, jetzt habe ich mich selbst verwirklicht, jetzt bin ich bei mir selbst angekommen, jetzt schlage ich alles ringsum zu Brei.»

So ist kein glückliches Leben möglich. Es ist auch nicht der Sinn der Psychotherapie, eine solche Einstellung zu fördern, obwohl dieser Vorwurf sehr oft erhoben wird, vor allem von Theologen, die kaum wissen, was in der Therapie eigentlich geschieht, sondern die nur ihre eigene Furcht pflegen, daß da etwas geschehen könnte, das mit ihnen zu tun haben würde. Psychotherapeuten ihrerseits betonen in aller Regel, daß sie auch Anwälte der Realität sind und daß das Ich selber gerade der Ort der Realitätswahrnehmung sei. Das Ich ist jedenfalls keine Schaubude für Filme, die man von sich selber aufführt, es ist ganz im Gegenteil der Ort, an dem festgestellt wird, was stimmt und was nicht stimmt, drinnen wie draußen. Man hat zum Beispiel einen bestimmten Wunsch, man ist auch entschlossen, ihn sich zu erfüllen, aber nun kommt die Frage, mit welchen Mitteln, unter welchen Voraussetzungen die Erfüllung des Wunsches sich realisieren läßt. Ein Wunsch ist noch nicht ein fertiger Entschluß. Ein Entschluß entsteht erst, wenn man die Mittel kennt, die man einsetzen muß, um zum Erfolg zu gelangen.

Freilich bleibt es in vielfacher Form die Frage, wie die Realität draußen und wie das innere Leben, die eigene Person, in Übereinstimmung zueinander zu bringen sind. Oft genug kann es sein, daß der Widerspruch nicht aufzulösen ist. Wir müssen, grad weil wir vom Beispiel Jesu ausgingen, unbedingt noch mal darauf zurückkommen. Wir halten bis dahin fest, daß *das rechte Maß* etwas völlig anderes ist als ein Zollstock für den Schreiner, ja, daß es auch psychologisch etwas anderes ist, als die Griechen sich darunter vorstellten: eine bestimmte Definition, die in sich Geltung besäße und dann nur noch wie ein festes Metermaß an die menschliche Wirklichkeit, an das menschliche Handeln anzutragen wäre. Was wir statt dessen zu sehen bekommen, ist die Feststellung, daß das rechte Maß die Leistung einer Synthese darstellt.

Logisch geahnt hat das ARISTOTELES, und darin war er genial. Alle seine Tugenden in der *Nikomachischen Ethik* hat er als eine solche Synthese formuliert. Was er das *Maß* nannte, war im Grunde die goldene Mitte zwischen zwei Extremen.

Die Definition der *Tapferkeit* erscheint bei ARISTOTELES z. B. als eine einfache Aufgabe: Es gibt den blind-tollkühn ins Feld Laufenden, er wird mit Sicherheit bei der nächsten Schlacht draufgehen; und es gibt den Feigling, der sich gleich verbuddelt, anstatt gegen den Feind zu marschieren. Genau *dazwischen* liegt die Tapferkeit! Man kennt die Gefahr, man ignoriert sie nicht, ganz im Gegenteil, man nimmt sie möglichst genau wahr, aber man weicht ihr auch nicht aus, sondern man pariert sie.

Doch wie ist eine solche Haltung möglich? Erst mit dieser Frage begann ein eigentlicher Erkenntnisfortschritt. Zur *Tapferkeit*, ohne daß ARISTOTELES länger darüber nachdachte, gehört, wie wir sahen, ein Ich, das sich den Forderungen draußen auch gewachsen weiß.

Ein großes Problem, wie bestimmte Situationen mit adäquaten Reaktionen beantwortet werden können, liegt tatsächlich in der Furchtsamkeit der eigenen Person. Das Ich kommt sich selber zum Beispiel viel zu klein vor; irgend ein anderer indessen erscheint desto eher mit der Größe, die einmal die eigenen Eltern besessen haben, als man drei oder vier Jahre alt war. So etwa hat der eigene Ehemann irgendwas gesagt, und schon beben einem die Glieder, als wäre er der Stellvertreter des eigenen Vaters. Im Grunde sind adäquate Reaktionen in bestimmten Situationen überhaupt nur möglich mit einem guten Anteil an Selbstvertrauen und an partnerschaftlichem Umgang. Nicht ständige Kampfbereitschaft spiegelt sich in dem Begriff der Aristotelischen «Tapferkeit», sondern ein Stück *Selbstbewußtsein*, das sich zutraut, mit dem andern so umzugehen, wie er es verdient; doch das wird sich zeigen, man muß es nicht im voraus wissen; man wird ganz sicher zu sehen bekommen, ob der andere ein wirklicher Freund ist oder nicht. Jedenfalls muß man nicht gleich von vornherein um sein Leben rennen oder fürchten. ARISTOTELES empfahl immer, daß ein «guter und schöner Mensch» ruhig durch die Straßen von Athen ginge; wenn er jemanden laufen sah, so wußte er schon: Mit dem ist etwas nicht richtig, entweder hat er die Zeit nicht richtig eingeteilt, oder er hat seine Möglichkeiten falsch kalkuliert – ein vernünftiger Mensch muß niemals rennen, sondern er kann mit Bedacht sich bewegen. – Sie sehen, ARISTOTELES war ein Aristokrat!

Aber in ähnlichem Sinne dachte er natürlich weiter: Was ist *Gerechtigkeit?* Wieder formulierte er eine *Synthese*, ein *Mittelmaß* zwischen zwei Extremen. Es gibt eine Art, gesetzlich zu sein, die so streng ist und unerbittlich, daß die Römer später sagen konnten: Das höchste Maß der gesetzlichen Gerechtigkeit ist das höchste Unrecht. Und sie konnten ironisch sagen: Es mag die Welt zugrunde gehen, es geschehe die Gerechtigkeit! Eine solche Einstellung bildet ein *Extrem*.

Ein solches Extrem findet sich in der US-Justiz letzte Woche, als die beiden Brüder LA GRAND hingerichtet wurden, zwei Achtzehnjährige, die bei einem Bankeinbruch mit einer Spielzeugpistole in Panik geraten sind und einen zufällig herumliegenden Brieföffner einer Frau in den Rücken gestoßen haben; achtzehn Jahre später sind sie vergast worden. So etwas ist nicht «Gerechtigkeit», so etwas ist Rache. So etwas hat nichts zu tun mit dem Anspruch, den ein Mensch hat, beurteilt zu werden für das, was er war, was er tat oder was er geworden ist; da entledigt man sich Menschen auf genau die Art, die zur Erklärung denn auch hervorgehoben wurde: Es handle sich bei diesen Verbrechern um «wilde Tiere». Und dann darf man sie erschießen, aufhängen, vergiften, – was auch immer? Darf man das mit Tieren? Darf man das mit Menschen, die man für «Tiere» erklärt? Menschen sollen sich benehmen wie Menschen, ja; aber was sind dann das für Menschen, die ihnen jede Gelegenheit nehmen, sich zu wandeln, sich zu läutern?

Merkwürdigerweise beruft die amerikanische Justiz sich mit Vorliebe auf die Bibel, näherhin auf das *9. Kapitel* der *Genesis*: *«Wer Menschenblut vergießt, dessen Blut muß auch vergossen werden»*, heißt es dort. Nach diesem archaischen Maßstab hätte Moses seine Gesetze nie erlassen können, sondern die Ägypter hätten ihn, selbst wenn sie seiner am Sinai habhaft geworden wären, noch bevor er sagen konnte: «Du sollst nicht töten», töten müssen; soviel steht fest, denn er hatte eigenhändig einen Ägypter gemordet. *(Ex 2,12)* Und so könnten wir quer durch die Geschichte gehen. Die Leute, die nur zufrieden sind, wenn sie gerade jemanden getötet haben, sind selbst latente Mörder und handeln nicht adäquat zu der Situation, nicht adäquat zu den Menschen, mit denen sie wirklich zu tun haben. Wir sind ungerecht im ganzen, wenn wir *Gerechtigkeit* ohne Verständnis und ohne Güte üben. Das ist die *eine* Seite des Extrems. Das Umgekehrte sah ARISTOTELES auch: es kann Menschen geben, denen ist die Frage nach Recht und Unrecht derartig egal, daß es in ihren Augen gar keine Rolle mehr spielt, was Menschen tun. Zwischen Fanatismus und Gleichgültigkeit, genau dazwischen, meinte der große Grieche, liegt der Wille, Ordnung zu setzen, genau dazwischen gestalte sich Gerechtigkeit.

Der Philosoph hatte keinen Anlaß, in seiner Zeit und seiner Gesellschaft über die *Liebe* nachzudenken, aber natürlich können wir von seinem Ansatz her durchaus kreativ weiterformulieren. Wie sollte im Sinne des ARISTOTELES die Liebe eines Menschen beschaffen sein? Sie müßte wieder sich beschreiben lassen als eine Synthese von Extremen; diese Synthese könnte geschlechterspezifisch lauten: Die *Liebe* eines Mannes bestehe in der Fähigkeit, zu nehmen, indem er gibt, zu erobern, indem er freiläßt, zu umfangen, indem er öffnet und begleitet; und worin bestünde die Liebe einer Frau? Sie bestünde ebenfalls in einer Synthese, indem die Hingabe identisch wäre mit Stolz, das Sich-Verschenken mit einer tieferen Form, sich selber zu behüten, das Sich-Öffnen damit, sich selbst tiefer zu erfahren. Immer zwischen solchen Extremen läßt sich die rechte menschliche Haltung formulieren.

Woran ARISTOTELES dabei nicht dachte und woran auch die katholische Moraltheologie, die sich seit den Tagen des hl. THOMAS auf diesen großen griechischen Philosophen berufen hat, nicht dachte, ist *die Voraussetzung* von all diesen logischen Ableitungen. Um die Synthese zu bilden, brauchen wir *eine Person*, die selber in sich vereinigt ist, und dazu brauchen wir versammelte Psychologie. Das war es, was im 19. Jahrhundert der dänische Religionsphilosoph SÖREN KIERKEGAARD bereits entdeckt hat: Das menschliche Sein selber ist eine Synthese zwischen Himmel und Erde, zwischen Unendlichkeit und Endlichkeit, zwischen Ewigkeit und Zeitlichkeit. Ein Mensch, meinte KIERKEGAARD, kann nur zu sich selber finden, wenn er sein Selbst gründet in einem Vertrauen, das es ihm erlaubt, das Unendliche zu erkennen und zu ersehnen, ohne selber unendlich sein zu müssen, das es ihm ermöglicht, in der Ewigkeit zu ruhen, um selber in dieser Welt Zeit zu haben, und das ihn befähigt, frei zu sein von sich selber und eben darin bei sich selber anzukommen.

Es ist, wenn wir von Psychologie sprechen, bisher stets um die Frage gegangen, wie wir mit *Angst* umgehen; der zentrale Gedanke des Vaters der Existenzphilosophie gründete darin, daß wir Angst nicht beseitigen können, wenn wir mit ihr allein bleiben, daß aber auch die Menschen an unserer Seite uns nur begrenzt helfen können;

unsere Ängste sind viel zu oft das Konterfei dessen, was einmal war, hineingestellt freilich in die Gegenwart. Der Grundgedanke Jesu, auf den KIERKEGAARD sich bezog, bestand darin, daß man, wie vom Himmel auf die Erde kommend, von Gott her ein Absolutes an Vertrauen dem Menschen schenken könne, damit er es lerne, die paar Jahre auf dieser Erde im Gleichgewicht mit sich selbst zu leben. Alles werde uns dann gehören; auf nichts hätten wir Anspruch, doch alles dürften wir sein, und alles könnten wir werden, eben weil wir es nicht länger sein müßten und zu sein hätten. – Die deutsche Sprache ist genial darin, daß sie für den *Irrealis* im Grunde eine Form der Vergangenheit setzt und beide Formen akustisch ganz angenähert verwendet, denn das ständige Träumen im Irrealis bedeutet, daß das ganze Leben sich in der Vergangenheit abspielt und in die Vergangenheit entgleitet. «Hätte sein müssen» ist identisch mit völliger Verlorenheit; «sein dürfen» aber ist demgegenüber ein Realis der Erlaubnis. *Da hinein* zu leben *ist* das ganze Leben, und es enthält eine zutiefst religiöse Funktion.

Darüber hinaus müssen wir sagen, daß wir in einer Welt leben, die sich jedes *Maß* abgewöhnt zu haben scheint. Immer noch lautet ja die Frage vom Anfang: Wieso können wir Jesus immer wieder als eine Vorbildgestalt schildern, wo er nach bürgerlichem Maßstab so *unmäßig* war, daß anscheinend keine Maßnahme anders als ihn totzuschlagen gegen ihn wirksam wurde? Dieser Mann hat die Welt zutiefst mit seiner Maßlosigkeit aufgewühlt; er hat sich mit nichts zufriedengegeben außer mit dem, was er *Gott* nannte und was ihm als Traum möglicher Menschlichkeit vorschwebte. Er war der Unpassendste, der Ungemäßeste unter allen Menschen, und fragen wir nach dem Grund, so müßten wir denken: eben weil er *sein* Maß gefunden hatte inmitten einer Welt, die kein Maß kennt, mußte er als die Ungemäßheit selber erscheinen; *zwischen Person und Umwelt* gab es in seinem Falle keinen Kompromiß mehr. Warum das sein kann, läßt sich unschwer zeigen, wenn wir unsere Wirklichkeit betrachten.

Nehmen wir nur das wohl wichtigste Faktum: Wir Menschen haben uns selber zum *Maß aller Dinge* gemacht. Es war wieder erneut ein Grieche, ein sophistischer Philosoph, PROTAGORAS mit Namen, der in den Tagen PLATONS, im 5. Jahrhundert v. Chr., darüber nachsann, wie wir überhaupt Maßstäbe für Richtig und Falsch finden könnten; dabei verfiel er darauf, daß nichts, was für Menschen gültig sei, etwas anderes sein könne als das, was Menschen selbst sich als gültig setzten. Jede Aussage, die Menschen über die Wirklichkeit machten, so dachte er, sei nichts weiter als das Spiegelbild menschlichen Denkens selber. Im Grunde redeten die Menschen stets mit sich selber, und weil die Erkenntnisbedingungen deshalb so deutlich jeden Erkenntnisvorgang festlegen, formulierte er am Ende: «Der Mensch ist das Maß aller Dinge, der seienden, daß sie seien, und der nichtseienden, daß sie nicht seien.» Es gelte, mit einem Wort, nur das, was subjektiv anerkannt werde, und zwar eben dadurch, daß es erkannt werde.

Aus dieser *erkenntnistheoretischen* Anthropozentrik hat die christliche Theologie sehr bald eine *metaphysische* Mittelpunktstellung des Menschen abgeleitet. Verbunden mit dem Weltbild der Bibel, wurde der Mensch zum *Maß aller Dinge* erklärt, indem Gott die ganze Welt erschuf just auf den Menschen hin. Die Betrachtungen aus dem Buche *Jesus Sirach* sind insofern charakteristisch, als in ihnen die ganze Schöpfung auf den Menschen hin konzipiert wird. Da wird vielfältig behauptet, daß Gott den Gang der Dinge kenne, und es schwingt dabei mit, daß wir Menschen auf ihn eben deshalb Vertrauen haben könnten. Ausgesagt wird, daß alle Dinge sich so wohlgefügt fänden, daß nie eines fehle und keines ersetzbar sei, sondern daß alle notwendig und zur rechten Stunde und am rechten Ort beieinander stünden, in einer vollendeten Harmonie. – Unsere eigene Erfahrung wohlgemerkt deckt sich nicht ohne weiteres mit dieser gläubigen Vorstellung. Wir haben in unseren Tagen die Angst, das Leid und den Schmerz an der Realität so weit getrieben, daß es zu einer Glaubensforderung wurde, Gott müsse zu unserer Rettung *eingreifen.* Wenn er schon die Welt schafft, nicht nur um uns zu ermöglichen, sondern geradewegs um uns hervorzubringen, als Inbegriff all seiner Veranstaltungen, ist er dann nicht *verpflichtet*, die Bühne der Welt so zu bereiten, daß wir darauf glücklich werden?

Ein derartiger Glaube ist in der Neuzeit mit immer größerem Tempo und in immer größeren Radien des Zweifelns und der Verzweiflung zerbrochen. Achtzig Prozent der Bevölkerung sind mittlerweile nach über 1500 Jahren christlicher Verkündigung im Abendland zu Atheisten geworden, weil dieses Bild: «der Mensch aber steht im Mittelpunkt der Welt», und: «die Welt als die Schöpfung Gottes meint es gütig mit uns», sich in ihren Augen bis zum Widersinn widerlegt hat. Statt dessen sind wir herangegangen, Gott zu ersetzen. In unserer Vorstellung bleiben wir natürlich nach wie vor das *Maß aller Dinge*, doch nun *bestimmen* wir, was zu sein hat und was nicht zu sein hat, welche Flächen der Natur verschwinden und welche wir erhalten wollen, welche Tierarten wir ausrotten und welche wir vielleicht neu zum Leben zulassen, indem wir sie selber in den Genlabors erschaffen; wir sind die Herren, wir können's und wir machen's und wir werden's – wir sind das «Maß aller Dinge».

Doch eben das ist *Un*maß.

Wenn jemals im griechischen Sinn von *Hybris* zu reden wäre, dann ist es diese Haltung, die uns freilich ganz normal geworden ist. Dieses Unmaß erfüllt die Desiderate einer *falschen* Religion, und es hilft nicht mehr viel, darauf zu verweisen, daß die Bibel viel dazu beigetragen hat, eine solche falsche Religiosität heraufzuführen; entscheidend ist, daß es keinen Grund gibt, darin fortzufahren, auch nicht mit Berufung etwa auf Jesus. Der Mann aus Nazareth, der die Güte wollte, kann die Barbarei einer selbstgewissen Gewaltausübung über die gesamte Weltwirklichkeit nie und nimmer gutgeheißen haben wollen. Im Gegenteil betrachtete er diese Welt, in der er uns Menschen als Kinder Gottes ansah, wesentlich als Heimstatt seines Vaters. Wie sollte da Grausamkeit gegenüber den Geschöpfen zu einem guten Recht des Menschen werden? Freilich, man muß all die Gedanken der großen Dichter, Philosophen und Religionsstifter der Vergangenheit kreativ weiterdenken, man muß sie wie die Strahlenfinger eines Leuchtturms dazu benutzen, hinaus aufs Meer zu segeln, statt immer wieder an den Klippen zu scheitern, auf denen der Leuchtturm gebaut wurde. Es gilt, sich ins Weite zu entfalten, über den Ausgangspunkt eines bestimmten Weltbildes hinaus, wenngleich in dieselbe Blickrichtung, die von dem Leuchtturm angezeigt wird.

Dann allerdings sollte es möglich sein, daß Menschen *ihr Maß* finden in einer Welt, die selber nicht menschlich ist und die es uns dennoch erlaubt, daß wir in ihr leben und in ihr dem Leben dienen. Dann hätte ALBERT SCHWEITZERS Denken *das Maß* getroffen, wenn er sagte, alle Ethik sei ins Unendliche gedehnte Verantwortung.

«Der Mensch als Maß aller Dinge», – daraus ist zum zweiten jedoch inzwischen geworden, daß *die Macht* das Maß aller Dinge sei; nicht die Menschheit, auch nicht die Menschen, sondern die *mächtigen* Menschen bestimmen, wer im eigentlichen Sinne Menschen sind und was von Menschen zu halten ist. Man kann den Alten vermutlich keinen Vorwurf daraus machen, daß für sie Gott und die Macht, der Vater im Himmel und der Herrscher auf Erden, der Kaiser und der Papst, mehr oder minder ein und dasselbe waren, aber es ist das Christentum, es ist die Haltung Jesu gewesen, die Gott von jeglicher Menschenmacht trennen wollte. Jesus war radikal genug, die Spannung der Propheten in der Bibel so aufzugreifen, daß es keinen Kompromiß zwischen Gottesherrschaft und Menschenmacht mehr geben sollte. Entweder Gott *oder* all die Lakaien, die sich an Gottes Stelle setzen! Ihr solltet nicht Vater sein, ihr sollt nicht Herren sein! Das waren seine deutlichen Worte! *(Mt 23,8.9)* Für Jesus war Gott geradewegs das rechte Gegengift gegen den Glauben an das Gottesstellvertretertum der Herrscher, die immer herumwalten, als könnten sie Gott auf die Erde bringen und als müßte man ihnen nur im Gehorsam zuhören, um zu wissen, was denn der Ewige mit unserem Leben gemeint habe. Das ganze daraus folgende Gebräu von Sklaverei, Angst und Abhängigkeit war nicht nach dem Geschmack Jesu; er wollte, auf daß Menschen ihr Maß fänden, auf Leben und Tod von solchen Ideen Abschied nehmen.

Doch eben deshalb ist und war der Rückfall der christlichen Kirchen in das archaische Weltbild der Gleichsetzung von irdischer und geistlicher Macht schlimmer als alles, was im alten Ägypten oder im alten Persien sich aufgeführt hat. Seit den Tagen KONSTANTINS hatten die Menschen zu lernen, daß man dem Kaiser gehorchen müsse, weil man nur in ihm Gott finde. In der Zeit der Pharaonen mochte man glauben, daß beide miteinander verschmolzen seien, eine symbolische Synthese von Himmel und Erde; jetzt aber gilt eins nach dem andern: Als erstes gilt es, dem Kaiser zu gehorchen und in ihm Gott. Oder noch besser: Als erstes dem Papst und dann dem Kaiser und dann Gott, und schließlich, weil man nicht einmal mehr einen Kaiser und einen Papst braucht, genügt es, daß irgendein Fürsterzbischof bestimmt, wo und wie die Grenzen der richtigen, der allein selig machenden Religion verlaufen; dann steht es fest, wie viele Menschen man zum Beispiel um 1600 hier in Paderborn ermorden muß, damit man wieder katholisch wird und nicht etwa der Irrlehre und Ketzerei eines MARTIN LUTHER angehört.

Jeder begreift unter solchen Umständen natürlich, daß von Gott gar nicht mehr die Rede ist, sondern nur noch von der Macht der Fürsten. *Sie* diktiert hinfort, was Gott ist; doch genau diesen Zustand hat das Abendland akzeptiert! Wir haben den Westfälischen Frieden seit den Tagen von 1648 in Osnabrück und Münster darauf gegründet, daß dieser Zustand erhalten bleibt. Um Gottes Willen den Staat in Frage zu stellen mit religiösen Argumenten, das gilt für radikal, für fundamentalistisch, für extrem, dagegen muß die gesamte bürgerliche Mitte aufgerufen werden. Auch nur darüber zum Beispiel im April dieses Jahres 1999 zu diskutieren, ob wir ein Recht auf den atomaren Erstschlag in der NATO besitzen, das würde die westliche Welt in Frage stellen, so sieht es aus. Um zu sagen, dies und das sei so nicht gemeint im Neuen Testament, und wir hätten die Pflicht, uns an die Botschaft der Bergpredigt zu halten, kann wohl nur bei Fragen angehen, die den Einzelnen betreffen, nicht aber die gesellschaftliche Ordnung im ganzen. Ob etwa Abtreibung Mord ist, darüber können wir reden, aber ob das Training von jungen Leuten, von Achtzehnjährigen, zum Töten eine Aufforderung zum Mord ist, ob mit anderen Worten Soldaten Mörder sind, das ist kirchlicherseits nie diskutiert worden, und das wird auch nicht diskutiert werden dürfen. Ganz im Gegenteil.

Wir müssen jetzt nur noch dabei sagen, daß die Macht natürlich sich nicht um ihrer selbst willen erhält; Macht hat wesentlich den Zweck, *Geld* einzutreiben, und so sind wir, nachdem der Mensch zum Maß aller Dinge geworden ist, inzwischen dahin gelangt, daß *die Macht des Geldes* das Maß aller Dinge ist; ja, wir stehen dicht vor der Feststellung, daß überhaupt der Maßstab für Wert einzig im Geld liegt. Nichts hat irgendeinen Wert, es sei denn, es realisierte sich als Preis auf dem Markt! Mittlerweile wächst da eine ganze Jugend heran, die einen anderen Wert als *Macht* und *Geld* nicht mehr kennt. Derselben Jugend, der man mit allen Mitteln im bürgerlichen Lager die traditionellen Werte der Bürgerpflichten beizubringen sucht, vermittelt man zugleich den Eindruck, daß überhaupt nichts einen Wert besitze. Tiere, die fühlen, haben offensichtlich keinen Wert, wenn man mit ihren Qualen und mit ihrem Fleisch Geld erzielen kann, warum auch? In der Natur ist nichts als eine ausbeutbare Ware anzutreffen; die schönsten Landstriche verhökern wir heute schon an den, der am meisten dafür bezahlt.

Und glaubt man wirklich, daß mit Menschen anders umzugehen sei? Nominell sind Menschen natürlich unendlich wertvoll, doch wenn es darum geht, ein Unternehmen dahin zu verlagern, wo die «Billigarbeitskräfte» sich befinden und wo die «Billigstarbeitskräfte» unter Konkurrenzdruck angeworben werden können, wird der Kapitalismus ganz von allein die richtige Spur zu seinem Profit aufnehmen. Ein anderes Interesse kann er naturgemäß nicht haben; das ganze System des Kapitalismus besteht darin, mit Geld noch mehr Geld zu machen. Das ist nicht nur ein etwas an ihm, darin besteht es, das ist nicht sein Fehler, das ist seine Essenz und Dynamik. Wer das kapitalistische Wirtschaftssystem bejaht, der muß seine *Maßlosigkeit* akzeptieren. Doch auch nur darüber zu reden, daß Jesus den Menschen die *Wahl zwischen Gott und Geld vorlegte* als eine Entscheidung zwischen Himmel und Hölle, das macht aus dem Mann aus Nazareth endgültig einen Radikalen, den man auch in der Gegenwart eigentlich nur bekämpfen kann *(Mt 6,24)*. Mit einem solchen Mann ist nicht Politik zu machen, ist nicht Staat zu machen, seine Vorstellung über Macht und Geld funktioniert nirgendwo. So glaubt man. Und doch verkörperte und verkündete Jesus auf Leben und Tod die Möglichkeit, ein *Maß* zu finden, das uns leben ließe und das das Unmaß einer ganzen Welt widerlegen würde.

Übrig bleibt, daß ein jeder lernt, herauszufinden, was er selber ist, und es sich nicht tottrampeln zu lassen; übrig bleibt die Aufforderung, so bedingungslos zu leben, wie es in ihm liegt. Es ist nicht länger mehr die Frage, ob eine Blume groß ist oder klein, es ist die Frage, ob sie richtig lebt, als Buschwindröschen oder als Lilie. Zwischen beiden liegen äußerlich große Unterschiede, doch gelten diese Unterschiede nicht für die Blumen selber. Die Blumen selber können nur so leben, wie sie sind. Und so wir Menschen auch. Gott hat die Menschen nicht gleich gemacht im Sinne einer flächigen Homogenität, er wollte uns offenbar in Unterschieden. MARTIN BUBER hat einmal sehr schön einen chassidischen Rabbi sagen lassen: «Am Jüngsten Tage wird Gott mich nicht fragen: Rabbi Susja, warum bist du nicht Mose geworden oder Elia, – wir hätten sie zu unserer Zeit so sehr gebraucht; er wird mich fragen: Rabbi Susja, warum bist du nicht Rabbi Susja geworden?» Nichts ist falscher, als das Eigene zu gründen in einem falschen Vorbild, und nichts ist richtiger, als das *Maß* zu finden, das in uns liegt, nach oben wie nach unten, nach innen wie nach außen, zwischen uns und der Weltwirklichkeit, durch Synthesen, die nicht identisch sind mit faulen Kompromissen. Was als «Tugend» erscheint – SÖREN KIERKEGAARD hatte völlig recht –, ist nichts weiter als eine Funktion gelebten Glaubens; unterhalb davon werden wir's nicht bekommen.

KEUSCHHEIT

CORNELIS CORT **nach** FRANS FLORIS: **Keuschheit (Castitas)**

Die Tugend der *Keuschheit (Castitas)* sitzt auf dem Kupferstich unter einem Baum auf einem Felsen, der sie wie ein Thron mit halbseitiger Lehne einrahmt, wenngleich der kissenlose Sitz nichts Weich-Verwöhnendes aufweist. Das knöchellange Gewand gibt ihre Arme frei und läßt ihr linkes vortretendes Bein bis zu dem sandalenbekleideten Fuß durchschimmern; das enganliegende Oberteil umspannt ihre straff hervortretenden Brüste aufgrund der metallischen Gewandziselierung wie ein schützender Panzer. In der linken Hand hält die *Castitas* gleich einem Szepter eine Lilie mit drei Blüten, ein Bild, das schon im Mittelalter als ein Zeichen der Keuschheit und Unbeflecktheit galt. Der nach rechts unten gerichtete, vom Betrachter abgewandte Blick bietet ein weiteres Indiz für die Zurückhaltung und Vorsicht der *Castitas*. Auf ihrem Schoß hält sie einen Storch, der seinen langen Hals in ihre rechte Armbeuge schmiegt. Obwohl in der Bibel als ein unreines Tier bezeichnet (Lev 11,19), galt der Storch im Christentum als Schlangenvertilger und damit als Feind des Teufels; wegen des ruhigen Stehens auf einem Bein sah man in ihm auch ein Symbol philosophischer Nachdenklichkeit. Psychoanalytisch läßt sich der Storch mit dem langen roten Schnabel auch als ein phallisches Symbol deuten; der Sinn der Keuschheit bestünde dann in der freundlichen «Zähmung», nicht in der Verdrängung oder Dämonisierung der Sexualität. Die lateinische Beischrift betont die Möglichkeit einer religiösen Sublimation der Triebkraft:

Laudatae castus sis / relligionis amator;
te iuvet alterius / nescia vita thori.
Lobenswert sei du keusch, / liebend der Frömmigkeit Diener;
Schützen dann möge dich dies: / Anderer Bett kennst du nicht.

Laudatæ castus sis religionis amator te iuuet alterius nescia vita thori

Die Keuschheit hat in der Geschichte des Christentums eine außerordentlich große, oft verhängnisvolle Rolle gespielt. Wir müssen sie betrachten, weil es uns generell darum geht, etwas, das einmal Wert besaß oder doch besitzen sollte, für unser Verständnis heute neu zurückzugewinnen. Die öffentliche Schamlosigkeit jedenfalls, mit der wir heute konfrontiert sind, schafft ihre eigenen Probleme, und sie läßt sich mit Tugendidealen und moralischen Appellen keineswegs beseitigen; wohl aber ruft sie uns auf, tiefer hinzusehen und besser zu verstehen. Nichts anderes also, als was wir in den letzten Abenden auch versucht haben, werden wir heute abend probieren.

Die Idealgestalt der *Keuschheit* im Alten Testament ist zweifellos der Jakobssohn Joseph in Ägypten. Im Buche der *Genesis* im *39. Kapitel*, in den *Versen 1–3* und 6–18 wird folgende Begebenheit erzählt:

Als aber Joseph nach Ägypten hinabgeführt worden war, kaufte ihn Potiphar, der Kämmerer des Pharao, der Oberste der Leibwache, ein Ägypter, von den Ismaelitern, die ihn dorthin gebracht hatten. Und der Herr war mit Joseph, und es geriet ihm alles wohl, so daß er im Hause seines Gebieters, des Ägypters, bleiben durfte. Als nun sein Gebieter sah, daß der Herr mit ihm war und daß der Herr alles, was er tat, in seiner Hand wohl gelingen ließ … überließ er Joseph alles, was er hatte, und kümmerte sich neben ihm um nichts als um die Speise, die er aß. Joseph aber war schön von Gestalt und schön von Aussehen. Darnach begab es sich, daß die Frau seines Herrn ihre Augen auf Joseph warf und sprach: Lege dich zu mir! Er aber weigerte sich und sprach zu der Frau seines Herrn: Sieh, mein Herr kümmert sich neben mir um nichts im Hause, und alles, was er besitzt, hat er mir übergeben. Er selbst ist in diesem Hause nicht größer als ich; er hat mir nichts vorenthalten als dich, weil du sein Weib bist. Wie sollte ich da ein so großes Unrecht begehen und wider

Gott sündigen? Und ob sie auch täglich Joseph zuredete, hörte er nicht auf sie, daß er sich zu ihr gelegt hätte, um mit ihr Umgang zu pflegen. Es begab sich aber eines Tages, daß Joseph ins Haus kam, seine Geschäfte zu besorgen, als gerade niemand vom Gesinde zugegen war. Da faßte sie ihn beim Kleide und sprach: Lege dich zu mir! Er aber ließ sein Kleid in ihrer Hand und floh und lief zum Hause hinaus. Als sie nun sah, daß er sein Kleid in ihrer Hand gelassen hatte und zum Hause hinaus geflohen war, rief sie ihr Gesinde und sprach zu ihnen: Seht, da hat er uns einen Hebräer ins Haus gebracht, daß der seinen Mutwillen mit uns treibe. Er kam zu mir herein, um sich zu mir zu legen; aber ich schrie laut. Und als er hörte, daß ich ein Geschrei erhob und rief, ließ er sein Kleid neben mir und floh und lief zum Hause hinaus. Und sie ließ sein Kleid neben sich liegen, bis sein Herr heimkam. Da erzählte sie ihm dieselbe Geschichte und sprach: Der hebräische Sklave, den du uns ins Haus gebracht hast, daß er seinen Mutwillen mit mir treibe, ist zu mir hereingekommen. Wie ich aber ein Geschrei erhob und rief, ließ er sein Kleid neben mir und floh zum Hause hinaus.

Joseph wird ins Gefängnis geworfen seiner Treue wegen aufgrund der Verleumdung einer ungetreuen Frau, und es wird lange dauern, bis alles das sich klärt. –

Weit mehr als alle Rede ist *Musik* die eigentliche Sprache der Liebe. Kein Wunder deswegen, daß die Moralphilosophen der *Keuschheit* von der Antike bis in die jüngste Gegenwart die Musik am liebsten aus dem Reich des Geistes verbannt gewußt hätten. PLATON in seinem Idealstaat verbot sie kurzerhand. Der griechische Philosoph hat niemals einen Staat geführt, fast muß man sagen, Gott sei Dank, aber er wußte, wovon er redete, wenn Leute anfangen, bacchantisch zu taumeln und ihre Glieder im Rhythmus aufreizender Weisen zu bewegen. Nicht viel anders LEO TOLSTOI. Der russische zum Asketen geläuterte Großgrundbesitzer verwarf aus Angst vor dem Tod, vor der Sterblichkeit des Körpers eines Tages fast alles, was er in Romanform als Dichter einmal geschrieben und beschrieben hatte, darunter auch das Wohlgefallen an der Musik. Die Novelle *Die Kreutzersonate* ist dafür das vielleicht schlimmste Beispiel. Von BEETHOVEN gewidmet seiner Ewig-Geliebten, bedeutete sie TOLSTOI die Zweideutigkeit des menschlichen Lebens schlechterdings, ja, die ständige Verführung schon der Personen, die sie spielen wollten und einander im Wechselspiel begleiteten. Die Sprache der Liebe im

Schatten der Nicht-Öffentlichkeit, der Lichtscheuheit, der Selbstunterdrückung – das kann nicht geduldet werden. – Prinzipieller und grundsätzlicher noch sind die Gedanken von THOMAS MANNS *Doktor Faustus*. Sein Tonsetzer *Adrian Leverkühn* degeneriert nicht nur bis zur Syphilis an einer Liebe, die er kaum zu leben wagt; das Konterfei für dieses an sich selber krank gewordene Dasein ist für THOMAS MANN die Musik durch die Überbetonung des Kontrapunkts, durch die Kompositionsschemata WAGNERS, durch die Zerstörung der objektiven Ordnung; – kurz, wir brauchen nur ein paar Takte Musik zu hören, und wir sind mitten im Thema der *Keuschheit* – oder der Unkeuschheit!

Daß wir mit dieser «Tugend» unsere Schwierigkeiten haben, liegt auf der Hand. Kaum genannt, werden sich manche unter Ihnen gleich gefragt haben: Aber muß denn das sein, dieses Thema?, und dann, wenn es schon sein soll, ausgerechnet dieses Beispiel noch vom *ägyptischen Joseph*? Es wird kein Kaffeekränzchen graumelierter Damen geben, denen dieser Mann aus der Bibel nicht irgendwie suspekt ist oder jedenfalls einer Lachnummer wert. Wollte zum Beispiel eine Ehefrau ihren Mann den «keuschen Joseph» nennen, – alle würden sich biegen vor Lachen. Da flieht jemand hagestolz aus einer Versuchung, die offenbar allgegenwärtig ihn umlauert! Gott mag ihn dafür belohnen und die Kirche ihn rühmen, aber leben wirklich so die Menschen? Und kann man es dieserart empfehlen? Was überhaupt ist mit einer «Tugend» los, die sich selber fast denunziert, indem man sie solcherweise in Angstflucht vor dem bösen Weibe verkündet, und sich dabei aus dem Staube macht?

Das Problem ist wirklich nicht gerade sehr modern. Als in der Zeit, die wegen ihrer Koketterie und Kokotterei berühmt war, in der Ära LUDWIGS XIV., MICHEL DE MONTAIGNE nachdachte über kein geringeres Thema als über die Tugend der *Keuschheit*, notierte er, im Abstand von jetzt vierhundert Jahren, Sätze, die des Lesens und Nachlesens immer noch wert sind. Im *dritten Buch* seiner *Essais* notiert er als erstes, daß es ihn verdrieße, wie seine Schriften den Damen gewöhnlich nur als Einrichtungsgegenstand dienten, den sie sich in den großen Salon stellten – an und für sich kein Wunder bei einem Buche dieses Umfangs, aber, so sagt er, dieses Kapitel hier werde ihm unfehlbar in ihre Privatgemächer Eintritt verschaffen, gehe es doch um das Thema der Liebe und der *Keuschheit*:

«... kommen wir zu meinem Thema. Was», fragt er, «hat der Geschlechtsakt, dieser so natürliche, nützliche, ja, notwendige Vorgang den Menschen eigentlich angetan, daß sie nicht ohne Scham davon zu reden wagen und ihn aus den ernsthaften und sittsamen Gesprächen verbannen? Wir haben keinerlei Hemmungen, die Worte *‹töten›*, *‹rauben›* und *‹verraten›* offen auszusprechen – und da sollen wir uns dieses eine bloß zwischen den Zähnen zu murmeln getraun? Meinen wir gar, wir hätten, je weniger Worte wir darüber machen, ein um so größeres Recht, mit unseren Gedanken ständig dahin zu schwelgen? – Es ist doch ein Witz, daß die Worte, die am wenigsten in den Mund genommen, am seltensten geschrieben und am häufigsten verschwiegen werden, zugleich die bekanntesten und am besten verstandenen sind. Da ist niemand, wie alt und geartet auch immer, dem sie nicht minder geläufig wären als das Wort *‹Brot›*. Jedem prägen sie sich ein, keiner drückt sie aus: Worte ohne Laut, ohne Buchstabe – und just dem Geschlecht, das die Sache am meisten betreibt, hat man aufgelegt, am beharrlichsten hierüber zu schweigen. – Ein genauso großer Witz ist es, daß, diesen Akt dem Bann des Schweigens zu entreißen, mit dem wir ihn belegt haben, selbst dann noch als Verderben gilt, wenn es nur geschieht, um ihn anzuklagen und zu verurteilen. Sogar ihn zu geißeln wagen wir nur in bildhaften Umschreibungen. Welch Glück für einen Verbrecher, derart verworfen zu sein, daß das Recht es für Unrecht erklärt, ihn auch nur anzusehn oder gar Hand an ihn zu legen – verdankt er doch ebender Schwere seiner Verurteilung seine Rettung und Freiheit! – Geht es damit nicht wie mit den Büchern, die, wenn sie verboten sind, um so mehr gekauft und verbreitet werden? Ich für mein Teil habe vor, *Aristoteles* beim Wort zu nehmen, der sagt, Schamhaftigkeit gereiche der Jugend zur Zierde, dem Alter aber bringe sie nur Spott ein.»

Mannhafter MONTAIGNE, möchte man fragen, wo hast du Schüler und Nachahmer gefunden? Die kirchliche Moral hat auf ihre Weise das Tugendideal der *Keuschheit* verbreitet, so daß es stets verbunden war mit Abspaltung, Verdrängung, Angst und Schuldgefühl, im Grunde mit der Zerstörung redlichen Selbstvertrauens, und die Gegenwirkung trat auf Schritt und Tritt zutage: die Fixierung des Verbotenen, die Wiederkehr des Unterdrückten, die permanente Obsession all der Vorstellungen, die man niederzupressen hatte, damit sie nicht zum Leben zugelassen würden.

Aus den dreißiger Jahren des 20. Jahrhunderts ist uns ein Text überkommen, der in den Mund eines Südseehäuptlings mit Namen *Tuiavii* gelegt wurde, der in Wirklichkeit aber von SCHEUERMANN verfaßt wurde; – der Text ist demnach so «historisch» wie das *Johannes*-Evangelium in bezug zu den Worten Jesu, aber er atmet doch unverkennbar ein wenig von dem romantischen Geist der Südsee. Denn so soll gesprochen und gedacht haben ein Häuptling auf Samoa, um mit den verwirrenden Erinnerungen und Erscheinungen des weißen Mannes, des *Papalagi*, des «Himmelsdurchbrechers» zurechtzukommen, insbesondere mit seiner Prüderie und Heuchelei:

> «Der Papalagi», sagt *Tuiavii*, «ist dauernd bemüht, sein Fleisch gut zu bedecken. ‹Der Leib und seine Glieder sind Fleisch, und was oberhalb des Halses ist, das ist der wirkliche Mensch›, also sagte mir ein Weißer, der großes Ansehen genoß und als sehr klug galt. Er meinte, nur das sei des Betrachtens wert, wo der Geist und alle guten und schlechten Gedanken ihren Aufenthalt haben. Den Kopf, ihn, zur Not noch die Hände, läßt der Weiße unbedeckt. Obwohl auch Kopf und Hand nichts sind als Fleisch und Knochen. Wer im übrigen sein Fleisch sehen läßt, erhebt keinen Anspruch auf rechte Gesittung ... Ein Mädchen, es mag noch so schön gewachsen sein, bedeckt seinen Leib, damit niemand ihn sehen kann oder Freude an seinem Anblick nimmt. Das Fleisch ist Sünde. Also sagt der Papalagi. Denn sein Geist ist groß nach seinem Denken. Der Arm, der sich zum Wurf im Sonnenlicht hebt, ist der Pfeil der Sünde. Die Brust, auf der die Welle des Luftnehmens wogt, ist ein Gehäuse der Sünde. Die Glieder, auf denen die Jungfrau uns eine Siva (einen Tanz, d. V.) schenkt, sind sündig. Und auch die Glieder, welche sich berühren, um Menschen zu machen zur Freude der großen Erde – sind Sünde. Alles ist Sünde, was Fleisch ist. Es liegt ein Gift in jeder Sehne, ein heimtückisches, das von Mensch zu Mensch springt. Wer das Fleisch nur anschaut, saugt Gift ein, ist verwundet, ist ebenso schlecht und verworfen als derjenige, welcher es zur Schau gibt. – Also verkündigen die heiligen Sittengesetze des weißen Mannes ... Weil nun die Leiber der Frauen und Mädchen so stark bedeckt sind, tragen die Männer und Jünglinge ein großes Verlangen, ihr Fleisch zu sehen; wie dies auch nur natürlich ist. Sie denken bei Tag und Nacht daran und sprechen viel von den Körperformen der Frauen und Mädchen und immer so, als ob das, was natürlich und schön ist, eine große Sünde sei und nur im dunkelsten Schatten geschehen dürfe. Wenn sie das Fleisch offen sehen lassen würden, möchten sie ihre Gedanken mehr an andere

Dinge geben, und ihre Augen würden nicht schielen und ihr Mund würde nicht lüsterne Worte sagen, wenn sie einem Mädchen begegnen.»

Es gibt, wird man wohl sagen, kein besseres Mittel, Menschen zur Unzucht zu erziehen, als indem man sie in die absurde Zucht einer Verdrängungsmoral solcher «Keuschheit» hineinzwingt. Vergeblich war im 20. Jahrhundert der Versuch, die Tugendvorstellungen des Abendlandes zu reformieren im Konterfei etwa fremder Völker. SCHEUERMANN richtete seinen Blick auf die Kinder der Natur, so wie sie ihm erschienen, und er bemühte sich, aus der Ethnologie Argumente gegen eine bestimmte Form von Theologie zu ziehen. Doch schon vor über hundertzwanzig Jahren ließ es sich FRIEDRICH NIETZSCHE in seiner Abrechnung mit dem Christentum, in seinem *Zarathustra*, angelegen sein, insgesamt zu fragen, wie wir Menschen mit der Natur überhaupt umgehen; nicht allein die sogenannten «Primitiven», sondern, von ARTHUR SCHOPENHAUER herkommend, bildete *das Tier* die große Frage NIETZSCHEs. Wie gehen wir mit unseren Trieben um, mit dem, was aus dem Erbe der Evolution an «Tierischem» in uns liegt und darauf wartet, sich zu vermenschlichen?

NIETZSCHES *Zarathustra* spricht über die Keuschheit:

«Ich liebe den Wald. In den Städten ist schlecht zu leben; da gibt es zu viele der Brünstigen. Ist es nicht besser, in die Hände eines Mörders zu geraten, als in die Träume eines brünstigen Weibes? Und seht mir doch diese Männer an: ihr Auge sagt es – sie wissen nichts Besseres auf Erden als bei einem Weibe zu liegen. Schlamm ist auf dem Grunde ihrer Seele; und wehe, wenn ihr Schlamm gar noch Geist hat! Daß ihr doch wenigstens als Tiere vollkommen wäret! Aber zum Tiere gehört die Unschuld. Rate ich euch, eure Sinne zu töten? Ich rate euch zur Unschuld der Sinne. Rate ich euch zur Keuschheit? Die Keuschheit ist bei einigen eine Tugend, aber bei vielen beinahe ein Laster. Diese enthalten sich wohl; aber die Hündin Sinnlichkeit blickt mit Neid aus allem, was sie tun. Noch in die Höhen ihrer Tugend und bis in den kalten Geist hinein folgt ihnen dies Getier und sein Unfrieden. Und wie artig weiß die Hündin Sinnlichkeit um ein Stück Geist zu betteln, wenn ihr ein Stück Fleisch versagt wird. Ihr liebt Trauerspiele und alles, was das Herz zerbricht? Aber ich bin mißtrauisch gegen eure Hündin. Ihr habt mir zu grausame Augen und blickt lüstern nach Leidenden. Hat sich nicht nur eure Wollust verkleidet und heißt sich Mitleiden? Und auch dies Gleichnis geb ich euch: Nicht wenige, die ihren

Teufel austreiben wollten, fuhren dabei selber in die Säue (sc. nach Mk 5,13 d. V.).»

Was FRIEDRICH NIETZSCHE sprachlich virtuos, wie stets, sich in diesen Worten vornahm, war die Dauerthematik eines Christentums, das nicht müde wird, das Mitleid mit dem leidenden Christus, dem gekreuzigten Fleisch des Gottessohnes, als Tugendideal vorzustellen. Wann hat man es je als Frevel an der Jugend begriffen, wenn in den katholischen Kreuzwegandachten alter Prägung Kindern die Anmutung und Zumutung auferlegt wurde, darüber nachzusinnen, wie doch Jesus bei der Beraubung seiner Kleider Buße getan hat für der Wollust Sünden, und drehte mit diesen absurden Vorstellungen alles natürlich Gesunde und gerade Gewachsene ins Gegenteil? Selbst die Heiligsprechungsprozesse der Römischen Kirche im Jahre 1999 n. Chr. tragen dasselbe Gepräge. Es ist dieser «Kirche» in zweitausend Jahren bis heute nicht gelungen, irgendeine Frau oder einen Mann, die glücklich miteinander verheiratet waren, zur Ehre der Altäre, gewissermaßen als Vorbild für ein rechtes Leben, zu erheben und zu verstehen. Wenn aber eine Frau etwa im Kindbett bis zum Tode gelitten hat, so ist das seligzupreisen, zumindest wenn sie katholisch war. Wenn eine Ordensschwester sich nur mit leidenden und sterbenden Kindern umgibt, wird sie sehr schnell zu einer Heiligen aufrücken können. Auch wenn jemand aus dem Franco-Faschismus kommt und in paramilitärischen Strukturen, bis zum Sadismus, Unterdrückung predigt, wie der Opus-Dei-Gründer ESCRIVA, kann er in wenigen Jahren «selig» werden. Man begreift: nicht die normale Entfaltung der Liebe wird von diesem *Keuschheits*ideal gefördert, sondern ganz im Gegenteil: auf paradoxe Weise wird die Welt überhaupt erst ihrer Unschuld entkleidet und dann ins Obszöne gerissen, und hernach wird die *Keuschheit* als Rettungsmittel der bösen Begierlichkeit, der Konkupiszenz, der Folge der «Erbsünde», anempfohlen und befohlen.

Wir kommen nicht daran vorbei, auf der Suche nach dem, was *Keuschheit* sein könnte oder was dem Wort nach einmal damit gemeint war, uns mit ihrem *Gegenteil* zu beschäftigen, gewissermaßen um aus der Krankheit das wirksamste Medikament zu destillieren: Was gilt uns für *obszön*?

Folgen wir den Verkündern traditioneller *Keuschheits*lehre, so ist der unbedeckte Leib einer Frau bereits etwas Unkeusches an und für sich. Man muß sich fragen, wie es Künstlern seit der Renaissance-Zeit möglich war, ganze Museen mit ebensolchen Darstellungen zu füllen – wirklich erneut ein PLATONisches Problem! Ist nicht wie die Musik, so auch die Malerei, immer wieder insgeheim auf der Suche nach dem vermeintlich Ungehörigen, Unzüchtigen, Zweideutigen? GOYA im Prado – wie kann man seine *Maja* zeigen? Es war wie zum Scherz, als GOYA die schöne Nackte, um der Zensur zu entgehen, gleich noch einmal bekleidet malte und sie nun vor die *Maja desnuda* hängte, hochziehbar wie auf einem Rollo, um desto begehrlicher den Blick dem Betrachter freizugeben. Die Doppelbödigkeit in der Kunstgeschichte – GOYA wußte, womit er es zu tun hatte: Am Hofe saßen die Schurken der Inquisition, Leute, die das Leiden heiligpriesen, die den Geist unterjochten, die das Fleisch zerquälten und geißelten, um den Menschen das Recht auf Glück auszutreiben. *Das*, wollte GOYA sagen, ist *obszön*, und so malte er seine *Desastres de la Guerra*: wie man den menschlichen Leib zersägt, zerstückelt und mit jeder Art von Pein überzieht, – das ist solchen Herren die Pflicht, das gilt ihnen *nicht* für *obszön*!

Bis in die Gegenwart hinein ist immer wieder diskutiert worden, wieso die Nacktheit eines schönen Frauenleibes obszön sein kann, wie aber, wenn General WESTMORELAND in Vietnam den Offizieren aufträgt, die getöteten Vietcongs nach jedem Einsatz zu zählen, dieses *body-counting*, dieser Anblick nackter zerfetzter Männerleichen, für eine Ehre und für einen Ruhm der Vereinigten Staaten von Amerika gelten kann und das scheinbar nicht obszön ist! Wir sollten im Gegenteil sagen: Das *Obszöne* besteht genau darin, als erstes den Menschen auf seinen Körper zu reduzieren und dann den menschlichen «Körper» zu definieren wie in der Physik ISAAC NEWTONS: als einen *Gegenstand* im Raum, als ein *Objekt* ohne Inhalt, ohne Seele, ohne Menschlichkeit. Wo immer *das* geschieht, bricht das *Obszöne* hervor.

Dann freilich kann man nicht anders sagen, als daß eine bestimmte Auffassung von *Keuschheit* selber obszön ist, indem sie sich weigert, die Bedeutung von Gebärden, das Verhalten von Menschen, den Sinnzusammenhang von Situationen zum Ausgangspunkt der Betrachtung zu nehmen, sondern sich darin gefällt, Menschen in Gegenstände und ihren Körper in Objekte moralischer «Betrachtungen» zu erniedrigen. Dann ist der «Körper», als ein isolierter Gegenstand, tatsächlich in sich selber das Sündhafte, ganz so, wie SCHEUERMANN in seinem *Papalagi* es beschrieb. Dann ist die Schöpfung Gottes in sich selber unverständlich, denn man will und wird unter solchen Voraussetzungen nicht begreifen, wie der Gesetzgeber der Gebote und der Grund aller Tugenden die gesamte Natur dahin ausgestattet haben sollte, genau das Gegenteil solcher Moral zu fühlen, zu wollen, zu mögen und wie triebhaft zu erstreben. Es ist dann wirklich wie in SHAKESPEARES *König Lear* (2. Akt, 6. Szene):

> «Der Zeisig tuts. Die kleine goldne Fliege: / Vor meinen Augen buhlt sie. / Laßt der Vermehrung Lauf! ... Dran, Unzucht! Frischauf, denn ich brauch Soldaten! / Sieh dort die ziere Dame: / Ihr Antlitz weissagt Schnee in ihrem Schoß; / Sie spreizt sich tugendlich und dreht sich weg, / Hört sie die Lust nur nennen: / Und doch sind Iltis nicht und hitz'ge Stute / So ungestüm in ihrer Brunst. / Vom Gürtel nieder sinds Centauren, / Wenn auch von oben Weib; / Nur bis zum Gurten / Sind sie den Göttern eigen: jenseits alles / Gehört den Teufeln, dort ist Hölle, Nacht, / Dort ist der Schwefelpfuhl, Brennen, Sieden, Pestgeruch, / Verwesung – pfui, pfui, pfui ...!»

JEAN-PAUL SARTRE in seiner phänomenologischen Ontologie *Das Sein und das Nichts* stellte in einem langen Kapitel die Frage nach der *Obszönität*, und er hatte dabei ganz richtig das Gefühl, daß es hier mit SHAKESPEARES *Hamlet* um Sein und Nichtsein der Menschlichkeit gehe. SARTRE erklärte, daß das *Obszöne* angeschaut werde im *Überflüssigen*. Die Beispiele, die er gab, befinden sich an der Grenze des Geschmacklosen, aber was er sagen wollte, war so verkehrt nicht. Alles, meinte er, was nicht in sich eine gewisse Festigkeit des Seins begründe, sei dem Lächerlichen preisgegeben und werde eben dadurch als *obszön* empfunden. Die *Nichtnotwendigkeit* des Fleisches, die *Kontingenz* der Materie, so die SARTREschen Vorstellungen, seien mit dem Obszönen identisch. Näherhin versuchte SARTRE die Sexualität des Menschen aus dem *Mangel* zu verstehen. Da ist ein Hohlraum, der gefüllt werden will, eine Bedürftigkeit, die Anspruch macht auf Sättigung, aber eben der Mangel an Existenz erschien ihm als dicht am Rande dessen, was *obszön* heißt. Alle SARTREschen Beschreibungen verraten einen gewissen *Ekel* vor der Nähe eines anderen Menschen und sogar vor der Suche nach der Nähe eines anderen Menschen. Sie sind auf sehr sprechende Weise geprägt von der Perspektive, die ein Mann auf eine Frau einnimmt, wenn er ein Bedürfnis spürt, sie sich vom Leibe zu halten. Bei aller Gelehrsamkeit, bei aller Virtuosität der Sprache und geistreichen Anlehnung an den deutschen Idealismus und den HEIDEGGERschen Existenzialismus, kristallisierte sich das meiste, was SARTRE zu diesem Thema schrieb, in der einen Wahrheit, das *Obszöne* bestehe darin, daß ein Mensch einen anderen zum Objekt erkläre. So in der Tat ist es: Das *Obszöne* wird geboren durch den Selbstdurchsetzungswillen eines Subjekts gegen ein anderes Subjekt, durch die Verwandlung der Person eines anderen in einen Gegenstand für mich. Für SARTRE freilich war die Liebe überhaupt nichts weiter als ein bürgerlicher Schein: *Alle* Subjekte, so lehrte er, stünden im Kampf der Konkurrenz inmitten einer Welt des Mangels, und es sei nur die Frage, wer wen so anblicke, daß er zum Objekt werde, wer imstande sei, seine Qualifikationen, seine Weltsicht gegen den Anderen durchzusetzen. Was dann vom Anderen übrig bleibt, ist die Angst vor der *Obszönität*, ist das brennende Gefühl, sich schämen zu müssen, ist der stets vergebliche Versuch, den kritischen Augen des richtenden, wertenden Anderen auszuweichen.

Tatsächlich gibt es manche Krankheitsformen, die darin bestehen, SARTRE recht zu geben. Zum Beispiel erleben wir, daß ein Mädchen mit vierzehn Jahren sich fragt, wie es mit seiner Seele in seinem Körper zu Hause sein kann, wenn auf der Straße die Jungen es anschauen. Was darf es zeigen, wie darf es sich selber zeigen? Wann ist der Übergang vom Schicklichen zum Unschicklichen und Ungeschickten gegeben? Wann ist es verschämt und wann unverschämt? Irritationen dieser Art können dahin führen, die körperliche Gestalt abzustreifen wie etwas Lästiges und gewissermaßen nur noch eine Seele im Skelett übrig zu behalten. *Magersucht* kann eine solche Form sein, die Unschuld der Jugend zu verewigen, sich des Fleisches, weil es zu versucherisch ist, zu entledigen und sich darin selber zu erledigen. Wenn es keine Gefühlsregungen mehr gibt, schon aus lauter Schwäche nicht mehr, so ist der Trieb leicht beherrschbar. Wenn es keinerlei Wünsche mehr gibt außer einer gewissen noch verbliebenen Phantasie von Nahrungsmitteln, so ist die Regression der Sexualität auf die Oralität perfekt. Ein kleines Kind, das seine Unschuld bewahrt, – und es gibt nichts Obszönes mehr, nichts Wackelndes mehr, nichts Überflüssiges mehr! Es ist, wie wenn der

Körper kaktusähnlich zusammenschrumpfte und nur noch Knochenkanten, Stacheln, übrig behielte. Was jetzt noch existiert, ist zum Lebenserhalt absolut unverzichtbar, eine gewissermaßen skelettierte Notwendigkeit, ein Gegenstand, an dem nichts mehr zu verändern ist, ohne Gefahr für *Leib und Leben*, buchstäblich, fürchten zu müssen. Womit man es bei solchen Erkrankungen zu tun hat, ist eine Vermeidung der Obszönität mit dem Willen, gar nicht mehr existieren zu wollen, keine Wandlung ins Leben, kein Aufblühen des Fleisches zulassen zu mögen. Eine solche Krankheit ist eine Höchstform von *Keuschheit*, wenn man so will, sie dient einer perfekten Selbstbeherrschung, sie ist ein Lehrstück über Verzichtleistung, Selbstpreisgabe und Autarkie in allen Gefühls- und Triebregungen, doch jeder begreift: Sie ist unmenschlich, sie ist monströs, sie steckt voller verinnerlichter Gewalt und Destruktion, sie ist ein nach innen gewendeter Sadismus, eine Opferhaltung, die Mitleid erregt an der Stelle, wo sonst Freude walten würde, ein Entgegenlaufen drohender Verurteilung mit der Bitte, nicht verurteilt zu werden.

Wenn wir so sagen, begreifen wir einen wichtigen Zusammenhang. Wir sehen, daß es eine Tugenddefinition gibt, die darauf hinausläuft, den Menschen nicht nur um sein Glück zu betrügen, sondern ihm seine eigene Person, seine Selbstverfügung vollkommen zu stehlen. Es ist möglich, eine fiktive Selbstbeherrschung zu erstreben, die in Wahrheit die komplette Außenlenkung bedeutet. Es ist möglich, daß jemand dasteht wie im Vollbesitz seiner selbst, und dennoch ist ihm gerade sein Selbst vollkommen abhanden gekommen! Er ist so sehr identisch mit der Außenlenkung des Moralsystems, daß er darunter selber keine Identität mehr findet.

Dies alles vor Augen, brauchen wir im Grunde den Blickwinkel nur umzukehren und uns zu fragen, was denn dann mit dem Wort *Keuschheit*, wenn irgend es Sinn behalten soll oder wiedergewinnen kann, gemeint sein müßte.

Setzen wir einfach das Gegenteil, setzen wir, *Keuschheit* bestehe darin, statt der absoluten Selbstdurchsetzung des eigenen Ichs gegen das Andere etwas zu erleben, zu ermöglichen und zu erfahren, das in wirklicher Selbst*hingabe* gründe. Kaum dieses Wort gesprochen, beginnen neue Mißverständnisse. Die kirchlichen Prediger über die *Keuschheit* werden gerade dieses Wort mit allem Öl über ihre Lippen fließen lassen. Die «Selbsthingabe» – das gerade gilt ihnen für

Tugend, daß in Selbstvergessenheit ein Mensch auf sich selber Verzicht tue und nur noch *die Not*, am liebsten die Not des Anderen sehe, daß er von sich selber buchstäblich absehe und nur den Anderen gelten lasse. Wieder haben wir bis dahin nichts weiter als eine verlängerte Form der Selbstunterdrückung und damit der *Obszönität*, der *Unkeuschheit* schlechterdings vor uns! Wollten wir aber sagen: es gehe darum, sich selber zu verlieren, um sich im Anderen zu finden, es gehe darum, den Anderen so anzuschauen, daß er als Subjekt allererst zum Vorschein komme, so hätten wir eine sehr gute Definition dessen, was *Keuschheit* sein könnte. Versuchen wir ein Stück mal, mit dieser Vorstellung zu arbeiten.

Wir entdecken, daß *die Liebe* gerade darin gründet, in der Dingwelt, in der Körperwelt etwas zu finden, das sich als ein eigenes Subjekt enthüllt. Es genügt, daß dieses Subjekt ein Lebewesen ist. Ein Tier, einen Hund, eine Katze, so anzuschauen, daß ihre Bewegungen, ihre Geschmeidigkeit, ihr Dasein, die Schönheit ihrer Gestalt Freude zu machen beginnt, ist eine Lehrstunde schon für Kinder im Umgang mit dem, was wir, erwachsen geworden, als *Keuschheit* bezeichnen sollten. Da ist etwas, das aufhört, ein Objekt zu sein, und deutlich verrät, daß in ihm ein eigenes Aktionszentrum, eine eigene Perspektive auf die Welt, ein eigener Lebensentwurf steckt, und in Freude diesen Entwurf zu respektieren, zu akzeptieren, ja, mitzuerleben in Dankbarkeit ist der erste Anfang dessen, was wir zumindest negativ als Gegenteil des Unkeuschen bezeichnen müßten.

Die ganze *Liebe* gründet demnach in der Freude, die es macht, dem Dasein eines Anderen als eines Subjekts beizuwohnen; sie ist genau das Gegenteil der Vergegenständlichung. Kein Wunder, daß wir als erstes deswegen die Sprache der *Liebe* reden hören in der Form der *Lyrik*, der Dichtung. Wenn die Liebe Worte findet, besteht sie darin, das Grundgefühl der Subjektivität in alle Welt hinein auszudehnen. Es ist nicht eine stupide Manie oder bloße Manier der Dichter, es ist das Gefühl der Liebe selber, daß nicht nur der Geliebte, die Geliebte zu reden anhebt in der eigenen Seele, sondern daß die ganze Welt zum Atemwind, zur Seele, zum Mund, zum Organ der Mitteilung eben des geliebten Anderen wird. Drum daß in der Liebe die Bäume anfangen zu sprechen, die Bäche zu murmeln, die Weiden zu winken und die Wolken am Himmel zu Sendboten werden; es ist eine selige

Verbeseelung aller Dinge, die uns umgeben. Für die Liebe gibt es scheinbar nichts, das nicht inwendig ein Subjekt sein könnte, also eine Mitteilungsform der Liebe selber. Statt den Anderen oder das Andere zum Objekt zu erklären, besteht die Keuschheit gerade darin, einen sensiblen Bezug zu diesem Anderen als zu einem fühlenden Gegenüber zu schaffen.

Zärtlichkeit ist deswegen die erste Form der Annäherung an das so gefundene subjektive Andere.

Aber was bedeutet *Zärtlichkeit*? Dem Gründer oder Konstrukteur der Psychoanalyse SIGMUND FREUD schien durch vielerlei bittere Lebenserfahrung *Zärtlichkeit*, wie er sie definierte, nichts anderes zu sein als triebzielgehemmte Sexualität. Was FREUD damit meinte, ist in vielen Formen schwer zu widerlegen. Ein Mann und eine Frau empfinden zueinander zärtliche Gefühle. Irgendwann beginnen diese Gefühle sich auszudrücken durch wachsende Nähe und Vertrautheit, aber je mehr das geschieht, desto deutlicher wird, daß sich sexuelle Komponenten von der Zärtlichkeit nicht trennen lassen. Bei wie vielen Liebenden ist dies die Einleitung zur Tragödie! GOETHES *Wahlverwandtschaften* zum Beispiel! Wie lange unter Erwachsenen läßt sich Sensibilität, Zärtlichkeit, Poesie und Zuneigung in der Waage halten, und was wiederum hat es mit einer Sittlichkeit auf sich, die erklärt, daß Gefühle, solange sie noch nicht «körperlich», noch nicht sexuell geworden sind, sich mit Anstand und Ethik vertragen, daß sie aber, sobald sie körperlich zu werden drohen, für das Unanständige und Sündhafte zu halten sind? Wie soll man im Menschen aufspalten, was so ganz offensichtlich eine Einheit bildet? SIGMUND FREUD wollte Ehrlichkeit statt Doppelmoral, und so formulierte er seine Triebtheorie. Dennoch hatte er, so scheint es, in diesem Punkt unrecht.

Ein Kind, das *zärtlich* ist zu seinem Geschwisterchen, meint nicht Sexuelles und will nicht Sexuelles; eine Mutter, die zärtlich ist zu ihrem Kind, denkt nicht im Traum daran, etwas Sexuelles zu wollen. Sehr unrecht hatte der Erzbischof von Paderborn, Kardinal DEGENHARDT, als er weiland erklärte, ein Mann, der ein Kind wickele, sei sexuell gefährdet, weil er das nackte Kind nackt zu betrachten gezwungen sei. Weit gefehlt, Euer Eminenz. Es gibt Zärtlichkeit, die einfach bestimmt wird durch elterliche Gefühle. Bruder und Schwester zum Beispiel können, von neurotischen Ausnahmen abgesehen, ihr Leben lang zusammen sein und werden, bei aller Freundschaft und bei aller Zärtlichkeit, keinerlei sexuelle Regungen empfinden. Für Psychoanalytiker allerdings ist das ein großes Wunder, wie so etwas möglich ist. *Zärtlichkeit* jedenfalls hat einen eigenen Wert; sie stellt in der Beziehung unter Menschen etwas in sich Ruhendes und äußerst Kostbares dar; sie will nicht verzweckt werden, sie will nicht über sich hinauswachsen, sondern sie gründet in sich.

Wieder könnte man von daher ein Ideal in Richtung *Keuschheit* entwickeln, und das geschieht auch. Die kirchliche Lehre läuft im Grunde vor allem für den Stand der eigenen Beamtenschaft, der «zölibatär» zu leben verpflichtet wird, mehr oder minder darauf hinaus, die *Zärtlichkeit* zu rühmen, aber sie eben nicht ins Kraut schießen zu lassen, sie eben nicht ins Üppige, ins Körperliche verwuchern und verwildern zu lassen. Erlaubt, so die Vorstellung, ist eine schwebende Offenheit, gewissermaßen eine seelsorgliche Vertrautheit, ein Engagement für *die Seele* des Anderen, eine ärztliche Grundhaltung auch gegenüber seinem Körper, eine pflegerische Absichtslosigkeit – all dieses ja, aber eben keine eigene Interessiertheit. Denn an dieser Stelle, sollen wir glauben, beginnt die Gefahr des Unkeuschen. So aber kann es nicht sein, denn sonst hielten wir tatsächlich bei der Geschichte des *ägyptischen Joseph*, der zugunsten seines Herrn alles ordnet, aber gewiß uninteressiert an der Frau seines Herrn bleibt. Was wir gemeinhin *Liebe* nennen, ist mehr, weit mehr als solche Absichtslosigkeit. Es gibt kaum einen schwereren Vorwurf unter Liebenden, als wenn der eine dem Anderen sagt: «Du hast in Wirklichkeit an mir kein Interesse!» Das will heißen: «Du umgibst mich mit einer gewissen routinierten Haltung des Wohlwollens, aber es gibt kein vitales Bedürfnis bei dir; ich fehle dir nicht wirklich.»

Plötzlich erleben wir etwas sehr Merkwürdiges: daß nämlich die Liebe förmlich *will*, daß der Andere, ja was nun?, nicht daß er die Geliebte, den Geliebten, zum *Objekt* macht, wohl aber daß er sie als sein Gegenüber empfindet, auf das hin sich eigenes Verlangen richtet. Wann je wäre in den Tugendidealen speziell der kirchlichen Verkündigung davon die Rede, daß *Keuschheit* darin bestehen könnte, *Ergriffenheit* so zu erleben, daß es zum *Ergreifenwollen* führt, um den Anderen gänzlich zu *begreifen*? Gerade das aber wäre die Keuschheit der Liebe, daß sie mit dem Anderen verschmelzen möchte und sich aufhebt in einer Einheit, die das Ich wandelt und zum Wir umgestaltet. Wovon wir hier reden, sind im Erleben der Menschen womöglich die heftigsten Umbrüche; kein Wunder also, daß gerade solche Erlebnisse am meisten verängstigen, am meisten gefürchtet werden können.

Es gibt, um noch einmal in Abgrenzung den Begriff des *Obszönen* zu verwenden, kaum etwas, das der Liebe abträglicher ist, als daß man sie von *außen* betrachtet. Alle Liebenden, in einer merkwürdigen Form elementarer kreatürlicher *Keuschheit*, suchen die Intimität, den Schutzraum der Verborgenheit als Stätte der Geborgenheit. Jedes Anschauen von seiten eines Dritten ist absolut störend. Man könnte sagen: Keuschheit ist niemals in Gruppen möglich, niemals im Haufen zu erreichen; – alle «Gruppensex»-Erfahrungen sind nichts als das Suchen nach einer Kollektiverlaubnis gegenüber alten Verboten; jede Masse im Gleichschritt ist vollkommen unfähig zur *Keuschheit*, denn sie wird über Gefühle, über Menschen, über Subjekte buchstäblich hinwegmarschieren und -schreiten. Aber die *Keuschheit* kann wachsen und existieren in der äußersten, sagen wir jetzt: *zärtlichen* Vertrautheit von Ich und Du. Sobald das ganz und gar Subjektive zwischen zwei Menschen von einem Dritten in Augenschein genommen wird, und sei es auch nur, um zu Kunstzwecken beschrieben zu werden, steht es in der Gefahr des Lächerlichen und wieder: des Abfalls ins *Obszöne*. THOMAS MANNS Geschichte vom Hochstapler *Felix Krull* zum Beispiel bietet das Amüsement, die Liebe so zu zeichnen, wie man sie *von außen* sieht: Der schöne Arm einer Frau, ist er nicht evolutiv betrachtet ein verwandter Nachkomme des Krallenarms des Archeopteryx? Auf was für Ideen muß man kommen, wenn man die Dinge auf solche Weise einmal «objektiv» und «sachlich» betrachtet! Und was für eine lächerliche Bewegung auch, daß zwei erwachsene Menschen den Mund spitzen, ihre Lippen aneinander drücken, Speichel aufeinander übertragen! Sollte nicht die Gesundheitspolizei zumindest in Zeiten der Grippe das Küssen amtlich und ein für allemal verbieten? Ja, gibt es in Zeiten epidemischer Krankheiten gesundheitspolizeilich überhaupt eine größere Gefahr für die Menschen, als nach wie vor auf diese animalische und abstruse Art Liebe auszudrücken? Eine solche Praktik ist primitiv und lächerlich, sie stammt irgendwo aus dem Tierreich, sie kann sich zu Recht öffentlich kaum blicken lassen. Wohl gibt es mittlerweile den Mut der Liebenden, und wir lernen ihn gerade in unseren Tagen erneut, sich nicht zu verbergen und zu verstecken, sondern das Licht der Öffentlichkeit nicht länger mehr zu scheuen: Man darf sich inzwischen küssen im Londoner Hyde Park ebenso wie auf offener Straße, und niemand mehr findet etwas dabei. Aber wie neu ist diese Entdeckung, seit wie kurzer Zeit erst existiert sie, und wie bedroht ist sie! Denn gerade daß es solch einen neuen Mut der Liebe gibt, hat die Liebe zugleich kommerzialisiert, hat sie zum Darstellbaren gemacht, hat sie in ein Instrument auf dem Markt verwandelt; es bringt Geld, alles sprachlich oder optisch bloßzustellen und so darzustellen, daß es erneut an sich selbst verdirbt. Es ist die ungeheure Energie des Subjektiven nötig, in einer Welt von Gegenständen ein Subjekt, etwas Persönliches, etwas Fühlendes, etwas selber Seiendes so hervorzuheben, daß das eigene Ich sich mit ihm verbindet und sich in dem Andern selber zu suchen und zu finden vermag.

Mancherlei Störungen der Liebe, wesentlich mitbedingt durch jene absurde Keuschheitsmoral, haben es mit sich gebracht, daß es wie ein Wagnis scheint, gewisse Grenzen zu überspringen. Bei bloßer *Zärtlichkeit* in eigentlichem Sinne hat man immer noch den Eindruck, im Rahmen der «Ordnung» zu bleiben. Ein Kind streckt die Hand aus und streichelt sein Häschen, – niemand wird etwas dabei finden; ein Mann nimmt eine Frau in den Arm, beide drücken etwas aus, das ihre Gefühle verändern wird, aber noch behalten sie gänzlich die Kontrolle über sich selber, noch tun sie nichts, das ihnen «gefährlich» werden könnte, noch wird die öffentliche Moral sie nicht schuldig sprechen. Die Liebe aber, die sich in der *Zärtlichkeit* hervorwagt, besteht gerade in dieser vollkommenen Hingabe, und darin liegt ihre eigentliche, oft ängstigende Glückseligkeit, ganz sicher ihre «Unverschämtheit». Besonders Frauen hat man oft beigebracht, daß sie auf sich achtgeben müssen, daß sie die Augen offenbehalten sollen, daß sie die Verfügungsgewalt über ihre Gefühlsregungen zu bewahren haben. Männer sind anders als Frauen, wird ihnen gesagt; bei Männern weiß man nie so ganz, – sie sind fordernder, dringender, drängender, temperamentvoller, unberechenbarer, sie sind Anfallstäter gegebenenfalls, aber eine Frau muß sich bewahren, eine Frau hat etwas Kostbares zu sein, eine Frau ist «eine Burg, die will erobert sein».

Eine inzwischen alte Frau erzählte mit einem gewissen Stolz noch heute in den Augen, wie sie ihren Mann beim ersten Rendezvous absichtlich im Regen habe stehen lassen, etwa zwanzig Minuten lang. Er hatte zu warten, so galt es für Anstand, und der Regen fiel zur Abkühlung seiner Hitzigkeit allemal wie ein Segen Gottes auf ihn. Frauen, die so erzogen wurden, Männer, die sich nach solchen Einstellungen haben richten müssen, gerade im Sinne der kirchlichen Moral, werden *Keuschheit* dahin verstehen, daß es drauf ankommt, im rechten Augenblick den Rosenkranz hervorzuholen und zur Jungfrau Maria zu beten, der Himmelskönigin, der wunderschönen überirdischen, unberührbaren, immerwährenden Jungfrau, diesem Vorbild aller *Keuschheit* – und doch zugleich auch dieser verborgenen Quelle aller *Unkeuschheit*, vieler Lebenslügen, mancher seelischen Desintegriertheit und so zahlreicher Versuche, sich am Leben vorbeizumogeln.

Das Wunder der *Keuschheit* in der Liebe bestünde demgegenüber in dem, was NIETZSCHE als die Rückgabe der *Unschuld* bezeichnete. Dabei liegt das Paradox eben darin, daß, wie gesagt, die Liebe durchaus nicht absichtslos «schwebend» sein will; sie möchte vielmehr den Anderen erobern, ihn nehmen, ihn umgreifen, ihn umfangen. Weit entfernt, die bloße Selbsthingabe zu sein, ist die Liebe fast wie ein Sich-Verlieren im Anderen bei dem Versuch, ihn gänzlich zu meinen und zu wollen. Das Glück der Liebe basiert in gewissem Sinne gerade darauf, dem Anderen zuzutrauen, man dürfte vor ihm die Augen schließen, man brauchte ihn nicht einmal mehr anzusehen, man könnte sich einfach dem Strom anvertrauen, der durch die ganze Seele und durch den ganzen Körper geht, und nichts mehr wäre nötig, wofür man sich vor dem Anderen zu schämen hätte. Ein solches Gefühl bedeutet das absolute Gegenstück der SARTREschen Beobachtungsübungen dessen, was am Körper des Anderen «überflüssig» und daher «obszön» sei. Die Liebe besteht in dem Wissen, daß der Andere mich möchte und ich den Anderen genauso möchte, wie er ist; nichts gibt es dabei, was als «überflüssig» wegzudenken oder wegzuwünschen wäre, so wenig wie bei einem Kunstwerk etwas fehlen könnte oder weggenommen werden dürfte. Die Liebe besteht darin, und die ganze *Keuschheit* liegt darin, den Anderen zu sehen wie ein solches Kunstwerk.

Die ganze Zeit über haben wir jetzt von «*Keuschheit*» geredet und können den Begriff doch offensichtlich immer weniger gebrauchen, – wir müßten ihn schon mit neuen Vokabeln umschreiben. Aber wir haben doch begriffen, worin jenseits der Ausdrucksweise die eigentliche Schwierigkeit liegt, diese alte Tugend neu zu lernen. Sie gründet immer wieder in Angst und in Mißtrauen; die Erziehung hat insbesondere die Frauen gelehrt, um Liebe zu werben und dann deren Erfüllung förmlich zu fürchten: «In Wirklichkeit mag mich der Andere dann doch nicht, in Wirklichkeit muß ich mich schämen, wenn ich so ichvergessen, so hingegossen, so ausgeliefert und wie verloren in seinen Armen bin.» Manche leiden bis zum Absterben aller wärmeren Gefühle darunter, daß sie bei keinem Zusammensein in irgendeiner Weise davon absehen können, die jeweilige Situation kontrollieren zu müssen. Manchmal berichten Frauen sogar davon, daß sie sich bis in den Kreißsaal hinein beim Gebären ihres Kindes vor ihrem Arzt haben lächelnd geben wollen, nur damit sie sich nicht schämen mußten, als unschön, als ein bloßes Stück Kreatur, dazuliegen. So kommt es aufs äußerste zu einer irdischen Entsprechung jenes Madonnenideals: Da ist eine Jungfrau, die ohne jeden Schmerz gebiert und dabei lächelt wie *Mona Lisa.* Der Widerspruch, der in diesem Tugendideal von *Keuschheit* liegt, kann Menschen bis zum Wahnsinn quälen. Wie aber, wenn es möglich wäre, das Glück und das Leid, die Freude und den Schmerz, die Einheit und die Trennung, das Sich-Verlieren an den Anderen und das Sich-Finden im Anderen als einen Ringstrom, als eine Einheit, die sich immer neu verstärkt, zu empfinden?

Dann müßten wir sagen: *Keuschheit* besteht in einer unglaublichen Wandlung; sie entstammt der Kraft, diese Wandlung auf dem Boden eines Vertrauens zu akzeptieren, wie es nur die Liebe schenkt. Die wichtigste Wandlung aber besteht darin, die Grenze zwischen Ich und Du aufzuheben und aus dem Ich der Einsamkeit ein Wir der Zweisamkeit zu formen. Vor eben dieser Verbindlichkeit der Liebe besteht oft so viel Angst! Ein wirklicher Akt der Liebe in einer reinen und in diesem Sinne «keuschen» Begegnung setzt den anderen in gewisser Weise in ein Vertrauensrecht, in eine Art von Anspruch: Nichts mehr ist danach so, wie es vorher war! In dieser Form des Vertrauens herrscht mit einem Mal Wechselseitigkeit; in dem «Begreifen» des Anderen entsteht ein Recht, das Leben aneinander, miteinander zu vollziehen; da bildet sich nicht nur der Wunsch, einander nie mehr loszulassen, sondern auch das Versprechen, daß es so sei und bleiben werde. Die Wandlung einer so gefundenen «Keuschheit» liegt darin, daß alles, was einmal Kindheit war, sich nun aufhebt, ohne sich zu widerlegen, indem es in einer anderen reiferen Gestalt der Unmittelbarkeit, einer vertrauensseligen Sorglosigkeit und einer fast spielerischen Unbefangenheit zurückkehrt.

Manchmal in absurd anmutenden Runden der Eheberatung im Fernsehen wird erläutert, wie Erwachsene miteinander sprechen sollten, wie sie ihre Liebe zu erleben hätten und was man einander alles sagen und miteinander tun dürfe. Die Generalformel lautet stets: Nur das, was der Andere auch möchte und was wirklich beiden Lust bereitet, ist erlaubt und richtig. Doch sehr weit ist mit solchen Platitüden nicht zu kommen. Es geht in aller Regel nicht darum, *was* gesagt wird, sondern darum, *wie* etwas gesagt wird. Es geht tatsächlich um ein Sprachproblem. Da es in unserem «Normaldeutsch» kaum Worte gibt, die die Liebe bezeichnen oder auch nur den Körper einer Frau oder eines Mannes, ohne ihn an die Objektwelt zu verraten, in Worten der Zärtlichkeit nachzeichnen, haben wir zwischen Operationssaal und Gosse eine Menge Wörter gelernt, die im Grunde die kostbarsten Gefühle und Gebärden wie etwas *Obszönes* darstellen; doch nun sollte man denken, die Liebe könnte darin nachreifen, daß sie das ehdem Unsägliche sagbar, das ehdem Untunliche tubar und das ehdem Unanständige zum Verständlichen macht. Es wäre möglich, daß die Liebe in eine Unschuld zurückkehrte, die eine naturhafte, rauschhafte Seligkeit von Lust und Verschmelzung lehren würde. Dann hätte FRIEDRICH NIETZSCHE recht: Es gälte, eine Art *Keuschheit* zu leben, die zur Unschuld des Leibes, der Seele und alles Lebendigen zurückführen würde; da gäbe es nichts mehr, das als verpönt gelten müßte, da wäre nichts mehr, was man zu fürchten hätte, und es setzte sich eine nie geahnte Freiheit an die Stelle vormaliger Angst.

Ich versprach eingangs, zu zeigen, daß und warum der *ägyptische Joseph* mitnichten ein Tugendideal verkörpere. Inzwischen sehen wir sogar: er ist nicht nur kein empfehlenswertes Ideal, er ist der Ursprung einer bestimmten Form von Doppelmoral, von Prüderie, von Abspaltung, – von *Unkeuschheit* mit einem Wort. Was uns in der biblischen Darstellung fehlt, läßt sich leicht ergänzen, es ist der menschliche Faktor im Umgang miteinander, es ist die Subjekthaftigkeit der Frau, die hier nur als Versucherin erscheint. – THOMAS MANN hat in seinem *Joseph-Roman* die Frau des Potiphar, *Mut-emenet* mit Namen, als eine unerfüllte Träumerin gezeichnet, die ihr ganzes Leben, ihre Jugend wiederfinden möchte in jenem hebräischen Sklaven an ihrem Hof. In diesem *Joseph* hält sie all ihr Selbstwertgefühl versammelt. Ein solches Motiv war gebrochen, war komplex genug, um einen Dichter wie THOMAS MANN förmlich einzuladen, menschliches Verstehen für gerade eine derartige Tragödie unglücklich scheiternder Sehnsucht und Liebe zu zeigen. Gesetzt, THOMAS MANN hätte an dieser Stelle mit seiner Nachdichtung der biblischen Novelle recht, wäre es dann die rechte Antwort einer Idealgestalt sittlicher *Keuschheit*, aus den Händen einer solchen Frau zu fliehen, nur um die eigene nackte Haut zu retten?

Was uns wirklich in der biblischen Josephgestalt fehlt, ist eine ehrliche Auseinandersetzung mit dieser leidend-liebenden Frau, ist eine Ernstnahme ihrer Gefühle. Es gibt nicht ein einziges Wort dieses gottvollen *Joseph*, das sich darum bemühen würde, *Potiphars Frau* in ihrer Not, in ihrer Bedürftigkeit zu verstehen. Auch *das* aber gehört indispensabel zu dem, was wir mittlerweile unter dem Begriff *Keuschheit* subsumieren *müssen*, daß da eine Fähigkeit sich ausgebildet habe, gerade über die heiklen Gefühle und Beziehungen reden zu können, ohne sich zu schämen, ohne sich bewertet zu fühlen, ohne dafür schuldiggesprochen oder gar lächerlich gemacht zu werden. Es geht um eine Art von Dialog, die nach den Worten Jesu Nackte zu bekleiden vermöchte *(Mt 25,36)* mit den Gewändern von Königen *(Mt 6,29)*.

In einer solchen Sprache zärtlicher Liebe könnte es geschehen, daß ein Mensch, der vielleicht sein Leben lang geglaubt hat, sich für seine Gestalt, schon für sein Äußeres, gewiß für seine Person immer wieder an wer weiß wie vielen Stellen schämen zu müssen, inwendig zu leuchten begänne und einen eigenen Stolz fände! Wie, wenn *Joseph* der *Frau des Potiphar* eine Würde und ein Selbstbewußtsein geschenkt hätte, das sie ihrer sklavischen Sklavenliebe überhoben hätte? *Das* dürfte für ein wahres Werk recht verstandener *Keuschheit* gelten!

Ein genaues Gegenbild zu der kopflosen Angstflucht des narzißtisch tugendhaften *Joseph* findet sich im *Lukas*-Evangelium in

7,35–50. Die Geschichte erzählt, wie Jesus einmal bei den rechten Ultras seiner Zeit, bei den Pharisäern, eingeladen war, als in genau dieser Gesellschaft eine stadtbekannte Dirne zu ihm kam. Diese Frau hatte sich's in den Kopf gesetzt, ihn zu «salben». Das ist ein vornehmes Wort, das, schlecht verbrämt, einen Liebesdienst beschreibt; eigentlich mochte die Frau Jesus offenbar streicheln von Kopf bis Fuß und ihn pflegen, ihn verwöhnen, so wie es eine solche Frau andernorts wohl auch tun würde. Die Idee an sich scheint absurd, – sie ist völlig deplaziert und degoutant, doch diese Frau glaubte offenbar, Jesus werde sie und ihr Vorhaben verstehen, er werde sie nicht verachten, er werde sie nicht erniedrigen. Kaum aber daß sie zu Jesus hinzutritt, mißrät die ganze Szene. Hilflos fängt die Frau im Angesicht der Pharisäer an zu weinen, und statt wie geplant den Kopf Jesu zu salben wie das Haupt eines Königs, fällt sie ihm zu Füßen, ergießt sich unter Tränen, löst ihre Haare auf, um damit seine Füße zu trocknen, und verstößt damit nur um so mehr gegen jeden Anstand. Alles, was diese Frau tut und treibt, ist kompromittierend für einen ordentlichen Gottesmann, so denken die frommen Augenzeugen dieser peinlichen Szene: «Eine solche Nähe auch nur zu dulden ist ungehörig! Einer solchen Frau zuzuhören bedeutet, Minderwertigem anzugehören! Wenn dieser Mann», sprechen sie, «ein Prophet wäre, wüßte er, was das für eine ist!» Und sie denken dabei: «dann wüßte er vor allem, wie er sie von sich stoßen müßte!»

In der Tat: Ein *ägyptischer Joseph* hätte so gehandelt! Er hätte sich jedwede Annäherung von «so einer» verbeten, er hätte auf korrekter Disziplin bestanden. Demgegenüber verrät sich eine unerhörte Freiheit Jesu darin, daß er mit dieser Frau zu reden beginnt und sie in gewissem Sinne sogar gegen ihre Widersacher verteidigt. «Sie hat viel geliebt», sagt er, und es ist für diese Frau wie ein Freispruch. Dieses Wort richtet sie auf, und es bewertet eine ganze Welt neu.

Was denn ist *unrein* an einem Menschen, außer was man in ihm und an ihm unterdrückt und entwürdigt hat? Das ganze Problem der *Keuschheit* läuft auf die Frage hinaus, wie Menschen ihre Würde zurückgewinnen können, wie sie wieder stolz auf sich selbst zu werden vermögen, wie sie ihre aufrechte Schönheit, ihren Willen, selber sich vorzuzeigen, wiedererlangen können, wie sie es lernen, mit Freude ins Leben zu treten. Eine ängstliche Moral wird zugunsten des Keuschheitsideals ständig neue Gebote erlassen über das, was man tun darf, und über das, was man nicht tun darf. Die Haltung Jesu indessen wird ein Vertrauen schenken, daß, wer die Liebe lernt, Unrechtes nicht tun kann.

Kein Geringerer als ERICH KÄSTNER, ein Mann, der nie aufhörte, zumindest eine Frau, seine Mutter, lebenslang zu lieben, hat in der Gedichtsammlung *Lärm im Spiegel* unter der Überschrift *Ein Fräulein beklagt sich bitter* einmal eben jene Tugendmoral der Angst aufs Korn genommen, die Menschen zu allen Zeiten erniedrigt und quält, bis daß sie am Ende überhaupt nicht mehr wissen, wo und wer sie sind. Was KÄSTNER in diesem Gedicht karikiert, ist eben jene Bigotterie des Religiösen, die am Ende nur das Unerreichbare, das Phantastische darzustellen wagt. Das *Fräulein*, das ERICH KÄSTNER sich als klagend und anklagend angesichts dieser Moral vorstellt, spricht also:

Ich bin sehr schön. Und bin als schön bekannt.
Fast jeder denkt bei mir an Botticelli.
Ich bin nicht hübsch. Und bin nicht interessant.
Nein, ich bin schön! Und dabei heiß ich Elli.

Sobald ich wem zum erstenmal begegne,
so wird er fromm und sieht mich reuig an,
als bäte er darum, daß ich ihn segne …
Die Männer glauben, daß ich segnen kann.

So schön wie ich zu sein, ist kein Vergnügen.
So schön zu sein wie ich, ist eine Qual!
Die Männer wählten mich zum Ideal.
Und wen sie ausersehn, der muß sich fügen.

Man sprach mich heilig, weil man es so wollte.
Und keiner fragte, ob ich heilig sei!
Ich bin ein Mädchen, und gesund dabei,
und weiß nicht recht, warum ich fromm sein sollte.

Ja, ich bin schön; Betrachtet mich genau!
Ihr solltet nicht so edel mit mir sprechen …
Das Frömmste ist an mir der Körperbau,
und mich zu lieben, wäre kein Verbrechen.

Macht Verse! Malt mich ab! Setzt mich in Noten!
Mir ist es recht, da es mir recht sein muß.
Doch gafft nicht nur, als wäre ich verboten!
Kein Mädchen ist zu schön für einen Kuß.

Was soll ich einsam als Profil und Akt?
Mir ist, als ob ich in der Kirche stünde.
Ich bin so schön. Noch keiner sah mich nackt.
Wo ist der Mann, der mich verwegen packt!
Daß ihr so fromm zu mir seid, das ist Sünde.

(aus: E. K., *Lärm im Spiegel*, 1983

GERECHTIGKEIT

JACOB MATHAM nach HENDRICK GOLTZIUS: Gerechtigkeit (Justitia)
Vor einem hohen Gebäude sitzt auf dem Bild die Tugend der *Gerechtigkeit (Justitia)* an dem befestigten Uferrand eines Flusses, der in der Ferne unter einem hochbogigen Viadukt hindurchfließt. An diesem von Wanderern begleiteten «Strom des Lebens», im Schatten freilich des «Gefüges» zivilisierten Zusammenlebens, hält die *Gerechtigkeit* ihr Richtschwert in der Rechten und bemüht sich in der Linken, ihre hochgehaltene Waage auszutarieren. Ihr Gewand, das von einer menschengesichtig geformten Fibel zusammengehalten wird, gibt ihre Brüste frei, zum Zeichen der «bloßen Wahrheit», für die sie sich einsetzt und die sie verlangt. Die lateinische Beischrift von CORNELIS SCHONAEUS sagt:

Aequa iudicij / suspenda singula lance,
Nec me divitiae, / nec me data munera flectunt.
Gleich und gerecht ist mir / ein jedes, wiegt's meine Waage.
Nicht können Gelder mich, / nicht etwa Geschenke bestechen.

Das Problem der *Gerechtigkeit* wird hier nicht in der prinzipiellen Schwierigkeit, wo nicht Unmöglichkeit gesehen, «Recht» über Menschen zu sprechen; die Welt erscheint vielmehr – ganz anders als etwa in PIETER BRUEGELS Darstellung – als in sich geordnet, und die vermeintlich einzige Gefahr der *Justitia* liegt in der individuellen Versuchbarkeit einzelner Gerichtsdiener durch Korruption und Geldgier.

Æqua iudicij suspendo singula lance,
Nec me divitię, nec me data munera flectunt.

PIETER BRUEGEL: **Die Gerechtigkeit (Justitia)**

Es gibt keine «Tugend», die BRUEGEL in seinen Kupferstichen von 1559 so sehr in Frage stellt, wie das Bild der Gerechtigkeit *(Justitia)*. War schon in der Darstellung des Jähzorns, der *Ira*, die «eisenfressende» Härte und bandagierte, halbseitig gelähmte Gefühlswelt der sogenannten «Rechtsprechung» auf erschütternde Weise sichtbar geworden, so genügt es hier, die *Gerechtigkeit* einfach in der herkömmlichen Weise abzubilden, um alle möglichen Fragen zu provozieren: Ganz «korrekt» malt BRUEGEL die *Gerechtigkeit* mit verbundenen Augen (da ihr Urteil «ohne Ansehen der Person» gefällt werden soll), mit der Waage der Gerechtigkeit (auf der sie objektiv zwischen Gut und Böse die «Gewichtslage» ermittelt) und dem Richtschwert, mit dem sie den Schuldigen unnachsichtig an Leib und Leben straft. Aber die Frage stellt sich: Wie soll «Gerechtigkeit» sich vollziehen, wenn ein «Urteil» ergeht über Taten und Tatbestände, ohne die Menschen überhaupt wahrzunehmen, die diese Taten begangen haben, und ohne die Umstände zu würdigen, in denen sie leben und leben mußten? Und was soll das «Schwert» in den Händen einer buchstäblich «blinden» *Justitia*? Wie grausam und gräßlich sie wütet, malt BRUEGEL in ungeschminkter Deutlichkeit, ja, Kraßheit: Im Namen und auf Befehl der *«Gerechtigkeit»* triumphiert das Militär an ihrer Seite, aufmarschiert mit Spießen und Hellebarden, versteht es sich doch selbst mit Vorliebe als die eigentliche Institution des «Schwerts» und des «Arms» der *Gerechtigkeit*. Doch wieviel Sadismus, wieviel bornierte Selbstsicherheit, wieviel Vergnügen an fremdem Leid, mithin wieviel projizierte Straflust und wieviel nach außen verschobenes Schuldgefühl toben sich aus in den «Werken» und «Verfahren» der Exekution einer solchen «Gerechtigkeit»? Wie viele Grausamkeiten erhebt diese «Tugend» geradewegs in den Status einer bürgerlichen Pflicht? Genau betrachtet ist BRUEGELS *Justitia* eine Herrscherin im Totenreich – wer kann mit ihr leben?

Da wird fleißig und sorgsam auf dem «Streckbett» gefoltert: der Körper des Angeklagten wird an Gewinden so langgezogen, daß man die beigestellte Kerze durch ihn hindurchschimmern sehen kann; mit Feuer kann sein Leib versengt werden, üble Flüssigkeiten, der «Schwedentrunk», wie man 80 Jahre später im Dreißigjährigen Krieg sagen wird, oder die «französische Dusche», wie man 350 Jahre später immer noch sagt, werden in seinen Mund geschüttet; daneben stehen die Gerichtsschreiber, um die wirren «Geständnisse» des Angeklagten zu einem Schuldspruch über ihn zu protokollieren. Ersetzt man die körperliche Folter durch die psychische Qual mancher Gerichtsverhöre ehrgeiziger Staatsanwälte in unseren ganz «normalen» Gerichtssälen, so besitzt BRUEGELS Darstellung immer noch eine beklemmende Aktualität, ganz abgesehen von der halblegalisierten Folter beim «Verhör» von «Staatsfeinden», «Terroristen» und «Rebellen».

BRVEGEL

Gleich hinter der Folterszene schreitet der «Scharfrichter» mit erhobenem Schwert zur Hinrichtung durch Enthaupten; vor ihm kniet, ein Kreuz in der Hand, der zum Tode Verurteilte, und niemand im Umkreis der «Gerechtigkeit» scheint zu bemerken, daß auch die Hinrichtung Jesu nach gleichem Verfahren erfolgte! Wem eigentlich, muß man sich fragen, steht der Christus näher: dem Hinrichtenden oder dem Hinzurichtenden?
Aber es kann noch brutaler und entmenschlichter zugehen: Zum Schauspiel einer gaffenden Menge wird auf erhobener Bühne jemand am Pfahl ausgepeitscht; die Zahl der Schläge, die er empfängt, bis ihm das Fleisch in Fetzen vom Körper hängt, ist mit Sicherheit von der «Gerechtigkeit» genau festgesetzt worden, doch wieviel Willkür steckt in solchen Strafmaßen und Strafmaßnahmen? Und wieder erkennt in dem Bild der *Justitia* niemand das Bild des Christus an der Geißelsäule seiner Peiniger!
Hoch über den Köpfen, aber fast unbeachtet, wie alle längerdauernden Qualen an Interesse bei den Betrachtern verlieren, hat man einen Delinquenten an einer «Affenschaukel» aufgehängt; wieder wird die *Justitia* auf die Minute genau verfügt haben, wie lange diese Qual dauern soll, doch welche «Gewichte» auf ihrer Waage ließen sich so genau austarieren?
Im Hintergrund schreitet man zu Massenkreuzigungen, ganz als lebte man auch im 16. Jahrhundert immer noch in den Tagen des antiken Roms; doch die Aussage BRUEGELS geht sicher nicht in die Richtung historischer Erinnerung, sondern gegenwärtiger Bewußtmachung: in all diesen im Namen der *Gerechtigkeit* Hingerichteten setzt das Leiden und die Ermordung des Christus sich fort!
Und noch nicht genug der Schrecken! Da wird jemand in der linken oberen Bildhälfte offenbar gegen seinen Widerstand aus dem Kerker hinübergeschleift in einen Verstümmelungsraum, wo auf einem Holzblock die «schuldig gewordenen» Körperglieder abgehackt werden: Hände, Füße, Geschlechtsteile, Nase, Ohren, Zunge – alles, was man Menschen abschneiden kann, um sie lebenslänglich zu quälen.
Alle diese Greuel aber geschehen wohlgemerkt unter der Anleitung und mit Hilfe der ausgeklügelten Kommentare, Expertisen, Gutachten und Rechtsmittelbelehrungen der Juristen vom Fach, die im Vordergrund der linken Bildseite ihre Akten beibringen, ihre Folianten wälzen und in ehrbaren Roben scharenweise, wenngleich ohne jeden erkennbaren Nutzen, ganz wörtlich «herumstehen».
Kein Zweifel: BRUEGELS *Justitia* ist in dieser Darstellung eher für ein Laster denn für eine Tugend zu halten, eher für eine Art Wahn denn für einen Akt der Vernunft, eher für eine Fiktion der Unmenschlichkeit als für einen Faktor möglicher Humanität. Vor dieser *Gerechtigkeit* muß, wer sie trotz allem noch immer anempfehlen mag, als erstes mit Leidenschaft warnen!
Die lateinische Beischrift ist nicht vollständig lesbar.

I

Als letzte, krönende Eigenschaft unter den Tugenden wollen wir die *Gerechtigkeit* betrachten. Es gibt in der Ethik und Moralphilosophie aller Zeiten keinen Begriff, aus dem heraus so viel an Geboten und Regeln abgeleitet und begründet worden wäre wie aus dem Begriff *Gerechtigkeit.* Er gilt als Inbegriff des Sittlichen überhaupt, als die Grundlage jeglicher geordneter, staatlicher Gesetzgebung; in ihm ist das geschriebene, geltende Recht enthalten, das den Begriff *Gerechtigkeit* konkretisiert. Aber was ist das? Und wenn es so etwas gibt, wie können wir Menschen damit leben? Was wird aus uns Menschen in einer Welt, die *ungerecht* ist, und wie läßt sie sich wandeln zu einem Mehr an *Gerechtigkeit?* Vor allem aber: welch eine Haltung hat der Mann aus Nazareth in bezug zu dem Begriff *Gerechtigkeit,* wie wir ihn von den Griechen, den Römern gelernt haben, eingenommen? Wie vereinbart sich die religiöse Haltung Jesu mit der ethischen Grundlegung des menschlichen Daseins überhaupt? Schließlich bleibt die Vorstellung von dem *gerechten Richter* am Ende der Tage, als welcher den Frommen Gott gilt. Ist er die erhoffte Einheit von Religion, Moral und Weltwirklichkeit? Fragen über Fragen, jede ein eigenes Problem für sich und eben darin doch auch eine Hoffnung auf Lösung, vielleicht aber auch eine mögliche Enttäuschung oder ein Versprechen? Was eigentlich?

Der Mann aus Nazareth war kein Philosoph, kein Politiker, kein Traktateschreiber, er war ein Dichter, ein Therapeut, ein Prophet. Alles, was Jesus über den Menschen dachte, über die Welt, über Gott, kleidete er in kleine Geschichten. Eine seiner kostbarsten, aufregendsten, am meisten revolutionären Geschichten zum Thema *Gerechtigkeit* befindet sich bezeichnenderweise im Evangelium, das man *Matthäus* zuschreibt, dem Mann, der der Legende nach an der Zollstätte als ein Sünder von Jesus weggeholt wurde und der jedenfalls wie kein anderer unter den Evangelisten sich überzeugt gibt, notwendig sei dem Menschen eine reine Vergebung, eine reine Gnade. Bei ihm, im *Matthäus*-Evangelium, findet sich als Sondergut *die Geschichte von den Arbeitern im Weinberg* oder, wie man besser sagen sollte, von dem *grundlos gütigen Weinbergbesitzer*; denn um den geht es. Hören wir *Mt 20,1–16!*

Mit dem Himmelreich verhält es sich wie mit einem Hausherrn, der früh am Morgen ausging, um Arbeiter für seinen Weinberg einzustellen. Als er mit den Arbeitern einig wurde über einen Silbergroschen als Tageslohn, sandte er sie in seinen Weinberg. Da ging er aus um neun Uhr morgens und sah andere müßig auf dem Markt herumsitzen und sprach zu ihnen: Geht auch ihr hinein in den Weinberg; ich will euch geben, was recht ist. Und sie gingen hin. Abermals ging er um zwölf Uhr und um drei Uhr und tat dasselbe. Um fünf Uhr nachmittags ging er aus und fand andere und sprach zu denen: Was sitzt ihr hier den ganzen Tag untätig herum? Sie sprachen zu ihm: Es hat uns niemand Arbeit gegeben. Er sprach zu ihnen: Los, auch ihr in den Weinberg! Als es nun Abend wurde, sprach der Herr des Weinbergs zu seinem Verwalter: Ruf die Arbeiter und gib ihnen den Lohn. Fang an bei den letzten bis zu den ersten. Da kamen die, welche um fünf Uhr eingestellt worden waren, und jeder empfing einen Silbergroschen. Als da die ersten kamen, meinten sie, sie würden mehr empfangen. Aber auch sie empfingen nur jeder einen Silbergroschen. Und als sie den empfingen, murrten sie gegen den Hausherrn. Sie sprachen: Die da haben eine einzige Stunde gearbeitet, aber du hast sie uns gleichgestellt, die wir des Tages Last und Hitze tragen mußten. Da antwortete er, er sagte einem von ihnen: Mein Freundchen, ich tu dir nicht Unrecht. Bist du mit mir nicht einig geworden über einen Silbergroschen? So nimm, was du bekommen hast, und verschwinde. Ich will auch diesem letzten dasselbe geben wie dir. Hab ich nicht die Macht, zu tun mit dem, was mir gehört, was ich will? Oder bist du neidisch, weil ich gut bin?

Matthäus fügt noch hinzu: «*So werden die letzten die ersten und die ersten die letzten sein.*» Aber das ist schon nicht mehr Teil des Gleichnisses.

Alle Forderungen, die Menschen an die Welt und aneinander richten, haben mit *Recht* und *Gerechtigkeit* zu tun. Elementar scheint das Bedürfnis des Menschen danach, gerecht behandelt zu werden. Und was könnte moralisch für wichtiger erscheinen, als daß jedem Menschen zuteil würde, was ihm gebührt, – «jedem das Seine»? Eben das meint *Gerechtigkeit.*

Was geschieht, wenn Menschen sich *ungerecht* behandelt fühlen, erzählt die Bibel bereits auf der dritten Seite, in der Geschichte von *Kain* und *Abel. (Gen 4,1–12).* Es ist das Erlebnis, daß ein Mensch machen kann, was er will, – er fühlt sich abgelehnt. Das allein möchte vielleicht noch hingehen, wenn nicht neben ihm ein anderer wäre, der sich genauso um Anerkennung und Zuwendung bemüht; er macht im Grunde nichts anderes, er leistet nichts Besseres, und dennoch, ohne etwas Bevorzugtes zu tun, wird er bevorzugt. Die *Ungleichheit* unter den Menschen, das Empfinden, zu *Unrecht* zurückgesetzt zu werden, kann aus einem Wohlmeinenden einen Mörder machen, – so diese alte biblische Geschichte; wir lasen sie schon als ein Beispiel für Eifersucht und Jähzorn.

In der Tat sind Menschen imstande, der Enttäuschung an ihrem Bedürfnis nach *Gerechtigkeit* wegen bis zum äußersten zu gehen. Immer wenn ein *Krieg* ausbricht, wird im Hintergrund sich der Wille artikulieren, notfalls eben mit Gewalt sich *Recht* zu schaffen. Eben deswegen meinte im 16. Jahrhundert bereits der Humanist ERASMUS VON ROTTERDAM warnend und mahnend, wer denn, wenn immer er Krieg führe, je in der Geschichte der Menschheit geglaubt habe, daß seine Sache Unrecht sei! Gerechtigkeit und Krieg? *Gerechter Krieg!* – Ist es möglich, daß wir mit der höchsten Legitimation, mit dem Begriff der *Gerechtigkeit*, bis zum Ungeheuerlichen zu schreiten vermögen und geradewegs aus dem Begriff *Gerechtigkeit* die «Pflicht» dazu ableiten? PAPST PIUS XII. etwa, in den fünfziger Jahren des 20. Jahrhunderts, in der Ära des kalten Kriegs, der Angst vor der roten oder der gelben Gefahr, die im Osten in Gestalt des Kommunismus heraufzog, rechtfertigte sogar notfalls den Einsatz atomarer «Kampfmittel», richtiger gesagt: atomarer Massenvernichtungsmittel. Aber derselbe Papst fügte hinzu, es sei der «Friede das Werk der Gerechtigkeit» – *opus iustitiae pax.*

Dieser Papst redete gern in der Sprache der römischen Antike, denn alle abendländischen Rechtsbegriffe verdanken wir mittelbar der Kultur der *Römer.* Ihr Staatswesen hat dem ganzen Abendland zum Vorbilde gedient, und ihre Auffassungen, Gesetze zu geben und in die Tat umzusetzen, hat die Geschichte des Abendlands zutiefst bestimmt. Wie also ist es möglich, Menschen in einen Raum zu führen, in dem – in römischem Sinne – *Gerechtigkeit* herrscht?

Manchmal im Gespräch mit Außenstehenden, wenn das Thema darauf kommt, wie dieser oder jener, aus der gleichen Familie stammend, sich doch so unterschiedlich entwickelt habe, ist zu hören, daß man sich wundern müsse: Es sei doch die gleiche Mutter, der gleiche Vater, es seien dieselben Umstände, unter denen sie groß geworden seien, wie könne es da sein, daß der eine so gut, der andere so schlecht geworden sei, der eine so tugendhaft, der andere so mißraten, – wie *Kain* und *Abel* eben?

Tatsächlich wird es kaum eine Mutter auf Erden geben, die nicht den Wunsch in sich trüge, ihre Kinder gleich und *gerecht* aufzuziehen. Aber kann ihr das wirklich gelingen? Ist sie in den verschiedenen Lebensphasen wirklich noch die gleiche, die sie sein müßte zugunsten einer Gleichbehandlung ihrer Kinder, die aus recht verschiedenen Abschnitten ihrer eigenen Biographie stammen? Ist es möglich, auf unterschiedliche Kinder gleichmäßig *und* «gerecht» zu antworten? Vielleicht soll das gar nicht einmal sein! Wenn *Gerechtigkeit* darin besteht, einem jeden zu geben, was ihm gebührt, so wird eine Mutter, je sensibler sie ist, sehr wohl verstehen, daß jedes ihrer Kinder eine besondere Behandlung benötigt, eben weil es besondere Eigentümlichkeiten aufweist, – Eigenarten, die seine Individualität ausmachen. Das eine Kind ist temperamentvoll, es läuft wie wild umher – es muß in seinem Bewegungsdrang eher eingeschränkt werden, schon damit es nicht immer neu über seine Füße stolpert oder sich an jeder Tischkante stößt. Ein anderes ist eher schüchtern, verschüchtert sogar, und es bedarf der Ermutigung. Besteht *Gerechtigkeit* nicht gerade darin, auf unterschiedliche Menschen unterschiedlich einzugehen, eben damit jedem «das Seine» wirklich zuteil wird?

Aber bis zu welch einer Grenze kann man so verfahren? Einem Lehrer in der Schule etwa wird man anempfehlen, *Gerechtigkeit* in seiner Schulklasse walten zu lassen, und es gilt für ein ganz hohes Lob unter Pädagogen, wenn einem Lehrer just dieses Urteil von der eigenen Klasse und von seiten seiner Kollegen zuteil wird: daß er ein gerechter Mensch sei, eben das, was ERICH KÄSTNER im *Fliegenden Klassenzimmer* als den *Justus* beschrieb, den Kinderliebling im Eisenbahnabteil, der versucht, in den Rangeleien seiner jungen Rabauken irgendeine gerechte Ordnung zu etablieren. Ein Lehrer ist *gerecht*, wenn er nicht nach Sympathie und Antipathie handelt, wenn er niemanden nach eigenem Gustos untervorteilt oder übervorteilt, wenn er gleichmäßig an den Leistungen seiner Schülerinnen und Schüler sich orientiert. Haben wir es aber tatsächlich schon mit *Gerechtigkeit* zu tun, wenn wir den Maßstab der Leistung und ihrer Bewertung als das Entscheidende in die Pädagogik einführen? Das eine Kind hat fleißig gearbeitet, es hat aber für ein spezielles Fach vielleicht wirklich nicht die Begabung wie ein anderes Kind gleich nebenan in derselben Bank. Diesem anderen fallen die Vokabeln oder die Rechenaufgaben förmlich zu, es braucht sich gar nicht anzustrengen. Wie ist es möglich, die Leistungsnote *mit* der persönlichen Bewertung so zu koppeln, daß so etwas wie *Gerechtigkeit* im Verständnis des Kindes dabei entsteht, daß Ansporn und Ermutigung das Ergebnis solcher Benotung bildet statt Entmutigung und Frustration? Was überhaupt will man bewerten, die Persönlichkeit des Kindes oder nur noch das objektive abgelieferte Produkt? Produkte zu bewerten sollte eigentlich mit «Gerechtigkeit» nichts zu tun haben, dafür gibt es klare Klassifikationstabellen, oder es sollte sie zumindest geben. Sie sind persönlichkeitsfremd, und wir stoßen allein bei einem Wenigen an Nachdenken schon auf die Merkwürdigkeit, daß die *Gerechtigkeit* auch nur schon in einer Klasse von zwanzig oder dreißig Schülerinnen und Schülern abstrakt zu werden beginnt. Den Einzelnen in seiner Persönlichkeit, in seinen Lebensumständen, in seiner Eigenheit immer weniger zu beachten und nur noch seine Außenseite, die abgelieferte Form seiner Selbstdarstellung in Gestalt von Leistungswertungen zu benoten gilt uns weitgehend für das Rechte, für die Forderung der «Gerechtigkeit».

Noch einen Schritt weiter, und wir stehen erschrocken, vielleicht entsetzt vor dem Bild, das die Alten bereits von der *Göttin* «Gerechtigkeit» selber malten: Sie hält in ihrer Hand, wie der Gott Zeus, eine Waage, aber während der oberste der olympischen Götter auf der Waage in *seiner* Hand Leid und Glück, Unheil und Heil, Schicksalsschläge und Wohlergehen den Menschen zumaß, so sollte die Göttin der *Gerechtigkeit* urteilen über die Moralität der Menschen; *sie* aber tut es, *soll* es tun mit einer Binde vor den Augen, die den Einzelnen nicht länger anblickt: Um der persönlichen Begünstigung endgültig zu entfliehen, soll nur die objektive Tat einer Bewertung unterliegen. Aber kann sie das, darf sie das, ist das «gerecht»?

Da ist etwas durch einen Menschen verübt worden, aber wie will man den Tathergang bewerten, ohne den Täter wirklich zu beachten?

Was hat er gewollt? Was waren seine Motive? Unter welchen Voraussetzungen seines Erlebens hat er so gehandelt? Was ging in ihm vor sich, ehe er so vorging? Was hat in seiner Tat sich von seiner Persönlichkeit ausgedrückt? Läßt sich die objektive Außenseite menschlichen Verhaltens von dem Subjekt isolieren, das darin steckt? Ist es «gerecht», auf solche Weise das Tun eines Menschen von seinem Leben zu isolieren? Selbst die Römer, die so glaubten tun zu müssen, unterzogen ihr Vorgehen Zweifeln. Manche ihrer Philosophen, CICERO zum Beispiel in seinem Traktat über *Die Pflichten*, erklärten, daß das höchste Recht, so beschrieben, identisch sei mit dem höchsten Unrecht. Sie wollten sagen: Wenn wir nur noch einen fertigen Maßstab an die Außenseite des menschlichen Daseins anlegen, können wir nicht mehr erwarten, daß wir «Gerechtigkeit» schaffen, sondern wir werden dahin kommen, daß alle sich im Grunde ungerecht behandelt fühlen.

Was wir mithin dringend benötigten, wäre eine Form, Menschen in ihrer Eigenart und Persönlichkeit so transparent zu machen, daß es eine «gerechte» Bewertung allererst erlauben würde. Aber ist so etwas unter Menschen überhaupt möglich? Ist nicht, wie in den Tagen von *Kain* und *Abel*, die Ungleichheit der Menschen Los? Kann jemand ernsthaft hoffen, vor einem objektiven Tribunal ein objektives Urteil über sein Leben, über sein Tun, über sein Wollen und Sollen in Empfang zu nehmen?

Schon halten wir bei der nächsten Aporie. Genau so etwas *müßte* es geben, lautet die Forderung aller «Bürger» an ihren Staat; zumindest im *Strafrecht* müsse sich zeigen, daß die Gesellschaft eben darin fest gegründet sei, daß sie die Übertretungen ihrer Normen ahnde und die Übereinstimmung mit ihren Normen lohne. Wenn es möglich ist, soziale Normen straffrei zu übertreten, zeigt sich, daß diese Normen nicht länger in Gültigkeit sind. Wenn aber die Normen einer Gesellschaft nicht länger gelten, wird die Gesellschaft selber ins Chaos versinken. Es scheint daher die Pflicht zum Selbsterhalt jeder Gesellschaft zu sein, ihre Normen durch Strafen zu schützen und dementsprechend ein Prämiensystem zu vergeben, nach dem sich Wohlverhalten lohnt. Manche Sozialpsychologen sind sogar der festen Auffassung, daß das Verhalten der Gesellschaft in bezug zum Verhalten der Einzelnen im Umgang mit Lohn und Strafe durchaus nicht Anspruch machen könne auf «Gerechtigkeit», es gehe vielmehr darum, der Gesellschaft selbst zu demonstrieren, wie stark ihre eigenen Gruppennormen seien und wie unverbrüchlich ihre Konsistenz in Geltung stehe. Lohn und Strafe sind demnach Schwingungen, Reaktionen der Gesellschaft auf Abweichungen, aber sie haben nicht im Sinn, dem Einzelnen *Gerechtigkeit* entgegenzubringen.

So weise wie diese Sozialpsychologen sind freilich die Menschen bis heute offenbar noch in keiner Gesellschaft. Jemand hat etwas Böses getan, ein anderer hat darunter gelitten, und nun fordert und verlangt er Wiedergutmachung. Was aber ist die Wiedergutmachung in Fällen, wo gar nichts wiedergutzumachen ist? Es ist etwas geschehen, das sich nicht mehr zurückrufen läßt – ein Mord, eine fahrlässige Tötung, eine Kindesmißhandlung ... In diesem Falle soll nach absoluter Mehrheitsmeinung der Täter bestraft werden im gleichen Umfang, wie er Schaden zugefügt hat. Uraltes *ius talionis* bricht da auf: *Gerechtigkeit* als eine verbrämte Form des Rachegefühls: – wie du mir – so ich dir, das ist die Elementarfassung von «Gerechtigkeit» auf dem Boden der Strafjustiz! Wir erleben derzeit vor allem in den Vereinigten Staaten von Amerika, – am empfindlichsten *besonders* dort, weil sie unserem eigenen westlichen Rechtsgefüge am nächsten stehen, – wie man bis zur Todesstrafe vermeint, *Gerechtigkeit* über Menschen walten lassen zu können. Ein Achtzehnjähriger hat jemanden getötet; damit hat er das Recht verwirkt, weiterzuleben, und an der Gesellschaft ist es nun, zu bestimmen, was aus ihm wird. Er selber hat überhaupt kein Recht mehr, – so schon lautet die Forderung der «Gerechtigkeit», folglich kann die Gesellschaft mit ihm machen, was sie will; sie kann ihn am Leben erhalten, wenn es ihr nützlich scheint, sie kann ihn zum Tode verurteilen, wenn es ihr zweckmäßig scheint. Er, der Einzelne, ist durch sein Unrecht-Tun ein rechtloses Subjekt geworden.

Der *Deutsche Idealismus* ging noch ein Stück weiter. IMMANUEL KANT etwa war der Auffassung, daß in Antwort auf Schwerverbrechen die Todesstrafe exekutiert werden müsse, einfach als Forderung der objektiv gültigen *Gerechtigkeit* selber. Er meinte, wenn ein Staat am heutigen Nachmittag noch sich selber auflöse, unterliege er gleichwohl der Pflicht, am Vormittag noch alle Urteile zu exekutieren, die im Namen der Gerechtigkeit gesprochen worden seien. Diese Ansicht bildet den deutlichsten Widerspruch zu der eben genannten sozialpsychologischen Rechtfertigung von Straf-Maßnahmen. Die

Sozialpsychologie denkt Lohn und Strafe in Funktion des Selbsterhalts der Gruppe. KANT aber, als Moralphilosoph, sah in Lohn und Strafe nichts weiter als den Ausweis der *Gerechtigkeit* selber, mithin betrachtete er die Rechtsprechung als eine Einrichtung höchster Verbindlichkeit. – In seinen Schuhen, nur noch um ein weniges weiter, ging HEGEL. Für ihn war die Überlegung eine dialektische: Gegeben ist, was Recht sei; dagegen verstößt das Unrecht; also verlangt das Recht, sich gegen das Unrecht wiederherzustellen, und eben das ist die Strafe: – eine Gesetzesautomatik gewissermaßen, ein dialektischer Dreischritt aus Recht, Unrecht und Wiederherstellung des Rechts, die Strafe als eine logische Synthese von Recht und Unrecht, als eine unerbittliche Folgerung der Logik. Gerechtigkeit galt da für etwas in sich eindeutig Begreifbares – so erschien uns das alles noch vor zweihundert Jahren!

Mittlerweile wissen wir, daß Überlegungen dieser Art auf Abstraktionen basieren. Die «Gerechtigkeit» ergeht in einer solchen «Rechtsprechung» über *das Tun* eines einzelnen Menschen, gerichtet aber, *hin*gerichtet sogar wird der einzelne Mensch, der Täter, als Person. Es ist aber nicht möglich, so sagten wir gerade, das Tun von dem Täter zu trennen und dann forensisch unter die Lupe zu nehmen, was seine Tat bedeutet, nach welchen Paragraphen sie bewertet zu werden hat, in welcher Rechtstradition sie entsprechend interpretiert werden muß. Was wir vor uns haben, sind Menschen. Alle Menschen aber hängen miteinander zusammen. Wie ist ein Mensch geworden, was er ist? Wie kam er dahin, Gutes zu tun, wie kam er dahin, Böses zu tun?

Allein, eine solche Fragestellung der Psychologie entfernt sich von der Betrachtungsweise der Moralphilosophie und der Jurisprudenz ganz erheblich. Für sie ist das Psychologische allenfalls das sekundär Hinzutretende, nie das Ursprüngliche. Die Tat selber wird bewertet, und nun kann die Psychologie erschwerend oder mildernd auf das Strafmaß einwirken, aber die erste Frage hat nicht zu sein: Was bist du für ein Mensch?, sondern eben: Was hast du getan? Wie aber, wenn eine tiefere Gerechtigkeit gerade darin gründen würde, als erstes danach zu fragen: Was bist du für ein Mensch? Wie hast du gelebt? Wie hast du leben müssen? Wie sind deine Gefühle gebildet worden? Konntest du überhaupt in der Tiefe deiner Wahrnehmung wissen, was gut oder böse ist? Nicht, als wenn man dir nicht bestimmte Begriffe beigebracht hätte, aber wie weit waren sie gültig für dein Empfinden?

MAX SCHELER in den zwanziger Jahren des 20. Jahrhunderts konnte sagen: Werte begründen sich nicht durch abstrakte Deduktionen, sondern sie müssen *gefühlt* werden. Wie aber, wenn ein Mensch unter Umständen affektiv in eine Welt hineingeraten ist, in der er zum Wert-Fühlen keinerlei Gelegenheit fand, wie, wenn er wertblind durch die Fühllosigkeit seiner Umgebung schon als Kind aufgewachsen ist? Kann man von einem solchen Menschen verlangen, daß er begreift, wie er sich einordnen soll?

Noch deutlicher! Um die moralische Sicherheit in der Bewertung menschlichen Verhaltens vollends zu verwirren: – Tierpsychologen haben gezeigt, daß z. B. Gibbonbabys nur in einer bestimmten Zeit lernen können, was es bedeutet, wenn ein Artgenosse die Zähne fletscht, was also ein Drohsignal ist; nur in einem ganz bestimmten Zeitraum ist dieses Signal für ein Gibbonbaby erlernbar; verpaßt das Baby in dieser Zeit, zu lernen, was das Fletschen mit den Zähnen bei einem Artgenossen bedeutet, so wird es die Drohsignale später nicht richtig interpretieren können. Keine Frage, daß es eben deshalb sehr gefährdet sein wird; es wird viele Fehler begehen, für die man es strafen wird, aber es wird und kann nicht begreifen, warum es bestraft wird und was es eigentlich falsch gemacht hat. Es wird sich daher zur Wehr setzen, aber in den Augen der anderen wird es gerade dadurch noch größeres Unrecht auf sich laden. Es wird auf Grund des Mangels auch nur eines einzigen Lerninhaltes in Kindertagen sehr bald auf die schiefe Bahn geraten. Und wenn das schon bei einem Gibbonbaby so ist, – könnte ein Ähnliches dann nicht auch bei uns Menschen der Fall sein? Ein geringer Ausfall an Lerninhalten zur rechten Zeit, eine Eintrübung des moralischen Sehfeldes in einem bestimmten Augenblick, Verwirrungen schon in der Person der eigenen Eltern, die persönliche Widersprüchlichkeit der Mutter oder des Vaters, eine gewisse Widersprüchlichkeit der Beziehung zwischen Vater und Mutter, – das alles und noch vieles mehr kann das Gefüge von Recht und Unrecht im Erleben eines Kindes so weit verwirren, daß es gar nicht mehr begreift, was gemeint ist, wenn wir sagen: Gut und Böse.

Wir klagen am Ende des 20. Jahrhunderts als Beispiel des unbedingt Bösen schlechthin einen Mann wie ADOLF HITLER an, aber wenn wir sehen, wie dieser Mann als Kind bereits dazu erzogen wurde, nicht an *Gerechtigkeit* zu glauben, sondern an Gewalt, was sollen wir dann von einem Erwachsenen erwarten, der so erzogen wurde? Und sind nicht seiner überaus viele? Nicht was du fühlst als dein Recht, wirst du bekommen, sondern was die stärkere Macht über dich gebietet, das war es, was ADOLF HITLER als Kind eingebleut bekam. Recht, so erlebte er, geht hervor aus den Entscheidungen der Macht. Das Recht wird getroffen durch die Dezision der Stärkeren, erklärte allen Ernstes zur selben Zeit der Rechtsphilosoph CARL SCHMITT in den dreißiger Jahren; seine «Schule» hat heute noch «Seilschaften» im Fachbereich Jura an den Universitäten. Es gibt demnach keine Gerechtigkeit, die im Himmel existieren würde, es gibt nur eine Fülle von Entscheidungen, die die Starken treffen, um sie den Schwachen aufzuerlegen. *Gerechtigkeit* wäre mithin nichts weiter als die objektive Form der Machtstruktur, die sich unter bestimmten historischen Verhältnissen gebildet hat. Wie sollen Menschen leben, denen man die Aussichtslosigkeit eingebleut hat, daß es so etwas gäbe, geben könnte wie Rechtsansprüche unter den Menschen?

Am ärgsten zweifellos ist es um die Frage bestellt, wer denn da glaubt, daß ausgerechnet *er* Recht *exekutieren* könne? Für IMMANUEL KANT waren es im Grunde ja nicht Menschen, die da Gerechtigkeit übten und ausübten, sondern es vollzog sich die *Gerechtigkeit* gewissermaßen selbst über den Menschen hinweg, wie ganz von allein. Im *Deutschen Idealismus* wurden Menschen wie Engel im Himmel betrachtet, als Träger absoluter göttlicher Befehle. Doch wieviel an Fremdheit dem menschlichen Erleben gegenüber artikuliert sich in solchen Gedanken, und wieviel *Unrecht* also gegenüber der Menschlichkeit und der menschlichen Wirklichkeit wird da geübt!

Noch einen Grad weiter, und wir fragen uns, was denn mit dem erhabenen Begriff der *Gerechtigkeit* in *geschichtlichen* Dimensionen auszurichten sein wird. Wir sprechen über das Recht des Einzelnen, aber wir verstehen sofort, daß die Geschichte sich zum Frieden, zur Harmonie nur lenken ließe, wenn ganze Gruppen in den Völkerfamilien, wenn ganze Völker in den Staatenfamilien und -verbänden ihr Recht anmelden und durchsetzen könnten. Da gibt es das Menschenrecht, da gibt es das Völkerrecht, und wir wissen, daß mit diesen Begriffen auf Jahrhunderte hin am Zustand der menschlichen

Geschichte zu ihrer Verbesserung gearbeitet werden müßte. *Menschenrecht* bedeutet zum Beispiel Gleichberechtigung zwischen Mann und Frau. Einfach weil sie Menschen sind, darf keine sexistische Ungleichheit herrschen. So verstehen wir, zumindest heute in Europa, die Forderung der *Gerechtigkeit.* Mann und Frau mögen in Temperament und Körperbau verschieden sein, aber als Menschen haben sie gleiche Rechte voreinander und gegenüber einander. Wieviel wäre allein in diesem Punkte zu lernen in unserer Gesellschaft, insbesondere in der römisch-katholischen Kirche, in vielen Religionen, in vielen Kulturen! Aber läßt sich das «Menschenrecht» zwischen Frau und Mann einfach so verordnen, ohne nicht wieder Unrecht an lebenden Menschen zu üben?

Menschenrecht bedeutet, daß es keinen Unterschied machen darf, welch einer Hautfarbe ein Mensch ist. Rassistische Ungleichheit gilt, zumindest heute in Europa, dem Ideal nach als verwerflich; doch in der Praxis weiß jeder, wie weit davon entfernt wir noch sind. In den Südstaaten der USA etwa genügt es auch heute noch, ein Farbiger, ein «Nigger» zu sein, und es ist identisch mit Minderrangigkeit und Untertanenstatus.

Menschenrecht bedeutet, daß es egal sein sollte, ob jemand im Norden der Welt oder im Süden der Welt geboren wird. Aber gibt es eine solche Gleichheit? Im Süden geboren zu werden bedeutet für zwei Drittel der Menschheit, in Armut und Elend hausen zu müssen, und es bedeutet für ein Drittel der Menschen im Norden die Vorrangstellung, auf alles einen «Rechtstitel» zu tragen.

Menschenrecht bedeutet, daß ein jeder gleichen Zugang haben sollte zu den Bildungsmitteln, daß er eine faire Chance auf seine persönliche Entfaltung besäße. Wie aber soll das im Weltmaßstab möglich sein, wenn Menschen nach wie vor geschichtlich und kulturell so weit voneinander entfernt sind?

Und nun gar das *Völkerrecht.* Es ist bei der UNO verbrieft: Ein Volk hat das Recht, über seine Angelegenheiten selbst zu bestimmen. Was in unserer blutrünstigen, zynisch handelnden politischen Realität ist aus solchen Deklamationen geworden? Nehmen wir einen einzigen konkreten Fall, auch um einmal zu exemplifizieren, wie mühsam es sein kann, sich morgens bei der Zeitungslektüre zurechtzufinden.

Der Kurdenführer und PKK-Chef ÖCALAN wurde von Griechenland, einem NATO-Staat, in die Türkei, einen anderen NATO-Staat, entführt. Wie jeder weiß, *verweigert* die Türkei dem Volk der Kurden das Selbstbestimmungsrecht. Das betrifft in Ostanatolien etwa 17 Millionen Menschen. Sie haben kein Recht auf ihre Kultur, auf ihre Sprache, auf ihre Eigenständigkeit – in einem NATO-Staat. ÖCALAN glaubte, gegen das Unrecht und gegen die etablierte Gewalt mit Gewalt aufstehen zu müssen, und es sei kein Unrecht, Unrecht mit notfalls auch unrechten Mitteln zu beseitigen. Natürlich fand das Regime in Ankara den Sachverhalt anders, es bekämpft die PKK mit allen Mitteln, inklusive Terror, Folter und Todesstrafe. Aber wie kam ÖCALAN in die Hände seiner Todfeinde? Wie gelangte er von Athen in die griechische Botschaft nach Nairobi in Kenia? «Weil er dort sicherer war», lautete zunächst die offizielle Auskunft. Doch wie das? Und wie gelangte er dann von Nairobi plötzlich in die Türkei? Das lag daran, daß der listige türkische Geheimdienst ihn gekidnappt hat, war die Auskunft. Im Deutschen Fernsehen indessen konnte der Bürgermeister von Nairobi sagen: «Hier in Nairobi bekommt das FBI, die amerikanische Polizei, alles, was sie will, auf jeder Regierungsebene, von jedem in ganz Kenia. Sie kann machen, was sie will.» – Natürlich hatte das FBI bei dem Kidnapping eine Rolle gespielt. Die Reaktion des FBI war denn auch dementsprechend. «Es ist nicht ganz leicht, sich in Nairobi vor uns versteckt zu halten», meinte man süffisant. Aber das Problem war von Anfang an augenscheinlich, daß die Israelis irgendeine Rolle in der ganzen Affäre gespielt hatten. Zum erstenmal in seiner eigenen Geschichte erklärte der israelische Geheimdienst *Mossad*, daß er mit dieser Geschichte, mit der Angelegenheit der Entführung ÖCALANs, «absolut nichts, aber auch gar nichts zu tun» hätte. – Immer wenn Sie hören, daß Regierungsstellen etwas absolut als «gar nicht» erklären, können Sie fast wie blind unterstellen, daß sie unbedingt daran beteiligt sind und daß schon ihre Übertreibung sie als Lügner verrät. In der *Frankfurter Allgemeinen Zeitung* war dann zu lesen, wie sich die Dinge wahrscheinlich abgespielt haben, nachdem die Ägypter einen israelischen Offizier entdeckt hatten, der bei der Entebbe-Befreiung israelischer Geiseln damals in Uganda beteiligt war. Demnach müssen wir denken, daß der Mossad ÖCALAN aufgegriffen und den Türken überstellt hat. – Und warum dies alles nun? Was für ein Interesse können Amerikaner und Israelis daran haben, auf dem Rücken der Kurden den PKK-Chef an die Türkei auszuliefern?

Wir sind auf der Suche nach dem Selbstbestimmungsrecht der Völker und nach der *Gerechtigkeit*, die in unserer Geschichte angeblich herrschen soll!

Da erfahren wir als erstes, daß man der griechischen Regierung SIMITIS erklärt hat, man könne in der Frage der Ägäis zwischen Griechenland und der Türkei für eine Weile lang den griechischen Standpunkt einnehmen, aber dafür müsse man sich erkenntlich zeigen gegenüber den Amerikanern. Die Amerikaner wohlgemerkt haben weder ein Interesse an den Kurden noch im Grunde an der Frage der Ägäis; was sie seit langem möchten und wohinein auch wir Deutsche verflochten werden, ist die Frontstellung gegenüber dem Islam: Wir müssen vermeintlich die Südflanke der NATO sichern für den Kulturkampf des kommenden Jahrhunderts, für den Kulturkrieg zwischen Christentum und Islam, zwischen Orient und Okzident. Es ist, als wären wir mitten im Nuklearzeitalter ideologisch wieder zurückgefallen ins 13. oder 14. Jahrhundert. Aber um die Südflanke der NATO abzuriegeln, brauchen die USA unbedingt die Türkei. Ihr muß man also in irgendeiner Weise entgegenkommen, und das offenbar ging und geht nicht anders, als indem man ÖCALAN auslieferte. Das ist der Gefallen, den man der Türkei tun konnte; darin involviert werden aber mußten unbedingt Israelis und Ägypter. Denn nur wenn diese drei zusammenkommen: Türkei, Ägypten und Israel, so ergibt das einen brauchbaren Sperr-Riegel an der Südostfront gegenüber den «fundamentalistischen» arabischen Staaten. – Ist es da nun Zufall, wenn wir lesen, wie viele U-Boote aus deutschen Häfen in die Türkei geliefert werden? Gilt das wirklich nur unserem Wirtschaftsvorteil? Wie hängen alle diese Dinge zusammen? Und was haben sie zu tun mit *Gerechtigkeit*?

Da ist ein ganzes Volk, die Kurden, das leidet, seitdem es existiert, und seit dem 19. Jahrhundert am meisten unter den Europäern, die den gesamten Orient für ihr Kolonialland erklärt haben, und zwar am ärgsten dann, wenn sie Erdöl fanden. Es ist ihnen dabei um Menschen nie gegangen. *Selbstbestimmungsrecht* der Völker, wer erwartet das in unserer Geschichte? Und welch ein Gerichtshof soll dieses Recht durchsetzen? Ist das alles nicht nur Augenwischerei, Betrug und Propaganda? Sehen wir nicht am Ende, wie der Begriff der *Gerechtigkeit* instrumentalisiert wird als moralische Waffe? Immer wenn Soldaten in den Krieg ziehen müssen, haben sie zu kämpfen für die «Gerechtigkeit», – kein Mensch opfert sein Leben bloß für Erdöl oder für Bauxit oder für irgendeinen anderen Rohstoff. Es muß schon um etwas wirklich Wichtiges gehen, um große Ziele, damit jemand sein Leben einsetzt. Selbst als ABRAHAM LINCOLN den Bürgerkrieg gegen die Südstaaten ausrief, konnte er nicht sagen: «Es geht uns jetzt darum; daß die Vereinigten Staaten von Amerika eine Einheit bleiben, es geht uns um die Geschlossenheit des Staatenverbandes;» er mußte erklären: «Es geht uns um die Befreiung der Neger, wir haben eine humane Mission zu erledigen, wir kämpfen für die Freiheit und für die Gleichberechtigung im Süden.» Natürlich kämpfte man nicht darum; aber damit Menschen überhaupt kämpfen, brauchen sie hohe Ideale, und der Begriff der *Gerechtigkeit* ist offenbar in der Geschichte der am meisten mißbrauchbare und verführerische unter allen kämpferischen Idealen.

Sollten wir im Angesicht von so vielen Schwierigkeiten nicht das Bemühen gänzlich aufgeben, an *Gerechtigkeit* noch zu glauben, auf sie noch zu hoffen? Selbst einmal unterstellt, wir könnten in der menschlichen Gesellschaft, in der menschlichen Geschichte, *Gerechtigkeit* oder zumindest begrenzt gerechte Zustände etablieren, behielte IMMANUEL KANT dann nicht immer noch recht, daß allein die Zumutungen des Schicksals im Raum der Naturordnung den Menschen ungerecht treffen? Für IMMANUEL KANT waren die natürliche Ordnung und die moralische Ordnung einander so fremd, daß er, allein um sie beide zusammenzubringen, die Existenz Gottes glaubte postulieren zu müssen als des Schöpfers und des Einheitsgrundes *beider* Ordnungen, als eines Schnittpunktes von parallelen Linien im Unendlichen, als einer Hoffnung nicht für diese Welt, aber doch als eines Grundes, weiter zu glauben an die Vollendbarkeit des Menschen und seiner Geschichte. Selbst wenn wir sie nicht schaffen, nicht jetzt und nicht heute, so könnten wir doch weiter an der *Gerechtigkeit* arbeiten, um uns auf sie zuzubewegen: Mindestens die Hoffnung dürften wir hegen, uns auf sie zuzubewegen und nicht geradewegs von ihr weg; und zumindest doch wüßten wir, was *Gerechtigkeit* sei.

Freilich, wenn wir schon einmal an diesem Punkt angelangt sind, daß wir an Gott glauben müssen, um *Gerechtigkeit* auch nur für möglich zu halten, sollten wir vielleicht mit einer kleinen nachdenklichen Geschichte der Brüder GRIMM eine Art Intermezzo einschalten.

Sie alle kennen die Erzählung von der *Frau Holle*, die schon dem Namen nach als germanische Göttin mit den Thing-Plätzen, also mit dem Spruch der *Gerechtigkeit* in Rechtsstreitfragen, verbunden war. Verborgen im Untergrund der Welt hielt sie nach germanischem Glauben ihre Hände über die Menschen zu Lohn und zu Strafe gebreitet. Die Geschichte der Brüder GRIMM aber erzählt von zwei Mädchen, nennen wir sie mit LUDWIG BECHSTEIN die *Goldmarie* und die *Pechmarie*, deren eine schön und fleißig ist, aber von ihrer Stiefmutter übel behandelt und ungerecht mißhandelt wird, wohingegen die andere, faule und häßliche, unverdientermaßen alles bekommt, was sie sich nur wünschen kann. Es ist, daß Goldmarie voller Verzweiflung dazu gebracht wird, eine Spindel, die ihr aus den blutig gearbeiteten Händen in den Brunnen gefallen ist, wieder emporzuholen. Wie eine Sterbende wirft *Goldmarie* sich hinab in diesen Brunnen. – Bis dahin könnten wir die ganze Erzählung wie eine Parabel auf all das lesen, womit wir uns gerade beschäftigt haben: Menschen ziehen aus mit der Erwartung, das Leben könne gerecht sein; aber dann werden es gerade die Besten sein, die am Unrecht der Welt am meisten leiden werden, bis dahin, daß sie irgendwann die ganze Erwartung von Lohn und Strafe werden aufgeben müssen. Solche Menschen sind dieser Welt wie *abgestorben*. Doch was sie auf diese Weise lernen, kommt einer Umwertung der Welt«ordnung» gleich, einer Neuentdeckung wahrer *Gerechtigkeit*. «Solange du noch etwas Gutes tust, in der Hoffnung, du könntest dafür Anerkennung erwarten», so lautet die Lektion, «ist die Gefahr der Enttäuschung so groß, daß du dich kaum entschließen wirst, das Richtige noch zu tun.» Mit dieser Erkenntnis ist *Goldmarie* eine Verzweifelte an der Weltordnung. Aber nun geschieht es, erzählt uns das Märchen, daß sie *unterhalb* des Brunnens auf einer *Wiese* «aufwacht» und hört, wie die Dinge mit ihr zu reden beginnen: der Apfelbaum, der Backofen, und alle verlangen sie bestimmte Taten von ihr. – Kann es sein, daß ein Mensch ein solches «Aufwachen» erlebt als den Beginn einer Lebensform *jenseits* einer *Gerechtigkeit*, die in Lohn und Strafe sich darstellt? Kann es sein, daß er lernt, das Gute zu tun, einfach weil es richtig ist? Dann vernähme er den stummen Klagelaut der Dinge, der Tiere, der Menschen, und er täte von innen heraus, was im richtigen Augenblick getan werden muß. *In sich selber* trüge ein solches Verhalten, wenn schon, dann seinen Lohn; nicht von außen verfügt würde die *Gerechtigkeit*, sondern sie ergäbe sich aus einer neuen Einstellung zu sich selbst und zur Welt ringsum. Von einem Fortschritt quer durch die Jahreszeiten erzählt uns das Märchen, doch was es meint, ist ein inneres Reifen auf die Begegnung mit der *Frau Holle* hin: Die ganze «Belohnung», die einer *Goldmarie* zuteil wird, liegt in der Bestätigung dessen, was sie schon ist: Gold wert ist sie, und so wird sich's zeigen unter dem Torbogen der *Frau Holle*! Anerkennen werden es später dann wohl auch die andern, aber das muß nicht so sein, das ist nicht mehr wesentlich, darauf kommt es nicht an. So verstanden, ist das alte Bild der *Frau Holle* Inbegriff und Symbol einer *Gerechtigkeit*, die sich nicht länger mehr von außen, sondern ganz und gar von innen erfüllt.

Mit solchen Überlegungen wohl erst haben wir die Voraussetzungen gewonnen, um zu begreifen, was im Neuen Testament Jesus wollte. Er hat über die Philosophie des griechisch-römischen Begriffs der *Gerechtigkeit* vermutlich niemals ernsthaft nachgedacht, aber was er vor sich sah, waren leidende Menschen, und was er dabei fühlte, wurde zunehmend auch ein Teil seines eigenen Lebens. Es ist schwer zu sagen, wie es einen größeren *Kontrast* zu all den philosophischen Ableitungen der *Gerechtigkeit* geben könnte, als er in der Position liegt, die der Mann aus Nazareth für sich eingenommen hat.

Wir sind in der «christlichen» Moraltheologie gewohnt, im Grunde die Philosophie der Griechen und Römer, *ihre* Vorstellung von «Gerechtigkeit», einfach zu übernehmen, und selten erklärt man uns, wie absolut widersprüchlich Jesus zu all diesen Gedanken stand. Man kann nicht anders sagen: Jesus hat den Begriff *Gerechtigkeit* vollkommen umgekehrt!

Im Grunde gab es den Begriff *Gerechtigkeit* in römischem Sinne für Jesus als Juden überhaupt nicht. Was auf hebräisch mit «Gerechtigkeit» übersetzt wird, sollte man besser wiedergeben als «rechtes Verhalten unter den Augen Gottes», als «richtiges Leben vor Gott». *Ein Zaddiq* ist soviel wie ein «Heiliger», kein «gerechter» Mensch in dem Formalsinn der Moralisten, sondern ein Mensch, der *richtig lebt vor Gott*. Aber was heißt das? Das ist der Anfang der Selbstbesinnung des Jesus von Nazareth. Und was er herausfand, ist ungeheuer: Es gibt das Gesetz des Moses, es gibt die Lehren der Rabbinen; sie alle gründen darin, Gott zu sehen als einen *gerechten Richter*, der zwischen Schwarz und Weiß wohl unterscheiden kann und der zwischen denen, die das Gesetz halten, und denen, die das Gesetz brechen, eine deutliche Zäsur zieht. Die Entdeckung Jesu besteht darin, daß ein Mensch mit diesen Einteilungen niemals zurechtkommen wird. Solange er glaubt, daß da ein Gott sei, der «gerecht» über die Menschen entscheidet, wird er spüren, daß er mit diesem Gott nicht zu Rande kommen kann. Es ist nicht möglich zu sagen: «Hier stehe ich, Gott, und ich habe soundsoviel Gutes getan, und du stehst nun in der Pflicht, nach Maßgabe deiner Gerechtigkeit mich zu belohnen!»

Jesus malt eine solche Karikatur tatsächlich einmal in einem seiner Gleichnisse, in der *Geschichte vom Pharisäer und Zöllner (Lk 18,9–14):* Ein Superfrommer, ein Pharisäer, kommt in den Tempel und betet, wie es in seinen Tagen üblich war: «Mein Herr, ich danke dir», spricht er zu Gott, «für all das, was du mir geschenkt hast, denn ich bin doch ein Mann, der fastet, wenn er muß, der betet, wenn er soll, der sein Leben rein geordnet hat, und ich bin dir dankbar, daß du es gemacht hast, daß ich nicht so bin wie zum Beispiel jener da, wie dieser Sünder, der Zöllner dort hinten im Tempel.» Es ist unerhört, wenn Jesus von dieser Einstellung meint, sie sei für Gott absolut inakzeptabel; sie sei ungerechtfertigt und unberechtigt, sie sei ein grotesker Selbstbetrug! Aber da gibt es tatsächlich diesen Mann, der nach Maßgabe der *Gerechtigkeit* nur alles falsch gemacht hat und der das auch weiß. Dieser Mann kann nur sagen: «Herr, erbarme dich meiner!» Von *diesem Manne* meint Jesus, er sei bei Gott «gerechtfertigt», er habe verstanden, worauf es Gott ankommt. «Wenn ihr mit Gott sprecht», wird Jesus *(Mt 6,7)* sagen, «dann redet nicht wie die ‹Heiden›» – «wie die Menschen, die Gott gar nicht kennen.» Vielmehr sagt: «Lieber Vater, alles mußt du uns vergeben, denn anders könnten wir nicht leben. Und wir versprechen hiermit, auch einander alles zu vergeben, was jemand uns gegenüber schuldig ist.» *(Mt 6,12)*

Ist das «Gerechtigkeit»? Auf keinen Fall! Es ist der Anfang einer Neuentdeckung, einer Neubegründung des gesamten Lebens! Diese neue Sicht auf den Menschen ergibt sich daraus, daß der Mann aus Nazareth ersichtlich darunter leidet, wie bei der Instrumentalisierung des Begriffs «Recht» und «Gerechtigkeit» immer wieder die Armen unter die Räder kommen. Da gibt es die Reichen, – die *sind* etwas, die *haben* etwas, und so haben sie auch ihre Titel, also sind sie auch im Recht, und so haben sie ihre «recht erworbenen» Ansprüche, die sie verteidigen müssen. Die armen Leute aber haben gar nichts, also auch kein Recht. Und diese Zweiteilung der Menschen allein durch die Eigentumsverhältnisse, verwoben mit Begriffen des Rechts, ist für Jesus ganz einfach unmenschlich, egal wie es sich ideologisch begründet. Daraus folgt für ihn, daß «Gerechtigkeit» aufhören muß, eine Form der Durchsetzung des Egoismus des einen gegen den anderen mit moralischen Mitteln zu sein. Was Jesus unter «Gerechtigkeit» in hebräischem Sinne versteht, läßt sich so formulieren: «Es geht nicht länger darum, festzustellen, worauf du meinst, gewisse wohlerworbene Ansprüche zu besitzen, es geht einzig darum, herauszufinden, was ein anderer in seiner Not zum Leben braucht; und dann schau dich um, wer *nicht* solchermaßen in Not wäre! Was brauchen Menschen alles, wenn du sie nur einmal richtig kennenlernst?»

Rechtes Leben vor Gott, – das ist im Sinne Jesu dahin zu verstehen, daß wir alle nur existieren aufgrund eines Erbarmens, das sich über uns alle senkt, durch eine Vergebung all unserer Fehler und Verfehlungen ohne jede Voraussetzung. Es ist im Sinne Jesu nicht möglich zu denken wie die Priester im Tempel: «Wir haben gesündigt; aber nun lasset uns Opfer darbringen und den Gerechtigkeitswillen Gottes anrufen, indem wir Tiere töten und unsere üblen Taten mit ihrem Fleisch und Blut sühnen; dann wird Gott ein Einsehen mit uns haben.» Immer herrscht da der Aberglaube, wir könnten etwas *tun*, um unsere Position vor Gott zu verbessern; die Wahrheit im Sinne Jesu aber lautet: Wir stehen ganz und gar in Gottes Hand; denn wäre er wirklich der *Gerechte*, wäre er wirklich der Strenge, so müßte er strafen auf eine Art, die kein Ende mehr fände mit uns.

Plötzlich sieht Jesus uns alle miteinander verwoben: Es ist nicht möglich, Gott zu benutzen, um Menschen nach Gut und Böse voneinander zu trennen!

Sollten wir diese Grundüberzeugung Jesu einmal über zweitausend Jahre hinaus in unsere Tage verlängern und vielleicht sogar in die nächsten zwanzig Jahre oder zweihundert Jahre der Zukunft projizieren, wäre es da nicht möglich, daß wir entsetzt und erschrocken vor all dem stehen, was wir heute noch *Justiz* nennen und als Werk der «Gerechtigkeit» begreifen? Da ist ein Mensch «böse», und dementsprechend beurteilen wir ihn. Noch vor etwa 250 Jahren hätten wir womöglich erklärt, daß in einem solchen Menschen der Böse, der *Teu-*

fel, stecke, er sei eine Hexe, er sei ein Besessener, und wir müßten, um gegen den Satan in ihm vorzugehen, ihn physisch vernichten, damit er in Kirche und Gesellschaft keinen Krebsschaden anrichte. Könnte es nicht sein, daß unser heutiges Reden von dem Bösen im Menschen nur eine säkularisierte, verbrämte Form alter Dämonenangst und Hexen-Jägerei wäre, genauso abergläubisch, genauso metaphysiziert und weit weg von der nötigen Einfühlung in die Zusammenhänge, in denen Menschen wirklich leben? Sehr wohl für möglich zu halten ist, daß nach gerade einmal 150 Jahren ernsten Bemühens um die Seele des Menschen wir in wenigen Jahrzehnten bereits sehr viel mehr wissen über das, was in unseren neuronalen Netzen alles sich abspielt, was in unseren Köpfen sich wirklich verdrahtet. Gesetzt einmal, es kämen Psychoanalyse, Neurologie und Verhaltensforschung zusammen und begründeten ein Modell unserer Psyche, das einem wirklichen Verstehen dient, hätten wir dann noch die Möglichkeit zu sagen: «Das hat ein Mensch *frei* getan, er wollte etwas *Böses* wirklich?» Ist es denn überhaupt denkbar, daß ein Mensch etwas «Böses» *freiwillig* täte? Daß er einen anderen Menschen leiden ließe, ohne selber ein Leidender zu sein? Gesetzt sogar, es käme die objektive Betrachtungsweise der Naturwissenschaften mit der geisteswissenschaftlichen Hermeneutik zusammen und wir könnten den Menschen gleichzeitig von innen und von außen wahrnehmen, könnte es dann wirklich noch Richter über die Menschen geben? Wüßten wir nicht am Ende nur noch, so wie Jesus es vor 2000 Jahren schon vor sich sah, daß Menschen einzig ein unbedingtes *Verstehen* brauchen, gerade wenn sie sich am meisten vom Chor oder von der Herde der Menschen entfernt haben? Und wie man ihnen nachgeht, das ist dann die Frage nach «dem, was jedem zukommt», nach der «Gerechtigkeit».

Diese neue Form von *Gerechtigkeit* gilt selbst im Umgang mit *Geld*. Das Gleichnis aus dem *Matthäus*-Evangelium, das Jesus von dem *Weinbergbesitzer* erzählt, ist in seinem äußeren Ablauf zeitgeschichtlich durchaus vorstellbar. Ein Weinbergbesitzer kann in der Sommerhitze seine Reben nicht verdorren lassen; also braucht er in sehr kurzer Zeit sehr viele Erntearbeiter. In den Tagen Jesu schätzt man, daß es in Galiläa eine große Zahl von Arbeitslosen gab, die frei als Tagelöhner angeworben werden konnten. Unter solchen sozialen Verhältnissen spielt das Gleichnis.

Einmal, dreimal, viermal geht der Gutsherr aus und holt von den

Marktplätzen so viele Arbeiter, wie er bekommen kann. Es müssen die Reben eingebracht werden, am liebsten heute noch; schließlich will er keine Rosinen ernten, er will Wein produzieren, und dazu braucht er Arbeiter, jetzt, nicht erst in drei Tagen oder zwei Wochen. Bis dahin verläuft die Handlung absolut normal. – Daß wir hier großgrundbesitzerliche Verhältnisse vorfinden, bildet für Jesus in dieser Erzählung kein Problem, – es geht ihm nicht um die soziale Frage. Worum es ihm geht, ist die Stellung des Menschen vor Gott. Was für *Rechte* haben wir, zu sagen: «Dies ist unser Werk, und jetzt erwarten wir unseren Lohn»? Wie geht Gott mit uns um?

Die guten Leute, die frommen Menschen, die Gesetzeseinhalter werden sich wirklich vor Gott hinstellen und erklären: «Wir haben unser ganzes Leben lang uns Mühe gegeben, und wir erwarten jetzt von dir gewissermaßen die bessere Behandlung», – so wie die katholische Kirche auch in der Gegenwart noch lehrt, daß zwar der Himmel der Himmel sei, doch eben in Unterschieden: da gebe es zum Beispiel neun Chöre der Engel, und natürlich sitze ein Mann wie der hl. AUGUSTINUS nicht unbedingt da, wo vielleicht einmal der Irrlehrer PELAGIUS zu sitzen komme; – und dann gar unsereins! Es gibt Abstufungen, je nach Verdienst, eben weil Gott *gerecht* ist, und man muß die Unterschiede bis ins Ewige hinein verlängern. All das, meint Jesus, ist ein grober Unfug und ein Mißverstand im ganzen. Was wir wirklich brauchen, ist diesem Gleichnis zufolge eine Antwort auf das Gefühl, in gewisser Weise immer zu spät zu kommen.

Wann geht es einem Menschen mal auf, was er wirklich ist, was er hätte sein können, wie er sich hätte verhalten müssen, – wann merkt er es? Und wenn er es nun merkt und tut es, was «verdient» er dann?

Das Entscheidende an dem Gleichnis Jesu hier ist, daß der Weinbergbesitzer, froh, seine Ernte für heute eingebracht zu haben, großzügiger ist, als es dem ausgedungenen Tarif entsprechend wäre. Genau betrachtet, ist für die Arbeiter, die um fünf Uhr eingeladen werden, ein Lohn nicht festgesetzt. Ein paar Pfennige würden genügen nach Maßstab der «Gerechtigkeit», nur: für diese paar Pfennige würde keiner der Arbeiter sich auch nur das Brot auf dem Basar kaufen können, das er für seine Familie braucht, nebst ein paar Gurken oder einer Melone. Aber eine *Drachme* (etwa 60 Pfennige), das würde genügen. Dieser Weinbergbesitzer gibt am Abend nicht, was die Leute «verdienen», sondern was sie *brauchen.*

Und so ist Gott, will Jesus sagen! Und wenn *er* so ist, sollten *wir* es nicht auch so halten? *Rechtes Verhalten vor Gott*, das wäre, wir würden den ganzen Tugendbegriff der Gerechtigkeit streichen! Denn vor Gott gilt er nicht! Und untereinander führt er nur in die Irre, bis hin zum Wirrsal und Wahnsinn «gerechter Kriege»! Aber würden wir den andern in die Augen schauen und uns fragen, was sie wirklich brauchen und was ihnen hilfreich ist, ihre Not abzuarbeiten, dann spürten wir sehr bald, was «rechtes Verhalten vor Gott» bedeutet.

Die einzige Schwierigkeit bei all dem liegt darin, daß es vielen Menschen scheinbar viel zu gut geht. Sie fühlen sich nicht so wie die Arbeiter, die um fünf Uhr nachmittags geworben wurden, oder wie der Zöllner hinten im Tempel. Sie denken immer noch, sie stünden da mit zwei festen Füßen auf der Erde, sie seien «gußeiserne Charaktere», wie FJODOR M. DOSTOJEWSKI sie gerne nannte, – unbescholtene Naturen jedenfalls, ordentliche Bürger, Leute, die es «verdient» haben, daß es ihnen gut geht! Sie haben zum Beispiel ihre Villa gebaut, und die hat viel gekostet; wenn da jetzt jemand kommt und randaliert, oder er will sie ihnen sogar wegnehmen – Kommunisten zum Beispiel haben immer solche Ideen –, so gehören Bodyguards und Elektrozäune vor diese Villa gestellt und eine Privatpolizei, die man sich halten muß; wer Besitz hat, muß ihn wahren und mehren, das ist seine Pflicht, so ist die «Gerechtigkeit», darauf hat er Anspruch. Wie kommt man mit Menschen zurecht, die sich in eine solche «Gerechtigkeit» verbeißen?

Jesus bekam es fertig, in der Einleitung der Bergpredigt zu sagen: «Glücklich nenne ich die *Armen*», und er konnte im Kehrvers hinzufügen: «denn die wissen, daß Erbarmen nötig ist.» *(Mt 5,3,7)* Nur *die* sind fähig, Erbarmen zu leben, die irgendwann gespürt haben, wie arm sie sind und wie sehr sie selbst es brauchen.

Jesus sagte: «Glücklich nenne ich die Menschen, die wehrlos sind», die wissen, daß man nur im Frieden leben kann, «denn nur die werden Frieden machen.» *(Mt 5,5.9)* Alle andern werden immer wieder «gerechte» Kriege «führen».

Natürlich kann und soll ein solches Denken Menschen nicht in Armut und Armseligkeit stürzen, aber wieviel an Selbsterkenntnis trennt uns davon, zu wissen, daß es nur dem Augenschein entspricht, wenn wir denken, «gut dran» zu sein bedeute auch schon, gut zu sein. Was wir nötig haben, meinte Jesus, ist eine Güte ohne Verdienst, was uns leben läßt, ist eine Vergebung ohne Vorbedingung, was uns aufrichtet, ist der *Verzicht* auf jedes «Gericht».

Im Sinne Jesu geht das sogar bis in Geldangelegenheiten. «‹Vergib uns unsere Schuld›, hat Jesus gesagt», erklärte mir dieser Tage ein Finanzmann; «er hat nicht gesagt: ‹vergib uns unsere Schulden›, – das ist ein Unterschied!» Ja, wenn das so wäre! Im Sinne Jesu ist das ein und dasselbe, absolut ein und dasselbe! «Wie kannst du, wenn du Geld verleihst», ist seine Meinung, «ernsthaft glauben, du könntest aus der Not des andern Profit machen? Weil du Geld hast und der andere nicht, schaffst du eine Situation, an der du am Ende noch mehr Geld hast? Das ist unglaublich!»

Nach den Vorstellungen der Wirtschaftsethik sind Geldgeschäfte absolut erlaubt, nach den Vorstellungen Jesu von Menschlichkeit sind solche Geschäfte ungeheuerlich. Und hatte er nicht recht?

Manche Wirtschaftswissenschaftler glauben heute, daß das Volk der Juden gegenüber den Assyrern, Persern, Griechen, Römern, all den Großstaaten also gegenüber, nur überlebt hat, weil es zumindest dem Ideal nach so etwas besaß wie ein «Entlaßjahr» alle sieben Jahre *(Ex 21,2–6; Dt 15,1–3)* – das also, worum die Kirchen für das Jahr 2000 eine Initiative gestartet hatten: Die Entwicklungsländer sollten die Zinsen für ihre Altschulden erlassen bekommen – sie sollten sogar einen weitgehenden Schuldennachlaß erhalten. Ganz unmöglich! erklärt natürlich die Weltbank; aber wenn es stimmt, was manche Wirtschaftswissenschaftler meinen, das Volk Israel habe nur überlebt, weil es alle sieben Jahre eine absolute Schuldentilgung gab, was spräche dann gegen einen solchen Vorschlag? Der siebenjährige Schuldennachlaß hatte zur Wirkung, daß der Volkskörper nicht nach oben und nach unten auseinandergerissen wurde; es gab nicht die Zinsspirale, die die Reichen immer reicher und die Armen immer ärmer macht und damit das Zusammenleben instabil gestaltet. Jesus ist in der mosaischen Religion mit ihrem Zinsverbot großgeworden; was ihn davon unterscheidet, ist einzig die Radikalität im Prinzip: Jesus will nicht, daß man sieben Jahre lang mit dem Schuldennachlaß wartet und in all der Zeit den anderen schmoren und wie einen Sklaven schuften läßt. Jesus mochte alle Dinge sofort und gleich. Für ihn gibt es keinen Aufschub im Vergeben, weil vor Gott kein Aufschub ist. *Unsere Schuld vergib uns* – übersetzt sich wirtschaftlich, menschlich, moralisch – in alle Bereiche!

Dann bleibt die Frage natürlich, wie, wenn wir über Menschen nicht *richten* können, wenn «Gerechtigkeit» sich so nicht exekutieren läßt, das menschliche Leben dann zu beschreiben ist?

HERMANN HESSE hat darauf einmal die kürzeste und schönste Formel als Antwort gefunden. «Das menschliche Leben ist ein Fortschreiten von der Unschuld zur Schuld und von der Schuld zur Verzweiflung und von der Verzweiflung entweder zum Untergang oder zur Erlösung», schrieb er. «Erlösung» ist aber nicht der Rückfall in eine vormoralische Naivität, sondern ein Darüber-Hinausgehen.

Das genau war die Meinung Jesu. Es geht nicht darum, alle Ordnung aufzulösen, es geht darum, sie in einem nie erreichten Hitzegrad existentieller Energie wegzuschmelzen, fließend zu machen, ins Strömen zu bringen.

Dann mag die letzte Frage sich stellen: Was aber wird aus KANTs Glaube, Gott sei als oberste Instanz, als Versöhner aller Ordnung, als Inbegriff überragender Gerechtigkeit zu «postulieren»? Der Schrecken des Christentums liegt darin, daß es seine «Moral» mit Gott verschmolzen hat und damit die Begriffe von Gut und Böse mit den Vorstellungen unendlicher Belohnung und unendlicher Bestrafung, mit Himmel und Hölle identifiziert hat. Die großen Bilder der mittelalterlichen Kathedralen: der Engelzug, der Dämonenzug, – die ständige, permanente Angst: Wo wirst du stehen in der Stunde des Todes?, haben die Menschen gequält ihr Leben lang. Man muß vielleicht zu dieser Frage noch in ihrem säkularisierten Gewande den französischen Existenzialisten JEAN-PAUL SARTRE hinzunehmen. SARTRE meinte: Solange du lebst, bist du dein eigener Richter; jedes Bewußtsein existiert für sich selber und verfügt über seine eigenen Qualifikationen; aber wenn du tot bist, verwandelst du dich in ein bloßes An-sich-Sein, dann wirst du ein bloßes Objekt. Dann stehen sie am Grab und halten ihre Reden und bewerten, was dein Leben war, und all die Schwätzer wissen natürlich ganz genau, wer du warst, was du hättest sein müssen, was dein Leben wert war. Wenn du selber auch nur noch einen Atemzug zur Verfügung hättest, würdest du sie alle widerlegen können. Aber der Tod besteht eben darin, das Leben zu enden an einer Stelle, an der es nie zu Ende hätte sein dürfen. Immer ist der Tod die Auslieferung an das Gericht der anderen, ist er der Inbegriff des höchsten Unrechts. –

Wenn das *Christentum* irgendeinen Sinn macht, dann sollte man denken, Gottes Art, den Menschen zu sehen, bestehe darin, ihn als Subjekt, als Für-sich-Sein vollkommen sich selber zurückzugeben. Das aber ist nur möglich, wenn gerade das gilt, was Jesus sich vorstellte: daß Gott *die reine Liebe* sei. Tatsächlich gibt es keine gründlichere Art, sich selber zu «richten», als einem anderen gegenüberzutreten, der uns nur liebt und nichts weiter von uns erwartet, als daß wir selber sind. Plötzlich erscheinen all die Abweichungen, die Ausreden, die Lügen, die Kleinkariertheiten unseres Lebens uns selber unerträglich. Plötzlich spüren wir, wie oft wir uns selber Unrecht getan haben aus lauter Angst, und es tut uns bitter leid; so wollten wir nicht sein, so hätten wir nie sein mögen! Je tiefer wir reifen in dem Vertrauen zu der Liebe eines anderen, wächst unser wahres Wesen auf und sprengt sich alles weg, was uns je verstellt hat. Eine andere Form, wie Gott uns «richtet», ist überhaupt nicht möglich, als daß er uns *auf*richtet zu uns selber und uns «hinrichtet» zu dem, wozu er uns gemacht hat. Man mag diesen Übergang reifender Wandlung als *Fegefeuer* bezeichnen, wie die katholische Kirche es lehrt. Das Fegefeuer, sagt sie, ist ein Zustand, in dem die «armen Seelen» wissen, daß sie in den Himmel kommen, aber eben noch nicht dort sich befinden; sie *leiden* noch an dem, was sie getan haben, gerade weil der Himmel ihnen sicher ist.

Wenn man die mythologischen Begriffe dieser Dogmatik einmal ins Symbolische übersetzt, dann müßte man sagen: Es gibt nichts Peinigenderes, als zu spüren, wie unnötig all die Ängste und Fehler waren, die wir im Moment, da wir ihnen ausgeliefert waren, für unausweichlich hielten. Plötzlich entdecken wir eine *Freiheit*, wie wir sie nie kannten, und dann ist es sogar möglich, daß, je besser wir uns selber verstehen und wir mit uns mehr identisch werden, auch das Verstehen für alle anderen Menschen wächst und größer wird. Am Ende ist der *Himmel* die Verbundenheit aller Menschen im Glück, eine Verbundenheit, die wir ursprünglich nur in dem Wissen einer tiefen Bedürftigkeit fanden, die wir alle teilen, eines Mangels und einer Entbehrung, von der wir alle gezeichnet sind. Am Ende ist es die Seligkeit, zu spüren, daß es überhaupt nur Menschen gibt, die auf je ihre Weise mit ihrer Angst, mit ihren Qualen, mit ihren Abhängigkeiten, mit ihren Unzulänglichkeiten zu leben versuchten. Sie alle waren *unterwegs*; doch nun finden wir uns wieder, und kein Tod mehr hat die Macht, uns voneinander zu trennen. So wäre der *Himmel*, so wäre Gott, so richtete Gott, meinte Jesus, das wäre seine «Gerechtigkeit».

Was aber erst einmal beginnt, wenn wir «Rechtstitel» in unseren Umgang mit uns selbst und mit anderen einführen, läßt sich vielleicht in einer kleinen hinduistischen Geschichte ein wenig ironisch erläutern:

> «Es gab einmal einen indischen Asketen, der bei einem sehr guten Lehrer in die Schule ging und lernte, mit wie wenig doch ein Mensch in mönchischer Bedürfnislosigkeit zu leben vermöge. Er ging, nachdem er die Schule durchlaufen hatte, hinaus ins Freie. Da fand er nach einiger Zeit, daß, wenn er nachts schlief, sein Lendenschurz von Mäusen angefressen wurde. Und um den Lendenschurz zu schützen, erbettelte er sich eine Katze, die die Mäuse vertreiben sollte. Aber die Katze brauchte Milch, und so erbettelte er Milch für die Katze, die die Mäuse vertreiben sollte, daß sie nicht seinen Lendenschurz anfraßen. Nun war es aber zu mühsam, jeden Tag bei den Leuten Milch zu erbetteln. Der Asket fand heraus, es sei viel vorteilhafter, sich eine Kuh zu erbetteln, die die Milch gab, mit der die Katze ernährt würde, die die Mäuse verscheuchte, damit sie nicht den Lendenschurz zernagten. Nun braucht eine Kuh aber viel Futter, und auch das wollte erbettelt sein. Viel praktischer war es, eine Wiese zu erbetteln, auf welcher die Kuh fressen konnte, die die Milch gab, die die Katze ernährte, die die Mäuse vertrieb, die den Lendenschurz fressen wollten. Dann aber brauchte es Leute, die die Wiese instand hielten, und auch war es nötig, daß die Leute, die auf der Wiese arbeiteten, versorgt und untergebracht wurden. Auch war es nötig, daß in dem Haus, in dem die Leute, die die Wiese bestellten, untergebracht waren, Leute für Aufsicht und Ordnung sorgten ... So ging die Zeit hin. Eines Tages besuchte der Meister seinen Schüler und war ganz verwundert, was er zu sehen bekam. «Was ist aus dir geworden?», sprach er. «Meister», erklärte der Schüler, «du wirst es nicht glauben: es gab durchaus keinen anderen Weg, um meinen Lendenschurz zu erhalten.»

Von solcher Art sind die Werke der «Gerechtigkeit» in römisch-abendländischem Sinne.

II

Es soll im folgenden noch einmal um die Frage nach der *Gerechtigkeit* gehen.

Am sogenannten Palmsonntag gedenken wir des Einzugs Jesu in Jerusalem: – wie der Mann aus Nazareth gleich einem Messias Besitz genommen haben soll von der heiligen Stadt seines «Vaters». Radikal gegen die Szene eines solchen Triumphzuges spricht die historische Tatsache, daß wenige Tage danach Jesus hingerichtet wurde. Wie ist es möglich, vom Hosiannah zum Kreuzige! zu gelangen? Eine Aufklärung darüber wird in keinem rituellen Gottesdienst gegeben. Sie scheint auch aus den Texten des Neuen Testaments nicht hervorzugehen; selbst in den Evangelien ist man sich nicht sicher: was ist da bloßes theologisches Konstrukt gewisser schriftgelehrter Kreise, und was stand historisch dahinter? Doch weit wichtiger als die historische Darstellung ist die Frage nach dem Sinn der Texte. Wäre es möglich, daß die Evangelien an dieser Stelle bei allen absichtsvollen Legendenbildungen auch in historischer Bedeutung viel «exakter» sind, als man ihnen zutraut oder als mal als Historiker ihnen zutrauen darf? Könnte es nicht sein, daß Jesus in diesen knappen Texten in *Markus 11* alles noch einmal gebündelt hat, was er zu sagen hatte? Die Frage in dieser Weise stellen heißt, im voraus sie zu bejahen, aber wie? Das heute abend wollen wir ein Stück weit erörtern.

Im *11. Kapitel, Vers 1–25*, berichtet *Markus*, der uns als ältester erhaltene Evangelist, vom Einzug Jesu in Jerusalem, von dem verdorrten Feigenbaum und von der Tempelreinigung:

Als er in die Nähe von Jerusalem kam, nach Bethphage und Bethanien, an den Ölberg, sandte er zwei seiner Jünger und sprach zu ihnen: Geht hin in das Dorf, das vor euch liegt, und sobald ihr hineinkommt, werdet ihr ein Füllen angebunden finden, auf dem noch nie ein Mensch gesessen hat. Bindet es los und führt es her. Und wenn jemand zu euch sagen wird: warum tut ihr das?, sprecht: der Herr bedarf seiner, und er sendet es alsbald hierher. Sie gingen, fanden das Füllen angebunden an einer Tür draußen am Weg und banden es los. Und einige, die dort standen, sprachen zu ihnen: Was macht ihr da, daß ihr das Füllen losbindet? Sie aber sagten zu ihnen, wie ihnen Jesus geboten hatte, und da ließen sie's zu. Sie führten das Füllen zu Jesus und legten ihre Kleider drauf, und er setzte sich drauf. Und viele breiteten ihre Kleider auf den Weg, andere grüne Zweige, die sie von den Feldern abgehauen hatten, und die vorangingen und die nachfolgten, schrien: Hosiannah! Gelobt sei, der da kommt im Namen des Herrn! Gelobt sei das Reich unseres Vaters David, das da kommt. Hosiannah in der Höhe!

Und Jesus ging hinein nach Jerusalem in den Tempel, besah alles ringsum, und spät am Abend ging er hinaus nach Bethanien mit den Zwölfen.

Am nächsten Tag, als sie von Bethanien weggingen, hungerte ihn. Er sah einen Feigenbaum von fern, der Blätter hatte. Da ging er hin, ob er was fände. Als er zu ihm kam, fand er nichts, nur Blätter. Es war für die Feigen gar keine Erntezeit. Aber Jesus fing an und sprach zu ihm: Nun esse niemand mehr eine Frucht von dir in Ewigkeit. Und seine Jünger hörten das.

Sie kamen nach Jerusalem. Jesus ging in den Tempel und fing an, auszutreiben die Verkäufer, die Käufer im Tempel. Die Tische der Geldwechsler und die Stände der Taubenhändler stieß er um und ließ nicht zu, daß jemand irgend was noch durch den Tempel trage. Und er lehrte und sprach zu ihnen: Steht nicht geschrieben, mein Haus soll heißen ein Bethaus für alle Völker? Ihr aber müßt eine Räuberhöhle daraus machen! Und es kam vor die Hohenpriester und Schriftgelehrten. Sie trachteten danach, wie sie ihn umbrächten. Aber sie fürchteten sich vor ihm, denn alles Volk verwunderte sich über seine Lehre.

Abends gingen sie hinaus vor die Stadt. Als sie dann am Morgen an dem Feigenbaum vorbeigingen, sahen sie, daß er verdorrt war bis zur Wurzel. Und Petrus dachte daran und sprach zu ihm: Rabbi, sieh den Feigenbaum, den du verflucht hast! Er ist verdorrt. Und Jesus antwortete: Habt Glauben an Gott. Ich sage euch: Wer zu diesem Berg spräche: heb dich und wirf dich ins Meer, und zweifelt nicht in seinem Herzen, sondern glaubt, daß geschehen werde, was er sagt, da wird's geschehen. Drum sag ich euch: Alles was ihr bittet in eurem Gebet, glaubt nur, daß ihr's empfangt, so wird's euch zuteil werden. Und wenn ihr steht und betet, so vergebt, wenn ihr etwas gegen jemanden habt, damit auch euer Vater im Himmel euch vergebe eure Übertretungen.

Die Rede Gottes von der «Gerechtigkeit» ist im Christentum zu einem Dogma der Angst und des Schreckens verkommen, denn Gott «der Gerechte», «der Allwissende», «der Ewige» straft, *muß* jegliche Schuld strafen. Es ist schwer, sich eine Lehre vorzustellen, die im Herzen insbesondere von Kindern furchtbarer wirken könnte als diese. Sie macht aus Gott einen ewigen Verfolger, einen Alptraum. Selbst im Dunkeln sieht dieser Gott, selbst die Gedanken kontrolliert er, und jegliche Tat ahndet und richtet er. Freilich schaut er auch auf das Gute, aber was nutzt das? Unser ganzer Körper kann gesund sein, Milliarden Zellen können perfekt miteinander kooperieren; es genügt eine einzige winzige Stelle, an der es nicht «funktioniert», an der Schmerz sich bildet, an der Krankheit entsteht, die den Tod bedeuten kann. Was vermögen hundert gute Werke gegen einen einzigen wirklichen Fehler bei einem Gott, der «gerecht» ist und der das «Böse» heimsucht? Man kann in keinem Schuh gehen, selbst wenn er noch so gut gearbeitet ist, gibt es darin auch nur einen einzigen Nagel; – so mit dem menschlichen Leben! Der Gott, der *gerecht* ist, wird immer etwas finden, das nicht stimmt, und das ist ausschlaggebend. Das ist der Wurfschatten der Ewigkeit! Alles vor Gott hat *unendliches* Gewicht. Wenn die Sünde des Menschen, und sei es eine Bagatelle, erst vor die Augen des *unendlichen* Gottes kommt, so ist er, muß er *unendlich* «beleidigt» sein. Und wie kann er da noch vergeben, wo er unendlich gerecht ist, außer – ja, was soll er tun?

Die Theologenauskunft lautet: Er braucht ein *unendliches Opfer*!, und schon befinden wir uns mitten im Kern einer theologischen Rabbulistik von über 1500 Jahren. Das Problem des Neuen Testaments war die Frage: warum Jesus sterben mußte. An sich war diese Tatsache ganz unverstehbar. Wie kann es sein, daß Jesus, der inzwischen als «Sohn Gottes» bezeichnet wird, am Kreuz hingerichtet wird? Das liege daran, so die dogmatische Lehre, daß Gott, der auch die Liebe sei, angesichts der Sünde des Menschen in seiner *Gerechtigkeit* sich in einem Zwiespalt befunden habe. Einfach vergeben, – das durfte er nicht, eben weil er die *Gerechtigkeit* selbst ist; als der liebende Gott aber wollte und mußte er vergeben, und so benötigte er eine *unendliche* Wiedergutmachungsleistung, um dem Menschen die *unendliche* Schuld vergeben zu können. Unter diesen Voraussetzungen gab es keinen anderen Weg für ihn, als daß er selbst, der Unendliche, sich selbst zum unendlichen Sühneopfer brachte.

Diese Gedankenbahn erscheint in sich vollkommen «logisch» und könnte doch in der Psychiatrie entstanden sein, so wie aller Wahnsinn, wenn er nur intelligent genug formuliert wird, eine unwiderlegliche Methodik bekommt. Welch ein Kind auf Erden wird mit einem Gott einverstanden sein, der den einzig Schuldlosen opfern läßt, damit «gerechte» Vergebung möglich werde? Man wird dem Kinde jedoch an jedem Karfreitag sagen: «Du mußt Gott lieben, eben weil er seines eigenen Sohns nicht geschont, sondern ihn geopfert hat für dich», und dann malt man ihm die schrecklichsten Qualen, die römische Folter der Kreuzigung aus, als wollte man die Blutstropfen auf Golgatha immer noch nachzählen. Aus dem Gott des Christentums wird auf diese Weise ein sadistischer Vampir; er, der *Gerechte*, wird auf diese Weise ein für allemal auf unendliche Weise ungerecht. So etwas darf man nicht tun, einen Unschuldigen opfern, um die Schuldigen zu entlasten, – das ist das unmittelbare Empfinden eines jeden normal denkenden Menschen. Wie ist es möglich, daß Gottes «Gerechtigkeit» sich erfüllt, indem ein vollkommen Schuldloser zur Buße hergenommen wird anstelle der Schuld anderer? Nicht *Gerechtigkeit* ist das, sondern Frevel. Und selbst wenn das alles nicht so wäre, selbst wenn wir denken müßten, Gott habe es eben so gemacht, es solle jetzt alles so in Ordnung sein, er habe uns vergeben, und wir seien erlöst, wir also hätten allen Grund zum Jubeln, jetzt würde es Ostern – alles sei vorbei, und wir, erleichtert, atmeten jetzt durch, wir besängen den Frühling unseres Lebens ..., so bleibt es doch bestehen: ein Gott, der nur vergibt unter derartigen «gerechten» Vorleistungen, dem ist nicht nachzukommen! Er habe *einmal* so gehandelt, und dieses Einmal bedeute ein für allemal, sagen die Theologen, aber daß er so handelte, ist doch der Ausdruck seines Wesens. Und so wird die Kirchenlehre weitergehen: Gott vergibt dir – nämlich wenn du bereust, wenn du gute Vorsätze erweckst, wenn du dich bemühst, keine Fehler mehr zu begehen; dann, eben weil es dir leid tut und weil du Wiedergutmachung gelobst, vergibt er dir.

Schon die neunjährigen Kommunionkinder werden in der katholischen Kirche mit einer solchen Doktrin in Widerspruch zu sich selber gebracht. Wie sollen sie geloben, daß sie sich «bessern»? Selbst ein Kind ist imstande, sich einigermaßen zu kennen: Es wird wieder «Widerworte» geben, es wird wieder Ärger mit seinem Bruder haben, es wird wieder in der Schule nicht so gut aufpassen. Und wie, wenn alles das noch nicht reichen würde? Bestimmt in der nächsten Messe wird es unandächtig beten, es wird an das Nachbarmädchen denken oder darüber lachen, wie der Pastor sich so komisch am Altar dreht oder wie die Orgel so seltsam spielt, – irgend etwas wird es schon geben, um seine versprochene Andacht zu stören. Aber man muß solche Sünden beichten, man muß ihre Vermeidung sich vornehmen. Unandächtig gewesen zu sein, zu spät in die Kirche gekommen zu sein – was für ein Gott! Was für ein kleinlicher Pedant! Was für ein Monstrum! das sich für all das in seiner «Gerechtigkeit» «unendlich» «beleidigt» fühlt!

Wir müssen, um gerecht zu sein, erläutern, daß es im Neuen Testament keinen Tatbestand gab, der als schwieriger verstehbar erschien als die Tatsache, daß ein Mann wie Jesus für all das, was er sagte und tat, im Namen Gottes und des Staates vollkommen legal hingerichtet werden konnte, und zwar mit lauter guten Argumenten. *Ein* solches «Argument» findet sich in *Lukas 23,5*: «Er hat alles durcheinandergebracht, von Galiläa angefangen bis hinunter nach Jerusalem.» Das ist historisch wohl die Wahrheit, das hat er getan. Er war eine einzige Aufregung, ein einziger Skandal. Wo immer er hinkam, gab es Empörung, erregte es verschiedene Meinungen, polarisierte es die Bevölkerung – er war eine einzige Beunruhigung. Und er war ein absoluter Gesinnungstäter, dieser Jesus von Nazareth. Es hatte keinen Zweck, mit ihm zu reden, um ihn zu normalisieren. Er hatte seine Überzeugung, er hatte seinen Gott, und dieser Gott lehrte ihn lauter Dinge, die im Rahmen der ordentlichen Gesetzesauslegung so nie akzentuiert wurden; vielleicht daß man sie denken durfte, vielleicht daß man sie in kleinem Kreise äußern durfte, aber doch nicht so in Aktion übersetzen und derart provokativ leben, wie er es tat! Ein solcher Mann muß weg!

Wie ist das möglich? fragen sich demgegenüber all diejenigen, denen Jesus buchstäblich ein neues Leben geschenkt hat; die grübeln und grübeln: Stimmt es denn wirklich, wenn die Hohenpriester gesagt haben: Gott sei *gegen* ihn, «verflucht» sei, «was am Holze hängt»? In ihren Augen vollzog sich ein Gottesurteil. Mit dem Urteilsspruch des Hohenpriesters im Prozeß gegen Jesus wurde zugleich der Fluch Gottes ausgesprochen, und auch der gilt in Ewigkeit: im Grunde wurde die Höllenstrafe für Jesus ausgesprochen, nicht nur die Folter der Kreuzigung verfügt; die dauert ein paar Stunden, aber das wahre Urteil über ihn ergeht in die Ewigkeit. *Das* steht auf dem Spiel am Karfreitag. Haben diese hochpriesterlichen Kreise recht?

Die Gruppe um Jesus liest die Bibel und liest sie mit weinenden, rotgeränderten, glühenden Augen, und sie findet lauter Stellen, die selber priesterlicher Logik entstammen, in der Absicht aber, die Priester zu widerlegen: Opfern sie nicht immer ein *Tier*, um die Schuld von Menschen zu begleichen? Das Tier kann nichts für die Schuld der Menschen, aber nach Priesterlogik nimmt man etwas Unschuldiges, etwas *absolut* Unschuldiges, und legt ihm alle Schulden auf. Und kann es nicht sein, daß sie genau dasselbe mit Jesus gemacht haben? Also zitiert man die Priestertexte.

Und daneben gibt es noch eine andere Argumentationsrichtung: Wie oft ist es vorgekommen, daß Leute für Gott eintraten und mußten eben deshalb antreten gegen alle im Raum von Thron und Altar? Jesaja, Jeremia, Ezechiel – wer eigentlich nicht? Wenn man die Bibel *so* liest, stand dann nicht Jesus ganz und gar im Erbe der Propheten? War er nicht der Typ geradewegs des *leidenden Gerechten*, wie er sein muß inmitten einer ungerechten Welt? Es ist die Priesterlogik selbst, mit der man jetzt Gott angesichts des Schicksals Jesu zu erklären versucht, aber man rückt damit die Perspektive unter der Hand vom Menschen weg. Und nun nimmt die Theologie das, was im Neuen Testament eine Notauskunft darstellt, mit dogmatischem Ernst auf und übersetzt es in metaphysische Gedanken; auf diese Weise entsteht das, was wir im *Kirchendogma* dann vor uns haben: Es läuft darauf hinaus, die vermeintlichen Probleme zu lösen, die Gott mit sich selber am Karfreitag gehabt hat! Doch genau diese Problemstellung entspricht *nicht* der Perspektive Jesu.

Wie schaut man als Mensch so auf Gott, daß sich das menschliche Leben darunter ordnet? das war die Frage Jesu. Die Theologen hingegen, um zu verstehen, wer Jesus war, wie er lebte, wie er starb, stellen sich gewissermaßen neben den Thron Gottes und verkünden mit Ewigkeitsanspruch und absolutem Wissen die Gedanken des Allerhöchsten vom Himmel herunter. Man dreht einfach die Betrachtung um, man schaut von Gott her auf den Menschen, doch gerade das macht aus dem, was Freiheit hätte sein und werden sollen, am Ende Tyrannei und Masochismus. Denn eines steht fest: Wann immer Jesus von Gott redete, mußte er in Widerspruch zur Priesterschaft in

Jerusalem geraten. Der Grund dafür war die Kernevidenz: Gott spricht frei, Gott vergibt, und zwar ohne jede Bedingung. Diese Botschaft ist der ganze Jesus, und es ist schon erstaunlich, daß es innerhalb der kirchlichen Theologie kaum jemandem einfallen will, eben darin den notwendigen Kampf gegen Palast und Tempel zu erkennen. Aber genau das war es, und darum ging es.

Was ist ein *Tempel*? Schon als Kinder im Religionsunterricht wird man Sie gelehrt haben, daß ein Tempel jener heilige Ort sei, an welchem Gott selber wohne, und im Tempel von *Jerusalem* zumal: Da ist der heilige Berg Moria, an welchem Abraham seinen Sohn opfern sollte, doch Isaak wurde im letzten Moment durch einen Engel gerettet, der dem gehorsamen Vater befahl, den Sohn gegen ein Böckchen auszutauschen, das sich mit seinen Hörnern in einem Gesträuch verfangen hatte *(Gen 22,1–19)*. Abrahams Opfer, der Fels, auf dem der Tempel gründet, das Wüstenheiligtum der Bundeslade, das in der Frühzeit der Könige Israels hinübergebracht wurde in den Tempel, – das alles garantierte scheinbar die Begleitung Gottes mit seinem Volk, und ist nicht Schauempfang, Vision und Prophetie ein spirituelles Element, das auch im Tempel noch möglich ist? Dienen nicht Priester und Propheten an derselben heiligen Stätte ihrem Gott?

Tatsächlich kann man weder historisch noch bibeltheologisch so denken. Wohl, heilige Orte sind Stätten, an denen Gott erfahren wird; solche Orte können in der Antike wie in der Gegenwart Zonen bilden, in denen ein schauervolles, alles umgreifendes Erlebnis einen Menschen berührt und umfängt. Eine Quelle, die fließt, kann für einen religiös suchenden Menschen zu einer Stelle der Gottesbegegnung werden, natürlich auch ein hoher Berg, der von den Wolken wie von den Händen Gottes gestreichelt wird, eine Stelle, auf der die Strahlen der Sonne als erstes sich brechen, kann als Sinnbild dienen, wie es im menschlichen Herzen sein sollte; oder ragende Bäume mit weit ausladenden, sich breitenden Zweigen, die Schutz und Schatten spenden, – all das können Orte und Sinnbilder des Göttlichen sein. Das Entscheidende: An all diesen heiligen Zonen wird Gott als gegenwärtig erlebt. Der Unterschied: *Tempel* sind dafür da, *Opfer* zu bringen; sie sind, wenn man so will, die Markierungspunkte, an denen Gott *fehlt* und an denen man glaubt, ihn durch besondere Praktiken *herbeirufen* zu können. Das ist der Dienst der Priester: den *fehlenden* Gott gegenwärtig zu setzen, nicht die unmittelbare Einheit des Erlebens von Mensch und Natur zu ermöglichen; der *Widerspruch* zwischen Gott und Mensch ist die Zone, da man Priester benötigt. Um Opfer darzubringen, braucht man zwar nicht unbedingt ein Gebäude, und doch legt es sich nahe, den Ritus möglichst pompös auszugestalten; denn jedes Opfer vor Gott folgt einem ständig sich steigernden Teufelskreis der Angst.

Für den Ursprung des Opferdienstes in diesem Sinne gibt es keine psychologisch aufschlußreichere Stelle als das *4. Kapitel* der *Genesis*, als die noch einmal zu erwähnende Geschichte von *Kain* und *Abel*. Die Menschen, die dort geschildert werden, tun alles, was sie können, um sich mit Gott zu versöhnen, aber sie tun es voller Angst; sie geben ihr Bestes, aber innerlich widersprüchlich, und am schlimmsten: sie liegen wechselseitig in Konkurrenz, um die «Urschuld» ihres Daseins zu sühnen. Wenn jeder dasselbe mit demselben Ziel unter Konkurrenzdruck tut, ist es wie auf dem Markt: Nur wer am besten anbietet, wird der Erfolgreiche, und jeder muß denjenigen verdrängen, der erfolgreicher zu werden droht als er selber. Statt einer gütigen Versöhnung mit Gott herrscht infolgedessen Neid, Eifersucht, unterdrückter Haß, inwendige Rebellion und Zorn. Auf diese Weise wird der Mensch nicht besser; auf diese Weise wird er allenfalls noch besser angepaßt. Es ist für Jesus deswegen sonnenklar, daß die ganze Priesterrede über Gott, wie man ihm Opfer darbringen, wie man ihm Vorleistungen schaffen muß, weder Gott noch dem Menschen entspricht, – Gott ist viel zu gütig, um Opfer anzunehmen, und der Mensch ist viel zu arm, um Opfer anzubieten.

Dies ist es, was wir bereits zu sagen versuchten. Wir haben dabei von der menschlichen Schuld zunächst vor allem moralisch gesprochen, so daß man dabei nicht sofort die Revolution bemerken mußte, die sich daraus erhebt. Jesus war in der Tat der Meinung, Gottes «Gerechtigkeit» sei nichts weiter als eine unendlich verzeihende Liebe, als ein alles umgreifendes Verstehen, als ein nicht endendes Bemühen, um die Menschen in ihrer *Hilflosigkeit* aufzusuchen, weil nur *das* einem Menschen in seinem Elend wirklich gerecht werden könne, weil nur das das Notwendige seiner Not bilde. Über nichts anderes im Grunde hat Jesus gesprochen. Wir müssen diesen Gedanken Jesu von der «Gerechtigkeit» Gottes daher als sein Kernthema immer wieder entdecken.

Es gibt eine ganze Kette von *Gleichnissen* Jesu, die so eindeutig und radikal in ihrer Aussage sind, daß es schwerfällt, sie zu überlesen. Die Erzählung in *Mt 20,1–16* von dem Weinbergbesitzer, der am Abend allen Arbeitern, gleichviel, wie lange sie gearbeitet haben, einfach gibt, was sie brauchen, haben wir am letzten Samstag bereits gelesen. Aber Jesus kann diesen Gedanken noch steigern; nehmen wir nur das *18. Kapitel* bei *Matthäus* in den *Versen 21–35,* die *Geschichte vom Schalksknecht.* Wieder kommt Jesus hier auf sein Lieblingsthema zurück: Menschen leben nur von der Vergebung.

Immer wieder sucht Jesus nach Bildern, mit denen er diese Ansicht erläutern könnte, weil keine Theorie, keine Staatsphilosophie, keine Juristerei, keine Philosophie je zu erklären vermag, wie aussichtslos die Situation des Menschen ausfällt, konfrontiert man sie mit der Forderung absoluter Gerechtigkeit, wie sie in Gott verkörpert ist; und so läßt er sich in dieser Geschichte eine altorientalische Szene einfallen, wie sie in Israel nicht spielen kann, aber in der Phantasie der Märchen wohl vorkommen mag: Ein Monarch, ein wirklich großer, mächtiger Monarch, hält Abrechnung, Kassensturz! Das ist normal, jede Regierung basiert auf Geld, und es muß geprüft werden, ob die Finanzen stimmen und was die Minister am Hof mit dem Geld gemacht haben. Also ist Rechenschaft abzulegen über die Verwaltung. Doch gleich um die Ecke, wie's so zu sein pflegt, findet sich ein Mann mit Tausenden von Talenten Schuld. Eine solche Summe ist unbezahlbar. Setzen wir diese Schuldensumme im Zeitalter der Millionäre und der Milliardäre ins Gigantische, setzen wir, dieser Minister habe, wie im Verkehrsressort die Deutsche Bundesbahn, als sie noch so hieß, 65 Milliarden DM Schulden auflaufen lassen; dann kann ein solcher Minister sparen, wie er will, er kann Stellen kürzen, er kann Gleise stillegen, er kann Lokomotiven ans Museum verkaufen und dabei vielleicht 500 Millionen Mark verdienen, er wird sehr bald merken, daß selbst zwei Milliarden DM nur ein Dreißigstel des Betrages sind, mit dem er in der Kreide steht. Er ist nicht nur pleite, er ist hoffnungslos verloren! Das ist seine Situation.

Aber wie im Alten Orient – und nicht nur dort – in Geldangelegenheiten üblich, – man rechnet nicht in Wertgegenständen, wenn es um Schuld geht, man greift an die Gurgel. Dieser Mann ist privat haftbar. Er verfügt über keinerlei Ausrede, er kann keine objektiven Notwendigkeiten anführen, die zur progressiven Staatsverschuldung als Anreiz für die Wirtschaft nützlich und nötig gewesen wären. Sind da Schulden, ist der Mann schuldig, der sie verschuldet hat – so einfach ist das. Deshalb liegt dieser Mann vor seinem Herrn im Staube, jammernd und klagend, denn das weiß er: wie man Schulden eintreibt! «Ich will doch alles bezahlen, – ich verkaufe Frau und Kinder!» das verspricht er allen Ernstes. So wird er es selbst beim Schuldeneintreiben oft genug gehalten haben: Die ganze Familie steht unter Sippenhaft, der gesamte Hausstand, *nichts* wird übrig bleiben, alle Angehörigen werden als Sklaven ihr Leben lang daran arbeiten müssen, um die Schuld wiedergutzumachen. Doch in diesem Falle hat nicht einmal *das* einen Zweck. Alle Familienmitglieder können machen, was sie wollen, ihr ganzes Leben lang können sie in den Bleiminen auf Sizilien oder sonstwo sich die Lunge aus dem Halse schuften, – an dem objektiven Bestand der Schuldenmasse wird dadurch kaum etwas verringert werden. Man kann die Szene, die Jesus da vorstellt, sich eine Stunde lang ausmalen, bis daß jedem einfühlbar wird, wie aussichtslos das ist: *Schuld*! Jeder in dieser Geschichte soll dahin geführt werden, zu merken, daß er doch selbst mit dieser Geschichte gemeint ist. Geht es denn um irgendeinen König in irgendeinem phantastischen orientalischen Staatswesen? Es geht um die Grundsituation des Menschen vor Gott! Wohl haben die Theologen immer wieder gesagt, Gott sei unendlich, aber wenn er das wirklich ist, wenn das mit der unendlichen Schuld des Menschen tatsächlich stimmt, was soll denn er, der Unendliche dann tun? Davon, daß er die Schuldner quält und in den Staub drückt, davon, daß er sie mit der Peitsche blutig schlägt, hat auch er selber überhaupt nichts! Da vergibt also in dem Gleichnis Jesu im *18. Kapitel* bei *Matthäus* der König seinem Minister *alles*, was er schuldig ist, mit einer geradezu paradoxen Begründung: weil dieser Minister ja überhaupt nicht bezahlen kann! Das ist die ganze Meinung Jesu über Gott und den Menschen. Und hinzufügen müßte man nur noch, was im Gleichnis nicht mehr erzählt wird: daß aufgrund dieser Erfahrung einer unverdienten Totalamnestie die Menschen wie erlöst durch die Straßen tanzen, singen und springen müßten: Mir ist alles vergeben!

Nun aber gibt es gewiß auch noch Leute, die sind hie und da einem selber etwas schuldig geblieben – lächerliche Beträge ganz sicher, gemessen an dem, wovon gerade die Rede war, – ein paar Mark, die man als *quantité négligeable* einfach vergessen sollte. Aber Jesus schildert: Kaum kommt dieser Minister aus der Palasttür, da sieht er einen andern, der ihm etwas schuldet, und sogleich verlangt er unnachsichtig die Herausgabe des geschuldeten Geldes; doch *der* spricht ganz so, wie er selber vorhin noch: «Aber ich will doch bezahlen!» und diesmal stimmt's, – er könnte über kurz oder lang wirklich bezahlen! Aber dieser Minister will sich nicht gedulden; er verfügt auf der Stelle den Schuldturm für seinen Schuldner. Er geht mit ihm um, wie es «gerechterweise» ihm zusteht! Doch genau *das* versteht nicht der König in der Geschichte Jesu: Wie kannst du so sein, wo ich Mitleid hatte?

Es ist das unglaubliche Genie Jesu, daß er in all den Geschichten, die er erzählt und die im Grunde doch immer wieder von demselben handeln, alles, was er ist, und alles, was er sagen möchte, auf vollkommene Weise zur Sprache bringt; er schafft damit literarische Miniaturen, die reinste Kunstwerke sind, Elfenbeinschnitzereien gewissermaßen, so fein gearbeitet, daß jede Nuance unter dem Mikroskop darin sichtbar wird; die Botschaft all dieser Geschichten aber lautet: Freispruch für all die Menschen, die ohne eine solche Generalamnestie gar nicht leben könnten! Kein Zweifel: Das bedeutet das Ende aller im juristischen Sinn zu interpretierenden *Gerechtigkeit*! Das ist der Zusammenbruch aller Strafjustiz aufgrund der Zahlungsunfähigkeit der Schuldner!

Sie werden fragen: Na und, was hat das alles jetzt mit dem *Tempel* zu tun? Nun, es hat mit dem Tempel schon dadurch zu tun, daß man dort im rituellen Sinn *Opfer* darbringt, um unbezahlbare Schulden ersatzweise doch zu «bezahlen»; aber es gibt noch einen anderen handfesten Zusammenhang. Indem man im Tempel die Schuld der Menschen durch Opfer ableistete, wurden die Tempel zu den ersten *Geldbanken.* Wir können diese Entwicklung zum Beispiel auf Kreta in den Palästen und Tempelanlagen von Knossos verfolgen. Wir finden dort Zeichnungen, die Rinderfelle und Schafsfelle darstellen, und die Archäologen nehmen an, daß diese Darstellungen Sinnbilder sind für *wirkliche* Rinder und Schafe, die man zum Opfer oder zur Ersatzleistung für Opfer bezahlen mußte. Wir treffen in diesen Bildern offenbar die Übergangsform von der Naturalienwirtschaft zur Geldwirtschaft an: Wenn man nicht mehr mit Tierfellen oder mit lebendigen beziehungsweise toten Tieren handeln will, ist die Darstellung in einem *Symbol* von einem großen Vorteil. *Zum einen*: man hat keine verderbliche Ware mehr; – ein totes Schaf im Orient ohne Kühlschränke ist in wenigen Tagen wertlos, ja, geradezu gesundheitsgefährdend; aber die *Darstellung* eines toten Schafs kann, ordentlich in Lehm gebrannt, ein Leben lang Bestand haben. Diese Darstellung schafft eine Verrechnungseinheit, die, weil sie ein Symbol ist, sich auf Dauer stellen läßt. Und man hat noch einen *zweiten Vorteil*: Man kann die Darstellung weiterreichen. Genau das ist es, was wir als *Geld* bezeichnen: die symbolische Darstellung von Schuld in weiterzureichender, zeitlos verewigter Form.

Die *Tempel* als die ersten Großbanken ihrer Herrscher: – das tatsächlich müssen wir archäologisch zur Kenntnis nehmen! Man hat schon vor über 4000 Jahren Thron und Altar nicht nur als Verwaltungseinheit zusammengefaßt, man hat die ersten *Banken* in die Hände von Priestern gelegt, die lesen und schreiben und rechnen konnten und gleichzeitig die Schuldenbuchführung ihrer Herren: der Könige und ihrer Götter, übernahmen.

Sie mögen denken: Aber das ist doch Heidentum, das war eben in Knossos so, was hat das mit dem *Tempel* in *Jerusalem* zu tun? In gerader Linie so gut wie alles!

Es gibt in der Geschichte des Jerusalemer Tempels eine äußerst sprechende, dramatische Szene, im *5. Kapitel* des *Buches Nehemia*. Kaum jemand von Ihnen wird sie kennen, – das Buch *Nehemia* ist auf aramäisch geschrieben und selbst den meisten Theologen im Original deswegen kaum zugänglich; außerdem enthält es lange Genealogien, die wieder nur bestimmten Spezialisten etwas sagen. Aber das *5. Kapitel* dieses Buches enthält eine höchst lesenswerte Schilderung. Als man in den Jahren 520 bis 512 v. Chr. den Tempel in Jerusalem wieder aufbaute, entstand natürlich die Frage, wie sich die Arbeiten organisieren und finanzieren ließen. Man konnte das nur mit Schulden, mit Kreditaufnahmen, aber die Leute waren selber bis über den Hals verschuldet. Wenn sie ihre Arbeitskraft unter diesen Umständen noch in den Tempelbau investierten, ging das auf Kosten ihres Privatvermögens; doch sie waren fromme Juden, sie wollten die heilige Stadt unbedingt wieder auferbauen. Irgendwie haben sie das dann auch geschafft; 80 Jahre später aber, um 440 v. Chr., waren die Schuldensummen horrende gestiegen, und wie immer, wenn Schulden gemacht werden, gibt es natürlich auch Leute, die mit der Schuld der Menschen Gewinn und Verdienst machen. Die Gesellschaft in Jerusalem im Umkreis des Tempels war zutiefst auseinandergerissen worden. Die Geldbesitzer schröpften ihre Schuldner, und darunter verarmte die Masse. In dieser Situation ging eine Petition ein; sie war erschütternd, weil sie stimmte. Die armen, mittellos gewordenen Leute erklärten: Wir müssen unsere eigenen Kinder, unsere Frauen verkaufen! Das ist dieselbe Situation, von der Jesus in seiner Geschichte von dem verschuldeten Minister eben sprach, aber diese Situation hier hat unmittelbar zu tun mit dem Tempel. In dieser Stunde ist NEHEMIA groß: Er verkündet die *Entschuldung* der gesamten Bevölkerung als eine Forderung Gottes in dieser Stunde; der Tempel wird freigesprochen von jeder Bankschuld, von jeder Kreditzurückzahlung! Diese Maßnahme *göttlichen Rechts* ist ungeheuerlich, weil es kaum eine Bank gibt, die so verfahren würde, ohne selber pleite zu gehen. NEHEMIA *glaubt* daran, daß Gott seinen Tempel selber erhält und daß so zu tun möglich ist, schon weil es die Frömmigkeit der Menschen stärkt und fördert! Aber wie ging es weiter?

In den Tagen Jesu sehen wir, daß im Herodianischen Tempel erneut reiche Geschäfte gemacht werden, an denen die Priesterkaste der Sadduzäer prachtvoll verdient. Opfer darzubringen bedeutet natürlich als erstes, ein Tier herbeischaffen; aber wie? Jemand hat in Judäa vor Gott ein schlechtes Gewissen, und er möchte mit dem Allerhöchsten in Übereinkommen stehen; er kann das aber nicht ohne die Priester; soll er nun durch ganz Judäa das Opfertier treiben und die Nahrung ihm noch um den Hals binden? Das ist unpraktisch. Viel einfacher ist es, man nimmt das nötige *Geld* mit zum Tempel und bestellt *dort* das Opfertier, das bezahlt werden will; dann bestellt man für das Opfer den Priester, der ebenfalls bezahlt sein will; an jeder dieser Stellen also hat man in barer Münze zu zahlen. Aus diesen Opferleistungen der Menschen machen die Priester ihre *Bankgeschäfte*, nicht anders kann man es sagen. Und die Einnahmen aus diesen Geschäften sind enorm.

Eine *zweite* Einnahmequelle existiert an jedem Tempel bis heute: der *Devotionalienhandel*. Kein Dom, keine Wallfahrtsstätte, kein Heiligtum, in dem nicht den frommen Gläubigen alles mögliche aus der Tasche gezogen würde, weil ein bestimmtes Täfelchen, eine bestimmte Inschrift, ein Amulett, ein Talisman, eine Kerze, ein Rauchopfer, irgend etwas denn doch aus priesterlichem Segen in die

Privathäuser zurückfließen läßt, man muß es halt kaufen; und es kostet im einzelnen auch nicht viel, es addiert sich nur halt. Multipliziert mit ein paar Hunderttausend im ganzen, laufen allemal erkleckliche Summen auf. Und wieder fließt all das in die Hände der Priester, – der Sadduzäer in Jerusalem.

Und eine *dritte* Einnahmequelle existiert: die *Tempelsteuer*. Wie im Altertum überhaupt wird mit Steuern kein Federlesens gemacht. Wer Steuern nicht bezahlen kann, bekommt sie nicht etwa erlassen oder gestundet, er hat sich zu verschulden bei irgendeinem der Wucherer, der «Geldgeber», die ihn mit Sicherheit noch ärger übers Ohr hauen werden als der erste Kreditgeber. Er hat die *Steuer* aber als *allererste* Schuld zu begleichen, egal unter welchen Schuldenlasten er das Geld aufbringt. Die Priester leben mit einem Wort von der Armut der Menschen; das ist der Zustand. Und sie *horten* die Schätze der Armen im Heiligtum. Wieviel die Schatzkasse des Jerusalemer Tempels, ihr Bankvermögen, betrug, wissen wir nicht, doch muß es beträchtlich gewesen sein.

Als 63 v. Chr. POMPEJUS Jerusalem besetzt, läßt er den Tempel allerdings noch einigermaßen ungeschoren. Das wird sich ändern. TITUS, im Jahre 70 n. Chr., als er Jerusalem erobert, hat einen Staat im Rücken, der im Grunde pleite ist, – das «große» Rom! Kaiser AUGUSTUS war der letzte, der in der römischen Geschichte noch einmal bare Kasse gemacht hatte, als er nach dem Sieg über KLEOPATRA den Goldvorrat Ägyptens abschöpfte; danach gab es kein Land mehr, das man hätte ausplündern können. Die Tempelkasse in Jerusalem wird von den römischen Legionären «konfisziert» worden sein – erzählt wird uns freilich, das sei unabsichtlich geschehen: Der kostbare Tempel – irgendein verrückter Legionär habe eine Brandfackel in ihn hineingeworfen, und das ganze Gebäude sei in Schutt und Asche verbrannt; fortan war das Geld jedenfalls unauffindbar. Es gab keinen Tempel und auch keine Tempelkasse mehr.

Der Augenblick, in dem Jesus den Tempel betritt, endet mit jenem Wort, das Sie im *Markus*-Evangelium im *11. Kapitel, Vers 25* hören: «Und so vergebt, wenn ihr vor Gott steht.» Der Zusammenhang dieses isoliert wirkenden Wortes ist klar: Was Jesus so erzürnt, ist die Verschmelzung von Gott und Geld. Sie müssen die Priester im Tempel und ihre Angestellten nur sehen mit ihren so praktischen Schreibtäfelchen, mit den *pinakes*, wie sie hießen, wachsbeschichteten Holzscheiben, in die ein Schreibgriffel aus Metall die Eintragungen drückte. Auf solchen Täfelchen konnte man Liebesbriefe schreiben, aber eben auch Schulden notieren. Diese Täfelchen waren in Jerusalem das Sklavenbuch für Tausende Armer im Namen Gottes; mit diesen Täfelchen machte man mit der Angst der Menschen seine Geschäfte.

Die Geschichte, wie Jesus in Jerusalem einzieht, lassen wir einen Moment lang einmal dahingestellt. Es gibt allerdings zum Vorlauf dieser Szene eine kleine Begebenheit, in der Jesus auf die Frage der *Tempelsteuer* angesprochen wird, also auf die Hauptfinanzierungsform des Heiligtums in Jerusalem: In *Mt 17, 24–27* fragt Petrus, ob man die Tempelsteuer bezahlen müsse: Eine Doppeldrachme ist laut Verfügung für jeden Juden an den Tempel zu zahlen. Jesus stellt eine merkwürdige Frage an seine Jünger zur Antwort: «Petrus, wer eigentlich muß Steuern zahlen bei den Staaten? – Die Fremdlinge doch, nicht die Söhne des Hauses!» Er will damit sagen: «Sind wir eigentlich unter den Augen unseres Gottes Fremde im eigenen Lande? Gibt es das überhaupt, daß Menschen sich, wurzellos, grad noch geduldet fühlen müßten, wenn es um Gott geht?» Schon aus dieser Frage geht hervor, daß Jesus die Tempelsteuer rundum ablehnte. Sie verträgt sich nicht mit seiner Vorstellung von Gott. Und um die Sache scheinbar ins Phantastische zu treiben, erzählt *Matthäus* noch eine Legende: Jesus habe dem Petrus gesagt, er solle einen *Fisch* fangen, der werde ein *Goldstück* im Maul tragen; das solle er für die Priester als Ersatz für die Tempelsteuer einzahlen. Diese Legende will offenbar sagen: Der Tempel «finanziert» sich einzig durch Gott selber. Daß wir leben, ist bereits ein reines Wunder Gottes; wenn man Gott «bezahlbar» machen will, dann muß er das schon selber tun! So der Sinn des Märchens von der Münze im Fischmaul. Aber hat man's je begriffen?

Wir müssen, um die Frage zu aktualisieren, noch darauf hinweisen, daß bis in die Gegenwart hinein die ganze Wirtschaftslogik sich darauf festlegt, daß Geld und Schuld gußeisern zusammengehören. Die Banken sind notwendig, wird uns erklärt, die Zinsnahme für Schulden sei notwendig, wird uns gesagt, denn anders könne es überhaupt nicht sein. Wie denn? Sie haben Geld, und natürlich, Sie müssen es irgendwie anlegen, da das Geld sonst verfällt. Alleine schon durch das Wirtschaftswachstum kommt ja der Geldwert unter

Druck; also ist es nicht sinnvoll, nach Großmutters Art das Geld im Strickstrumpf aufzubewahren; außerdem leben wir in einer Zeit des bargeldfreien Zahlungsverkehrs; es wäre viel zu mühsam, wenn wir immer wieder zu jedem Einzelnen gehen müßten, um ihm in Noten und in Münzen zurückzugeben, was er braucht; Überweisungen aber, geldfreie Zahlungen – die werden getätigt über die Banken und Geldinstitute. Die aber müssen natürlich bezahlt werden für ihre «Dienstleistungen». Drum streichen sie bei allen Geldgeschäften auch ein gewisses Surplus ein. Aber schaut man ihnen auf die Finger, sind sie so billig nicht; keinesfalls lassen sie sich wie das Reisebüro nur ihre «Dienstleistungen» bezahlen. Sie nehmen für die Tatsache, daß *sie* Geld haben und ihr «Kunde», der Kreditnehmer, kein Geld hat, *Zinsen*; sie *diskontieren*, genau wie die Tempelbank zu Jerusalem. Und das *muß* sein, erklären sie, denn die Banken können ja nur Geld verleihen durch diejenigen, die es bereits bei der Bank angelegt haben. Die Geldanleger aber haben ein Recht, daß ihr Geldinstitut ihr Geld *richtig* verwaltet, das heißt, daß sie es mit Mehrwert, zurückbekommen. Wenn die Bank pleite machen würde, weil sie zu geringe Zinsgebühren nähme, so wäre das unverantwortlich, weil alle, die ihr das Geld gegeben haben, als Habenichtse dastünden. Mit einem Wort, die Bank ist verpflichtet, im Namen ihrer Gläubiger und derer, die ihr das Vertrauen als Anleger geschenkt haben, *Gewinne* zu erwirtschaften. Und dafür ist der Zins, der Diskontsatz, nun unerläßlich. Fünfzehn Prozent oder zwölf Prozent auf die Schulden, – da kann man steuern! *Steuern* kommt ja davon, daß man die Wirtschaft, also die Gewinnspannen, «steuert»; das also sind die «Pflichten», denen die Banken obliegen.

Wir sind heute, nebenbei gesagt, so weit, daß die amerikanische Börse überschäumt. Es war noch nie so toll! Fünfzig Prozent der Amerikaner, heißt es, sind irgendwo bei Aktiengeschäften beteiligt. Viel lukrativer, als selber zu arbeiten, ist es anscheinend, das Geld «arbeiten» zu lassen. Der deutsche Aktienindex überschlägt sich; die Freude daran wird nur getrübt durch die Tatsache, daß die Prozentzahlen des sogenannten DAX just identisch sind mit denen der Arbeitslosen. Die Dinge hängen zusammen, aber darf man das sagen, will man das wissen? Was ist es mit den Banken?

Es ist das Unglaubliche, daß Jesus, noch ehe er in den Tempel von Jerusalem geht, im *14. Kapitel* des *Lukas*-Evangeliums, knapp und bündig aufs Geld zu sprechen kommt und als Jude nicht nur jede Zinsnahme verwirft; er erklärt ganz einfach: Wenn du Geld hast und verleihst es, so gib es dem, der es nicht zurückzahlen kann *(Lk 14,12–14)*. Er will damit sagen: «Ein solcher braucht es als erster! Alle, die noch zurückzahlen können, sind ja nicht wirklich Notleidende. Such sie dir aus! Du kannst nicht jedem etwas geben, aber da, wo du weißt, es fällt ins Nichts, da engagiere dich. Natürlich werden dir die Leute sagen: Wir zahlen alles zurück; natürlich reden sie so; aber schau sie dir an. Wenn du genau weißt, sie lügen dir beim Kreditnehmen die Hucke voll, denn sie können gar nichts zurückzahlen, dann denke: Diese Art von Lügnern sind die Menschen in der größten Not, sie brauchen's wirklich! Ihre Lüge ist ja nur ein Trick, um die Wahrheit nicht sagen zu müssen. Wenn sie sagen würden: Wir haben nichts, und wir können dir nichts zurückzahlen, würden sie ja niemals glauben, Geld von dir zu bekommen. Du aber kannst ihnen sagen: Mein lieber Freund, ich glaub dir kein Wort, aber das liegt daran, daß du wirklich in Not bist, und für die stehe ich jetzt gerade; so mache das!» meint Jesus.

Nur: wenn das so wäre, könnte man mit der Armut der Menschen endgültig nicht Gewinne machen! Die Banken wären zu Ende bei dieser Art des «Kapitaltransfers», es hörte das Geld überhaupt auf, «Kapital» zu sein, denn «Kapital» – das definiert sich dadurch, daß es sich im Umlauf von Waren und Preisen zwischen Produktion und Konsumption *vermehrt*. Kapital ist Geld, das aus Geld mehr Geld machen soll. Und genau das will Jesus nicht. In wirtschaftstheoretischem Sinn ist der Mann aus Nazareth ein konsequenter, radikaler Antikapitalist, wie immer wir das in den politischen und wirtschaftlichen Strukturen weiterinterpretieren.

Und nun müssen Sie Jesu Reden auf den Gassen und in den Straßen von Galiläa in den Ohren haben, um zu begreifen, warum dieser Mann so attraktiv werden konnte für alle Habenichtse; dann können Sie sich vorstellen, – wenn denn überhaupt an der Geschichte vom Einzug in Jerusalem etwas Wahres in historischem Sinn ist, – mit was für Leuten er da in die Heilige Stadt (in *El Quds*) einmarschiert sein wird. *Auf einem Esel*, sagt man; kein Pferd! Kein stolzer Herold also und kein Kaiser reitet da ein, sondern wie SACHARJA sich das ausgedacht hat *(Sach 9,9)*, ein «Messias», der *demütig* – will sagen: *friedfertig*, absolut *gewaltfrei*, Einzug hält; nicht mit militärischen Demonstrationen stellt er sich zur Schau, sondern er arrangiert eine Aktion, die, wenn sie denn historisch gewesen wäre, so ähnlich verlaufen sein würde, wie MAHATMA GANDHI das machte: Er verbat sich ganz einfach die Militärparaden! In seiner Nähe brauchte man keine Angst zu haben, und man mußte vor ihm also auch nicht mit der Fähigkeit zum Töten angeben. Wenn man ihn begrüßen wollte, dann, bitte, sollte man es menschlich tun, aber nicht erst achtzehnjährige Rekruten vorstellen, die man zum potentiellen Massenmord trainiert hatte. Derselbe Protest lag darin, daß GANDHI barfüßig, ohne beeindruckende Kostümierung, über die Gangway kam, um direkt den Mann oder die Frau zu begrüßen, mit denen er wirklich reden wollte.

In diesem Sinne können Sie begreifen, was es heißt, auf einem *Esel* in die Stadt zu reiten. Aber die Leute sind von Jesus begeistert! Sie verstehen, daß sich da etwas ändert, und sie preisen Jesus genau deshalb. *Gott rette uns*, Hosiannah – der erfüllte Psalm 119! Diese Leute haben's auf den Lippen, sie schmücken die Straßen, sie legen ihre Gewänder aus! Das ist ein *König*!, denken sie.

Immer wieder hat man in den theologischen Kommentaren geschrieben, die Leute damals hätten alles mißverstanden; sie hätten Jesus als König, eben als «Messias», als «Sohn Davids» gewollt. Aber sagen Sie selber: als einen politischen Phantasten, der das Großreich Davids neu errichtet, der die Römer zum Teufel jagt, hat Jesus sich nie ausgegeben! Er hat nicht irgendein Wort gesagt, das in diese Richtung mißverständlich gewesen wäre. Im Gegenteil, in *Markus 8,27–30*, als Petrus einmal bekennt: «Du bist für uns der Messias», gebietet Jesus sogleich, so nicht von ihm zu reden; er wollte nicht, daß man so von ihm spräche. Woher also sollten die «Mißverständnisse» kommen?

Eine andere Erklärung ist viel wahrscheinlicher: die Leute hätten genau begriffen, was er wollte! Sie hätten die vollkommen neue Art, Gott zu sehen und mit den Menschen umzugehen, als eine tiefe Sehnsucht gespürt! – Erst in dieser Sicht begreifen Sie bei aller Legendenbildung dieser Stelle die unglaublich genaue Abfolge der Szenen hier im Markus-Evangelium.

Legendär ist der Einzug Jesu in Jerusalem schon. RUDOLF BULTMANN bereits hat sich gefragt, wieso man so praktisch diesen Esel habe finden können und wie man eine solche Gruppe habe zusammenstellen können, die dann feierlich in Jerusalem hätte einziehen können. Aber nehmen wir das alles einmal als eine *innere Schau* der Zusammenhänge! Die innere Wahrnehmung Jesu von dem Zustand Israels verdichtet sich in einem *Feigenbaum* am Wege. Jesus, wird erzählt, hatte Hunger, aber es war nicht die richtige Zeit, Feigen zu ernten. Äußerlich-historisch sollte man denken, Jesus sei in Fragen der Botanik so wenig beschlagen gewesen, daß er halt nicht wußte, wann man Feigen ernten kann und wann nicht. Aber so auszulegen ist, wie immer, absurd. In Wahrheit geht es um eine Zeichenhandlung, die sagen soll: Dieses Israel, die heilige Stadt Jerusalem, verwaltet unter den Sadduzäern, verbankert im Namen Gottes und verbunkert in den Köpfen der Schriftgelehrten, ist ein Baum mit vielen Blättern, den man immer, wenn Gott Hunger hat, zur Unzeit treffen wird! Dieser Baum trägt nicht nur jetzt keine Früchte, er trägt niemals Früchte. Doch eben drum stehen wir jetzt am Ende der Geduld! Derselbe Mann, der immer wieder gesprochen hat von Vergebung, von Verzeihen, von Hinterhergehen überall, wo er es mit Menschen zu tun hatte, will nicht länger mehr eine Institution mittragen und ertragen, die die Menschen ausbeutet und das auch noch als Gottesdienst bezeichnet. An dieser Stelle ist für Jesus endgültig und ein für allemal Schluß. Er geht in den Tempel, heißt es, und sieht sich das Treiben einen Abend lang genau an, um am nächsten Tage Remedur zu schaffen.

Der jüdische Tempel war ein riesiges Areal, ein Einzelner konnte dort überhaupt nichts ausrichten, wir aber dürfen annehmen, daß Jesus irgendwo und irgendwie spektakulär ein Zeichen gesetzt hat, so wie er das gerne tat, – eine provokative Handlung, deren Symbolwert es in sich hatte. Man muß dabei nicht denken, er hätte, wie manche Autoren immer wieder sich zurechtlegen, mit dilettantischen Mitteln einen messianischen Aufstand provozieren wollen und damit die römische Besatzung der Burg Antonia in Marschbereitschaft gesetzt. Es genügt, daß die Überzeugung, die Jesus nach allen Darstellungen der Evangelien bisher über das Verhältnis zwischen Gott und Mensch vertreten hat, im Tempel von Jerusalem aktualisiert wird.

Der Tempel von Jerusalem befand sich seinerzeit in bestimmten Händen; wir kennen die Leute der Hochpriester in den Tagen Jesu; da ist Kaiphas – KAJAPHA; er ist der Schwiegersohn des HANNAS; dem wieder gehören die Hannas-Hallen, und dort wieder wird das Vieh gehandelt, das man kaufen muß; dort blüht der Devotionalienhandel;

zehn Söhne aus der Familie des HANNAS werden nacheinander Hochpriester in Jerusalem; und auf diese Familie, auf diese Sippschaft oder Mafia, kann ein Mann wie KAJAPHA sich absolut verlassen; er ist von ihnen abhängig; er *muß* sich auf sie verlassen, um von ihnen selber nicht verlassen zu werden – eine Hand, wie man sagt, wäscht die andere. Können Sie also begreifen, was los ist, wenn Jesus *bestreitet*, daß es irgendein Recht gibt, im Tempel von Jerusalem all die Dinge zu betreiben, die da getrieben werden? Keine Opfer, keine Geschäftseinnahmen, keine Tempelsteuern, die ganze Kaste abgelehnt im Kern, das ganze Bankwesen im Namen Gottes als korrupt hingestellt!

Markus schildert die Vorgänge so, daß Jesus zur Begründung seines Wortes wütend das *7. Kapitel* des *Jeremia* zitiert hätte *(Jer 7,11)*. Aber Jesus «zitiert» nie. Er lebt nicht als Schriftgelehrter davon, daß er bestimmte Notizen aus dem Archiv der heiligen Schriften in die Gegenwart auf Pergament überträgt; er führt *Jeremia* auf an dieser Stelle! *Jeremia* in seinen Tagen konnte in den Tempel gehen und erklären, indem er ironisch die Gebetsrufe aufgriff: «der Tempel des Herrn! der Tempel des Herrn ist hier!» –: «Euer Leben sollte sein ein Tempel des Herrn, aber morden, rauben, plündern, Witwen erpressen und dann in den Tempel kommen! Der Tempel des Herrn! Genau das ist der Untergang des Tempels!» – so sinngemäß *Jeremia*. Und so jetzt Jesus! Es ist Schluß vor Gott!

Wenn die Menschen eine solche Botschaft begreifen, braucht man die Mauern des Tempels nicht zu stürzen. Menschen, die es begreifen, haben den ganzen Tempel nicht mehr nötig, sie verlieren ganz einfach ihre Angst vor Gott. Die Ausbeutung der Menschen im Namen von Frömmigkeit und Religion ist fortan unmöglich. Die ganze Außenlenkung, der gesamte Apparat fällt weg; die Verbankerung und Verbunkerung Gottes – weg! Die Menschen sind frei wie Vögel, die man aus dem Käfig holt. *Das* geschieht in diesem Moment. Und weil es so steht, können Sie begreifen, daß die Sache sehr schnell zu den Ohren der Priester und der Schriftgelehrten kommt und daß diese augenblicklich beschließen, *dieser Mann* müsse *weg!* Es ist nur die Frage, wie. Man darf es nicht öffentlich tun; man muß es machen, wie alle Politiker gerne handeln: Hintenrum muß das geschehen. Diese Kreise fürchten das Volk, und so müssen sie das Volk an der Nase herumführen. Man braucht noch ein paar Finessen, – juristische, taktische, propagandistische; aber die «Legitimation» ist lange schon klar: ein Mann, der den *Tempel* ablehnt, ist ein *Teufelsprophet*; ein solcher kann nicht auf der Seite Gottes stehen. Wer Partei nimmt für die Schuldner gegen ihre Gläubiger, der greift die Weltordnung an! so scheint es.

Fragen wir uns einen Moment lang, was wir daraus lernen. Das eine ist: Wir sehen einen Jesus vor uns, der sich in diesem Moment, wo er das Un-Leben eines mörderischen Opfergottes abschafft, selber ins Lebensgefährliche begibt. Fragen wir uns: Warum mußte Jesus sterben?, so muß die Antwort jetzt lauten: Eben dieser seiner Haltung wegen! Eine Religion, die aus Gott Geld macht, muß zugrunde gehen, wenn ein Gott der Güte lebendig werden soll. Wer so denkt, stellt sich zu der herkömmlichen Priesterreligion wie Wasser zu Feuer, – dazwischen kann es keinen Kompromiß, keine gleitenden Übergänge mehr geben. An dieser Stelle wollte Jesus ein für allemal, daß ein solcher Wandel des Gottesbildes begriffen würde. Er hat dabei offenbar gemeint, im Vertrauen auf Gott falle dieser Wechsel so leicht, wie zu einem Berg zu sagen: Hebe dich hinweg *(Mk 11,23)*. Er sah gewiß die gigantische Aufgabe vor sich, die dieser Wechsel bedeutete, und doch meinte er, im Vertrauen auf Gott werde es gehen; es gebe keine Schwierigkeiten mehr für einen Menschen, der wirklich auf Gott vertraut! All die Dauerausrede: «Das ist zuviel auf einmal, das geht überhaupt nicht!» hat da keine Geltung mehr. Für einen Menschen, der auf Gott vertraut, gibt es keinen Grund mehr, bestimmte Dinge, die richtig sind, aus lauter Angst sein zu lassen. Jetzt oder nie, das ist die Einstellung Jesu.

Und dann, im gleichen Zusammenhang, kehrt Jesus zu seinem zentralen Thema zurück: «Wenn ihr vor Gott steht in Vertrauen, so vergebt einander.» *(Mk 11,25)* Das ist die Erklärung für alles, – *Markus* berichtet es vollkommen korrekt! Es sind nur die Bibelexegeten, die sagen, es handle sich hier um eine Gemengelage aus verschiedenen Zitaten zu verschiedenen Zeiten. Traditionsgeschichtlich, was die Herkunft der verschiedenen Worte angeht, ist die Überlieferungsgeschichte der Stelle zugegebenermaßen recht kompliziert; aber dem Sinn nach ist sie so eindeutig klar, daß man wenige Texte bei *Markus* findet, die einen so dramatisch konsequenten Handlungsablauf wie diese Vorgeschichte zur Hinrichtung Jesu darbieten. Alles freilich nötigt zur Entscheidung.

Die römische Kirche etwa lehrt bis heute noch, daß eben, weil Gott seinen Sohn ins Opfer gab, wir Priester benötigten; die Protestanten seit MARTIN LUTHER sind sich des Gegenteils sicher: Das war einmal, sagen sie, vor zweitausend Jahren, doch es geschah, damit ein für allemal damit Schluß sei. Was von beidem stimmt nun? Was steht näher auf der Seite Jesu?

Man kann Fragen dieser Art nicht aussitzen und nicht irgendwelchen Theologenkommissionen überlassen. Die Antwort nach allem Gesagten aber liegt auf der Hand.

Und dann die nächste Frage: Was machen wir mit der Tempelsteuer? Dürfen wir nicht einfach sagen, es ist darin enthalten auch die Frage nach der Kirchensteuer?

O Gott!, werden die Kirchenjuristen rufen, nein, das genau nicht! Die Tempelsteuer ist etwas ganz anderes als die Kirchensteuer! Denn die Kirchensteuer in Deutschland – nur in Deutschland, denn in keinem Land der Welt sonst existiert eine derartige Zwangsabgabe – ergibt sich aus den Wiedergutmachungsleistungen, die der Staat den Bürgern einfordern muß für die Wegnahme des Kircheneigentums in den Zeiten der Säkularisation, vor 200 Jahren und danach. Damals besaß die Kirche ein gewaltiges Eigentum; und wieso auch nicht? Alle Kulturleistungen seit dem Mittelalter wurden erbracht von Klöstern; diese besaßen Ländereien, und die schönsten Felder, die Mühlen, die Flüsse, die Wälder – alles, was sie brauchten, lag in den Händen der Kirche –, und dann plötzlich die Säkularisation! Da wurde alles das der Kirche weggenommen! Das war ersichtlich ein Diebstahl. Ergo: Wir zahlen Kirchensteuern, weil wir 200 Jahre später noch den Diebstahl der aufgeklärten Monarchie in Preußen abbüßen müssen.

Da haben wir wieder eine «unendliche Beleidigung» vor uns, eine Schuld, die bis zum Jüngsten Tag nicht abgetragen werden kann. So begründet sich die Kirchensteuer in deutschen Landen. Ihre Begründung ist allerdings, wie man sieht, noch viel abstruser als die Begründung der Tempelsteuer in den Tagen der Sadduzäer im Tempel von Jerusalem; und was die Meinung Jesu darüber wäre, dürfte nach all dem Gesagten sonnenklar sein.

Wie es heute steht, beträgt das Kirchensteueraufkommen allein der katholischen Kirche jährlich ungefähr acht Milliarden Mark. Das kassiert sie wirklich über Staats- und Zwangseinzug von «ihren» Gläubigen, – «Zwangseinzug» deswegen, weil, wer die Kirchensteuer verweigert, automatisch aus der Kirche ausgeschlossen ist. So steht es heute noch. Wenn etwa ein Mann wie ADOLF HITLER Krieg führt und Millionen Menschen dabei umbringt, so ist das kein Grund, ihn aus der Kirche auszuschließen; aber hätte er die Kirchensteuer nicht gezahlt, so wäre er automatisch, mit bürokratischer Präzision und maschinell durch das Einwohnermeldeamt, aus der Kirche ausgeschlossen worden. Doch selbst diese Praxis langt der Kirche nicht. Im Grunde zahlen alle in Deutschland für die katholische Kirche, ob sie wollen oder nicht, ungefähr 15 Milliarden Mark zusätzlich in die Kasse, darunter alle möglichen Aufwendungen, die der Staat für die Kirche aus den Händen von Leuten leistet, die damit gar nichts zu tun haben, so zum Beispiel ungefähr 500 Millionen Mark allein an die Militärseelsorge. Nur daran liegt es, daß der inzwischen verstorbene Bischof DYBA von Fulda in seiner Eigenschaft als Militärbischof für etwa 20 Millionen Mark, so wurde gemunkelt, als erster nach Berlin umzog und ein Militärbischofsamt dort errichten ließ. Der Steuerzahler bezahlt ihm und seinesgleichen sogar noch den Meßwein und natürlich auch die Organisation der Wallfahrten, die die Rekruten, so katholisch, zur «Gnadenmadonna» von Lourdes alle Jahre wieder – Freizeit ist immer gut für die Truppe und ihre Moral! – abzuleisten haben; der Segen der Schutzmantelmadonna ist geistlich unerläßlich, damit die Truppe ihre Tapferkeit behält.

Kann man, wo alles so wohl geordnet ist, ernsthaft glauben, daß ein Militärseelsorger in unseren Tagen jemals im Sinne Jesu sagen würde: «Was ihr da macht und worauf man euch vorbereitet, ist eine Verführung zum Wahnsinn? Man erklärt euch, ihr verhindertet unmenschliches Unrecht, indem ihr das Töten von Menschen lernt. Aber das ist ungefähr so, wie wenn ein Haufen von schwarzen Ameisen über einen Haufen von roten Ameisen sich hermacht und man nun einen Elefanten losschickt, um auf allen Ameisen herumzutrampeln. Ein solches Vorgehen hilft keinem, aber genau dazu werdet ihr ausgebildet!» Kann man sich vorstellen, daß es irgendeinen Militärpfarrer gäbe, der seine Truppe derart ins Nachdenken brächte, ohne gleich als Wehrkraftzersetzer gefeuert zu werden? Wäre es überhaupt möglich, daß Herr DYBA anders hätte reden können, als er 1991 im «Golfkrieg» tat? Damals sprach er: «Wir waren militärisch gut gerüstet, aber moralisch noch nicht.» *Noch nicht!* Der Golfkrieg sollte offensichtlich nur der Einstieg für die Umbildung der Bundeswehr auf ihrer Suche nach neuen Aufgaben zu einer globalen «Kriseneingreiftruppe» sein. Die Frage ist: Wieviel muß an Elend noch passieren, damit die Herren merken: Mit Militäreinsätzen verbessert man nicht die Welt, man verschlimmert sie nur von Stufe zu Stufe! Nach jedem Waffengang hat man die Waffen noch verschlimmert. Es war immer nur der Einstieg zur Produktion noch «besserer», «effizienterer» Massenvernichtungsmittel.

Doch die ideologische Absegung des Militärs durch eine Kirche, die vom Staat bezahlt wird, ist nur *ein* Problem. Die unheilige Ehe von Thron und Altar hat noch andere Folgen. Was bedeutet es, wenn die Kirche und der Staat so schön miteinander verbandelt sind wie der Kapitalmarkt mit dem Tempel in den Tagen von Jerusalem? Im Sinne Jesu müßten wir dafür sorgen, daß es nicht bloß keine Staatskirche und keinen Kirchenstaat mehr gibt, wir müßten die Trennung von Staat und Kirche gründlich vollziehen, so daß sie nicht mit Kirchenjuristerei an tausend Stellen wieder umgangen würde. Es ist nicht möglich im Sinne Jesu, römische Institutionen aus dem Kaiserreich als göttliche Einrichtungen nachzubauen. Es ist überhaupt nicht möglich, Macht und Geld zu verwalten und die Angst der Menschen durch absurde Riten und Formeln, durch Magie, Aberglauben und Außenlenkung zu beruhigen.

Die Frage entsteht vielleicht: Aber kann denn die Kirche ohne Staat und Kirchensteuer leben? Brauchen wir die Kirche nicht? Sind nicht alle Gläubigen angewiesen auch auf menschliche Gruppierung? Antwort: Natürlich lebt kein Mensch allein. Natürlich machen wir alles Wesentliche gemeinsam. Aber eben daß die Gemeinsamkeit nur zustande kommt auf der Grundlage einer vollendeten *Entschuldung*, das ist die ganze Botschaft Jesu. Was sich in seinem Sinne Kirche nennt, sollte eine Gemeinschaft von Menschen sein, die sich Schulden nicht mehr vorrechnen, sondern die nach Wegen suchen, wie man sie gemeinsam begleicht. Da ist keine Trennung mehr zwischen den Menschen nach der Devise: «ich habe und du hast nicht», sondern: «wir suchen gemeinsam, wie es weitergeht».

Das *Wirtschaftliche* ist dann nur die oberflächliche Ausdrucksform, das *Geld* nur eine der vielen konkreten Darstellungsarten, was Menschen Menschen *schuldig* bleiben. Irgendwo *fehlen* wir alle, irgendwo machen wir nicht nur Fehler, sondern sind wir nicht da, wo wir sein sollten, sind wir nicht in der Form vorhanden, wie wir es sein müßten. *Alle* leben wir deshalb von der Ergänzung des einen durch den andern und folglich miteinander. *Das* ist die Schau Jesu. Da ist kein Gott mehr, der «Gerechtigkeit» in dem Formalsinn der Justiz gelten ließe.

MARTIN LUTHER hatte recht, als er in einem Bonmot einmal meinte: «Juristen können keine Christen sein» – so bei einer seiner Tischreden. Er hatte etwas gegen den Zins, schon in seiner Schrift aus dem Jahr 1524. Von ihm stammt das wunderbare, furchtbare Wort: *Wucher.* Man muß das nur richtig lastend, mit dunklem U-Laut, dumpf und schwer, so aussprechen, wie LUTHER sächsisch es wohl getan hat: der Wucher. Gegen ihn hat der Reformator geredet in einer Zeit, da die FUGGER und die WELSER gerade ihre größten Transaktionen machten. Es ist nicht möglich, Gott zu begreifen und dann Menschen an die Gurgel zu gehen. Das ist die Geschichte im *18. Kapitel* bei *Matthäus*: Wir alle leben nur daraus, daß Gott uns vergibt. Und wenn irgend du dies begreifst, wirst du merken: Für die paar Jahre, die wir hier auf Erden leben, streiten wir uns um Nichtigkeiten, wenn wir voneinander unsere Schulden eintreiben wollen! Ein Zusammenleben von Menschen, das sich wesentlich auf Konkurrenz, auf wechselseitige Ausschaltung, auf die Definition des Erfolges durch den Untergang des anderen gründet, kann nicht von Gott getragen werden; es gibt keine Wirtschaftsordnung dieser Art, die die Erlaubnis Jesu hätte.

Manchmal begreifen es die Kirchen doch. Alle sieben Jahre gab es in Israel ein Entlaßjahr der Schuld *(Lev s25,1–7; Ex 21,2–6; Dtn 15,1–3).* Wäre da der Vorschlag der Kirchen etwa nicht richtig gewesen, das Jahr 2000 so zu begehen, daß den Entwicklungsländern zumindest die Schuldenzinsen erlassen würden? Das wäre gewiß eine Maßnahme gewesen, die den Ursachen der globalen Krisen zu Leibe rückte, die wir militärisch zu bekämpfen vorgeben – und ein Ende der kirchlichen Doppelbödigkeit. Wie denn? Für Misereor zum Beispiel sammeln wir für die Not der Dritten Welt. Aber was wir da Entwicklungshilfe nennen oder was wir als Kollekten für die Menschen in Not einsammeln, sind nicht einmal Minimalbeträge, sind nicht einmal wenige Promille dessen, was wir den Ländern der Dritten Welt weggenommen haben, um die Überschüsse zu erwirtschaften, von denen aus wir jetzt an den Rändern des Luxus Mildtätigkeit heucheln. Konkret: Das Auseinanderdriften der Preisentwicklung von

Rohstoffen und Fertigwaren auf den Weltmärkten muß seit über vierzig Jahren die Industrienationen reicher und reicher machen und die Geberländer von Rohstoffen immer ärmer. *Gerechtigkeit?* Wir beuten die Bodenschätze der Drittländer in jeder Form aus; und wir fühlen uns dabei im *Recht*, denn wir sind die Experten, wir haben das Know-how, wir schaffen sogar die nötigen Arbeitsplätze, indem wir die Billigarbeitskräfte als Kulis, als Hilfsarbeiter, anwerben – sie müssen froh sein, daß wir sie anstellen! Und was für ein Fortschritt technologisch! Wir helfen diesen Ländern beim Aufbau! So muß man das sehen. In Wahrheit handelt es sich um den Ruin ganzer Teile der Natur und ganzer Teile der Kultur vieler Völker. Das alles zeigt: es genügt nicht, Fehler im System zu ändern, es ist vielmehr im Sinne Jesu seit 2000 Jahren unerläßlich, *alles* zu verändern. Inzwischen stellen all diese Fragen sich zugespitzt auf Leben und Tod. Aber so ist es ja, wenn wir wirklich «Ostern» feiern wollen.

Ostern stellt uns die Frage, woran wir wirklich glauben. Es gab Leute, die sagten: Es ist nur gut, wenn ein Mann wie Jesus verschwindet.» Aber die Formen, Jesus zum Schweigen zu bringen, können auch rituell und dogmatisch sich verwalten. Die kirchlich genehmigte Form, Jesus abzuschaffen, besteht in der frommen Erklärung, er als der Sohn Gottes, er als der Erlöser der Welt, habe uns das Gottesreich gebracht, nur sei es leider noch nicht gekommen, das Reich Gottes; wir müßten deshalb hoffen, daß es kommen werde, aber wir dürften nicht zu ungestüm darauf zugehen. In solcher Art des «Bekenntnisses» reden wir von Jesus eigentlich nur, um zu vermeiden, daß er jemals noch zur Sprache kommt. So schlimm, meinte SÖREN KIERKEGAARD, sei kein Bankeinbrecher! Ein Einbrecher könne nur plündern, was im Safe liegt; aber Leute, die eine Inflation besorgten, indem sie Geldscheine völlig ohne Wert ausgäben, die ruinierten alles. So die Christenheit! In der Tat müssen wir ganz von vorn anfangen, damit es ein *Ostern* gibt und die Sprache des Todes ihr Ende findet. Die, die da meinten, der Mann aus Nazareth könne nur verschwinden, haben im Grunde nur gezeigt, daß das, was sie verwalten, die Zerstörung des Menschlichen selber ist, die Beseitigung von allem, wofür zu leben sich lohnt. Erst diese Erkenntnis ist ein Anfang in *allem*.